Les droits de l'homme et la volonté politique des États africains

La Commission africaine des droits de l'homme et des peuples dans tous ses états

Logiques Juridiques

Fondée par Gérard Marcou

Dirigée par Jean-Claude Némery et Thomas Perroud

Le droit n'est pas seulement un savoir, il est d'abord un ensemble de rapports et pratiques que l'on rencontre dans presque toutes les formes de sociétés. C'est pourquoi il a toujours donné lieu à la fois à une littérature de juristes professionnels, produisant le savoir juridique, et à une littérature sur le droit, produite par des philosophes, des sociologues ou des économistes notamment.

Parce que le domaine du droit s'étend sans cesse et rend de plus en plus souvent nécessaire le recours au savoir juridique spécialisé, même dans des matières où il n'avait jadis qu'une importance secondaire, les ouvrages juridiques à caractère professionnel ou pédagogique dominent l'édition, et ils tendent à réduire la recherche en droit à sa seule dimension positive. À l'inverse de cette tendance, la collection « Logiques juridiques » des éditions L'Harmattan est ouverte à toutes les approches du droit. Tout en publiant aussi des ouvrages à vocation professionnelle ou pédagogique, elle se fixe avant tout pour but de contribuer à la publication et à la diffusion des recherches en droit, ainsi qu'au dialogue scientifique sur le droit. Comme son nom l'indique, elle se veut plurielle.

Dernières parutions

Golnaz KARIMZADEH MEIBODI, *La subrogation réelle en droit patrimonial de la famille*,2023.

Rawaa SALHI, *La constitution tunisienne de 2014 et le droit international. Tout ce qu'il faut comprendre !*, 2023.

Philippe DE LADOUCETTE, *Régulation indépendante du marché de l'énergie*, 2023.

Hicham BERJAOUI, *L'invocabilité de la responsabilité des organisations internationales devant le juge étatique. Quand le droit international public surplombe le droit international des droits de l'homme*, 2023.

Marie LAPAIRE, *Les actes préparatoires. À la recherche d'une catégorie juridique*, 2023.

Laura BAUDIN, *Cyberattaques et droit international public. De la négociation entre États à l'intégration des acteurs privés pour parvenir à la cyberpaix ?*, 2023.

Ludovic BERTON, *Penser la démocratie sociale*, 2023.

Roger K. KOUDÉ, *La justice pénale internationale : un instrument idoine pour raisonner la raison d'Etat ?*, 2023

Cătălin-Silviu SĂRARU, *Le droit administratif en Roumanie*, 2022.

Yao Agbetse

Les droits de l'homme et la volonté politique des États africains

La Commission africaine des droits de l'homme et des peuples dans tous ses états

L'Harmattan

5-7, rue de l'Ecole-Polytechnique, 75005 Paris
http://www.editions-harmattan.fr
ISBN : 978-2-14-048450-6
EAN : 9782140484506

A mes grands-mères Kopeto et Dassi, pour leur inspiration,
A ma grand-mère Félicia qui me manque toujours,
A ma petite sœur Mawoulé partie trop tôt,
A ma mère Jeannette, à mes tantes et à toute ma famille,
A mes enfants Alexandre, Stella et Léandre, mes trésors,
A mes professeurs du primaire à l'université, pour la transmission du savoir,
A tous ceux et celles que j'ai rencontrés, ici et là, et qui m'ont appris la vie.

Principales abréviations

CADHP :	Commission africaine des droits de l'homme et des peuples
CAEDBE :	Comité africain d'experts sur les droits et le bien-être de l'enfant
CAfDHP :	Cour africaine des droits de l'homme et de peuples
CEDEAO :	Communauté économique des Etats de l'Afrique de l'Ouest
CEDH :	Cour européenne des droits de l'homme
CEEAC :	Communauté économique des Etats de l'Afrique centrale
ChADHP :	Charte africaine des droits de l'homme et des peuples
CIJ :	Cour internationale de justice
CIJ :	Commission internationale de juristes
CoCEG :	Conférence des Chefs d'Etat et de gouvernement
COREP :	Comité des représentants permanents
CPJI :	Cour permanente de Justice internationale
CPS :	Conseil de Paix et de Sécurité
DESC :	Droits économiques, sociaux et culturels
DUDH :	Déclaration universelle des droits de l'homme
EPU :	Examen périodique universel
GANHRI :	Alliance mondiale des institutions nationales des droits de l'homme
GC :	Grande chambre
HCDH:	Haut-Commissariat des Nations unies aux droits de l'homme
HRC :	Haut-Commissariat aux réfugiés
INDH :	Institution nationale des droits de l'homme
MAEP:	Mécanisme d'examen par les pairs
OI :	Organisation internationale
OIT :	Organisation internationale du travail
OMS :	Organisation mondiale de la santé
ONG :	Organisation non gouvernementale
ONU :	Organisation des Nations Unies
OSC :	Organisation de la société civile
OUA :	Organisation de l'unité africaine
PAM :	Programme alimentaire mondial
PIDCP :	Pacte international relatif aux droits civils et politiques
PIDESC :	Pacte international relatif aux droits économiques, sociaux et culturels
PNUD :	Programme des Nations Unies pour le Développement
RDC :	République démocratique du Congo
RI :	Règlement intérieur
RINADH:	Réseau des institutions nationales africaines des droits de l'homme

SADC :	Communauté de développement d'Afrique australe
UA:	Union africaine
UNESCO :	Organisation des Nations Unies pour l'éducation, la science et la culture
UNICEF :	Fonds des Nations Unies pour l'enfance

Introduction

Il y a des moments qui marquent le destin d'un Etat, d'un continent. Au lendemain de la sortie d'une grande partie de l'Afrique du joug colonialiste en 1960 [1], les Etats africains fraichement indépendants ont décidé d'institutionnaliser le panafricanisme [2] prôné, notamment par Nuambi Azikiwe [3] et Kwame N'Krumah [4] (héros de la décolonisation, premier président du Ghana), en adoptant le 25 mai 1963 à Addis Abéba la Charte de l'Organisation de l'Unité Africaine[5] en pleine période de décolonisation de

---

[1] En 1960, seize Etats ont proclamé leur souveraineté internationale : Bénin (1er août 1960), Cameroun (1er janvier 1960), Côte d'ivoire (7 août 1960), Congo (15 août 1960), Gabon (17 août 1960), Madagascar (26 juin 1960), Mali (22 septembre 1960), Mauritanie (28 novembre 1960), Niger (3 août 1960), Burkina Faso (5 aout 1960), Nigeria (1er octobre 1960), République centrafricaine (13 aout 1960), République démocratique du Congo (30 juin 1960), Sénégal (4 avril 1960), Somalie (1er juillet 1960), Tchad (11 août 1960) et Togo (27 avril 1960). En 1961, deux Etats : Sierra Leone (27 avril 1961) et Tanzanie (9 décembre 1961). Puis quatre Etats en 1962 : Algérie (5 juillet 1962), Burundi (1er juillet 1962), Ouganda (9 octobre 1962) et Rwanda (1er juillet 1962). Avant 1960, neuf Etats étaient déjà indépendants : Afrique du Sud (31 mai 1910), Egypte (28 février 1922), Ghana (6 mars 1957), Guinée (2 octobre 1958), Liberia (26 juillet 1847), Libye (24 décembre 1951), Maroc (7 avril 1956) et Soudan (1er janvier 1956). Au total, avant l'adoption de la Charte de l'Organisation de l'Unité Africaine, trente et un Etats étaient indépendants.

[2] Abdulqawi A. Yusuf, *Pan-africanism and international law*, 2014, in: Annuaire français de droitinternational, volume 60, 2014. p. 919. Le Guide libyen Muammar Gaddafi a ravivé la flamme du panafricanisme à la fin du XXème siècle et au début du XXIème avant d'être tué par lors de l'intervention militaire de la France et de ses alliés sous le président Nicolas Sarkozy. Voir la résolution S/RES/1973 (2011) du Conseil de sécurité sur la situation en Lybie.

[3] Alioune Badara Fall, « La Charte africaine des droits de l'homme et des peuples : entre universalisme et régionalisme », Le Seuil, « Pouvoirs », 2009/2 (n° 129), p. 79. Dans cet article, voir son Mémorandum sur « la Charte de l'Atlantique et l'Afrique occidentale britannique » de 1943 et son discours prononcé le 12 août 1961 à Londres sur le panafricanisme. Il avait notamment invité le Conseil des États africains à « promulguer une convention africaine des droits de l'homme comme gage de leur foi dans le gouvernement du droit, de la démocratie comme mode de vie, de la liberté individuelle et du respect de la dignité humaine… ».

[4] Il fut Premier ministre du 6 mars 1957 au 1er juillet 1960, puis Chef d'Etat du 1er juillet 1960 au 24 février 1966.

[5] « La Charte de l'O.U.A., Présence Africaine », *Nouvelle série, n°146*, 2ème trimestre 1988, XXVe Anniversaire de l'Organisation de l'Unité Africaine (1963-1988) / 25th. Anniversary of The Organization of African Unity (1963-1988) pp. 63-70; Mirlande Manigat, « L'Organisation de l'unité africaine » in *Revue française de science politique*, XXIème année, n°2, 1971, pp. 382-401 ; François Borella, « Le régionalisme africain et l'Organisation de l'Unité Africaine » in *Annuaire Français de Droit International,* Année 1963, IXème année, pp. 838-865. Moustapha Sourang, « Faut-il modifier la Charte d'Addis Abéba du 25 mai 1963 ? », *Annales africaines, Revue de droit, d'économie et de gestion de la Faculté des Sciences juridiques et économiques de l'Université de Dakar,* 1983-1984-1985, pp. 67-78 *;* Boutros Boutros Ghali, « L'Organisation de l'Unité africaine *», Armand Colin*, Paris, 1969 ; Gervais Zwk. Houndekindo, « Le Secrétaire général de l'Organisation de l'Unité Africaine », Université Cheikh Anta Diop, Dakar, 1988, (Thèse de doctorat); Mactar Kamara, « L'Organisation de l'Unité Africaine/ Union Africaine et le règlement des conflits territoriaux et frontaliers :

l'Afrique et de lutte pour l'élimination de l'apartheid en Afrique du Sud. Cette Charte scelle le destin politique, culturel et économique d'un continent qui proclame ainsi son unité, respire l'esprit de liberté et ambitionne d'affronter les défis multiformes relatifs au développement de l'Afrique. La Charte de 1963 affirme le droit des peuples à disposer d'eux-mêmes, le droit inaliénable des peuples à déterminer leur propre destin, adhère aux principes de la Charte des Nations Unies du 25 juin 1945 et de la Déclaration universelle des Droits de l'Homme (DUDH) du 10 décembre 1948 et se donne comme objectif de favoriser la coopération internationale sur la base de ces principes.

Cet instrument d'affirmation politique avait besoin d'un outil de revendication et de proclamation des droits vus d'Afrique afin de donner une réponse forte à la répression, à la privation de droits et à la barbarie pendant l'esclavage et le colonialisme qui a privé et dénié aux peuples Noirs la jouissance de leurs droits. C'est ainsi que la Charte africaine des droits de l'homme et des peuples (ci après « Charte africaine ») fut adoptée le 1er juin 1981 lors de la XVIIIème Conférence des Chefs d'Etat et de gouvernement (CoCEG) à Nairobi au Kenya. Elle fut entrée en vigueur le 21 octobre 1986. Avant de s'inscrire dans la régionalisation des droits de l'homme, elle marque avant tout la systématisation des règles coutumières, des valeurs et et des civilisations africaines, du mode de vie et d'organisation des sociétés africaines. La plupart des principes fondamentaux qui régulent et régissent le vécu quotidien des royaumes, des tribus et des communautés pendant des millénaires est ainsi transcrite. Il est reconnu que « l'amour de la justice est puissamment enraciné dans les traditions africaines »[6]. Cette codification se fonde sur la conviction que le chemin du développement social, économique, politique et culturel devrait prendre ancrage dans une organisation juridique partagée, que la modernité se tisse avec les valeurs et les principes traditionnels et sur une volonté politique visant à redonner à l'Afrique ce que les esclavagistes et les impérialistes lui ont dénié : les droits de l'homme. La proclamation internationale des droits de l'homme, notamment par la Convention n° 29 sur le travail forcé le 28 juin 1930[7] de l'Organisation internationale du travail (OIT), la Charte des Nations Unies le 26 juin 1945 et la Déclaration universelle des droits de l'homme le 10 décembre 1948 et n'ont pas suffit à convaincre la communauté internationale que le caractère universel des droits de l'homme s'applique également aux africains. A ce titre, la Charte africaine est un acte politique. C'est aussi un acte destiné à revendiquer et à rétablir

---

contribution à l'étude de l'*uti possidetis* en droit international public », *Thèse de doctorat*, 2002, Université Panthéon-Sorbonne (Paris 1).

[6] Rapport sur les travaux du Congrès africain sur la primauté du droit, Lagos (Nigeria), 3-7 janvier 1961, *Commission Internationale de Juristes (CIJ)*, Genève, 1961, Avant propos, p.3.

[7] Ratifiée notamment par le Royaume-Uni de Grande-Bretagne et d'Irlande du Nord le 3 juin 1931, la France le 24 juin 1937, l'Espagne le 29 août 1932, le Portugal le 26 juin 1956 et les Pays-Bas, le 31 mars 1933.

l'universalité des droits de l'homme et à affirmer que ni la géographie, ni l'histoire, pas plus le niveau de développement d'un pays ne conditionne la pleine jouissance des droits par chaque individu et chaque groupe humain.

Les droits énoncés dans la Charte africaine reflètent l'Afrique dans son rapport avec le reste du monde et sa vision des droits de l'homme. Les droits individuels, les droits collectifs, les droits des peuples sont garantis tout comme les droits économiques, sociaux, culturels, civils et politiques, la polémique internationale nés des deux Pactes des Nations Unies de 1966 sur la hiérarchisation des droits en moins. En effet, la Charte africaine s'élève au-dessus de la division Est-Ouest de la guerre froide qui a infectée l'adoption et la mise en œuvre des deux Pactes pour affirmer, sans coup férir, que les droits civils et politiques d'une part et les droits économiques sociaux et culturels d'autre part se complètent et se renforcent mutuellement. Le particularisme affirmé et martelé résonne avec l'universalisme glorifié et intégré dans la Charte africaine. L'approche africaine du droit international des droits de l'homme trouve ainsi son ancrage dans cet instrument continental.

Pour ne pas laisser la Charte africaine orpheline, les pères fondateurs ont prévu un mécanisme de supervision de la mise en œuvre. Il s'agit de la Commission africaine des droits de l'homme et des peuples (CADHP) (ci-après « La Commission [africaine] »). En tant que mécanisme précurseur du monitoring des droits de l'homme sur le plan continental, la Commission est investie d'un mandat de promotion, de protection et d'interprétation des dispositions de la Charte. Elle a pour vocation d'assurer l'éducation aux droits de l'homme, d'accompagner les Etats à institutionnaliser la culture des droits de l'homme, les acteurs impliqués et les populations de manière générale, mais également de développer le champ normatif des droits de l'homme, de se saisir des violations des droits de l'homme, d'en alerter les autorités nationales et de l'Union africaine (devenue « Union africaine »[8] et de « sanctionner » le cas échéant.

Le présent ouvrage explore la genèse, l'organisation et le fonctionnement de la Commission à travers ses missions, ses relations avec les institutions politiques de l'Union africaine, les autres mécanismes des droits de l'homme africains comme la Cour africaine des droits de l'homme et des peuples (CAfDHP), le Comité africain d'experts sur les droits et le bien-être de l'enfant (CAEDBE) et le Mécanisme africain d'examen par les pairs (MAEP)

---

[8] Lors du 4ème Sommet extraordinaire de l'OUA tenu à Syrte, en Grande Jamahiriya arabe libyenne populaire socialiste, la Déclaration du 9 septembre 1999 portant création de l'Union Africaine a été adoptée. En 2000, lors de la 36ème session des Chefs d'Etat et de Gouvernement des Etats membres de l'Organisation del'Unité Africaine (OUA), l'Actue constitutif de l'Union africaien a été adopté.

et internationaux, mais également les défis relatifs notamment au financement de ses missions, à sa capacité à faire respecter ses décisions, résolutions et constatations, sans pour autant prétendre rendre compte complètement de tous les enjeux de ce mécanisme majeur des droits de l'homme sur le continent. Les institutions nationales des droits de l'homme (INDH) et les organisations de la société civile (OSC) font office de partenaires essentiels. La nature des relations institutionnelles des INDH et des OSC avec la Commission feront l'objet d'examen. Pour s'acquitter de son mandat, la Commission innove, y compris dans le développement de ses règles et méthodes de procédure et s'efforce sur le terrain du développement progressif du droit africain des droits de l'homme non sans écueils vis-à-vis des Etats qui, souvent encore, manquent de volonté politique à la hauteur des défis en matière des droits de l'homme. Des défaillances structurelles visibles ou sournoises au sein des Etats continuent s'ériger en obstacles, parfois dirimant, à l'efficacité des actions de la Commission africaine dans les Etats.

Le présent ouvrage se veut également une force de mobilisation et de propositions pour améliorer le déficit constaté sur la forme et sur le fonds dans l'organisation et le fonctionnement internes de la Commission ainsi que ses relations avec l'univers politique continental et les autres mécanismes régionaux et internationaux des droits de l'homme.

Chapitre 1.
La Charte africaine des droits de l'homme et des peuples

En 1960, la résolution 1514 (XV) de l'Assemblée générale des Nations Unies du 14 décembre 1960 sur la Déclaration sur l'octroi de l'indépendance aux pays et aux peuples coloniaux stipule qu'« il sera mis fin à toute action armée et à toutes mesures de répression, de quelque sorte qu'elles soient, dirigées contre les peuples dépendants, pour permettre à ces peuples d'exercer pacifiquement et librement leur droit à l'indépendance complète, et l'intégrité de leur territoire national sera respectée »[9] et que « des mesures immédiates seront prises, dans les territoires sous tutelle, les territoires non autonomes et tous autres territoires qui n'ont pas encore accédé à l'indépendance, pour transférer tous pouvoirs aux peuples de ces territoires, sans aucune condition ni réserve »[10]. La reprise en main du destin du continent commandait la mise en place d'institutions qui prônent les droits pour lesquels l'impérialisme occidental a été combattu. En 1979, lors de la seizième session ordinaire de l'Organisation de l'Unité Africaine (OUA) à Monrovia, au Liberia (17 au 20 Juillet 1979), la Conférence des Chefs d'Etat et de gouvernement a non seulement adopté une Déclaration sur les droits et le bien-être de l'enfant africain [11] mais également décidé d'élaborer un avant-projet de Charte africaine des droits de l'homme et des peuples[12].

Le processus ayant conduit à l'adoption de la Charte africaine n'a pas été un long fleuve tranquille[13]. Avant même l'adoption de la Charte de l'OUA en

---

[9] Résolution 1514 (XV), § 4.

[10] *Op. cit,* § 5.

[11] AHG/ST. 4 (XVI) Rev. 1.

[12] Décision 115 (XVI) de la 16ème session de l'OUA à Monrovia.

[13] Sur l'historique, voir U. O. Umozurike, « The African Charter on Human and People's Rights » (1983) 77(4) *American Journal of International Law*, pp. 902-912; Manisuli Ssenyonjo, *An Introductin to the Development of the African regional Huamn Rights System: 30 Years after the Adoption of the African Charter on Human and People's Rights* in "The African regional Human Rights System: 30 Years afrter the Adoption of the African Charter on Human and peoples' Rights", International Studies in Human Rights, Martinus Nijhoff Publishers, 2012, pp. 3-26; Rose M. D'Sa, Human and Peoples' Rights: Distinctive Features of the African Charter, Journal of African Law, Vol. 29, No. 1 (Spring, 1985), pp. 72-81; Bolaji Akinyemi, The African Charter on Human and People's Rights: An overview, in The Indian Journal of Political Science, Vol. 46, No. 2 (April-June 1985), pp. 207-238; U. O. Umozurike, The African Charter on Human and People's Rights, *The American Journal of International Law*, Vol. 77, No. 4 (Oct., 1983), pp. 902-912; Rachel Murray and Steven Wheatley, Groups and the African Charter on Human and Peoples' Rights, in *Human Rights Quarterly*, Vol. 25, No. 1 (Feb., 2003), pp. 213-236; Nelson Enonchong, The African Charter on Human and Peoples' Rights: Effective Remedies in Domestic Law? in Journal of African Law, Vol. 46, No. 2 (2002), pp. 197-215 ; C.R.M. Dlamini, "Towards a regional Protection of human rights in Africa: The African Charter on Human and Peoples' Rights", in *The Comparative and International Law Journal of Southern Africa*, Vol. 24, No. 2 (Juillet 1991), pp. 189-203.

1963, l'idée d'ériger les leviers du développement par le respect des droits dans un Etat de droit était déjà en gestation. En témoigne le Congrès africain sur la primauté du droit qui s'est tenu du 3 au 7 janvier 1961 à Lagos au Nigeria organisé par la Commission internationale de juristes (CIJ)[14]. Ce Congrès focalisé sur la « primauté du droit » a rassemblé 194 magistrats, professeurs, avocats et praticiens du droit de 23 pays d'Afrique. Il y a été affirmé la volonté « de ne pas sacrifier les libertés fondamentales aux nécessités du développement économique et technique » ainsi que l'importance d'un ancrage indispensable des pays fraichement indépendants du joug colonial dans les traditions africaines mais également une inspiration active des modèles étrangers. La recherche de la primauté du droit devrait se matérialiser par une Convention africaine pour la protection des droits de l'homme qui faisait partie des recommandations du Congrès. Ainsi, dans la charte ayant sanctionné le Congrès connue sous le nom de « Loi de Lagos » datée du 7 janvier 1961, il est écrit : « afin de donner plein effet à la Déclaration universelle des droits de l'homme de 1948, les gouvernements africains devraient étudier la possibilité d'adopter une Convention africaine des droits de l'homme prévoyant notamment la création d'un tribunal approprié et de voies de recours ouvertes à toutes les personnes relevant de la juridiction des Etats signataires »[15].

Nonobstant l'investissement du président nigérian Nnamdi Azikiwé pour l'avènement de la Convention africaine des droits de l'homme, la jeune OUA s'orientait davantage sur le terrain du droit des peuples africains à assumer leur propre destin politique, économique et à disposer d'eux-mêmes et s'engageait peu sur les questions des droits de l'homme. Ce n'est qu'en 1967, soit six ans après le Congrès de Lagos, qu'un autre congrès sous l'égide de la Commission internationale des juristes (CIJ) en coopération avec l'Association Sénégalaise d'Etudes et de Recherches Juridiques a réuni du 5 au 9 janvier, 80 juristes de l'Afrique Noire francophone, des observateurs étrangers et des représentants d'organisations internationales à Dakar, au Sénégal, alors présidé par Léopold Sédar Senghor. Présidé par Kéba Mbaye, président de la Cour suprême du Sénégal es-qualité, le Congrès dont le secrétaire était Maitre Abdoulaye Wade, a articulé ses travaux autour de la thématique de la fonction du droit dans l'évolution des communautés

---

[14] Le professeur Maurice Glélé Ahanhanzo a estimé que dès 1943, Nuambi Azikiwé [Président de la République du Nigéria de 1963-1966] proposait déjà dans son mémorandum sur « La Charte de l'Atlantique et l'Afrique occidentale britannique », l'adoption d'une Convention africaine des droits de l'homme, in Maurice Glélé Ahanhanzo, « Introduction à la Charte africaine des Droits de l'homme et des peuples», in « Droits et libertés à la fin du XXe siècle, influence des données économiques et technologiques », *Etudes offertes à Claude-Albert Colliard*, Pédone, 1984, p. 313.

[15] Rapport sur les travaux du Congrès africain sur la primauté du droit, Lagos (Nigeria), 3-7 janvier 1961, Loi de Lagos, p.9.

humaines déclinée en deux sous-thématiques : la protection des droits de l'homme contre l'arbitraire et la primauté du droit et l'opinion publique. Les conclusions du Congrès ont invité la CIJ à « examiner, en coopération avec les Organisations africaines compétentes, l'opportunité et la possibilité de créer un système de protection des droits de l'homme, fonctionnant dans le cadre africain ; une Commission interafricaine des droits de l'homme, dotée de compétences consultatives et de pouvoirs de recommandation, pourrait en constituer le premier élément »[16].

Entre 1971 et 1973, une série de séminaites ont permis de faire évoluer la détermination vers l'élaboration d'un traité africain consacré aux droits de l'homme. Ainsi, le séminaire de Yaoundé, Cameroun (16-21 juin 1971) sur l'élimination de la discrimination raciale et la promotion de relations raciales harmonieuses, ou celui de Libreville, Gabon (27-29 juillet 1971 sur la participation des femmes dans la vie économique, ou encore celui de Dar es Salam, Tanzanie (23 octobre au 5 novembre 1973) sur les voies et moyens visant à assurer la promotion des droits de l'homme avec une attention spéciale aux problèmes et besoins de l'Afrique, ont contribué à la réflexion vers l'adoption d'un instrument juridique continental consacré aux droits de l'homme[17].

En 1974, l'Assemblée générale des Nations Unies a adopté le 12 décembre la résolution 3284 portée par le Mexique et l'Ethiopie sur la Charte des droits et devoirs économiques des États[18]. Cet instrument adopté par vote est un camouflet pour le système d'exploitation économique des esclavagistes, des impérialistes et des néo colonialistes. En lieu et place du système de domination, la Charte institue la « coopération économique et sociale internationale » et crée le Conseil économique et social (ECOSOC).

En 1976, sous la houlette de la CIJ encouragée par l'évolution du droit international des droits de l'homme, il a été organisé à Dar es Salam, Tanzanie, une conférence portant sur « les Droits de l'homme, leur protection et l'état de droit ». Tirant des leçons de la polémique entre bloc de l'Ouest et bloc de l'Est sur le clivage entre les droits civils et politiques et les droits économiques sociaux et culturels d'une part et d'autre part entre les droits individuels et collectifs, les juristes africains anglophones réunis dans le pays de Julius Nyerere 10 ans après l'adoption des deux Pactes des Nations Unies en 1966, ont conclu que les droits de l'homme sont à la fois individuels et collectifs. La

[16] Déclaration de Dakar – Conculisions, Congrès de juristes africains francophones, 1967, p. 11 *in fine*.
17 Kamari Maxine Clarke, Affective Justice: The International Criminal Court and the Pan-Africanist Pushback. Note de bas de page n°33.
18 Daniel Colard, La Charte des droits et devoirs économiques des États, *Études internationales*, Volume 6 (4), 1975, pp. 439-461.

future Charte africaine des droits de l'homme et des peuples sera également inspirée par les délibérations de la conférence qui a insisté sur le caractère complémentaire des droits civils et politiques et des droits économiques, sociaux et culturels.

La Déclaration universelle des droits d'Alger du 4 juillet 1976 a insisté sur les droits des peuples. Les mouvements de libération des peuples y dénoncent l'impérialisme et le néocolonialisme et leurs méthodes de domination ainsi que leurs « procédés perfides et brutaux, avec la complicité de gouvernements souvent installés » par ces mêmes systèmes. La Déclaration s'est inspirée sans doute de la résolution 1514 (XV) de l'Assemblée générale des Nations Unies du 14 décembre 1960 qui stipule notamment que « la sujétion des peuples à une subjugation, à une domination et à une exploitation étrangères constitue un déni des droits fondamentaux de l'homme, est contraire à la Charte des Nations Unies »[19] et qu' « il sera mis fin à toute action armée et à toutes mesures de répression, de quelque sorte qu'elles soient, dirigées contre les peuples dépendants, pour permettre à ces peuples d'exercer pacifiquement et librement leur droit à l'indépendance complète, et l'intégrité de leur territoire sera respectée »[20]. Cette notion du « droits des peuples » a probablement influencé les rédacteurs de la Charte africaine.

Le 8 mars 1978, la Commission des droits de l'homme des Nations Unies a adopté la résolution 24 (XXXIV) appelant les Etats à examiner la question de savoir s'il serait utile et souhaitable de créer des commissions régionales des droits de l'homme. A cet effet, il est demandé au Secrétaire général de l'ONU d'examiner la possibilité d'organiser des séminaires régionaux appropriés, au titre du programme de services consultatifs dans le domaine des droits de l'homme, dans les régions où il n'existe pas actuellement de commission régionale des droits de l'homme. La résolution 33/167 du 20 décembre 1978 renouvelle l'appel pour la création de systèmes régionaux de protection des droits de l'homme.

En 1978, s'est tenu du 3 au 7 juillet à Butare au Rwanda, un colloque sur les droits de l'homme et le développement économique en Afrique francophone organisé par l'*Institue of International Law and Economic Development (Washington DC)* et la faculté de droit de l'université nationale du Rwanda[21]. Les 25 experts présents ont notamment déconstruit le mythe selon lequel le respect des droits de l'homme est tributaire de la croissance économique et

---

[19] Résolution 1514 (XV) (Déclaration sur l'octroi de l'indépendance aux pays et aux peuples colonoaiux), § 1.
[20] *Op. cit,* § 5.
[21] The Butare Colloquium on Human Rights and Economic Development in Francophone Africa: A Summary and Analysis, Universal Human Rights, *The Johns Hopkins University Press*, Vol. 1, No. 2, Apr-June 1979, pp. 63-87.

considéré que le droit au développement - qu'on retrouvera dans la Charte africaine - est un droit fondamental pour l'effectivité des droits économique, sociaux et culturels.

En septembre 1978, le colloque de Dakar a relancé la dynamique d'un instrument continental consacré aux droits de l'homme. Ce fut une étape décisive. Le thème était « le développement et les droits de l'homme ». La Commission international des juristes et l'association sénégalaise d'Etudes et Recherches juridiques étaient les maîtres d'œuvre du colloque. Les juristes participants se sont investis dans une réflexion approfondie assortie de propositions concrètes, y compris d'un mécanisme de suivi des délibérations. Les quatre membres du comité de suivi ont mené des missions de plaidoyer et de bons offices auprès de plusieurs chefs d'Etat, notamment francophones sur la nécessité de mettre en place une commission des droits de l'homme en Afrique. Les travaux du colloque ainsi que les efforts de suivi ont abouti à l'adoption lors de la 16ème session de la Conférence des Chefs d'Etats et de gouvernement de l'OUA (Monrovia, Liberia, 17-20 juillet 1979) à la décision 115 (XVI)[22] qui a entériné l'idée d'« organiser dès que possible, dans une capitale africaine, une réunion restreinte d'experts de haut niveau afin de préparer un projet préliminaire d'une « Charte africaine des droits de l'homme et des peuples » prévoyant entre autres l'établissement d'institutions pour promouvoir et protéger les droits de l'homme et des peuples »[23]. Suite à cette décision, un Comité de vingt experts africains s'est réuni à Dakar sous la présidence du juge Keba Mbaye[24]. Du 28 novembre au 8 décembre 1979, la réunion des experts pour l'élaboration d'un avant-projet de Charte Africaine des droits de l'homme et des peuples s'est tenue dans la capitale sénégalaise. Dans son allocution introductive devant le Comité d'experts, le président sénégalais Léopold Sédar Senghor a exhorté les spécialistes à s'inspirer des valeurs africaines et traditionnelles et à mettre l'accent sur les besoins réels des Africains, le droit au développement et les devoirs des individus. Selon Keba Mbaye, les experts se sont évertués à :

- « S'inspirer des traditions de la société africaine et des principes moraux qui sont à la base de ces traditions ;
- Respecter les options politiques des Etats et donc assurer un équilibre entre les différentes orientations doctrinales qui ont cours en Afrique ;

[22] AHG/Dec.115 (XVI) Rev.1 (1979).
[23] AHG/Dec.115 (XVI) Rev.1 (1979). Le professeur Ibrahima Fall et le juge à la Cour suprême sénégalaise Mohamadou Mbacké y ont participé.
[24] A Guide to the African Human Rights System, celebrating 30 years since the enrty into force of the African Charter on Human snd Peiple's Rights 1986-2016, Pretoria University Law Press, PULP, 2016, p.2.

- S'abstenir de favoriser dans un sens ou dans un autre les droits individuels et les droits collectifs, les droits civils et politiques et les droits économiques, sociaux et culturels ;
- Donner un contenu acceptable pour tous, aux droits des peuples auxquels la résolution 115 de l'OUA faisait expressément référence ;
- Assurer la protection et la promotion des droits de l'homme énoncés et acceptés comme tels par les soins d'une commission, tout en réservant les pouvoirs de la Conférence des chefs d'Etat et de gouvernement qui doit être associée aux décision finales ;
- Ne pas aller au-delà de ce que les Etats africains étaient prêts à accepter dans le domaine de la protection des droits de l'homme »[25].

A l'issue des travaux, le projet initial[26] de la Charte fut adopté.

Force est de noter que les initiatives menées essentiellement par les juristes et les techniciens du droit ne rencontraient pas toujours l'adhésion des politiques qui voyaient dans le projet d'instrument africain des droits de l'homme en gestation une limitation voire une menace pour leur pouvoir. Cette hostilité nourrie par le néocolonialisme est notamment à l'origine de la Conférence avortée d'Addis Abeba qui devrait adopter le projet de Charte africaine. Le quorum nécessaire n'était pas atteint. Keba Mbaye a rapporté plus tard en 1985 que « certains journaux interprétèrent cet échec comme une politique délibérée de la part de certains Etats pour tuer la Charte dans l'œuf »[27]. Il a fallu le courage du Secrétaire général de l'OUA d'alors, le togolais Edem Kodjo (1978-1983) et du président gambien Daouda Diawara[28] réélu en avril 1977 pour que les conférences ministérielles du 9 au 16 juin 1980[29] et du 7 au

[25] Allocution de Keba Mbaye in Rapport de la Conférence sur les "droits de l'homme et des peuples et la Charte africaine » à Nairobi du 2 au 4 décembre 1985 organisée par la Commission internationale de juristes, p. 24.

[26] CAB/LEG/67/3/Rev. 1 (1979).

[27] Allocution de Keba Mbaye in Rapport de la Conférence sur les "droits de l'homme et des peuples et la Charte africaine » à Nairobi du 2 au 4 décembre 1985 organisée par la Commission internationale de juristes, p. 24.

[28] Voir l'homme rendu au président gambien lors de son décès le 27 août 2019 à l'âge de 95 ans par une ONG panafricaine des droits de l'homme appelée Institut pour les Droits Humains et le Développement en Afrique (IDHDA) basé à Banjul et par le Center for Human Rights de l'Université de Préoria, Afrique du Sud sur leur site interne, www.ihrda.org et www.chr.up.ac.za: *« Africa owes much to him. Our memories of him will live on in the work of the African Commission. We at the Centre for Human Rights honour President Jawara for his contributions and commit ourselves to uphold his legacy by doing what we can to advance human rights in Africa through our support of the African human rights system ».*

[29] Au cours de la première conférence ministérielle, le préambule et les articles 1 à 11 de l'avant-projet furent examinés. La résolution CM/Res 712 (XXXV) de la Conférence des Ministres

19 janvier 1981 à Banjul finalisent et valident enfin le projet de la Charte africaine [30] et le soumettent à l'Assemblée des Chefs d'Etat et de gouvernements de l'OUA.

Nonobstant les travaux préparatoires menés par les deux conférences ministérielles, la présentation du projet validé à la 18ème session ordinaire de l'Assemblée des chefs d'Etats et de gouvernement qui s'est tenue du 24 au 27 juin 1981 à Nairobi au Kenya a soulevé des questions[31] qui raisonnent encore aujourd'hui dans le positionnement politique des Etats vis-à-vis de la Charte et de son organe de supervision, la Commission africaine. En effet, les Etats s'interrogeaient sur un éventuel conflit dans l'interprétation des dispositions de la Charte entre les Etats membres de l'OUA et la Commission africaine en tant qu'organe de supervision prévue à l'article 45 du projet de Charte. Les Etats estimaient que la compétence à interpréter la Charte devrait revenir exclusivement à la Conférence des Chefs d'Etat et de gouvernement. Par ailleurs, des Etats se sont interrogés sur les conflits de normes qu'il pourrait y avoir entre la Charte et les Constitutions et les lois nationales en questionnant le rôle de la Commission africaine à cet égard[32].

Au final, la Charte fut adoptée[33] à l'unanimité dotant ainsi le continent d'un instrument normatif de promotion, de protection et de supervision de la mise en œuvre des droits de l'homme dont les dispositions seront analysées ci-après.

Section 1. Une codification de la tradition africaine des droits de l'homme

L'histoire de l'Afrique est marquée par des drames, l'exploitation et la domination lorsque l'Occident est venu à la rencontre du continent. Bien qu'étant le berceau de l'humanité, son histoire est singulière et diffère

---

recommandait de « déployer tous les efforts nécessaires pour terminer l'examen du projet de Charte et faire en sorte que le texte final soit soumis à la 18ème session de l'OUA ».

30 Edward Kannyo, "The Banjul Charter on Human and Peoples' Rights: Genesis and Political Background" in Claude Welch jr. and Ronald Meltzer (eds.) *Human Rights and Development in Africa* (1984) State University of New York Press: Albany, New York, pp.128-151. Voir Doc. OUA, CM/1149 (XXXVII), Rapport du Secrétaire général sur le projet de Charte africaine des droits de l'homme et des peuples.

31 Doc. OUA, CM/1149 (XXXVII), Rapport du Secrétaire général sur le projet de Charte africaine des droits de l'homme et des peuples ; Richard Gittleman, « The African Charter on Human and People's Rights : A Legal Analysis », in Virginia Journal of International Law, Vol. 22:4, 1982, p. 669. Voir la note de bas de page 10.

32 Richard Gittleman, « The African Charter on Human and People's Rights: A Legal Analysis », in Virginia Journal of International Law, Vol. 22:4, 1982, p. 669. Voir la note de bas de page 10.

33 Doc. OUA, CAB/LEG/67/3 rev. 5, 21 I.L.M. 58 (1982).

radicalement de celle d'autres continents. La traite des Noirs, le colonialisme, l'apartheid et le néocolonialisme ont affecté l'histoire de l'Afrique sans faire disparaître ce que les Africains, dans leur diversité, chérissent comme règles d'organisation de la société, ainsi que la philosophie de vie et les principes de base de la vie en société. Il va de soi que son droit épouse cette histoire aussi douloureuse qu'homériquement riche en valeurs humaines prodigieuses. Tout en s'enracinant dans ses valeurs, le droit africain des droits de l'homme s'est ouvert, *mutatis mutandis*, au reste du monde en s'accordant à la tessiture internationale.

A. Les valeurs des civilisations et de l'histoire africaine comme sources premières

1. Les valeurs des civilisations africaines

La Charte africaine des droits de l'homme et des peuples a adopté une « approche juridique des droits de l'homme entre tradition et modernité »[34]. La régionalisation des droits de l'homme en Afrique n'a d'intérêt que si elle opère une contextualisation africaine du droit international en la matière en résonance avec le principe de l'universalité des droits de l'homme[35]. Il urge

---

[34] C'est le sous-titre de l'ouvrage de Fatsah Ouguergouz, *La Charte africaine des droits de l'homme et des peuples, une approche juridique des droits de l'homme entre tradition et modernité*, publications de l'Institut Universitaire de Hautes Etudes Internationales, Genève, *PUF*, 1993, 479 pages. Sur la genèse de la Charte, voir notamment Kofi Oteng Kufur, « The African Human Rights System, Origin and Evolution », *Palgrave Macmillan*, New York, 2010, pp. 37 à 60 ; Mutoy Mubiala, *Le système régional africain de protection des droits de l'homme*, Bruylant, Bruxelles, 2005, pp. 29 à 32 ; Vincent O. Orlu Nmehielle, « The African Human Rights System, Its Laws, Practice, and Institutions », *Martinus Nijhoff Publishers*, International Studies in Human Rights, Volume 69, pp. 75 à 82 ; Rachel Murray, « The African Commission on Human and Peoples' Rights and International Law », *Hart Publishing*, Oxford, Portland, Oregon, 2000, pp. 9 à 10 ; Rachel Murray, Human Rights in Africa : from the OAU to the African Union, Cambridge University Press, 2004, pp. 22-25 ; Keba Mbaye, *Les droits de l'homme en Afrique*, 2ème édition, Paris, Pedone, 2002, pp. 169 à 183 ; Valère Eteka Yemet, *La Charte africaine des droits de l'homme et des peuples*, Collection Logiques Juridiues, L'Harmattan, Paris, 1996, pp. 33 à 34 ; Fatsah Ouguergouz, *La Charte africaine des droits de l'homme et des peuples, une approche juridique des droits de l'homme entre tradition et modernité*, publications de l'Institut Universitaire de Hautes Etudes Internationales, Genève, PUF, 1993, pp. 41 à 64 ;

[35] Lors du premier séminaire des Nations Unies sur les droits de l'homme dans les pays en voie de développement de 1966, certains participants avaient estimé que « la Déclaration universelle, adoptée en 1948 alors que les peuples africains n'étaient pas encore indépendants, ne réflétait pas intégralement la conception de ces pays […] » et jugé « jugé sa modification nécessaire pour qu'elle soit vérétablement universelle », propos rapportés par Fatsah Ouguergouz, *La Charte africaine des droits de l'homme et des peuples, une approche juridique des droits de l'homme entre tradition et modernité*, publications de l'Institut Universitaire de Hautes Etudes Internationales, Genève, PUF, 1993, p. 60. Voir aussi *Cycles d'Etudes sur les droits de l'homme*

d'apporter des solutions adaptées au caractère unique de la situation africaine. La conception africaine des droits de l'homme s'inspire des valeurs africaines de civilisations comme le souligne Keba Mbaye[36] qui rappelle également que les rédacteurs de la Charte ont entendu « faire une œuvre adaptée aux besoins de l'homme africain »[37]. Le discours inaugural du Président sénégalais Léopold Sedar Senghor lors de la Conférence des Chefs d'Etat africains à Dakar (28 novembre au 8 décembre 1979) qui représente une étape importante vers l'aboutissement du projet de la Charte africaine, a exhorté les experts en charge de l'élaboration à « faire preuve d'imagination et à s'inspirer des traditions africaines en gardant à l'esprit les valeurs de civilisation et les besoins réels de l'Afrique »[38]. Son allocation a également invoqué les embryons des droits qui allaient être codifiés plus tard. Il s'agit notamment du « droit au développement », des « devoirs de l'individu », de la famille et de la communauté sans ignorer l'impérieuse nécessité de tenir compte de l'éthique et de la morale qui sont essentielles aux civilisations africaines[39]. C'est à la fois un avertissement et une orientation vers un équilibre assumé entre la tradition et la modernité qui exige de ne pas saborder les valeurs africaines sur l'autel de la modernité afin de réaliser les objectifs de « liberté, égalité, justice et dignité »[40] de l'*Homo africanus*. Le président Sneghor avait déclaré lors de la conférence des experts en charge de l'élaboration de l'avant projet de Charte que « l'Europe et l'Amérique ont construit leur système de droits et de libertés en se référant à une civilisation commune, à leurs peuples respectifs et à des aspirations spécifiques »[41] avant d'ajouter qu' « il ne s'agira pour nous Africains ni de copier ni de rechercher l'originalité pour l'originalité. Il nous faudra faire preuve en même temps d'imagination et d'efficacité. Celles

---

dans les pays en voie de développement, Dakar (sénégal), 8 au 22 février 1966, Nations Unies, New York, 1966, *UN. Doc ST/TAO/HR 25*, p. 53 (#237).

[36] Keba Mbaye, *Les droits de l'homme en Afrique*, 2ème édition, Paris, Pedone, 2002, pp. 186 à 187.

[37] Keba Mbaye, *Les droits de l'homme en Afrique*, 2ème édition, Paris, Pedone, 2002, p. 186.

[38] Fatsah Ouguergouz, *La Charte africaine des droits de l'homme et des peuples, une approche juridique des droits de l'homme entre tradition et modernité*, publications de l'Institut Universitaire de Hautes Etudes Internationales, Genève, PUF, 1993, p. 58. Voir aussi Allocution de S.E. M. Léopold Sedar Senghor, Président de la République du Sénégal, O.U.A. Doc CAB/LEG/67/5.

[39] Fatsah Ouguergouz, *La Charte africaine des droits de l'homme et des peuples, une approche juridique des droits de l'homme entre tradition et modernité*, publications de l'Institut Universitaire de Hautes Etudes Internationales, Genève, PUF, 1993, p. 58. Voir aussi Allocution de S.E. M. Léopold Sedar Senghor, Président de la République du Sénégal, O.U.A. Doc CAB/LEG/67/5 ; Kebya Mbaye parle aussi du rôle prépondérant de la famille, de la morale et de la communauté dans Keba Mbaye, *Les droits de l'homme en Afrique*, 2ème édition, Paris, Pedone, 2002, p. 186.

[40] Préambule, 2ème paragraphe.

[41] Allocution de Keba Mbaye in « Rapport de la Conférence sur les "droits de l'homme et des peuples et la Charte africaine » à Nairobi du 2 au 4 décembre 1985 organisée par la Commission internationale de juristes, p. 26.

de nos traditions qui sont belles et positives pourront nous inspirer. Vous devrez donc avoir constamment à l'esprit nos valeurs de la civilisation et les besoins réels de l'Afrique »[42]. Pour Edem Kodjo, la Charte donne le départ d'une ère nouvelle, celle qui s'ouvre sur la responsabilisation de nos principes, la valeur repensée de nos traditions[43]. Quant à Daouda Diawara, il a considéré qu' « une Charte véritablement africaine devrait refléter nos traditions qui méritent d'être conservées de même que nos valeurs et les aspirations légitimes de nos peuples, afin de compléter l'effort international global déployé en vue du renforcement du respect des droits de l'homme »[44].

Keba Mbaye souligne que les rédacteurs de la Charte ne sont pas dogmatiques sur les pratiques et traditions africaines dont certaines ne répondent plus « aux besoins de la communauté africaine actuelle »[45] et qui, de ce fait, n'étaient pas « bonnes à garder »[46]. Ainsi, l'esprit de la tradition africaine invoqué à la fois dans le préambule et dans le corps de la Charte doit être lu, interprété, compris et appliqué à travers le concept de « valeurs culturelles africaines positives » de l'article 29 alinéa 7 de la Charte[47]. Par ailleurs, l'article 61 qui forme avec l'article 60 les textes majeurs fondateurs du lien conventionnel et jurisprudentiel de la Charte africaine avec le droit international, invoque certes « les pratiques africaines » comme source de droit mais ne manque pas d'ajouter celles « conformes aux normes internationales relatives aux droits de l'homme et des peuples ».

La solidarité consubstantielle aux sociétés africaines et à leur mode d'organisation et de vie est à la base de la philosophie des droits collectifs de la Charte. John Mbiti, philosophe et prêtre anglican, dont les travaux tendent à contester le postulat chrétien selon lequel les idées religieuses de l'Afrique traditionnelle seraient « démoniaques et antichrétiennnes »[48], exprime de manière éloquente l'importance du groupe sur l'individu : *« The individual can only say : I am because we are; and since we are, therefore I am »* (L'individu ne peut que dire : je suis parce que nous sommes ; et puisque nous sommes, donc je suis)[49]. En prenant catégoriquement le contrepied de la pensée cartésienne qui postule que « je pense, donc je suis » (*Cogito ergo*

---

[42] *Ibid.*, p. 26.
[43] *Ibid.*
[44] *Ibid.*, pp. 26-27.
[45] Keba Mbaye, *Les droits de l'homme en Afrique*, 2ème édition, Paris, Pedone, 2002, p. 186.
[46] *Ibid.*
[47] Souleymane Bachir Diagne fait une interprétation plus nuancée de l'article 29 alinéa 7 de la Charte dans «Philosophie africaine et Charte africaine des droits de l'homme et des peuples », *Critique* 2011/8 (n° 771-772), pp. 667 à 668.
[48] John Mbiti, "The Encounter of Christian Faith and African Religion", *Christian Century*, August 27- September 3, 1980, pp. 817-820.
[49] John Mbiti, *African Religions and Philosophy* [1969], Oxford et Portsmouth, Heinemann, 1990, p. 106.

sum)[50] qui fait une ferme fixation exclusive et égoïste sur le « moi » au lieu du « nous », John Mbiti a inspiré d'autres auteurs comme Claude Ake qui dit :

> « Nous [Africains] mettons moins l'accent sur l'individu et davantage sur la collectivité ; nous ne permettons pas que l'individu puisse avoir des exigences qui auraient préséance sur celles de la société. Nous posons l'harmonie, non la divergence des intérêts, la compétition ou le conflit ; nous avons tendance à penser à nos obligations envers d'autres membres de notre société plutôt qu'à nos exigences vis-à-vis d'eux »[51].

Sur la base de sa « vision du tout-lié », c'est-à-dire des liens physiques, métaphysiques, cosmiques et spirituels visibles et invisibles entre les hommes, entre l'homme et la nature, entre l'eau, l'air et le feu, le vivant et la mort, l'ici et l'au-delà, tout découpage ou toute dissociation entre les droits n'est point admis. Au regard des frasques hégémoniques Est-Ouest dans le cadre de la guerre froide et des divergences immanentes ayant conduit, non pas à un mais à deux Pactes distincts en 1966 au niveau des Nations Unies, la Charte africaine se distingue singulièrement par sa démarche de réconciliation juridique, philosophique, idéologique et pratique entre les droits civils, politiques, économiques, sociaux et culturels :

> « Convaincus qu'il est essentiel d'accorder désormais une attention particulière au droit au développement ; que les droits civils et politiques sont indissociables des droits économiques, sociaux et culturels, tant dans leur conception que dans leur universalité, et que la satisfaction des droits économiques, sociaux et culturels garantit la jouissance des droits civils et politiques »[52].

Avec l'adverbe « désormais », la Charte entend mettre un terme à ce que Keba Mbaye appelle des « tensions doctrinales » entre les deux catégories de droits[53]. Malgré le manque de ressources indispensables à la mise en œuvre surtout des droits économiques, sociaux et culturels, l'Afrique puise dans ses traditions pour proclamer une vision universelle, une solidarité de droits et une « unité conceptuelle »[54] des droits de l'homme affirmée par la Déclaration de

---

[50] René Descartes, Le Discours de la méthode, 1637, éd. Flammarion 2000, Paris.

[51] Claude Ake, « Human Rights. The African Context », *Africa Today*, vol. XXXIV, n° 142, 1987, p. 5-13.

[52] Préambule de la Charte africaine, § 7.

[53] Keba Mbaye, Les droits de l'homme en Afrique, 2ème édition, Pedone 2002, p. 40

[54] Maurice Kamto, Préambule in La Charte Africaine des droits de l'homme et des peuples et le protocole y relatif portant création de la Cour africaine des droits de l'homme – Commentaire article par article (sous la direction Maurice Kamto), p.75.

Téhéran de 1968[55] et plus tard, après l'adoption de la Charte africaine, par la Déclaration et le Plan d'Action de Vienne de 1993[56]. La dissociation des deux catégories de droits rompt la relation et la cohésion immanentes et transcendantes entre les deux, au point de desservir le choix qui serait fait entre les deux. La philosophie du « donner et du recevoir »[57] et de la « construction collective » ou de la « co-construction » a également nourrit le principe de l'inséparabilité des droits et des devoirs prônés par la Charte africaine. Il ne s'agit guère d'une proportionnalité quantitative entre droits et devoirs mais d'un art de vivre en société qui exige une bienveillance attentive de chacun à l'autre, suivant ses capacités, ses forces et ses atouts. Il ne s'agit pas non plus d'une réciprocité entre l'exercice d'un devoir et la jouissance correspondante d'un droit mais d'un état d'esprit qui maintient, développe et cristallise le vivre ensemble, une communauté de destin du groupe social. Cette philosophie africaine se retrouve dans la Déclaration universelle des droits de l'homme de 1948 en son article 29 alinéas 1 et 2 ou encore dans le préambule des deux Pactes de 1966 ou encore dans la Convention américaine relative aux droits de l'homme du 22 novembre 1969 en son article 32.

La notion du droit au développement[58] chère à l'Afrique et consacrée par la Charte africaine trouve sa place dans cette cohésion de droits. C'est plus une conviction qu'une « promesse »[59], un état d'esprit plus qu'une « idéalité »[60]. Ces droits « ne peuvent, en tout état de cause, être mis en œuvre que progressivement » comme le souligne le professeur Maurice Kamto ; c'est aussi le cas des droits économiques, sociaux et culturels dont le plein exercice est assuré progressivement[61]. La Déclaration de Tunis de 1992 avait d'ailleurs

---

[55] A/CONF.32/41, Proclamataion de Téhéran, § 13 : « Les droits de l'homme et les libertés fondamentales étant indivisibles, la jouissance complètedes droits civils etpolitiques est impossible sans celle des droits économiques, sociaux et culturels ».

[56] A/CONF.157/23, Partie I, § 5 : « Tous les droits de l'homme sont universels, indissociables, interdépendants et intimement liés. La communauté internationale doit traiter des droits de l'homme globalement, de manière équitable et équilibrée, sur un pied d'égalité et en leur accordant la même importance ».

[57] Pour approfondir la philosophie du « donner et du recevoir » dans le contexte sénégalais, voir notamment Souleymane Bachir Diagne et Nadia Yala Kisukidi, « Senghor et la question qui se pose toujours », *ThéoRèmes*, 4, 2013 ; Kahiudi Claver Mabana, Léopold Sédar Senghor et la civilisation de l'universel, PUF, Diogène 2011/3-4 (n° 235-236), pp. 6 à 7 ; Catherine Desjeuxet Bernard Desjeux, Sénégal : Le pays du donner et du recevoir, Editions Grandvaux, 2004 ; Denyse de Saivre, Léopold Sédar Senghor Humaniste classique et humaniste d'avant-garde, *Présence Africaine*, Nouvelle série, No. 154 (2ème semestre 1996), pp.72 à 76.

[58] Keba Mbaye, « Le droit au développement comme un droit de l'homme », Revue des droits de l'homme, Tome 2-3, pp. 503 et s.

[59] Maurice Kamto, « L'énoncé des droits dans les constitutions africaines », *Revue Juridique Africaine (RJA)*, 1991, numréos 2 et 3, pp. 7 et s.

[60] Maurice Kamto, « Retour sur le « droit au développement » au plan international », Revue Universelle des Droits de l'Homme (RUDH), Vol. 11, n° 1-3, pp. 1 à 10.

[61] Article 2 alinéa 1er, article 13 alinéa 2 b) et c), article 14 et article 22 du PIDESC.

affirmé solennellement que « l'universalité des droits de l'homme est indiscutable ; leur protection et leur promotion constituent un devoir pour tous les Etats, indépendamment de leur système politique, économique ou culturel »[62].

2. Une spécificité africaine au service de l'universel

2.1. La spécificité fondée sur l'histoire de l'Afrique et du monde

L'Afrique a toujours adhéré aux idéaux des Nations Unies[63]. Elle a d'ailleurs fondé la décolonisation sur la Charte des Nations Unies, notamment sur le principe de l'égalité de droits des peuples et de leur droit à disposer d'eux-mêmes (articles 1er alinéa 2 et 55). La spécificité africaine des droits de l'homme a redonné aux droits de l'homme l'universalité qui lui a été déniée par la traite des Noirs et l'idéologie impérialiste occidentale. L'esclavage et la colonisation ont, en effet, prôné et propagé l'idée et la pratique selon lesquelles la jouissance et la réclamation des droits étaient tributaires du statut des personnes. Plus son rang est élevé dans la société, plus on est censé jouir plus de droits. L'esclave, lui, n'a pas de droits ; son maître a tout pouvoir sur lui. Le colonisé doit se plier au diktat du colonisateur, y compris pour ses droits les plus élémentaires. Il n'a d'ailleurs pas de droits mais uniquement des obligations à exécuter de gré ou de force. C'est la perpétuation de la hiérarchisation et de la dépendance caractéristiques notamment du Moyen Age en Occident qui a produit le système de féodalité[64] où le vassal doit tout, y compris sa personne à son seigneur, son roi. Ces idéologies occidentales appliquées aux droits de l'homme ont abîmé le principe fondamental de l'universalité selon lequel les droits de l'homme sont inhérents à la personne humaine et que leur jouissance est indépendante du statut social, économique, politique ou autres de la personne humaine.

---

[62] Déclaration de Tunis adoptée à l'issue de la Conférence régionale pour l'Afrique de la Conférence mondiale sur les droits de l'homme de Vienne (14-25 juin 1993), A/CONF.157/AFRM/14, § 2.

[63] AHG/Res.243 (XXXI), § 1.

[64] Pour approfondir le système féodal voir notamment, Pierre Bonnassie, *La Catalogne du milieu du xe siècle à la fin du XIe siècle. Croissance et mutation d'une société*, Toulouse, 2 vol., 1975-1976 ; Jean-Pierre Poly et Éric Bournazel, *La mutation féodale, Xe-XIIe siècles*, Paris, PUF, 1980, Nouvelle Clio, n° 16 ; Jean-François Lemarignier, *La France médiévale. Institutions et société*, Armand Colin, 2005 ; Jean-Philippe Genet et Michel Rouche, *Le Moyen Âge en Occident*, Hachette, 2003, pp. 104 à 105 ; Elizabeth Brown, « The Tyranny of a Construct : Feudalism and Historians of Medieval Europe », *American Historical Review*, vol. 79, 1974, pp. 1063 à 1088 ; Dominique Barthélemy, « La mutation féodale a-t-elle eu lieu ? », *Annales ESC*, t. 47, mai-juin 1992, pp. 767-777 ; *La société dans le comté de Vendôme de l'an mil au XIVe siècle*, Fayard, 1993 ; *L'an Mil et la Paix de Dieu. La France chrétienne et féodale (980-1060)*, Paris, 1999.

L'Occident judéo-chrétien n'a pas cru devoir appliquer les termes bibliques contenus dans l'Epitre de Saint Paul apôtre aux Galates 3, 22-29 :

> « Il n'y a plus ni juif ni grec, il n'y a plus ni esclave ni homme libre, il n'y a plus l'homme et la femme, car tous, vous ne faites plus qu'un dans le Christ Jésus ».

On peut questionner *De la démocratie en Amérique* (1835) d'Alexis de Tocqueville qui y exalte la démocratie américaine en une période où les Noirs, même affranchis, étaient dépossédés de tous leurs droits, y compris du droit de vote, et subissaient la ségrégation, le racisme, la discrimination, les attaques quotidiennes de leur intégrité physique et psychologique, le lynchage, des exécutions punitives, sommaires et extrajudiciaires de la part du Ku Klux Klan, une organisation terroriste qui faisait de l'extermination des Noirs un objectif à atteindre [65] mais dont les hommes politiques, notamment les présidents Thomas Woodrow Wilson (1913-1921) et Harry Truman (1945-1953), ne s'étaient pas désolidarisés. Pire, Wilson, originaire du Sud raciste et ségrégationniste, a même conforté le Ku Klux Klan dans ses délires idéologiques en déclarant que « la ségrégation n'est pas une humiliation, mais un avantage, et devrait être considérée comme tel » *(« Segregation is not a humiliation but a benefit, and ought to be so regarded »* [66]. Wilson s'est également distingué dans sa glorification du Ku Klux Klan en estimant que « les hommes blancs ont développé un instinct simple d'auto-préservation (...) jusqu'à ce qu'enfin ils fassent naître un grand Ku Klux Klan, un véritable empire du Sud pour protéger le Sud du pays » [67]. A travers la Société des Nations (SDN) dont il est considéré comme le père fondateur, Wilson cherchait le règne du droit et de la justice entre les Nations mais soutenait la ségrégation d'une large partie de sa population. Quant à Truman, originaire de l'Etat du Missouri, il aurait même adhéré au Ku Klux Klan alors même que sous son règne, la Charte des Nations Unies (Charte de San Francisco) a été adopté le 26 juin 1945 et a proclamé la foi des Nations du monde dans « les droits fondamentaux de l'homme, dans la dignité et la valeur de la personne

---

[65] Voir la chanson « Strange fruit » de Billie Holiday (1915-1959) qui évoque l'injustice politique, économique, sociale, culturelle et artistique de l'Amérique ségrégationniste et raciste. Voir aussi Harriet Beecher Stowe, « La Case de l'Oncle Tom » (1852) ; Zora Neale Hurston, « Mais leurs yeux dardaient sur Dieu » (1937) ; Richard Wright, « Black Boy » (1945) ; John Howard Griffin, « Dans la peau d'un noir » (1961) ; James Baldwin, « Si Beale Street pouvait parler » (1974) ; Toni Morrison, « Beloved » (1987).

[66] Randy Barnett, Expunging Woodrow Wilson from Official Places of Honor, *The Washington Post*, 25 juin 2015; Becky Little, How Woodrow Wilson Tried to Reverse Black American Progress. History Stories,14 juillet 2020; Presidents have a long history of condescension, indifference and outright racism toward Black Americans, *The Conversation*, 26 août 2020; Sherry Cohen , Resolution Regarding Renaming Woodrow Wilson High School, *ANC3E*, 17 septembre 2020.

[67] *Ibid.*

humaine, dans l'égalité de droits des hommes et des femmes, ainsi que des nations, grandes et petites »[68], le respect du principe de l'égalité de droits des peuples et de leur droit à disposer d'eux-mêmes, et prendre toutes autres mesures propres à consolider la paix du monde »[69] et le « respect des droits de l'homme et des libertés fondamentales pour tous, sans distinction de race, de sexe, de langue ou de religion »[70]. Si la démocratie est le gouvernement du peuple par le peuple, avec le peuple et pour le peuple, Tocqueville, les hommes politiques et les médias qui soutenaient l'idéologie ségrégationniste, ont sans doute fait le choix d'exclure les Noirs de la démocratie américaine. Même après le XIIIème amendement qui a aboli l'esclavage et la servitude involontaire en 1865 ainsi que le XVème amendement de 1869 qui accorde le droit de vote aux Noirs, soit 6 ans après la proclamation de l'émancipation des Noirs par le président Abraham Lincoln (1861-1865) en 1863, l'Amérique « démocratique » a poursuivi sa politique et pratique ségrégationnistes à l'égard des Noirs jusqu'en 1965 où la loi sur le droit de vote (*Voting Rights Act)* a été adoptée. La glorification d'un tel système démocratique relève d'un aveuglément volontaire répréhensible. La conception politique et sociale de l'Occident est alors en totale contradiction avec les valeurs judéo-chrétiennes et le droit international qui constituaient pourtant le socle de ces sociétés dites « civilisées ».

En outre, Souleymane Bachir Diagne souligne que « l'histoire du développement des droits de l'homme en Afrique a été écrite contre les tyrannies et leurs justifications par des politiques » [71] de domination. Le *Habeas Corpus Act* de 1679 du Royaume-Uni n'était pas applicable aux esclaves et plus tard aux colonisés pour les protéger contre l'arbitraire du pouvoir britannique. Aussi, la « clause coloniale » de l'article 63 (devenu article 56) de la Convention européenne de sauvegarde des droits de l'homme et des libertés fondamentales du 4 novembre 1950 résiste-t-elle difficilement à la critique selon laquelle, les droits garantis seraient d'une application à géométrie variable selon qu'il s'agisse des Etats ou territoires sous domination ou administration des Etats parties à la Convention européenne qui sont les principaux Etats esclavagistes et colonisateurs dans le monde. *A priori*, la notion de « nécessités locales » de l'article 56 alinéa 3 de ladite Convention pouvait laisser penser à une application adaptée de la Convention mais l'affaire *Tyrer c. Royaume-Uni* (requête n° 5856/72) de 1978 et les arguments du Royaume-Uni fondés sur la relativité des prohibitions absolues énoncées dans la Convention révèlent que la notion de juridiction rattachée à l'État qui

---

[68] Préambule, paragrpahe 2.
[69] Article 1er alinéa 2.
[70] Article 1er alinéa 3.
[71] Souleymane Bachir Diagne, « Philosophie africaine et Charte africaine des droits de l'homme et des peuples », *Critique* 2011/8 (n° 771-772), p. 665.

exerce un contrôle effectif sur un territoire donné peut être invoquée pour contourner le principe de l'universalité des droits garantis par l'article 1er de la Convention (obligation de respecter les droits de l'homme) qui dispose que tous les Etats parties « reconnaissent à toute personne relevant de leur juridiction les droits et libertés définis » dans la Convention. La dénomination attribuée à la clause est révélatrice de l'esprit qui a présidé à sa mise en place. A raison, dans cette affaire *Tyrer c. Royaume-Uni*, la Cour européenne des droits de l'homme (CEDH) avait estimé qu'aucune « nécessité locale » ne peut justifier des châtiments corporels, y compris pour « des territoires coloniaux dont le niveau de civilisation ne permettait pas, pensait-on, la pleine application de cet instrument »[72] (nous soulignons). Au Royaume-Uni qui soutenait qu'au regard des circonstances de lieu il n'y a pas lieu de conclure à une violation de la Convention européenne, la Cour a répondu qu'une prohibition absolue énoncée par la Convention reste et demeure une prohibition absolue partout sans distinction d'aucune nature, y compris les territoires sous administration.

A l'image de la « clause coloniale », l'article 38 alinéa 1er c) du Statut de la Cour internationale de justice (CIJ) relatif aux sources du droit international parmi lesquelles « les principes généraux de droit reconnus par les *nations civilisées* »[73] symbolise l'entrave attentatoire au principe d'universalité. L'utilisation de la notion de « nations civilisées » est odieusement malheureuse, abominablement malencontreuse et profondément discriminatoire. Par « « nations civilisées », la jurisprudence internationale entendait celles formant le « concert européen » au droit desquelles, uniquement, elle déclarait emprunter les principes généraux de droit »[74]. Dominique Carreau et Fabrizio Marrella écrivent au sujet de ces termes « aussi anachroniques qu'injustifiées »[75] :

> « Lors de l'élaboration du statut de la C.P.J.I. (en 1920), le sens de cette expression était clair : il s'agissait des principes reconnus par « les peuples jouissant de la civilisation européenne », pour reprendre une remarque de Frédéric De Martens. On rencontre là une vieille et, pourrait-on dire, classique idée des fondateurs du droit international et de ses glossateurs, à savoir que le droit international ne s'applique qu'à certaines collectivités étatiques, les collectivités « chrétiennes » ou « occidentales » ou « européanisées », les rapports entre ces « pays

[72] *Tyrer c. Royaume-Uni* (requête n°5856/72), § 38.
[73] L'italique est de nous.
[74] Juge Fouad Ammoun, opinion individuelle dans l'affaire *Plateau continental de la mer du Nord (République fédérale d'Allemagne/Danemark), 20 février 1969*, Receuil CIJ 1969, p. 134.
[75] Juge Fouad Ammoun, opinion individuelle dans l'affaire *Plateau continental de la mer du Nord (République fédérale d'Allemagne/Danemark), 20 février 1969*, Recueil CIJ 1969, p. 134.

civilisés » et les autres, non civilisés, les « barbares », n'étant pas réglés par le droit, mais simplement par la force »[76].

Le passage du régime de la Société des Nations à celui de l'Organisation des Nations Unies avec la proclamation de l'universalité des droits de l'homme par la Charte de San Francisco n'a pas supprimé ce bout de phrase malavisé qui est une atteinte flagrante au caractère universel des droits de l'homme mais la révision[77] du Statut de la CIJ que le juge libanais Fouad Ammoun appelait de ses vœux en 1969 n'aura jamais lieu jusqu'en ce XXIème siècle. Les termes « nations civilisées » sont considérés par le juge Fouad Ammoun dans son opinion individuelle dans l'affaire *Plateau continental de la mer du Nord (République fédérale d'Allemagne/Danemark)* du 20 février 1969[78] comme « incompatibles avec les dispositions pertinentes de la Charte des Nations Unies »[79]. Selon lui, ces termes sont limitatifs et le juge libanais exprime sa désapprobation éloquemment argumentée en ces termes :

> « La discrimination entre nations civilisées et nations non civilisées, que n'avaient pas connue les pères du droit international, protagonistes d'un droit des gens universel : Vittoria, Suarez, Gentilis, Pufendorf, Vattel, est le legs de l'époque révolue du colonialisme et du temps périmé où un nombre restreint de puissances établissaient les règles conventionnelles ou coutumières d'un droit européen appliqué vis-à-vis de l'ensemble de la communauté des nations. Maintenu et parfois renforcé lors des grandes liquidations de l'histoire - Vienne 1815, Berlin 1885, Versailles 1920, Lausanne 1923, Yalta 1945 -, le droit international européen avait été défendu par des juristes d'une autorité incontestable dans la plupart des chapitres du droit international, tels que Kent, Wheaton, Fauchille, Anzilotti, Fauchille, F. de Markas, Westlake, Hall, Oppenheim, Politis : ainsi La *morale internationale* de ce dernier frappe par le fait qu'elle est centrée sur l'Europe seule et son intérêt exclusif. Quelque grande et forte que soit la pensée de ces juristes de renom, leur conception d'une famille des nations européennes et nord-atlantiques ne commence pas moins à s'estomper derrière la réalité de la communauté universelle, dans la pensée des internationalistes d'un âge nouveau tels que S. Krylov, M. Katz, W. Jenks et M. Lachs. Du reste, les juristes universalistes d'Europe avaient été précédés par ceux

---

[76] Dominique Carreau et Fabrizio Marrella, Droit international, 11ème édition, Pedone, p.326.
[77] Affaire *Plateau continental de la mer du Nord (République fédérale d'Allemagne/Danemark), 20 février 1969,* Recueil CIJ 1969, p. 135.
[78] *Op.cit*, pp. 133 à 136.
[79] *Ibid.*, p. 133.

d'Asie et du Moyen-Orient : Sui Tchoan-Pao, Bandyopadhyoy, Rechid.

Que les adeptes de la notion du droit reconnu par les nations civilisées apprécient le degré de civilisation relativement à la capacité de l'autorité de sauvegarder les droits des étrangers ou par son pouvoir d'assurer la protection des droits fondamentaux de la personne humaine, on ne peut s'empêcher de songer aussi que le régime colonial n'était pas à exclure des éléments d'appréciation rentrant dans l'un ou l'autre de ces critères, le colonisé étant un étranger vis-à-vis du colonisateur et ayant été privé de certains de ses droits fondamentaux.

Aussi bien la discrimination que condamnent les auteurs est-elle en contradiction absolue avec les dispositions de la Charte des Nations Unies prévoyant désormais « l'égalité souveraine » de toutes les nations membres et leur participation soit à l'élaboration du droit international dans les organes des Nations Unies, et notamment la Commission du droit international dans laquelle toutes les nations sont appelées à siéger ; soit à l'application du droit international, à son interprétation et, dans une certaine mesure, à son développement et à son évolution (…)
(…)
Face à cette contradiction entre les principes fondamentaux de la Charte et leur universalité d'une part, et le texte de l'article 38, paragraphe 1 c), du Statut de la Cour, de l'autre, ce dernier ne pourrait être interprété autrement qu'en lui reconnaissant une portée universelle ne comportant point de discrimination entre les membres d'une même communauté fondée sur l'égalité souveraine. Le critérium de la distinction entre nations civilisées et celles qui ne le seraient pas a été de la sorte un critérium politique - politique de puissance - et n'ayant rien d'éthique ou de juridique »[80].

A l'époque, d'autres internationalistes comme Sergei Borisovitch Krylov se sont élevés contre le « traitement arbitraire à l'encontre des Etats dits indigènes »[81] et une notion qui décrétait les nations qui devraient jouir des droits parce que civilisées et celles qui ne pouvaient y prétendre car prétendument non civilisées. Pour Keba Mbaye, le déni de droit à un groupe

[80]Affaire *Plateau continental de la mer du Nord (République fédérale d'Allemagne/Danemark), 20 février 1969,* Recueil CIJ 1969, pp. 133 à 135.
[81] Recueil CIJ, 1947. 1, p. 449. Voir aussi l'opinion disseidente du juge Sergei Krylov dans l'affaire des *Dommages subis au service des Nations Unies* dont la décision est rendue le 11 avril 1949.

d'individus commence par la contestation à ses membres du droit à l'égalité qui leur enlève la condition humaine, fondement du principe d'égalité[82]. Il poursuit ainsi :

> « C'est ce qu'avait fait dans le passé les apologistes du racisme, notamment Gobineau, Chamberlain et ce qui a été fait par les défenseurs de l'apartheid.
> C'est ce qui peut expliquer aussi que ceux-là mêmes qui proclamaient la liberté et l'égalité toléraient encore l'esclavage, la conscience tranquille »[83].

A ce titre, l'originalité de la Charte africaine est d'avoir restauré aussi l'universalité des droits de l'homme. Keba Mbaye l'exprime en disant que « pour les besoins de la colonisation, l'universalisme des droits de l'homme avait été battu en brèche (…). Elle [Charte] combat la domination d'un peuple par un autre en mettant en exergue le principe de la non discrimination »[84]. En adoptant une Charte pour le continent, l'Afrique a élaboré un traité à vocation universaliste qui reprend et insiste sur le « principe de l'égalité de droits des peuples et de leur droit à disposer d'eux-mêmes » (article 1 alinéa 2, Charte des Nations Unies), la liberté d'expression, la liberté de circulation et autres droits fondamentaux.

En outre, la Convention internationale sur l'élimination de toutes les formes de discrimination raciale des Nations Unies du 21 décembre 1965 condamne « le colonialisme et toutes les pratiques de ségrégation et de discrimination dont il s'accompagne, sous quelque forme et en quelque endroit qu'ils existent »[85] et appelle à y « mettre rapidement et inconditionnellement fin »[86]. Toutefois, certains Etats africains comme le Mozambique, le Cap-Vert, les Comores, l'Angola, le Djibouti, le Zimbabwe, la Namibie et le Sahara Occidental[87] resteront sous le joug colonial beaucoup plus longtemps et certains Etats occidentaux qui défendent pourtant le principe de l'universalité

---

[82] Keba Mbaye, Les droits de l'homme en Afrique, 2ème édition, Pedone, 2002, p. 39.
[83] *Ibid.*
[84] *Ibid,* p. 70.
[85] Préambule n°4 de la Convention internationale sur l'élimination de toutes les formes de discrimination raciale des Nations Unies. Voir également la Déclaration sur l'octroi de l'indépendance aux pays et aux peuples coloniaux de 1960 (résolution 1514 [XV] de l'Assemblée générale de l'ONU).
[86] Préambule n°4 de la Convention internationale sur l'élimination de toutes les formes de discrimination raciale des Nations Unies.
[87] Le Mozambique est devenu indendant le 25 juin 1975, le Cap-Vert le 5 juillet 1975, les Comores le 6 juillet 1975, l'Angola le 11 novembre 1975, le Sahara Occidental le 27 février 1976, le Djibouti le 27 juin 1977, le Zimbabwe le 18 avril 1980 et la Namibie le 21 mars 1990. En Afrique du Sud, on considère le 27 avril 1994, date des prmières élections démocratiques après l'apartheid, comme la date marquant la fin du système ségrégationiste.

ont encore poursuivi, après la vague des indépendances, leur entreprise coloniale par le néocolonialisme qui demeure un système de corruption, de domination et de dénie de droits[88].

Le système d'apartheid en Afrique du Sud représente pour les Africains une preuve tangible du déni de l'universalité des droits proclamée par la Charte des Nations Unies. Parlant de la répression et de l'injustice des méthodes coloniales de gouvernance incompatibles et contraires à la dignité humaine et aux droits fondamentaux, le président Julius Nyerere de Tanzanie, catholique et connaisseur de la spiritualité catholique et de la doctrine sociale de l'Eglise, disait que « notre lutte sera toujours une lutte pour les droits de l'homme... Notre position est fondée sur la conviction dans l'égalité des êtres humains, en leurs droits et devoirs en tant que citoyens »[89]. Celui qui se référait souvent à la Déclaration universelle des droits de l'homme, écrivait en 1968 :

> « Tant qu'une communauté a le monopole du pouvoir politique et utilise ce pouvoir non seulement pour empêcher les autres communautés d'avoir une part quelconque du pouvoir politique, mais aussi pour maintenir ces autres communautés dans un état d'infériorité sociale et économique, tout discours sur le progrès social et économique des autres communautés comme solution au conflit racial est hypocrite et stupide. La solution du problème des conflits raciaux doit dépendre de l'acceptation par toutes les communautés concernées du principe de l'égalité sociale, économique et surtout politique »[90].

---

[88] Sur le néocolonisalisme, voir Pacal Airault et Jean-Pierre Bat, Françafrique : Opérations secrètes et affaires d'Etat, 2016, Paris, Editions Tallandier ; François-Xavier Verschave, Françafrique : Le plus long scandale de la République, xxx ; François-Xavier Verschave, Complicité de génocide ? L apolitique de la France au Rwanda, 1994, la Découverte ; François-Xavier Verschave, *Noir procès, offence à chefs d'Etat*, 2000, Paris, Les Arènes ; François-Xavier Verschave, *Noir Chirac*, les Arènes ; François-Xavier Verschave, *L'envers de la dette : criminalité politique et économique au Congo-Brazza et en Angola*, 2001, éditions Agone, Comeau et Nadeau ; François-Xavier Verschave, *De la Françafrique à la Mafiafrique*, 2003; Monsieur X et Patrick Pesnot, *Les dessous de la Françafrique*, Collection Poche-Documents, 2014, Paris ; Philippe Ardant, *Le néo-colonialisme : thème, mythe et réalité*, Revue française de science politique, 15e année, n°5, 1965. pp. 837 à 855.

[89] Sanga, Fr. Innocent Simon and Pagnucco, Ron (2020), « Julius Nyerere's Understanding of African Socialism, Human Rights and Equality", *The Journal of Social Encounters*, Vol. 4 : Iss. 2, pp. 16-17.

[90] Julius K. Nyerere, Freedom and Socialism / Uhuru Na Ujamaa: A Selection from Writings and Speeches, January 1, 1968, p. 24. La traduction est de nous. Texte original: *« As long as one community has a monopoly of political power and uses that power not only to prevent the other communities from having any share in political power, but also to keep those other communities in a state of social and economic inferiority, any talk of social and economic advancement of the other communities as a solution of racial conflict is hypocritical and stupid. The solution of the problem of racial conflict must depend upon the acceptance by all the communities concerned of the principle of social, economic, and above all political equality ».*

Farouchement opposé au système d'apartheid en Afrique du Sud et à la suprématie blanche en Rhodésie (actuel Zimbabwe), Nyéréré était défenseur des droits économiques et politiques pour faire face aux politiques ségrégationnistes et attentatoires aux droits de l'homme dans ces pays.

Le 4 octobre 1973, devant l'Assemblée générale des Nations Unies, le président zaïrois[91] d'alors Mobutu Sese Seko Kuku Ngbendu wa za Banga, dénonçait l'aliénation et la chosification du peuple noir sud-africain :

> « Ce pays [L'Afrique du Sud] est le seul sur cette terre des hommes, où les Blancs ont élevé la ségrégation au niveau d'institution. Et le terme *apartheid* n'existerait pas dans le langage humain si les blancs n'étaient pas en Afrique du Sud. (...)
>
> Les Blancs poussent leur barbarie en exploitant l'homme Noir comme du temps de l'esclavagisme suranné. C'est ainsi que, grâce à une main-d'œuvre quasi gratuite, 420 000 Noirs extraient, à la main, les deux tiers de la production mondiale de l'or au profit des Blancs. Et ces Noirs d'Afrique du Sud, n'ayant ni droit de grève ni droit syndical ni droit tout court, qui avaient demandé une augmentation dérisoire de leur salaire, tenant compte du cours mondial actuel de l'or, ont été purement, simplement et sauvagement abattu par les autorités sud africaines.
>
> La République sud-africaine nargue l'Organisation des Nations Unies, depuis plus de 20 ans, sur le problème de la Namibie. Et la chose la plus grave que font les racistes sud-africains c'est la balkanisation de ce grand territoire africain »[92].

En tant que « régime institutionnalisé d'oppression systématique et de domination d'un groupe racial sur tout autre groupe racial ou tous autres groupes raciaux et dans l'intention de maintenir ce régime »[93], l'apartheid en Afrique du Sud incarnait la face sombre de l'universalité des droits. Le soutien et l'appui multiforme, cachés ou non, des puissances occidentales, l'indifférence ou la timidité de la réprobation d'un système politique fondé sur la dénégation des droits à un groupe de personnes à cause de la couleur de leur peau, et le non respect des résolutions des Nations Unies contre l'apartheid

---

[91] Le « Zaïre » a été rebaptisé « République démocratique du Congo » (RDC) sous le président Laurent Désiré Kabila (mai 1997 – janvier 2011) qui a renversé le président Mobutu Sese Seko Kuku Ngbendu wa za Banga (novembre 1965 – mai 1997).

[92] Assemblée générale des Nations Unies, 25ème session, 2140ème séance plénière du jeudi 4 octobre 1973, à 10h30, *Documents officiels* New York, §§ 121 à 123.

[93] Définition de l'article 7 alinéa 2 h) du Statut de Rome de la Cour pénale internationale du 17 juillet 1998.

par les Etats occidentaux, sont autant d'actions manifestes contraires et incompatibles avec l'universalité des droits de l'homme. A travers la Charte, l'Afrique, berceau de l'humanité, s'est imposé « le devoir de libérer totalement l'Afrique dont les peuples continuent à lutter pour leur indépendance véritable et leur dignité »[94] et s'est engagée à éliminer les systèmes d'organisation sociale, politique et économique qui procèdent par discrimination fondées notamment sur « la race, l'ethnie, la couleur, le sexe, la langue, la religion ou l'opinion politique »[95]. Le principe de la non discrimination qui est la colonne vertébrale de l'architecture du droit international des droits de l'homme et partant de l'universalité est violé par « le colonialisme, le néocolonialisme, l'apartheid, le sionisme, les bases militaires étrangères d'agression »[96]. En s'engageant à lutter contre le crime d'apartheid, la Charte africaine était en avance sur le droit international qui ne codifiera expressément le « crime d'apartheid » qu'en 1998 dans le Statut de Rome de la Cour pénale internationale du 17 juillet 1998 en son article 7 alinéas 1er j) et 2 h) bien après la Charte africaine des droits et du bien-être de l'enfant de 1990 (article 26) qui confirme la position normative de l'Afrique sur l'apartheid et sa menace sur l'universalité.

La réprobation du système d'apartheid en Afrique du Sud mais également de tout système de domination et d'aliénation de droits a été réitérée par la Déclaration de Tunis de 1992 qui présentait la position commune de l'Afrique pour la Conférence des droits de l'homme de Vienne de 1993 soulignait :

> « L'Afrique (...) condamne la persistance de l'apartheid en Afrique du Sud et les violations flagrantes et systématiques des droits de l'homme dues à l'occupation étrangère, notamment en Palestine et dans les autres territoires arabes occupés, y compris Jérusalem, aux conflits armés en Somalie et é la politique de nettoyage technique en Bosnie-Herzégovine, et réaffirme le droit de tous les peuples à l'autodétermination et au libre choix de leurs systèmes et institutions politiques et économiques, sur la base du respect de la souveraineté nationale et de la non ingérence dans les affaires intérieures des Etats ».

Par l'invocation du sionisme à côté de l'apartheid dans son préambule, l'Afrique et sa Charte font mieux que l'Europe qui, dans sa Convention européenne des droits de l'homme adoptée pourtant au lendemain de la deuxième guerre mondiale marquée par l'holocauste, n'a pas nommément invoqué l'antisémitisme qui a pourtant, sur le continent européen, construit et

---

94 Préambule de la Charte, paragraphe 8.
95 *Ibid.*
96 *Ibid.*

consolidé l'idéologie ayant entraîné la déportation, la torture, les traitements cruels, inhumains et dégradants, l'extermination et la spoliation de millions de juifs à qui tout droit a été dénié.

2.2. La validation de la spécificité africaine par l'évolution du droit international contemporain

En 2001, la Conférence mondiale des Nations Unies contre le racisme, la discrimination raciale, la xénophobie et l'intolérance qui y est associée qui s'est tenue en terre africaine à Durban, Afrique du Sud (31 août-8 septembre 2001) s'est élevée à la hauteur de l'universalité proclamée par la Charte des Nations Unies et la DUDH en réaffirmant le sacro-saint principe selon lequel « tous les êtres humains naissent égaux en dignité et en droits »[97]. La Déclaration et le Programme d'action ayant sanctionné la Conférence reconnaissent que la privation de droits et l'aliénation systématique qui étaient le moteur de l'esclavage et de la traite des esclaves, la colonisation et l'apartheid, trois phénomènes - qui s'articulent autour du déni des droits aux africains - qui ont frappé le continent africain, ont produit des conséquences désastreuses sur l'Afrique et l'humanité en termes de jouissance des droits inhérentes à la personne humaine :

> « Nous reconnaissons que l'esclavage et la traite des esclaves, en particulier la traite transatlantique, ont été des tragédies effroyables dans l'histoire de l'humanité, en raison non seulement de leur barbarie odieuse, mais encore de leur ampleur, de leur caractère organisé et tout spécialement de la négation de l'essence des victimes ; nous reconnaissons également que l'esclavage et la traite des esclaves constituent un crime contre l'humanité et qu'il aurait toujours dû en être ainsi, en particulier la traite transatlantique, et sont l'une des principales sources et manifestations du racisme, de la discrimination raciale, de la xénophobie et de l'intolérance qui y est associée, et que les Africains et les personnes d'ascendance africaine, de même que les personnes d'ascendance asiatique et les peuples autochtones, ont été victimes de ces actes et continuent à en subir les conséquences »[98].

Le système de domination et d'hégémonie d'un groupe humain sur un autre ou d'un Etat sur un autre est source d'injustice et de privation de droits dans l'intérêt exclusif du groupe ou de l'Etat en position de domination. C'est pour cela que la Charte africaine dispose en son article 19 que « tous les peuples sont égaux ; ils jouissent de la même dignité et ont les mêmes droits. Rien ne

---

[97] Déclaration et Programme d'action de Durban, A/CONF.189/12, Chapitre I, § 7 ; article 1er de la DUDH.
[98] A/CONF.189/12, Chapitre 1er, § 13.

peut justifier la domination d'un peuple par un autre ». En tant que système de domination, la colonisation a, selon la Déclaration et Programme d'action de Durban, a entraîné le racisme vis-à-vis des Africains mais également à l'égard des personnes d'ascendance africaine victimes ou non de la colonisation :

> « Nous reconnaissons que le colonialisme a conduit au racisme, à la discrimination raciale, à la xénophobie et à l'intolérance qui y est associée, et que les Africains et les personnes d'ascendance africaine, de même que les personnes d'ascendance asiatique et les peuples autochtones, ont été victimes du colonialisme et continuent à en subir les conséquences. Nous sommes conscients des souffrances infligées par le colonialisme et affirmons qu'il faut les condamner, quels que soient le lieu et l'époque où elles sont advenues, et empêcher qu'elles ne se reproduisent. Nous regrettons en outre que les effets et la persistance de ces structures et pratiques aient été parmi les facteurs qui ont contribué à des inégalités sociales et économiques persistantes dans de nombreuses régions du monde aujourd'hui »[99].

A l'égard de l'apartheid, la Déclaration et le Programme d'action de Durban stipulent :

> « Nous reconnaissons que l'apartheid et le génocide constituent des crimes contre l'humanité au regard du droit international et sont d'importantes sources et manifestations du racisme, de la discrimination raciale, de la xénophobie et de l'intolérance qui y est associée ; nous sommes conscients des maux et des souffrances indicibles causés par ces actes et affirmons qu'il faut les condamner, quels que soient l'époque et le lieu où ils ont été commis, et empêcher qu'ils ne se reproduisent »[100].

Au regard de ces tragédies subies par l'Afrique, la Charte africaine proclame que « la liberté, l'égalité, la justice et la dignité sont des objectifs essentiels à la réalisation des aspirations légitimes des peuples africains ». Cette proclamation fait écho dans la Déclaration et le Programme d'action de Durban qui souligne la « lutte héroïque du peuple sud-africain contre le système institutionnalisé d'apartheid » [101] et la considère comme est une source d'inspiration pour la communauté internationale en dans sa lutte contre le racisme, la discrimination raciale, la xénophobie et l'intolérance qui y est associée. La Conférence affirme par ailleurs que « la prohibition (...) du crime

---

[99] *Op. cit*, § 14.
[100] *Op. cit*, § 15.
[101] *Op. cit*, § 3 (préambule).

d'apartheid et de l'esclavage ne souffre aucune dérogation »[102] et que le « crime d'apartheid, constituent des violations graves des droits de l'homme et, dans certains cas, peuvent être qualifiés de crimes contre l'humanité »[103]. Par ailleurs, comme pour réparer les violations graves et systématiques des droits des victimes, la Conférence fait son *mea culpa* :

> « Nous reconnaissons et regrettons profondément les immenses souffrances humaines et le sort tragique subis par des millions d'hommes, de femmes et d'enfants du fait de l'esclavage, de la traite des esclaves, de la traite transatlantique des esclaves, de l'apartheid, du colonialisme et du génocide »[104].

Et :

> « Nous exprimons notre solidarité avec les peuples d'Afrique qui luttent sans relâche contre le racisme, la discrimination raciale, la xénophobie et l'intolérance qui y est associée et reconnaissons les sacrifices qu'ils consentent et les efforts qu'ils déploient pour sensibiliser l'opinion internationale à ces tragédies cruelles »[105].

Le processus de mise en œuvre de la Déclaration et du Programme d'action de Durban a donné lieu à des engagements visant à donner effet aux engagements pris en 2001.

Ainsi, la création du Groupe de travail d'experts des Nations Unies sur les personnes d'ascendance africaine[106] en 2002 a été suivie de l'institution par les Nations Unies du 25 mars comme Journée internationale de commémoration des victimes de l'esclavage et de la traite transatlantique des esclaves en 2007 [107] et de la proclamation de l'année 2011 « Année internationale des personnes d'ascendance africaine » [108]. Par ailleurs, le 23 décembre 2013, l'Assemblée générale des Nations Unies a adopté la résolution 68/237 sur la proclamation de la Décennie internationale des personnes d'ascendance africaine (2015-2024)[109]. Selon l'UNESCO, « dans le

---

[102] *Op. cit,* § 20 (préambule).
[103] *Op. cit,* § 28.
[104] *Op. cit,* § 99.
[105] *Op. cit,* § 4.
[106] A/CONF.189/12, Chapitre 1er, II, 7. Le Groupe de travail a été créé par la résolution 2002/68 de la Commission des droits de l'homme. La Commission des droits de l'homme est devenue le Conseil des droits de l'homme par la résolution 60/251 (15 mars 2006) de l'Assembleé générale. Voir les résolutions pertinentes du Conseil des droits de l'homme : 9/14 (2008), 18/28 (2011), 27/25 (2014) et 36/23 (2017).
[107] Résolution de l'Assemblée générale 62/122 du 17 décembre 2007.
[108] Résolution de l'Assemblée générale 64/169 du 18 décembre 2009
[109] La décennie va du 1er janvier 2015 au 31 décembre 2024. Elle a pour thème « Personnes d'ascendance africaine : considération, justice et développement ». Elle a été officiellement lancée lors de la soixante-neuvième session de l'Assemblée générale des Nations Unies. Voir

monde, les personnes d'ascendance africaine continuent à souffrir des inégalités et des préjudices hérités de l'esclavage et du colonialisme »[110] et que la Décennie répond à un « devoir de justice » et a pour objectif principal de « renforcer les actions et mesures garantissant le plein exercice des droits économiques, sociaux, culturels, civils et politiques des personnes d'ascendance africaine et leur pleine et égale participation dans la société »[111]. Dans ce contexte, le Groupe de travail rassemble toutes les données et analyses disponibles pour mener un exercice de cartographie et préparer un rapport initial sur la situation des droits de l'Homme des personnes d'ascendance africaine.

Par ailleurs, l'assassinat en mai 2020 de l'afro-américain Georges Floyd à Minneapolis, aux Etats Unies, par des policiers Blancs, a déclenché à travers le monde une vague d'indignation et de protestation contre les lois, les pratiques et les idéologies suprémacistes et hégémonistes qui visent à dénier aux Noirs tout droit non seulement aux Etats Unis mais également un peu partout dans le monde. Ces réprobations mondiales rejoignent les études du Groupe de travail de l'ONU sur les personnes d'ascendance africaine qui avait conclu que « des efforts visant à ébranler la dynamique coloniale continuent d'être à l'œuvre entre les pays en développement et les pays développés, lesquels conservent souvent une hégémonie historique et propagent les préjugés et les idées fausses concernant les personnes d'ascendance africaine »[112].

---

aussi ces resolutions de l'Assemblée générale : 52/111 (12 décembre 1997), 56/266 (27 mars 2002), 57/195 (18 décembre 2002), 58/160 (22 décembre 2003), 59/177 (20 décembre 2004), 60/144 (16 décembre 2005), 66/144 (19 décembre 2011), 67/155 (20 décembre 2012), Pour le programme des activités de la Decennie, voir la résolution 69/16 de l'Assemblée générale.

[110] Commantaires de l'UNESCO sur la Décennie internationale des personnes d'ascendance africaine (2015-2024), voir www.unesco.org (consultations, août 2020).

[111] Selon l'UNESCO, « Des études, rapports et conférences internationales ont constaté que de nombreuses personnes d'ascendance africaine font partie partout dans le monde des groupes les plus pauvres et les plus marginalisés de la population. Ceci est une conséquence directe de la traite et de la mise en esclavage de femmes, d'hommes et d'enfants africains et d'ascendance africaine durant quatre siècles, ainsi que de la colonisation. La déshumanisation de ces personnes s'est appuyée sur les courants intellectuels dominants de la pensée occidentale de l'époque afin de justifier la pratique esclavagiste à travers des théories scientifiques biaisées et fausses sur la notion de race. Elle a été à l'origine de la construction de l'idéologie anti-noir organisée juridiquement par le Code noir (1685). Le racisme hérité des infâmes pratiques de l'esclavage et du colonialisme persiste aujourd'hui dans les discriminations structurelles, interpersonnelles et institutionnelles. Ces discriminations auxquelles sont confrontées les personnes d'ascendance africaine maintiennent le cycle des inégalités et de la pauvreté, ce qui porte atteinte à leur développement ». Voir www.unesco.org.

[112] A/HRC/42/59, § 54. Voir aussi A/HRC/33/61/Add.2 (Rapport du Groupe de travail d'experts sur les personnes d'ascendance africaine sur sa mission aux États-Unis d'Amérique en 2016).

A la suite de l'assassinant de Georges Floyd, le Conseil des droits de l'homme a organisé les 17 et 18 juin 2020 un débat urgent, dans le cadre de sa 43ème session ordinaire, sur les violations actuelles des droits de l'homme d'inspiration raciale, le racisme systémique, la brutalité policière et la violence contre les manifestations pacifiques. Au cours de ce débat urgent, 47 détenteurs de mandat au titre des procédures spéciales du Conseil des droits de l'homme ont délivré une communication qui a souligné notamment que « le récent assassinat de George Floyd a choqué de nombreuses personnes dans le monde, mais il s'agit de la réalité vécue par les personnes noires à travers les États-Unis. Le soulèvement national est une protestation contre le racisme systémique qui produit la violence raciale soutenue par l'État, et qui autorise l'impunité pour cette violence. Le soulèvement reflète également la frustration publique et la protestation contre les nombreuses autres manifestations flagrantes de racisme systémique qu'il a été impossible d'ignorer au cours des derniers mois »[113]. Ces préoccupations ont été reprises par la Comité pour l'élimination de la discrimination à l'égard de la femme et la Haute Commissaire des Nations Unies aux droits de l'homme.

La resolution 43/1 du Conseil des droits de l'homme des Nations Unies adoptée sans vote à l'issue du débat urgent rappelle « la Déclaration universelle des droits de l'homme, qui dispose que tous les êtres humains naissent libres et égaux en dignité et en droits et que chacun peut se prévaloir de tous les droits et de toutes les libertés proclamés dans la Déclaration, sans distinction aucune, notamment de race, de couleur ou d'origine nationale »[114] et « condamne fermement les pratiques raciales discriminatoires et violentes auxquelles les forces de l'ordre continuent de recourir contre des Africains et des personnes d'ascendance africaine, qui ont notamment entraîné la mort de George Floyd le 25 mai 2020 dans le Minnesota (…) et le décès d'autres personnes d'ascendance africaine, et condamne également le racisme structurel dans le système de justice pénale »[115]. La résolution a ensuite confié à la Haute-Commissaire aux droits de l'homme, Michelle Bachelet, d' « élaborer un rapport sur le racisme systémique et les violations du droit international des droits de l'homme commises par les forces de l'ordre contre

---

[113] *Statement on the Protests against Systemic Racism in the United States*, 5 juin 2020, sur le site du Haut-Commissariat des Nations Unies aux droits de l'homme www.ohchr.org (consultation le 20 décembre 2020). Notre traduction. Voici le texte original: *"The recent killing of George Floyd has shocked many in the world, but it is the lived reality of black people across the United States. The uprising nationally is a protest against systemic racism that produces state-sponsored racial violence, and licenses impunity for this violence. The uprising also reflects public frustration and protest against the many other glaring manifestations of systemic racism that have been impossible to ignore in the past months ».*

[114] Résolution 43/1 (19 juin 2020), paragraphe prémabulaire N°2. (Promotion et protection des droits de l'homme et des libertés fondamentales des Africains et des personnes d'ascendance africaine contre les brutalités policières et autres violations des droits de l'homme).

[115] *Ibid.*, § 1.

des Africains et des personnes d'ascendance africaine, en particulier les actes qui ont entraîné la mort de George Floyd et d'autres Africains et personnes d'ascendance africaine, afin de contribuer à l'établissement des responsabilités et à l'octroi d'une réparation aux victimes »[116], d' « étudier comment les pouvoirs publics ont réagi face aux manifestations pacifiques contre le racisme et de se pencher notamment sur les allégations de recours excessif à la force contre des manifestants, des passants et des journalistes »[117], et a invité « tous les organes conventionnels, les titulaires de mandat au titre des procédures spéciales et les mécanismes internationaux et régionaux des droits de l'homme, dans le cadre de leurs mandats respectifs, à accorder l'attention voulue à toutes les formes de racisme, de discrimination raciale, de xénophobie et d'intolérance qui y est associée, notamment à l'égard des Africains et des personnes d'ascendance africaine, et à les porter à son attention »[118].

L'affirmation avec force du caractère universel des droits de l'homme tient à l'histoire de l'Afrique et à aliénation et la privation des droits mais également au principe de solidarité qui irrigue le droit international des droits de l'homme. La Charte africaine affirme ainsi la plénitude de l'universalisme, ce qui ne l'empêche guère de souligner des spécificités.

3. Les spécificités de la Charte

3.1. Le droit des peuples

Tous les auteurs et observateurs s'accordent sur l'existence dans la Charte de certaines particularités en comparaison avec d'autres instruments internationaux et régionaux. La Charte africaine se distingue déjà par son titre. Elle garantit les « droits de l'homme » et les « droits des peuples »[119] [article 19 à 24 de la Charte], ce qui est singulièrement nouveau au regard du droit régional des droits de l'homme. La Charte énonce ainsi le droit des peuples à l'instar du droit des peuples à leur développement économique,

---

[116] *Ibid.*, § 3.
[117] *Ibid.*, § 4.
[118] *Ibid.*, § 8.
[119] Sur les droits des peuples voir, Maurice Ahanhanzo Glélé : « La Charte africaine des droits de l'homme et des peuples : ses virtualités et ses limites », *Revue de droit africain*, n° 1, 1985. Du même auteur, « La Déclaration d'Alger et l'Afrique » dans *Pour un droit des peuples : Essais sur la Déclaration d'Alger*, publié sous la direction de Antonio Cassese et Edmond Jouve, avant-propos de Lelio Basso, Paris, 1978.
Benoit S. Ngom, Les droits de l'homme et l'Afrique, 1984, pp.75 à 76 ; Maurice Ahanhanzo Glélé, « La Charte africaine des droits de l'homme et des peuples : ses virtualités et ses limites », Revue de droit africain, n°1, 1985 et Keba Mbaye, Les droits de l'homme en Afrique, 2ème édition, Pedone, 2002, pp. 43 à 45.

social et culturel (article 22), à la paix et à la sécurité (article 23), à jouir d'un traitement égal dans la dignité (article 19), le droit à disposer librement des ressources naturelles (article 21) et du droit imprescriptible et inaliénable à l'autodétermination (article 20). Le droit des peuples à un environnement satisfaisant et global est consacré par l'article 24 de la Charte.

Dans l'*affaire Endorois*[120], la Commission africaine a conclu, dans une décision de principe, qu'en expulsant des centaines de familles Endorois de leurs terres ancestrales dans la Vallée du Rift au Kenya pour créer une réserve animalière destinée au tourisme, le gouvernement kényan a violé, notamment le droit à la libre disposition des ressources naturelles consacré par l'article 21 de la Charte mais également le droit au développement des peuples de l'article 22 de la Charte. Ce fut une décision de principe sur le droit au développement. D'autres dispositions de la Charte, notamment les articles 18 à 24 sont relatifs au droit à la famille, aux droits des peuples à l'existence, à l'égalité, à l'assistance contre la domination, à la jouissance du patrimoine commun de l'humanité, au développement, à la paix et à l'environnement.

Pour la Commission africaine, « le terme peuple ou communauté autochtone (...) vise à garantir une jouissance égale des droits et libertés en faveur de groupes historiquement marginalisés »[121]. Elle a précisé sa religion sur le droit des peuples, notamment le droit des peuples autochtones dans son avis juridique sur la Déclaration des Nations Unies sur les droits des peuples autochtones adopté en 2007 lors de sa 41ème session ordinaire à Accra[122]. Elle s'est appuyée sur l'étude approfondie menée par son Groupe de travail sur les populations/communautés autochtones adoptée sous forme de rapport dans sa la résolution CADHP/Res.65 (XXXIV)03 lors de la 34ème session ordinaire à Banjul en novembre 2003[123]. Elle a également exprimé sa satisfaction par sa résolution CADHP/Res.121(XXXXII)07 après l'adoption par les Nations Unies de la Déclaration sur les droits des peuples autochtones en soulignant l'importance de la Déclaration dans la promotion et la protection des droits

---

[120] Communication 276/03 *(Centre for Minority Rights Development (Kenya) and Minority Rights Group (on behalf of Endorois Welfare Council) c. Kenya.* Voir aussi Dismas Ndayambaje Olivier, *La contribution de la reconnaissance des droits des peuples autochtones à la protection del'environnement à la lumière de l'affaire Endorois c Kenya.* in *Revue Québécoise de droit international*, volume 29-2, 2016. pp. 173-190. Voir aussi les résolutions CADHP/Rés.197(L)11 et CADHP/Rés.176 (XLVII1) 10 de la Commission.

[121] Avis juridique de la CADHP sur la Déclaration des nations Unies sur les droits des puieples autochtones adopté en 2007 lors de sa 41ème session ordinaiare (16 – 30 mai 2007) à Accra, Ghana, § 19.

[122] *Ibid.*

[123] Rapport du Groupe de travail sur les populations/communautés autochtones de la Commission africaine, adopté par la CADHP en novembre 2003, lors de sa 34ème Session ordinaire. Voir aussi le 17ème Rapport annuel d'activités de la Commission africaine et *Assembly/AU/Dec.56(IV).*

humains des populations autochtones partout dans le monde, notamment sur le continent africain[124]. Depuis lors, la Commission reste et demeure un ardent artisan du droit des peuples[125].

C'est au nom du droit des peuples à disposer d'eux-mêmes que l'Afrique s'est révoltée contre la colonisation et l'apartheid. En prélude à la Conférence de Vienne sur les droits de l'homme de 1993, la Déclaration de Tunis de 1992 qui représente la position commune de l'Afrique soulignait :

> « L'Afrique qui demeure attachée au respect des droits individuels, réaffirme par la même occasion l'importance qu'elle accorde aux droits collectifs des peuples, en particulier au droit de décider de leur propre avenir et de disposer librement de leurs propres ressources. De ce fait, elle condamne la persistance de l'apartheid en Afrique du Sud et les violations flagrantes et systématiques des droits de l'homme et l'occupation étrangère, notamment en Palestine et dans les territoires arabes occupés, y compris Jérusalem, aux conflits armé en Somalie et à la politique de nettoyage ethnique en Bosnie-Herzégovine, et réaffirme le droit de tous les peuples à l'autodétermination et au libre choix de leurs systèmes et institutions politiques et économiques, sur la base du respect de la souveraineté nationale et de la non-ingérence dans les affaires intérieures des Etats »[126].

L'article 24 de la Charte est dédié à l'environnement et dispose que « tous les peuples ont droit à un environnement satisfaisant et global, propice à leur développement ». Ce texte de 1981 est en accord avec la Convention africaine sur la conservation de la nature et des ressources naturelles adoptée le 11 juillet 2003 à Maputo au Mozambique. Pour réaliser les objectifs de cette Convention, son article 3 consacre le « droit de tous les peuples à un environnement satisfaisant qui favorise leur développement » (alinéa 1er), la responsabilité individuelle et collective des Etats pour assurer l'exercice du droit au développement (alinéa 2) et le « devoir des Etats à veiller à ce que les besoins en matière de développement et d'environnement soient satisfaits de manière durable, juste et équitable » (alinéa 3). Bien avant l'Accord de Paris[127]

---

[124] La résolution a été adoptée lors de la 42ème session ordinaire tenue du 15 au 28 novembre 2007 à Brazzaville, République du Congo.

[125] *Voir notamment les résolutions CADHP/Rés. 372 (LX) 2017, CADHP/Res.291(EXT.OS/XVI)2014 et CADHP*/Rés.190 (XLIX) 11.

[126] Déclaration de Tunis adoptée à l'issue de la Conférence régionale pour l'Afrique de la Conférence mondiale sur les droits de l'homme de Vienne (14-25 juin 1993), A/CONF.157/AFRM/14, § 11.

[127] Doc. ONU. FCCC/CP/2015/10/Add.1, annexe. Il a été adopté lors de la Conférence des Etats Parties sur sa vingt et unième session (COP21) tenue à Paris du 30 novembre au 13 décembre 2015, qui a, pour la première fois, engagé tous les États à réduire leurs émissions de gaz à effet de serre, pour la période après 2020.

qui a véritablement réveillé les consciences sur les effets du changement climatique ainsi que l'activisme remarqué de l'adolescente suédoise Gretta Thunberg[128] qui a mobilisé la jeunesse mondiale et défié les gouvernements avec sa « grève pour le climat » en 2019, l'Afrique a conventionnellement ancré la responsabilité collective et partagée sur la sauvegarde de l'environnement, y compris dans l'Acte constitutif de l'UA[129]. Au moment de la signature de l'Accord de Paris le 13 décembre 2015, la COP21 a mis tout en œuvre pour que tous les Etats, notamment les Etats les plus pollueurs de la planète comme les Etats Unies et la Chine ne fassent pas défection afin que les efforts soient collectifs[130], que les échanges des informations se fassent collectivement [131] pour des progrès collectifs [132] soient atteints vers la réalisation des objectifs collectifs[133] de justice climatique. Dans sa requête n° 006/2012 [134] contre le Kenya devant la Cour africaine des droits de l'homme et des peuples, la Commission avait fait valoir que l'expulsion du peuple Ogiek de la forêt de Mau, un groupe de minorités ethniques autochtones, et les actes de harcèlement, d'intimidation, ou d'empiétement sur les moyens traditionnels de subsistance de la communauté, sont une atteinte au droit du peuple Ogiek à disposer librement de ses ressources naturelles et de pratiquer sa religion et sa culture[135].

En 2009, dans sa recherche de réponses visant à juguler l'impact du changement climatique sur les droits de l'homme, la Commission africaine a appelé les Etats à prendre des « mesures spéciales de protection des groupes vulnérables comme les enfants, les femmes, les personnes âgées, les communautés autochtones et les victimes de catastrophes naturelles et de conflits »[136]. La solution aux enjeux climatiques s'inscrit dans une dynamique collective pour un bien-être collectif.

La Charte africaine prévoit à la fois des droits à l'individu et à des groupes d'individus, ce qui n'est pas, à y regarder de près, une innovation en tant que

---

[128] Greta Thunberg, Rejoignez.nous, #grevepourleclimat, Edition Kero, 2019 et Greta Thunberg, No One Is Too Small to Make a Difference, Edition Penguin, 2019.

[129] Article 13 alinéa 1er e). L'UA a mis en place un Comité chargé de l'industrie, de la science et de la technologie, de l'énergie, des ressources naturelles et de l'environnement (article 14 alinéa 1er d) de l'Acte constitutif).

[130] FCCC/CP/2015/10/Add.1, § 20.

[131] *Op.cit*, § 94 c).

[132] *Op.cit*, annexe, article 14 alinéa 1er.

[133] *Op.cit*, § 53.

[134] Requête no 006/2012 (2017), *Commission africaine des droits de l'homme et des peuples c. République du Kenya*, CAfDHP.

[135] Lucy Claridge, « Victory for Kenya's Ogiek as African Court sets major precedent for indigenous peoples' land rights *African Commission on Human and Peoples' Rights* v the Republic of Kenya », Minority Rights Group International, Briefing, 2017.

[136] CADHP/Res.153(XLVI)09, § 2.

telle, étant entendu que la Charte des Nations Unies avait consacré le droit des peuples à disposer d'eux-mêmes. Il est opportun de préciser que la Déclaration des Nations Unies sur les droits des peuples autochtones affirme dans ses dispositions préambulaires « l'importance fondamentale du droit de tous les peuples de disposer d'eux-mêmes »[137] et considère « qu'aucune disposition de la Déclaration ne pourra être invoquée pour dénier à un peuple quel qu'il soit son droit à l'autodétermination exercé conformément au droit international. »[138]. Cette conscience de la « nécessité urgente de respecter et de promouvoir les droits intrinsèques des peuples autochtones » [139] est reconnue également par la Charte des Nations Unies de 1948, les deux Pactes de 1966[140], le Programme d'action de Vienne de 1993[141]. Ce qui est reconnu et affirmé dans la résolution 1803 (XVII) de l'Assemblée générale du 14 décembre 1962 sur les « souveraineté permanente sur les ressources naturelles » se retrouve dans d'autres instruments tels que la Déclaration des Nations Unies sur les droits des personnes appartenant aux minorités nationales ou ethniques, religieuses et linguistiques[142], et la Convention internationale 169 de l'Organisation internationale du Travail (OIT) sur les peuples indigènes et tribaux dans les pays indépendants.

Même si la Charte ne définit pas le terme « peuple », elle ne donne pas quitus aux minorités ou à des régions ou Etats fédérés à faire scission ou sécession ou encore à réclamer leur indépendance de la communauté nationale. La conférence de Nairobi de 1985 a donné des clarifications à cet effet :

> « La question des droits des peuples a suscité plusieurs interventions. Il a été rappelé qu'à la réunion ministérielle de Banjul, chargée d'examiner le projet de la Charte, l'un des problèmes majeurs était de définir un « peuple ». Finalement, les ministres avaient décidé de s'abstenir à donner une définition à ce terme et d'en référer aux chefs d'Etat. En fait, aucune définition ne fut introduite dans la Charte. Néanmoins, les participants à la conférence ont cherché à clarifier cette notion. Il a été noté que les occidentaux ont tendance à considérer les clans, les ethnies, les tribus et même les communautés comme étant des peuples. En Afrique, la notion de peuple se réfère à la communauté nationale qui est distincte de la communauté ethnique, linguistique ou tribale. La clause de l'article 21(4), dont la teneur est que le droit des peuples à la libre disposition de leurs richesses et de

---

137 16ème paragraphe préamabulaire.
138 17ème paragraphe préamabulaire.
139 7ème paragraphe préamabulaire.
140 Articles 1er et 47 du PIDCP. Articles 1er et 25 du PIDESC.
141 A/CONF.157/24, Première Partie, Chap. III.
142 Voir Promouvoir et protéger les droits des minorités, Un guide pour les défenseurs, Nations Unies, Genève et New York, 2012.

leurs ressources naturelles doit être exercé par les Etats, indique clairement que le concept de peuple se réfère à la communauté nationale tout entière. Il a été souligné, qu'une distinction doit être faite entre les droits des peuples, au sens de communautés nationales, et les droits des minorités. A la question du sens de l'expression « collectivités légalement reconnues » (cf. Article 27), le Juge Mbaye qui est un des rédacteurs de la Charte a indiqué qu'elle se réfère aux collectivités constituant des démembrements ou des regroupements d'Etats. Il a donné l'exemple des communes et des communautés rurales au Sénégal. Au regard du principe du droit des peuples à l'autodétermination (Article 20), il a été observé qu'il n'autorise, en aucune façon, la sécession. La Charte impose le devoir de préserver l'indépendance nationale et l'intégrité territoriale (Article 29(5)) »[143].

La reconnaissance d'un droit des peuples est intimement liée à la proclamation des droits collectifs.

3.2. Les droits collectifs

Les droits collectifs rejoignent la philosophie qui irrigue le droit des peuples. La notion de « droit collectif » en Afrique va au-delà des droits destinés à un groupe d'individus pour englober l'attache qui sous-tend intrinsèquement l'ensemble des droits autour du principe de l'indivisibilité et de l'interdépendance des droits. De manière générale, en droit africain, le droit de l'individu serait un droit isolé et égoïste car enclin à privilégier l'intérêt personnel au détriment de l'intérêt public indispensablement impératif pour le corps social. Les « droits collectifs » ne s'opposent pas mécaniquement aux « droits individuels » mais expriment un état d'esprit, un état de cohérence qui place l'individu d'abord et avant tout au cœur du groupe social. L'individu doit obéissance et respect à la société et à ses membres et ces derniers doivent déployer la solidarité protectrice pour chaque individu. On voit poindre l'intimité des notions de droits et devoirs/responsabilité.

L'article 18 de la Charte relatif à la famille et à sa protection par l'Etat traduit la quintessence même du droit collectif. « La famille est l'élément naturel et la base de la société » dispose l'alinéa 1er de ce texte qui met également une quadruple obligation à la charge de l'Etat : l'obligation d'assister la famille, le devoir d'éliminer la discrimination à l'égard de la femme, le devoir de protéger les femmes et les enfants, et l'obligation de prendre des mesures spécifiques pour la protection des personnes âgées ou handicapées. Le respect

---

[143] Rapport de la Conférence sur les « droits de l'homme et des peuples et la Charte africaine » à Nairobi du 2 au 4 décembre 1985, *Commission internationale de juristes*, p. 55.

de ces obligations est gage de résilience individuelle et communautaire. A travers ce texte, la Charte instaure une solidarité intergénérationnelle, la protection des plus vulnérables au sein de la famille et de la communauté et une responsabilité collective de protection des droits de chacun. La protection de la famille est ainsi observée notamment dans les conditions de recevabilité d'une communication à travers l'admission de l'anonymat [144], dans la protection des défenseurs des droits de l'homme[145], les visites aux personnes privées de liberté[146], la réparation due aux victimes des violations de droits[147].

Selon la Commission africaine, la conception du droit collectif de la Charte ne s'oppose pas au droit individuel lorsqu'elle fait remarquer que « l'indivisibilité des droits des femmes autochtones avec ceux des populations auxquelles elles appartiennent et le fait que le respect des droits collectifs implique nécessairement celui des droits des femmes autochtones »[148]. A la philosophie occidentale cartésienne « cogito ergo sum » (je pense donc je suis) qui est à la fois individualiste, égocentrique, égoïste et autistique, l'Afrique élève au rang d'institution et de mode d'organisation et de fonctionnement de la société le « je pense, donc nous sommes ». J'existe certes en tant qu'individu, mais c'est surtout le groupe social qui maximise, à travers l'obéissance des règles convenues, l'exercice, la jouissance et la réclamation de mes droits. Cette philosophie peut être rapprochée de la pensé d'Albert Camus qui écrit dans *L'homme révolté* que « je me révolte, donc nous sommes » [149]. C'est cette civilisation du « bien commun », de l' « intérêt commun », de la « chose commune » et de « l'effort collectif » irrigue et raffermit les droits collectifs consacrés par la Charte africaine : le droit à la famille (article 18), l'interdiction de la domination d'un groupe par un autre (article 19), le droit imprescriptible et inaliénable à l'autodétermination (article 20), le droit à la libre disposition des ressources naturelles (article 21), le droit au développement (article 22), le droit à la paix (article 23) et le droit à un environnement sain (article 24).

Dans la communication 155/96, la Commission a décidé que les expulsions forcées opérées par le gouvernement nigérian a séparé les familles et accru le nombre de sans abris. En se comportant ainsi, il « démontre nettement une

---

[144] Communication 283/2003, *B. c. Kenya.*
[145] CADHP/Rés. 376 (LX) 2017, 8ème paragraphe préambulaire et § 3 a).
[146] CADHP/Rés.360 (LIX) 2016, 10ème paragraphe préambulaire et § 3 vii).
[147] CADHP/Rés.359 (LIX) 2016, § 3 v), CADHP/Rés.357 (LIX) 2016, § 3 vi) ; CADHP/Rés.303 (LVI) 2015, 9ème paragraphe préambulaire ; CADHP/Res.263(LIV)2013, §§ 1 et 2.
[148] CADHP/Rés.190 (XLIX) 11, paragraphe préambulaire n°6.
[149] Albert Camus, *L'homme révolté*, Eidtion Gallimard, Collection Folio essaie n°15, Paris 1951.

violation de ce droit dont jouit le peuple ogoni en tant que droit collectif »[150]. Il en est de même dans la communication 276/03 (*Centre for Minority Rights Development (Kenya) and Minority Rights Group (on behalf of Endorois Welfare Council) c. Kenya*) ou encore dans l'affaire *Commission africaine des droits de l'homme et des peuples c. Kenya* (Requête no 006/2012 (2017)) devant la CAfDHP[151].

B. Une inspiration du droit international

Cette inspiration est omniprésente à la fois dans la Charte et les instruments africains relatifs aux droits de l'homme ainsi que dans les mécanismes de supervision et de contrôle de ces instruments.

1. La codification des instruments africains

Keba Mbaye a déclaré lors de la présentation de l'avant-projet de la Charte que le projet de Charte en gestation s'inspirait largement des dispositions du Pacte international relatif aux droits économiques, sociaux et culturels des Nations Unies et de la Convention américaine des droits de l'homme[152].

Sans doute, le droit international reste et demeure le socle sur lequel s'est bâti le droit africain des droits de l'homme incarné par la Charte africaine. Dès son préambule, la Charte réaffirme son engagement à « favoriser la coopération internationale en tenant dûment compte de la Charte des Nations Unies et de la Déclaration Universelle des Droits de l'Homme » et son « attachement aux libertés et aux droits de l'homme et des peuples contenus dans les déclarations, conventions et autres instruments adoptés dans le cadre (…) de l'Organisation des Nations-Unies ». Son article 23 alinéa 1er s'est approprié les buts et principes de la Charte des Nations en affirmant le droit à jouir de la paix et de la sécurité au niveau national et international (article 1, alina 1er, Charte de

---

[150] *Social and Economic Rights Action Center, Center for Economic and Social Rights c. Nigeria, § 68.* Voir aussi l'*O*bservation générale n° 4 (1991) du Comité des droits économiques, sociaux et culturels sur le droit à un logement adéquat mais également son Observation générale n° 7(1997) sur le droit à un logement suffisant (Article 11.1): expulsions forcées, E/1992/23, annexe III. Paragraphe 8(a)).

[151] Lucy Claridge, « Victory for Kenya's Ogiek as African Court sets major precedent for indigenous peoples' land rights *African Commission on Human and Peoples' Rights* v the Republic of Kenya », Minority Rights Group International, Briefing, 2017.

[152] Propos rapportés par Fatsah Ouguergouz, *La Charte africaine des droits de l'homme et des peuples, une approche juridique des droits de l'homme entre tradition et modernité*, publications de l'Institut Universitaire de Hautes Etudes Internationales, Genève, PUF, 1993, p. 59. Voir aussi Projet de Charte africaine des droits de l'homme et des peuples, O.U.A. Doc CAB/LEG/67/1., Introduction, cité par A.M. Akiwumi, *The United Nations International Convenant on Economic, Social and Cultural Rights and the African Charter on Human and Peoples' Rights, non publié, p.3.*

l'ONU), le principe de la coopération internationale (article 1, aliéna 3, Charte de l'ONU) et le développement des relations amicales entre les nations (article 1, aliéna 2, Charte de l'ONU). L'ancrage éloquent dans le droit international a été scellé par l'article 60 de la Charte au chapitre IV relatif aux principes applicables. L'article 60 dispose en effet que :

> « La Commission s'inspire du droit international relatif aux droits de l'homme et des peuples, notamment (…) des dispositions de la Charte des Nations Unies (…) de la Déclaration Universelle des Droits de l'Homme, des dispositions des autres instruments adoptés par les Nations Unies (…) ainsi que des dispositions de divers instruments adoptés au sein d'institutions spécialisées des Nations Unies dont sont membres les parties à la présente Charte ».

Par ailleurs, la référence au droit international est récurrente dans les Protocoles additionnels à la Charte. En effet, le Protocole à la Charte africaine des droits de l'homme et des peuples relatif aux droits de la femme en Afrique (Protocole de Maputo) et le Protocole à la Charte africaine des droits de l'homme et des peuples aux droits des personnes handicapées reprennent déjà dès leur préambule[153] les articles 60 et 61 de la Charte africaine qui ont construit la liaison conventionnelle entre le droit africain et le droit et la jurisprudence international. Les paragraphes préambulaires 6, 7, 9 et 11 du Protocole de Maputo font expressément référence aux résolutions du Conseil de sécurité de l'ONU, aux plans d'action et aux programmes adoptés au niveau international et portant élimination de toutes les formes de discrimination à l'égard des femmes et promotion de l'égalité entre les hommes et les femmes. Par ailleurs, l'article 41 du Protocole sur les droits des personnes handicapées demande au président de la Commission de l'UA de l'enregistrer auprès du Secrétaire général des Nations Unies dès son entrée en vigueur.

Le Protocole de Maputo renvoie aux « déclarations et conventions internationales », aux « instruments (…) internationaux relatifs aux droits de l'homme »[154] et fait appelle aux « pratiques africaines conformes aux normes internationales relatives aux droits de l'homme »[155]. Ce repère que représente le droit international se retrouve également à l'article 5 sur l'élimination des pratiques néfastes à l'égard des femmes qui exige des Etats des pratiques « contraires aux normes internationales » et à l'article 14 alinéa 1er e) sur les « pratiques internationalement reconnues ». L'article 4 alinéa 2 k) fait référence au droit international des réfugiés et l'article 11 alinéas 1er et 2 au

---

[153] Préambule paragraphe 4 pour le Protocole de Maputo et le paragraphe 5 pour le second.
[154] Préambule du Protocole, paragraphe 3.
[155] *Op. cit,* paragraphe 4.

droit international humanitaire applicables dans les situations de conflits armés qui touchent la population, particulièrement les femmes.

En outre, la dénomination « Charte » préférée à celle de « Convention » utilisée par l'Europe et les Amériques, peut donner à penser aussi que les rédacteurs de la Charte voulaient certes imprimer une originalité mais également s'arrimer davantage sur la « Charte » des Nations Unies qui est le traité universel par excellence.

2. La jurisprudence des mécanismes de supervision des instruments africains

La jurisprudence des trois organes majeurs de contrôle des instruments régionaux des droits de l'homme et de règlement des différends s'appuie sur le droit international. Le mécanisme africain par les pairs n'est pas en reste.

2.1. La Commission africaine (CADHP)

L'examen des communications au titre des articles 47, 48, 49 et 55 de la Charte africaine a exposé l'envergure du recours au droit international par la Commission africaine qui s'est fait sienne notamment la règle de l'épuisement des voies de recours internes qui est un principe du droit international universellement reconnu. Cette règle est en accord avec l'article 56 alinéa 5 de la Charte africaine et l'article 118 alinéa 1er du RI. Il est codifié dans les instruments internationaux, notamment l'article 41 du PIDCP, les articles 2 et 5 du Protocole facultatif se rapportant au PIDCP, et les articles 11 alinéa 3 et 14 de la CEDEF. Dans l'affaire de l'*Interhandel* de 1959, la CIJ a jugé que « la règle selon laquelle les recours internes doivent être épuisés avant qu'une procédure internationale puisse être engagée est une règle bien établie du droit international coutumier »[156]. La Commission a appliqué ce principe dans plusieurs affaires dont celles de l'*Institut pour les Droits Humains et le Développement en Afrique pour le compte des Réfugiés Sierra-léonais en Guinée c. République de Guinée*[157].

---

[156] Affaire *Interhandel (Suisse. c. États-Unis), Exceptions préliminaires*, CIJ, 27 mars 1959, Recueil CIJ, 1959, p. 27. Voir aussi Affaire *Ahmadou Sadio Diallo (République de Guinée c. République démocratique du Congo),* Exceptions préliminaires, CIJ 24 mai 2007, arrêt, C.I.J. Recueil 2007, p. 582. Wiebringhaus Hans, La règle de l'épuisement préalable des voies de recours internes dans la jurisprudence de la Commission européenne des Droits de l'Homme in *Annuaire français de droit international*, vol. 5, 1959. pp. 685-704 ;

[157] Communication N° 249/2002. Voir aussi Com 54/91, 61/91, 98/93, 164-196/97 et 210/98, *Malawi African Association, Amnesty International, Mme Sarr Diop, Union Interafricaine des*

L'activité quasi-normative de la ComADHP et sa jurisprudence démontrent à suffisance que le droit international est le repère ultime.

2.2. Le Comité africain d'experts sur les droits et le bien-être de l'enfant (CAEDBE)

La jurisprudence dense et étoffée de la Commission africaine fondée sur l'application du droit international sert de ressource au CAEDBE. Le Comité a axé nombre de ses décisions sur des dispositions du droit international à la lumière de la religion de la Commission africaine[158]. Ainsi, dans l'affaire *L'Institut de droit de l'homme et le développement en Afrique et Finders Initiative Groupe pour le compte de TFA (mineur) c. Le Gouvernement de la République du Cameroun* (N° 006/Com/002/2015), le Comité a repris pour son compte la jurisprudence de la Commission africaine en la matière[159] tout comme dans celle de *Minority Rights Group International et SOS-Esclaves au nom de Said Ould Salem et Salem Ould Yarg c. La République de Mauritanie*[160].

Dans son dernier paragraphe préambulaire, la CADBE a réaffirmé son « adhésion aux principes des droits et de la protection de l'enfant consacrés dans les déclarations, conventions et autres instruments adoptés (...) par l'Organisation des Nations unies, notamment la Convention des Nations unies sur les droits de l'enfant (...) ».

2.3. La Cour africaine africaine des droits de l'homme et des peuples (CAfDHP)

La pratique d'*amicus curiae* prévue aux articles 39 et 61 du Règlement intérieur de 2020[161] est empruntée à la Cour internationale de justice[162] à la

---

Droits de l'Homme et Rencontre Africaine des Droits de l-Homme, Collectif des Veuves et Ayants Droit et Association Mauritanienne des Droits de l'Homme c. Mauritanie.

158 Communication N ° 001/Com/001/2005, §§ 22 à 28 (Michelo Hunsungule et d'autres (au nom des enfants dans le nord de l'Ouganda) c. Le gouvernement de l'Ouganda) ; No 002/Com/002/2009, §§ 24 à 34. (*Institut des droits de l'homme et du développement en Afrique (IHRDA) et Open Society Justice Initiative en faveur des enfants d'origine nubienne au Kenya c. Le Gouvernement du Kenya*) et N ° 003/Com/001/2012. (*Le Centre pour les droits de l'homme (Université de Pretoria) et La Rencontre africaine pour la défense des Droits de l'homme (Sénégal) c. Le Gouvernement du Sénégal*).

159 N ° 006 / Com / 002/2015), §§ 29 à 30.

160 N ° 007 / Com / 003/2015, §§ 29, 30 et 33.

161 Les dispositions du Règlement intérieur porte le titre de « Règle ». Par commodité, nous utilisons le terme « article ».

162 Carlo Santulli, *Droit du contentieux international*, Paris, Montchrétien, 2005, p. 299 ; Hervé Ascencio, « L'*amicus curiae* devant les juridictions internationales », RGDJ, 2001, pp. 897-930 ; Patrick Jacob, *L'intervention devant la Cour internationale de justice à la lumière des*

lumière de l'article 66 de son Statut. Il en est de même de la pratique des mesures conservatoires prévues par l'article 59 du RI de la Cour et qui est une pratique établie du droit procédural international en matière de contentieux internationaux (articles 41 et 59 du Statut de la CIJ). Les articles 60 et 61 de la Charte africaine autorisent la Cour a puisé dans le droit international comme sur les questions de recevabilité des requêtes, y compris s'agissant de l'épuisement des voies de recours internes comme dans l'affaire *Peter Joseph Chacha c. Tanzanie* (requête n° 003/2021).

2.4. Le Mécanisme africain d'examen par les pairs (MAEP)

Le MAEP vise à faire progresser le continent sur quatre thématiques : la démocratie et la gouvernance politique, la gouvernance et la gestion économiques, la gouvernance d'entreprise et le développement socio-économique. Les documents de référence du mécanisme, notamment le Mémorandum d'entente souligne l'importance de la Déclaration des Nations Unies[163] et les résolutions A/RES/57/7 et A/RES/57/300 sur le soutien du système des Nations Unies[164]. Dans le document relatif à l'Organisation et Processus du MAEP, il est envisagé la collaboration avec un « grand éventail d'institutions partenaires, y compris celles qui conçoivent les normes internationales, les institutions de surveillance »[165]. Par ailleurs, dans la première étape de l'évaluation qui consiste à établir une étude de la gouvernance politique, économique et des entreprises et de l'environnement de développement de l'Etat sous évaluation, les outils et matériels sont pourvus, notamment par des institutions internationales[166]. La collecte d'informations de cette première étape puise des données dans les « rapports des traités et des autres organes, les évaluations récentes menées par les organisations de normalisation, et les rapports par d'autres organes internationaux reconnus »[167] comme c'est le cas au niveau de l'Examen périodique universel du Conseil des droits de l'homme des Nations Unies. Aussi, les représentants des organisations internationales sont habilités à intervenir dans la deuxième étape du processus d'évaluation dans le cadre des larges consultations organisées par l'Equipe du MAEP pour analyser les résultats de la première étape.

Le plan stratégique 2016-2020 du MAEP faisait référence non seulement aux instruments juridiquement contraignants ou non ainsi à qu'à ceux des Nations

---

décisions rendues en 2011 : lente asphyxie ou résurrection ? Annuaire Français de Droit International , Année 2011/57/pp. 213-234.

163 A/RES/57/2.

164 *NEPAD/HGSIC/03-2003/APRM/MOU, §§ 9-10.*

165 *NEPAD/HSGIC/03-2003/APRM/Guideline/O&P, § 6.6.*

166 *Op.cit, § 7.4.*

167 *Op.cit, § 7.5. a).*

Unies ou de l'univers international. L'exercice d'évaluation de la bonne gouvernance démocratique, financière et économique se fonde sur les documents de référence de la Banque mondiale et du Fonds Monétaire International (FMI) d'autant plus que le mécanisme aspire à une large reconnaissance internationale ainsi que de ses activités. En outrre, la décision des CoCeG portant revitalisation du MAEP a décidé de « repositionner le MAEP afin que ce dernier puisse jouer un rôle de suivi et d'évaluation (...) de l'Agenda 2030 des Objectifs de développement durable des Nations Unies »[168], et de « réexaminer le questionnaire du MAEP à l'aune des cadres actuels de développement, y compris (...) les Objectifs de développement durable de l'ONU »[169].

Section 2. Une corpus conventionnel élargi conforme au droit international

Depuis son adoption le 27 juin 1981 lors de dix-huitième Conférence des Chefs d'état et de gouvernement de l'OUA à Nairobi au Kenya et son entrée en vigueur le 21 octobre 1986, la Charte africaine s'est étoffée avec de multiples instruments juridiquement et non juridiquement contraignants de sorte qu'il faut parler de nos jours, non pas seulement de la Charte tout court, mais d'une « constellation conventionnelle » de la Charte grâce notamment à l'œuvre quasi législative de la Commission africaine des droits de l'homme et des peuples (ComADHP) qui est l'organe de contrôle de la mise en œuvre de la Charte.

A. La contribution au développement des législations, stratégies et pratiques à l'endroit des Etats

Au-delà du rôle de « conseil auprès des Etats africains »[170], la Commission africaine œuvre en tant que « quasi-législateur »[171] à la fois dans le cadre du droit mou *(soft law)* et du droit dur (droit juridiquement contraignant). C'est la matérialisation de la fonction quasi-normative de la Commission.

---

[168] Assembly/AU/Dec.631(XXVIII), Décision sur la révitalisation du MAEP, § 7 i) (Addis-Abeba, 28ème session ordinaire de la Conférence de l'Union, 30-31 janvier 2017).

[169] Assembly/AU/Dec.631(XXVIII), Décision sur la révitalisation du MAEP, § 7 v).

[170] Fatsah Ouguergouz, La Commission africaine des droits de l'homme et des peuples : présentation et bilan d'activités (1988-1989), *Annuaire français de droit international*, vol. 35, 1989, p. 562.

[171] A la 3ème session de la Commission, CADHP/Recom.1(III)88, dispositif préamabulaire § 5.

1. Les instruments juridiquement contraignants

La Commission est à l'origine de nouveaux instruments continentaux juridiquement contraignants. Sur la base de l'article 66 de la Charte qui prévoit la possibilité d'adopter des protocoles ou accords particuliers, en cas de besoin, pour compléter les dispositions de la Charte, la Commission recommande, lorsqu'elle a suffisamment décelé de nouvelles problématiques qui requièrent une réglementation continentale, y compris dans le cadre de l'examen des rapports périodiques des Etats, à la Conférence des Chefs d'Etat et de gouvernement de l'UA l'adoption d'un instrument additionnel à la Charte.

La Commission a adressé à l'organe politique principale de l'OUA la recommndation portant élaboration d'un protocole sur les droits de la femme en Afrique. Lors de sa 31ème session ordinaire à Addis-Abeba en juin 1995, la Conférence a adopté la résolution AHG/res.240(XXXI) entérinant la demande de la Commission. Aucours de cette même session, le principal organe politique de l'OAU a adopté la Déclaration d'Addis-Abeba sur la Plateforme d'action africaine de Dakar sur les femmes adoptée par la Conférence des Chefs d'Etats et de gouvernements de l'OUA en juin 1995 lors de sa 31ème session ordinaire [172]. Par sa décision AHG/Déc.126 (XXXIV), la Conférence des Chefs d'Etats et de Gouvernements a demandé à la Commission de « finaliser le Protocole à la Charte africaine relatif aux droits de la femme dans les meilleurs délais »[173]. Le « Protocole de Maputo » sera finalement adopté le 7 novembre 2003.

Plus récemment encore, le Protocole à la Charte africaine des droits de l'homme et des peuples relatif aux droits des personnes âgées a pu voir le jour suivant l'exhortation adressée aux Etats par la première conférence ministérielle de l'Union africaine sur les droits de l'homme en Afrique qui s'est tenue en 2003 à Kigali au Rwanda [174]. A la suite des résolutions CADHP/Rés.106(XXXXI)07 sur les droits des personnes âgées en Afrique et CADHP/Rés.118(XXXXII)07 sur la création et la nomination du point focal sur les droits des personnes âgées en Afrique, le groupe de travail[175] mis en place par la Commission a œuvré à la l'élaboration d'un projet de texte

[172] AHG/Décl.2 (XXXI). Voir aussi la résolution du Conseil des Ministres de l'OUA CM/Res.1602 (LXII) sur la 5ème conférence régionale africaine sur les femmes et la plateforme africaine pour l'action.
[173] AHG/Déc.126 (XXXIV), § 7.
[174] Voir le paragraphe 20 de la Déclaration de Kigali : « « exhorte les Etats parties à élaborer un protocole sur la protection des droits des personnes handicapées et des personnes âgées ».
[175] Voir les résolutions CADHP/Rés.189 (XLIX) 11, CADHP/Rés.250 (LIV) 2013 et CADHP/Rés.269 (LV) 2014 puis la Déclaration de la Commission à l'occasion de la 25ème Journée internationale des personnes âgées (1er octobre 2015).

en se référant à l'Architecture de l'UA sur le Handicap (AUAP) et le Cadre stratégique et Plan d'action de l'Union africaine sur le vieillissement. Le Protocole à la CADHP, relatif aux droits des personnes handicapées a été adopté le 29 janvier 2018 à Addis-Abeba. Il a été précédé en 2016 du Protocole à la Charte africaine, relatif aux droits des personnes âgées.

En 2015, les Comités techniques spécialisés de l'UA ont approuvé, sur la base du rapport de la première réunion du Comité technique spécialisé sur le développement social, le travail et l'emploi[176], et prié la Commission de l'UA d'élaborer, en collaboration avec la Commission africaine des droits de l'homme et des peuples, un protocole complémentaire à la Charte africaine sur les droits de l'homme et des peuples sur les droits des citoyens à la protection sociale et à la sécurité sociale[177].

Au nombre des instruments ayant contribué à l'élargissement et à l'approfondissement du corpus conventionnel figure le Protocole relatif à la CADHP portant création d'une Cour africaine des droits de l'homme et des peuples de 1998[178]. La ComADHP a estimé qu'il était fondamental de renforcer et compléter la dimension de protection des droits garantis par la Charte par un organe de règlements des différends et à œuvré pour son élaboration et son adoption ainsi que la mise en place des relations institutionnelles avec la Cour.

Par ailleurs, la Commission a conventionnellement répondu aux critiques formulées contre la Charte par rapport à la faiblesse des droits garantis à la fille et à la femme en donnant une dimension élargie à l'article 18 alinéa 3 de la Charte. Ainsi, lors de sa 20ème session ordinaire à Grand Baie, Ile Maurice (21 au 31 octobre 1996), la Commission a « a renouvelé son engagement à élaborer un Protocole additionnel sur les droits de la femme africaine »[179].

---

[176] (STC-SDLE-1) - Doc. EX.CL/905(XXVII).

[177] EX.CL/Dec.876(XXVII), § 6 i).

[178] Sur le commentaire article par article de la Charte et de ce protocole, voir Maurice Kamto (sous la direction), *La Charte africaine des droits de l'homme et des peuples et le protocole y relatif portant création de Cour africaine des droits de l'homme, Commentaire article par article*, (sous la direction de Maurice Kamto), édition Bruylant, 2011, 1628 pages. Par ailleurs, ce Protocole est abrogé par l'article 1er du Protocole protant statut de la Cour africaine de justice et des droits de l'homme de 2008. A la date du 13 décembre 2020, seuls sept Etats ont ratifié ce Protocole portant statut de la Cour africaine de justice et des droits de l'homme : Bénin (28 juin 2012), Burkina Faso (23 juin 2010), Congo (14 décembre 2011), Gambie (11 juillet 2018), Libye (6 mai 2009), Liberia (23 février 2014) et Mali (13 août 2009). Selon les termes de l'article 15 du Protocole, il faut 15 ratifications pour son entrée en vigueur.

[179] Communiqué final de 20ème session ordinaire, § 19.

Tableau n°1 des instruments juridiquement contraignants et non contraignants

N°	**Instruments**	**Date d'adoption**	**Date d'entrée en vigueur**
Instruments juridiquement contraignants			
1	Charte Africaine des droits de l'homme et des peuples	27 juin 1981	21.10.1986
2	Protocole à la Charte africaine des droits de l'homme et des peuples relatif aux droits des personnes handicapées en Afrique	28 janvier 2018	11.09.2018
4	Protocole à la Charte africaine des droits de l'homme et des peuples relatif aux droits des femmes en Afrique	7 novembre 2003	25.11.2005
5	Protocole relatif à la Charte africaine des droits de l'homme et des peuples portant création d'une Cour africaine des droits de l'homme et des peuples	10 juin 1998	25.01.2004
Instruments juridiquement non contraignants			
	Lignes directrices et Principes directeurs		
1	Lignes directrices sur le droit à l'eau en Afrique	30 juillet 2019	
2	Principes sur la dépénalisation des petits délits en Afrique	25 octobre 2018	
3	Lignes directrices pour le maintien de l'ordre par les agents chargés de l'application des lois lors des réunions en Afrique	4 mars 2017	
4	Lignes directrices sur la lutte contre les violences sexuelles et leurs conséquences en Afrique	5 novembre 2017	
5	Lignes directrices sur l'accès à l'information et les élections en Afrique	15 novembre 2017	
6	Directives sur la liberté d'association et de réunion en Afrique	21 septembre 2017	
7	Principes et Directives sur les droits de l'homme et des peuples dans la lutte contre le terrorisme en Afrique	3 août 2016	
8	Lignes Directrices sur les conditions d'arrestation, de garde à vue et de détention provisoire en Afrique	9 mars 2015	
9	Le droit à la nationalité en Afrique	12 mai 2014	

10	Cadre et lignes directrices sur les politiques foncières en Afrique	27 janvier 2012	
11	Loi type pour l'Afrique sur l'accès à l'information	24 octobre 2011	
12	Directives et Principes sur les droits économiques, sociaux, et culturels dans la Charte Africaine des droits de l'homme et des peuples	24 octobre 2011	
13	Lignes directrices relatives aux rapports des Etats Parties sur les droits économiques, sociaux et culturels dans la Charte Africaine des droits de l'homme et des peuples (Lignes directrices de Tunis)	24 octobre 2011	
14	Déclaration de Pretoria sur les droits économiques, sociaux et culturels en Afrique	17 septembre 2004	
15	Déclaration de Kigali	8 mai 2003	
16	Directives et Principes sur le droit à un procès équitable et à l'assistance judiciaire en Afrique	29 mai 2003	
17	Plan d'Action de Ouagadougou	20 septembre 2003	
18	Lignes directrices et mesures d'interdiction et de prévention de la torture et des peines ou traitements cruels, inhumains ou dégradants en Afrique	23 octobre 2002	
19	Déclaration et Plan d'Action de Grande Baie (Maurice)	16 avril 1999	
	Observations générales		
1	Observation générale n° 6 sur le Protocole de Maputo: le droit à la propriété en cas de séparation de corps, de divorce ou d'annulation de mariage (Article 7 (d))	27ème session ordinaire (Banjul, Gambie, 19 février au 4 mars 2020)	
2	Observation générale n° 5 sur la Charte africaine des droits de l'homme et des peuples: le droit à la liberté de circulation et de résidence (article 12 (1))	65ème session ordinaire (Banjul, Gambie, 21 octobre au 10 novembre 2019)	

3	Observation générale n° 4 : Le droit de réparation pour les victimes de la torture et autres peines ou traitements cruels, inhumains ou dégradants (Article 5)	4 mars 2017	
4	Observation générale n° 3 sur la Charte Africaine des droits de l'homme et des peuples : le droit à la vie (Article 4)	12 décembre 2015	
5	Observations générales n ° 2 sur l'Article 14.1 (A), (B), (C) et (F) et Article 14. 2 (A) et (C)) du Protocole à la Charte africaine des droits de l'homme et des peuples relatif aux droits des femmes en Afrique	28 novembre 2014	
6	Observations générales n.1 sur l'Article 14 (1) (D) et (E) du Protocole à la Charte africaine des droits de l'homme et des peuples relatif aux droits des femmes en Afrique	6 novembre 2012	
Avis juridiques			
1	Avis juridique sur la déclaration des nations Unies sur les droits des peuples autochtones	41ème sessio n ordinaire (Accra, Ghana, 16 – 30 mai 2007)	

* Les deux textes ne sont pas des Protocoles facultatifs à la Charte africaine mais des instruments pertinents qui complètent la Charte.

2. Les instruments juridiquement non contraignants

Les compétences quasi normatives de la Commission lui a permis de développer une série de textes dans la catégorie du « droit mou ».

2.1. Les Observations générales

A la date du 31 décembre 2020, voici les Observations générales adoptées par la Commission :

Tableau n°2 - Observations générales de la CADHP

Titre	Articles expliqués et commentés	Adoption
Observations générales n° 1 sur l'article 14 (1) (d)	**Article 14 :** Droit à la santé et au contrôle des fonctions de reproduction	52ème session ordinaire (Yamoussoukro,

et (e) du Protocole à la Charte africaine des droits de l'homme et des peuples relatif aux droits de la femme en Afrique	1. Les États assurent le respect et la promotion des droits de la femme à la santé, y compris la santé sexuelle et reproductive. Ces droits comprennent : d) le droit de se protéger et d'être protégées contre les infections sexuellement transmissibles, y compris le VIH/SIDA ; e) le droit d'être informées de leur état de santé et de l'état de santé de leur partenaire, en particulier en cas d'infections sexuellement transmissibles, y compris le VIH/SIDA, conformément aux normes et aux pratiques internationalement reconnues.	Côte d'Ivoire, 9 au 22 octobre 2012)
Observations générales n° 2 sur l'article 14.1 (a), (b), (c) et (f) et article 14. 2 (a) et (c)) du Protocole à la Charte africaine des droits de l'Homme et des peuples relatif aux droits de la femme en Afrique	**Article 14 :** Droit à la santé et au contrôle des fonctions de reproduction 1. Les États assurent le respect et la promotion des droits de la femme à la santé, y compris la santé sexuelle et reproductive. Ces droits comprennent : a) le droit d'exercer un contrôle sur leur fécondité ; b) le droit de décider de leur maternité, du nombre d'enfants et de l'espacement des naissances ; c) le libre choix des méthodes de contraception ; f) le droit à l'éducation sur la planification familiale. 2. Les États prennent toutes les mesures appropriées pour : a) assurer l'accès des femmes aux services de santé adéquats, à des coûts abordables et à des distances raisonnables, y compris les programmes d'information, d'éducation et de communication	55ème session ordinaire (Luanda, Angola, 28 avril au 12 mai 2014)

	pour les femmes, en particulier celles vivant en milieu rural ; c) protéger les droits reproductifs des femmes, particulièrement en autorisant l'avortement médicalisé, en cas d'agression sexuelle, de viol, d'inceste et lorsque la grossesse met en danger la santé mentale et physique de la mère ou la vie de la mère ou du fœtus.	
Observation générale n° 3 sur la Charte africaine des droits de l'Homme et des peuples : le droit à la vie (Article 4)	**Article 4 :** La personne humaine est inviolable. Tout être humain a droit au respect de sa vie et à l'intégrité physique et morale de sa personne : Nul ne peut être privé arbitrairement de ce droit.	57ème session ordinaire (à Banjul, Gambie, 4 au 18 novembre 2015)
Observation générale n° 4 sur la Charte africaine des droits de l'homme et des peuples, concernant le droit à réparation des victimes de torture et autres peines ou traitements cruels, inhumains ou dégradants (Article 5)	**Article 5 :** Tout individu a droit au respect de la dignité inhérente à la personne humaine et à la reconnaissance de sa personnalité juridique. Toutes formes d'exploitation et d'avilissement de l'homme notamment l'esclavage, la traite des personnes, la torture physique ou morale, et les peines ou les traitements cruels inhumains ou dégradants sont interdites.	21ème session extraordinaire (Banjul, Gambie, 23 février au 4 mars 2017)
Observation générale n° 5 sur la Charte africaine des droits de l'homme et des peuples : le droit à la liberté de circulation et de résidence (article 12 (1))	**Article 12 alinéa 1er :** Toute personne a le droit de circuler librement et de choisir sa résidence à l'intérieur d'un Etat, sous réserve de se conformer aux règles édictées par la loi.	65ème session ordinaire (Banjul, Gambie, 21 octobre au 10 novembre 2019)
Observation générale n° 6 sur	**Article 7 d) :**	27ème session ordinaire

le Protocole de Maputo : le droit à la propriété en cas de séparation de corps, de divorce ou d'annulation de mariage (Article 7 (d))	Les États s'engagent à adopter les dispositions législatives appropriées pour que les hommes et les femmes jouissent des mêmes droits en cas de séparation de corps, de divorce et d'annulation du mariage. A cet égard, ils veillent à ce que : d) en cas de séparation de corps, de divorce ou d'annulation de mariage, la femme et l'homme ont le droit au partage équitable des biens communs acquis durant le mariage.	(Banjul, Gambie, 19 février au 4 mars 2020)

La Commission a adopté six Observations générales qui sont des explications pédagogiques et des commentaires d'articles de la Charte. Ces Observations générales ont pour vocation d'éclairer les Etats sur la portée des normes de la Charte, le contenu et l'étendue des obligations qui en découlent et surtout sur les orientations pratiques pour donner plein effet aux dispositions ainsi expliquées et commentées. Elles portent sur les dispositions de la Charte mais également sur les articles des Protocoles additionnels à la Charte africaine.

2.2. Les Lignes directrices

Sans doute, c'est le domaine dans lequel la Commission africaine a obtenu le plus de résultats probants. Sa contribution à la définition de lignes directrices pour orienter les politiques publiques nationales, et étoffer le développement progressif du droit africain des droits de l'homme est significative.

Tableau n° 3 - Lignes directrices, les directives et principes de la CADHP

	Titre des instruments	**Date d'adoption**
1	Lignes directrices sur la lutte contre les violences sexuelles et leurs conséquences en Afrique	5 novembre 2017 (60ème session ordinaire tenue à Niamey du 8 au 22 mai 2017)
2	Directives sur la liberté d'association et de réunion en Afrique	21 septembre 2017 (60ème session ordinaire tenue à Niamey au Niger du 8 au 22 mai 2017)
3	Déclaration de Banjul « les droits de la femme : notre responsabilité collective »	4 mars 2017 (59ème session ordinaire tenue à Banjul en

		Gambie du 21 octobre au 4 novembre 2016)
4	Lignes directrices pour le maintien de l'ordre par les agents chargés de l'application des lois lors des réunions en Afrique	4 mars 2017 (21ème session extraordinaire tenue du 23 février au 4 mars 2017 à Banjul)
5	Principes et directives sur les droits de l'homme et des peuples dans la lutte contre le terrorisme en Afrique	3 août 2016 (56ème session ordinaire à Banjul, en Gambie (21 avril au 7 mai 2015).
6	Lignes directrices sur les conditions d'arrestation, de garde à vue et de détention provisoire en Afrique	9 mars 2015
7	Directives de l'Union africaine pour les missions d'observation et de suivi des élections	24 octobre 2011
8	Directives et Principes sur les droits économiques, sociaux, et culturels dans la Charte africaine des droits de l'Homme et des peuples	24 octobre 2011
9	Lignes directrices relatives aux rapports des Etats parties sur les droits économiques, sociaux et culturels dans la Charte Africaine des droits de l'Homme et des peuples (Lignes directrices de Tunis)	24 octobre 2011
10	Loi modèle pour les Etats membres de l'Union Africaine sur l'accès à l'information	24 octobre 2011
11	Déclaration de Pretoria sur les droits économiques, sociaux et culturels en Afrique	17 septembre 2004
12	Déclaration solennelle pour l'égalité de genre en Afrique (DSEGA)	8 juillet 2004
13	Déclaration de Kigali (Rwanda)	8 mai 2003

14	Lignes directrices et mesures d'interdiction et de prévention de la torture et des peines ou traitements cruels, inhumains ou dégradants en Afrique	23 octobre 2002
15	Plan d'action de Ouagadougou (Burkina Faso)	20 septembre 2002
16	Déclaration et Plan d'action de Grande Baie (Ile Maurice)	16 avril1999

Source : achpr.org

Sur plusieurs questions thématiques, notamment sur les violences sexuelles, la liberté d'expression, la lutte contre le terrorisme, ou encore les conditions d'arrestation, de garde à vue et de détention provisoire, la torture et les peines ou traitements cruels, inhumains ou dégradants, la Commission a développé des règles, des principes et des lignes directrices visant à guider l'élaboration, la mise en œuvre et l'évaluation des politiques publiques en matières des droits de l'homme des Etats parties à la Charte en conformité avec le droit africain et le droit international. Cette œuvre quasi normative est un service d'assistance technique aux Etats et vise à réaliser l'appel de la Commission à l'intégration des dispositions de la Charte non seulement dans le droit national mais également dans les politiques et services publics.

Tableau n° 4 - Instruments juridiquement non contraignants

Documents	**Date d'adoption**
Questions indicatives posées aux États parties au titre de l'article 5 de la Charte africaine	29 avril 2019
Lignes directrices et Principes de l'établissement des rapports d'état en vertu des articles 21 et 24 de la Charte africaine relatifs aux Industries extractives, droits de l'homme et à l'environnement	30 octobre 2018
Principes sur la dépénalisation des petits délits en Afrique	25 octobre 2018
Les Lignes directrices sur la lutte contre les violences sexuelles et leurs conséquences en Afrique	5 novembre 2017
Directives sur la liberté d'association et de réunion en Afrique	21 septembre 2017
Lignes directrices sur les conditions d'arrestation, de garde à vue et de détention provisoire en Afrique	9 mars 2015
Directives et Principes sur les droits économiques, sociaux, et culturels dans la Charte africaine des	24 octobre 2011

droits de l'homme et des peuples (Principes de Nairobi)	
Lignes Directrices relatives aux rapports des Etats parties sur les droits économiques, sociaux et culturels dans la Charte africaine des droits de l'homme et des peuples (Lignes Directrices de Tunis)	24 octobre 2011
Directives et Principes sur le droit à un procès équitable et à l'assistance judiciaire en Afrique, 2003	29 mai 2003
Lignes directrices et mesures d'interdiction et de prévention de la torture et des peines ou traitements cruels, inhumains ou dégradants en Afrique, 2008	32ème session ordinaire

2.2.1. Les clarifications et les précisions sur les droits économiques, sociaux et culturels

Les Principes de Nairobi et les Lignes Directrices de Tunis ont précisé et clarifié la substance, la quintessence et l'opérationnalisation pratique des droits économiques, sociaux et culturels en Afrique.

2.2.1.1. La complémentarité des DESC et des droits civils et politiques

Dans son préambule, la Charte africaine a posé une conviction juridique et pratique fondamentale : « la satisfaction des droits économiques, sociaux et culturels garantit la jouissance des droits civils et politiques »[180]. L'œuvre de la Commission sur les DESC a pris ancrage dans cette conviction. Le processus de développement de la religion de la Commission sur les droits économiques, sociaux et culturels[181] a commencé avec sa résolution 73 CADHP/Rés.73(XXXV1)04 [182] adoptée en décembre 2004 lors de sa

---

[180] Paragraphe préambulaire 7 *in fine*.

[181] La Charte africaine garantit plusieurs droits économiques, sociaux et culturels : droit au travail (article 15) ; droit à l'éducation (article 17) ; droit à la culture (articles 17, 20, 22 et 29) ; droit au logement (articles 14, 16 et 18 alinéa 1er) ; droit à la sécurité sociale (articles 4, 5, 6, 15, 16, 18 alinéas 1er, 2) et 4) ; droit à l'alimentation (articles 4, 16 et 22) ; droit à l'eau et à l'assainissement (articles 4, 5, 15, 16, 22 et 24) et droit à la protection de la famille (article 18 (1)).

[182] Ce fut la première initiative de la Commission africaine sur cette catégorie de droits. Jusque dans les années 2000, les droits économiques sociaux et culturels étaient presque absents de l'agenda de la Commission malgré les nombreuses dispositions de la Charte qui les énoncent. La marginalisation de cette catégorie de droits est sans doute liée à la controverse idéologique avec les droits civils et politiques et la sous-adjacente polémique de justiciabilité des DESC. En Afrique, c'est surtout la mobilisation et l'investissement des ressources nécessaires à la mise en œuvre des DESC qui sont redoutés par les Etats. C'est sous l'impulsion des ONG et des

36ème session ordinaire à Dakar (23 novembre au 7 décembre 2004). Est annexée à cette résolution la Déclaration de Pretoria sur les droits économiques, sociaux et culturels en Afrique ayant sanctionné le séminaire consacré à ce sujet en septembre 2004 à Pretoria en Afrique du Sud. La même résolution a mis en place un Groupe de travail sur les DESC[183] dont le mandat est de développer deux documents relatifs à l'explication du sens, de l'essence et de la quintessence des DESC que sont les Directives relatives à la présentation des rapports des Etats parties sur les droits économiques, sociaux et culturels en Afrique (Principes de Nairobi), les Principes et Lignes directrices sur la mise en œuvre des droits économiques, sociaux et culturels dans la Charte africaine (Principes et Lignes directrices de Tunis) et les Lignes directrices sur le droit à l'eau en Afrique. D'autres instruments, notamment le Protocole à la Charte portant sur la sécurité et la protection sociale, sont en gestation.

Les Principes de Nairobi de 2011 déterminent les critères qui garantissent l'obligation pour les Etats parties à la Charte de « reconnaître » les DESC et d' « adopter des mesures législatives ou autres pour les appliquer » au titre de l'article 1er de la Charte. Ainsi, ces Directives définissent quatre devoirs critères clés[184] qui sont la disponibilité des droits[185], l'adéquation des avantages procurés en termes des droits[186], l'accessibilité physique et économique (*abordabilité*) des droits pour tous[187] et l'acceptabilité de l'offre des droits[188]. Pour la Commission, la satisfaction de ces quatre critères engage les Etats à assumer quatre obligations que sont les obligations de respecter[189], de protéger[190], de promouvoir[191] et d'appliquer[192]. Par ailleurs, la Commission fait sienne la règle internationale de la réalisation progressive des DESC[193], en vertu de l'article 61 de la Charte, mais souligne le « devoir des Etats à tendre le plus diligemment et le plus efficacement possible vers la pleine réalisation

---

institutions académiques telles que Centre International pour la Protection Juridique des Droits de l'Homme (INTERIGHTS), Cairo Institute for Human Rights Studies et le Centre des Droits de l'Homme de l'Université de Pretoria que le séminaire sur les droits économiques, sociaux et culturels, a eu lieu à Pretoria, Afrique du Sud, du 13 au 17 septembre 2004.

183 CADHP/Rés.73(XXXV1)04, § 4.

184 Principes et lignes directrices sur la mise en œuvre des DESC dans la Charte africaine des droits de l'homme et de peuples, § 4.

185 *Op. cit,* § 3 a).

186 *Op. cit,* § 3 b).

187 *Op. cit,* § 3 c).

188 *Op. cit,* § 3 d).

189 *Op. cit,* §§ 5 et 6. Il n'y a pas forcément de correspondance entre les quatre critères et les quatre obligations.

190 *Op. cit,* § 7.

191 *Op. cit,* §§ 8 et 9.

192 *Op. cit,* §§ 10 à 12.

193 UN. Doc. E/C.12/1999/10, §§. 14, 20, 31, 43, 44 et 59.

des DESC »[194]. Sur la base de cette religion fondée sur la notion de *« due diligence »* (diligence raisonnable), la Commission considère que le « concept de la réalisation progressive » ne signifie pas que la réalisation soit différée *ad vitam aeternam* mais qu'il impose d'une part des obligations immédiates dès la ratification[195] et d'autre part, la mise en place d'un dispositif normatif et institutionnel effectif et efficace. A ce titre :

> « Les Etats doivent mettre en œuvre, dans un plan raisonnable et mesurable, en posant des jalons et des délais réalisables, la jouissance progressive des droits économiques, sociaux et culturels dans les limites des ressources dont ils disposent. Certaines obligations relatives à la réalisation progressive sont immédiates. Par exemple, les Etats ont une obligation de prendre des mesures concrètes et ciblées pour réaliser les droits économiques, sociaux et culturels. Les besoins essentiels des membres des groupes vulnérables et désavantagés devraient être privilégiés dans tous les processus d'allocation des ressources »[196].

Certes, les Etats réalisent les DESC dans « les limites des ressources dont ils disposent »,[197] ou recourent à la coopération internationale[198], mais ils doivent, avant tout, mobiliser les ressources nationales nécessaires à la réalisation des DESC ciblés, des besoins essentiels identifiés et les priorités établis en vue d'une allocation appropriée des ressources. La mobilisation des ressources implique notamment la mise en place d'un système fiscal efficace[199] comme levier de développement qui répond aux défis et un processus budgétaire garant de la réalisation des plans raisonnables et mesurables développés par l'Etat partie.

---

[194] Principes et lignes directrices sur la mise en œuvre des DESC dans la Charte africaine des droits de l'homme et de peuples, § 13 *in fine.*

[195] Selon la Commission, « ces obligations incluent mais ne sont pas limitées à l'obligation de prendre des mesures, l'interdiction de mesures rétroactives, les obligations essentielles minimales et l'obligation de prévenir toute discrimination dans la jouissance des droits économiques, sociaux et culturels », § 16.

[196] Principes et lignes directrices sur la mise en œuvre des DESC dans la Charte africaine des droits de l'homme et de peuples, §§ 13-15.

[197] *Op. cit,* §§ 13 et 14. L'article 2 alinéa 1er du PIDESC parle « maximum de ses ressources disponibles, en vue d'assurer progressivement le plein exercice des droits reconnus dans le présent Pacte par tous les moyens appropriés, y compris en particulier l'adoption de mesures législatives».

[198] Principes et lignes directrices sur la mise en œuvre des DESC dans la Charte africaine des droits de l'homme et de peuples, §§ 20, 39-40 et 86 n).

[199] Le système fiscal renvoie à la capacité des services fiscaux et les autorités politiques des Etats à établir un système stable pour tous les contribuables, y compris les entreprises nationales ou multinationales. Cela soulève la question de la responsabilité sociale des entreprises et le respect des droits de l'homme par les entreprises. L'évasion fiscale et l'optimisation fiscale sont un frein à la mobilisation des ressources des Etats.

Même si les Principes de Nairobi ne le disent pas, la réalisation progressive ou immédiate des DESC exige une supervision permanente et une évaluation périodique des ressources de l'Etat, y compris celles issues de la coopération internationale. Les parlements et les Cours des comptes devraient davantage assumer leur rôle de contrôle des actions de l'exécutif et s'assurer qu'une évaluation efficace soit réalisée des budgets précédemment votés avant l'adoption de nouvelles allocations budgétaires, ou encore de s'assurer de la gestion transparente et optimale des ressources. Il est de la responsabilité de ces institutions qui sont des « chiens de garde » de la gestion des deniers publics de retoquer, le cas échéant, les institutions de l'Etat dont la gestion n'offre pas les garanties d'une gouvernance économique et financière idoines. La mobilisation des ressources doit être accompagnée d'une lutte à tous les niveaux contre la corruption[200] des agents de l'Etat ou des personnes investies d'une mission de service public et d'une gestion saine des ressources.

Au final, le concept de la réalisation progressive des DESC laisse subsister, selon la Commission, indépendamment de la disponibilité ou non des ressources, des « obligations essentielles minimales »[201] incompressibles et exigibles dès la ratification. La Commission l'exprime ainsi :

> « Les Etats parties ont l'obligation d'assurer la satisfaction au moins des niveaux essentiels minimum de chacun des droits économiques, sociaux et culturels contenus dans la Charte africaine. L'obligation essentielle minimale est l'obligation de l'Etat d'assurer qu'aucun nombre significatif d'individus ne soit privé des éléments essentiels d'un droit particulier. Cette obligation existe quelle que soit la disponibilité des ressources et elle n'est pas dérogeable. Lorsqu'un Etat déclare qu'il n'a pas réalisé les niveaux essentiels minimaux des droits économiques, sociaux et culturels, il doit pouvoir démontrer qu'il a affecté toutes les ressources disponibles à la réalisation de ces droits et, en particulier, à la réalisation de leur contenu essentiel minimum. Quand l'Etat subit des contraintes manifestes en matière de ressources, quelle qu'en soit la raison, notamment un ajustement économique, il doit néanmoins mettre en œuvre des mesures garantissant des niveaux essentiels minimum de chaque droit aux membres des groupes vulnérables et désavantagés, en leur accordant en particulier la priorité dans toutes ses interventions. Si l'obligation de réaliser le contenu essentiel minimum des droits signifie que l'Etat

---

[200] La Convention de l'Union africaine sur la prévention et la lutte contre la corruption a été adotpée à Maputo, le 11 juillet 2003 lors de la 2ème session ordinaire de la Conférence de l'Union.

[201] Déclaration de la Commission africaine des droits de l'homme et des peuples sur la propagation du virus Ebola, paragraphe préambulaire n°4.

> devrait accorder la priorité de la réalisation de ces droits aux plus démunis et aux plus vulnérables de la société, cela n'annule pas pour autant l'obligation de réaliser progressivement les droits pour tous »[202].

Au-delà des obligations immédiates, des obligations essentielles minimales, et la mise en place d'un plan d'action national mesurable assorti de mécanismes de suivi et d'évaluation et sa dotation en ressources idoines, la Commission estime que les Etats ont l'obligation de prendre des mesures législatives visant à protéger les DESC fondées sur la non discrimination[203] et préserver les acquis. En d'autres termes, des nouvelles mesures adoptées ne peuvent diminuer ni la qualité ni le niveau de la jouissance des DESC à moins que l'Etat concerné justifie les mesures régressives, non pas seulement et uniquement par rapport au droit visé, mais au regard de « l'intégralité des droits énoncés dans la Charte et dans le contexte de la pleine utilisation du maximum des ressources disponibles »[204]. Les mesures régressives sont donc prohibées sous réserve d'une justification holistique qui tienne compte de l'effet complémentaire et dynamique de l'ensemble des droits énoncés dans la Charte[205]. Pour la Commission, il existe une présomption *juris tantum* à l'égard des mesures régressives. La charge de la preuve de la non violation *prima facie* de la Charte africaine pèse sur l'Etat auteur de la mesure. La Commission y veille particulièrement en éditant des critères de vérification de la violation éventuelle de la Charte perpétrée par l'intermédiaire des mesures régressives. Les repères de vérification [206] sont : i) l'existence d'une justification raisonnable de la mesure ; ii) l'examen suffisant des mesures alternatives les moins restrictives possibles ; iii) la participation effective des groupes affectés dans l'examen des mesures alternatives proposées ; iv) le caractère directement ou indirectement discriminatoire des mesures ; v) les effets (conséquences prolongées) des mesures sur la réalisation du droit

---

[202] Principes et Lignes directrices sur la mise en œuvre des droits économiques, sociaux et culturels dans la Charte africaine des droits de l'homme et des peuples, § 17.

[203] Voir les Principes de Nairobi, § 19. La Commission a édicté des lignes directrices visant à guider l'interprétation des Principes de Nairobi sur les DESC en relation avec la non discrimination. En effet, la Commission considère qu' « une *discrimination croisée ou multiple* intervient lorsqu'une personne est sujette à une discrimination sur la base de plus d'un motif à la fois, comme, par exemple, la race et le genre », § *l)* des Principes de Nairobi; et qu' « une *discrimination indirecte* intervient lorsque l'effet de certaines mesures imposées, conditions ou pratiques a des conséquences négatives disproportionnées sur un groupe par rapport à un autre », § 1 *m)* des Principes de Nairobi.

[204] Principes de Nairobi, § 20.

[205] Le préambule de la Charte africaine dispose qu'« il est essentiel d'accorder désormais une attention particulière au droit au développement; que les droits civils et politiques sont indissociables des droits économiques, sociaux et culturels, tant dans leur conception que dans leur universalité, et que la satisfaction des droits économiques, sociaux et culturels garantit la jouissance des droits civils et politiques ».

[206] Principes de Nairobi, § 20, a) à g).

protégé par la Charte ; vi) le caractère excessif des mesures privant un individu ou un groupe de l'accès à un niveau essentiel minimum du droit protégé par la Charte ; vii) l'examen indépendant des mesures au niveau national.

Au surplus, la Commission tranche, sans coup férir, avec les tergiversations[207] du droit et de la pratique international sur la justiciabilité des DESC en prenant pour acquise cette justiciabilité. Les Principes de Nairobi considèrent ainsi que :

> « Tous les droits reconnus dans la Charte africaine doivent être effectifs dans les systèmes juridiques nationaux. La violation des droits économiques, sociaux et culturels protégés par la Charte africaine doit permettre aux individus et aux peuples affectés d'accéder à des recours efficaces et à des réparations en vertu du droit national. Une classification rigide des droits économiques, sociaux et culturels qui les place, par définition, hors d'atteinte des tribunaux, serait incompatible avec le principe d'indivisibilité et d'interdépendance des droits de l'homme [208]. Les recours internationaux ne sont en définitif qu'un complément aux recours nationaux effectifs »[209].

Pour la Commission, cette justiciabilité établie des DESC implique non seulement la reconnaissance[210] par les juridictions nationales de « la nature justiciable des droits économiques, sociaux et culturels » mais également la formation[211] des magistrats, des procureurs, des avocats, des auxiliaires de la justice ainsi que des agents de l'Etat ayant la conduite des procédures judiciaires et administratives dans leurs attributions car, de l'interprétation appropriée[212] des DESC, dépend la protection des « intérêts et les valeurs qui sous-tendent ces droits à travers une large interprétation d'autres droits comme, par exemple, le droit à la vie, à la dignité humaine, à la sécurité de la

---

[207] Sur la justiciabilité voir par exemple Manisuli Ssenyonjo, « Economic, Social and Cultural Rights », *The International Library of Essays on Rights*, Routledge, première édition, 2011; Justiciability of Economic, Social, and Cultural Rights: Should There Be an International Complaints Mechanism to Adjudicate the Rights to Food, Water, Housing, and Health? *American Journal of International Law* , Volume 98 , Issue 3, Juillet 2004 , pp. 462-515 ; Michael K. Addo, The justiciability of economic, social and cultural rights, *Commonwealth Law Bulletin*, Volume 14, 1988 - Issue 4.

[208] Observation générale n°9 du CESCR, E/C.12/1998/24, § 10.

[209] Principes de Nairobi, § 21.

[210] *Op. cit,* § 22.

[211] *Ibid*, § 22.

[212] Les Principes de Nairobi ont défini des lignes directrices pour l'interprétation des DESC, § 1 a) à o).

personne, à l'égalité et à une action administrative juste»[213]. La reconnaissance de la justiciabilité et la formation des acteurs judiciaires et administratifs sont *sine quo non* pour l'effectivité et l'efficacité des recours internes, qu'ils soient administratifs ou judiciaires, et doivent revêtir le caractère d'accessibilité, d'abordabilité et d'opportunité. L'accessibilité tient à la disponibilité d'un dispositif effectif d'aide juridictionnelle. Il est donc impératif que toute violation soit susceptible de faire l'objet d'un recours efficace et donner droit à des réparations en vertu droit national. Pour la Commission, les recours internationaux «ne sont en définitif qu'un complément aux recours nationaux effectifs»[214].

Afin de s'assurer que ces directives sont comprises et intégrées dans la législation, les stratégies, les programmes et les pratiques au niveau national, y compris dans le cadre du dialogue entre les Etats et la Commission sur l'état de la mise en œuvre de la Charte au niveau interne, les Principes et Lignes directrices de Tunis de 2011 visent à guider les Etats dans la préparation de leurs rapports périodiques sur la mise en œuvre de leurs obligations de réaliser la jouissance des DESC aux termes de l'Article 62 de la Charte. En s'y conformant, le contenu des rapports périodiques serait plus concret et axé sur les résultats et les impacts sur les titulaires du droit.

2.2.1.2 Le droit à la santé

La position de la Commission sur le droit à la santé est développée dans la Déclaration de Pretoria sur les DESC en Afrique de 2004[215], les Principes de Nairobi de 2010 et les Principes et Lignes directrices de Tunis de 2011 ainsi que dans plusieurs résolutions dont :

- la 53[216] sur la pandémie du VIH/SIDA, menace contre les droits de l'homme et l'humanité,
- la 73[217] ayant adopté la Déclaration de Pretoria sur les droits économiques, sociaux et culturels (DESC) ;
- la 135[218] sur la mortalité maternelle en Afrique ;
- la 141[219] sur l'accès à la santé et aux médicaments essentiels en Afrique ;

---

213 Principes et Lignes directrices sur la mise en œuvre des droits économiques, sociaux et culturels dans la Charte africaine des droits de l'homme et des peuples, § 24.

214 Principes et Lignes directrices sur la mise en œuvre des droits économiques, sociaux et culturels dans la Charte africaine des droits de l'homme et des peuples, § 21 *in fine*.

215 CADHP/Rés.73(XXXV1)04. La Déclaration est annexée à cette résolution.

216 CADHP/Rés.53(XXIX)01.

217 CADHP/Rés.73 (XXXVI) 04.

218 CADHP/Rés.141 (XXXXIV) 08 adoptée à la 44ème session ordinaire, à Abuja, République fédérale du Nigeria, du 10 au 24 novembre 2008.

219 CADHP/Rés.135 (XXXXIV) 08.

- la 147[220] sur le Groupe de travail sur les DESC en Afrique ;
- la 163 sur la création du Comité sur la protection des droits des personnes vivant avec le VIH (PVVIH), des personnes à risque, vulnérables et affectées par le VIH (Comité sur les PVVIH) (CADHP/Res.163(XLVII)10) ;
- *La 260 sur* la stérilisation involontaire et la protection des droits de l'homme dans l'accès aux services liés au VIH (CADHP/Res.260(LIV)13) *;*
- la 420 sur l'Obligation des États de réglementer l'implication des acteurs privés dans la fourniture de services de santé et d'éducation (CADHP/Rés. 420 (LXIV) 2019) ;
- la 446 sur la réalisation d'une étude sur le droit à la santé pour tous et son financement en Afrique (CADHP/Res.446 (LXVI) 2020) ;
- la 449 sur les droits de l'homme et des peuples en tant que pilier central d'une réponse réussie au COVID-19 et du redressement de ses impacts sociopolitiques (CADHP/Res. 449 (LXVI) 2020) ;
- ainsi que Stratégie africaine de la santé 2016-2030[221] ;

qui ont permis à la Commission de clarifier le droit à la santé codifié par l'article 16 de la Charte. Selon la Commission, le droit à la santé de l'article 16 implique les éléments suivants :

> « La disponibilité des soins de santé accessibles et à un prix abordable ainsi que des services de qualité raisonnable pour tous ;
> L'accès à une alimentation minimale indispensable, nutritionnellement suffisante et saine pour assurer la protection de tous contre la faim et pour prévenir la malnutrition ;
> L'accès à l'abri et au logement ainsi qu'à l'hygiène et l'approvisionnement suffisant en eau pure et potable ;
> L'accès aux soins de santé maternelle et infantile et de la reproduction sur la base de l'approche de la santé en termes de cycle de vie ;
> L'immunisation contre les principales maladies infectieuses ;
> L'éducation, prévention et traitement du VIH/SIDA, du paludisme, de la tuberculose et des autres maladies mortelles ;
> L'éducation et accès à l'information concernant les principaux problèmes de santé pour les communautés, y compris les méthodes de prévention et de lutte ;
> La formation du personnel de la santé, y compris l'éducation aux droits à la santé et aux droits de l'homme ;

[220] CADHP/Rés.147 (XLV1) 09.
[221] Voir aussi AHG/ST.1 (XXIII) sur la santé, base du développement.

Le traitement avec dignité et compassion pour les personnes âgées et les personnes mentalement et physiquement diminuées »[222].

Pour la Commission, le droit et l'accès à la santé sont inséparables et complémentaires. Le droit à la santé est un « droit inclusif »[223] qui inclut « l'accès effectif à l'éducation et à des informations en matière de santé, y compris sur la santé sexuelle et de la reproduction »[224] et « comprend aussi des libertés telles que le contrôle de son propre corps et de sa santé incluant la liberté sexuelle et de la reproduction »[225]. Pour y parvenir, les critères de disponibilité, d'accessibilité, d'acceptabilité et de qualité des soins pour chaque catégorie d'âge et des informations relatives à l'éducation et à la prévention et au traitement des maladies sont essentiels. Ces critères sont détaillés dans la résolution 141[226] de la Commission dans les Principes de Nairobi de 2010.

Par ailleurs, la Commission souligne que « le droit à la santé ne se limite pas au droit aux soins de santé, mais couvre également tous les aspects sous-jacents de la santé »[227] et que « l'accès aux médicaments essentiels pour le traitement, la prévention et les soins palliatifs est une condition nécessaire à une vie saine et digne »[228]. Il pèse alors sur les Etats parties à la Charte une obligation de moyen et de résultat qui consiste à « fournir les médicaments essentiels en tant que de besoin ou de faciliter l'accès auxdits médicaments »[229] pour tous et à garantir à « l'individu a le droit d'être libre de toute ingérence injustifiée, y compris de tout traitement médical, essai médical, de stérilisation forcée et de tout traitement inhumain et dégradant »[230].

Les facteurs déterminants du droit à la santé comme droit inclusif sont la mise en place d'« un système de soins médicaux efficace et intégré qui soit sensible aux priorités nationales et locales et accessible à tous »[231], et « l'accès à une eau salubre et potable et à un système sanitaire adéquat, la fourniture d'aliments, à la nutrition et à un logement sain, à des conditions professionnelles et environnementales sûres »[232]. La réalisation du droit à la santé s'intègre, dans un cadre global, qui inclut la mise en œuvre et la

---

222 CADHP/Rés.73(XXXV1)04, annexe, § 7.
223 Principes de Nairobi, § 61.
224 *Op. cit*, § 64.
225 *Ibid.*
226 CADHP/Rés.141 (XXXXIV) 08, §§ 1-4.
227 *Op. cit*, paragraphe préambulaire 3.
228 *Op. cit*, paragraphe préambulaire 4.
229 *Op. cit*, paragraphe préambulaire 5.
230 Principes de Nairobi, § 65.
231 *Op. cit*, § 62.
232 *Op. cit*, § 63.

jouissance d'autres droits qui complètent et consolident, au final, sa jouissance effective.

C'est pourquoi les Etats parties à la Charte devraient remplir les obligations visant à promouvoir l'accès aux médicaments en s'abstenant de prendre des mesures susceptibles d'en entraver l'accès [233], à protéger l'accès aux médicaments essentiels de l'action des tiers par des mécanismes de réglementation[234] et à réaliser l'accès aux médicaments en adoptant toutes les mesures positives nécessaires et appropriées, au maximum de leurs ressources disponibles, afin de promouvoir, de fournir et de faciliter l'accès aux médicaments essentiels[235]. Pour la Commission, les Etats doivent assumer des obligations essentielles minimales[236], développer des plans nationaux, des politiques publiques et des systèmes de santé[237] qui bénéficie d'au moins 15 % du budget annuel de l'Etat ainsi que des obligations de portée générale[238] avec une attention particulière aux groupes vulnérables et désavantagés[239] qui doivent jouir d'un accès égal et facile égal et sans non-discrimination aux soins de santé. Par ailleurs, il est du ressort des Etats d'établir des cadres juridiques, institutionnels et pratiques spécifiques à chaque maladie[240] et garantir la Santé sexuelle et de la reproduction[241].

La pandémie liée à la COVID-19 qui a éclaboussé le monde entier début 2020 a (re)mis en exergue les failles et déficits des systèmes de santé en Afrique. Les dirigeants politiques préfèrent se soigner dans les hôpitaux huppés en Occident et priver les populations des soins de santé élémentaires. La Commission devrait davantage prêter une attention particulière au droit à la santé et l'accès à la santé à titre prioritaire lors de l'examen des rapports périodiques des Etats et des communications.

2.2.1.3. Le droit à un logement convenable[242]

Selon la Commission, l'Etat doit garantir le logement de base qui est le logement minimum de base nécessaire à l'individu pour se protéger des éléments [243] et que ce logement soit disponible, adéquat, accessible

---

[233] CADHP/Rés.141 (XXXXIV) 08, paragraphe opérationnel 2.
[234] *Ibid.*
[235] *Ibid.*
[236] Principes de Nairobi, § 67 a) à e).
[237] *Ibid,* § 67 f) à r).
[238] *Ibid,* § 67 s) à w).
[239] *Ibid,* § 67 x) à kk).
[240] *Ibid,* § 67 ll) à iii).
[241] *Ibid,* § 67 lll) à rrr).
[242] Voir le Point 5 Déclaration de Pretoria sur les DESC.
[243] Principes de Nairobi, Première partie, § 1 o).

physiquement et économiquement[244]. Le droit au logement et le droit à la propriété sont liés et doivent être interprétés à la lumière de l'ensemble des droits énoncés par la Charte. La Commission donne au droit de propriété un champ étendu qui inclut « les droits réels des individus et des peuples sur toute chose matérielle pouvant être possédée ou tout droit pouvant faire partie du patrimoine d'une personne »[245]. Dans l'acquisition d'une propriété, tout individu, tout groupe et tout peuple a le droit de jouir pacifiquement de sa propriété qui ne peut être limité que par des lois non arbitraires qui obéissent au principe de proportionnalité.

D'emblée, la Commission considère que la portée du droit au logement tel que garanti par la Charte va au-delà du droit de se loger, pour englober le droit de propriété de l'article 14, le droit de jouir du meilleur état de santé physique et mentale de l'article 16 mais également l'obligation de l'Etat de protéger et d'assister la famille, élément naturel et la base de la société, émanant de l'article 18 alinéa 1er et 2 ainsi que le devoir de l'Etat de veiller à l'élimination de toute discrimination contre la femme (article 18 alinéa 3 de la Charte), y compris d'accès au logement. A cet effet, la résolution 262[246] de la Commission sur l'accès des femmes à la propriété foncière et aux ressources productives de 2013 demande aux Etats « d'entreprendre des réformes foncières et agraires garantissant le droit à l'égalité de traitement pour les femmes dans les projets d'aménagement ruraux, et de distribution des terres et des logements sociaux »[247] et de sensibiliser la population, notamment responsables communautaires et leaders religieux afin « d'accélérer la transformation des schémas et modèles socio-culturels qui dénient aux femmes la sécurité de jouissance et l'égalité dans l'accès à la propriété, à la terre et à un logement adéquat »[248]. Chaque Etat partie a alors l'obligation d'assurer dans les lois et dans la pratique internes « équité et non discrimination en ce qui concerne l'accès, l'acquisition, la propriété, l'héritage et le contrôle des terres et du logement, spécialement par les femmes »[249]. Cette obligation engage également les Etats parties à la Charte à prendre des mesures effectives de tous ordres pour « modifier ou interdire les pratiques sociales, culturelles ou autres néfastes qui empêchent les femmes et les autres

---

244 Sur les critères de disponibilité, d'adéquation, d'accessibilité physique et économique (abordabilité), voir Principes de Nairobi, Deuxième partie, § 3 a) à d).
245 Principes de Nairobi, Quatrième partie, § 53.
246 CADHP/Rés.262 (LIV) 2013 adoptée à la 54ème session ordinaire à Banjul (22 octobre au 5 novembre 2013).
247 *Op. cit*, § 5.
248 *Op. cit*, § 4.
249 CADHP/Rés.73(XXXV1)04, annexe (Déclapartion de Prétoria sur les DESC en Afrique), § 9.

membres des groupes vulnérables et désavantagés de jouir de leur droit de propriété, en ce qui concerne en particulier le logement et la terre »[250].

Par ailleurs, dans son interprétation dynamique du droit au logement, la Commission note que les expulsions forcées sont à l'origine des atteintes à d'autres DESC comme l'accès à l'eau potable énoncé directement ou indirectement dans les articles 4, 5, 15, 16, 22 et 24, à un emploi stable de l'article 15, aux soins de santé 16 et à l'éducation de l'article 17[251]. Selon la Commission, en vertu de l'article 22 sur le développement culturel auquel tous les peuples ont droit, l'acceptabilité de l'offre de logement comprend la « nécessité que (…) la construction et les matériaux de construction utilisés, soit culturellement appropriée, par exemple pour les minorités et les peuples autochtones »[252].

C'est surtout dans sa résolution 73 de 2004 contenant la Déclaration de Pretoria sur les DESC et les Principes de Nairobi de 2010 adoptés ainsi que les résolutions CADHP/Rés.231 (LII)2012 qui ont construit la philosophie et la vision de la Commission sur le droit au logement. Le respect de ce droit implique que l'Etat i) protège contre la privation arbitraire de la propriété[253], ii) offre une compensation adéquate pour l'acquisition publique, la nationalisation ou l'expropriation[254], iii) garantisse un accès équitable et non discriminatoire au prêt dans des conditions abordables pour l'acquisition de la propriété[255]. Par ailleurs, il incombe également à l'Etat de redistribuer équitablement les terres conformément à la loi, pour redresser les injustices historiques et celles basées sur le genre[256], de reconnaître et de protéger des terres appartenant aux communautés autochtones[257] et de sauvegarder une jouissance pacifique de la propriété et protection contre l'éviction arbitraire[258]. Ainsi, la législation sur le droit foncier, les réformes agraires, les plans d'urbanisation, les zones dites « classées », les politiques d'aménagement du territoire et l'exploitation des ressources naturelles devraient dûment tenir compte du droit de propriété et du droit au logement. Les Principes de Nairobi et la Déclaration de Pretoria sur les DESC se rejoignent et s'accordent sur la

---

250 Principes de Nairobi, Quatrième partie, § 55, h). Voir également les §§ f) et g).

251 CADHP/Rés.231 (LII) 2012, PP 10.

252 Principes de Nairobi, deuxième partie, § 3 *d).*

253 CADHP/Rés.73(XXXV1)04, annexe (Déclapartion de Prétoria sur les DESC en Afrique), § 5, point 1.

254 CADHP/Rés.73(XXXV1)04, annexe (Déclapartion de Prétoria sur les DESC en Afrique), § 5, point 3. Voir également les Principe de Nairobi, Quatrième partie, § 55, b).

255 CADHP/Rés.73(XXXV1)04, annexe (Déclapartion de Prétoria sur les DESC en Afrique), § 5, point 4.

256 *Op. cit,* § 5, point 5.

257 *Op. cit,* § 5, point 6.

258 *Op. cit,* § 5, point 7.

nécessité d'accéder au logement dans le respect de la « coutume et la tradition »[259] et dans un environnement sain[260].

La Commission condamne les expulsions forcées mais ne les exclut pas ; elle édicte des conditions qui doivent être respectées. Lorsque « par nécessité publique ou dans l'intérêt général de la collectivité »[261], pour assurer une plus grande justice sociale, la résolution CADHP/Rés.231 (LII) 2012 met à la charge des Etats, dans le cadre des expulsions forcées, le respect, la protection et la réalisation du droit à un logement décent, notamment en :

> « I. Mettant un terme aux expulsions forcées sous toutes leurs formes et notamment celles provoquées en raison de projets de développement ;
> II. Veillant à ce qu'il ne soit procédé à des expulsions qu'en dernier ressort, après avoir épuisé toutes les alternatives à l'éviction et ce, conformément aux normes internationales et régionales ;
> III. Prenant des mesures législatives et autres garantissant les procédures juridiques préalables à toute expulsion et la mise à disposition de recours susceptibles de déboucher sur le droit à réparation soit sous la forme d'une restitution *in integrum*, soit sous la forme d'une indemnisation pécuniaire ;
> IV. Prenant des mesures concrètes afin de garantir la sécurité d'occupation à toutes les personnes qui ne bénéficient pas d'une telle protection, avec l'accord préalable et éclairé des populations concernées ;
> V. S'assurant que tout nouveau logement proposé soit conforme aux normes internationales et régionales sur le droit à un logement décent »[262].

Les Principes de Nairobi ajoutent qu'il urge que « la compensation en contrepartie d'une acquisition publique de propriété fasse l'équilibre entre les droits de l'individu et les intérêts plus étendus de la société »[263] et que cette « compensation doit raisonnablement être équivalente à la valeur marchande de la propriété acquise » [264] tout en invoquant une possible indemnité inférieure pour des raisons liées à l'« intérêt public »[265].

---

[259] *Op. cit,* § 5, point 8.
[260] Principe de Nairobi, Quatrième partie, § 54.
[261] *Op. cit,*, § 55, c).
[262] CADHP/Rés.231 (LII) 2012, § paragraphe prémabulaire I à V.
[263] Principe de Nairobi, Quatrième partie, § 55, e).
[264] *Ibid.*
[265] *Op. cit*, § 55, e) in fine.

La Commission n'a toutefois pas suffisamment clarifié les notions du « droit au logement dans un environnement sain »[266], le « logement décent »[267] ou d'intérêt public.

2.2.2. Les clarifications et les précisions sur les droits civils et politiques

2.2.2.1. Le droit à un procès équitable

Dans sa résolution CADHP/Rés.4(XI)92 adoptée à sa 11ème session ordinaire sur la procédure relative au droit de recours et à un procès équitable en 1992, la Commission a clarifié le contenu et les contours de l'article 7 de la Charte portant sur le droit à un procès équitable. Au-delà des principes expressément mentionnés par le texte visé tels que la présomption d'innocence[268] (article 7 alinéa 1er *b)*), le droit à la défense (article 7 alinéa 1er *c)*), les principe du *nullum crimen sine lege nulla poena sine lege* et l'individualisation de la peine (article 7 alinéa 2) ainsi que le droit d'être jugé dans un délai raisonnable par une juridiction impartiale (article 7 alinéa 1er *d)*), la Commission a illustré, par des exemples pratiques, ce qu'il faut comprendre par le droit à un procès équitable. Ainsi, étend-elle le champ d'application de l'article 7 au droit qu'a toute personne arrêtée d'être informé lors de son arrestation, et dans une langue qu'elle comprend, des motifs de son accusation et des charges retenues contre elle rapidement[269]. Quant aux personnes arrêtées ou faisant l'objet d'une mesure privative de liberté, elles doivent comparaître rapidement devant un juge ou tout autre responsable légalement investi d'un pouvoir judiciaire et jugées dans un délai raisonnable ou simplement relaxées si le droit à procès équitable ne peut pas leur être garanti[270].

La Commission considère que l'impartialité et la compétence de la juridiction en charge de l'affaire sont des critères importants, y compris dans la détermination des chefs d'inculpation contre les individus qui doivent « disposer suffisamment de temps et de facilités pour la préparation de leur défense, et de pouvoir communiquer, en toute discrétion avec un avocat de leur choix »[271] et « être jugé dans les délais raisonnables »[272]. Par ailleurs, le droit à un procès équitable inclut, selon la Commission, le droit pour tous les justiciables d'« interroger les témoins à charge et de pouvoir convoquer et interroger les témoins à décharge dans les mêmes conditions que les témoins

---

[266] CADHP/Rés.73(XXXV1)04, annexe (Déclapartion de Prétoria sur les DESC en Afrique), § 5, point 8.
[267] CADHP/Rés.231 (LII) 2012, paragraphes préambulaires 3 et 14 et § V.
[268] CADHP/Rés.4(XI)92 (1992), § 2 d*)*.
[269] *Op. cit*, § 2 *b)*.
[270] *Op. cit*, § 2 *c)*.
[271] *Op. cit*, § 2 e) i.
[272] *Op. cit*, § 2 e*) ii*.

à charge »[273] et de « bénéficier de l'assistance gratuite d'interprète s'ils ignorent la langue utilisée par la Cour »[274]. Même si l'article 7 de la Charte ne le précise pas, la Commission y inclut le principe du double degré de juridiction[275] et le droit des citoyens d'être informés des voies de recours qui doivent leur être accessibles et de fournir aux nécessiteux une assistance judiciaire. Elle s'inspire ainsi de l'Observation générale n° 32 sur le « Droit à l'égalité devant les tribunaux et les cours de justice et à un procès équitable »[276].

Sur la base de ses propres constatations faites dans le cadre de l'examen des rapports périodiques des Etats sur le droit à un procès équitable et les préoccupations documentées par les INDH dans leurs rapports complémentaires et par les ONG dans leurs « contre-rapports » et dans leurs délibérations au sein du Forum des ONG, la Commission a jugé utile d'approfondir la notion de procès équitable par la création d'un groupe de travail de travail sur le droit à un procès équitable par sa résolution CADHP/Rés.41(XXVI)99 dont les activités ont abouti aux principes généraux et de directives sur le droit à un procès équitable et l'assistance judiciaire de la Commission[277].

2.2.2.2. Le droit à l'information et la liberté d'expression

L'article 9 de la Charte relatif au droit à l'information et la liberté d'expression rédigé en des termes succincts a fait l'objet d'une interprétation de la part de la Commission. Les atteintes et la détérioration[278] de ce droit sont soulignées dans le cadre de l'examen des rapports périodiques par la Commission et souvent relevées dans l'adoption des résolutions pays[279] mais également sur les résolutions sur la situation des droits de l'Homme en Afrique[280] ou sur le mandat du mécanisme spécifique de la Commission sur le droit à

---

273 *Op. cit,* § 2 e*) iii.*

274 *Op. cit,* § 2 e*) iv* et 4 *in fine.*

275 *Op. cit,* § 3.

276 CCPR/C/GC/32.

277 Voir aussi CADHP/Rés.100(XXXX)06 (Déclaration de Lilongwe sur l'accès à l'assistance judiciaire dans le système de justice pénale en Afrique).

278 CADHP/Rés.166 (XLVI1) 10 (résolution sur la détérioration de la situation de la liberté d'expression et de l'accès à l'information en Afrique).

279 CADHP/Rés.286 (EXT.OS/XVI) 2014) (résolution sur la liberté d'expression dans le Royaume du Swaziland ; CADHP/Rés.128(XXXXII)07 (résolution sur la liberté d'expression et les prochaines élections au Zimbabwe); CADHP/Rés.17(XVII)95 (résolution sur la Gambie), § 3 ; CADHP/Rés.16(XVII)95 (résolution sur le Nigéria), § ii.

280 CADHP/Rés.157 (XLV1) 09 (résolution sur la situation générale des droits de l'Home en Afrique), paragraphe préambulaire 12 ; CADHP/Rés.14(XVI)94 (résolution sur la situation de droits de l'homme en Afrique), paragraphe préambulaire 5 et § 3.

l'information et la liberté d'expression[281]. C'est ainsi que pour saisir toute la mesure de l'article 9 de la Charte, la Commission a organisé des séminaires comme celui de Johannesburg qui s'est tenu du 22 au 25 novembre 2000 en Afrique du Sud et adopté plusieurs résolutions.

La Commission a fini par adopté lors de sa 32ème session ordinaire à Banjul (17 au 23 octobre 2002) la Déclaration de principes sur la liberté d'expression en Afrique[282] qui définit la nature, le contenu et la portée du droit à la liberté d'expression et à l'accès à l'information prévu par l'article 9 de la Charte. Cette œuvre d'interprétation complémentaire à l'article 9 de la Charte est basée sur « un ensemble global de normes internationales et de jurisprudence »[283] en vue « d'expliquer et de développer la nature, le contenu et l'envergure du droit à la liberté d'expression prévu par l'article 9 de la Charte »[284]. La quête de la clarification de la lettre et de l'esprit de l'article 9 en lien avec les autres dispositions de la Charte, a poussé la Commission a estimé que la dimension de « l'accès à l'information » est une composante fondamentale du droit à l'information et la liberté d'expression lorsqu'elle souligne que « l'accès à l'information est essentiel à la reconnaissance et à la réalisation des droits civils, politiques et socioéconomiques de tout individu, et en tant que mécanisme de promotion de la responsabilité démocratique et de la bonne gouvernance »[285]. C'est la raison pour laquelle elle a, lors de sa 42ème session ordinaire à Brazzaville (15 au 28 novembre 2007), élargi le champ d'action du mandat sur la thématique[286]. Puis, la Commission a adopté en 2010 par sa résolution ACHPR/Res.167 (XLVIII) 10 et donné mandat au Rapporteur spécial sur la liberté d'expression et l'accès à l'information en Afrique à « élaborer une loi modèle sur l'accès à l'information pour les Etats membres de l'Union africaine (UA) »[287]. Adoptée 2013, cette loi-type a pour vocation d'intégrer l'interprétation holistique et approfondie de la Commission à travers la Déclaration de 2002 et les résolutions successives dans les lois, stratégies, politiques et programmes nationaux relatifs à la droit à la liberté d'expression et à l'accès à l'information[288].

---

281 ACHPR/Res.54 (XXIX) 01 (résolutions sur la situation de la Liberté d'Expression en Afrique).
282 Résolution ACHPR/Res.62 (XXXII) 02
283 CADHP/Rés.54(XXIX)01, § 1.
284 *Ibid.*
285 CADHP/Rés.222 (LI) 2012 (Résolution sur la modification de la Déclaration de principe sur la liberté d'expression pour inclure l'accès à l'information et la demande d'une journée commémorative de la liberté d'information), pp. 3.
286 ACHPR/Res.122 (XXXXII)07.
287 ACHPR/Res.167 (XLVIII) 10.
288 La Commissaire Pansy Tlakula, la Rapporteure spéciale sur la liberté d'expression et l'accès à l'information en Afrique, en charge de l'élaboration de la loi-type, a estimé dans son introduction à la loi-type que l'objectif est de contribuer au développement de nouvelles lois en matière de d'accès à l'information et à la révision des lois existantes, de constituer un outil

2.3. Les résolutions

Les résolutions de la Commission sont des « prises de position » qui participent de l'interprétation et de l'application des dispositions de la Charte à des situations concrètes. Elles portent à la fois sur des thématiques et des situations de pays et permettent à la Commission de d'apprécier ou de saluer une avancée normative ou institutionnelle, ou de dénoncer ou de condamner des violations des droits de l'homme.

L'article 45 alinéa 1er ii) dispose que la Commission a pour mission de « formuler et élaborer (…) des principes et règles qui permettent de résoudre les problèmes juridiques relatifs à la jouissance des droits de l'homme et des peuples et des libertés fondamentales ». Ainsi investie, la Commission adopte des résolutions sur des sujets thématiques, sur la situation des droits de l'homme dans les Etats et sur son organisation et son fonctionnement internes. Les résolutions sont de trois ordres :

- Les **résolutions thématiques** portent sur un sujet précis ou sur des droits garantis par la Charte. Elles précisent, rappellent, clarifient et détaillent, à la fois sur la forme et sur le fond, le thème ou le droit ciblé. La plupart des dispositions de la Charte ont fait l'objet de résolutions. Certains thèmes qui ne transparaissent pas de manière explicite dans la Charte font également font également l'objet de résolutions à l'instar de la situation des sites naturels et territoires sacrés en Afrique[289] ou du mariage des enfants[290].
- Les **résolutions pays** qui portent sur un pays spécifique. Elles abordent les problématiques relatives à la situation des droits de l'homme du pays concerné ; elles peuvent également invoquer une situation thématique liée à un pays donné comme la résolution 165. CADHP/Rés.165 (XLVI1) 10 sur la prévention du trafic des Femmes et des Enfants en Afrique du Sud au cours de la Coupe du Monde de Football 2010. En général, les résolutions pays offrent l'opportunité à la Commission d'exposer les violations des droits de l'homme perpétrées dans un Etat donné et de formuler des recommandations. C'est aussi un procédé d'intervention rapide qui interpelle l'Etat en cause à prendre des mesures diligentes pour éviter les violations ou résorber les risques de violation des droits énoncés dans la Charte. La Commission a adopté des résolutions pays sur la grande majorité des

---

de plaidoyer en faveur de lois sur l'accès à l'information, de recueillir des bonnes pratiques, et de promouvoir d'une approche commune et harmonisation des lois sur l'accès à l'information.

289 CADHP/Rés. 403 (LXII) 2018: Résolution sur la nécessité d'une étude sur la situation des sites naturels et territoires sacrés en Afrique.

290 292: Résolution sur la nécessité d'entreprendre une étude sur le mariage des enfants en Afrique.

Etats, y compris le Cameroun, le Togo, le Bénin, le Kenya, la RD Congo, l'Egypte, la Somalie, l'Ethiopie, la Côte d'Ivoire.

- Les **résolutions administratives/réglementaires/procédurales** concernent les procédures internes de la Commission, ses mécanismes spéciaux et ses relations avec les organes politiques de l'UA, les organisations internationales et intergouvernementales, les INDH et les ONG. Elles portent notamment sur la création d'un mécanisme spécial (Rapporteur spécial, Comité et Groupe de travail), la nomination des membres et le renouvellement du mandat et des membres du mécanisme.

Les résolutions participent du développement progressif du droit africain des droits de l'homme. Elles opèrent une maturation des problématiques et conduisent, à terme, à l'élaboration de normes, règles, principes et lignes directrices. L'objectif ultime est d'intégrer les dispositions de la Charte dans le droit national des Etats parties à la Charte comme l'a souligné la résolution CADHP/Rés.3(V)89[291].

Les lignes directrices, les principes et autres sont le plus souvent annexés à des résolutions de la Commission comme Lignes directrices et mesures d'interdiction et de prévention de la torture et des peines ou traitements cruels, inhumains ou dégradants en Afrique, les Principes sur la dépénalisation des petits délits en Afrique et Directives et Principes sur le droit à un procès équitable et à l'assistance judiciaire en Afrique, 2003

B. La fonction d'interprétation

1. Les attributions prévues par la Charte

L'article 45 alinéa 3 de la Charte investit la Commission de la mission d'« interpréter toute disposition de la Charte ». La Cour est donc « compétente pour interpréter la Charte africaine, notamment pour répondre à une demande d'avis consultatif formulée en vertu de l'article 45(3) de la Charte » (article 3 alinéa 3 RI). L'article 45 alinéa 3 précise les organes susceptibles de saisir la Commission à cette fin. Il s'agit des Etats parties, des institutions de l'UA ou d'une organisation africaine reconnue par l'UA. Parmi ces institutions habilitées à solliciter la Commission, seules les organisations non gouvernementales ont soumis des requêtes portant clarification de certaines dispositions de la Charte.

---

291 5ème session ordinaire à Benghazi, Libye, du 3 au 14 avril 1989.

Selon Fatsah Ouguergouz, « la valeur juridique d'une interprétation de la Charte africaine par la Commission ne devrait pas dépasser celle d'une recommandation »[292] et que dès lors la valeur juridique de l'œuvre d'interprétation de la Commission serait limitée et qu'« on peut difficilement concevoir que son interprétation soit juridiquement opposable à un Etat, que celui-ci l'ait ou non sollicité »[293] puisque la Charte n'a pas investi la Commission de fonctions judiciaires ou quasi-judiciaires selon l'auteur. Toutefois, dans l'exercice de son mandat, la Commission se fonde sur son l'interprétation des dispositions de la Charte pour apprécier la recevabilité ou non d'une communication ou encore pour développer des Observations générales et des Lignes directrices. La décision sur le fond d'une communication découle également de « l'interprétation des dispositions de la Charte eu égard aux allégations de la victime »[294].

Dans son plan stratégique 2015-2019, la Commission met en exergue la fonction d'interprétation de la Charte aux côtés des autres fonctions en se référant à l'article 45 alinéa 3 de la Charte. Selon la Commission, l'acquittement de son mandat « comprend diverses activités liées à l'interprétation et à l'élaboration de la Charte africaine par le développement et l'adoption d'instruments supplémentaires relatifs aux droits de l'homme, tels que des règles, des directives, des résolutions, des observations générales, des déclarations, des lois types et d'autres lois non contraignantes »[295]. Il en résulte que du contenu et de l'étendue des droits prévus directement, petitement ou incidemment par la Charte, dépend tout le processus du développement progressif du droit africain des droits de l'homme qui ne peut échapper au leadership de la Commission. Elle considère ce processus de développement normatif comme une opportunité conduisant à « une marge de manœuvre matérielle et plus large pour l'interprétation et l'application »[296] de la Charte.

La Commission a également rappelé dans sa résolution CADHP/Rés.402 (LXIII)2018 que ses « mandats de promotion et de protection de la Commission impliquent l'interprétation des dispositions de la Charte africaine, notamment par la formulation de principes et de règles permettant de résoudre les problèmes de nature juridique ayant trait aux droits de

---

[292] Fatsah Ouguergouz, Article 45, *in* La Charte africaine des droits de l'homme et des peuples et le protocole y relatif portant création de la Cour africaine des droits de l'homme, Commentaire article par article (Sous la direction de Maurice Kamto), Editions Bruylant, Editions de l'Université de Bruxelles 2001, Collection droit international, p. 900.

[293] Fatsah Ouguergouz, Article 45, in La Charte africaine des droits de l'homme et des peuples et le protocole y relatif portant création de la Cour africaine des droits de l'homme, Commentaire article par article (Sous la direction de Maurice Kamto), Editions Bruylant, Editions de l'Université de Bruxelles 2001, Collection droit international, p. 900.

[294] Fiche d'information n° 3 – Procédures d'examen des communications, pp. 9 à 10.

[295] Plan stratégique 2015-2019, Partie 3 (Dommaines d'activités de la Commission), § 24.

[296] *Op. cit,* p. 7, I (voir partie opportunité).

l'homme et des peuples ».[297]. Aussi, plaidant ardemment la « complémentarité des mandats »[298] de la Cour africaine des droits de l'homme et des peuples et de la Commission africaine, la Commission africaine s'est dite « profondément préoccupée » par la décision DOC.EX.CL/1089(XXXIII)i du Conseil exécutif demandant aux États parties de « procéder à un examen analytique du mandat d'interprétation de la Commission au regard du mandat similaire qu'exerce la Cour africaine et du risque de contradictions de jurisprudence » [299] avant de réitérer que « sa fonction d'interprétation est inhérente à ses mandats de promotion et de protection, tels que définis par la Charte »[300].

Suite à la modification du RI en 2020 a maintenu cette fonction basée sur l'article 45 alinéa 3 de la Charte à l'article 127 de ce RI que :

> 1. Lorsque la Commission reçoit une demande d'interprétation conformément à l'article 45(3) de la Charte, elle en transmet une copie aux États Parties, à la Cour et à toute autre entité intéressée.
> 2. La Commission notifie aux États parties, à la Cour et à toute autre entité intéressée sa décision ou son avis consultatif en réponse à la demande susmentionnée.

L'alinéa 4 de l'article 3 du RI dispose également que « la Commission est compétente pour interpréter ses propres décisions ».

2. L'évolution de la fonction d'interprétation

Depuis 2018, les institutions politiques de l'UA semblent vouloir ôter à la Commission sa compétence d'interprétation comme cela apparaît dans la Décision du Conseil exécutif sur le rapport de la retraite conjointe du 4 et

---

[297] CADHP/Rés.402 (LXIII)2018 (préambule § 7). Résolution adoptée lors de la 63ème session ordinaire de la Commission africaine des droits de l'homme et des peuples, tenue du 24 au 13 novembre 2018, à Banjul, en Gambie.

[298] CADHP/Rés.402 (LXIII)2018 (préambule § 6 et *operative paragraphe* 4). Voir la Cinquième Partie du RI de la Commission consacré aux relations avec la Cour africaine (article 128 à 135).

[299] CADHP/Rés.402 (LXIII)2018 (préambule § 11). La décision EX.CL/Dec.995 (XXXII) du Conseil exécutif a enterriné l'organisation d'une retraite conjointe entre le Comité des Représentants permanents (COREP) et la Commission africaine des droits de l'homme et des peuples (CADHP) afin d'examiner les différentes préoccupations exprimées au sujet des relations entre la CADHP, les organes délibérants et les États membres. Elle s'est tenue du 4 et 5 juin 2018 à Nairobi (Kenya). Elle a décidé notamment de « procéder à un examen analytique du mandat d'interprétation de la CADHP à la lumière du mandat similaire exercé par la Cour africaine et du risque de conflit en matière de jurisprudence » (EX.CL/Dec. 1015(XXXIII), Décision sur le rapport de retraite conjointe entre le COREP et la CADHP - *Doc. EX.CL/1089 (XXXIII) i*, § 7 iii).

[300] CADHP/Rés.402 (LXIII)2018, § 2.

5 juin 2018 à Nairobi, Kenya, entre le Comité des Représentants permanents (COREP) et la Commission africaine[301]. Le Conseil exécutif de l'AU a ainsi appelé les Etats à « procéder à un examen analytique du mandat d'interprétation de la CADHP à la lumière du mandat similaire exercé par la Cour africaine et du risque de conflit en matière de jurisprudence »[302].

Dans trois résolutions postérieures à la retraite de Nairobi, la Commission semble tenir à sa fonction d'interprétation :

- CADHP/Rés.402 (LXIII)2018 : Par cette résolution adoptée à sa 63ème session en novembre 2018, la Commission a rappelé les dispositions de l'article 45 alinéa 3 et souligné que sa fonction d'interprétation a notamment pour objectif « la formulation de principes et de règles permettant de résoudre les problèmes de nature juridique ayant trait aux droits de l'homme et des peuples » avant d'exprimer sa « profonde préoccupation » à la l'égard de la volonté du Conseil exécutif de l'UA de « procéder à un examen analytique du mandat d'interprétation de la Commission au regard du mandat similaire qu'exerce la Cour africaine et du risque de contradictions de jurisprudence ». La Commission a plutôt plaidé pour un renforcement des fonctions de protection et d'interprétation de la Commission et a réitéré que « sa fonction d'interprétation est inhérente à ses mandats de promotion et de protection, tels que définis par la Charte ».
- CADHP/Rés.427(LXV)2019 : Par cette résolution, la Commission a souligné l'expertise que les anciens Commissaires pourrait apporter à la Commission, notamment dans le cadre de l'interprétation de la Charte.
- CADHP/Res.422(EXT.OS/XXVI)2019 : Par cette résolution, la Commission a rappelé que l'interprétation de la Charte fait partie de son mandat.

En 2020, le nouveau RI de la Commission a souligné que « dans l'exercice de sa mission, la Commission est compétente pour interpréter la Charte africaine, notamment pour répondre à une demande d'avis consultatif formulée en vertu de l'article 45(3) de la Charte »[303] et qu'elle est "compétente pour interpréter ses propres décisions"[304].

---

[301] *EX.CL/1015(XXXIII)* Décision sur le rapport de la retraite conjointe entre le Comité des Représentants permanents (COREP) et la Commission africaine des droits de l'homme et des peuples (CADHP) - *Doc. EX.CL 1089 (XXXIII)i. Voir aussi* EX.CL/995(XXXII), Décision sur la CADHP, *Doc. EX.CL/1058(XXXII),* §§ 3-4 ; Decision EX.CL/Dec.887(XXVII).

[302] *EX.CL/1015(XXXIII)* Décision sur le rapport de la retraite conjointe entre le Comité des Représentants permanents (COREP) et la Commission africaine des droits de l'homme et des peuples (CADHP) - *Doc. EX.CL 1089 (XXXIII)i, § 7 iii).*

[303] Artcile 3 alinéa 3 (mandat et statut) du RI.

[304] Article 3 alinéa 4.

Les articles 3 et 4 du Protocole relatif à la Charte africaine des droits de l'homme et des peuples portant création d'une Cour africaine des droits de l'homme et des peuples de 1998 attribuent la compétence d'interprétation de la Charte à la Cour africaine. L'article 4 étend même cette compétence au-delà de la Charte africaine pour inclure « tout autre instrument pertinent relatif aux droits de l'homme ». Corrélativement, le RI de 2020 de la Cour africaine dispose en son article 29 qu'elle est compétente en matière contentieuse et consultative :

> « pour connaître de toutes les affaires et de tous les différends dont elle est saisie concernant l'interprétation et l'application de la Charte, du Protocole et de tout autre instrument pertinent relatif aux droits de l'homme et ratifié par les États concernés ;
> pour donner un avis consultatif sur toute question juridique concernant la Charte ou tout autre instrument pertinent relatif aux droits de l'homme ».

On peut se demander si la Charte et le Protocole à la Charte créant la Cour attribuent-ils concurremment le pouvoir d'interprétation à la Cour et à la Commission africaines ? Si les deux mécanismes devraient exercer concurremment cette fonction, on peut craindre une interprétation divergente et un risque éventuel de fragmentation. L'égo institutionnel motive les deux mécanismes d'autant plus que l'exercice de leur mandat respectif les pousse obligatoirement à interpréter les dispositions de la Charte. La Cour peut tirer argument du fait que l'article 4 alinéa 1er *in fine* lui reconnaît la compétence à donner un avis juridique sur toute question juridique concernant la Charte ou tout autre instrument pertinent, pour autant que « l'objet de l'avis consultatif ne se rapporte pas à une requête pendante devant la Commission ». La Commission peut s'appuyer sur le fait que le texte reconnaissant sa compétence est postérieur au Protocole à la Charte créant la Cour africaine et que la Charte lui a spécifiquement attribué cette compétence en son article 45 (3) et que ce caractère postérieur ne peut autoriser les organes politiques de l'UA à lui retirer le pouvoir d'interprétation de la Charte. En effet, le Conseil exécutif avait demandé en 2018 à « procéder à un examen analytique du mandat d'interprétation de la CADHP à la lumière du mandat similaire exercé par la Cour africaine et du risque de conflit en matière de jurisprudence »[305]. Rien n'empêche l'AU de procéder à la révision de la Charte pour formellement retirer la compétence d'interprétation à la Commission.

[305] EX.CL/1015(XXXIII), Décision sur le rapport de la retraite conjointe entre le Comité des Représentants permanents (COREP) et la Commission africaine des droits de l'homme et des peuples (CADHP) - *Doc. EX.CL 1089 (XXXIII)i* (33ème session ordinaire du Conseil exécutif, 28 – 29 juin 2018 à Nouakchott en Mauritanie), § 7.

Toutefois, la procédure technique, juridique et politique requise doit être dûment suivie.

Il se pose également la question de la portée juridique de l'œuvre interprétative des deux organes, y compris son opposabilité. Etant donné que le pouvoir d'interprétation des deux organes est surtout d'ordre fonctionnel et opérationnel (article 3 du Protocole créant la Cour), le résultat de l'interprétation s'impose-t-il aux Etats au-delà de l'affaire pour laquelle l'interprétation a été menée. Cette interprétation peut-elle faire jurisprudence ? Il urge que l'UA africaine et ses mécanismes des droits de l'homme clarifient les textes à cet égard. L'article 127 du RI de la Commission semble apporter un élément de réponse lorsqu'il demande à la Commission de transmettre à la Cour (aux Etats parties et à toute autre entité intéressée) une copie d'une demande d'interprétation conformément à l'article 45 (3) de la Charte. La décision ou l'avis consultatif de la Commission en réponse à la demande d'interprétation est également notifié à la Cour selon l'alinéa 2 de l'article 127 du RI. On peut se demander si cette notification est faite à titre informatif ou les deux mécanismes pourraient avoir une compétence partagée en matière d'interprétation de la Charte.

Dans tous les cas, le regard actuel des Etats sur la fonction d'interprétation de la Commission renvoie à la situation qui avait prévalu après l'adoption du projet de la Charte en 1978 et les préoccupations exprimées par certains Etats sur l'organe qui devrait avoir compétence pour interpréter la Charte[306].

---

[306] Doc. OUA, CM/1149 (XXXVII), Rapport du Secrétaire général sur le projet de Charte africaine des droits de l'homme et des peuples ; Richard Gittleman, « The African Charter on Human and People's Rights : A Legal Analysis », in Virginia Journal of International Law, Vol. 22:4, 1982, p. 669. Voir la note de bas de page 10; Richard Gittleman, « The African Charter on Human and People's Rights: A Legal Analysis », in Virginia Journal of International Law, Vol. 22:4, 1982, p. 669. Voir la note de bas de page 10.

Chapitre 2.
Organisation de la Commission africaine

L'organisation préfigure, dans une certaine mesure, des résultats attendus. Portée par un Secrétariat en quête permanente de ressources humaines, logistiques et financières, la Commission n'est toujours pas dotée d'un siège permanent[307]. La Charte africaine et le Règlement intérieur se complètent pour préciser l'armature organisationnelle et la gouvernance institutionnelle de la Commission. Ces précisions concernent à la fois la structure et le fonctionnement internes, y compris la tenue des sessions, le financement des opérations de la Commission, mais également les relations avec les organes politiques de l'Union africaine ainsi que les relations avec les autres mécanismes des droits de l'homme du continent et au-delà. L'état de la coordination et de la collaboration entre la CADHP, les organes délibérants et les États membres de l'UA ont fait l'objet d'une retraite conjointe Comité des Représentants permanents (COREP) - CADHP décidée lors de la 32ème session ordinaire du Conseil exécutif de l'UA en janvier 2018[308]. Depuis, le COREP de l'Union africaine est de plus en plus insistante sur « les modalités de renforcement de la coordination et de la collaboration avec les organes délibérants et les États membres »[309], « l'ambiguïté de son statut dans le règlement intérieur dans le cadre de la révision en cours dudit règlement intérieur »[310] et d'en tenir compte « dans la perspective d'élaboration d'un code de conduite et de la révision du règlement intérieur »[311]. En février 2020, le Conseil exécutif a demandé à la Commission de l'UA de « fournir des orientations juridiques à tous les organes et institutions de l'UA concernant l'autorité de supervision statutaire financière et administrative sur tous les organes et institutions non délibérantes de l'Union, notamment (...) la Commission africaine des droits de l'homme et des peuples »[312] et a insisté sur la mise en œuvre de la décision *Assembly/AU/Dec.200 (XI)* qui demande de « faire régulariser le statut de la CADHP comme organe de l'UA »[313].

---

307 *EX.CL/Dec.948(XXX),* Décisions sur les activités de la CADHP - *Doc. EX.CL/998(XXX),* § 6 : « Remercie la République islamique de Gambie d'accueillir la CADHP depuis 1989, et Exhorte la Gambie à se conformer aux différentes décisions du Conseil exécutif concernant la création d'un siège permanent de la CADHP, doté des facilités nécessaires ». Voir aussi *EX.CL/Dec.974(XXXI),* Décision sur le 42ème rapport d'activité de la CADHP - Doc. *EX.CL/1030(XXXI),* § 10 ii) ; EX.CL/Dec. 1080(XXXVI), Décision sur le rapport d'activité de la CAHDP - *Doc. EX.CL/1205(XXXVI*), § 8.

308 *EX.CL/Dec.995(XXXII),* Décision sur la CADHP - *Doc. EX.CL/1058(XXXII),* § 4.

309 *Ibid.*

310 *Ibid., § 8 i)*

311 *Ibid., § 8 ii).*

312 *EX.CL/Dec.1073(XXXVI),* § 73.

313 *EX.CL/Dec. 1080(XXXVI),* Décision sur le rapport d'activité de la CAHDP - *Doc. EX.CL/1205(XXXVI*), § 6.

Même si on peut s'accorder avec le Conseil exécutif sur l'importance pour l'ensemble des organes de l'UA chargés des droits de l'homme, dont la Commission, à s'intégrer dans le contexte de l'Architecture africaine de la gouvernance (AGA), il faut tout de même souligner que les demandes répétées de l'UA sur le fonctionnement de la Commission révèle une tension née de la décision de retrait du statut d'observateur à une ONG défendant les droits des LGBTQ[314].

Dans tous les cas, la Commission est organisée et structurée suivant les prescriptions de la Charte.

Section 1. Structure de la Commission

A. L'armature organisationnelle

1. La création et le statut

La Commission africaine des droits de l'homme et des peuples (ci-après « la Commission » ou « la Commission africaine ») est créée par l'article 30 de la Charte africaine des droits de l'homme et des peuples (ChADHP) du 27 juin 1981. Elle est donc d'origine conventionnelle, ce qui représente une source de crédibilité compte tenu de sa base juridique vis-à-vis de la force politique des Etats. Il est un « organe conventionnel autonome » conformément à l'article 3 alinéa 1 de son Règlement intérieur (RI) révisé suite à l'appel du Conseil exécutif de l'UA pour « accélérer l'harmonisation » des Règlements intérieur de la Commission et de la CAfDHP[315]. C'est un mécanisme conventionnel

---

[314] Pour les détails, voir le Chapitre 5 sur la Commission et les ONG.

[315] *Ex.CL/Dec. 482 (XIV), Décision sur le vingt-cinquième rapport d'activité de la Commission africaine des droits de l'homme et des peuples (Doc. Ex.CL/490(XIV), § 8)* prise lors de la quatorzième session ordinaire du Conseil exécutif (Addis-Abeba (Ethiopie), 26 – 30 janvier 2009). Le premier Règlement intérieur a été adopté par la Commission le 13 février 1988 pour la première fois lors de la IIème session ordinaire à Dakar au Sénégal tenue du 2 au 13 février 1988. Voir Doc. O.U.A. AFR/COM/HPR.I (II). Il a été entériné lors de la Conférence des Chefs d'Etat et de gouvernement de l'OUA en mai 1988 à Addis-Abeba par la résolution AHG/Rés. 176 (XXIV). Voir aussi *Human Rights Law Journal*, vol. IX, n° 2-3, 1988, pp. 333-349 ; Fatsah Ouguergouz, « La Commission africaine des droits de l'homme et des peuples : présentation et bilan d'activités (1988-1989) », *Annuaire français de droit international*, vol. 35, 1989, p. 558 et note de bas de page 6. Le Règlement intérieur a été modifié lors de la XVIIIème session ordinaire de la Commission qui a eu lieu du 2 au 11 octobre 1995 à Praia au Capt Vert. Cinq ans plus tard, le Règlement intérieur a été de nouveau amendé et modifié avec la création et l'opérationnalisation de la Cour africaine des droits de l'homme et des peuples. La modification a été approuvée à la 47ème session ordinaire de la Commission tenue du 12 au 26 mai 2010 à Banjul en Gambie, son siège. La Partie IV du Règlement intérieur révisé régit notamment les rapports entre la Commission et la Cour africaine des droits de l'homme et des peuples (CAfDHP). Le nouveau Règlement intérieur entré en vigueur le 18 août 2010 a été de nouveau

d'experts et non étatique même si c'est un organe de l'Union africaine selon l'article 3 alinéa 2 du RI et de la *Décision/AU/Dec.200 (XI)* de la Conférence de l'UA. C'est le premier mécanisme continental de l'OUA spécifiquement dédié à la promotion, à la protection et à la supervision des droits de l'homme. Il a fallu six années après l'adoption de la Charte pour qu'elle soit inaugurée le 2 novembre 1987 lors de la XXIIIème session de la Conférence des Chefs d'Etat et de gouvernement (CoCEG) à Addis-Abeba en Ethiopie. Elle deviendra effectivement opérationnelle le 12 juillet 1989 après l'inauguration de son siège à Banjul en Gambie. La Commission permet à la Charte de ne pas être orpheline en disposant d'un dispositif de monitoring de ses dispositions et de ses protocoles facultatifs.

2. La composition et les conditions régissant les fonctions des Commissaires

Le texte de référence de la composition de la Commission est l'article 31 alinéa 1er de la Charte aux termes duquel la « Commission se compose de onze membres qui doivent être choisis parmi les personnalités africaines jouissant de la plus haute considération, connues pour leur haute moralité, leur intégrité et leur impartialité, et possédant une compétence en matière de droits de l'homme et des peuples, un intérêt particulier devant être donné à la participation de personnes ayant une expérience en matière de droit ».

Les membres de la Commission sont appelés « Commissaires » selon l'article 2 point 10 du RI. Ils siègent à titre personnel (article 4 alinéa 2 du RI). Ce sont des experts car la Commission est un mécanisme d'expertise et non politique. Elle est composée de 11 Commissaires qui sont, au visa de l'article 31 de la Charte de l'article 4 du RI de la Commission, des personnalités africaines ayant une expertise et des compétences avérées en matière des droits de l'homme de manière générale et en droit africain des droits de l'homme en particulier. Ce sont des personnes de haute moralité (re)connues pour leur probité et leur engagement en faveur des droits de l'homme. Ces critères de choix sont destinés à mettre à la disposition de la Commission des experts indépendants de qualité. C'est pourquoi l'article 8 alinéa 1er du RI précise que :

---

modifié lors de la 27ème session extraordinaire de la Commission réunie à Banjul (Gambie) du 19 février au 04 mars 2020. Dans le présent ouvrage, nous utilisons volontiers, pour la commodité de l'exposé « article » à la place de « règle » utilise le Règlement intérieur de 2020.

> « la fonction de membre de la Commission est incompatible avec l'exercice d'activités susceptibles d'affecter l'indépendance ou l'impartialité du membre ou les exigences de fonctions, telles qu'être membre du gouvernement, ministre ou sous-secrétaire d'État, représentant diplomatique, directeur d'un ministère ou un de ses subordonnés ou le conseiller juridique des affaires étrangères ou toute autre fonction à caractère politique ou participation á une activité de nature à compromettre son indépendance et son impartialité ».

Cette clause d'incompatibilité de fonctions a été introduite lors de la modification du Règlement intérieur en 2010 (article 7 alinéa 1er) sous la pression des organisations de la société civile qui considèrent que la présence au sein de la Commission de personnalités d'origine politique constitue un mélange des genres et représente une menace de nature à saper le travail d'expertise de la Commission. L'absence d'une telle disposition relative aux conflits d'intérêts dans les règles d'organisation et de fonctionnement de la Commission avait été justifiée, selon Fatsah Ouguergouz, par des « motivations politiques » et par la limitation du « champ de recrutement des candidats dans des pays pauvres en personnel qualifié »[316]. Si ce dernier argument aurait pu être acceptable au sortir des indépendances en 1960 voire à l'inauguration de la Commission en 1987, il ne le serait plus du tout de nos jours car l'Afrique regorge de cadres éminemment compétents en matière des droits de l'homme. Bien plus, comme l'a souligné Jean-Louis Atangana Amougou, la Commission ne compte que 11 membres alors que le continent est composé de 55 Etats dont 54 parties à la Charte et si un Etat partie n'a pas d'aventure de cadres compétents, il peut toujours, comme l'y autorise l'article 34 de la Charte, présenter un candidat compétent ressortissant d'un autre Etat[317].

Même s'il est théoriquement possible, au regard de l'article 33 de la Charte, aux organes politiques de l'UA qui élisent les Commissaires de faire rentrer dans la Commission un expert imprégné de colorations politiques, il serait difficile pour un tel Commissaire de tenir devant la pression des organisations de la société civile. La Commission peut toujours user des prérogatives qui lui sont conférées par l'article 39 alinéa 2 de la Charte et l'article 8 alinéa 1er de son Règlement intérieur. En effet, aux termes de ces textes :

---

[316] Fatsah Ouguergouz, « La Commission africaine des droits de l'homme et des peuples : présentation et bilan d'activités (1988-1989) », *Annuaire français de droit international*, vol. 35, 1989, p. 559.

[317] Jean-Louis Atangana Amougou, « La Commission africaine des droits de l'homme et des peuples », *Revue Droits fondamentaux, n°1, juillet-décembre 2001*, p. 96.

« Si de l'avis unanime des autres membres de la Commission, un membre a cessé de remplir ses fonctions pour toute autre cause qu'une absence de caractère temporaire, ou se trouve dans l'incapacité de continuer à les remplir, le Président de la Commission en informe le Secrétaire Général de l'Organisation de l'Unité Africaine qui déclare alors le siège vacant ».

Même si les Commissaires constatent des prises de position à connotation politique d'un des leurs, ils ne peuvent qu'émettre un avis transmis au Président de la Commission de l'Union africaine, un organe politique qui, en dernier ressort, prend la décision qui s'impose. L'article 39 alinéa 2 de la Charte qui incarne le principe de l'inamovibilité, gage de l'indépendance des Commissaires, adresse également les Commissaires qui ne se conformeraient pas aux prescriptions des articles 7 (fonctions des membres) et 8 alinéa 1er (incompatibilité) du Règlement intérieur de la Commission. On a pu constater que plusieurs Commissaires ayant siégé à la Commission venaient du monde politique comme le ministre de l'intérieur de la République du Congo, Alexis Gabou et le diplomate égyptien Ibrahim Badawi El-Sheikh, tous les deux élus lors de la 23ème session de la CoCEG en 1987. L'ambassadeur du Burkina Faso au Sénégal, Salamata Sawadogo a été élue en 2001 et a même présidé la Commission (2001-2007). Par ailleurs, Mohammed Hatem Ben Salem était lui aussi, au moment de son élection, ambassadeur de Tunisie au Sénégal. Elu en 1993, il a fait deux mandats et a servi en tant que vice-président de la Commission.

En dehors de l'article 39 alinéa 2 de la Charte, la Commission peut également recourir aux articles 94 (Récusation de la participation d'un membre de la Commission à l'examen d'une
Communication) et 95 (Retrait d'un membre) du même Règlement sur la récusation des Commissaires frappés d'incapacités ou ayant un intérêt direct ou indirect dans le cadre de l'examen des communications. Certes, la récusation peut concerner tout Commissaire (article 94 alinéas 1er a) et 2) dont le pays fait l'objet de la communication soumise à la Commission mais elle vise surtout les Commissaires :

- ayant un intérêt personnel quelconque dans l'affaire (article 94, alinéa 1 b)) ;
- engagés dans une quelconque activité politique, administrative ou professionnelle incompatible avec son indépendance ou son impartialité dans l'examen de la Communication (article 94 alinéa 1er c) ;
- ayant participé à un titre quelconque à l'adoption, au niveau national, d'une décision quelconque relative à l'affaire sur laquelle porte la communication (article 94 alinéa 1er d) ;

- ayant exprimé publiquement des opinions qui sont objectivement susceptibles de porter atteinte à son impartialité dans l'examen de la communication ((article 94 alinéa 1er d)
- qui, pour une quelconque autre raison estime que son impartialité pourrait être compromise (article 94 alinéa 1er f) et article 95).

De nos jours, la Commission ne compte plus dans ses rangs des Commissaires mouillés, du moins directement, dans la chose politique.

Conformément à l'article 11 du RI, la Commission et ses membres doivent observer les principes et les codes de conduite régissant les conditions de leur service, y compris les principes relatifs à la récusation et à la confidentialité, ainsi que les dispositions pertinentes du règlement et des statuts du personnel de l'Union africaine, du code d'éthique et de conduite de l'Union africaine et de la politique de l'Union africaine en matière de harcèlement.

3. Le profil général des Commissaires

La fonction de Commissaire est incompatible avec les professions de nature politique comme celles exhaustivement énumérées à l'article 7 du Règlement intérieur de la Commission. Autant il n'est pas exclu qu'un membre issu du monde politique ait les compétences requises pour être Commissaire, autant il n'est pas admis qu'il fasse entorse aux principes d'intégrité, de probité, d'honnêteté, d'indépendance, d'équité et d'impartialité qui doivent être au cœur de l'exercice de la fonction de Commissaire au sein d'un organe technique et d'expertise. Un Commissaire ne peut solliciter, accepter ou consulter un gouvernement ou un groupe de pression ou recevoir d'eux instructions, ordres ou conseils. Les conflits d'intérêts peuvent concerner également des groupes de pression comme les entreprises ou multinationales qui, pour leurs intérêts mercantiles voire idéologiques, peuvent tenter ou décider d'influencer l'orientation des décisions et des résolutions de la Commission.

Si les débuts de la Commission sont marqués par la présence de personnalités politiques, le profil des membres répond de nos jours aux critères fondamentaux. Les professions juridiques sont largement représentées. Les magistrats, les avocats et les professeurs de droit sont majoritaires compte tenu de la nature juridique de la fonction de Commissaire. On y trouve également des personnalités issues de la société civile comme les défenseurs des droits de l'homme ou encore des hommes et des femmes de professions libérales.

4. La présentation et le traitement des candidatures

Les Commissaires candidats sont présentés par les Etats parties[318] à la Charte. Bien que présentés par les Etats, les Commissaires, une fois élus, siègent à titre individuel, comme le rappelle l'alinéa 2 des articles 31 de la Charte et 4 alinéa 2 du Règlement intérieur. Ainsi, les experts ne peuvent recevoir d'ordre ou de pression de la part des Etats, y compris de l'Etat les ayant présentés. C'est une condition essentielle pour préserver l'indépendance de la Commission, l'indépendance des Commissaires et la conformité des délibérations de la Commission au droit et à la Charte.

Selon l'article 34 de la Charte, chaque Etat partie peut présenter au maximum deux candidats qui doivent avoir la nationalité des Etats parties à la Charte[319]. Lorsqu'un Etat présente deux candidats, un doit être un ressortissant dudit Etat et l'autre d'un autre Etat partie à la Charte car l'article 32 de la Charte précise qu'il ne peut y avoir au sein de la Commission plus d'un Commissaire de même nationalité. La possibilité pour un Etat partie de présenter un non ressortissant a pour finalité de permettre à des personnalités africaines expertes en matière des droits de l'homme mais qui, pour des raisons notamment politiques, n'auraient aucune chance d'être présentées par l'Etat partie dont elles sont ressortissantes, d'apporter leur expérience à la Commission en devenant Commissaires. A ce titre, l'article 34 de la Charte est novateur car il tient compte du contexte sociopolitique marqué encore dans certains pays africains par des régimes peu démocratiques et par le fait que les nominations sont davantage liées à des affinités politiques qu'à l'expertise technique recherchée.

Les candidatures des futurs Commissaires sont présentées au Président de la Commission de l'Union africaine « dans un délai d'au moins quatre mois, avant les élections », en vertu de l'article 35 alinéa 1er de la Charte. Pendant les trois mois qui suivent la Conférence des Chefs d'Etat et de gouvernement au cours de laquelle l'élection aura lieu, le Président de la Commission de l'UA « dresse la liste alphabétique des personnes ainsi présentées » selon l'alinéa 2 de l'article 35 qui dispose également que cette liste doit être

[318] A la date du 31 décembre 2020, seul le Maroc n'a pas adhéré à la Charte africaine. Voir la décision EX.CL /Dec.995(XXXII) du Conseil exécutif de l'UA de janvier 2018 qui réitère son appel au Royaume du Maroc pour qu'il adhère à la Charte africaine. Voir aussi *Décision sur le quarantième rapport d'activités de la Commission africaine des droits de l'homme et des peuples Doc.EX.CL/1089(XXXIII), § 6.*

[319] On peut rapprocher l'article 35 de la Charte de l'article 12 alinéa 1er du Protocole relatif à la Charte africaine des droits de l'Homme et des peuples portant création d'une Cour africaine des droits de l'Homme et des peuples qui dispose que « Chaque Etat partie au Protocole peut présenter jusqu'à trois candidats dont au moins deux doivent être ressortissants de l'Etat qui les présente ».

communiquée aux Chefs d'Etat et de gouvernement « un mois au moins avant les élections ». L'article 33 de la Charte dispose que l'élection se déroule à bulletin secret sur une liste de personnes présentées par les Etats parties à la Charte.

5. L'élection des Commissaires

Au titre de l'article 33 de la Charte, l'élection des Commissaires se fait au scrutin secret sur la liste des candidats. L'article 37 précise qu'immédiatement après la première élection, les noms des Commissaires élus sont tirés au sort par le Président de la Conférence des Chefs d'Etat et de Gouvernement de l'UA. En 2020, la CoCEG a délégué la nomination et l'élection des membres des organes et institutions de l'UA dont la Commission africaine au Conseil exécutif[320]. A l'issue de l'élection, les nouveaux membres font la déclaration solennelle de bien et fidèlement remplir leurs fonctions en toute impartialité (article 38 de la Charte). Le texte de la déclaration solennelle figure à l'article 10 du RI de la Commission en ces termes : « *Je m'engage solennellement à remplir mes fonctions de manière appropriée et fidèlement ainsi qu'en toute impartialité* ».

On peut regretter que dans la pratique, le nombre de postes de Commissaires à pourvoir corresponde au nombre de candidatures. Il y a un travail préalable de concertation diplomatique entre les Etats pour présenter une liste qui corresponde au nombre de Commissaires à élire. Toutefois, cette procédure officieuse ne permet pas une émulation au niveau des candidats. Elle porte également entorse aux règles démocratiques qui voudraient qu'il y ait plus de candidats que de postes à pourvoir.

L'élection des Commissaires tente, peu ou prou, de maintenir un triple équilibre géographie, linguistique et sexospécifique. Sur le plan de la représentation géographique, aucun texte ne l'impose mais dans la pratique, la Conférence des Chefs d'Etat et de gouvernement y veille au moment des élections. Au regard de l'équilibre linguistique, l'article 38 alinéa 1er du Règlement intérieur de la Commission dispose que les langues de la Commission et de tous ses mécanismes subsidiaires est celles de l'UA et que les travaux peuvent être menés dans l'une quelconque de ces langues (article 38 alinéa 2, RI). Ce texte est en conformité avec l'article 25 de l'Acte constitutif de l'UA qui souligne que les langues de l'Union et de toutes ses institutions sont l'arabe, l'anglais, le français et le portugais[321]. Les capacités

---

[320] *Assembly/AU/Dec.760(XXXIII),* § 3 a).

[321] L'article 25 précise que « les langues de travail de l'Union et de toutes ses institutions sont, si possible, les langues africaines ».

linguistiques de la Commission, notamment de son Secrétariat, sont importantes pour assurer un service universel à l'échelle du continent.

Par rapport à la question du genre, les premiers Commissaires élus en 1987 étaient uniquement des hommes. Les élections suivantes dans les années 1990 n'ont pas radicalement changé la donne car seules cinq femmes firent leur entrée à la Commission à partir de 1993[322]. Dans les années 2000, sous l'effet conjugué de l'Acte constitutif de l'Union africaine adoptée le 11 juillet 2000[323] à Lomé au Togo et de l'adoption du Protocole à la Charte africaine des droits de l'homme et des peuples relatif aux droits de la femme en Afrique (Protocole de Maputo) adoptée le 11 juillet 2003 à Maputo au Mozambique, ont été élues Salamata Sawadogo (Burkina Faso) et Angela Melo (Mozambique) en 2001, Sanji Mmasenono Monageng (Botswana) en 2003, Faith Pansy Tlakula (Afrique du Sud) et Reine Alapini-Gansou (Bénin) en 2005, Catherine Dupe Atoki (Nigéria) en 2007, Soyata Maiga (Mali), Lucy Asuagbor (Cameroun) et Zainabo Sylvie Kayitesi (Rwanda) en 2013, Jamesina Essie L. King (Sierra Leone) en 2015, Maria Teresa Manuela (Angola) et Maya Sahli Fadel (Algérie)[324] en 2017, Marie Louise Abomo (Cameroun) et Alexia Amesbury (Seychelles) en 2020[325].

La burkinabè Salamata Sawadogo, la béninoise Reine Alapini-Gansou, la rwandaise Zainabo Sylvie Kayitesi et la malienne Soyata Maiga ont présidé aux destinées de la Commission durant leur mandature. D'autres ont servi la Commission en tant que Rapporteuse spéciale ou présidente d'autres mécanismes spéciaux.

Entré en vigueur le 25 novembre 2005, le Pro1CADHP consacre le principe de l'égalité entre les hommes et les femmes (articles 2 a) et 12 a)) et engage les Etats à adopter et à mettre en œuvre de manière effective les mesures législatives, institutionnelles et réglementaires appropriées (article 2 b)). La plupart des Commissaires femmes élues sont originaires des Etats ayant

---

322 Il s'agit de Vera Valentina de Melo Duarte Martins (Capt Vert) élue en 1993, de Julienne Ondziel-Gnelenga (Congo) élue en 1995, de Vera Mlanguzwa Chirwa (Malawi), de Florence Butegwa (Ouganda) et de Jainaba Johm (Gambie) élues en 1999.

323 L'article 4 alinéa l de l'Acte constitutif de l'UA élève au rang de principe la « promotion de l'égalité entre les hommes et les femmes ». L'article 3 alinéa 1 de la Charte dispose que « toutes les personnes bénéficient d'une totale égalité devant la loi » mais n'a paint parlé d'égalité entre l'homme et la femme. Son article 18 alinéa 3 souligne que « l'Etat a le devoir de veiller à l'élimination de toute discrimination contre la femme et d'assurer la protection des droits de la femme et de l'enfant tels que stipulés dans les déclarations et conventions internationales ».

324 *Assembly/AU/Dec. 656(XXIX),* Décision sur la nomination de quatre membres de la CADHP - *Doc. EX.CL/1039(XXXI).*

325 *Assembly/AU/Dec.784(XXXIII),* Décision sur la nomination de 4 membres de la CADHP - *Doc.EX.CL1225(XXXVI),* § 2.

ratifié[326] le Pro1CADPH. Il s'agit de Zainabo Sylvie Kayitesi, rwandaise, tout comme Soyata Maiga, malienne, élues toutes les deux en 2007. En outre, la Camerounaise Lucy Asuagbor en 2010, l'Algérienne Maya Sahli Fadel en 2011, la sierra léonaise Jamesina Essie L. King en 2015 et l'Angolaise Maria Teresa Manuela en 2017 sont devenues membres de la Commission. Il n'est pas superfétatoire de supposer que l'évolution normative (Protocole de Maputo) et institutionnelle (passage de l'OUA à l'UA avec son nouvel Acte constitutif [article 4 l), Promotion de l'égalité entre les hommes et les femmes]) sur le continent a joué un rôle essentiel dans l'actuelle féminisation de la Commission sans oublier l'évolution certes lente mais certaine des mentalités sur les questions de sexospécificité. En tout cas, la tendance relative à l'augmentation du nombre de Commissaires femmes était amorcée. En 2018, la Commission comptait six femmes pour cinq hommes et elle était présidée par une femme, Maitre Soyata Maiga. En 2017, elles étaient huit Commissaires femmes, ce qui est un record jusqu'à présent. En 2020, elles étaient au nombre de 6 tout comme en 2018.

Tout Commissaire élu prête serment avant d'entrer en fonction. Il se fait par l'intermédiaire d'une déclaration solennelle en séance publique de la Commission. Le texte de cette déclaration est indiqué dans les articles 38 de la Charte et 9 du Règlement intérieur de la Commission en ces termes : *« Je déclare solennellement de bien et fidèlement remplir mes fonctions en toute impartialité ».*

Dans sa décision *Assembly/AU/Dec.760(XXXIII)* de 2018, la Conférence des Chefs d'Etat et de gouvernement avait délégué au Conseil exécutif d'élire et de nommer les membres des organes de l'UA dont la Commission africaine, dans le cadre de la tenue d'un seul Sommet ordinaire par an[327].

6. Le renouvellement des mandats

Le renouvellement des membres de la Commission ne se fait pas d'un seul coup mais par vagues successives qui se chevauchent comme le souligne l'article 36 de la Charte. En effet, selon cet article, « le mandat de quatre des membres élus lors de la première élection prend fin au bout de deux ans, et le mandat de trois autres au bout de quatre ans ». Les élections ou les renouvellements se font tous les deux ans à concurrence du tiers des membres de la Commission. L'intérêt de cette approche est de favoriser l'échange

---

[326] Le Rwanda a ratifié la Protocole le 25 juin 2004, l'Angola le 30 août 2007, le Mali en 13 janvier 2005, le Cameroun le 13 septembre 2012 et l'Algérie le 20 novembre 2016.

[327] Assembly/AU/Dec.760(XXXIII), § 3 a), 33ème session ordinaire, 9-10 février 2020 Addis-Abeba, Éthiopie.

d'expériences et la transmission de connaissances entre les anciens et les nouveaux Commissaires même si le Secrétariat de la Commission essaie de jouer ce rôle. Ainsi, la Commission ne risque pas de se retrouver uniquement avec des Commissaires nouvellement élus. Sur les 11 experts à la fin de l'année 2020, 3 ont été élus en 2017 (RDC, Angola, et Tunisie), 2 en 2015 (Ethiopie et Sierra Leone), 1 en 2013 (Kenya), 1 en 2011 (Algérie), 1 en 2010 (Cameroun) et 3 en 2007 (Rwanda, Ille Maurice et Mali).

Toutefois, ni la Charte ni le Règlement intérieur de la Commission ne précise les critères du renouvellement du mandat des Commissaires. L'article 36 de la Charte dispose simplement, tout comme l'article 5 alinéa 1er du Règlement intérieur, que « les membres de la Commission sont élus pour une durée de six ans et sont rééligibles ». Les deux textes ne précisent pas le nombre de fois que le renouvellement du mandat du Commissaire peut se faire contrairement à l'article 37 alinéa 1er de la CADBE à l'article 2 alinéa 1er du RI du CAEDBE qui précisent que « les membres du Comité sont élus pour un mandat de cinq ans et ne peuvent être rééligibles ». Certains auteurs, comme Jean-Louis Atangana Amougou, estiment que « l'indépendance des membres de la Commission aurait pu être renforcée par la règle du non-renouvellement du mandat » [328] car cette règle permet « d'éviter les pressions liées au renouvellement du mandat »[329]. *A priori*, le renouvellement du mandat des Commissaires participent de la consolidation des acquis et des expériences et étoffe l'expertise institutionnelle susceptible de contribuer au développement de stratégies novatrices au service d'une plus grande efficacité de la Commission tant dans ses relations avec les institutions de l'Union africaine, les Etats parties à la Charte, la Cour africaine des droits de l'homme et des peuples, le CAEDBE et les organisations de la société civile ainsi que les partenariats avec d'autres mécanismes similaires au niveau régional comme la Commission interaméricaine des droits de l'homme, et international à l'instar du Conseil des droits de l'homme et des organes de traités des Nations Unies. Toutefois, le renouvellement devrait reposer non seulement sur la qualité de l'apport du Commissaire candidat au renouvellement, son professionnalisme et son assiduité mais également sur la conformité avec la règle d'incompatibilité de fonctions des Commissaires de l'article 7 du Règlement intérieur et des conditions d'éligibilité des articles 31 de la Charte et 4 du Règlement intérieur. Cependant, il n'existe pas de processus d'évaluation de performance des Commissaires.

Dans l'histoire de la Commission, seuls trois Commissaires on fait plus de deux mandats. Sur les 11 premiers Commissaires élus en 1987, trois ont fait

---

[328] Jean-Louis Atangana Amougou, « La Commission africaine des droits de l'homme et des peuples », *Revue Droits fondamentaux, n°1, juillet-décembre 2001*, p. 96.
[329] *Ibid.*

trois mandats, soit 18 ans. Il s'agit de Isaac Nguema du Gabon (1987-1989, 1989-1995 et 1995-2001) qui fut président du bureau de la Commission par trois fois (1987-1989, 1993-1995 et 1995-1997), Ibrahim Badawi El Sheikh d'Egypte (1987-1989, 1989-1995 et 1997-2003) qui a servi de 1987 à 1989 en tant que vice-président et Alioune Blondin Beye du Mali (1987-1989, 1989-1995 et 1995-1998). Quatre Commissaires ont fait deux mandats : il s'agit de Sourahata B. Semega Janneh de la Gambie (1987-1989 et 1989-1995), Robert Habesh Kisanga de la Tanzanie (1987-1991, 1991-1997), Mubanga Chipoya de la Zambie (1987-1991 et 1991-1991) et Youssoufa Ndiaye du Sénégal (1987-1993 et 1993-1999). Seuls quatre Commissaires ont fait un seul mandat : Ali BUDHEMA de la Lybie, Alexis Gabou de la République du Congo et Moleleki D. Mokama du Botswana de 1987-1993 et Grace Ibiginra de l'Ouganda de 1987 à 1989. Dans la pratique, les Commissaires font généralement deux mandats.

7. Le remplacement

C'est l'article 39 alinéa 3 de la Charte auquel fait référence l'article 8 alinéa 6 du Règlement intérieur qui régit le remplacement d'un Commissaire dont le siège est déclaré vacant. Le siège est pourvu pour la durée du mandat restant à courir. Cependant, si cette portion restante est inférieure à six mois, le siège n'est pas pourvu jusqu'aux prochaines élections des membres.

Le remplacement d'un Commissaire peut intervenir en cours de mandat en cas de démission ou de décès prévu par les articles 39 de la Charte et 9 du Règlement intérieur de la Commission. Ce sont des situations de cessation de fonctions. Selon l'alinéa 2 de l'article 9, la démission peut intervenir à tout moment. Toutefois, elle doit être suivie d'une formalité importante. En effet, le Commissaire démissionnaire doit notifier par écrit sa décision au Président-e de la Commission qui l'a transmet « immédiatement » (article 39 alinéa 1er de la Charte) à son tour au Président-e de la Commission de l'AU. Ce dernier déclare le siège vacant « dès réception de la notification »[330], selon l'article 9 alinéa 4 du Règlement intérieur qui souligne, par ailleurs, que la « vacance du poste est effective à compter de la date à laquelle la démission a pris effet », cette date étant, aux termes de l'alinéa 3 du même article, de « quatre-vingt-dix (90) jours à compter de la date de soumission de la lettre de démission ».

Grace Stuart Ibingira de l'Ouganda élu en 1987 a démissionné en 1989 pour des raisons personnelles. Le nigérian Oji U. Umozurike a été élu à Addis-Abéba (Sommet OUA du 24 au 27 juillet 1989) pour achever son mandat qui courait jusqu'en 1991. A la suite de l'élection en 2009 de la Commissaire Sanji

[330] Cette obligation liée au temps n'est pas précisée par l'article 39 alinéa 1er de la Charte.

Mmasenono Monageng en qualité de juge à la Cour pénale internationale, elle a démissionné.

La cessation de fonction due au décès est prévue par l'alinéa 1 de l'article 39 de la Charte et l'alinéa 5 de l'article 9 du Règlement intérieur. La procédure de notification au Président-e de la Commission qui saisit le Président-e de la Commission de l'UA est la même que celle de la démission à la différence que la vacance de siège est déclarée à compter de la date du décès. Dans l'histoire de la Commission, trois Commissaires sont décédés en cours de mandat. Le Commissaire zambien Chama Mubanga-Chipoya a été élu en juillet 1991 ; il est décédé cinq mois plus tard. Lors du Sommet de l'OUA à Dakar (29 juin au 1er juillet 1992), le tunisien Hatem Ben Salem a été élu pour le remplacé pour accomplir le reste de la période du mandat restant à courir de cinq ans. En outre, le malien Alioune Mahmoud Blondin Beye élu pour la première fois en 1987, réélu en 1989 et 1995, n'a pu achever son troisième mandat. Il est décédé en 1998. Le Commissaire sénégalais Ndiamé Gaye est décédé le 11 mars 2021 et remplacé par Idrissa Sow (Sénégal) à la 39ème session ordinaire du Conseil exécutif de l'UA.

Par ailleurs, un empêchement dirimant d'un Commissaire ou lorsqu'il ne remplit plus ses fonctions peut conduire à son remplacement. Dans ce dernier cas, l'article 39 alinéa 2 repris par l'article 9 alinéa 1er du Règlement intérieur, énonce toutefois deux conditions préalables à la déclaration de la vacance de siège : le constat de non conformité aux fonctions dévolues au Commissaire doit être établi par un avis unanime de ses pairs et il ne doit pas s'agir d'une absence temporaire. Lorsque ces deux conditions sont réunies, le siège est déclaré vacant par le Président de la Commission de l'UA informé par le Président-e de la Commission. Il n'existe pas encore dans l'histoire de la Commission des exemples de cette nature.

B. Le siège de la Commission

La Charte et le Règlement intérieur de la Commission ne règlent pas la question du siège. L'alinéa 2 de l'article 64 de la Charte dispose simplement que la première réunion de la Commission sera convoquée au siège de l'UA. L'article 28 alinéa 1er du Règlement intérieur relatif au « lieu des réunions » n'est pas davantage explicite ; il se contente de souligner que « la Commission tient ses sessions à son siège, ou sur le territoire de tout autre État partie qui en fait la demande ». L'alinéa 6 du même article ajoute que la Commission peut décider de tenir une session au siège de l'UA.

Cette absence de disposition formelle a été constatée avec préoccupation lors de sa troisième session ordinaire à Libreville (18-28 avril 1988) par la

Commission qui, dès sa première résolution[331] observe que la nature quasi-législative de la Commission est incompatible avec sa cohabitation au sein d'un même siège avec les organes politiques et administratifs de l'UA[332] et, partant, souligne la « nécessité de la [Commission] doter d'un secrétariat entièrement à sa disposition »[333]. La résolution recommande ensuite trois critères qui devraient guider la fixation du siège. Il doit s'agir d'abord d'un Etat ayant ratifié la Charte[334] ; ensuite il ne doit pas être l'Ethiopie qui abrite déjà le siège des institutions politiques de l'UA[335] et enfin, il doit pouvoir offrir à la Commission « des facilités importantes et substantielles d'installation, de travail et de recherche, tant au point de vue matériel qu'humain »[336]. A ces critères, il faudrait ajouter ceux élaborés par le Conseil exécutif de l'UA en 2005[337] et entériné par la Conférence des Chefs d'Etat et de gouvernement la même année.

Adressée à la 24ème session de la Conférence des Chefs d'Etat et de gouvernement (25-28 mai 1988) de l'UA, la résolution a abouti à la désignation par l'UA de la Gambie. Ce choix est justifié notamment par la tenue à Banjul, la capitale, de deux conférences ministérielles consacrées aux travaux préparatoires de la Charte. Le siège (immeuble de location) a été inauguré le 12 juin 1989 par le président gambien. Comme le soulignait la Commission, il était pourtant entendu, au moment du déménagement de la Commission Addis-Abeba vers Banjul en 1989, que le gouvernement hôte devrait construire un siège permanent pour la Commission[338].

---

[331] CADHP/Recom.1(III)88 (Recommandation relative au siège de la Commission africaine des droits de l'Homme et des peuples), paragraphe préambulaire 2. Il faut noter que les cinq premières résolutions de la Commission ont été dénommées « recommandations ». L'utilisation de la terminologie « recommandation », plus « soft », à la place de « résolution » dénote du poids politique important des Etats et de l'influence de ces derniers, malgré tout, sur la Commission en tant que mécanisme d'expertise. Cela transparait d'ailleurs dans cette première recommandation dont le paragraphe préambulaire 5 stipule qu' « ayant à l'esprit la nature quasi-législative de la Commission et la nécessité de la doter d'un secrétariat entièrement à sa disposition, il n'est pas souhaitable que le siège de la Commission soit celui où sont fixés les organes politiques et administratifs de l'OUA ».

[332] CADHP/Recom.1(III)88, paragraphe préambulaire 5.

[333] *Ibid.*

[334] *Op.cit*, § 2.

[335] *Op.cit*, § 1.

[336] CADHP/Recom.1(III)88, paragraphe préambulaire 6.

[337] *EX.CL/Dec.192- 235 (VII)/ EX.CL/Dec. 229 (VII) § 2, Conseil exécutif lors de la septième session ordinaire à Sirte (Lybie) du 28 juin au 2 juillet 2005, Décision on the criteria for hosting AU organs, Doc. EX.CL/195(VII) Annexe III.*

[338] 32ème et 33ème rapport d'activités de la Commission, § 61.

En dépit de cette inauguration, la Commission et son Secrétariat se sont vite retrouvés à l'étroit et confrontés à des difficultés de fonctionnement[339] dans l'immeuble de location abritant le siège, ce qui a poussé la Commission à adopter des résolutions en 2001[340], 2006[341] et 2015[342], et d'évoquer régulièrement dans ses échanges avec les organes politiques de l'UA et dans ses rapports d'activités la nécessité de construire un nouveau siège susceptible d'offrir à la Commission un cadre de travail approprié et de réalisation de son mandat, et lui assurer une gouvernance idoine.

Lors de sa onzième session ordinaire à Sharm El-Sheikh (Egypte) en 2008, la Conférence des Chefs d'Etat et de gouvernement (CoCEG) a exhorté le gouvernement de la République de Gambie à « fournir à la CADHP des locaux plus appropriés pour son siège permanent, conformément aux critères établis pour accueillir les organes de l'UA, adoptés en juillet 2005 »[343]. Sept ans plus tard, le siège n'est pas construit et en janvier 2012, le Conseil exécutif, à travers sa Décision EX.CL/Déc.689(XX), a exhorté les autorités hôtes à « [...] procurer un Siège permanent à la CADHP, conformément aux Critères d'hébergement des Organes de l'UA, adoptés à Syrte, Libye, en juillet 2005 ». Entre 2013 et 2015, le bal des exhortations et des résolutions s'est poursuivi sans aboutir à la construction du siège. En 2016, l'UA a simplement pris note des efforts de la Gambie et l'a exhorté à nouveau « à diligenter l'aboutissement de ce processus »[344]. Dans une ténacité audacieuse, la Commission a toujours inscrit le sujet à son agenda. Lors de sa 21ème session extraordinaire (Banjul, 22 février au 4 mars 2017) et de sa 60ème session ordinaire (Niamey, 8 au 22 mai 2017), la Commission s'est félicitée des « engagements positifs »[345] du nouveau gouvernement du Président Adama Barrow qui a mis en place, à cet effet, une équipe de travail interministérielle qui a conclu que les plans antérieurs étaient dépassés et avait décidé de confier la réalisation d'une nouvelle conception à des experts désignés du gouvernement gambien[346]. A la 61ème, le Président Adama Barrow lui-

---

339 *Op.cit*, § 60 : « Le Secrétariat de la Commission continue donc à travailler dans des bureaux provisoirement loués dans des conditions difficiles, caractérisées par des coupures de courant qui, à leur tour, affectent l'accès à Internet, crucial pour les activités d'un Organe de l'UA dont le téléphone et les télécopieurs ne fonctionnent pas correctement non plus ».

340 CADHP/Rés.58(XXIX)01.

341 CADHP/Rés.96(XXXX)06.

342 CADHP/Res.294 (EXT.OS/XVII) 2015.

343 *Assembly/AU/Dec. 200 (XI), Décision sur le rapport d'activité de la Commission africaine des droits et de l'homme et des peuples, Doc. Ex.CL/446(XIII) § 2.*

344 *EX.CL/Dec.919-925 et 928-938(XXIX) Conseil exécutif vingt-neuvième session ordinaire, 10-15 juillet 2016 à Kigali (Rwanda), Décision sur le rapport d'activités de la Commission africaine des droits de l'homme et des peuples, Doc. EX.CL/968(XXIX) § 7.*

345 42ème rapport d'activités de la Commission, § 55.

346 43ème rapport d'activités de la Commission, § 37.

même[347], et à la 62ème session, la délégation gambienne[348], ont réitéré la volonté de la Gambie à construire le siège. Des contacts sont désormais établis entre le secrétariat de la Commission et les autorités gambiennes afin de mener à bien le projet de construction du siège. En janvier 2018, par sa décision EX.CL/995(XXXII), le Conseil exécutif de l'UA a exhorté la Gambie à « diligenter la finalisation de ce processus, notamment à travers l'adoption d'échéances devant servir de base aux rapports au Conseil exécutif sur l'avancement du processus »[349]. Depuis 1989, année du déménagement du siège de la Commission d'Addis-Abeba à Banjul jusqu'en 2019, soit 30 ans après, la Commission n'est toujours pas dotée d'un siège permanent. En novembre 2019, le président gambien Adama Barrow a encore donné des assurances au bureau de la Commission sur la construction du siège de la Commission[350] avant que le Conseil exécutif de l'UA ne demande à la Commission de l'UA « d'activer le groupe d'appui envisagé dans la décision *EX.CL/Dec.1045(XXXIV)* et de collaborer avec le Gouvernement gambien et la CADHP pour mettre en place les plans concrets notamment la finalisation des plans architecturaux du siège permanent de la CADHP et en vue du démarrage de la construction du siège permanent »[351].

Section 2. La gouvernance de la Commission

A. Le bureau et son secrétariat

1. Le bureau de la Commission

1.1. L'élection

Tout le chapitre III du Règlement intérieur est consacré au bureau de la Commission. Il détaille et précise les dispositions de l'article 42 de la Charte qui énonce en son alinéa 1er que la Commission élit son Président et son Vice-président pour une période de deux ans renouvelable. L'article 15 du Règlement intérieur précise que le renouvellement du mandat de deux ans ne peut se faire qu'une seule fois. Le bureau ne peut donc faire que quatre ans au maximum. Comme pour l'élection des Commissaires, celle des deux membres du bureau de la Commission se fait au scrutin secret (article 14 alinéa 2, RI).

---

[347] *Op.cit,* § 38.
[348] 44ème rapport d'activités de la Commission, § 39.
[349] *Décision EX.CL/995(XXXII) sur la Commission des droits de l'homme et des peuples, Doc. EX.CL/1058(XXXII),* § 13.
[350] Communiqué final de la 65ème session ordinaire de la Commission (Banjul, 21 octobre -10 novembre 2019, § 43.
[351] *EX.CL/Dec. 1080(XXXVI),* Décision sur le rapport d'activités de la Commission africaine des droits de l'homme et des peuples - *Doc. EX.CL/1205(XXXVI),* § 8.

Les électeurs sont les Commissaires présents. Seuls ceux-ci prennent part au vote. En d'autres termes, le système procuration n'est pas permis. Il doit être vérifié que le quorum est atteint, soit sept membres sur onze comme le prévoient l'article 41 du RI et l'article 42 alinéa 3 de la Charte.

Le bureau de la Commission est composé de deux personnes : un président et un vice-président (article 42 alinéa 1er de la Charte et article 13 du RI). Ils sont élus à bulletin secret pour une durée de deux ans à la majorité simple des Commissaires présents et votants (article 15 du RI). Il doit être vérifié que le quorum est atteint, soit sept membres sur onze comme le prévoient l'article 41 du RI et l'article 42 alinéa 3 de la Charte. Si le scrutin ne permet pas de décider du candidat élu à cause d'un partage de voix, l'alinéa 4 de l'article 42 de la Charte dispose que la voix du Président du bureau (sortant) est décisive. En d'autres termes, l'élection tient à la voix du président lorsqu'il y a ballottage, comme c'est d'ailleurs le cas dans les autres décisions et délibérations de la Commission. Le mandat du bureau ne peut être renouvelé qu'une seule fois (article 15 du RI), ce qui suppose que le Président et le Vice-président ne peuvent présider le bureau au-delà de quatre ans consécutivement. Il n'est toutefois pas exclu qu'un ancien Président ou Vice-président soit élu à nouveau après avoir été membre d'un bureau de deux ans, pour autant qu'il soit toujours membre de la Commission. Le Président ou le Vice-président ne peut exercer sa fonction s'il cesse d'être membre de la Commission. La cessation de membre de la Commission ou la démission d'un membre met fin à ses fonctions au sein du bureau comme il ressort de l'article 19 du Règlement intérieur. Dans les deux cas, précise toujours l'article 16, il est pourvu au remplacement du membre du bureau ayant cessé ses fonctions à la prochaine session de la Commission. On peut expliquer cette procédure par la nécessité de ne pas perturber l'agenda de la Commission. C'est pourquoi le seul membre qui demeure dans le bureau poursuit l'exercice des fonctions dévolues au bureau jusqu'à la session prochaine de la Commission au cours de laquelle le poste vacant sera pourvu. Si les deux membres du bureau démissionnent voire décèdent, situation non prévue ni par la Charte ni par le Règlement intérieur, la Commission n'aura pas d'autres solutions que de procéder, dès la notification des démissions et décès, à l'élection d'un nouveau bureau. Dans l'histoire de la Commission, seul Isaac Nguéma a, en tant que Président, réalisé deux mandats successifs à la tête du bureau.

1.2. Les pouvoirs et les fonctions du bureau

Le bureau exerce les fonctions de coordination, de supervision et d'évaluation. Les fonctions de coordination sont directement liées au mandat de la Commission contenues dans l'article 45 de la Charte. Ainsi, le bureau guide, au visa des articles 16, 17 et 18 du Règlement intérieur, les activités des

Commissaires relatives à la promotion et à la protection des droits de l'homme prévues par l'article 45 alinéa 1er iii) de la Charte. Les deux autres rôles sont d'apparence administrative puisqu'il s'agit de superviser le travail du Secrétaire de la Commission, notamment la préparation et l'approbation du plan de travail de la Commission (article 16 alinéa 2, RI) et l'évaluation des performances du Secrétaire de la Commission au service de la Commission (article 16 alinéa 3, RI). En réalité, le bureau donne les instructions nécessaires au Secrétariat de la Commission pour accomplir les opérations nécessaires avant et pendant les sessions ordinaires et extraordinaires de la Commission ainsi que les activités intersessionnelles. En plus, il évalue les performances du Secrétaire et soumet le rapport d'évaluation à la Commission pour examen et décision.

Par ailleurs, il doit superviser la préparation de l'agenda des sessions car c'est sur sa proposition que sont décidés la date des sessions ordinaires (article 28 alinéa 2 du RI) et extraordinaires (article 29 alinéa 3 du RI), le plan stratégique et le plan de travail annuel ainsi que les lignes directrices sur les missions de la Commission (article 17 aliéna 2 *g)* et article 21 *f. i)*, *ii)* et *iii)* du RI). Convoquer les sessions ordinaires et extraordinaires fait également partie de ses attributions selon l'article 28 alinéa 2 du Règlement intérieur. Il peut limiter le temps de parole et accorder le droit de réponse à tout orateur dans les cas où cela est justifié (article 53, RI). C'est le Président qui distribue la parole ou la retire si l'orateur a épuisé le temps imparti (articles 45 et 52 alinéa 3, RI).

1.3. La direction des réunions

De la capacité du Président à gérer convenablement les réunions, y compris conformément aux procédures en vigueur, dépend le respect de l'agenda des sessions et la sérénité de l'atmosphère du travail au sein de la Commission. Le Règlement intérieur fournit quelques détails sur le rôle du Président en tant que manager des réunions. Les articles 41 à 53 du RI donnent les indications portant sur la direction, la gestion et la conduite des réunions. Il ouvre et clôture chaque session. Il distribue la parole aux Commissaires et aux participants, assure le respect des règles de procédure, veille au respect de la bonne tenue des débats et proclame le résultat des délibérations et votes. Il doit ainsi avoir la maîtrise du Règlement intérieur qu'il doit faire respecter mais également les règles édictées par l'UA dans le cadre de ses relations avec la Commission.

En cas d'absence ou d'empêchement du Président, c'est le Vice-président qui assume les fonctions de Président (article 18 alinéa 1er du RI), avec toutes les prérogatives dévolues à ce dernier (article 18 alinéa 2 du RI). Dans tous les cas, la vice-présidence peut être mise à contribution par la présidence dès lors qu'elle le juge nécessaire (article 18 alinéa 3 du RI). Même si le Règlement intérieur ne le mentionne pas expressément, le Président dirige le bureau de la Commission conjointement avec le Vice-président, ce qui suppose une consultation et une concertation permanentes entre le duo de Commissaires qui préside la Commission. Lorsque les deux membres du bureau sont dans l'incapacité d'assumer leurs fonctions, le Règlement intérieur s'en remet à son article 6 qui établit l'ordre de préséance des Commissaires. En effet, le rôle de Président revient *de jure* au Commissaire le plus ancien non pas en terme d'âge mais en qualité de Commissaire.

2. Le Secrétariat de la Commission

2.1. Les fonctions du Secrétariat

La capacité du Secrétariat de la Commission à absorber et à gérer convenablement dans les délais requis, sollicitations et actions, à réaliser ses attributions vis-à-vis de la Commission et les autres acteurs ainsi que les missions relatives à son organisation et à son fonctionnement, est indispensable à l'acquittement du mandat de la Commission. Plusieurs décisions du Conseil exécutif de l'UA soulignent l'importance fondamentale d'un Secrétariat fort et efficient pour une Commission efficace remplissant son mandat tel qu'assigné par la Charte et les instruments additionnels. Auprès des instances compétentes de l'UA, la Commission ne cesse de plaider pour l'allocation au Secrétariat de ressources humaines, financières et logistiques nécessaires pour lui assurer l'appui technique, administrative et logistique, « consciente de ses responsabilités en sa qualité de premier organe chargé de promouvoir et de protéger les droits de l'homme en Afrique »[352].

Au niveau interne, la Commission a mis en place en 2005 le Groupe de travail sur les questions spécifiques relatives au travail de la Commission par sa résolution CADHP/Rés.77(XXXVII)05 [353] et établi en 2009 le Comité consultatif sur les affaires budgétaires et du personnel lors de sa 45ème session ordinaire à Banjul, en Gambie[354]. En 2015, les ressources limitées du Secrétariat ont poussé la Commission a adopté la résolution 294 (EXT.OS/XVII)2015 réaffirmant le « rôle vital du Secrétariat dans le soutien à l'exercice efficace de son mandat et de l'importance de disposer d'un Secrétariat performant » [355] et redéfinissant le cadre organisationnel et opérationnel du Secrétariat. Cette résolution renforce le contenu dans les

---

[352] Res.294 (EXT.OS/XVII) 2015.

[353] La résolution 77(XXXVII)05 a été adoptée lors de la 37ème session ordinaire, tenue du 27 avril au 11 mai 2005 à Banjul, Gambie ;

[354] Voir la résolution CADHP/Rés. 142 (XXXXV) 09.

[355] Res.294 (EXT.OS/XVII) 2015, paragraphe rpéambulaire 6.

dispositions du Règlement intérieur de 2020 relatives au Secrétariat (articles 20 à 24). Elle a ainsi pris une dizaine de mesures allant dans le sens de la transparence dans le recrutement et la gestion du personnel avec une implication effective du Bureau de la Commission[356] et du Comité consultatif sur les affaires budgétaires[357], allant du suivi au contrôle et à l'évaluation des performances du Secrétariat par le Bureau de la Commission, en passant par l'application dans toute sa rigueur du Règlement intérieur en complémentarité des règles de procédure pertinentes de l'UA[358]. D'autres mesures sont directement liées à l'appui technique à la Commission et interpellent le Secrétariat à « prend[re] les dispositions nécessaires pour que les Commissaires soient appuyés dans leur mission par leurs assistants respectifs dans la mise en œuvre de leur mandat[359] et à « assure[r] le suivi des décisions adoptées par la Commission et [à] (…) s'assurer que tous les documents soient publiés sur le site Web de la Commission aussitôt qu'ils ont été adoptés »[360]. Dans la même veine, la Commission demande au Secrétariat de mieux se structurer pour l'organisation des sessions en assumant les responsabilités liées à la communication[361] et d'améliorer la prise en charge des Commissaires, ce qui requiert une meilleure gestion du budget alloué dont l'exécution nécessite l'implication du Comité consultatif sur les affaires budgétaires[362]. Enfin, par cette résolution, la Commission a décidé de soutenir le Secrétariat afin qu'elle œuvre avec la Gambie, pays hôte abritant le siège de la Commission, à relever les défis relatifs à l'équipement du Secrétariat, notamment le matériel informatique, et de communication ainsi que pour la construction du siège permanent de la Commission. La demande de la dotation de la Commission d'un siège permanent a été adressée aux organes délibérant de l'UA à l'issue de la 2ème conférence ministérielle de l'OUA qui s'est tenue à Kigali en mai 2003.

Il ressort des constatations et décisions de la Commission que les ressources limitées du Secrétariat ont un impact significatif sur la performance de la Commission dans l'exercice de son mandat de promotion (e.g. missions de terrain des Commissaires), de protection (e.g. processus d'examen de communications), d'interprétation (e.g. recherches et consultations), de la réalisation des missions sur demande de l'UA (e.g. appui technique en terme de préparation de l'agenda de mission, la communication, la logistique, rapport de mission….). C'est pourquoi elle se dit « *Consciente* des difficultés que rencontrent les membres de la Commission dans la mise en œuvre de leurs

---

[356] *Op.cit*, § 5.
[357] *Op.cit*, § 10.
[358] *Op.cit*, § 1.
[359] *Op.cit*, § 4.
[360] *Op.cit*, § 6.
[361] *Op.cit*, § 7.
[362] *Op.cit*, § 10.

mandats respectifs et de la nécessité de veiller à ce que le Secrétariat l'accompagne pleinement dans l'exercice de sa mission conformément aux dispositions pertinentes de son Règlement intérieur »[363].

2.2. L'organisation, le fonctionnement et les missions

Le Secrétariat est le service d'appui technique, logistique et administratif de la Commission. La révision du Règlement intérieur en 2020 a permis de détailler les attributions du Secrétaire de la Commission en son article 21. Comme le souligne l'alinéa 2 de l'article 20 du Règlement intérieur, le Secrétariat est composé d'un.e Secrétaire et du personnel professionnel, technique et administratif de la Commission. Le Secrétaire est désigné par le Président de la Commission de l'UA conformément à l'article 41 de la Charte. L'article 20 alinéa 3 du RI précise que la nomination du Secrétaire intervient après consultation du Président de la Commission africaine qui donne ainsi son avis étant entendu que le Secrétaire est appelé, après tout, à travailler sous ses ordres.

Aucun texte ne précise la durée du mandat du Secrétaire. Ainsi, de 1987 à 2017, les quatre Secrétaires qui se sont succédés ont servi la Commission suivant des mandats à durées variables. La camerounaise Esther Tchouta-Moussa a été la première Secrétaire à exercer ses fonctions de 1987 à 1989, soit environ deux ans. Basée à Addis Abéba, au siège de l'OUA, Tchouta-Moussa était à la fois Secrétaire et conseillère juridique puisqu'« après son installation, la Commission africaine n'avait pas de Secrétariat et, pendant presque 2 ans, ses activités ont été coordonnées à partir du siège de l'OUA à Addis Abeba »[364]. Lorsque le siège a été installé à Banjul, en Gambie, le 12 juin 1989, c'est Jean Ngabishema Mutsinzi du Rwanda qui officia en tant que Secrétaire à partir du 10 février 1989 jusqu'en 1994, soit environ cinq ans. Il a été remplacé en 1994 par le burundais Germain Baricako qui a occupé le poste jusqu'en octobre 2005. A son départ, trois personnes se sont succédés pour des périodes assez courtes. Il s'agit de Adjoa Coleman du Ghana qui fut Secrétaire par intérim de novembre 2005 à janvier 2006, puis O.A.S Holaki de la Tanzanie de février à juillet 2006 en tant qu'officier responsable tout comme Robert Eno d'août 2006 à juin 2007 avant la prise de fonction de la zimbabwéenne Mary Maboreke nommée Secrétaire en mai 2007 et dont les fonctions ont pris fin en 2020. L'intérim est assuré par Lindiwe Khumalo depuis mai 2020.

---

[363] Res.294 (EXT.OS/XVII) 2015, avant dernier paragraphe préambulaire.

[364] Germain Baricako, « Le point sur la Commission Africaine des Droits de l'Homme et des Peuples » in *Institut de recherche et débat sur la gouvernance (IRG)*, décembre 2014, p. 10.

Les fonctions du Secrétaire sont de trois sortes : celles qui relèvent d'une organisation, d'une coordination et d'une planification internes, celles qui sont directement liées à l'assistance technique, logistique et administrative nécessaire au Bureau et aux membres de la Commission ainsi qu'aux partenaires de l'institution, et celles portant sur les attributions relatives à la mobilisation des ressources.

2.3. L'organisation et la planification internes

Sous la supervision du Président de la Commission, le Secrétaire administre un personnel qui, comme lui, est régi par les règles et règlements du personnel de l'Union africaine, comme le relève l'article 20 alinéa 5 du Règlement intérieur de la Commission.

Selon l'article 21 *b*) du RI, le Secrétaire doit établir une organisation administrative fonctionnelle qui lui permet de répartir les tâches au sein de son personnel. Cette organisation lui permet d'assurer la supervision et la coordination des personnes travaillant sous sa responsabilité pour les travaux de classement et conservation des archives de la Commission (article 20 c*)*), notamment les exemplaires originaux des accords signés avec les partenaires de financement (article 73 alinéa 1er). C'est une dimension essentielle des tâches du Secrétariat car elle permet de préserver la mémoire des travaux de la Commission, de faciliter les recherches des étudiants, des professeurs ou toutes personnes, organisations ou gouvernements intéressés mais également de la transmettre aux générations futures. L'archivage requiert la mise en place d'un dispositif de codification des documents à la fois physiquement et électroniquement, c'est-à-dire en ligne sur le site internet et des terminaux externes. A cet effet, l'article 20 *j)* demande au Secrétaire d'assurer la maintenance et la mise à jour périodique du site internet de la Commission.

La réfection du site web et la présence de la documentation de la Commission ont évolué de manière significative depuis les années 2010 avec l'appui technique d'organisations de la société civile[365]. Le site internet est un outil important à l'ère du numérique, une vitrine importante pour la visibilité des activités de la Commission, de sa communication et de la diffusion de ses activités auprès du grand public. Ainsi, les articles 40 alinéas 1er et 2, 63 alinéa 3, 66 alinéa 2 et 79 alinéa 2 du RI de 2020 font référence au Secrétariat pour la publication des rapports sur le site internet. La plupart des textes de base, des décisions, des résolutions et de la jurisprudence de la Commission sont disponibles sur le site en anglais et en français mais rarement en arabe et en portugais, même si des efforts sont faits pour sa modernisation.

---

[365] A l'instar de HURIDOCS *(Human Rights Information and Documentation Systems).*

C'est également dans le but de mettre à la disposition du public et de diffuser largement sa documentation non confidentielle (article 21 *i)*) que la Commission a créé le Centre d'information et de documentation (IDOC) dont l'objectif est de recevoir, traiter, stocker, extraire et diffuser des documents destinés à fournir des informations sur la Commission africaine en particulier, et l'Union africaine en général, et de promouvoir une sensibilisation accrue au sujet de ses objectifs et activités par le biais des outils d'information et mécanismes divers. Les utilisateurs éligibles au IDOC sont, par ordre de priorité, les Commissaires, le Secrétariat, les membres du personnel de la Commission de l'Union africaine, les membres du personnel des ambassades des États en Gambie, les ministères du gouvernement pertinents, les partenaires aux activités liés aux droits de l'homme, les chercheurs, les étudiants et les médias. La mission de conservation des archives de la Commission inclut également l'enregistrement audiovisuel de l'ensemble des travaux de la Commission et de ses différents mécanismes. A l'IDOC, la collection comprend notamment les documents audiovisuels (USB, CD, DVD et VHS), les textes et périodiques professionnels et scientifiques, les rapports initiaux et périodiques des États membres de l'UA, les instruments régionaux et internationaux, les Revues, Périodiques ou *Serials*, articles, études, rapports, bulletins d'information, les Constitutions (y compris les textes modifiés) de tous les Etats membres de l'Union Africaine et les documents officiels des institutions gouvernementales et des ONG.

Il est également de la responsabilité du Secrétaire de « garantir la confidentialité des dossiers de la Commission » selon l'article 21 *d)* du RI qui fait écho à l'article 24 du même texte qui impose la confidentialité au personnel du Secrétariat dans toutes les affaires considérées comme telles en vertu des dispositions de la Charte africaine et du Règlement intérieur.

L'effectif du Secrétariat a toujours été l'objet de préoccupation de la Commission. Dès ses débuts, la Commission a estimé dans sa résolution CADHP/Recom.4(V)89 de 1989 qu'elle « ne dispose pas de cadres administratifs chargés de l'exécution des missions de promotion et de protection qui lui sont confiées »[366] alors qu'il a besoin de tout urgence de deux juristes chargés des questions de promotion et de protection ainsi que d'un traducteur français-anglais et d'un documentaliste. Cette préoccupation est portée de manière récurrente par la Commission auprès de l'UA qui, par son Conseil exécutif, avait décidé notamment en 2009 que « le recrutement de trente-trois (33) nouveaux fonctionnaires pour des postes approuvés au titre de la CADHP soit effectué sur une période de cinq ans à partir de janvier

---

366 CADHP/Recom.4(V)89 : Recommandation de la Commission Africaine des Droits de l'Homme et des Peuples (1989). Voir dernier paragraphe rpéambulaire.

2010 »[367]. La structure telle que approuvée par le Conseil exécutif se compose de 1 Secrétaire, 1 Vice-Secrétaire, 11 juristes, 1 expert en communication et base de données, 4 experts en finance et administration, 3 interprètes-traducteurs, 1 documentaliste, 2 officiers de protocole, 1 expert en nouvelles technologies de l'information et de la communication et 9 agents de soutien au personnel[368]. La Conférence de l'UA avait déjà en 2008 demandé au Comité des représentants permanents (COREP) « d'accélérer l'examen de la structure proposée pour le Secrétariat de la CADHP, en vue de lui fournir le personnel adéquat pour lui permettre d'exécuter efficacement son mandat »[369].

Alors que la Commission et son Secrétariat ne jouissent pas d'un financement adéquat, certains Etats ne cessent de critiquer l'organe de supervision comme l'Egypte qui a fait des observations et émis des réserves relatives « aux lacunes de la CADHP en matière de traduction, d'interprétation et de communication des documents aux Etats membres »[370]. La Conférence de l'UA reconnaît toutefois que cette situation est due « au manque de ressources humaines et financières, qui risque d'entraîner de grosses lacunes »[371]. On peut noter que la réaction de l'Egypte s'inscrit dans un contexte où les Etats donnent de plus en plus de crédit à l'impact de l'action de la Commission et s'intéressent de plus en plus à ses méthodes de travail et à son mode de fonctionnement, et ne s'embarrassent pas, sur des questions de forme et très rarement de fond, de considérer que la Commission se donne trop de liberté et d'indépendance. En 2009, l'UA a demandé à la CADHP « d'identifier les voies et moyens de combler les lacunes qui existe dans le fonctionnement du mécanisme des communications qui pourraient résulter, entre autre, des contraintes de ressources financières et humaines, tel que visé au paragraphe onze (11) de la Décision *Assembly/AU/Dec.200(X)* »[372].

Au regard des attributions (article 21 RI de la Commission) du Secrétariat, le personnel doit être pluridisciplinaire composé de documentalistes et d'archivistes, de statisticiens, d'informaticiens, d'interprètes et de traducteurs assermentés dans les différentes langues de travail de la Commission, de spécialistes en matière de montage de projets, d'opérateurs de saisie ou de

---

367 EX.CL/Dec. 467(XIV) Quatorzième session ordinaire 26 – 30 janvier 2009 Addis-Abeba (Ethiopie), décision sur les ajustements à la structure de Maputo Partie D, *Doc. PRC/Rpt (XVII)*, § 3.

368 Plan stratégique 2015-2019, § 21.

369 Assembly/AU/Dec. 200 (XI) Décision sur le rapport d'activité de la Commission africaine des droits de l'homme et des peuples – *Doc. Ex.CL/446 (XIII)*, § 6. La Onzième session ordinaire 30 juin – 1 juillet 2008 se déroulait à Sharm El-Sheikh (Egypte).

370 Op. cit, § 11.

371 *Ibid.*

372 Décision du Conseil exécutif, Ex.CL/Dec. 482 (XIV) Décision sur le vingt-cinquième rapport d'activités de la Commission africaine des droits de l'homme et des peuples - *Doc. EX.CL/490 (XIV)*, § 4.

secrétaires de direction et surtout de juristes compte tenu du travail significatif du Secrétariat relatif notamment à la réception et au traitement des communications au titre des articles 47, 49 et 55 de la Charte, mais également des spécialistes en matière de gestion financière et comptable. Toutefois, depuis sa création jusqu'à nos jours, le Secrétariat a été toujours en sous effectif à cause de ses problèmes de ressources financières.

2.4. L'assistance au bureau de la Commission et aux Commissaires

Selon l'article 21 *a)*, le Secrétaire fournit l'assistance nécessaire à la fois au Bureau et aux membres de la Commission dans la réalisation des fonctions qui leur sont dévolues. Le Secrétaire soumet également au Président et aux membres de la Commission toutes les questions à examiner par la Commission (article 21 *e)*). Ainsi, en concertation avec le Président de la Commission, le Secrétaire et son personnel préparent l'ordre du jour provisoire de chaque session ordinaire et extraordinaire (article 21 *f) i)* et élaborent le plan stratégique, le plan de travail annuel et le budget annuel de la Commission (article 21 *f) ii)*). C'est aussi le Secrétaire qui présente à la Commission à l'ouverture de chaque session, l'état des activités intersessionelles (article 21 *g)*).

Les services juridiques sont constamment mobilisés pour fournir l'appui technique nécessaire concernant la réception, le traitement et le suivi des communications, y compris entre deux sessions de la Commission. A cet effet, le Secrétaire tient un registre[373] qui comporte l'ensemble des données relatives aux communications reçues. C'est un répertoire qui ordonne, classe et référence les communications ainsi que l'ensemble des travaux réalisés par le personnel sur chaque communication. En réalité, les prémices du rapport de recevabilité de la communication sont l'œuvre du Secrétaire. Aux termes de l'article 65 du RI, c'est également le Secrétariat qui rédige les rapports de mission de la Commission. En outre, conformément aux articles 66, 79 et 120 alinéa 5 du même RI portant sur le rôle du secrétariat dans la vulgarisation de documents, les rapports et informations supplémentaires en provenance des Etats, ainsi que les rapports, décisions, documents de session et tous les autres documents officiels de la Commission et de ses mécanismes subsidiaires, doivent faire l'objet d'une diffusion générale par le Secrétariat. Au visa de l'article 73 alinéa 4 du RI, à chaque session, le Secrétaire prépare et soumet à la Commission des rapports sur la mise en œuvre des accords avec des partenaires de financement.

---

[373] Article 88 alinéas 1 et 2 du Règlement intérieur de la Commission.

Etant donné que les Lignes directrices relatives à la présentation des communications[374] ne sont pas toujours respectées, le traitement de la communication, sous la direction du Président de la Commission, inclut la demande aux parties concernées par la communication d'« informations pertinentes » (articles 110 alinéa 3 *a)* et *b)* et la notification pour observations des informations reçues de l'une des deux parties concernées à l'autre partie. Sous la direction du Commissaire rapporteur en charge d'une communication, le Secrétaire peut être amené à envoyer une lettre de rappel lorsque les informations pertinentes demandées ne sont pas fournies à l'approche du délai butoir (article 115 alinéa 6). Selon Germain Baricacko, ancien Secrétaire de la Commission, « il peut s'avérer nécessaire de donner les conseils techniques nécessaires aux parties plaignantes »[375]. La communication avec les parties est destinée à savoir notamment si le plaignant est différent de la victime (article 115 alinéa 2 *e),* RI), si la victime entend requérir l'anonymat, si elle est représentée par une ONG dotée du statut d'observateur auprès de la Commission ou si elle est représentée par un autre agent[376], et de vérifier toutes les informations exigées par l'article 115 alinéa 2 du Règlement intérieur au regard des conditions de recevabilité de la communication.

Lorsque les « informations pertinentes » et complémentaires sont réunies, le Secrétaire procède à la rédaction d'un mémoire de synthèse sous forme de projet de rapport sur la recevabilité qui sera complété, enrichi et validé par le ou les Commissaires rapporteurs ou le groupe de Commissaires désignés pour instruire ladite communication. Ce mémoire qui doit être soumis suffisamment à temps avant la session consacrée à son examen, comprend, notamment les indications sur le pays concerné, la victime, le plaignant et la représentation, le résumé des faits, les articles de la Charte dont la violation est alléguée et, au besoin, et sur des « projets de recommandations à l'intention de la Commission »[377]. Par la suite, il appartient à la Commission de se prononcer sur la saisine (articles 109 et 115) et les conditions de recevabilité, et de prendre une décision sur le fond. Le Secrétaire cosigne cette décision avec le Président et respecte le principe de confidentialité jusqu'à ce que la Conférence des Chefs d'Etat et de gouvernement n'autorise sa publication

---

[374] Le Secrétariat de la Commission a publié en juillet 1998, les *Lignes directrices pour la présentation des Communications* visant à informer les peuples ou groupes de personnes et les Etats Parties à la Charte Africaine des Droits de l'Homme et des Peuples sur la manière dont ils peuvent dénoncer les allégations de violation des droits de l'homme et des peuples dans le cadre du système africain de protection des droits de l'homme (voir la *Fiche d'information n°2* de la Commission). Voir également la *Fiche d'information n°3* sur la procédure d'examen des communications.

[375] Germain Baricako, « Le point sur la Commission Africaine des Droits de l'Homme et des Peuples » in *Institut de recherche et débat sur la gouvernance (IRG)*, décembre 2014, p. 17.

[376] Article 93 alinéa 3 du RI.

[377] Germain Baricako, « Le point sur la Commission Africaine des Droits de l'Homme et des Peuples », *op. cit*, p. 17.

avant de procéder, par al suite, à sa diffusion sur le site internet de la Commission. Lorsqu'un processus de règlement à l'amiable est décidé, c'est le Secrétaire qui assure le fonctionnement effectif du dispositif sous le contrôle du Commissaire rapporteur et du Bureau de la Commission.

2.5. L'assistance aux mécanismes spéciaux de la Commission africaine.

Elle représente un investissement substantiel du Secrétariat au service de la Commission. L'assistance technique et logistique dont a besoin les mécanismes subsidiaires (Rapporteurs spéciaux, comités et groupes de travail) de la Commission énumérés à l'article 25 du Règlement intérieur est fournie par le Secrétariat.

Aux termes de l'article 39 alinéa 2 du RI, le Secrétaire fait rapport des réunions des mécanismes subsidiaires de la Commission. Il « rend également publiques, le cas échéant, les informations relatives aux réunions des mécanismes subsidiaires (...) de la Commission » (article 40 alinéa 2, RI). Etant entendu que les rapports, décisions, documents de session et tous les autres documents officiels de la Commission et de ses mécanismes subsidiaires sont destinés à une diffusion générale (article 66 alinéa 1er, RI), il revient au Secrétariat de s'assurer que les canaux de communication de la Commission relaient les résultats des délibérations auprès de tous les acteurs et partenaires de la Commission, y compris les Etats au premier chef, les organisations internationales et les organisations de la société civile. Il en est de même des rapports et informations supplémentaires soumis par les États parties conformément à l'article 62 de la Charte. Par ailleurs, le Secrétariat veille à la publication des informations, rapports et décisions dans les langues de travail de l'UA sur le site web de la Commission (article 66 alinéa 2, RI).

Lorsque les mécanismes subsidiaires invitent un Etat à prendre part au débat sur une question donnée, au titre de l'article 69 alinéa 1er du RI, c'est également le Secrétariat qui sert de courroie de transmission des informations entre le mécanisme concerné et l'Etat en question. Par ailleurs, selon l'article 77 alinéa 2 du RI, le Secrétaire communique sans tarder au bureau de la Commission toute invitation à participer à une activité de promotion qui lui est adressée. Les tâches inscrites à l'article 65 (rapports de mission) portent essentiellement sur la rédaction des rapports de mission des Commissaires dans le cadre des missions de promotion ou de protection. Le rapport doit être rédigé par le Secrétariat dans un délai de 30 jours dans le respect des règles en vigueur. Le rapport ne peut être finalisé par le Secrétaire qu'à l'issue de l'intégration, le cas échéant, des observations des membres de la délégation ayant effectuée la mission. Le Secrétaire se charge ensuite de la transmission du rapport adopté aux parties intéressées. Les observations de l'État concerné par une mission de protection et d'autres parties concernées sont, au besoin, jointes en annexe au rapport d'activité de la Commission. Dans tous les cas, la rédaction des termes de référence d'une mission, la préparation sur le plan logistique, et l'appui technique lors de la mission incombent au Secrétariat de la Commission.

2.6. La correspondance avec les organisations de la société civile, les universités ou les centres de recherches

Dans ses fonctions administratives, le Secrétaire assure la correspondance entre la Commission africaine et la Commission de l'UA mais également avec les organisations sous-régionales (CEDEAO, CEEAC, CAE, SADC et UMA), les universités ou les centres de recherches avec lesquels la Commission coopère, les institutions nationales des droits de l'homme (INDH) et les organisations de la société civile. En effet, c'est lui qui prépare les dossiers de demande de statut d'affilié des INDH[378] et de statut d'observateur ONG auprès de la Commission, vérifie le respect des conditions prévues par la résolution CADHP/Rés.361(LIX)2016 du 4 novembre 2016 sur les critères d'octroi et de maintien du statut d'observateur aux ONG en charge des droits de l'homme et des peuples en Afrique[379]. Aux termes du paragraphe 4 de cette résolution, le Secrétaire présente un rapport à chaque session ordinaire sur sa mise en œuvre, notamment sur les rapports que chaque ONG et INDH bénéficiant du statut d'observateur et d'affilié doit présenter tous les deux ans[380].

---

[378] Les INDH sont régies par les Principes des Nations Unies relatifs au statut et au fonctionnement des institutions nationales pour la protection et la promotion des droits de l'homme (Principes de Paris). Ils ont été adoptés en mars 1992 par la résolution 1992/54 de la Commission des droits de l'homme de l'ONU (devenue le Conseil des droits de l'homme, voir résolution 60/251 du 15 mars 2006 de l'Assemblée générale de l'ONU), et approuvée par l'Assemblée générale dans sa résolution A/RES/48/134 du 20 décembre 1993. Pour obtenir le statut d'observateur auprès de la Commission, l'INDH candidate doit être une institution nationale d'un Etat partie à la Charte, être dûment établie par la loi, se conformer aux « Principes de Paris » et introduire auprès de la Commission une demande formelle de statut d'affilié. Voir aussi ACHPR /Res.2(V)89: Résolution sur la création de Comités des droits de l'Homme ou d'autres organismes similaires à l'échelon aational, régional on sous-régional (1989).

[379] Elle a été adoptée à la 59ème session ordinaire de la Commission tenue du 21 octobre au 4 novembre 2016 à Banjul en Gambie. La résolution initiale a été adoptée par la Commission lors de sa 25ème session ordinaire tenue à Bujumbura au Burundi du 26 avril au 5 mai 1999. Depuis, les organes politiques de l'UA ont demandé à la Commission la révision de ces critères. Vori notamment *EX.CL/Dec.995(XXXII), Doc. EX.CL/1058(XXXII).*

[380] CADHP/Rés.361 (LIX) 2016, chapitre III, § 2.

2.7. L'élaboration, la présentation et la diffusion des rapports, y compris d'activités

Par ailleurs, le Secrétaire tient à jour le calendrier de soumission par les Etats parties à la Charte des rapports périodiques. Dans les faits, la plupart des Etats est souvent en retard[381] dans le respect de l'article 62 de la Charte qui engage les Etats à présenter « tous les deux ans » un rapport sur les mesures prises au niveau national pour donner effet aux droits et libertés reconnues et garanties par la Charte. Sur la base de ce calendrier, le Secrétaire envoie des rappels aux Etats retardataires.

Dès qu'une session ordinaire ou extraordinaire s'achève, le Secrétaire coordonne l'élaboration du rapport d'activités, sa traduction dans les différentes langues, sa disponibilité sur le site internet et le suivi des décisions prises.

Il y a un effort certain reste à engager par le Secrétariat pour atteindre l'objectif d'un site internet, portail et vitrine de la Commission, agréable, dynamique et ergonomique qui permet une navigation facilitée. Parfois, certains liens électroniques ne sont pas toujours fonctionnels.

2.8. La mobilisation des ressources et les aspects financiers

L'article 41 de la Charte dispose que le Président de la Commission de l'UA fournit le personnel, les moyens et services nécessaires à l'exercice effectif des fonctions attribuées à la Commission et l'UA prend à sa charge le coût de ce personnel et de ces moyens et services. Cette disposition est complétée par les articles 22 (prise en charge et règles financières) et 23 (estimations des dépenses) du RI de la Commission. Aux termes de l'article 22 du RI, « les émoluments et indemnités des Commissaires ainsi que le budget du Secrétariat sont pris en charge par l'Union africaine ». Il en résulte que les ressources dont la Commission a besoin pour réaliser son mandat, y compris pour couvrir les besoins de son Secrétariat, sont mises à disposition par l'UA. La dotation financière de l'UA couvre l'organisation, le fonctionnement et la gestion du Secrétariat ainsi que le coût des opérations de la Commission sans oublier les honoraires et indemnités des Commissaires.

La résolution CADHP/Rés.150 (XLV1)09 de la Commission a demandé au Secrétariat de renforcer ses efforts en vue de mobiliser les ressources qui pourraient aider le Groupe de travail sur les questions spécifiques de la Commission à s'acquitter de son mandat. Le Président de la Commission peut autoriser le Secrétaire à signer un accord spécifique de financement négocié

[381] Voir les articles 79 à 81 du Règlement intérieur de la Commission.

par la Commission. Il doit conserver les exemplaires originaux des conventions de financement avec les partenaires (article 73, RI). Conformément à l'article 73 alinéa 4 du RI, le Secrétaire prépare et soumet à chaque session de la Commission des rapports sur la mise en œuvre des accords de financement.

Lorsque la Commission adopte une décision ayant des implications financières, il revient au Secrétaire de détailler les dépenses dans les plus brefs délais pour éclairer les Commissaires sur le niveau de dépenses liées à la décision prise. Au regard de ses fonctions de suivi et de mise en œuvre des décisions qui lui sont confiées par la Commission et le Bureau (article 21 *h*) ou encore la réalisation de toutes autres fonctions non prévues (article 21 *l*), il est n'est pas exclu que le Secrétaire fasse le suivi budgétaire et des évaluations budgétaires à mi-parcours.

B. Les sessions et le financement

1. Les sessions

1.1. Les sessions ordinaires

A l'appui de l'article 27 alinéa 1er du Règlement intérieur qui dispose que la Commission tient des sessions ordinaires « pour s'acquitter de ses fonctions de façon satisfaisante, conformément à la Charte », l'article 28 alinéa 1er du Règlement précise que la « Commission tient quatre (4) sessions ordinaires par an, dont le lieu et la durée sont fixés par la Commission ». Le texte donne ainsi prérogative à la Commission de décider de la durée des sessions. Le bureau de la Commission se détermine par rapport à l'importance de son ordre du jour et surtout par rapport aux ressources financières. La première semaine est dédiée aux débats publics alors que les deux dernières semaines sont consacrées aux sessions privées. De nos jours, il est possible de visionner en direct les débats via des canaux de visioconférence en ligne, comme ce fut le cas pendant la pandémie de la COVID-19 en 2020.

A sa 61ème session ordinaire (Banjul, 1er au 15 novembre 2017), la Commission a dressé le constat suivant :

> « Le volume des affaires portées à l'attention de la Commission a considérablement augmenté ces dernières années et il lui est devenu difficile de traiter ce travail dans le cadre du calendrier des sessions. Cette situation a accumulé un arriéré de travail, notamment dans le

traitement des plaintes pour violations des droits de l'homme (Communications) »[382].

Elle a conclu qu'il est donc devenu « impératif »[383] qu'elle consacre plus de temps à son travail et que les articles 42 alinéa 2 de la Charte et les dispositions des articles 26 et 27 de son RI l'autorisaient à y procéder. Par conséquent, la Commission a décidé « d'augmenter le nombre de jour de ses sessions ordinaires de quinze (15) à vingt-et-un (21) et de ses sessions extraordinaires de dix (10) à quinze (15) »[384] et déclaré qu'elle allait mobiliser des fonds extrabudgétaires pour satisfaire les besoins financiers ainsi générés. Cette décision a été validée par le Conseil exécutif de l'UA lors de sa 32ème session ordinaire de janvier 2018 à Addis-Abeba en se félicitant que la Commission ait souhaité « consacrer un temps suffisant à son travail »[385].

En 2020, lors de sa 27ème session extraordinaire (Banjul, 19 février – 4 mars 2020), la Commission est allée plus loin avec un Règlement intérieur modifié dont l'article 28 prévoit désormais la tenue de quatre sessions ordinaires par an, ce qui ferait de la Commission un organe presque permanent. Au regard de cette modification combinée avec celle ayant prorogée la durée des sessions ordinaires de 15 à 21 jours, la Commission se réunira presque tout au long de l'année et les sessions ordinaires auront une durée de douze semaines[386].

En outre, il peut également se poser la question de la disponibilité des Commissaires étant entendu qu'ils occupent le poste à temps partiel, ne sont pas rémunérés et exercent donc leurs propres activités en tant que professeur, juriste, chef d'entreprise ou autres dans leur pays d'origine. En plus, la participation des Commissaires aux sessions suppose un travail en amont au regard de leur investissement au sein des groupes de travail d'appartenance, aux visites pays en tant que Rapporteur spécial ou responsable d'une région géographique donnée, aux investigations, à l'étude de communications dont ils ont la charge. Cela requiert du temps. Ainsi, pour tenir un agenda annuel aussi étoffé, la réflexion sur la disponibilité permanente des Commissaires s'impose, ce qui entraîne des implications financières en terme de rémunérations, d'indemnités ou de ressources appropriées au bénéfice du Secrétariat de la Commission. Dans son 42ème rapport d'activités, la

---

382 43ème rapport d'activités de la Commission, § 47.

383 *Op. cit*, § 48.

384 *Ibid.*

385 EX.CL/995(XXXII) Décision sur la Comission africaine des droits de l'homme *Doc. EX.CL/1058(XXXII), § 12.*

386 En comparsion « le Conseil des droits de l'homme [des Nations Unies] se réunit régulièrement tout au long de l'année et tient au minimum trois sessions par cycle annuel, dont une session principale, qui durent au total au moins dix semaines », Résolution 5/1 (Mise en place des institutions du Conseil des droits de l'homme), VII, article 2.

Commission a émis le souhait que le « bureau de la Commission soit nommé à plein temps et que la rémunération des membres élus soit révisée de manière proportionnelle aux obligations des fonctionnaires pendant les intersessions »[387].

Le RI de 2020 dispose en son article 101 alinéa 4 que « la Commission peut déléguer les pouvoirs d'enquête à une personne ou un organisme désigné pour effectuer des enquêtes sur place ». Cette externalisation reste toutefois insuffisante face aux responsabilités qui incombent aux Commissaires.

Il faut rappeler qu'avant la modification de Règlement intérieur de 2020, la Commission tenait deux sessions par an. La première a lieu à la fin du premier trimestre de l'année, généralement en avril/mai, et la seconde au cours du dernier trimestre de l'année, généralement en octobre/novembre.

Aux termes de l'alinéa 2 de l'article 28 du Règlement intérieur, la fixation de la date des sessions ordinaires est l'œuvre de président de la Commission après consultation avec le Président de la Commission de l'UA qui, du reste, peut, dans des situations exceptionnelles, modifier la date d'ouverture de la session en concertation avec le bureau de la Commission (article 28 alinéa 3, RI).

Une fois la date fixée et le lieu de la session convenue, l'organisation pratique revient au Secrétariat de la Commission qui doit en informer les participants conformément à l'article 31 alinéa 1er du Règlement intérieur au moins quarante-cinq avant la tenue de la session. Seules des circonstances exceptionnelles peuvent justifier le non respect de ce délai de notification. Les sessions ordinaires sont ainsi annoncées aux participants (Etats, OI, INDH et ONG) à travers divers documents composés d'informations générales, d'une invitation, d'un formulaire de participation et d'un projet de programme. Les informations et la documentation sont envoyées par emails et via les réseaux sociaux et sont destinées à permettre aux participants de se préparer au mieux avec les indications nécessaires. Elles sont également disponibles sur le site internet de la Commission et relayées parfois par des sites web des ONG ou INDH qui collaborent avec la Commission. Elles sont également diffusées sur les réseaux sociaux.

La Commission est maîtresse de son ordre du jour. Toutefois, elle devra tenir compte des résolutions des organes politiques de l'UA lui demandant d'inscrire une éventuelle thématique à son agenda. En outre, L'article 68 alinéa 1er du RI habilite les Etats parties, les organes de l'Union africaine, les agences ou organes spécialisés des Nations Unies ou toute autre organisation reconnue par l'Union africaine, toute institution nationale ou spécialisée de

---

[387] 42ème rapport d'activités, § 48.

défense des droits de l'homme ayant un statut d'affilié, ou toute organisation non gouvernementale ayant le statut d'observateur auprès de la Commission, à « demander à la Commission africaine d'inscrire à l'ordre du jour de sa session ordinaire un débat sur toute question afférente aux droits humains ». Toutefois, une telle demande doit parvenir à la Commission quarante-cinq (45) jours[388] avant la session au cours de laquelle le débat est prévu, précise, l'article 68 alinéa 1er *in fine*.

Les sessions ordinaires sont ouvertes notamment à la participation des ONG et sont précédées du Forum des ONG. Quant aux sessions extraordinaires elles sont davantage consacrées à rattraper le retard accusé dans le traitement de certains dossiers par la Commission et son Secrétariat.

1.2. Les sessions extraordinaires

Au titre de l'article 27 alinéa 1er du Règlement intérieur, la Commission tient, tout comme les sessions ordinaires, des sessions extraordinaires dans le but de remplir les fonctions à lui confiées par la Charte. L'article 29 du RI qui porte spécifiquement sur les sessions extraordinaires énonce que c'est le Président de la Commission qui est habilité à convoquer une telle session à la demande de la majorité des Commissaires, c'est-à-dire six[389], et à la demande du Président de la Commission de l'Union africaine[390]. Comme pour les sessions ordinaires, les dates des sessions extraordinaires sont également fixées par le Président de la Commission africaine en concertation avec le Président de la Commission de l'UA, les membres du bureau de la Commission africaine et des autres Commissaires (article 29 alinéa 3).

Les sessions extraordinaires permettent à la Commission de rattraper le retard accusé dans le traitement des points cruciaux à son agenda, notamment l'examen des rapports périodiques des Etats, l'examen des communications et la rédaction de Lignes directrices ou d'observations générales. Par exemple, à la 36ème session, la Commission a décidé de l'organisation d'une session extraordinaire après avoir constaté qu'en dépit du rythme soutenu et éprouvant des sessions, elle ne parvenait pas à épuiser son ordre du jour et qu'une vingtaine de rapports de mission était en attente d'examen[391]. Entre 2008 et 2019, soit en 11 ans, la Commission a tenu 22 sessions extraordinaires, soit plus de cinq fois plus qu'en 20 ans (1987-2007), c'est-à-dire deux sessions

[388] L'article 63 alinéa 1er *in fine* du précédent RI avait prévu un délai de soixante (60) jours.
[389] Article 29 alinéa 2 a).
[390] Article 29 alinéa 2 b).
[391] Communiqué final de la 36ème session ordinaire de la Commission (Dakar, 23 novembre au 7 décembre 2004), § 23.

extraordinaire par an depuis 2008[392], sauf en 2010[393] où une seule session a eu lieu. La cadence est donc de deux sessions extraordinaires par an. Ce recours aux sessions extraordinaires se justifie par l'augmentation du volume d'activités de la Commission, notamment l'accumulation des rapports périodiques non examinés des Etats parties à la Charte et des communications dont le traitement a pris des retards parfois considérables, le développement progressif du droit africain des droits de l'homme et la dimension organisationnelle de la Commission et du Secrétariat. A la fin de l'année 2019, au total, 26 sessions extraordinaires ont été organisées et deux autres avaient été organisées en février-mars 2020 (18 février au 4 mars) et juin-juillet 2020 (29 juin au 1er juillet).

La date et le lieu de sa tenue sont communiqués « le plus tôt possible » aux Commissaires selon l'article 31 alinéa 2 du RI. Jusqu'en 2018, les sessions extraordinaires se tenaient en 10 jours. En 2017, la Commission a décidé que les sessions extraordinaires allaient désormais durer 15 jours[394] afin de consacrer, dit le Conseil exécutif de l'UA qui a entériné la décision, un « temps suffisant à son travail »[395].

Qu'elle soit ordinaire ou extraordinaire, la session se déroule toujours suivant un ordre du jour même si l'agenda de la session extraordinaire est censé être plus précis. La direction et la conduite des travaux et les délibérations (articles 41 à 62, RI) s'opèrent de la même façon.

1.3. Les séances et les réunions publiques et privées

Le principe est la publicité. L'alinéa 2 de l'article 27 du Règlement intérieur pose ce principe. Cependant, la Commission, peut, au regard du même texte, décider de tenir des réunions à huis clos. L'agenda des sessions détermine,

---

392 2008 [4ème (17 au 23 février 2008) et 5ème (21 au 29 juillet 2008) sessions extraodinaires], 2009 [6ème (Gambie, 30 mars au 3 avril 2009) et 7ème (Sénégal, 5 au 12 octobre 2009) sessions extraordinaires], 2011 [9ème (Gambie, 23 février au 3 mars 2011), 10ème (Gambie, 12 au 16 décembre 2011)], 2012 [11ème (Gambie, 21 février au 1er mars 2012), 12ème (Algérie, 30 juillet au 4 août 2012)], 2013 [13ème (Gambie, 18 au 25 février 2013), 14ème (Kenya, 20 au 24 juillet 2013)], 2014 [15ème (Gambie, 7 au 14 mars 2014), 16ème (Rwanda, 20 au 29 juillet 2014)], 2015 [17ème (Gambie, 19 au 28 février 2015), 18ème (Kenya, 29 juillet au 7 août 2015)], 2016 [19ème (Gambie, 16 au 25 février 2016), 20ème (Gambie, 9 au 18 juin 2016)], 2017 [21ème (Gambie, 23 février au 4 mars 2017), 22ème (Sénégal, 29 juillet au 7 août 2017)], 2018 [23ème (Gambie, 13 au 22 février 2018), 24ème (Gambie, 30 juillet au 8 août 2018)], 2019 [25ème (Gambie, 19 février au 5 mars 2019) et 26ème (16 au 30 juillet 2019)].

393 8ème (Gambie, 22 février au mars 2010).

394 43ème rapport d'activités de la Commission, § 48.

395 EX.CL/995(XXXII), Décision sur la Comission africaine des droits de l'homme, *Doc. EX.CL/1058(XXXII)*, § 12 *in fine*.

suivant les sujets à l'ordre du jour, les séances ouvertes aux autres acteurs et celles réservées exclusivement aux Commissaires. Ainsi, l'ordre du jour indique clairement les séances publiques (cérémonie d'ouverture, discussion sur la situation des droits de l'homme en Afrique, panels, échanges sur la relation et la coopération avec les INDH et les ONG, état de la soumission des rapports des Etats parties, examen des rapports périodiques des Etats, présentation des rapports d'activités du bureau de la Commission, des Commissaires et des mécanismes spéciaux suivie des interventions des INDH et des ONG, et la cérémonie de clôture), et les séances privées (adoption de l'ordre du jour, examen des communications conformément aux articles 90, 105 alinéa 5, 118 alinéa 4, 120 alinéa 4, 112 alinéa 8 et 123 alinéa 9 du RI et les décisions sur les résolutions). La confidentialité est un élément essentiel du code de conduite de la Commission (article 11 du RI).

L'article 32 alinéa 2 du RI autorise le Secrétaire de la Commission, ses collaborateurs du Secrétariat et les personnes dont la présence est indispensable pour leur appui technique à prendre part aux séances à huis clos de la Commission. Dans tous les cas, ils sont liés par les dispositions du Règlement intérieur, notamment les articles 21 *d)* et 102 alinéa 7 du RI qui garantissent respectivement la confidentialité des dossiers de la Commission et la non publication des documents confidentiels, et 24 alinéa 2 du RI portant sur le respect du principe de confidentialité par le personnel du Secrétariat.

Selon l'article 32 du RI, les séances privées se tiennent à huis clos et les délibérations sont tenues confidentielles. L'accès restreint et la confidentialité exigés font écho aux articles 59 alinéa 3 et 118 alinéa 4 du RI qui exigent l'approbation du rapport d'activités de la Commission avant sa publication. Ainsi, alors que les rapports des sessions publiques sont publiés sur le site internet de la Commission sous leur forme définitive[396], les rapports des sessions privées, elles, ne sont distribués qu'aux Commissaires[397] qui sont tenus par le devoir de confidentialité jusqu'à ce que la Conférence des Chefs d'Etat et de gouvernement ait approuvé la décision de la Commission. Sans le quitus de la Conférence, la Commission reste liée par les termes l'article 90 du RI qui impose la confidentialité du contenu des dossiers des affaires, y compris les plaidoiries et une communication générale voire vague au public sur les affaires traitées lors des séances à huis clos.

La règle de la confidentialité[398] peut avoir le mérite de pousser à plus de professionnalisme mais elle peut également être source de suspicions vis-à-

---

[396] Article 38, alinéa 1er du RI.

[397] *Op. cit,* alinéa 2 du RI.

[398] AHG/res.240 (XXXI), § 4 (31ème session ordinaire, 26-28 juin 1995).

vis des organes politiques de l'UA qui exigent le sceau de la Conférence des Chefs d'Etat de l'UA, premier organe politique de l'Union, avant toute publication des délibérations de la Commission. D'ailleurs, l'alinéa 3 *in fine* de l'ancien article 31 du RI anticipait les reproches éventuels au sacro-saint principe de confidentialité en estimant que « la confidentialité (...) ne doit pas être interprétée comme entravant l'échange diligent des actes de procédures entre les parties à une communication ». Le poids et l'influence de la dimension politique sur les questions des droits de l'homme sont réels.

1.4. Les sessions conjointes avec la CAfDHP et le CAEDBE

Depuis l'opérationnalisation de la Cour, la Commission et la Cour ont tenu, entre 2012 et 2019, 12 réunions des deux bureaux et 8 réunions annuelles conjointes. Conformément à l'article 30 alinéa 7 de son RI, « la Commission peut tenir des sessions conjointes en consultation avec (...) le Comité africain d'experts sur les droits et le bien-être de l'enfant (...) ». Les alinéas 1er et 2 de l'article 129 du RI précise respectivement que la Commission tient « une réunion avec la Cour au moins une fois l'an et, chaque fois que nécessaire », et qu'elle peut « rencontrer le Bureau de la Cour aussi souvent que nécessaire pour assumer toutes les fonctions qui lui sont assignées par les deux institutions ».

Tableau n° 5 - Sessions ordinaires, extraordinaires et conjointes

N° des sessions	Lieu de la session	Dates de la session	Rapports d'activités correspondant
Sessions ordinaires			
67ème	Session virtuelle (COVID-19)	13 novembre – 3 décembre 2020	48ème et 49ème rapports d'activités combinés, §§ 20-23
66ème	Session virtuelle (COVID-19)	13 juillet – 7 août 2020	48ème et 49ème rapports d'activités combinés, §§ 14-17
65ème	Banjul, Gambie (siège)	21 octobre – 10 novembre 2019	47ème rapport d'activités, §§ 15-20
64ème	Sharm El-Sheikh (Égypte)	24 avril 24 – 14 mai 2019	46ème rapport d'activités (14 novembre 2018 - 14 mai 2019)

63ème	Banjul, Gambie (siège)	24 octobre – 13 novembre 2018	45ème rapport d'activités, §§ 17-22
62ème	Nouakchott, Mauritanie	25 avril - 9 mai 2018	44ème rapport d'activités
61ème	Banjul, Gambie (siège)	1er - 15 novembre 2017	43ème rapport d'activités
60ème	Niamey, Niger	8 - 22 mai 2017	42ème rapport d'activités, §§ 19-27
59ème	Banjul, Gambie (siège)	21 octobre - 4 novembre 2016	41ème rapport d'activités, §§ 6-13
58ème	Banjul, Gambie (siège)	6 - 20 avril 2016	40ème rapport d'activités, §§ 5-11
57ème	Banjul, Gambie (siège)	4 - 18 novembre 2015	39ème rapport d'activités
56ème[399]	Banjul, Gambie (siège)	21 avril - 7 mai 2015	37ème et 38 rapports d'activités
55ème	Luanda, Angola	28 avril - 12 mai 2014	36ème rapport d'activités, §§ 6-17
54ème	Banjul, Gambie (siège)	22 octobre - 5 novembre 2013	35ème rapport d'activités, §§ 7-16
53ème	Banjul, Gambie (siège)	9 - 22 avril 2013	34ème rapports d'activités, §§ 7-12
52ème	Côte d'Ivoire	9 - 22 octobre 2012	32ème et 33ème rapport d'activités
51ème	Banjul, Gambie (siège)	18 avril - 2 mai 2012	
50ème	Banjul, Gambie (siège)	24 octobre - 5 novembre 2011	
49ème	Banjul, Gambie (siège)	28 avril - 12 mai 2011	30ème et 31ème rapport d'activités, EX.CL/717(XIX)
48ème	Banjul, Gambie (siège)	10 - 24 novembre 2010	29ème et 30ème rapport d'activités, EX.CL/717(XIX)
47ème	Banjul, Gambie (siège)	12 - 26 mai 2010	28ème rapport d'activités, EX.CL/600 (XVII)

[399] La 56ème session ordinaire, dont la tenue avait été initialement prévue du 14 au 30 octobre 2014, a été reportée deux fois en raison de l'éruption du virus Ebola, plus particulièrement en Guinée, en Sierra Leone et au Liberia.

46ème	Banjul, Gambie (siège)	11 - 25 novembre 2009	27ème rapport d'activités
45ème	Banjul, Gambie (siège)	13 - 27 mai 2009	26ème rapport d'activités, EX.CL/529 (XV) [couvre la période allant de décembre 2008 à mai 2009, y compris les activités entreprises durant la 45ème session ordinaire
44ème	Nigéria	10 - 24 novembre 2008	25ème rapport d'activités Période de mai à novembre 2008 et les activités de la 44ème session
43ème	Ezulwini, Swaziland	7 - 22 mai 2008	24ème Rapport d'activités
42ème	Brazzaville, Congo	15 - 28 novembre 2007	23ème Rapport d'activités
41ème	Accra, Ghana	16 - 30 mai 2007	22ème rapport d'activités, EX.CL/364(XI)
40ème	Banjul, Gambie (siège)	15 - 29 novembre 2006	21ème rapport d'activités
39ème	Banjul, Gambie (siège)	11 - 25 mai 2006	19ème rapport d'activités adopté par décision *Assembly/AU/ DEC.101(VI)* au cours de la 6ème session ordinaire de la Conférence des Chefs d'Etat et de gouvernement de l'Union Africaine qui s'est tenue du 23 au 24 janvier 2006 à Khartoum, Soudan, après avoir été examiné par le Conseil Exécutif.
38ème	Banjul, Gambie (siège)	21 novembre - 05 décembre 2005	

37ème	Banjul, Gambie (siège)	27 avril - 11 mai 2005	18ème rapport d'activités EX.CL/199 (VII) adopté par la 4ème Session ordinaire de la Conférence des Chefs d'Etat et de Gouvernement de l'Union Africaine réunie à Abuja, Nigeria, en janvier 2005.
36ème	Dakar, Sénégal	23 novembre - 07 décembre 2004	
35ème	Banjul, Gambie (siège)	21 mai - 4 juin 2004	17ème rapport d'activités adopté par le 4ème Sommet UA (Abuja, Nigeria en janvier 2005).
34ème	Banjul, Gambie (siège)	6 - 20 novembre 2003	
33ème	Niamey, Niger	15 - 29 mai 2003	16ème rapport d'activités adopté par le 2ème Sommet UA (Maputo, Mozambique, en juillet 2003)
32ème	Banjul, Gambie (siège)	17 - 23 octobre 2002	
31ème	Pretoria, Afrique du Sud	2 - 16 mai 2002	15ème rapport d'activités adopté par le 387ème Sommet OUA (juillet 2002 à Durban, Afrique du Sud)
30ème	Banjul, Gambie (siège)	13 - 27 octobre 2001	
29ème	Tripoli, Libye	23 avril - 7 mai 2001	14ème rapport d'activités AHG/229(XXXVII adopté le 37ème Sommet OUA (juillet 2001 à Lusaka, Zambie) par décision *AHG/229 (XXXVII).*
28ème	Cotonou, Bénin	23 octobre - 6 novembre 2000	
27ème	Alger, Algérie	27 avril - 11 mai 2000	13ème rapport d'activités adopté par le 36ème Sommet OUA (10 au 12 juillet 2000 à Lomé, Togo).
26ème	Kigali, Rwanda	1er - 15 novembre 1999	

25ème	Burundi	26 avril - 5 mai 1999	12ème rapport d'activités adopté par le 35ème Sommet OUA (12 au 14 juillet 1999 à Alger, en Algérie) par décision *AHG/Dec.215 (XXXV)*.
24ème	Banjul, Gambie (siège)	22 - 31 octobre 1998	
23ème	Banjul, Gambie (siège)	20 - 29 avril 1998	11ème rapport d'activités adopté par le 34ème Sommet OUA (8 au 10 juin 1998 à Ouagadougou, Burkina Faso) par sa décision *AHG/Dec.126 (XXXIV)*.
22ème	Banjul, Gambie (siège)	2 - 11 novembre 1997	
21ème	Nouakchott, Mauritanie	15 - 24 avril 1997	10ème rapport d'activités adopté par le 33ème Sommet OUA (2 au 4 juin 1997, à Harare, Zimbabwe par sa décision *AHG/DEC. 123(XXXIII)*.
20ème	Grand Bay, Ile Maurice	21 - 31 octobre 1996	
19ème	Ouagadougou, Burkina Faso	26 mars - 4 avril 1996	9ème rapport d'activités ACPHR/RPT/9EME adopté par le 32ème Sommet OUA par la résolution *AHG/Res 250 (XXXII)*.
18ème	Praia, Cap-Vert	2 - 11 octobre 1995	
17ème	Lomé, Togo	13 - 22 mars 1995	8ème rapport d'activités adopté par le 31ème Sommet OUA
16ème	Banjul, Gambie (siège)	25 octobre - 3 novembre 1994	
15ème	Banjul, Gambie (siège)	18 - 27 avril 1994	7ème rapport d'activités *AHG/198 (XXX) REV.2* adopté par le 30ème Sommet OUA par la résolution *AHG/230 Res. (XXX)*
14ème	Banjul, Gambie (siège)	1er - 10 décembre 1993	
13ème	Banjul, Gambie (siège)	29 mars - 7 avril 1993	6ème rapport d'activités adopté par le 29ème Sommet de l'OUA par sa
12ème	Banjul, Gambie (siège)	12 - 21 octobre 1992	

			résolution *AHG/Res.227 (XXIX) Rev.1*
11ème	Tunis, Tunisie	2 - 9 mars 1992	5ème rapport d'activités adopté par le 28ème Sommet OUA par la résolution *AHG/207 Res.(XXXVIII)*
10 ème	Banjul, Gambie (siège)	8 - 15 octobre 1991	
9ème	Lagos, Nigéria	18 - 25 mars 1991	4ème rapport d'activités ACHPR/XI /AN.RPT/5/Rev.2 adopté par le 27ème Sommet OUA par la résolution *AHG/Res.202(XXVII)*
8ème	Banjul, Gambie (siège)	8 - 21 octobre 1990	
7ème	Banjul, Gambie (siège)	18 - 28 avril 1990	3ème rapport d'activités adopté par le 26ème Sommet de l'OUA par la résolution *AHG/198 (XXXVI)*
6ème	Banjul, Gambie (siège)	23 octobre – 04 novembre 1989	
5ème	Benghazi, Libye	3 – 14 avril 1989	2ème rapport d'activités
4ème	Le Caire, Egypte	17 – 26 octobre 1988	
3ème	Libreville, Gabon	18 – 28 avril 1988	1er rapport d'activités
2ème	Dakar, Sénégal	8 – 13 février 1988	
1ère	Addis-Abeba, Ethiopie	02 – 02 novembre 1987	
Session extraordinaires			
30ème	Banjul, Gambie (siège)	11 - 19 décembre 2020	48ème et 49ème rapports d'activités combinés, §§ 24-25
29ème	Banjul, Gambie (siège)	2 - 5 octobre 2020	48ème et 49ème rapports d'activités combinés, §§ 18-19
28ème	Banjul, Gambie (siège)	29 juin -1er juillet 2020	48ème et 49ème rapports d'activités combinés, §§ 11-13

27ème	Banjul, Gambie (siège)	19 février - 4 mars 2020	48ème et 49ème rapports d'activités combinés, § 27
26ème	Banjul, Gambie (siège)	16 - 30 juillet 2019	47ème rapport d'activités, §§ 13-14
25ème	Banjul, Gambie (siège)	19 février – 5 mars 2019	46ème rapport d'activités, §§ 12-13
24ème	Banjul, Gambie (siège)	30 juillet – 8 août 2018	45ème rapport d'activités
23ème	Banjul, Gambie (siège)	13 – 22 février 2018	44ème rapport d'activités
22ème	Dakar, Sénégal	29 juillet – 7 août 2017	43ème rapport d'activités
21ème	Banjul, Gambie (siège)	23 février – 4 mars 2017	42ème rapport d'activités
20ème	Banjul, Gambie (siège)	9 - 18 juin 2016	41ème rapport d'activités
19ème	Banjul, Gambie (siège)	16 - 25 février 2016	40ème rapport d'activités
18ème	Nairobi, Kenya	29 juillet - 7 août 2015	39ème rapport d'activités, §§ 5-6
17ème	Banjul, Gambie (siège)	19 - 28 février 2015	38ème rapport d'activités
16ème	Kigali, Rwanda	20 - 29 juillet 2014	37ème rapport d'activités
15ème	Banjul, Gambie (siège)	7 - 14 mars 2014	36ème rapport d'activités, § 4-5
14ème	Nairobi, Kenya	20 - 24 juillet 2013	35ème rapport d'activités, § 6
13ème	Banjul, Gambie (siège)	18 - 25 février 2013	34ème rapport d'activités, § 6
12ème	Alger, Algérie	30 juillet - 4 août 2012	32ème et 33ème rapport d'activités
11ème	Banjul, Gambie (siège)	21 février – 1er mars 2012	
10ème	Banjul, Gambie (siège)	12 - 16 décembre 2011	
9ème	Banjul, Gambie (siège)	23 février - 03 mars 2011	
8ème	Banjul, Gambie (siège)	22 février - 3 mars 2010	
7ème	Dakar, Sénégal	5 - 12 octobre 2009	27ème rapport d'activités

6ème	Banjul, Gambie (siège)	30 mars - 3 avril 2009	
5ème	Banjul, Gambie (siège)	21 - 29 juillet 2008	
4ème	Banjul, Gambie (siège)	17 - 23 février 2008	24ème Rapport d'activités
3ème	Afrique du Sud	18 - 19 septembre 2004	
2ème	Kampala, Ouganda	18 - 19 décembre 1995	9ème rapport d'activités
1ère	Banjul, Gambie (siège)	14 juin 1989	
Réunion des bureaux CADHP et ACfDHP			
12ème	Banjul, Gambie	17 et 18 octobre 2019	47ème rapport d'activités
11ème	Banjul, Gambie	9 août 2018	45ème rapport d'activités
10ème	Addis-Abeba, Éthiopie	27 janvier 2018	44ème rapport d'activités
9ème et 10ème	Kigali, Rwanda	2016 juillet 2016	41ème rapport d'activités
8ème	Addis-Abeba, Ethiopie	29 janvier 2016	40ème rapport d'activités
7ème	Nairobi, Kenya	25 juillet 2015	39ème rapport d'activités
6ème	Kigali, Rwanda	16 juillet 2014	37ème rapport d'activités
5ème	Addis-Abeba, Éthiopie	24 janvier 2014	36ème rapport d'activités
4ème	Nairobi, Kenya	17 juillet 2013	35ème rapport d'activités
3ème	Addis-Abeba, Éthiopie	29 janvier 2013	34ème rapports d'activités
2ème	Alger, Algérie	24 - 25 juillet 2012	32ème et 33ème rapport d'activités
Réunion annuelle conjointe CADHP et CAfDHP			
8ème	Banjul, Gambie	17 et 18 octobre 2019	47ème rapport d'activités

7ème	Banjul, Gambie	10 août 2018	45ème rapport d'activités
6ème	Dakar, Sénégal	8 au 11 août 2017	43ème rapport d'activités
5ème	Arusha, Tanzanie	19 -22 septembre 2016	41ème rapport d'activités
4ème	Nairobi, Kenya	27 -28 juillet 2015	39ème rapport d'activités
3ème	Kigali, Rwanda	18-19 juillet 2014	37ème rapport d'activités
2ème	Nairobi, Kenya	18-19 juillet 2013	35ème rapports d'activités
1ère	Alger, Algérie	26-27 juillet 2012	32ème et 33ème rapport d'activités
Sessions conjointes CAEDBE/CADHP/CAfDHP			
Atelier consultatif	Banjul, Gambie	11 et 12 août 2018	45ème rapport d'activités
Réunion tripartite	Arusha, Tanzanie	3 septembre 2018	45ème rapport d'activités

2. Les langues

L'article 25 de l'Acte constitutif de l'UA et l'article 38 du Règlement intérieur de la Commission pallient l'absence de dispositions relatives à la langue de travail de la Commission dans la Charte. Les trois alinéas de l'article 38 ne mentionnent pas nommément les langues mais renvoient à l'article 25 de l'Acte de Lomé qui dispose que « les langues de travail de l'Union et de toutes ses institutions sont, si possible, les langues africaines ainsi que l'arabe, l'anglais, le français et le portugais ». A ce titre, le site internet, les décisions, les résolutions et les autres documents de la Commission devraient être élaborés dans ces langues comme il ressort de l'article 66 alinéa 2 du Règlement intérieur de la Commission qui souligne que les rapports et informations des États sont distribués dans les langues de travail de l'Union Africaine.

Par ailleurs, dans le processus de l'examen des communications et de l'audition des témoins et des experts, l'article 89 du RI dispose que « les Communications, notifications et observations connexes sont adressées à la Commission dans au moins l'une de ses langues de travail ». Quant à l'article 101 alinéa 5 du RI, il précise que « tout témoin, tout expert ou toute autre personne présentant des observations écrites à la Commission ou comparaissant à une audition orale de la Commission ou devant une délégation de membres de la Commission peut s'exprimer dans sa propre langue s'il ne maîtrise pas suffisamment l'une des langues de travail de la Commission ». Si c'est le cas, un service de traduction est mis à disposition.

C'est à ce niveau que le recours aux langues africaines devient encore plus utile, comme le Swahili ou le Kiswahili parlé, notamment au Kenya, en Ouganda, en Tanzanie, à l'Est de la République démocratique du Congo, au Burundi, au Rwanda, au Mozambique et en Somalie ; ou l'Amharique parlé par plus de 30 millions de personnes essentiellement en Éthiopie, en Érythrée, au Soudan, au Soudan du Sud et au Djibouti ; ou encore le Haoussa, la langue utilisée par plus de 50 millions de personnes au Bénin, au Burkina Faso, au Cameroun, en Côte d'Ivoire, au Ghana, au Niger, au Nigeria, au Soudan, au Soudan, au Tchad et au Togo ; ou encore le Lingala parlé par plus de 30 millions de personnes en République démocratique du Congo, au Congo, en République centrafricaine et en Angola.

Dans la pratique, l'anglais et le français sont les idiomes de travail de la Commission. Quant à l'arabe et le portugais, ils sont peu usités. Même si la Commission fait un effort pour que le site internet soit disponible également en arabe et en portugais, les rapports et autres documents ne sont pas toujours disponibles dans ces deux langues.

3. Le financement de la Commission

Aux termes de l'article 41 de la Charte, l'UA fournit « le personnel et les moyens et services nécessaires à l'exercice effectif des fonctions attribuées à la Commission » et « prend à sa charge le coût de ce personnel et de ces moyens et services ». En vertu de ce texte, l'UA est l'unique source de financement de la Commission. Toutefois, dans la pratique, le financement est une problématique récurrente [400] au point de représenter, selon le Plan stratégique 2015-2019 de la Commission, un défi majeur car elle souffre d'un manque de ressources suffisantes et se voit contrainte, pour assumer ses fonctions au titre de la Charte, de recourir à des financements au-delà de ce que la Charte prévoit en son article 41[401]. L'article 73 du RI adopté en 2020 est consacré aux « partenaires de financement », « sous réserve, dit le texte de l'article 41 de la Charte ». Pour éviter que les bailleurs de fonds n'influencent l'agenda et les méthodes de travail de la Commission africaine, cette dernière doit informer la Commission de l'UA de « toute proposition visant à accepter des fonds de tout partenaire, y compris les détails du montant à fournir, le ou les projet(s) pour le(s)quel(s) les fonds sont sollicités et toute condition de

[400] Plan strategique 2015-2019, p.25, § 35
[401] *Op. cit,* p.15, § 20.

réception desdits fonds » comme le prévoit l'alinéa 2 de l'article 73 du RI de la Commission.

La Conférence de l'UA ne cesse de réitérer la « nécessité de doter la CADHP des ressources adéquates pour mettre fin à sa dépendance vis-à-vis des donateurs extérieurs et pour lui permettre de s'acquitter de son mandat d'une manière efficace et indépendante »[402]. Cependant, dans les faits, les ressources humaines, financières et logistiques manquent souvent à l'appel.

Pour combler le trou budgétaire, la Commission a développé une stratégie de mobilisation de ressources avec l'appui du Secrétariat auprès de partenaires internationaux. L'insuffisance de ressources financières au niveau même de l'UA qui entraîne sa forte dépendance vis-à-vis des partenaires internationaux est à l'origine de la réforme Kagamé. Pour l'exercice financier 2018, le Conseil exécutif a approuvé pour l'organisation continentale un budget global de 769.381.894 USD[403] dont 458.763.038 USD au titre des dépenses de fonctionnement et 310.618.856 USD consacrés aux programmes. Ce budget est dépendant de l'extérieur à hauteur de plus de 58 % soit 451.105.099 USD. Sur cette période, l'UA a alloué un budget de 5.612.542 USD pour le budget de fonctionnement et le budget programme à la Commission africaine. A ce budget s'ajoute une prévision de 707.138 USD attendus des partenaires extérieurs pour compléter le budget programme. En 2002 et 2003, le budget de la Commission était de 790.000 USD ; en 2011, il est passé à 7.900.000 USD[404].

La dépendance financière de l'UA de ses partenaires internationaux n'a pas diminué pour l'exercice 2019. Ainsi, sur un budget programme de 249.757.079 USD, la contribution des Etats membres de 110.257.890 USD ne couvre que 44 % des besoins, le montant restant de 139.499.189 USD étant, une fois encore, entendu des partenaires extérieurs. Par ailleurs, le budget 2019 des opérations de soutien à la paix de 273.269.140 est supporté à

---

[402] Assembly/AU/Dec. 200 (XI) Décision sur le rapport d'activités de la Commission africaine des droits de l'homme et des peuples – *Doc. Ex.CL/446 (XIII), § 4.*

[403] Un budget supplémentaire pour l'exercice financier 2018 d'un montant total de 5.042. 440 USD (dollars américains) a été approuvé en juin 2018. Il est réparti comme suit : (i) Gestion des conférences et des publications pour le paiement des traductions en ligne : 71.280 USD ; (ii) Activités du CDC-Afrique, liées à l'épidémie d'Ebola : 4.181.160 USD ; (iii) Programmation, budgétisation, finances et comptabilité : services-conseils pour l'évaluation des immobilisations corporelles de l'Union africaine : 790.000 USD (EX.CL/Dec.1020(XXXIII), Décision sur le projet de budget 2019 de l'Union africaine et sur le budget supplémentaire de 2018, Doc. EX.CL/1094(XXXIII), § 2. (33ème session ordinaire, 28 – 29 juin 2018, Nouakchott (Mauritanie)).

[404] Frans Viljoen, *International Human Rights Law in Africa*, 2e éd. (Oxford, Oxford University Press, 2012).

environ 96 % par les partenaires financiers de l'UA[405]. En 2019, le budget de fonctionnement et le budget programme prévus et prélevés sur les contributions des Etats membres s'élèvent respectivement à 4.778.973 USD et à 1.539.000 USD, soit un total de 6.317.973 USD. En outre, le Conseil exécutif prévoit un montant de 707.138 USD affectés au budget programme qui est à solliciter auprès des partenaires, en contradiction avec l'article 41 de la Charte qui dispose que l'UA met à disposition de la Commission les ressources nécessaires. En 2016, les programmes de la Commission n'avaient pas bénéficié de financement prélevé sur la contribution des Etats membres de l'UA. Le coût des programmes qui s'élevait à 1.301.399 USD[406] était entièrement externalisé, ce qui signifie que la réalisation des programmes et des projets de la Commission était subordonnée à la générosité des donateurs étrangers et non de l'UA.

Dans son plan stratégique 2015-2019, la Commission considère la création par l'UA de plusieurs institutions dont les mandats se rapporte aux droits de l'homme comme une force susceptible de créer un espace de complémentarité pour unifier les efforts en vue d'améliorer les droits de l'homme en Afrique[407]. Elle considère toutefois cette situation également comme une menace car cela « peut conduire à une diminution du financement de chaque institution individuelle, y compris la Commission »[408]. Cette préoccupation révèle le fait que la Commission n'accède pas aux ressources adéquates pour exécuter ses activités et projets en lien avec son mandat à cause des contraintes budgétaires. La dotation budgétaire déjà faible ne bénéficie pas d'augmentation correspondant au niveau croissant des besoins de la Commission.

C'est peu dire que la faible dotation financière de la Commission impacte son effectivité, notamment lorsqu'il s'agit « de garantir l'accès des titulaires de droit au mécanisme et d'assurer la mise en œuvre et le renforcement effectifs de ses règles et normes au niveau national, de vérifier si les États membres honorent ou non leur obligation de présenter régulièrement des rapports, ou encore de surmonter les difficultés de mise en œuvre des décisions rendues »[409]. L'insuffisance de ressources[410] oblige la Commission à réduire la voilure de ses activités par rapport à l'enveloppe financière, ce qui la pousse à hiérarchiser, malgré elle, ses programmes et projets, y compris les plus

[405] Doc.UA., *EX.CL/Dec.1020(XXXIII),* Décision sur le projet de budget 2019 de l'Union africaine et sur le budget supplémentaire de 2018, *Doc. EX.CL/1094(XXXIII),* § 3.
[406] EX.CL/Dec.873(XXVII), Décision sur le budget de l'UA au titre de l'exercice financier 2016, Doc. EX.CL/898(XXVII), § 4.
[407] Plan stratégique 2015-2019, p.7.
[408] Plan stratégique 2015-2019, p.7.
[409] Doc. ONU. A/HRC/39/58, § 21.
[410] Rachel Murray, Human Rights in Africa: from the OAU to the African Union, Cambridge University Press, 2004, pp. 55-59.

vitaux. Il en résulte l'impossibilité d'exécuter toutes les activités annuelles nécessaires à la satisfaction des missions de protection, de promotion, d'interprétation et autres.

Les répercussions du financement en-deçà des besoins perturbent le fonctionnement adéquat de la Commission. Non seulement les ressources humaines du Secrétariat sont insuffisantes mais le personnel doit également faire face à un *turn over* régulier, ce qui est dommageable pour la stabilité nécessaire au sein du Secrétariat. En 2018, la Commission a appelé à la mise en œuvre des Décisions EX.CL/Dec.974(XXXI) et Ext/EX.CL/Dec.1(XIII) du Conseil Exécutif portant harmonisation du traitement des Responsables élus des organes de l'UA car les Commissaires ne reçoivent aucune indemnité pour leurs activités au cours des sessions et en périodes d'intersection ainsi que pour leur mandat de protection, des indemnités de fin de mandat, et de pension[411].

Il est important que le bureau de la Commission procède à l'évaluation périodique de son personnel, y compris au regard des ressources limitées mis à disposition, et sollicite sur la base de ses évaluations internes et l'état des besoins, les ressources appropriées pour étoffer le personnel et réaliser ses attributions[412].

---

411 EX.CL/Dec.974(XXXI), Décision sur le 42ème rapport d'activité de la CADHP - *Doc. EX.CL/1030(XXXI)*, § 11.
412 *EX.CL/Dec.1057(XXXV)*, III, B, d i).

Chapitre 3.
Les fonctions de la Commission

Le mandat de la Commission est énoncé sommairement par l'article 30 de la Charte et de manière plus détaillée par son article 45. Il résulte des deux textes combinés que la Commission est investie d'une triple mission de promotion, de protection et d'interprétation des droits de l'homme et des peuples en Afrique. Dans sa décision *DOC.EX.CL/1089(XXXIII)i*, le Conseil exécutif de l'UA a demandé aux États parties de « procéder à un examen analytique du mandat d'interprétation de la Commission au regard du mandat similaire qu'exerce la Cour africaine et du risque de contradictions de jurisprudence »[413]. De son côté, la Commission a souligné que « sa fonction d'interprétation est inhérente à ses mandats de promotion et de protection, tels que définis par la Charte »[414]. Un clarification de l'étendue et de la portée de la fonction d'interprétation de la Commission s'impose.

A ces missions s'ajoutent la conduite, sur demande de la Conférence des Chefs d'Etat et de gouvernement, d'études approfondies en cas de violations graves ou massives des droits de l'homme et des peuples (article 58 de la Charte) ainsi que le suivi des mesures prises par les États parties au Protocole de Maputo concernant le statut et les droits de la femme dans leurs pays respectifs (article 26 du Protocole). La Commission est également investie de la mission de supervision du Protocole à la Charte africaine des droits de l'homme et des peuples relatif aux droits des personnes handicapées en Afrique (alinéas 1er et 3 de l'article 34 du Protocole). Le Règlement intérieur précise largement dans ses deuxième (articles 69 à 78), troisième (articles 79 à 113), quatrième (articles 114 à 123), cinquième (articles 128 à 135) et sixième (articles 137 à 138) parties le contenu de ces différentes fonctions majeures de la Commission.

---

[413] CADHP/Rés.402 (LXIII)2018 (préambule § 11). La décision EX.CL/Dec.995 (XXXII) du Conseil exécutif a enteriné l'organisation d'une retraite conjointe entre le Comité des Représentants permanents (COREP) et la Commission africaine des droits de l'homme et des peuples (CADHP) afin d'examiner les différentes préoccupations exprimées au sujet des relations entre la CADHP, les organes délibérants et les États membres. Elle s'est tenue du 4 et 5 juin 2018 à Nairobi (Kenya). Elle a décidé notamment de « procéder à un examen analytique du mandat d'interprétation de la CADHP à la lumière du mandat similaire exercé par la Cour africaine et du risque de conflit en matière de jurisprudence » (EX.CL/Dec. 1015(XXXIII), Décision sur le rapport de retraite conjointe entre le COREP et la CADHP - *Doc. EX.CL/1089 (XXXIII) i*, § 7 iii). Voir aussi *EX.CL/1015(XXXIII)* Décision sur le rapport de la retraite conjointe entre le Comité des Représentants permanents (COREP) et la Commission africaine des droits de l'homme et des peuples (CADHP) - *Doc. EX.CL 1089 (XXXIII)i. Voir aussi* EX.CL/995(XXXII), Décision sur la CADHP, *Doc. EX.CL/1058(XXXII)*, §§ 3-4 ; Decision EX.CL/Dec.887(XXVII). Sur la mission d'interprétation de la Commission, voir *supra* chapitre 1, section 2 B.

[414] CADHP/Rés.402 (LXIII)2018, § 2.

Le présent chapitre analyse les missions de promotion et de protection ainsi que l'organisation et le fonctionnement des mécanismes subsidiaires de la Commission.

Section 1. Les mécanismes subsidiaires de la Commission africaine

Un « mécanisme subsidiaire » ou « mécanisme spécial » désigne les rapporteurs spéciaux, les comités et les groupes de travail mis en place par la Commission. Jusqu'en mars 2020, la création et le fonctionnement des mécanismes spéciaux étaient régis uniquement par quelques dispositions sommaires du RI de la Commission. Désormais, leur création ainsi que les procédures relatives à leur organisation et fonctionnement relèvent du Chapitre VI (articles 25 et 26) du nouveau RI de 2020 et surtout des règles de création et de fonctionnement (RCF) spécifiquement dédiées adoptées le 4 mars 2020 par la Commission lors de sa 27ème session extraordinaire à Banjul. Ce duo de textes se complètent et permettent à la Commission d'établir un cadre organisé des mécanismes subsidiaires ou mécanismes spéciaux.

Une série de décisions du Conseil exécutif de l'UA a semblé servir de catalyseur au développement des RCF. Il s'agit notamment de la décision *EX.CL/Dec.887(XXVII)* de juin 2015 sur le retrait du statut d'observateur à l'ONG Coalition des lesbiennes africaines, de la décision *EX.CL/Dec.995 (XXXII)* sur l'organisation d'une retraite conjointe tenue en juin 2018 à Nairobi, Kenya, entre son Comité des Représentants permanents (COREP) et la Commission africaine, et la décision *EX.CL/1015(XXXIII)* de juin 2018 demandant, notamment à la Commission d'« examiner la question de l'ambiguïté de son statut dans le règlement intérieur dans le cadre de la révision en cours dudit règlement intérieur »[415] et de « consulter le Bureau du Conseiller juridique et les autres organes compétents chargés des questions juridiques, dans la perspective d'élaboration d'un code de conduite et de la révision du règlement intérieur »[416]. On peut citer également la décision *EX.CL/Dec. 1045(XXXIV)* de février 2019 qui revient sur la mise en œuvre des recommandations de la retraite conjointe à Nairobi[417]. Considérées tantôt comme une pression

---

[415] *EX.CL/1015(XXXIII)* Décision sur le rapport de la retraite conjointe entre le Comité des Représentants permanents (COREP) et la Commission africaine des droits de l'homme et des peuples (CADHP) - *Doc. EX.CL 1089 (XXXIII)* i, § 8 (i).

[416] *Ibid.*

[417] EX.CL/Dec. 1045(XXXIV) Décision sur le rapport d'activité de la Commission africaine des droits de l'homem et des peu0ples (CADHP) - Doc.EX.CL/1127 (XXXIV), § 3.

politique tendant à entamer l'indépendance de la Commission, tantôt comme des instructions nécessaires à la cohérence du système africaine des droits de l'homme, à la consolidation de l'Architecture africaine de la gouvernance (AGA) et de la coordination entre la Commission et les autres organes de l'UA, ces décisions ont joué un rôle non négligeable dans l'adoption du RI et des RCF en 2020.

A. Les règles de création et de fonctionnement des mécanismes subsidiaires

1. Le mode de création

L'article 25 alinéa 1er du Règlement intérieur de la Commission dispose que la Commission « peut créer des mécanismes subsidiaires » et cite nommément, comme le paragraphe 2 des RCF, trois types de mécanismes que sont les rapporteurs spéciaux, les comités et les groupes de travail. Les textes ne précisent pas si ces mécanismes peuvent être mis en place de manière temporaire ou permanente ou encore leur degré d'importance ou encore si l'un peut se transformer en un autre comme c'est le cas par exemple dans le système international de protection des droits de l'homme (procédures spéciales du Conseil des droits de l'homme des Nations Unies) où un Expert indépendant sur uns thématique donnée peut devenir un Rapporteur spécial, signe de l'évolution de la thématique concernée[418]. Les textes ne précisent pas non plus si ces mécanismes peuvent se fusionner le cas échéant[419]. Dans tous les cas, ils doivent être établis pour des objectifs

---

[418] Dans le système international de protection des droits de l'homme, en 2012, l'Expert inépendant dans le domaine des droits culturels a été transformé en Rapporteur spécial (Résolution 19/6 du Conseil des droits de l'homme [CDH]) tout comme en 2015 où l'Expert indépendant chargé d'examiner la question des obligations relatives aux droits de l'homme se rapportant aux moyens de bénéficier d'un environnement sûr, propre, sain et durable est devenu un Rapporteur spécial (Résolution 28/11 du CDH*)*. En 2005, le mandat du Rapporteur special sur l'utilisation des mercenaires comme moyen de violer les droits de l'homme et d'empêcher l'exercice du droit des peuples à disposer d'eux-mêmes a été remplacé par un Groupe de travail (Résolution 2005/2 de la Commission des droits de l'homme). En 2014, le mandat de l'Expert indépendant sur les questions relatives aux minorités a été changé en Rapporteur spécial (résolution 25/5 du CDH). En 2011, le détenteur du mandat sur les droits à l'eau potable et l'assainissement est passé du titre de « Expert indépendant » à « Rapporteur spécial » (résolution 16/2 du CDH) puis le titre du mandat a été changé en 2016 pour séparer le droit à l'eau et le droit à l'assainissement (résolution 33/10 du CDH).

[419] En 2000, les mandats de l'Expert indépendant sur les politiques d'ajustement structurel et du Rapporteur spécial sur les effets de la dette extérieure sur la jouissance effective des droits économiques, sociaux et culturels ont été fusionnés pour créer le mandat de l'expert indépendant sur les effets des politiques d'ajustement structurel et de la dette extérieure sur la jouissance effective de tous les droits de l'homme, en particulier des droits économiques, sociaux et culturels (résolution de la Commission des droits de l'homme 2000/82).

précis avec des mandats modulables par rapport à l'évolution des thématiques couvertes. L'article 25 alinéa 3 du RI souligne que le mandat de ces mécanismes est déterminé par la Commission tout comme la décision relative à leur création et leur composition qui « peuvent se faire par consensus, à défaut de quoi, la décision est prise par voie de vote » (article 25 alinéa 2 du RI).

Les RCF précisent en leur paragraphe 1 que, même si c'est déjà le cas selon la pratique, la création d'un mécanisme spécial doit se faire au moyen d'une résolution qui précise les motifs et le mandat du mécanisme créé. Même si ni le RI ni les RCF ne le précisent pas, il va s'en dire que la prorogation ou de l'extension du mandat est subordonnée à la même procédure qui passe par l'adoption d'une résolution qui détaillera, le cas échéant, l'évolution ou les transformations du mandat et des objectifs visés.

Souvent, la création d'un mécanisme spécial marque l'aboutissement d'un processus de maturation de la réflexion sur une thématique donnée ainsi que son ampleur. Ainsi par exemple, la création en 2009[420] du Groupe de travail sur les droits des personnes âgées et des personnes handicapées a été précédée de la résolution CADHP/Res.106(XXXXI)07 adoptée lors de la 41ème session ordinaire (Accra, 16 au 30 mai 2007), puis de la résolution ACHPR/Res.118 (XXXXII)07 (42ème session ordinaire, Brazzaville, 15 au 28 novembre 2007) ayant nommé un point focal sur les droits des personnes âgées en Afrique. Cette dernière résolution fut elle-même consécutive au Cadre politique et Plan d'Action de l'Union africaine sur les personnes âgées. Déjà en 2003, la première Conférence ministérielle de l'Union Africaine sur les droits de l'homme en Afrique avait adopté la Déclaration de Kigali qui « lance un appel aux Etats membres pour qu'ils élaborent un protocole relatif à la protection des droits des personnes âgées et des personnes handicapées »[421]. Les activités du Groupe de travail ont ensuite fait écho aux travaux du Conseil exécutif de l'UA qui, en janvier 2013, a adopté la Décision *EX.CL/Dec.750(XXII)* sur la Position africaine commune dans la perspective de la vingtième édition de l'Année internationale de la famille en 2014.

2. Les différentes catégories de mécanismes subsidiaires

2.1. Les Rapporteurs spéciaux

A la date du 31 décembre 2020, la Commission comptait cinq Rapporteurs spéciaux. Du plus récent au plus ancien, il s'agit du i) Rapporteur spécial sur

---

420 Résolution ACHPR/Res143 (XXXXV) 09.

421 Déclaration de Kigali, paragraphe 20.

la liberté d'expression et l'accès à l'information en Afrique, du ii) Rapporteur spécial sur les défenseurs des droits de l'homme, du iii) Rapporteur spécial sur les réfugiés, demandeurs d'asile, migrants et personnes déplacées en Afrique, du iv) Rapporteure spéciale sur les droits des femmes et du v) Rapporteur spécial sur les prisons, les conditions de détention et l'action policière en Afrique[422]. On peut observer qu'aucun mandat de Rapporteur spécial n'est dédié à la catégorie des droits économiques sociaux et culturels, ce qui est questionnable pour un continent dont la réalisation des DESC est un impératif.

Les Rapporteurs spéciaux sont des Commissaires désignés par leurs pairs dans une résolution qui précise le champ du mandat. Le champ du mandat est susceptible d'évoluer suivant le développement du droit africain, du cadre stratégique et des décisions de l'UA ou encore des problématiques ou tendances qui émergent à l'issue de l'examen par la Commission des rapports périodiques des Etats parties à la Charte ou encore des communications. La substance du mandat, son champ, sa durée et sa composition peuvent faire l'objet de modifications. Ce fut le cas du mandat du Rapporteur spécial sur la liberté d'expression et d'information qui a été élargi à l'issue du développement progressif de ce droit garanti par l'article 9 de la Charte. En effet, la Déclaration de Principes sur la liberté d'expression en Afrique adoptée par la Commission en 2002 [423] et révisée en 2012 par la résolution CADHP/Rés.222 (LI)12 a inclus l'accès à l'information relative à la nature, au contenu et la portée du droit à la liberté d'expression. A la suite des résolutions CADHP/Rés.307 (EXT.OS/XVIII) 15 relative à l'élaboration des Lignes directrices sur l'accès à l'information et les élections en Afrique et CADHP/Rés.363 (LIX) 2016 sur la nécessité de développer des lignes directrices sur le maintien de l'ordre et les rassemblements en Afrique - adoptées en mars 2017 lors de la 21ème session extraordinaire [424], la Commission a estimé que le mandat du Rapporteur spécial tel que défini initialement en 2004[425] devrait évoluer en conséquence pour intégrer l'accès à l'information en tant que dimension essentielle de la liberté d'expression. Elle

[422] Sur les détails des Rapporteurs spéciaux, voir Frans Viljoen, International Human Rights Law in Africa, Second Edition, *Oxford University Press*, 2012, pp. 371 à 377 ;

[423] Adoptée par la résolution CADHP/Res.62 (XXXII) 02 lors de la 32ème session ordinaire de la Commission (Banjul, 17 au 23 octobre 2002).

[424] Les Lignes directrices pour le maintien de l'ordre par les agents chargés de l'application des lois lors des réunions en Afrique, 21ème session extraordinaire de la Commission (Banjul, 23 février au 4 mars 2017).

[425] Résolution sur le mandat et la nomination du Rapporteur spécial sur la liberté d'expression en Afrique, adoptée à sa 36ème session ordinaire, tenue du 23 novembre au 7 décembre 2004 à Dakar, Sénégal

a donc adopté l'élargissement le mandat en y intégrant l'accès à l'information en 2007[426].

Par ailleurs, au regard de l'évolution du cadre juridique continental relatif à l'administration de la justice, y compris pénitentiaire, la Commission a décidé d'étendre en 2015[427] le champ du mandat du Rapporteur spécial sur les prisons et les conditions de détention créé en 1996. Entre 2006 et 2014, une série de travaux ont permis à la Commission d'approfondir les obligations qui pèsent sur l'Etat, notamment la police et le respect des droits de l'homme. Ainsi, en 2006, la Commission a adopté la résolution CADHP/Res.103a (XXXX) 06 sur la réforme de la police, l'obligation de rendre compte et la surveillance civile de la police en Afrique et en 2013 sur la police et les droits de l'homme en Afrique[428]. Le droit africain relatif à l'administration pénitentiaire s'est considérablement étoffée [429] avec les Lignes directrices et mesures d'interdiction et de prévention de la torture et des peines ou traitements cruels, inhumains ou dégradants en Afrique (Lignes directrices de Robben Island) de 2002 [430], la Déclaration et du Plan d'Action de Ouagadougou pour l'accélération de la réforme pénale et pénitentiaire de 2003[431], et les Lignes directrices sur les conditions d'arrestation, de garde à vue et de détention provisoire en Afrique de 2015. Il avait donc des arguments juridiques suffisants qui ont milité en faveur de la modification du mandat.

En outre, établi en 2004[432], le mandat du Rapporteur spécial sur les réfugiés, les demandeurs d'asile et les personnes déplacées en Afrique, a été élargi 2006[433] pour couvrir également les questions des migrants, à cause notamment de la situation des migrants qui ne cesse de se détériorer[434].

2.2. Les Comités

Au 31 décembre 2020, il en existait quatre. Ce sont i) le Comité sur les résolutions, ii) le Comité sur la protection des droits des personnes vivant avec

---

[426] Résolution CADHP/Rés.122 (XXXXII) 07 sur le renouvellement et l'élargissement du mandat de la Rapporteure spéciale sur la liberté d'expression et l'accès à l'information en Afrique.

[427] Résolution CADHP/Res. 306 (EXT.OS/ XVIII) 2015.

[428] CADHP/Res.259 (LIV) 2013.

[429] Voir également la résolution CADHP/Res. 306 (EXT.OS/ XVIII) 2015 qui insiste notamment sur les questions transversales relatives à la police et les droits de l'homme.

[430] Adoptée lors de la 32ème Session ordinaire de la Commission, tenue à Banjul, en Gambie, du 17 au 23 octobre 2002.

[431] Résolution ACHPR/Res.64(XXXIV) 03.

[432] 35ème session ordinaire (Banjul, 21 mai au 4 juin 2004).

[433] Résolution ACHPR/Rés. 95(XXXIX) 06.

[434] Résolution 318 adoptée en novembre 2015 lors de la 57ème session ordinaire (Banjul, 4 au 18 novembre 2015), paragraphes préambulaires 10 et 11.

le VIH (PVVIH), des personnes à risque, vulnérables et affectées par le VIH, iii) le Comité consultatif chargé des affaires relatives au budget et au personnel et iv) le Comité pour la prévention de la torture en Afrique. Le titre ou la dénomination des Comités, comme pour le reste des mécanismes spéciaux, donne une indication du mandat.

Les Règles de création et de fonctionnement complètent les dispositions du Règlement intérieur de la Commission et s'appliquent *mutadis mutandis* à la création, aux rôles et responsabilités des membres des Comités ainsi qu'à leur composition et les modalités de leur fonctionnement. Comme pour les Rapporteurs spéciaux et les Groupes de travail, la Commission érige un Comité par une résolution qui détermine son champ de compétence, la nomination de ses membres, le renouvellement de leur mandat ou encore les attributions spécifiques du Comité comme l'élaboration de rapports thématiques, des études et ou encore de normes.

2.3. Les Groupes de travail

Ils ont pour vocation d'approfondir l'étude d'une problématique et de soumettre à la Commission un rapport assorti de recommandations. A la date du 31 décembre 2020, la Commission comptait sept Groupes de travail : i) Groupe de travail sur les communications[435] ; ii) Groupe de travail sur les industries extractives, l'environnement et les violations des droits de l'Homme ; iii) Groupe de travail sur les droits des personnes âgées et des personnes handicapées ; iv) Groupe de travail sur la peine de mort et les exécutions extrajudiciaires, sommaires ou arbitraires en Afrique ; v) Groupe de travail sur les questions spécifiques relatives au travail de la Commission ; vi) Groupe de travail sur les droits économiques, sociaux et culturels et vii) Groupe de travail sur les populations/communautés autochtones en Afrique.

Aux termes des Règles de création et de fonctionnement des mécanismes spéciaux, les Comités et les Groupes de travail peuvent être mandatés pour « travailler sur des questions internes de la Commission (Mécanismes spéciaux internes) ou peuvent traiter des questions spécifiques relatives aux droits de l'homme (Mécanismes spéciaux thématiques) »[436]. Ces Règles, quoique récentes, ne permettent pas de distinguer les trois mécanismes spéciaux car elles ne définissent pas les Rapporteurs, les Comités et les

---

[435] Résolution CADHP/Rés.194 (L) 11.
[436] Paragraphe 3 de l'Introduction.

Groupes de travail ainsi que leurs attributions mais se limitent aux « rôles et responsabilités des titulaires de mandat »[437].

Il faut se reporter aux résolutions de la Commission sur les mécanismes spéciaux et à certaines dispositions du RI pour saisir les fonctions dévolues à un groupe de travail. Ainsi, conformément à l'article 93 alinéa 2 du RI qui dispose que la « Commission peut aussi créer un groupe de travail chargé d'examiner les questions relatives à la saisine et à la recevabilité des Communications et de faire des recommandations à la Commission », la Commission a décidé de créer en 2011 par la résolution CADHP/Rés.194 (L)11 le groupe de travail sur les communications dont le mandat a été défini l'année suivante par la résolution CADHP/RES.212 (EXT.OS/XI)12 adoptée lors de la 11ème session extraordinaire à Banjul puis son extension est intervenue la même année par la CADHP/Rés.225(LII)2012[438]. En 2005, elle a créé le groupe de travail sur les questions spécifiques relatives au travail de la Commission à qui elle avait confié, notamment la responsabilité de réviser le RI, de traiter le mécanisme et la procédure de suivi des décisions et recommandations, d'étudier la structure des différents rapports de la Commission, d'analyser les modalités de mise en place d'un fonds volontaire des droits de l'homme et de faire le suivi de la mise en œuvre des recommandations issues de travaux antérieurs[439]. En 2003, il a été créé le Groupe de travail sur les populations/communautés autochtones à la 34ème session ordinaire. En 2009, la Commission a créé[440] et nommé les membres[441] du Groupe de travail sur les industries extractives, l'environnement et les violations des droits de l'homme en Afrique. Les Groupes de travail, tout comme les Comités et les Rapporteurs spéciaux, peuvent connaître une évolution pouvant inclure le renouvellement et l'extension du mandat à d'autres thématiques.

3. La nomination et la composition

Le mandat du Rapporteur spécial est un mandat individuel. Seul.e un.e Commissaire peut être Rapporteur.e spécial.e.

La composition des autres mécanismes subsidiaires relève des dispositions du chapitre III des RCF dont le Point 6 déclare que « les Comités et les Groupes de travail sont composés d'un maximum de huit (8) membres, dont trois (3)

---

437 Paragraphe 4 de l'Introduction.
438 Voir aussi la résolution CADHP/Res.295 (EXT.OS/XVII)20.
439 CADHP/Res.77(XXXVII)05, § 8.
440 ACHPR/Res.148 (XLV1) 09
441 CADHP/Rés.198 (L) 11.

membres de la Commission, et d'un maximum de cinq (5) membres Experts ». Ce texte fixe le maximum supérieur mais ne donne pas d'indications sur le nombre minimum de membres. Il est donc possible que pour des raisons budgétaires, les Comités et Groupes de travail comptent moins de membres experts, le nombre de 3 Commissaires devrait être maintenu étant donné qu'ils sont censés participer à toutes les sessions. Un éventuel argument fondé sur l'impossibilité de trouver les 5 experts dans le domaine thématique concerné serait irrecevable dans une Afrique qui regorge de compétences en matière des droits de l'homme.

Les experts membres sont recrutés à travers un processus transparent d'appel public à candidatures avec indications précises des compétences requises. Les appels à candidatures sont publiés sur le site internet de la Commission et diffusés dans les réseaux sociaux. Aux termes des Points 9 et 10 des RCF, les experts « doivent posséder des qualifications et une expérience avérées » dans la thématique concernée. A ces critères, il faudrait également ajouter l'indépendance, l'objectivité, l'impartialité et l'intégrité personnelle de l'expert candidat comme critères à prendre en compte pour la sélection et la désignation des membres non Commissaires. Les RCF ne donnent aucune modalité procédurale relative au processus de sélection des experts.

Les experts doivent être ressortissants des Etats parties à la Charte, ce qui exclut les marocain.nes puisque seul le Maroc n'a pas encore ratifié la Charte africaine. En outre, le Point 12 des RCF dispose que « les candidats au poste de membre expert sont proposés par les Commissaires membres d'un mécanisme spécial ». Cette règle qui fait des Commissaires les personnes qui proposent les candidats semble incompatible avec le Point 8 des RCF qui, lui, parle d'« appel public à candidatures ».

Le Point 7 des RCF n'impose pas le respect strict des critères de représentation géographique, linguistique et de genre mais y attire « une attention particulière » tout comme à la représentativité de différents systèmes juridiques du continent. Il s'agit toutefois d'une attention imposant l'observation de critères essentiels à un travail continental et universel de qualité. Selon le Point 13 des RCF, « les membres experts ont un mandat de deux ans, renouvelable deux fois. Cette règle ne s'applique pas rétroactivement ».

Par ailleurs, les Comités et Groupes de travail sont coordonnés par un bureau composé d'un.e président.e et d'un.e. vice-pésident.e. La présidence revient d'office à un.e Commissaire membre du mécanisme subsidiaire. Le Secrétariat de la Commission assure l'appui technique des mécanismes subsidiaires.

4. Le code de conduite des titulaires de mandat

Le Point 3 des RCF indique les rôles et responsabilités des titulaires de mandat des mécanismes spéciaux. Quelle que soit la thématique concernée, ils comprennent :

> « la recherche, la réception, l'examen et la prise de mesures par rapport aux informations liées au domaine de leur mandat ;
> la coopération et le rapprochement des États parties, des institutions nationales des droits de l'homme, des organisations intergouvernementales concernées, des mécanismes régionaux et internationaux et des organisations de la société civile ;
> l'établissement de normes et l'élaboration de stratégies pour une meilleure promotion et protection des droits de l'homme et des peuples ; et
> la soumission de rapports à chaque Session ordinaire de la Commission »[442].

La Commission a jugé utile de formaliser la pratique et les usages des titulaires de mandat tels que vécus depuis l'opérationnalisation de la Commission en adoptant les grands principes sous forme de code qui doivent régir l'exercice des mandats. L'objectif visé est de mieux structurer et de poser les règles relatives au conflit d'intérêt, à l'indépendance vis-à-vis des tiers, à l'importance d'un engagement fondé sur l'expérience et l'expertise mais également sur les critères qui concourent à l'efficacité de l'œuvre d'une institution qui suscite une grande attente au sein des populations africaines. Les grands axes du code de conduite des titulaires de mandats des mécanismes subsidiaires sont prévus au Point 14 des RCF :

- « agir en toute indépendance et ne pas rechercher ou accepter des instructions d'une entité gouvernementale ou non gouvernementale, ou de tout individu, dans l'exécution de leur mandat ;
- exercer leurs fonctions conformément à leur mandat et dans le respect des présentes Procédures opérationnelles standards ;
- appliquer les normes les plus élevées d'efficience, de compétence, d'intégrité, d'impartialité, d'équité, d'honnêteté et de bonne foi ;
- garder à l'esprit, dans l'exercice de leurs fonctions, le mandat de la Commission qui est de promouvoir et de protéger les droits de l'homme et des peuples en Afrique ;

---

[442] Point 3, a) à d), RCF.

- s'engager pleinement à réaliser le mandat du Mécanisme spécial en investissant leur expertise et leur temps ;
- s'abstenir d'utiliser leurs fonctions ou leurs connaissances acquises dans leurs fonctions à des fins privées, financières ou autre ou au profit et/ou au détriment d'un membre de leur famille, d'un associé proche ou d'un tiers ; et
- renoncer à tout honneur, décoration, faveur, cadeau ou rémunération de source gouvernementale ou non gouvernementale pour des activités menées dans le cadre de l'exercice de leur mandat, si cela semble remettre en cause leur intégrité ou leur relation avec l'entité qui leur offre le cadeau »[443].

Au visa de ces principes généraux, le titulaire de mandat doit, avant tout, chercher à établir les faits à partir d'informations vérifiées provenant de sources diverses et crédibles, à analyser ces informations à partir de la Charte africaine et d'autres instruments juridiques continentaux et internationaux pertinents et à proposer des actions concrètes susceptibles de contribuer à l'amélioration des droits de l'homme dans le domaine de compétence du mécanisme subsidiaire concerné. Le non respect de ces principes exposent le titulaire contrevenant à la « dénonciation prématurée ou le non-renouvellement du mandat du membre concerné »[444].

Le code de conduite est perçu tantôt comme un outil destiné à renforcer l'efficacité des mécanismes spéciaux, tantôt comme des normes de conduite susceptibles de limiter la liberté d'action des titulaires de mandats. Les Etats ont tendance à se focaliser sur les indélicatesses éventuelles de forme pour éviter ou limiter l'analyse de fond lorsqu'ils ne trouvent pas de défauts aux activités et aux rapports produits. Les titulaires de mandat devraient donc éviter de tomber dans cet engrenage. Toutefois, il faudrait éviter un contrôle éthique ou moral des mécanismes spéciaux. Cette préoccupation ne relève pas de la fiction car les décisions telles que *EX.CL/Dec.887(XXVII), EX.CL/Dec.995 (XXXII), EX.CL/1015(XXXIII)* et *EX.CL/Dec. 1045(XXXIV)* du Conseil exécutif de l'UA rappellent que les institutions politiques sont susceptibles d'aller loin dans le contrôle éthique des mécanismes des droits de l'homme, notamment sur les questions de l'orientation sexuelle et de l'identité de genre. Les mécanismes spéciaux devraient donc s'évertuer à développer en leur sein des outils et des pratiques destinés à renforcer leurs opérations.

De manière générale, les titulaires de mandat au sein de la Commission doivent se conformer aux directives prévues à l'article 11 du RI de 2020. Ce texte dispose que :

---

[443] Point 14, RCF.
[444] Point 16, RCF.

« Sans préjudice de l'indépendance de la Commission, les membres de la Commission observent les principes et les codes de conduite stipulés dans le présent Règlement comme régissant les conditions de leur service, y compris les principes relatifs à la récusation et à la confidentialité, ainsi que les dispositions pertinentes du règlement et des statuts du personnel de l'Union africaine, du code d'éthique et de conduite de l'Union africaine et de la politique de l'Union africaine en matière de harcèlement ».

B. Les œuvres des mécanismes subsidiaires

1. L'importance des mécanismes subsidiaires

Les mécanismes subsidiaires ont pour vocation de traduire concrètement sur le terrain le mandat de la Commission en se focalisant sur des préoccupations majeures et précises en matière des droits de l'homme. Selon les termes de la Commission, ce sont des « fers de lance »[445] de ses travaux. Ce sont les yeux et les oreilles de la Commission dans les Etats parties à la Charte. Ils maintiennent le système de protection africaine des droits de l'homme dynamique et vivant par leur capacité d'études, d'assistance technique, d'analyse, de mobilisation et d'alerte. Ce sont les éclaireurs du système, notamment au regard de leur contribution au développement progressif du droit africain des droits de l'homme qui traduit l'interprétation des droits garantis, la conquête de nouveaux droits, de nouvelles dimensions des droits garantis par la Charte ou encore d'une approche plus pragmatique pour atteindre l'effectivité et l'efficacité. La création et le nombre de mécanismes spéciaux sont des indicateurs qui témoignent de la vitalité du système continental de protection. Leurs rapports et le bilan de leurs activités sont des indications de la santé des droits de l'homme sur le continent. Le rôle de catalyseur des avancées normatives et institutionnelles dans les Etats n'est pas négligeable. A la fin de l'année 2020, la Commission avait établi seize mécanismes spéciaux qui, comme dispose l'article 25 alinéa 3 du RI, font « rapport devant la Commission, à l'occasion de chaque session ordinaire, pour rendre compte de son travail »[446].

---

[445] 32ème et 33ème rapports d'activités de la Commission couvrant la période allant de février à octobre 2012, §§ 29 et 32.

[446] Le Groupe de travail sur les questions spécifiques relatives au travail de la Commission, le Groupe de travail sur les communications, le Comité consultatif chargé des affaires relatives au budget et au personnel et le Comité sur les résolutions sont davantage des mécanismes internes à la Commission.

Le titre ou la dénomination du mécanisme spécial donne une indication du mandat. La Commission ne dispose pas de « mandat pays » mais uniquement des mandats thématiques, ce qui serait en contradiction avec l'adoption des résolutions portant sur des situations de pays. Il serait difficile de ne pas y voir la réticence voire l'opposition des Etats africains à des mandats établis spécifiquement sur des pays au niveau du Conseil des droits de l'homme des Nations Unies. C'est en tout cas la tendance au niveau international où le Groupe africain n'accepte plus, par principe, les mandats pays mais admet, à la limite, ceux centrés sur l'assistance technique de courte durée. Le Groupe africain au Conseil des droits de l'homme tire argument du fait que les mandats pays sont parfois supposément « imposés » aux Etats africains sans leur consentement par des Etats occidentaux et que par ailleurs, le mécanisme de l'Examen périodique universel a vocation à servir en tant que mandat pays. Le Groupe africain est d'ailleurs à l'origine, avec l'Organisation des Etats Islamiques (OIC) et le Mouvement des Non Alignés, du Code de conduite des procédures spéciales adopté par la résolution 5/2 du Conseil des droits de l'homme le 18 juin 2007[447]. Présenté comme un outil de renforcement de la coopération entre les Etats et les détenteurs de mandats, le Code est toutefois généralement perçu comme le symbole de l'antipathie des Etats, notamment africains, vis-à-vis de ce que Kofi Annan, l'ancien secrétaire générale des Nations Unies, a pourtant appelé *« crown jewels »* (joyaux de la couronne) du système international de protection des droits de l'homme.

Tableau n° 6

Mécanismes spéciaux - Date de création	**Résolutions sur la nomination, le renouvellement, la recomposition et du mandat**	**Missions et réalisations**
Rapporteurs spéciaux		
Rapporteur spécial sur la liberté d'expression et l'accès à l'information en Afrique		
36ème session ordinaire en 2004 par la résolution à	Première nomination [448] : CADHP/Rés.84 (XXXXV)05	**Missions : Résolution 71, § 1 (1-6) :**

[447] Voir aussi la résolution 2/1, Doc. A/HRC/RES/2/1 du 27 novembre 2006.

[448] Commissaire Andrew R. Chigovera a été nommé Rapporteur spécial sur la liberté d'expression en Afrique en décembre 2004. La Commissaire Adv. Pansy Tlakula lui a succédé en 2005 (Résolution CADHP/Rés.84 (XXXXV) 05) jusqu'au 1er novembre 2017 ; puis le Commissaire Lawrence Murugu Mute a été nommé en novembre 2017 (CADHP/Rés. 377 (LXI) 2017).

Dakar, Sénégal	Renouvellement : CADHP/Rés.122(XXXXII)07 ; CADHP/Rés.161(XLVI)09 ; CADHP/Rés.199(L)11 ; CADHP/Rés.247(LIV) 13 ; CADHP/Rés.320(LVI) 2015 ; CADHP/Rés.377(LX) 2017	- analyser la législation sur les médias, les politiques et pratiques des Etats membres - assurer le suivi du respect des normes de la liberté d'expression en général et de la Déclaration de principes sur la liberté d'expression en particulier, et donner des conseils aux Etats membres à cet égard ; - entreprendre des missions d'enquête dans les Etats membres où des violations massives du droit à la liberté d'expression ont été signalées et faire des recommandations appropriées à la Commission africaine ; - entreprendre des missions au sein des Etats membres et toute autre activité de promotion qui renforcerait la pleine jouissance du droit à la liberté d'expression en Afrique ; - conserver un dossier approprié des violations du droit à la liberté d'expression et de l'inclure dans ses rapports soumis à la Commission africaine, et ; - soumettre des rapports à chaque session ordinaire de la Commission africaine sur la situation de la jouissance du droit à la liberté d'expression en Afrique. **Résolutions** : une trentaine. **Activité quasi normatives** : Déclaration de principes sur la liberté d'expression et l'accès à l'information en Afrique 2019 ; Déclaration conjointe sur l'indépendance et la diversité des médias à l'ère du numérique de 2018 ; Lignes directrices sur l'accès à l'information et les élections en Afrique 2017 ; Loi type pour l'Afrique sur l'accès à l'information 2013 ; Déclaration

		conjointe relative aux crimes contre la liberté d'expression en 2012 ; Déclaration des Principes sur la Liberté d'expression en Afrique 2002. **Appui techniques aux Etats** : Assistance technique aux Etats pour l'élaboration et la mise en œuvre des législations nationales sur à liberté d'expression et l'accès à l'information **Etudes** : Consultation régionale sur la liberté d'expression et l'accès à l'information pour les pays du Nord et francophones de l'ouest de l'Afrique en 2019. **Missions de terrain** : Missions de terrain dans de nombreux pays dont celle en Angola en 2016. **Rapports d'activités** depuis la mise en place du mécanisme en 2004. **Communiqués de presse et déclarations** : notamment lors de la Journée mondiale pour la liberté de la presse ; à l'occasion de la commémoration de la Journée internationale de l'accès universel à l'information ; les frais élevés imposés par un décret sur les journalistes et les médias au Mozambique ou encore au Tchad ; multiples communiqués notamment sur la tendance croissante à la fermeture d'Internet et des médias sociaux en Afrique en 2019, l'accès à l'information pour les personnes aveugles ou ayant une déficience imprimée en 2018 ; la tendance aux attaques contre les journalistes en Ouganda en 2018 ; l'acquittement par la Cour provinciale de Luanda, en Angola, de journalistes accusés

		d'insultes et de diffamation en 2018 ; la décision de la Cour constitutionnelle du Lesotho déclarant inconstitutionnelle la diffamation criminelle de 2018 ; l'enlèvement et l'agression de M. Ericino de Salema, journaliste politique au Mozambique en 2018 ; la situation des défenseurs des droits de l'homme et la liberté d'expression et de réunion au Burundi en 2015 ; le verdict contre Sanaa Seif, Yara Sallam et 21 autres co-accusés en Egypte en 2014 ; l'arrestation et l'emprisonnement de Peter Greste, Mohamed Fahmy et Baher Mohamed en Egypte en 2014 ; le projet de loi sur les associations et la loi sur la presse au Kenya en 2013 ; l'arrestation de M. Thulani Rudolf Maseko et de M. Bheki Makhubu au Eswatini en 2014; la loi sur la pratique du journalisme au Nigeria en 2009 ; la violation continue de la liberté d'expression au Sénégal en 2009 ; la situation de la liberté d'expression en Gambie en 2009 ; la loi proposée sur la dépénalisation des infractions concernant les médias au Sénégal en 2009 ; les menaces, le harcèlement et l'intimidation contre des journalistes en Sierra Leone en 2009 ; les félicitations au Kenya au sur les modifications provisoires de la *Kenya Communications (Amendment) Act de 2009* ; la situation en Somalie en 2007. **Lettres d'appel et plaidoyer :** Égypte en 2020, Tanzanie en 2019, Afrique du Sud en 2018, Botswana en 2018, Guinée équatoriale en 2018, Sénégal en 2015.
Rapporteur spécial sur les défenseurs des droits de l'homme		
CADHP/69(XXXV) 04	Nomination	**Missions : CADHP/69(XXXV) 04, § 1 (1-5)**

(35ème session ordinaire, 21 mai - 4 juin 2004 à Banjul)	ACHPR/69(XXXV)04 (35ème session ordinaire) ; CADHP/83(XXXVIII) 05 (38ème session ordinaire à Banjul, 21 novembre - 5 décembre 2005) CADHP/Rés.149 (XLVI) 09 CADHP/Rés.171 (XLVII) 10 CADHP/Rés.202 (L) 11 Renouvellement et extension : CADHP/Rés.248 (LIV) 13 CADHP/Rés.273 (LV) 14 CADHP/Rés.315 (LVII) 15	- Chercher, recevoir, examiner et agir sur l'information relative à la situation des défenseurs des droits de l'homme en Afrique ; - Présenter à chaque session ordinaire de la Commission africaine un rapport sur la situation des défenseurs des droits de l'homme en Afrique ; - Collaborer et établir le dialogue avec les Etats membres, les institutions nationales des droits de l'homme, les organismes intergouvernementaux, les mécanismes internationaux et régionaux de protection des défenseurs des droits de l'homme, les défenseurs des droits de l'homme et les autres partenaires ; - Elaborer et recommander des stratégies visant à mieux protéger les défenseurs des droits de l'homme et assurer le suivi de ses recommandations ; - Susciter la prise de conscience et promouvoir la mise en œuvre de la Déclaration de l'ONU sur les défenseurs des droits de l'homme en Afrique. **Résolutions :** plus d'une vingtaine **Observations générales et autres activités quasi normatives :** Observation générale N° 3 sur la Charte africaine des droits de l'homme et des peuples : le droit à la vie (Article 4), 2015 ; Compendium du droit de la protection des défenseurs des droits de l'homme en Afrique de 2018 ; Fiche d'information n° 1 sur les représailles en Afrique de 2019 ; Directives sur la liberté d'association et de réunion en Afrique, 2017.

		Etudes : réunion du groupe d'étude sur la liberté d'association en Afrique en 2012 ; Situation des femmes défenseures des droits de l'homme en Afrique ; Rapport du Groupe d'étude sur la liberté d'association et de réunion en Afrique de 2014 ; Principes et directives sur les droits de l'homme et des peuples dans la lutte contre le terrorisme en Afrique de 2015. **Communiqués de presse** : notamment sur la protection des défenseurs des droits de l'homme durant la période de la pandémie du COVID-19 de 2020 ; les récentes arrestations et détentions d'environ 200 membres des partis d'opposition suite aux manifestations du 26 janvier 2019 au Cameroun ; les arrestations arbitraires, le harcèlement judiciaire et les intimidations dont sont victimes les membres de la Lutte pour le changement (LUCHA) de 2016 en RDC ; la tentative d'assassinat de M. Pierre-Claver Mbonimpa, Président de l'Association pour la Protection des Droits Humains et des Personnes Détenues au Burundi (A.PRO.DH), de 2015 ; la fermeture de l'organisation *Salmmah Women's Center* à Khartoum, Soudan en 2014 ; les implications de la loi sur la réglementation de l'aide étrangère proposé aux organisations de la société civile sur le travail des défenseurs des droits de l'homme en République fédérale du Nigeria en 2014 ; les défenseurs des droits de l'homme en Afrique sur la condamnation de 25 activistes égyptiens le 11 juin 2014 par un Tribunal du Caire, en Egypte en 2014 ; les implications de la loi de

		2013 sur [l'interdiction du] mariage homosexuels pour les défenseurs des droits de l'homme au Nigeria en 2014 ; la situation des défenseurs des droits de l'homme à Djibouti en 2014 et 2007, au Bénin en 2014, au Soudan en 2012 et 2013, en RDC en 2010, au Cameroun en 2008, en Guinée en 2007, au Zimbabwe en 2007, en Côte d'ivoire en 2007 ; l'assassinat du défenseur des droits de l'homme Eric Ohena Lembembe au Cameroun en 2013. **Missions de terrain,** notamment celles de Mauritanie en 2016 et Cameroun en 2011. **Rapports d'activités** depuis la mise en place du mécanisme.
Rapporteur spécial sur les réfugiés, demandeurs d'asile, migrants et personnes déplacées en Afrique		
ACHPR/Rés. 72(XXXVI) 04 (35ème session ordinaire)	Résolution ACHPR/Rés. 72(XXXVI) 04 Élargissement, nomination et renouvellement : ACHPR/Rés. 95(XXXIX) 06 CADHP/Rés.160 (XLVI) 09 CADHP/Rés.180(XLIX) 11 CADHP/Rés.187 (XLIX) 11 CADHP/Rés.203 (L) 11 CADHP/Rés.246 (LIV) 13 CADHP/Rés.318 (LVII) 15 CADHP/Rés. 379(LXI) 2017	**Missions : ACHPR/Rés.72(XXXVI) 04, § 1 (1-8) :** - Chercher, recevoir, examiner des informations sur la situation des réfugiés, des demandeurs d'asile et des personnes déplacées en Afrique et agir en conséquence ; - Entreprendre des études, recherches et autres activités connexes en vue d'examiner les voies et moyens de renforcer la protection des réfugiés, des demandeurs d'asile et des personnes déplacées en Afrique ; - Entreprendre des missions d'enquête, des investigations, des visites et autres activités appropriées dans les camps de réfugiés et dans les camps de personnes déplacées ; - Aider les Etats Membres de l'Union Africaine à formuler des politiques, règlements et lois pour une meilleure protection des réfugiés, des demandeurs d'asile

		et des personnes déplacées en Afrique ; - Coopérer et engager le dialogue avec les Etats Membres, les Institutions Nationales des Droits de l'Homme, les organisations intergouvernementales et non gouvernementales, les mécanismes internationaux et régionaux intéressés par la promotion et la protection des droits des réfugiés, des demandeurs d'asile et des personnes déplacées ; - Elaborer et recommander des stratégies efficaces pour mieux protéger les droits des réfugiés, des demandeurs d'asile et des personnes déplacées en Afrique et assurer le suivi de ses recommandations ; - Sensibiliser sur et promouvoir la mise en œuvre de la Convention des Nations Unies sur les Réfugiés de 1951 ainsi que la Convention de l'OUA régissant les aspects propres aux problèmes des réfugiés en Afrique de 1969 ; - Soumettre à chaque session ordinaire de la Commission Africaine, des rapports sur la situation des réfugiés, des demandeurs d'asile et des personnes déplacées en Afrique. **Résolutions** : une vingtaine **Partenariats :** Mémorandum d'Accord entre la CADHP et le Haut Commissaire des Nations Unies pour les Réfugiés ; Sommet extraordinaire de l'Union africaine sur les réfugiés, les rapatriés et les personnes déplacées (22 et

		23 octobre 2009 à Entebbe, Ouganda). **Activités quasi normatives** : Projet de protocole à la Charte africaine des droits de l'homme et des peuples relatif aux aspects spécifiques du droit à la nationalité et de l'éradication de l'apatridie en Afrique ; Campagnes de ratification de la Convention de l'Union africaine sur la protection et l'assistance aux déplacés internes en Afrique (Convention de Kampala) et autres instruments pertinents. **Communiqués de presses et déclarations** : notamment sur les célébrations de la Journée africaine et mondiale du réfugié ; Journée mondiale des réfugiés ; Journée mondiale internationale des migrants, y compris sur la poursuite des naufrages de bateau de migrants en mer méditerranée en 2020, les violences résultant de la publication des résultats définitifs des élections législatives au Mali en 2020, l'attaque d'un camp de réfugiés par les forces de sécurité au Burkina Faso en 2020 ; la mort de 60 migrants Gambiens au large des côtes Mauritaniennes en 2019 ; l'attaque d'un centre de détention de migrants à Tadjourah en 2019 ; le naufrage d'un bateau de migrants au large de la Tunisie ; le cyclone Idai et les inondations subséquentes au Mozambique, au Malawi et au Zimbabwe en 2019 ; les réfugiés, les demandeurs d'asile, les personnes déplacées internes et les migrants en Afrique sur les violences au Sud-Kivu ayant causé la mort de 37 réfugiés burundais ; les attaques xénophobes dirigées

		contre les réfugiés, les demandeurs d'asile et les migrants en Afrique du Sud en 2017 ; la situation des droits de l'homme à l'Est de la République démocratique du Congo en 2012 ; les réfugiés, les demandeurs d'asile, les personnes déplacées et les migrants sur la violence au Kenya en 2008 ; la catastrophe du tsunami et des efforts internationaux de secours en 2005. **Panels de discussion** : la situation des migrants exposés à la torture et à d'autres mauvais traitements en Afrique : Approches alternatives (63ème session ordinaire). **Missions de terrain** : multiples missions dont celles en Guinée Bissau en 2018, en Mauritanie en 2016, au Sénégal en 2015 et au Djibouti en 2015. **Rapports d'activités** depuis la mise en place du mécanisme en 2004.
Rapporteure spéciale sur les droits des femmes		
CADHP/Rés. 38 (XXXVIII) 99 (23ème session ordinaire, 26 avril - 5 mai 1999, à Bujumbura)	Nomination et renouvellement : CADHP/Rés.63 (XXXIV) 03 CADHP/Rés.78 (XXXVIII)05 CADHP/Rés.112(XXXXII)07 CADHP/Rés154 (XLVI)09 CADHP/Rés.205(L)11 CADHP/Rés.245 (LIV)13 CADHP/Rés.327 (LVII) 15	**Résolutions** : une vingtaine. **Activités quasi normatives** *:* Protocole à la Charte africaine des droits de l'Homme et des peuples relatif aux droits des femmes en Afrique ; Observations générales sur l'article 7(d) du Protocole à la Charte africaine relatif aux droits de la femme en Afrique ; Observations Générales N ° 2 sur l'Article 14.1 (a), (b), (c) et (f) et Article 14. 2 (a) et (c)) du Protocole à la Charte africaine des droits de l'homme et des peuples relatif aux droits de la femme en Afrique, 2014. **Appels urgents et lettres d'allégations**, notamment la lettre à

		la Tanzanie sur l'interdiction de l'accès à l'école aux filles enceintes en 2017. **Communiqués de presse** : violation des droits de la femme pendant la pandémie de la COVID-19 en 2020 ; l'arrestation et la détention des femmes défenseurs des droits de l'homme au Soudan en 2012 ; la décision de la Haute Cour du Kenya sur les normes et directives pour la réduction de la morbidité et de la mortalité par avortement non médicalisé au Kenya et le programme national de formation à la gestion des grossesses non désirées, à risque et non planifiées ; l'enlèvement présumé d'écolières dans l'État de Yobe au Nigéria ; l'impact des conflits sur les droits des femmes et des filles au Mali en 2014 ; la condamnation de trois policiers pour un viol commis en septembre 2012 en Tunisie en 2014. **Séminaires, conférences et colloques** notamment sur le séminaire de sensibilisation sur la promotion et la protection des droits des femmes en Afrique, 17-19 décembre 2019 Dakar, Sénégal ou encore sur l'impact du conflit sur les droits des femmes et des filles au Mali en 2014 ; la conférence régionale sur « Le rôle de la CADHP pour la promotion et la protection des droits des femmes en Afrique » tenu à Bamako en 2010 ; panels thématiques notamment sur le thème « Le Protocole de Maputo a-t-il fait la différence ? Un regard sur certains domaines cruciaux des droits de la femme » en 2016 et les *side event* lors des sessions de la Commission ; Campagne :

		dépénalisation de l'avortement en Afrique (lancée en 2016). **Célébrations et déclarations** lors de la Journée internationale pour l'élimination de la violence à l'égard des femmes; Journée internationale de l'élimination de la violence sexuelle lors de conflits; Journée Panafricaine des femmes, de la Journée mondiale d'action pour l'accès à l'avortement sûr et légal. **Suivi de la mise en œuvre du Protocole de Maputo** lors de l'examen des communications, des rapports initiaux et périodiques des Etats au titre de l'article 62 de la Charte ; campagnes de ratification de l'instrument ; renforcement de capacités des Etats sur leurs rapports initiaux et périodiques au titre du protocole. **Missions de terrain** : multiples missions dont celles en Gambie en 2017, au Soudan en 2003, en Angola en 2002, au Djibouti en 2002, au Nigéria en 2001 et en Côte d'Ivoire en 2001. **Rapports d'activités** depuis la mise en place du mécanisme. Prix *African Women Pioneer Award* en 2020
Rapporteur spécial sur les prisons, les conditions de détention et l'action policière en Afrique		
1996 20ème session ordinaire (21-31 octobre 1996, Grand Baie, Ile Maurice)	Nomination, renouvellement et élargissement : CADHP/Rés.82(XXXVIII)05 CADHP/Rés.126(XXXXII) 07 ACHPR/Res156(XLVI)09 CADHP/Rés.206(L) 11	**Missions, CADHP/Rés.466 (LXVII) 2020 :** A travers ce mécanismes, la Commission s'engage à : i. garantir le respect des droits humains des personnes privées de liberté, ii. assurer une alimentation, des services médicaux et de réhabilitation adéquats, mettre en œuvre des mesures d'hygiène

Décision de créer le mandat et de nommer un Rapporteur spécial sur les prisons et les conditions de détention en Afrique à la suite du rapport établi à la suite du séminaire sur les conditions carcérales en Afrique (Kampala, du 19 – 21 septembre 1996)	CADHP/Res.324(LVII)2015 CADHP/Rés. 378(LXI) 2017 CADHP/Rés.306(EXT. OS/XVIII) 2015 CADHP/Rés.452(LXVI)2020 CADHP/Rés.466(LXVII)2020	et de quarantaine afin de garantir des conditions de vie et de santé décentes à tous les détenus ; iii. veiller à ce que toute restriction imposée aux détenus soit non discriminatoire, mais plutôt nécessaire, proportionnée, limitée dans le temps et transparente ; iv. veiller à ce que les femmes détenues, quelle que soit leur situation, reçoivent les soins indiqués et bénéficient de conditions permettant de répondre à leurs besoins spécifiques ; v. mettre en œuvre des mesures propres à prévenir les émeutes et à rétablir l'ordre et la sécurité dans les prisons et autres centres de détention ; et vi. respecter les droits des personnes privées de liberté conformément à l'article 6 de la Charte africaine des droits de l'homme et des peuples, tout en adhérant et tout en se conformant à l'Ensemble de règles minima pour le traitement des détenus des Nations unies (les Règles de Nelson Mandela), aux Lignes directrices sur les conditions d'arrestation, de garde à vue et de détention provisoire en Afrique (Lignes directrices de Luanda), aux directives de l'Organisation mondiale de la santé intitulées « Préparation, prévention et contrôle de la COVID-19 dans les prisons et autres lieux de détention - Orientations provisoires », ainsi qu'aux autres instruments régionaux et internationaux relatifs à la protection des droits de l'homme des prisonniers.

		Résolutions : plus d'une quinzaine **Activités quasi normative :** Observation générale sur le droit à réparation des victimes en vertu de l'article 5 de la Charte africaine ; Déclaration et Plan d'action de Ouagadougou pour l'accélération des réformes pénales et pénitentiaires en Afrique ; Lignes directrices sur les conditions d'arrestation, garde de police et détention provisoire en Afrique (Lignes directrices de Luanda) de 2014. **Appui technique et renforcements des capacités** : Lignes directrices sur les conditions de la garde à vue et de la détention préventive en Afrique ; Lignes directrices de Luanda ; Trousse à outils de 2018 ; Manuel du formateur de 2018 ; Lettres d'information sur la police et droits de l'homme en Afrique ; Ateliers et réunions de de sensibilisation et de formation des officiers supérieurs de la police nationale angolaise et des services pénitentiaires en 2019 et 2015 ; Panels, notamment l'évènement parallèle sur le respect des droits de la femme par la Police en vertu des Lignes directrices de Luanda : Principes et défis en 2016 ; l'action policière et les rassemblements en 2016 ; la lutte contre le terrorisme et le respect des droits de l'homme par la police : défis et perspectives de 2015. **Communiqués de presse et déclarations** : lors de la Journée internationale de soutien aux victimes de la torture ; les violences résultant de la publication des résultats définitifs des élections législatives au Mali en 2020 ; les rapports faisant état d'un recours

		excessif de la force par la police pendant la pandémie de COVID-19 en 2020 ; la libération des prisonniers pendant la pandémie de COVID-19 en 2020 ; la libération des prisonniers politiques au Cameroun en 2019 ; l'introduction du projet de loi relatif à la modification de la loi électorale en RDC en 2015. **Missions de terrain**, notamment à Sao Tomé-et-Principe en 2019 ; Guinée Bissau en 2018 ; Botswana en 2018 ; Afrique du Sud en 2004, Ethiopie en 2004 ; Ouganda en 2001 ; Namibie en 2001 ; Malawi en 2001 ; Mozambique en 2001 ; République centrafricaine en 2000 ; Bénin et Gambie en 1999 ; Mali, Ouganda et Kenya en 1998 ; Mozambique et Mali en 1997 et Zimbabwe en 1996. **Rapports d'activités** depuis la mise en place du mécanisme en 1996.
Groupes detravail		
Groupe de travail sur les communications		
Décision : CADHP/Res. 194 (L) 11 (50ème session ordinaire, 24 octobre au 5 novembre 2011)	Mandat : CADHP/RES.212 (EXT.OS/XI)12, (11èmeSession extraordinaire, 21 février au 1er mars 2012 à Banjul) Extension, modification et renouvellement : CADHP/ Rés.255 (LII) 12 CADHP/Rés.314 (LVII)15	**Missions : CADHP/Rés.212 (EXT.OS/XI) 12 :** 1. Procéder à l'examen des Communications au stade de la saisine et en informer la Commission africaine ; 2. Procéder à l'examen des communications sur la recevabilité et faire des recommandations à la Commission africaine et, en cas de besoin, examiner les communications sur le fond ; 3. Informer la Commission africaine sur la situation des Communications à tous les stades de la procédure ;

	CADHP/Rés. 385(LXI) 2017	4. Informer la Commission africaine de l'état de mise en œuvre de ses décisions sur les Communications ; 5. Examiner les Communications susceptibles d'être transférées à la Cour africaine des droits de l'homme et des peuples et faire des recommandations à la Commission africaine ; 6. Conseiller le Bureau de la Commission africaine sur les demandes de mesures conservatoires faites par les parties, en cas de besoin ; 7. Donner des avis à la Commission africaine sur le retrait ou la clôture des Communications ; 8. Donner des avis à la Commission africaine sur la nécessité d'accorder des audiences orales, si nécessaire ; 9. S'assurer que les versions finales des décisions reflètent fidèlement les observations et commentaires des membres de la Commission africaine. **CADHP/ Rés.255 (LII) 12 :** 1. Coordonner le suivi des décisions de la Commission sur les communications par leurs Rapporteurs respectifs ; 2. Collecter des informations sur l'état de mise en œuvre des décisions de la Commission ; 3. Présenter un rapport consolidé sur l'état de la mise en œuvre des décisions de la Commission sur les communications à chaque session ordinaire conformément à l'Article 112 (7) de son Règlement intérieur. **Réalisations** : études des communications, des stratégies de suivi et de mise en œuvre des décisions issues de l'examen des communications.

Groupe de travail sur les industries extractives, l'environnement et les violations des droits de l'Homme		
CADHP/Rés. 148 (XLV1) 09 (46ème session ordinaire, Banjul, 11 au 25 novembre 2009)	- CADHP/Rés. 459 (LXVI) 2020 - CADHP/Rés. 386(LXI) 2017 - CADHP/Rés. 367 (LX) 2017 - CADHP/Rés.364 (LIX) 2016 - CADHP/RES. 353 (EXT.OS/XX) 2016 - CADHP/Rés.321(LVII) 2015 - CADHP/Res.268 (LV) 2014 - CADHP/Res.253 (LIV) 2013 - CADHP/Rés.236 (LIII) 2013 - CADHP/Rés.224 (LI) 2012 - CADHP/Res.215 (LI) 2012 - CADHP/Res.198(L)2011	**Missions :** - Réagir aux allégations de violations des droits de l'homme commises dans le secteur des industries extractives en Afrique par différents acteurs (agents de l'Etat et acteurs non-étatiques), - Examiner l'impact des industries extractives en Afrique dans le contexte de la Charte africaine des droits de l'homme et des peuples ; - Rechercher les questions spécifiques relatives au droit des peuples de disposer librement de leurs richesses et ressources naturelles et de vivre dans un environnement satisfaisant et global, propice à leur développement ; - Entreprendre des recherches sur les violations des droits de l'homme et des peuples par des acteurs non étatiques en Afrique ; - Demander, collecter, recevoir et échanger des informations et des documents de toutes les sources pertinentes, y compris, les gouvernements, les communautés et les organisations, sur les violations des droits de l'homme et des peuples par des acteurs non-étatiques en Afrique ; - Informer la Commission Africaine sur la responsabilité éventuelle des acteurs non étatiques dans les violations des droits de l'homme et des peuples, dans le cadre de son mandat de protection ; - Formuler des recommandations et des propositions sur des mesures appropriées et des activités de prévention et de réparation des violations des droits de l'homme et des peuples

		perpétrées par les industries extractives en Afrique ; - Collaborer avec les institutions donatrices intéressées, pour collecter des fonds pour financer les activités du Groupe de travail ; - Préparer un rapport global à présenter à la Commission africaine. **Activités quasi normatives** : Lignes directrices et principes de l'établissement des rapports d'état en vertu des articles 21 et 24 de la charte africaine relatifs aux industries extractives, droits de l'homme et à l'environnement, 2018. **Résolutions** : une vingtaine
Groupe de travail sur les droits des personnes âgées et des personnes handicapées		
ACHPR/Rés. 106 (XXXXI) 07, § 4. CADHP/Res. 118(XXXXII) 07 (nomination d'un point focal) CADHP/Rés. 143 (XXXXV) 09 (transformation du point focal en groupe de travail)	- CADHP/Rés.458(LXVI)2020 - CADHP/Rés. 392(LXI)2017 - CADHP/Rés.330(EXT.OS/XIX)2016 - CADHP/Rés.312(LVII)2015 - CADHP/Rés.269 (LV)2014 - CADHP/Rés. 250 (LIV)13 - CADHP/Rés.189(XLIX)2011	**Missions Point focal, CADHP/Res.118(XXXXII)07 :** 1. Se concerter avec la Commission de l'Union africaine afin d'initier une réunion des experts composé des membres de la Commission africaine des droits de l'homme et des peuples et d'experts des Etats membres de l'Union africaine et d'organisations de la société civile, à l'effet d'élaborer un protocole à la Charte africaine relatif aux droits des personnes âgées en Afrique, en gardant à l'esprit toutes les recommandations du Cadre de politique de 2002 ; 2. Veiller à ce que la Commission de l'Union africaine mobilise toutes les ressources nécessaires permettant d'élaborer ledit protocole ; 3. Servir de fer de lance dans le processus d'élaboration du projet de protocole pour être

		soumis aux organes de politique de l'Union Africaine pour examen et adoption aussitôt que possible. **Missions du Groupe de travail, CADHP/Res.143(XXXXV)09, a) i)-vi) :** - Organiser des sessions de réflexion visant à définir les droits des personnes âgées et des personnes handicapées ; - Rédiger un document conceptuel pour examen par la Commission africaine et qui servira de document de base pour l'adoption du projet de Protocole sur les personnes âgées et les personnes handicapées ; - Faciliter et activer la recherche comparative des différents aspects des droits humains des personnes âgées et des personnes handicapées au niveau du continent, sans oublier leurs droits socioéconomiques ; - Recueillir des informations sur les personnes âgées et les personnes handicapées afin d'intégrer la question de leurs droits dans les politiques et programmes de développement des Etats membres ; - Identifier les bonnes pratiques que les Etats membres pourraient reproduire. **Résolutions :** plus d'une dizaine **Réalisations** : Plateforme de plaidoyer du Cadre politique et du Plan d'action de l'Union africaine sur le vieillissement ; fer de lance de l'élaboration du Protocole relatif aux droits des personnes âgées ; série de réunions consultatives en 2009, 2010 et 2011 pour finaliser le projet de Protocole sur les droits

		des personnes âgées ; contributions à des recherches sur différents aspects des droits humains des personnes âgées ou handicapées au niveau du continent ; excellente tribune pour discuter des problèmes que rencontrent les personnes âgées ou personnes handicapées en Afrique.
Groupe de travail sur la peine de mort et les exécutions extrajudiciaires, sommaires ou arbitraires en Afrique		
2005 37ème session ordinaire en 2005,	- CADHP/Rés.456(LXVI) 2020 - CADHP/Rés.136(XXXXIIII) 08 - ACHPR/Res.113 (XXXXII)07 - CADHP/Res.79(XXXVIII)05 - CADHP/Rés.42(XXVI) 99	**Mission :** Suivre la situation de la peine de mort de même que les exécutions extrajudiciaires, sommaires ou arbitraires. **Réalisations :** Conférences régionales sur la peine de mort en Afrique ; Etude sur la question de la peine de mort en Afrique qui a été adoptée par la Commission lors de sa 51ème session ordinaire ; réunions et ateliers de plaidoyer et de sensibilisation et suivi de la situation de la peine de mort sur le continent ; Initiation du processus de rédaction d'un Protocole additionnel à la Charte africaine relatif à l'abolition de la peine de mort en Afrique pour combler le vide existant sur l'inviolabilité du caractère sacré de la vie.
Groupe de travail sur les questions spécifiques relatives au travail de la Commission		
2005 37ème session ordinaire à Banjul (27 avril au 11 mai 2005)	Mandat : ACHPR/Res.77 (XXXVII)05 Modification, renouvellement et extension du mandat :	**ACHPR/Res.77 (XXXVII)05** **Réalisations**, notamment le nouveau règlement intérieur de 2020 de la Commission africaine ; détermination de la structure des différents rapports de la Commission africaine ; réflexions sur le mécanisme et la procédure de suivi des décisions et recommandations de la

	- CADHP/Rés.463 (LXVI) 2020 - ACHPR/Res. 389(LXI) 2017 - ACHPR/Res.328 (EXT.OS/XIX) 2016 - ACHPR/Res.311 (LVII) 2015 - ACHPR/Res.280 (LV) 2014 - Res. 233 (EXT.OS/XIII) 2013 - ACHPR/Res.191(L)1 1 - ACHPR/Res.150 (XLV1) - ACHPR/Res.127(XX XXI)07 - ACHPR/Res.124 (XX XXII)07 - ACHPR/Res.80(XXX VII)05	Commission ; fonds de contribution volontaire des droits de l'homme en Afrique ; suivi des recommandations, résolutions ou demandes de l'UA.
Groupe de travail sur les droits économiques, sociaux et culturels		
2004 ACHPR/Rés. 73 (XXXVI)04, 36ème session ordinaire, en 2004	- CADHP/Rés.457(LX VI) 2020 - CADHP/Rés.434(EX T.OS/XXVI1) 2020 - CADHP/Rés.425 (LXV) 2019 - CADHP/Rés.391 (LXI) 2017 - CADHP/Res.316(LVI I)2015 - CADHP/Rés.300(EX T.OS/XVI)14 - CADHP/Rés.296(EX T.OS/XV) 14 - CADHP/Rés.252 (LIV) 13 - CADHP/Rés.236 (LIII) 13	**Mission :** Elaborer et soumettre à la Commission des projets de principes et de lignes directrices sur les droits économiques, sociaux et culturels et de préparer un projet de révision des lignes directrices relatives aux rapport des Etats en matière de droits économiques, sociaux et c culturels. **Réalisations,** notamment missions de promotion dans certains Etats parties à la Charte africaine ; organisation de campagnes de plaidoyer pour la ratification du Protocole au pacte international relatif aux droits économiques, sociaux et culturels ; publication de communiqués de presse condamnant les violations de ces droits et l'organisation de rencontres avec des

	- ACHPR/Rés.193 (L) 11 - CADHP/Rés.147 (XLVI) 09	victimes de violations de droits économiques, sociaux et culturels ; étude approfondie sur l'impact de la fuite illicite des capitaux sur les droits de l'homme en Afrique. **Résolutions** : une vingtaine **Activités quasi normatives** : adoption des Principes et Lignes directrices sur la mise en œuvre des droits économiques, sociaux et culturels dans la Charte africaine ; Lignes directrices sur le droit à l'eau en Afrique, 2019 ; Projet de Protocole à la Charte africaine sur la protection sociale et la sécurité sociale en Afrique ; Lignes directrices sur la mise en œuvre des droits économiques, sociaux et culturels dans la Charte africaine (Principes et Lignes directrices de Nairobi) et des Directives relatives à la présentation des rapports des Etats Parties sur les Droits économiques, sociaux et culturels en Afrique (Lignes directrices de Tunis). **Ateliers, conférences, colloques** à l'instar de l'atelier régional sur le droit à l'éducation pour tous (25 – 29 novembre 2013, Alger). **Communiqués de presse et déclarations :** l'impact de la pandémie COVID-19 sur les droits économiques, sociaux et culturels en Afrique en 2020 ; la responsabilité collective des Etats dans la prévention et l'endiguement de la pandémie d'Ebola en 2014 ; la propagation du virus Ebola en 2014 ; la destruction des monuments culturels et historiques dans la ville de Tombouctou au Mali en 2012 ; le

		processus de transition en Tunisie et en Egypte en 2011. **Missions de promotion**, y compris en Côte d'Ivoire en 2016, en Guinée Bissau et au Nigéria en 2018.
Groupe de travail sur les populations/communautés autochtones en Afrique		
CADHP/Rés. 51(XXVIII)0 0 (28ème session ordinaire)	Résolutions portant renouvellement et nomination des membres du Groupe de travail : - CADHP/Rés.65 (XXXIV) 2003 - CADHP/Rés.123 (XXXXII) 2007 ; - CADHP/Rés.155 (XLV1) 2009 ; - CADHP/Rés.204 (L) 2011 ; - CADHP/Rés.249 (LIV) 2013 ; - CADHP/Rés.237 (LIII) 2013, - CADHP/Rés.323 (LVII) 2015 - CADHP/Rés. 354 (LIX) 2016, - CADHP/Rés. 329 (EXT.OS/XIX) 2016 - CADHP/Rés.382 (LXI) 2017 - CADHP/Rés.425 (LXV) 2019 - CADHP/Rés. 455 (LXVI) 2020	**Mandat :** CADHP/Rés.51(XXVIII) 00, § 3 a, b et c : a) Examiner le concept de peuples et communautés indigènes en Afrique ; b) Etudier les implications de la Charte africaine des droits de l'Homme et des peuples ainsi que le bien-être des communautés indigènes, notamment en ce qui concerne : - le droit à l'égalité (Articles 2 et 3) ; - le droit à la dignité (Article 5) ; - la protection contre la domination (Article 19) ; - l'auto- détermination (Article 20) et ; - la promotion du développement culturel et de l'identité (Article 22). c) Réfléchir aux Recommandations appropriées sur le contrôle et la protection des droits des communautés indigènes. **Réalisations :** Rapport sur les industries extractives, les droits fonciers et les droits des populations/communautés autochtones, Afrique orientale, centrale et australe ; Rapport du Groupe de travail d'experts sur les populations/communautés autochtones de la Commission africaine, DOC/OS(XXXIV)/345, adoptée par la CADHP durant sa 28ème session ordinaire, Bénin, 2000) ; Bulletin du Groupe de travail sur les

		populations/communautés autochtones (GTPA) ; Avis consultatif de la Commission africaine des droits de l'homme et des peuples sur la Déclaration des Nations Unies sur les droits des peuples autochtones (adoptée par la CADHP à sa 41ème session ordinaire, en mai 2007au Ghana) ; la résolution CADHP/Res. 476 (LXVIII) 2021sur la réalisation d'une étude relative à l'impact de la COVID-19 sur les populations/communautés autochtones en Afrique ; Dialogue national sur les droits des peuples autochtones et des industries extractives (7 au 8 octobre 2019, Nairobi, Kenya). **Communiqués de presse**, notamment sur l'adoption du projet de loi visant la protection des populations autochtones par l'Assemblée nationale de la RDC, sur l'impact du virus COVID-19 sur les populations autochtones en Afrique. **Colloques, conférences et ateliers**, y compris l'atelier régional sur « le Document final de la Conférence mondiale sur les peuples autochtones » en 2015, sur le dialogue national sur les droits des peuples autochtones et des industries extractives à Kampala, Ouganda en 2018, sur le Dialogue national sur les droits des Populations autochtones et les industries extractives à Yaoundé, Cameroun, en 2017. Par ailleurs, atelier d'échanges sur les droits des peuples autochtones (Banjul, Gambie en 2013) ; Séminaire régional de sensibilisation sur les droits des populations/communautés

		autochtones en Afrique centrale et orientale (22 - 25 août 2011, Brazzaville, République du Congo) ; atelier sur la condition de la mise en œuvre de la décision Endorois de la CADHP à Nairobi, Kenya en 2013 ; Atelier d'échanges sur les droits des peuples autochtones entre la Commission interaméricaine des droits de l'homme, la Commission intergouvernementale de l'ASEAN sur les droits de l'homme et la Commission africaine des droits de l'homme et des peuples **Missions de terrain et de suivi**, notamment en Mauritanie en 2016, en RCA en mai 2012, au Kenya et au Congo en 2010, en RDC en 2009 au Rwanda en 2008, en Libye, au Botswana et au Burundi en 2005 **Réunions ordinaires biannuelles**, notamment en avril 2011, octobre 2011 et avril 2012.
Comités		
Comité sur les résolutions		
CADHP/Rés. 338 (LVIII)2016 (58ème session ordinaire, 6-20 avril 2016, Banjul)	Renouvellement : CADHP/Rés. 390(LXI) 2017	**Missions :** Rassembler des données et des informations sur les situations de violation des droits de l'homme sur le continent susceptible d'être sanctionnées par une résolution et en faire proposition à la commission ; Procéder à l'examen des résolutions proposées par ses mécanismes subsidiaires avant leur adoption par la plénière ; S'assurer que les versions définitives des résolutions reflètent fidèlement les observations et

		commentaires des membres de la Commission ; S'assurer de la bonne vulgarisation et diffusion desdites résolutions par tous moyens appropriés ; Compiler et analyser toutes les résolutions de la Commission. **Quelques réalisations** : compilations des résolutions de la Commission (1987 à 2017 et 2018 jusqu'à nos jours
Comité sur la protection des droits des personnes vivant avec le VIH (PVVIH), des personnes à risque, vulnérables et affectées par le VIH		
CADHP/Rés. 163 (XLVII) 10 (47ème session ordinaire en 2010)	Nomination et renouvellement : - CADHP/Rés.172 (XLVIII) 10 - CADHP/Rés.195(L) 11 - CADHP/Rés.220 (LI) 12, CADHP/Rés.285 (EXT.OS/XVI)14 - CADHP/Rés.279 (LV) 14 - CADHP/Rés.325 (LVII) 15 - CADHP/Rés. 352 (EXT.OS/XX) 16 - CADHP/Rés. 383(LXI)2017	**Mission :** Rechercher, recevoir, analyser et répondre aux informations fiables sur la situation et les droits des Personnes vivant avec le VIH et celles à risques **CADHP/Rés.163 (XLVII) 10 :** 1. Chercher, demander, recevoir, analyser et réagir aux informations fiables reçues de sources fiables, notamment d'individus, d'organisations communautaires, d'organisations non gouvernementales, d'agences spécialisées, d'organisations intergouvernementales et d'Etats parties, sur la situation des droits des PVVIH et les personnes à risque ; 2.Effectuer des missions d'établissement des faits, si nécessaire, enquêter, faire des vérifications et tirer des conclusions et faire des recommandations sur les allégations de violations des droits humains ; 3. Interpeller les Etats parties et les acteurs non étatiques sur leurs responsabilités de respecter les droits des personnes vivant avec le VIH et ceux réputés vulnérables à ces infections ;

		4. Interpeller les Etats parties sur leurs responsabilités de respecter, de protéger et de réaliser les droits des personnes vivant avec le VIH et des personnes à risque ; 5. Recommander la mise en œuvre de stratégies concrètes et efficaces pour une meilleure protection des personnes vivant avec le VIH et des personnes à risque ; 6.Intégrer une dimension genre et prêter une attention toute particulière aux personnes appartenant aux groupes vulnérables, notamment, aux femmes, aux enfants, aux travailleurs du sexe, aux migrants, aux hommes ayant des relations sexuelles avec d'autres hommes, aux toxicomanes par voie intraveineuse et aux prisonniers ; et 7. Rendre compte régulièrement à la Commission africaine des Droits de l'Homme et des Peuples.
Comité consultatif chargé des affaires relatives au budget et au personnel		
CADHP/Rés. 142 (XXXXV)09 (45ème session ordinaire)	Renouvellement, élargissement et recomposition du mandat : - CADHP/Rés.188 (XXXXIX) 11 - CADHP/Rés.191 (L) 11 CADHP/Rés.256 (LIV)13 - CADHP/Rés.313 (LVII)15 - CADHP/Rés.388(LX) 2017	CADHP/Rés.142 (XXXXV) 09 : 1. travailler avec le Secrétariat à l'identification des activités du Plan stratégique de la CADHP de 2008 à 2012 qui devraient figurer dans les propositions de budget de la Commission ; 2. travailler avec le Secrétariat à la préparation du budget des programmes de la Commission à présenter aux Organes appropriés de l'Union africaine ; 3. travailler avec le Secrétariat à l'exécution correcte des programmes ; 4. travailler avec le Secrétariat à la mise en œuvre de la nouvelle structure approuvée du Secrétariat de la Commission
Comité pour la prévention de la torture en Afrique (CPTA)		

2004 35ème session ordinaire, en 2004,	- Modification, nomination et renouvellement : CADHP/Rés.120(XXXXII)07 - CADHP/Rés.158(XLV)09 - CADHP/Rés.192(L)11 - CADHP/Rés.254 (LIV) 13	**Missions :** Suivre la mise en œuvre des Lignes directrices de Robben Island et les instruments y relatifs. **Quelques réalisations** Il a publié et diffusé les Lignes directrices de Robben Island dans les quatre langues officielles de l'UA ; organisé des ateliers de formation pour le personnel de la police et de sécurité dans des Etats membres de l'UA ; organisé des conférences/séminaires sur l'interdiction et la prévention de la torture dans différents Etats membres ; effectué des missions de promotion dans plusieurs Etats membres. Le CPTA gère une base de données sur l'état de la torture et la ratification des instruments applicables et, à ce jour, la plupart des Etats africains ont ratifié la Convention contre la torture, grâce en grande partie, au rôle de plaidoyer joué par le CPTA. **Activités quasi normatives** Lignes directrices de Robben Island pour la prohibition et la prévention de la torture en Afrique de 2008 ; Lignes directrices pratiques sur la mise en œuvre des Lignes directrices de Robben Island en 2008 ; Observation générale n° 4 sur la Charte africaine des droits de l'homme et des peuples, concernant le droit à réparation des victimes de torture et autres peines ou traitements cruels, inhumains ou dégradants (article 5 de la Charte). **Autres réalisations** Compilation de documents sur la prévention de la torture, 2016 ; les déclarations lors des Journées internationales de soutien aux victimes de la torture ; organisation

		d'ateliers comme celui ayant porté sur le fonctionnement efficace de l'Observateur national des lieux de privation de liberté du Sénégal ; Prévention de la torture par des visites ce CPTA dans les lieux de privation de liberté ; atelier de validation des Lignes directrices pour la protection de toutes les personnes contre les disparitions forcées en Afrique (novembre 2021 à Banjul) ; atelier stratégique d'experts sur l'élaboration de procédures usuelles normalisées du mécanisme d'alerte ; rapport à la CADPH relatif aux situations de torture et actes connexes (6 et 7 octobre 2021, Tanzanie) ; Panel sur la situation des migrants exposés à la torture et à d'autres mauvais traitements en Afrique : Approches alternatives ; Séminaire sur la prévention et la répression de la torture (Yaoundé, 24 au 26 janvier 2012) ; atelier d'initiation pour les membres experts du Comité pour la prévention de la torture en Afrique (CPTA) ; Base de données sur la prévention de la torture ; Observatoire de la torture en Afrique (*Africa Torture Watch*) No.7 mai 2017 ; Lettres d'information du CPTA ; Bulletin d'information du CPTA – 6ème édition, Avril 2016 Missions de promotion : Mauritanie en 2012.

1.1. L'alerte et l'urgence

Les appels urgents sont régis par les Points 25 à 28 des RCF. Ils sont des outils d'intervention proactive de la Commission. Ils représentent la réponse rapide de la Commission à une violation des droits énoncés dans la Charte pour laquelle elle est saisie ou s'autosaisit. Ainsi, en réaction à des situations d'urgence, ils peuvent « communiquer des informations dans les cas où la/les violation(s) alléguée(s) revêt(ent) un caractère urgent ou cause(nt) aux victimes des dommages imminents ou continus de nature grave »[449]. Par ces appels urgents, les mécanismes spéciaux cherchent à anticiper une violation imminente, à prévenir tout dommage irrémédiable et à appeler les autorités de l'Etat concerné à prendre les mesures diligentes qui s'imposent pour empêcher, ou limiter, à tout le moins, une violation imminente. Les appels urgents ont pour vocation de prévenir une violation, l'arrêter ou faire suspendre les actions tendant à violer les droits garantis par la Charte. C'est à la fois une démarche de prévention et de protection. Le titulaire du mandat sollicite de la part des autorités étatiques « une réponse circonstanciée dans un délai raisonnable »[450].

Pour l'élaboration des appels urgents, les mécanismes spéciaux sont tenus de vérifier les informations jugées crédibles et pertinentes provenant des sources étatiques, des organisations internationales, des INDH, des OSC, des victimes, des ayants-droits et des témoins comme cela ressort du Point 17 des RCF. L'information détaillée doit être crédible et la source fiable. Le titulaire du mandat ne révèle pas ses sources d'informations à moins qu'une nécessité impérieuse l'exige. Cette protection des sources est destinée à « les protéger contre toutes représailles ou mesures de rétorsion » conformément au Point 23 *in fine* des RCF. Un appel urgent doit se fonder sur des faits objectivement vérifiés et analysés à l'aune d'un faisceau de preuves au regard des dispositions de la Charte africaine. Ces exigences visent à éviter des polémiques contre-productives vis-à-vis de questions revêtant un caractère sensible.

Sur la forme, le Point 19 des RCF précisent que l'appel urgent doit être présenté sous forme écrite, imprimée ou électronique et mentionner l'identité et l'adresse de l'expéditeur ainsi que des détails complets sur l'incident ou la situation dont il s'agit. Les appels urgents sont adressés à l'Etat concerné mais restent confidentiels. C'est l'une des exceptions à la publicité des rapports, des décisions, des documents de session et tous les autres documents officiels de la Commission prévues à l'article 66 alinéa 1er du RI de la Commission. Toutefois, comme le souligne le Point 24 *in fine* des RCF, les informations générales relatives à la transmission de l'appel urgent peuvent être publiées sur le site web de la Commission.

Sur une année, la Commission adresse en moyenne plus d'une trentaine d'appels urgents. 27 et 36 lettres d'appels ont été respectivement envoyées pendant les périodes allant de mai à novembre 2018 et novembre 2019 à août

---

[449] Point 26, RCF.
[450] Point 28, RCF.

2020. Elles portent sur des problématiques aussi diverses que les arrestations, les détentions et les condamnations des défenseurs des droits de l'homme, l'exécution probable de personnes, les allégations de violation ou d'entraves à la liberté d'expression, d'association et de mouvement et d'atteinte à la sûreté de l'Etat, des expulsions forcées sans consultation ni indemnisation préalables, ou encore sur des projets de loi dont les dispositions porteraient atteinte aux droits de l'homme, les massacres contres des populations civiles, les mauvais traitements en détention, disparitions forcées, ou encore des décès en détention. Le nombre d'appels urgents adressé à un Etat témoigne plus ou moins de l'état des droits de l'homme dans le pays en question. Certains Etats se distinguent particulièrement par rapport au nombre d'appels reçus ; il s'agit notamment de la RD Congo (11), de l'Egypte (10), du Burundi (7), de l'Algérie (6), du Cameroun (6), le Soudan (5) et l'Ouganda (5) entre 2017 et 2018[451]. D'autres en reçoivent moins, comme la Namibie, le Malawi, le Sénégal, le Lesotho ou encore la Sierra Leone. Les résolutions-pays adoptées par la Commission et les communications individuelles soumises ont tendance à suivre la courbe des appels urgents adressés aux Etats.

La Commission a souvent exprimé ses préoccupations par rapport à la faible réactivité des Etats face aux appels urgents et aux lettres de préoccupation alors que le caractère urgent du mécanisme exige une mesure prompte de la part des autorités. A titre illustratif, sur une période de 12 mois (novembre 2017 à novembre 2018), seuls 26 Etats ont réagi aux 83 appels urgents envoyés par la Commission à 28 Etats[452] en fournissant 22 réponses, ce qui donne un taux de retour assez faible. Par ailleurs, du 4 mai au 10 novembre 2019, la Commission a envoyé neuf lettres d'appel urgent pour lesquelles elle n'a reçu que quatre réponses de la part de trois Etats. Aussi, sur les vingt-sept appels urgents envoyés entre le 10 mai et 13 novembre 2018, seuls 11 réponses étaient parvenues à la Commission[453]. La volonté politique des gouvernements, le niveau de priorité donné aux droits de l'homme dans l'agenda gouvernemental ou encore l'état de l'Etat de droit du pays sont autant d'éléments qui influent sur la réaction ou la réponse d'un Etat à un appel urgent ou à une lettre de préoccupation.

---

[451] 44ème rapport d'activités de la Commission (couvrant la périodie allant du 15 novembre 2017 au 9 mai 2018) et 43ème rapport d'activités (couvrant la érpiode allant du juin au 15 novembre 2017).

[452] Afrique du Sud, Algérie, Angola, Botwsana, Burkina Faso, Burundi, Cameroun, Congo, Egypte, Guinée Equatoriale, Erythrée, Eswatini, Ethiopie, Ghana, Kenya, Liberia, Mauritanie, Mozambique, Niger, Nigeria, Ouganda, République démocratique du Congo, Soudan, Soudan du Sud, Tanzanie, Tchad, Togo et Zimbabwe.

[453] 45ème rapport d'activités de la Commission, § 38. La recommandation suivante est de venue récurrente : « Répondre de manière cohérente aux Lettres d'Appels urgents et aux demandesdeprise de Mesures conservatoires envoyées par la Commission », 48ème rapport d'acrtivités de la Commission (couvrant la période allant du 11 novembre 2019 au 03 décembre 2020), § 68 a) xix.

Lorsque des situations suscitent de graves inquiétudes ou lorsqu'un Etat ne fournit pas des réponses détaillées à la suite de plusieurs appels urgents ou de lettres de préoccupation, les titulaires de mandat peuvent faire une déclaration publique ou élaborer un communiqué de presse conformément au Point 32 des RCF. Ces interventions publiques peuvent se faire par un ou plusieurs titulaires de mandat pour renforcer le message. La discrétion que requiert la fonction de titulaire de mandat n'empêche donc pas une intervention publique lorsque les circonstances l'exigent.

Toutefois, l'exposé de la situation doit faire également mention des mesures positives - aussi limitées soient elles - prises par le gouvernement afin de maintenir et préserver la voie du dialogue et adresser le défi. Il ne s'agit donc pas du « naming and shaming » (nommer et dénoncer/humilier) mais du « naming and pressing » (nommer et faire pression).

1.2. Les lettres de préoccupation

C'est l'équivalent des lettres d'allégations dans le système international de droits de l'homme. Elles sont prévues par les Points 29 et 30 des RCF. Les mécanismes spéciaux recourent aux lettres d'allégation lorsque les violations alléguées sont déjà commises. Elles sont destinées à interpeler l'Etat, à susciter des investigations impartiales et à prendre les mesures idoines pour la réparation de la violation alléguée.

En juin 2019, suite au décès tragique de 43 mineurs artisanaux dans l'effondrement de la mine à ciel ouvert de Kamoto Copper Company, propriété de Glencore (mine de Kamoto) en RDC, le groupe de travail sur les industries extractives, l'environnement et les droits de l'homme a exprimé sa profonde préoccupation et la Rapporteure de la Commission pour la RDC, la commissaire Soyata Maiga, ont exprimé leur profonde préoccupation face aux défis auxquels sont confrontés les mineurs artisanaux en RDC[454]. Le groupe de travail a en outre exprimé sa consternation face à la réaction du gouvernement qui a procédé à une intervention militaire pour chasser plus de 2.000 mineurs artisanaux alors que cette activité est légale dans le pays et invité les autorités congolaises à promouvoir le respect des normes de sécurité, de travail et environnementales applicables dans l'exploitation minière artisanale, respecter les Lignes directrices de la Commission sur le maintien de l'ordre dans les assemblées en Afrique et à éviter le recours à la force létale, et de mettre en place de mesures législatives et de sécurité appropriées afin de minimiser les accidents entraînant la mort dans les mines[455].

---

[454] Communiqué de presse du 29 juillet 2019.

[455] *Ibid*, §§ 1 à 4.

Du 11 novembre 2019 au 3 décembre 2020, en plus des 29 lettres de préoccupation et d'appel urgent envoyées aux Etats, le Rapporteur spécial sur les défenseurs des droits de l'homme et Point focal sur les représailles en Afrique a émis, à lui seul, 48 lettres d'appel, ce qui portent à 77 le nombre total de lettres de préoccupation/appel envoyées aux Etats en un an.

En avril de 2019, le Groupe de travail sur la peine de mort, les exécutions extrajudiciaires, sommaires et arbitraires et les disparitions forcées en Afrique a envoyé une lettre de préoccupation au Niger suite à la condamnation alléguée par la Cour d'assise de Zinder d'un certain Gazally Badamassi au motif de conspiration criminelle, vol pendant la nuit et assassinat et sa condamnation à mort. Le mécanisme spécial a appelé le Niger à, notamment, « garantir l'observation des normes relatives à un procès équitable, telles que le droit de l'accuser d'épuiser tous les processus d'appel qui lui sont juridiquement disponibles, à commuer la peine de mort imposée en emprisonnement à vie, à envisager de finaliser le processus d'abolition légale de la peine de mort au Niger, et à se conformer à ses obligations en vertu de la Charte africaine et d'autres instruments régionaux et internationaux des droits de l'homme »[456].

1.3. Lettres de félicitations ou d'appréciation

Les lettres d'appréciation font écho à la rubrique de « développements positifs » contenue dans chaque rapport d'activités de la Commission africaine. Elles sont le symbole de la reconnaissance de la Commission à l'égard d'un Etat qui a, par exemple, ratifié un instrument africain ou international des droits de l'homme, libéré des personnes privées de liberté ou des défenseur.e.s des droits de l'homme, commué des peines d'emprisonnement en amende, pris des mesures appropriées de mise en œuvre d'une décision de la Commission ou encore organisé des élections pacifiques. Les lettres de félicitations peuvent être envoyées également suite à une décision de justice qui, *mutandis mutatis*, fait écho à des constatations, des décisions ou des délibérations de la Commission, à l'adoption d'une stratégie ou d'une politique nationale répondant ou s'accordant avec les lignes directives édictées par la Commission ou toutes autres mesures ayant pour effet de mettre en œuvre les dispositions de la Charte ou les autres normes de la constellation juridique du droit africain des droits de l'homme.

---

[456] 46ème rapport d'activités de la Commission africaine, § 34. Ce rapport couvre la période allant du 14 novembre 2018 au 14 mai 2019.

1.4. Les missions de terrain ou les visites de pays

Il existe quatre types de visite de pays. Il peut s'agir de visites de promotion, de protection, d'information ou de plaidoyer selon le Point 35 des RCF. Les activités de promotion peuvent englober la sensibilisation aux questions et situations spécifiques relatives au mandat. Elles incluent également les renforcements des capacités ou l'organisation des conférences ou séminaires sur les thématiques relevant du domaine du mandat.

Lors de leurs missions de terrain, les mécanismes spéciaux sonnent également l'alerte en cas de violations des droits de l'homme relevant de leur mandat, fournissent, le cas échéant, de l'appui technique aux Etats qui en font la demande, coopère avec les INDH, les universités ou instituts de recherches et les organisations de la société civile. Ils offrent leurs bons offices aux Etats et contribuent à débloquer des situations qui, autrement, ne connaîtraient pas de dénouement. La présence d'un titulaire de mandat d'un mécanisme spécial dans un Etat peut mettre en effervescence l'ensemble de l'appareil étatique. Une mission de terrain peut provoquer l'annonce de la ratification d'un instrument, l'accélération du processus de ratification d'un instrument ou la prise de mesures de promotion et de protection des droits de l'homme. Les missions de terrain provoquent souvent un effet catalyseur.

Les visites pays sont des opportunités de dialogue avec les Etats sur la mise en œuvre des recommandations formulées dans les observations finales à l'issue de l'examen des rapports périodiques des Etats ou des décisions prises dans le cadre de l'examen des communications. Elles offrent également l'occasion aux Commissaires de faire du plaidoyer auprès des autorités étatiques sur de multiples sujets et pour les Etats visités de prendre des engagements volontaires supplémentaires.

1.5. Les études et les rapports thématiques

Le point 38 des RCF dispose :

> « Les Mécanismes spéciaux peuvent préparer des études et des rapports thématiques. Les Mécanismes spéciaux peuvent expliciter les dispositions pertinentes de la Charte africaine en initiant l'élaboration d'instruments juridiques non contraignants ou de projets de Protocoles. Les Mécanismes spéciaux peuvent également initier l'élaboration d'instruments juridiques non contraignants pour compléter les dispositions des Protocoles à la Charte africaine ».

Les Rapporteurs spéciaux conduisent également des études et des recherches sur des problématiques relevant de leur champ de compétence. Ces études et recherches sont assorties de recommandations à l'endroit des Etats. Des études ont été, notamment menées sur « le VIH, le droit et les droits de l'homme dans le système africain des droits de l'homme : défis et opportunités essentiels pour des réponses au VIH fondées sur les droits » en 2018, sur la liberté d'association et de réunion et la situation des femmes défenseurs des droits de l'homme en Afrique, sur la question de la peine de mort en Afrique en 2012, celle portant sur la justice transitionnelle et les droits de l'homme et des peuples en Afrique ou encore celle relative au fonctionnement du secteur des industries extractives en Afrique et ses impacts sur la réalisation des droits de l'homme et des peuples dans le cadre de la Charte africaine des droits de l'homme et des peuples. Les études et rapports présentés lors des sessions de la Commission sont autant de pierres apportées à l'édifice normatif et institutionnel des droits de l'homme du continent.

En 2001, lors de la 29ème session à Tripoli, Libye (23 avril au 7 mai 2001), Me Julienne Ondziel-Gnelenga, a, en sa qualité de Rapporteure spéciale sur les droits de la femme en Afrique a informé la Commission qu'elle avait initié, en collaboration avec d'autres partenaires, des études sur la pauvreté des femmes en Afrique de l'Ouest et en Afrique du Centre ainsi que sur les violences à l'égard de la femme.

Tableau n° 7 - Mécanismes spéciaux et la répartition des pays par Commissaire[457]

	Nom du Commissaire	**Rapporteur de pays**	**Président/Rapporteur/Mécanismes spéciaux**	**Membre Comités & Groupes de travail**
1	Honorable Commissaire **Solomon Ayele Dersso** --- Réélu à la 39ème session du Conseil exécutif de l'UA	-Kenya -Nigeria -Tanzanie -Afrique du Sud -Soudan du Sud	**Président** Groupe de travail sur les industries extractives, l'environnement et les violations des droits de l'homme en Afrique	- Groupe de travail sur les questions spécifiques relatives au travail de la Commission - Groupe de travail sur les Communications - té des Résolutions - Comité de publication conjoint

[457] Communiqué final de la 66ème session ordinaire de la Commission africaine des droits de l'homme et des peuples, session virtuelle, 13 juillet –7 août 2020, Annexe 1. Voir également la résolution CADHP/Rés.440(LXVI)2020 sur l'attribution de la fonction de rapporteur national entre les Commissaires.

				- Comité conjoint sur les Affaires transférées à la Cour
2	Honorable Commissaire **Rémy Ngoy Lumbu** --- Elu président en 2021	- Cameroun - Côte d'Ivoire - Togo - Gabon - Mali	**Rapporteur spécial** sur les défenseurs des droits de l'homme et Point focal sur les représailles en Afrique	- Groupe de Travail sur les Populations/Communautés autochtones en Afrique - Groupe de travail sur les droits économiques, sociaux et culturels en Afrique - Comité des Résolutions-Groupe de Travail sur les Communications - Comité consultatif chargé des Affaires relatives au budget et au personnel - Feuille de Route d'Addis-Abeba avec les Nations Unies
3	Honorable Commissaire **Kayitesi Zainabo Sylvie** --- Remplacée par **Ourveena Geereesha Topsy-Sonoo (Maurice)**	- Algérie - Seychelles - Angola - Tchad - Sénégal	**Rapporteure spéciale** sur les droits des femmes en Afrique **Présidente** du Groupe de Travail sur les Communications	- Groupe de travail sur les droits des Personnes âgées et des personnes handicapées en Afrique - Groupe de travail sur la peine de mort, les exécutions extrajudiciaires, sommaires ou arbitraires et les disparitions forcées en Afrique - Groupe de Travail sur les questions

				spécifiques relatives au travail de la Commission - Comité conjoint sur les Affaires transférées à la Cour
4	Honorable Commissaire **Maya Sahli-Fadel**	- Bénin - Niger - Maurita nie - Tunisie - Burkina Faso	**Rapporteure spéciale** sur les réfugiés, les demandeurs d'asile, les personnes déplacées et les migrants en Afrique	- Groupe de travail sur les droits des Personnes âgées et des personnes handicapées en Afrique - Groupe de travail sur la peine de mort, les exécutions extrajudiciaires, sommaires ou arbitraires et les disparitions forcées en Afrique - Groupe de Travail sur les questions spécifiques relatives au travail de la Commission - Feuille de Route d'Addis-Abeba avec les Nations Unies - Comité de Publication conjoint - Comité de l'Institut panafricain des Droits de l'Homme

5	Honorable Commissaire **Jamesina Essie L. King** --- Remplacée par **Janet Ramatoulie Salah-Njie (Gambie)**	- Érythrée - Namibie - Somalie - Gambie - Zimbabwe	**Rapporteure spéciale** sur la liberté d'expression et l'accès à l'information en Afrique	- Groupe de Travail sur les Populations/Communautés autochtones en Afrique - Comité des Résolutions - Comité de Publication conjoint - Comité de l'Institut panafricain des Droits de l'Homme
6	Honorable Commissaire **Hatem Essaiem**	- Libye - Soudan - Madagascar - Djibouti - Maurice	**Président** du Comité pour la prévention de la torture en Afrique **Président** du Comité consultatif chargé des Affaires relatives au budget et au personnel	- Comité des Résolutions
7	Honorable Commissaire **Maria Theresa Manuela**	- Mozambique - São Tomé-et-Principe - Guinée-Bissau - Guinée-équatoriale - Cabo Verde	**Rapporteure spéciale** sur les prisons, les conditions de détention et l'action policière en Afrique	- Comité pour la prévention de la torture en Afrique - Comité pour la protection des droits des personnes vivant avec le VIH et des personnes à risque, vulnérables et affectées par le VIH - Groupe de Travail sur les Communications

				- Comité de l'Institut panafricain des Droits de l'Homme
8	Honorable Commissaire **Marie Louise Abomo**	- Burundi - RDC - Comores - Congo-Brazzaville	**Présidente** du Groupe de travail sur les droits des Personnes âgées et des personnes handicapées en Afrique **Présidente** du Groupe de Travail sur les questions spécifiques relatives au travail de la Commission	- Groupe de Travail sur les questions spécifiques relatives au travail de la Commission - Comité des Résolutions - Groupe de Travail sur les Communications
9	Honorable Commissaire **Mudford Zachariah Mwandenga**	- Éthiopie - Ghana - Liberia - Rwanda - Malawi	**Président** du Groupe de travail sur les droits économiques, sociaux et culturels en Afrique	- Comité pour la protection des droits des personnes vivant avec le VIH et des personnes à risque, vulnérables et affectées par le VIH - Groupe de Travail sur les industries extractives, l'environnement et les violations des droits de l'homme
10	Honorable Commissaire Ndiamé Gaye (décédé en 2021)	- République centrafricaine - Ouganda	**Président** du Groupe de travail sur la peine de mort, les exécutions extrajudiciaire	- Comité pour la prévention de la torture en Afrique - Groupe de travail sur les droits économiques,

	--- Remplacé par **Idrissa Sow (Sénégal)**	- République arabe sahraouie démocratique - Guinée-Conakry - Sierra Leone	s, sommaires ou arbitraires et les disparitions forcées en Afrique	sociaux et culturels en Afrique - Comité conjoint sur les Affaires transférées à la Cour (Coordinateur)
11	Honorable Commissaire **Alexia Gertrude Amesbury**	- Botswana - Zambie - Lesotho - Eswatini - Égypte	**Présidente** du Groupe de Travail sur les Populations/Communautés autochtones en Afrique **Présidente** du Comité pour la protection des droits des personnes vivant avec le VIH et des personnes à risque, vulnérables et affectées par le VIH	- Comité consultatif chargé des Affaires relatives au budget et au personnel - Comité de Publication conjoint

Source : achpr.org à la date du 31 décembre 2020. Tableau actualisé avec les données issues de la 39ème session du Comité exécutif de l'UA.

2. Les réalisations des mécanismes spéciaux

2.1. Les développements positifs

Tableau n° 8

Mécanismes spéciaux	Missions et réalisations
Rapporteurs spéciaux	
Rapporteur spécial sur la liberté	**Résolutions** : une trentaine

d'expression et l'accès à l'information en Afrique	**Activité quasi normatives** : Déclaration de principes sur la liberté d'expression et l'accès à l'information en Afrique 2019 ; Déclaration conjointe sur l'indépendance et la diversité des médias à l'ère du numérique de 2018 ; Lignes directrices sur l'accès à l'information et les élections en Afrique 2017 ; Loi type pour l'Afrique sur l'Accès à l'Information 2013 ; Déclaration conjointe relative aux crimes contre la liberté d'expression en 2012 ; Déclaration des Principes sur la Liberté d'Expression en Afrique 2002. **Appui techniques aux Etats :** Appui à la mise en œuvre de la loi nigériane sur la liberté de l'information, 2011. **Etudes et autres documents** : Consultation régionale sur la liberté d'expression et l'accès à l'information pour les pays du Nord et francophones de l'Ouest de l'Afrique en 2019 ; Plateforme numérique pour la Sécurité des Journalistes ; Déclarations lors des commémorations de la Journée internationale de l'accès universel à l'information ; Déclaration conjointe à la presse sur la situation des droits de l'homme en Tanzanie en octobre 2020 ; **Séminaires, conférences** : Séminaire régional sur la lutte contre les menaces à la liberté d'expression et à la liberté des médias pendant les élections en Afrique de l'Est ; webinaire sur la « Divulgation proactive d'informations et élections en Afrique du Sud » en septembre 2020 ; Briefing virtuel sur la liberté d'expression en septembre 2020 ; Réunion virtuelle avec la Rapporteuse spéciale des Nations Unies sur la liberté d'opinion et d'expression en octobre 2020 ; **Missions de terrain** : Angola en 2016. **Rapports d'activité** depuis la mise en place du mécanisme en 2004. **Communiqués de presse et déclarations** : lors de la Journée mondiale pour la liberté de la presse ; à l'occasion de la commémoration de la Journée internationale de l'accès universel à l'information ; les frais élevés imposés par un décret sur les journalistes et les médias au Mozambique et au Tchad ; la tendance croissante à la fermeture d'Internet et des médias sociaux en Afrique en 2019, l'accès à l'information pour les personnes aveugles ou ayant une déficience imprimée en 2018 ; la tendance aux attaques contre les journalistes en Ouganda en 2018 ; l'acquittement par la Cour provinciale de Luanda, en Angola, de journalistes accusés d'insulte et de diffamation en 2018 ; la décision de la Cour constitutionnelle du Lesotho

	déclarant inconstitutionnelle la diffamation criminelle de 2018 ; l'enlèvement et l'agression de M. Ericino de Salema, journaliste politique au Mozambique en 2018 ; la situation des défenseurs des droits de l'homme et la liberté d'expression et de réunion au Burundi en 2015 ; le Verdict contre Sanaa Seif, Yara Sallam et 21 autres Co-accusés en Egypte en 2014 ; l'arrestation et l'emprisonnement de Peter Greste, Mohamed Fahmy et Baher Mohamed en Egypte en 2014 ; le projet de loi sur les associations et la loi sur la presse au Kenya en 2013 ; l'arrestation de M. Thulani Rudolf Maseko et de M. Bheki Makhubu au Eswatini en 2014 ; le projet de Conseil de la presse nigériane et le loi sur la pratique du journalisme au Nigeria en 2009 ; la violation continue de la Liberté d'expression au Sénégal en 2009 ; la situation de la liberté d'expression en Gambie en 2009 ; la loi proposée sur la dépénalisation des infractions concernant les médias au Sénégal en 2009 ; les menaces, le harcèlement et l'intimidation contre des journalistes en Sierra Leone en 2009 ; félicitations au Kenya au sur les modifications provisoires de la Kenya Communications (Amendment) Act de 2009 ; développements en Somalie en 2007. **Lettres d'appel et plaidoyer** : Algérie, Égypte, Gambie, Mozambique, Nigeria, Sierra Leone, Tchad et Zimbabwe en 2020, Tanzanie en 2019, Afrique du Sud en 2018, Botswana en 2018, Guinée équatoriale en 2018, Sénégal en 2015.
Rapporteur spécial sur les défenseurs des droits de l'homme	**Résolutions :** plus d'une vingtaine. **Activités quasi normatives** : Compendium du droit de la protection des défenseurs des droits de l'homme en Afrique de 2018 ; Fiche d'information n° 1 sur les représailles en Afrique de 2019 ; Directives sur la liberté d'association et de réunion en Afrique. **Etudes** : réunion du groupe d'étude sur la liberté d'association en Afrique en 2012 ; Situation des femmes défenseures des droits de l'homme en Afrique; Rapport du Groupe d'Etude sur la liberté d'association et de réunion en Afrique de 2014, Principes et directives sur les droits de l'homme et des peuples dans la lutte contre le terrorisme en Afrique de 2015 ; **Communiqués de presse** : la protection des défenseurs des droits de l'homme durant la période de la pandémie du COVID-19 de 2020 ; sur les récentes arrestations et détentions d'environ 200 membres des partis d'opposition suite aux manifestations du 26 Janvier 2019 ; les arrestations arbitraires, le harcèlement judiciaire et les intimidations dont sont victimes les membres de la Lutte pour le changement (LUCHA) de 2016 ; sur la tentative d'assassinat de M. Pierre-Claver Mbonimpa Président de l'Association pour la Protection des Droits Humains et des

	Personnes Détenues au Burundi (A.PRO.DH), de 2015 ; a Fermeture de l'organisation Salmmah Women's Center à Khartoum, Soudan en 2014 ; les implications de la Loi sur la réglementation de l'aide étrangère proposé aux organisations de la société civile sur le travail des défenseurs des droits de l'homme dans la République fédérale du Nigeria en 2014 ; les Défenseurs des Droits de l'Homme en Afrique sur la condamnation de 25 activistes égyptiens le 11 juin 2014 par un Tribunal du Caire, en Egypte en 2014 ; les implications de la loi de 2013 sur [l'interdiction du]mariage homosexuels pour les défenseurs des droits de l'homme au Nigeria en 2014 ; la situation des défenseurs des droits de l'homme à Djibouti en 2014 et 2007, au Bénin en 2014, au Soudan en 2012 et 2013, en RDC en 2010, au Cameroun en 2008, en Guinée en 2007, au Zimbabwe en 2007, en Côte d'ivoire en 2007 ; l'assassinat du défenseur des droits de l'homme Eric Ohena Lembembe au Cameroun en 2013. **Missions de terrain** : Mauritanie en 2016 et Cameroun en 2011. **Rapports d'activité** depuis la mise en place du mécanisme. Renforcement des capacités défenseurs des droits de l'homme lusophone sur « systèmes et mécanismes africains des droits de l'homme » avec un accent particulier sur la liberté d'association et d'assemblée.
Rapporteur spécial sur les réfugiés, demandeurs d'asile, migrants et personnes déplacées en Afrique	**Résolutions** : une vingtaine **Partenariats :** Mémorandum d'Accord entre la CADHP et le Haut-Commissaire des Nations Unies pour les Réfugiés ; Sommet extraordinaire de l'Union africaine sur les Réfugiés, les Rapatriés et les Personnes déplacées (22 et 23 octobre 2009 à Entebbe, Ouganda). **Activités quasi normatives** : Projet de protocole à la Charte africaine des droits de l'homme et des peuples relatif aux aspects spécifiques du droit à la nationalité et de l'éradication de l'apatridie en Afrique (2015-2017) ; Campagnes de ratification de la Convention de l'Union africaine sur la protection et l'assistance aux déplacés internes en Afrique (Convention de Kampala) et autres instruments pertinents. **Communiqués de presse et déclarations** : célébrations de la Journée africaine et mondiale du réfugié, de la Journée mondiale des Réfugiés, Journée mondiale internationale des migrants et communiqués de presse sur la poursuite des naufrages de bateau de migrants en mer méditerranée en 2020, les violences résultant de la publication des résultats définitifs des élections législatives au Mali en 2020 ; l'attaque d'un camp de réfugies par les forces

	de sécurité Burkinabè au Burkina Faso en 2020 ; la mort de 60 migrants Gambiens au large des côtes Mauritaniennes en 2019 ; l'attaque d'un centre de détention de migrants à Tadjourah en 2019 ; le naufrage d'un bateau de migrants au large de la Tunisie ; le cyclone Idai et les inondations subséquentes au Mozambique, au Malawi et au Zimbabwe en 2019 ; les Réfugiés, les demandeurs d'asile, les personnes déplacées internes et les migrants en Afrique sur les Violences au Sud-Kivu ayant causé la mort de 37 réfugiés burundais ; Attaques xénophobes dirigées contre les réfugiés, les demandeurs d'asile et les migrants en Afrique du Sud en 2017 ; la situation des droits de l'homme a l'est de la République Démocratique du Congo en 2012 ; les réfugiés, les demandeurs d'asile, les personnes déplacées et les migrants sur la violence au Kenya en 2008 ; la catastrophe du tsunami et des efforts internationaux de secours en 2015. **Panels de discussion** : la situation des migrants exposés à la torture et à d'autres mauvais traitements en Afrique : Approches alternatives (63eme session ordinaire) **Missions de terrain** : Guinée Bissau en 2018 ; Mauritanie en 2016 ; Sénégal en 2015 ; Djibouti en 2015. **Rapports d'activités** depuis la mise en place du mécanisme en 2004.
Rapporteure spéciale sur les droits des femmes	**Résolutions** : une vingtaine. **Observations générales** : Observation générale n° 6 sur le Protocole facultatif à la ChADHP relatif aux droits de la femme en Afrique (Protocole de Maputo) : le droit à la propriété en cas de séparation de corps, de divorce ou d'annulation de mariage (Article 7 (d)), 2020 ; Observation générale n° 2 sur l'article 14.1 (a), (b), (c) et (f) et article 14. 2 (a) et (c)) du Protocole à la ChADHP relatif aux droits de la femme en Afrique, 2014 ; Observation générale n° 1 sur l'article 14 (1) (d) et (e) du Protocole à la ChADHP relatif aux droits de la femme en Afrique, 2012. **Appels urgents** : lettre à la Tanzanie sur l'interdiction de l'accès à l'école aux filles enceinte en 2017. **Communiqués de presse** : violation des droits de la femme pendant la pandémie de la COVID-19 en 2020 ; l'arrestation et la détention des femmes défenseurs des droits de l'homme au Soudan en 2012 ; la décision de la Haute Cour du Kenya sur les normes et directives pour la réduction de la morbidité et de la mortalité par avortement non médicalisé au Kenya et le programme national de formation à la gestion des grossesses non

	désirées, à risque et non planifiées en xx ; l'enlèvement présumé d'écolières dans l'État de Yobe au Nigéria en xxx ; l'impact des conflits sur les droits des femmes et des filles au Mali en 2014 ; la condamnation de trois policiers pour un viol commis en septembre 2012 en Tunisie en 2014 **Séminaires** notamment sur le séminaire de sensibilisation sur la promotion et la protection des droits des femmes en Afrique, 17-19 décembre 2019 Dakar, Sénégal ou encore sur l'impact du conflit sur les droits des femmes et des filles au Mali en 2014. **Conférences et colloques** notamment la conférence régionale sur "Le rôle de la CADHP pour la promotion et la protection des droits des femmes en Afrique" tenu à Bamako en 2010 **Célébration et déclarations** lors de la Journée internationale pour l'élimination de la violence à l'égard des femmes, de la Journée internationale de l'élimination de la violence sexuelle lors de conflits, de la Journée Panafricaine des femmes, de la Journée mondiale d'action pour l'accès à l'avortement sûr et légal. **Panels thématiques** notamment sur le thème « Le Protocole de Maputo a-t-il fait la différence ? Un regard sur certains domaines cruciaux des droits de la femme » en 2016 et les side event lors des sessions de la Commission. **Campagnes :** décriminalisation de l'avortement en Afrique (lancée en 2016) **Suivi de la mise en œuvre du Protocole de Maputo** lors de l'examen des communications, des rapports initiaux et périodiques des Etats au titre de l'article 62 de la Charte ; campagnes de ratification de l'instrument ; renforcement de capacités des Etats sur leurs rapports initiaux et périodiques au titre du protocole. **Missions de terrain** sur les droits des femmes : Gambie en 2017, Soudan en 2003, Angola en 2002, Djibouti en 2002, Nigeria en 2001 et Côte d'Ivoire en 2001. **Rapports d'activités** depuis la mise en place du mécanisme. Prix *African Women Pioneer Award en 2020*
Rapporteur spécial sur les prisons, les conditions de détention et l'action	**Résolutions** : 16 **Activités quasi normative - Observations générales** : Observation générale n° 4 sur le droit à la réparation pour les victimes de la torture et autres peines ou traitements cruels, inhumains ou dégradants en vertu de l'article 5 de la Charte africaine : Lignes directrices sur conditions d'arrestation, de garde

policière en Afrique	à vue et de détention provisoire en Afrique (Lignes directrices de Luanda) de 2014. **Appui technique et renforcements des capacités** : Lignes Directrices de Luanda, Trousse à outils de 2018 ; Lignes Directrices de Luanda, Manuel du formateur de 2018 ; Lettres d'information sur la police et droits de l'homme en Afrique ; Newsletter ; Ateliers et réunions de de sensibilisation et de formation des officiers supérieurs de la police nationale angolaise et des services pénitentiaires en 2019 et 2015 ; **Panels** : Événement parallèle sur le respect des droits de la femme par la Police en vertu des Lignes directrices de Luanda : Principes et défis en 2016 ; sur l'action policière et les rassemblements en 2016 ; sur la lutte contre le terrorisme et le respect des droits de l'homme par la police : défis et perspectives de 2015 ; **Communiqués de presse et déclarations** : lors de la Journée internationale de soutien aux victimes de la torture ; les violences résultant de la publication des résultats définitifs des élections législatives au Mali en 2020 ; les rapports faisant état d'un recours excessif de la force par la police pendant la pandémie de COVID-19 en 2020 ; la libération des prisonniers pendant la pandémie de COVID-19 en 2020 ; la libération des prisonniers politiques au Cameroun en 2019 ; l'introduction du projet de loi relatif à la modification de la loi électorale en RDC en 2015. **Missions de terrain** : Sao Tomé-et-Principe en 2019 ; Guinée Bissau en 2018 ; Botswana en 2018 ; Afrique du Sud en 2004, Ethiopie en 2004, Ouganda en 2001, Namibie en 2001, Malawi en 2001, Mozambique en 2001, République centrafricaine en 2000, Bénin en 1999, Gambie en 1999, Mali en 1998, Ouganda en 1998, Kenya en 1998, Mozambique en 1997, Mali en 1997 et Zimbabwe en 1996. **Rapports d'activités** depuis la mise en place du mécanisme en 1996.
Groupes detravail	
Groupe de travail sur les communications	
Groupe de travail sur les industries extractives, l'environnement et les violations des	**Réalisations** **Résolutions** : CADHP/Rés.364 (LIX) 16, CADHP/Rés.236 (LIII) 13, CADHP/Rés. 342(LVIII) 2016 **Activités quasi normatives** : Lignes directrices pour la soumission de rapports en ce qui concerne les industries extractives ; Lignes directrices et principes de l'établissement des

droits de l'Homme	rapports d'état en vertu des articles 21 et 24 de la charte africaine relatifs aux industries extractives, droits de l'homme et à l'environnement ; Note consultative au groupe des pays africains à Genève sur l'instrument juridiquement contraignant visant à réglementer le droit international des droits de l'homme, les activités des sociétés transnationales et autres entreprises (instrument juridiquement contraignant). **Autres documents** : dialogue national sur les droits des peuples autochtones et des industries extractives (Kampala, 27 au 28 novembre 2018) ; Side Event du Groupe de travail sur les industries extractives, l'environnement et les violations des droits de l'homme en Afrique en 2012. **Autres documents :** Newsletters sur les industries extractives et environnement en Afrique N° .1, 2 et 3 de 2018, 2019 et 2020.
Groupe de travail sur les droits des personnes âgées et des personnes handicapées	**Réalisations** Plateforme de plaidoyer du Cadre politique et du Plan d'action de l'Union africaine sur le vieillissement qui attend des Etats parties qu'ils reconnaissent les droits des personnes âgées, qu'ils abolissent toutes les formes de discrimination fondées sur l'âge et qu'ils veillent à ce que les droits des personnes âgées soient protégés par une législation appropriée ; Fer de lance de l'élaboration du Protocole relatif aux droits des personnes âgées qui a été transmis à la Commission de l'Union africaine à Addis-Abeba afin de suivre le processus habituel de l'UA. **Activités normatives et quasi normatives** : Cadre stratégique et Plan d'action de l'Union africaine sur le vieillissement ; Point focal sur les droits des personnes âgées en Afrique de 2007 transformé en Groupe de travail sur les droits des personnes âgées et des personnes handicapées en Afrique en 2009 ; Protocole à la ChADHP relatif aux droits des citoyens à la protection sociale et à la sécurité sociale ; Protocole sur les droits des personnes âgées en Afrique et du Protocole sur les droits des personnes handicapées. **Consultations, conférences, réunions, panels :** réunions consultatives en 2010 et en 2011 en vue de l'élaboration du Protocole sur les droits des personnes âgées en Afrique et du Protocole sur les droits des personnes handicapées.
Groupe de travail sur la peine de mort et les exécutions extrajudiciaire	**Réalisations :** - Des conférences régionales sur la peine de mort en Afrique ; - Etude sur la question de la peine de mort en Afrique qui a été adoptée par la Commission lors de sa 51ème Session ordinaire ; - Réunions et ateliers de plaidoyer et de sensibilisation et il continue à suivre la situation de la peine de mort sur le continent ; Initiation du processus de rédaction d'un Protocole

s, sommaires ou arbitraires en Afrique	additionnel à la Charte africaine relatif à l'abolition de la peine de mort en Afrique pour combler le vide existant sur l'inviolabilité du caractère sacré de la vie. Document-cadre de Cotonou sur l'abolition de la peine de mort en Afrique, 2010 ; - Document cadre de Kigali sur l'abolition de la peine de mort en Afrique adopté par la Première Conférence sous régionale de l'Afrique australe, centrale et de l'est sur la question de la Peine de mort en Afrique, 2009 ; - Débat/discussion sur la question des exécutions extrajudiciaire et les femmes, octobre 2016 ; - Déclarations lors de la Journée mondiale contre la peine de mort.
Groupe de travail sur les questions spécifiques relatives au travail de la Commission	**Réalisations :** - Nouveau Règlement intérieur de 2020 de la Commission ; - Suivi et de l'évaluation de la mise en œuvre du Plan stratégique ; - Stratégies de mobilisation des ressources ; - Mécanismes et procédures de suivi des recommandations et des décisions ; - Gouvernance et fonctionnement de la Commission et de son Secrétariat.
Groupe de travail sur les droits économiques, sociaux et culturels	**Réalisations :** Adoption des Principes et Lignes directrices sur la mise en œuvre des droits économiques, sociaux et culturels dans la Charte africaine ; missions de promotion dans certains Etats parties à la Charte africaine ;organisation de campagnes de plaidoyer pour la ratification du Protocole au pacte international relatif aux droits économiques, sociaux et culturels ; publication de communiqués de presse condamnant les violations de ces droits et l'organisation de rencontres avec des victimes de violations de droits économiques, sociaux et culturels. Résolutions : 15 **Activités quasi normatives** : Lignes directrices sur le droit à l'eau en Afrique, 2019 ; Protocole à la ChADHP relatif aux droits des citoyens à la protection sociale et à la sécurité sociale ; **Ateliers, conférences, colloques :** Atelier régional sur le Droit à l'éducation pour tous en **Communiqués de presse et déclarations :** l'impact de la pandémie COVID-19 sur les droits économiques, sociaux et culturels en Afrique en 2020 ; la responsabilité collective des Etats dans la prévention et l'endiguement de la pandémie d'Ebola en 2014 ; la propagation du virus Ebola en 2014 ; la destruction des monuments culturels et historiques dans la ville de

	Tombouctou au Mali en 2012 ; le processus de transition en Tunisie et en Egypte en 2011. **Missions de promotion** : Guinée Bissau en 2018, Nigéria en 2018 ; Cote d'Ivoire en 2016.
Groupe de travail sur les populations/ communautés autochtones en Afrique	**Résolutions :** quinzaine **Séminaires, conférences et rapports :** - Séminaire régional de Sensibilisation sur les Droits des Populations/Communautés autochtones en Afrique du Nord, 5 – 6 février 2014, Tunis, Tunisie - Séminaire régional de sensibilisation sur les droits des populations/Communautés autochtones en Afrique centrale et orientale, 22-25 août 2011 à Brazzaville, Congo - Séminaires pour des journalistes sur les droits des peuples autochtones en Afrique de l'Est en novembre 2007, en Tanzanie en décembre 2007 et l'Afrique centrale (Cameroun, RDC, Burundi, RCA, Congo, Gabon et Rwanda) en 2007. - Rapport de 2003 de la Commission Africaine sur les droits des peuples autochtones (impression et réimpression) **Missions :** Congo en mars 2010 ; Kenya en mars 2010, RD Congo en août 2009 ; Rwanda en décembre 2008 ; République centrafricaine en janvier 2007 ; Libye en août 2005 ; Niger en novembre 2006 ; Burundi en mars-avril 2005, Botswana en novembre-décembre 2005.
Comités	
Comité sur les résolutions	**Réalisations :** Propositions de projet de résolutions, examen des projets de résolution des mécanismes spéciaux, vérification de la substance des projets finaux par rapport au droit africain des droits de l'homme, aux documents de la Commission, avant leur adoption. Compilation et diffusion des résolutions adaptées par la Commission (Compilation des résolutions adoptées de 1987 à 2017 et compilation de celles adoptées de 2018 à nos jours).
Comité sur la protection des droits des Personnes Vivant avec le VIH (PVVIH), des personnes à risque, vulnérables et affectées par le VIH	**Réalisations :** Suivi des engagements des Etats - Engagements des Chefs d'Etat et de gouvernement de l'Union africaine dans la Déclaration de Tunis sur le VIH/SIDA et l'Enfant en (1994) ; - Déclaration et Plan d'Action de Grand Bay (Île Maurice) (1999) ; - Déclaration de Lomé sur le VIH/SIDA en Afrique (2000) ; - Déclaration d'Abuja sur le VIH/SIDA, la Tuberculose et autres Maladies infectieuses (2001) ; - Déclaration de Maputo sur le VIH/SIDA, la Tuberculose, le Paludisme, et autres Maladies infectieuses (2003) ;

	- Déclaration de Gaborone sur une Feuille de Route vers l'accès universel aux services de prévention, de traitement et de soins (2005) ; - Cadre continental pour l'harmonisation des approches entre les Etats membres et l'intégration des politiques relatives aux droits de l'homme et aux personnes infectées et affectées par le VIH/SIDA en Afrique (2005) ; - Engagement de Brazzaville en faveur d'une Mise à l'échelle vers l'accès universel aux services de prévention, de traitement, de soins et de soutien au égard au VIH/SIDA avant 2010 (2006) ; - Appel d'Abuja pour des Mesures accélérées vers l'accès universel aux services de prévention et de traitement du VIH/SIDA, de la tuberculose et du paludisme (2006) ; - Position commune de l'Afrique à la Session spéciale de l'Assemblée générale des Nations Unies sur le SIDA (2006).
Comité consultatif chargé des affaires relatives au budget et au personnel	Etablit les besoins en ressources humaines et financières, dresse le budget assorti aux plan stratégiques de la Commission déclinés en budget annuel, œuvre pour l'ensemble des activités, démarches relatives à la construction du Secrétariat permanent de la Commission avec les autorités gambiennes.
Comité pour la prévention de la torture en Afrique	**Réalisations** Publication, diffusion et vulgarisation des Lignes directrices de Robben Island dans les quatre langues officielles de l'UA ; organisation des ateliers de formation pour le personnel de la police et de sécurité dans un certain nombre d'Etat membres ; organisation des conférences/séminaires sur l'interdiction et la prévention de la torture dans différents Etats membres ; conduite de missions de promotion dans plusieurs Etats membres ; il gère une base de données sur l'état de la pénalisation de la torture et la ratification des instruments applicables. Lignes directrices de Robben Island pour la Prohibition et la Prévention de la Torture en Afrique (2ème édition en 2008) ; Lignes directrices pratiques sur la mise en œuvre des Lignes directrices de Robben Island en 2008 ; Séminaire sur la prévention et la répression de la torture, Yaoundé, 24 au 26 janvier 2012, Aide pour l'accès à la justice et la réparation pour les victimes de torture ; Base de Données sur la Prévention de la Torture ; Observatoire de la Torture en Afrique (*Africa Torture Watch*) No.7 mai 2017 ; Bulletin d'information du CPTA ; Missions de promotion (e.g. Mauritanie en 2012)

2.2. Renforcer son apport au développement progressif du droit africain des droits de l'homme

Les études menées au sein des Groupes de travail, des Comités et par les Rapporteurs spéciaux participent du développement progressif du droit africain des droits de l'homme. Grâce aux activités ainsi qu'à l'analyse et l'inspiration des mécanismes spéciaux, la Commission a considérablement étoffé le dispositif juridique avec de nouveaux instruments juridiques contraignants et non contraignants.

2.2.1. Renforcer l'efficacité de la Commission

Le renforcement de l'efficacité de Commission renvoie au degré de confiance et de crédibilité aux yeux des populations africaines. Plus les populations ont le sentiment que la Commission est à l'écoute, recueille leurs histoires, témoignages et plaintes et leur assure un accès effectif à la justice à la suite des violations des droits garantis par la Charte, plus l'efficacité est grande. Il va sans dire que le seuil d'efficacité de la Commission a besoin d'être amélioré sur nombre de points.

Il urge en effet que des voies et moyens soient trouvés pour accélérer l'étude et le traitement des communications. Le délai devrait être raccourci. Le Groupe de travail sur les communications devraient être mis à contribution et l'équipe de juristes du Secrétariat en charge de la rédaction des mémoires devrait être étoffée.

Il est également impératif que la Commission évalue périodiquement ses plans stratégiques ainsi que les performances de ses mécanismes spéciaux. Les indicateurs des plans stratégiques peuvent servir de points de repère et d'indicateurs pour l'évaluation des opérations de la Commission et de son Secrétariat. Plus important encore est le suivi de la mise en œuvre des décisions de la Commission. Tous les efforts devraient être déployés sur le terrain du suivi pour renforcer l'efficacité de l'action. Le suivi doit être tentaculaire : il doit s'inscrire dans les innovations internes de la Commission par un mécanisme spécifique dédié au suivi afin de mobiliser davantage les efforts et de soutenir une forte dynamique de suivi. En outre, l'examen périodique des rapports étatiques et les recommandations finales formulées devraient être l'occasion d'insister davantage sur les mécanismes nationaux de suivi des délibérations de la Commission ; il doit être aussi être l'œuvre des organes politiques de l'Union africaine. A cet effet, la Commission devrait se donner des atouts diplomatiques pour convaincre le Conseil exécutif de solliciter à un niveau plus élevé la volonté politique des Etats ; il doit également être du ressort des INDH, des universités et centres de formation supérieure, des médias et des ONG. Il revient à la Commission d'explorer les opportunités à l'endroit de ces acteurs pour un suivi de proximité au niveau national.

2.2.2. Renforcer sa présence au niveau national

Dans sa résolution AHG/Res.227 (XXIX), la CoCEG avait recommandé aux Etats parties à la Charte de « désigner des fonctionnaires de haut rang pour agir en tant que points focaux dans la relation entre la Commission et les Etats, car ces points focaux faciliteraient le suivi des recommandations de la Commission et le contact entre les États et la Commission »[458]. L'existence d'institutions de référence ou points focaux a vocation à établir un canal permanent de communication et d'échanges entre les mécanismes de la Commission, comme les mécanismes subsidiaires, et les Etats. Les Rapporteurs spéciaux sont les yeux et les oreilles de la Commission dans les Etats, y compris lorsque la Commission n'est pas en session. Les missions dans les pays, les rapports basés sur les faits, la dynamique insufflée dans la cadre de la mobilisation à la fois des acteurs étatiques et non étatiques sont autant de jalons pour mobiliser les services étatiques en vue du suivi des décisions de la Commission.

La dynamique du Forum des ONG qui se tient en prélude aux sessions ordinaires de la Commission devrait se poursuivre au niveau national. La participation des Rapporteurs spéciaux, des membres des Groupes de travail et des Comités au Forum peut contribuer à poser les jalons ou à renforcer les opportunités de suivi au niveau national. Ainsi, les ONG resteront saisies du dossier des décisions et des modalités de monitoring. La participation devrait être plus stratégique et s'articuler autour d'un agenda de suivi. Il est impératif que la Commission intègre, à cet effet, la protection des ONG et des défenseurs des droits de l'homme qui coopèrent ou ont coopéré avec la Commission dans le cadre du suivi de ses décisions afin d'éviter ou de lutter contre les intimidations, le harcèlement et les représailles contre eux.

L'œuvre de suivi au niveau national incombe également aux INDH. La Commission devrait intégrer la dimension spécifique du suivi dans les critères d'octroi du statut d'affilié aux INDH. Le suivi à ce niveau s'oriente davantage vers des services d'appui techniques, de renforcement des capacités des mécanismes nationaux de suivi et d'adoption d'avis juridiques pour éclairer les institutions de l'Etat sur la mise en oeuvre des décisions et recommandations de la Commission aux Etats.

En outre, en associant des universités et des centres de recherches aux consultations relatives aux études et rapports thématiques, les mécanismes

---

[458] AHG/Res.227 (XXIX), § 4.

subsidiaires peuvent intéresser ces institutions académiques au mandat de la Commission et à l'action de suivi au niveau national. Les universités peuvent, dans un cadre de coopération, de partenariat et d'appui technique, servir d'aiguillon aux Etats et les accompagner dans la mise en place, le fonctionnement, le renforcement et l'évaluation des mécanismes de suivi des décisions de la Commission. Dans une dynamique partenariale, Etats et universités peuvent définir des indicateurs de mise en œuvre et œuvrer à la mise en œuvre effective des recommandations formulées.

Les missions de promotion des détenteurs de mandat *in situ* devraient servir également à former les institutions ou services de l'Etat en charge de la mise en œuvre des décisions sur les délais, les exigences structurelles et institutionnelles pour répondre au mieux décisions, recommandations, sollicitations, lettres et appels urgents de la part de la Commission.

Aussi, les conférences de presse de fin de mission de promotion peuvent-elles être utilisées pour mobiliser les médias sur le travail de suivi au niveau national.

2.2.3. Renforcer sa capacité à se saisir promptement des violations des droits de l'homme

Au lieu d'attendre une session ordinaire qui se déroule à des dates prédéterminées ou organiser une session extraordinaire qui, quoique théoriquement possible à tout moment, doit composer avec l'agenda des Commissaires qui ne servent pas de manière permanente et l'agenda des conférences de l'UA, les mécanismes spéciaux ont la capacité de se mobiliser promptement soit par une action urgente, soit une lettre d'allégations pour attirer l'attention de l'Etat en cause sur des mesures urgentes, y compris conservatoires à prendre. Si la violation en cours était jusque-là inconnue ou méconnue, elle est désormais visible par l'intervention d'un mécanisme spécial. L'action des mécanismes subsidiaires devrait donc être renforcée pour se saisir promptement des violations et faire le suivi des mesures engagées.

2.2.4. Renforcer l'appui technique interne (au Secrétariat)

Le constat d'un personnel insuffisant est récurrent depuis le début de la Commission. Les engagements des institutions politiques de l'UA visant à étoffer, notamment l'équipe de juristes du secrétariat, peinent à se concrétiser même si des efforts sont faits. Il n'y a point de choix, une équipe de professionnels aguerris dotée de ressources adéquates est nécessaire pour porter la Commission et ses diverses opérations : la célérité dans l'examen des communications ; une administration stratégique du processus d'examen des rapports périodiques étatiques avec des phases consacrées à un dialogue resserré entre les Commissaires et les ONG, INDH et l'Equipe pays des Nations Unies opérant dans l'Etat sous examen ; un meilleur suivi des recommandations et décisions. Il urge aussi d'instaurer un instrument d'évaluation périodique des performances du Secrétariat.

1. Les défis à relever

1.2. Le suivi de la mise en œuvre des décisions des mécanismes spéciaux

Il serait utile et indiqué d'avoir un mécanisme spécial de suivi des constatations, observations, décisions et recommandations de la Commission. Peu importe la dénomination, ce mécanisme ferait la liaison avec les institutions politiques car, en définitive, ce sont les Etats qui sont responsables, au premier chef, de la mise en œuvre de la Charte et partant des décisions prises par la Commission. Un tel mécanisme serait une réponse au constat de la Commission qui fait état, d'une manière générale, d'un « manque de volonté politique des Etats membres de soutenir et coopérer avec la Commission et ses mécanismes subsidiaires »[459]. Ce déficit de volonté politique se traduit par, « la non-mise en œuvre des recommandations de la Commission, la réticence générale à accorder l'autorisation d'effectuer des missions de promotion et d'établissement des faits et la non-réponse aux appels ou aux lettres d'urgence concernant les allégations de violations des droits de l'homme »[460]. La résolution AHG/Res.227 (XXIX) de la Conférence des Chefs d'Etats et de gouvernements avait recommandé aux Etats parties à la Charte africaine de désigner des fonctionnaires de haut rang pour servir de points focaux dans les relations entre la Commission et les États, car ces points focaux faciliteraient le suivi des recommandations de la Commission et les contacts entre les États et la Commission[461], étant donné qu'ils doivent « assurer la mise en œuvre stricte de leurs obligations en vertu de la Charte africaine et promouvoir et à protéger les droits reconnus et garantis par la Charte africaine »[462].

Un rapport de force entre la Commission et l'UA est forcément contre-productif. Il urge d'innover par des voies diplomatiques et politiques. Ainsi, le rapport d'activités soumis aux organes politiques de l'UA au titre de

---

459 32ème et 33ème rapports d'activités de la Commission couvrant la période allant de février à octobre 2012, § 54.
460 *Ibid.*
461 AHG/Res.227 (XXIX), § 4.
462 *Op. cit,* § 3 *in fine*.

l'article 54 de la Charte devrait comporter une annexe dédiée à l'état de la mise en œuvre des recommandations contenues dans les Observations finales, les lettres de préoccupation et d'appel urgent, et des décisions prises à l'issue de l'examen des communications, y compris les demandes de mesures conservatoires. Le panorama devrait indiquer les mesures prescrites ou recommandées, les réponses apportées (satisfaisantes, partielles ou absences de réponses), les délais dans lesquels la réaction de l'Etat concerné était attendue ainsi que les invitations à un dialogue dans le cadre d'un point spécifique inscrit à l'ordre du jour de la Commission consacré au suivi de la mise en œuvre des délibérations. Le résumé succinct qui est actuellement fait dans les rapports d'activités est largement insuffisant et reste moins visible au regard des enjeux.

Par ailleurs, le COREP, notamment son sous-Comité en charge des questions des droits de l'homme, devrait donner la possibilité au président de la Commission de présenter cette annexe axée sur le suivi de la mise des décisions de la Commission. Par la suite, le Conseil exécutif devrait attirer l'attention de la Conférence des chefs d'Etat et de gouvernement sur les cas de non coopération ou d'absence de réactions ou encore de réactions contraires ou incompatibles avec le droit africain et au droit international pertinent.

Section 2. La mission de promotion

Le plan stratégique 2015-2019 de la Commission africaine affirme que le mandat de promotion est fondé sur les dispositions de l'article 45 alinéa 1er de la Charte et comprend diverses activités ainsi que la coopération avec les Etats parties, les institutions et organisations concernées et l'organisation des missions de promotion, des séminaires de sensibilisation, de renforcement des capacités des parties prenantes, de publication et de diffusion des supports d'information, de réalisation d'études et activités/actions menées en collaboration avec des partenaires et d'autres institutions dotées de mandats dans le domaine des droits de l'homme[463]. Par ailleurs, la mission de promotion offre également la possibilité de coopération avec les institutions académiques pour la documentation, les études et les recherches.

La promotion est une mission majeure de la Commission. Sa dimension douce, diplomatique et constructive suscite moins de résistance de la part des Etats qui y voient plutôt une opportunité de montrer leur ouverture aux droits de l'homme et de partager leurs bonnes pratiques. Les activités de promotion représentent également pour les INDH et les ONG des opportunités de

[463] Plan stratégique 2015-2019, § 24.1.

mobilisation autour d'actions de renforcement des capacités, de lancement de rapports, de projets ou de publications ou encore pour marquer une apothéose dans le cadre d'une campagne de sensibilisation sur une problématique donnée.

Aux termes de l'article 45 alinéa 1er de la Charte, la mission de promotion comprend trois axes majeurs : i) information, études et recherches ; ii) cristallisation du développement des législations, des stratégies et des pratiques nationales ; et la iii) coopération avec d'autres mécanismes africains et internationaux de promotion, de protection et de supervision des droits de l'homme. L'article 76 du RI détaille les missions de promotion et l'article 77 ajoute l'organisation de séminaires, conférences et colloques à l'initiative de la Commission ou en collaboration avec des partenaires comme des ONG ou des INDH. En outre, l'examen des rapports périodiques des Etats au titre de l'article 62 de la Charte et de l'article 80 du Règlement intérieur fait partie des activités de promotion de la Commission. Pour Frans Viljoen, l'examen des rapports périodiques des Etats est au cœur de la mission de promotion de la Commission[464].

Selon Keba Mbaye, le mandat de promotion de la Commission s'articule autour des fonctions d'études et d'informations, des fonctions quasi-législatives et des fonctions de coopération[465]. On peut ajouter la fonction de suivi et de monitoring de la Charte, notamment par l'intermédiaire de l'examen des rapports initiaux et périodiques des Etats, comme le souligne Frans Viljoen[466].

A. Les activités de promotion et de coopération

1. La production et le traitement de l'information et des documents

Selon Fatsah Ouguergouz, c'est « l'activité promotionnelle par excellence de la Commission car elle a pour objet la sensibilisation de l'opinion publique

---

[464] Frans Viljoen, International Human Rights Law in Africa, Second Edication, *Oxford University Press*, 2012, p. 349.

[465] Keba Mbaye, Les droits de l'Homme en Afrique, Paris, *Pedone*, 1992. Voir aussi Marcelin Nguele Abada, *Article 30* in Maurice Kamto (sous la direction), *La Charte africaine des droits de l'homme et des peuples et le protocole y relatif portant création de Cour africaine des droits de l'homme, Commentaire article par article*, édition Bruylant, 2011, p. 757.

[466] Frans Viljoen, International Human Rights Law in Africa, Second Edition, *Oxford University Press*, 2012, p. 349.

africaine à la question des droits de l'homme »[467] dès l'opérationnalisation de la Commission. Cette fonction revêt, en effet, une importance essentielle pour assurer un ancrage des droits de l'homme et des libertés fondamentales au sein des populations africaines. Les termes de l'article 45 alinéa 1er *i)* sont explicites sur la matérialisation de la fonction de promotion:

> « Rassembler de la documentation, faire des études et des recherches sur les problèmes africains dans le domaine des droits de l'homme et des peuples, organiser des séminaires, des colloques et des conférences, diffuser des informations, encourager les organismes nationaux et locaux s'occupant des droits de l'homme et des peuples et, le cas échéant, donner des avis ou faire des recommandations aux gouvernements ».

La Commission dit « attache[r] une importance particulière à cette mission essentielle que lui a confiée la Charte »[468]. En 1988, dès sa deuxième session à Dakar[469], la Commission a adopté un Programme d'action[470] axé notamment sur la fonction d'étude et d'information. Parmi les activités du plan d'action de la Commission figurent, notamment la constitution d'une bibliothèque africaine et d'un centre de documentation concernant les droits de l'homme, la multiplication et diffusion de la Charte africaine, la publication d'une revue africaine des droits de l'homme et des peuples mais également la création d'instituts des droits de l'homme, la production des émissions périodiques radiodiffusées et télévisées sur les droits de l'homme en Afrique ainsi que l'intégration de l'enseignement des droits de l'homme dans les programmes de l'enseignement secondaire.

En 1989, dans sa Recommandation CADHP/Recom.4(V)89 relative à quelques modalités de promotion des droits de l'homme et des peuples en Afrique, la Commission a de nouveau insisté sur certaines activités prévues dans son programme d'action après avoir fait le constat selon lequel « l'ignorance est le principal obstacle au respect des droits et libertés de l'homme et des peuples, et qu'il convient, en conséquence, de promouvoir la connaissance et la science de ces droits et libertés au bénéfice du public africain conformément à l'article 45, para 1 alinéa (a) de la Charte Africaine des droits de l'homme et des peuples »[471].

---

[467] Fatsah Ouguergouz, « La Commission africaine des droits de l'homme et des peuples : Présentation et bilan d'activités (1988- 1989) », in *Annuaire français de droit international*, volume 35, 1989, p. 562.

[468] Premier rapport d'activités de la Commission africaine, p. 4.

[469] La deuxième session ordinaire s'est tenue du 8 au 13 février 1988 à Dakar au Sénégal.

[470] AHG/155(XXIV), Annexe VIII. Voir aussi l'Annexe VIII du Premier rapport d'activités de la Commission africaine.

[471] Paragraphe préambulaire 4 de la Recommandation CADHP/Recom.4(V)89.

La Commission conclut[472] alors que l'éducation aux droits de l'homme est la panacée pour sensibiliser, éduquer, former et informer les populations africaines. Elle recommande dès lors « l'intégration de l'enseignement des droits de l'homme et des peuples à tous les niveaux de tous leurs systèmes d'enseignements (supérieurs, secondaires, primaires, généraux, techniques, professionnels etc.) »[473]. Cette recommandation sera reprise en 1993 par la résolution AHG/227 (XXIX) de la Conférence des Chefs d'Etat et de gouvernement de l'UA qui a invité les Etats parties à la Charte à inclure « les droits de l'homme dans les programmes de tous les cycles de l'enseignement public et privé ainsi que dans la formation du personnel chargé de l'application de la loi »[474].

Pour « donner effet aux droits énoncés dans la Charte », la Commission a débattu de l'éducation aux droits de l'homme lors de sa 14ème session ordinaire du 1er au 10 décembre 1993 à Addis-Abeba, Éthiopie, et adopté une résolution s'y rapportant [475]. Par cette résolution, la Commission reconnaît que « l'éducation aux des droits de l'homme et des peuples est une condition préalable à la mise en œuvre effective de la Charte africaine des droits de l'homme et des peuples et d'autres instruments internationaux relatifs aux droits de l'homme »[476] ; et qu'elle représente un « moyen efficace d'inculquer les valeurs et les comportements correspondants dans une société civile fondée sur le plein respect des droits de l'homme et des peuples, de la démocratie, de la tolérance et de la justice »[477]. Par ailleurs, le séminaire sur la protection des réfugiés africains et des personnes déplacées à l'intérieur des frontières nationales organisé à Harare, Zimbabwe, du 16 au 18 février 1994, a invité les Etats et les ONG à « mettre au point des programmes et stratégies spécifiques pour assurer une éducation à large échelle sur les droits de l'homme »[478].

Pour la Commission, l'information et la formation aux droits de l'homme passent également par la « diffusion périodique (...) d'émissions radiodiffusées et télévisées sur les droits de l'homme en Afrique »[479]. Déjà en 1989, la Commission fondait beaucoup d'espoir sur les activités au niveau

---

472 Voir la Déclaration et du Plan d'action de la Conférence de Vienne sur les droits de l'homme de 1993 et les résolutions (A/HRC/RES/31/21(2016)) et les Programmes mondiaux d'éducation dans le domaine des droits de l'homme (A/HRC/RES/27/12 (2014), A/HRC/RES/24/15 (2013) et A/HRC/RES/21/14 (2012)).

473 Recommandation CADHP/Recom.4(V)89 (1989) § 1.

474 AHG/227 (XXIX).

475 Communiqué final de la 14ème session, 1993, § 32. Voir aussi le 7ème rapport annuel d'activités de la Commission 1993-1994, AHG/198 (XXX) § 38 a) et annexe X. Voir aussi CADHP/Res.6(XIV)93.

476 AHG/198 (XXX), annexe X, paragraphe préambulaire 3.

477 Résolution CADHP/Res.6(XIV)93, préambule, § 7.

478 AHG/198 (XXX), Annexe VII, § 3.

479 *Ibid,* § 2.

national et régional par des instituts nationaux ou régionaux qui réalisent des études et des recherches et diffusent des connaissances et des informations dans le domaine des droits de l'homme et des peuples[480]. Annoncée dans le Troisième (1990) et Quatrième (1991) rapport d'activités de la Commission, la première édition de « La Revue Africaine des Droits de l'Homme et des Peuples »[481] prévue par le Programme d'action de 1988 a été publiée en octobre 1991[482]. Le deuxième numéro de la Revue est paru le 15 avril 1994[483].

Le plan stratégique 2015-2019 de la Commission s'est fixé comme objectif d'élaborer et de diffuser largement du matériel d'information sur le mandat et le travail de la Commission, des publications, du matériel d'information sur la Charte africaine, les instruments pertinents des droits de l'homme et la littérature sur les activités de la Commission, et si nécessaire, les traduire dans diverses langues africaines, ainsi que les réduire dans des formats accessibles aux personnes handicapées. Le plan stratégique relève également qu'en vertu de l'article 45 alinéa 1er de la Charte, l'œuvre de la Commission comprend également « la publication et la diffusion de documents d'information, la réalisation d'études »[484].

1.1. Les fiches d'information

Les fiches d'information ont pour objectif « d'informer les populations africaines et la communauté toujours croissante des droits de l'homme de l'existence et de la pertinence de la Commission, et de diffuser des informations essentielles sur les activités de cette dernière »[485]. Le langage utilisé est simple et accessible afin de faciliter la compréhension des normes et standards africains. Ces fiches sont disponibles en plusieurs langues, le plus souvent en anglais et en français, sur le site de la Commission pour téléchargement, et distribuées gratuitement lors du Forum des ONG, des événements ou célébrations spécifiques et des sessions ordinaires de la Commission. Sa reproduction fidèle et authentique dans d'autres langues du continent est encouragée par la Commission.

---

480 *Ibid,* § 3.

481 Troisième rapport d'activités de la Commission africaine des droits de l'homme et des peuples, p. 78; Communiqué final de la Sixième session ordinaire en date du 4 novembre 1989, AFR/COM/HPR/VI, § 2. Le lancement de la Revue a reçu l'aide de l'UNESCO et de l'Union européenne (alors Commission des Communautés Européennes).

482 ACHPR/XI/AN.RPT/5/Rev.1, p. 6, § 15.

483 AHG/198 p000 REV.2, p 11, § 28.

484 Plan stratégique 2015-2019, § 24.1. Voir aussi §§ 29.6 et 38.6.3.

485 Historique de la Commission, site internet www.achpr.org (consultation 28 décembre 2020).

Les fiches d'information traitent de plusieurs sujets, notamment l'historique de la Charte et la création de la Commission et ses missions, la procédure de soumission et d'examen des communications, le mandat des mécanismes subsidiaires, les critères d'octroi du statut d'affilié et d'observateur auprès de la Commission.[486]

1.2. Le site internet

Le site internet de la Commission a un potentiel énorme en termes de promotion et de visibilité des activités et des documents produits par la Commission. Y figurent les instruments juridiques de base contraignants ou non, les informations sur la Commission et les contacts du Secrétariat, de son bureau et des Commissaires (anciens et nouveaux) et les Etats qui leur sont attribués pour les activités de promotion, ses sessions, et ses mécanismes spéciaux. Le site offre également la possibilité d'accéder à la jurisprudence de la Commission, aux résolutions adoptées, aux rapports d'activités, aux rapports intersessions, aux rapports de mission des Commissaires ainsi qu'aux rapports périodiques des Etats au titre de l'article 62 de la Charte accompagnés des observations conclusives de la Commission. Le tableau actualisé de la présentation des rapports périodiques étatiques avec les Etats à jour et ceux en retard dans la soumission de leur rapport est également disponible. Par ailleurs, l'internaute peut avoir accès aux plans stratégiques de la Commission, à son Règlement intérieur, à sa politique de coopération avec les ONG et les INDH. Des documents relatifs à ses relations avec la Cour africaine des droits de l'homme et des peuples ainsi que d'autres mécanismes des droits de l'homme sont également disponibles sur le site internet.

Toutefois, le site web doit être modernisé et la navigation rendue plus dynamique et facilitée. L'interface a besoin d'un lifting et les liens électroniques rendus plus fonctionnels. On peut regretter également que la plupart des documents ne soit pas accessibles en portugais, en arabe voire en français. Il urge également de travailler sur le visuel du site qui peut paraître parfois terne. Une nouvelle carte graphique répondant aux critères d'un site internet moderne devrait être envisagée.

Pour l'ensemble des documents, la Commission a besoin d'une politique graphique pour l'utilisation et l'uniformisation de la police, de la taille des textes, des lettres minuscules, majuscules et italiques en gras ou pas et des interlignes ou encore la ponctuation. Une plus grande rigueur devrait accompagner la rédaction des textes sur le plan formel et leur traduction dans d'autres langues, rapports et autres pour plus de consistance et de cohérence. Dès lors, une harmonisation en la matière est souhaitable.

---

[486] Fiches d'information n°s 2 et 3.

Force est de constater que tous les documents ne portent pas toujours des cotes alors qu'ils sont indispensables pour référencer et identifier les documents. Ces cotes devraient être identiques pour toutes les versions linguistiques. Si les résolutions et les décisions issues des communications portent des cotes, ce n'est pas le cas des rapports de missions des Commissaires, les rapports d'activités soumis à l'UA, les rapports périodiques des Etats ainsi que les observations conclusives adoptées à l'issue de leur examen, les soumissions des INDH, les rapports alternatifs des OSC et les communiqués finaux de la Commission. L'absence de cotes ne facilite pas la navigation sur le site internet et la recherche de documents. Un effort conséquent est nécessaire à cet effet.

1.3. L'annuaire africain des droits de l'homme

C'est une initiative conjointe des trois institutions majeures du système africain des droits de l'homme à savoir la CADHP, le CAEDBE et la CAfDHP. Cette publication participe également de l'œuvre de promotion des instruments régionaux applicables par ces trois organes de supervision des droits de l'homme et de règlement des différends. L'annuaire est un espace ouvert à des recherches, des études sur la promotion, la protection, la mise en œuvre et la supervision des droits de l'homme en Afrique. C'est aussi un creuset fécond, un espace de dialogue et un forum d'interaction constructive entre experts, commissaires et juges mais également avec les universités, les centres de recherches, les étudiants chercheurs et les observateurs des droits de l'homme en Afrique. Le premier volume a été publié en 2017[487] suivi des volumes 2 (2018), 3 (2019) et 4 (2020)[488]. Ils sont disponibles sur le site internet de la CAfDHP. Les contributions sont publiées dans leur langue d'origine (français et anglais).

1.4. Les séminaires et les conférences

La Commission peut légitimement s'enorgueillir d'avoir organisé elle-même ou participé à une pléthore de séminaires et de conférences organisées par des Etats, des organisations internationales, des universités, des institutions académiques et des ONG. Chaque année, la Commission définit une série de thèmes sur lesquels il entend organiser des conférences et séminaires. Ainsi, en 2000, la Commission a retenu les formes contemporaines d'esclavage, le

---

[487] African Human Rights Yearbook/Annuaire Africain des Droits de l'Homme, Volume 1 (2017), *Pretoria University Law Press (PULP)*, University of Pretoria, 385 pages (préface de la CfDHP).

[488] African Human Rights Yearbook/Annuaire Africain des Droits de l'Homme, Volume 2 (2018), Pretoria University Law Press (PULP), University of Pretoria, 521 pages (préface de la présidente de la CADHP) ; 2019 (Volume 3) avec 501 pages et 2020 (Volume 4), 518 pages.

droit à l'éducation et au développement, la liberté de circulation et le droit d'asile en Afrique, le droit des personnes handicapées en Afrique, les droits économiques, sociaux et culturels en Afrique, la liberté d'expression en Afrique et la prévention de la torture[489]. Un séminaire sur la liberté d'expression et la Charte africaine a été organisé du 22 au 25 novembre 2000 en Afrique du Sud. Le défi réside dans le fait que la Commission ne dispose pas toujours des ressources financières pour satisfaire ses engagements. Elle est donc dépendante de l'agenda et des thématiques de ses partenaires qui invitent les Commissaires à leurs séminaires et conférences. Cela contraint la Commission à reconduire sur plusieurs années des thématiques qui n'ont pu faire l'objet de séminaires ou de conférences selon la programmation initiale. Ainsi, les thématiques prévues pour l'année 2000 se retrouvent sur l'agenda de 2001[490], de 2004[491], 2005[492] et 2006[493] avec de nouvelles thématiques qui viennent rallonger la liste. Dans son Plan Stratégique (2003-2006), la Commission avait prévu 19 séminaires et a réitéré sa décision d'organiser les séminaires prévus, ce qui ne fut pas le cas faute de ressources. Ces ambitions étaient également affichées dans le plan stratégique 2015-2019. La Commission a prévu, pour les besoins des séminaires de sensibilisation d'organiser au moins deux grands séminaires par an pour les groupes cibles identifiés avec un budget de 1.625.000 USD sur la période considérée. Il est également prévu des séminaires bisannuels pour les magistrats nationaux sur la mise en œuvre des décisions de la Commission[494].

1.5. La lettre d'information

Depuis 2012, la Commission africaine produit, en partenariat avec l'Institut danois des droits de l'homme (IDDH) et le Forum africain pour le contrôle

---

489 Communiqué final de la 27ème session ordinaire (Alger, 27 avril au 11 mai 2000), § 14 et Communiqué final de la 28ème session ordinaire (Cotonou, 23 octobre au 6 novembre 2000), § 17.

490 La quasi-totalité des thèmes de 2000 sont reconduits en 2001, notamment les formes contemporaines d'esclavage, le droit à l'éducation et au développement, la liberté de circulation et le droit d'asile en Afrique, le droit des personnes handicapées en Afrique, les droits économiques, sociaux et culturels en Afrique, la prévention de la torture auxquels il faut ajouter deux nouveaux thèmes portant sur le règlement pacifique des conflits dans une perspective des droits de l'homme et la situation des réfugiés et personnes déplacées (Communiqué final de la 30ème session ordinaire (Banjul, 13 au 27 octobre 2001), § 18.

491 Communiqué final de la 36ème session ordinaire (Dakar, 23 novembre au 7 décembre 2004), § 18.

492 Communiqué final de la 35ème session ordinaire (Banjul, 21 novembre au 5 décembre 2005), § 17.

493 Communiqué final de la 40ème session ordinaire (Banjul, 15 au 29 novembre 2006), § 20.

494 Plan stratégique de la Commission africaine, 2015-2019, Implementation Matrix, pp. 1 et 5.

civil de l'activité policière (APCOF), une lettre d'information[495] sur la « police et les droits de l'homme en Afrique ». Elle analyse, à la lumière des dispositions pertinentes de la Charte africaine, les actions et les interventions de la police dans ses missions de maintien et de rétablissement de l'ordre et de la sécurité, dans l'administration de la justice, notamment l'arrestation, l'interpellation et l'audition des prévenus mais également dans la conduite des enquêtes préliminaires, la collaboration avec les magistrats du Parquet, les juges de siège et les organisations de la société civile. Les renforcements des capacités des agents de la police et leurs contributions au renforcement de la démocratie, de la gouvernance et la promotion et la protection des droits de l'homme en Afrique sont également mis en exergue.

1.6. La Journée africaine des droits de l'homme et des peuples

En 1986, la Commission a désigné le 21 octobre comme Journée africaine des droits de l'homme et des peuples[496] célébrée chaque année. La Commission se dit convaincue de la vertu éducative de cette célébration. Elle offre en effet des opportunités pour « diffuser plus largement les instruments internationaux ou régionaux et les droits de l'homme et libertés fondamentales qu'ils proclament, et suscitent un renouveau d'intérêt pour ces droits et libertés tout en les faisant mieux comprendre »[497].

2. La coopération avec d'autres mécanismes africains et internationaux

L'intégration de la dynamique des droits de l'homme dans le fonctionnement des institutions politiques est exprimée par l'AU qui l'a matérialisée lors de la 32ème session ordinaire de la Conférence des Chefs d'Etat et de gouvernement. Il a été décidé que la mise en œuvre de son Agenda 2063 dépend aussi d'une réorganisation de ses institutions dans le creuset de l'Architecture africaine de la gouvernance (AGA), l'Architecture africaine de paix et de sécurité (APSA) et des cadres juridiques et politiques pertinents de l'UA régissant les droits de l'homme[498].

---

495 Elle est publiée chaque année au mois d'avril. Les numéros 1(2012), 2 (2013), 3 (2014), 4 (2015), 5 (2016), 6 (2017), 7 (2018) et 8 (2019) sont disponibles sur le site de la Commission africaine.

496 Résolution CADHP/Rés.1(V)89 sur la célébration d'une Journée africaine des droits de l'homme et des peuples.

497 *Op. cit,* préambule, § 5.

498 *Assembly/AU/Decl.8(XXXII)*, § 7. Voir aussi *Assembly/AU/Dec.718(XXXII)*, Décision sur le rapport du Conseil de paix et de sécurité, sur ses activités et l'état de la paix et de la scéurité en Afrique - *Doc. Assembly/AU/6(XXXII),* § 19.

La coopération entre les mécanismes africains des droits de l'homme est une donc exigence stratégique de l'UA. La Stratégie africaine des droits de l'homme de l'Union souligne que sa finalité est « d'instaurer une meilleure coopération entre organes et institutions de l'UA dans le cadre de l'architecture africaine de la gouvernance (AGA), de l'architecture africaine de Paix et de Sécurité (APSA) (Dec. EX.CL/619 XVIII), du Cadre de la Politique humanitaire, du plan d'action pour « Une Afrique Digne des Enfants », de la Décennie de la Femme africaine 2010-2020 et de la convergence des efforts vers la mise en œuvre de l'Agenda 2063 de l'UA. L'AGA prévoit une plateforme visant à soutenir les Etats membres dans leurs efforts de promotion d'une gouvernance démocratique et participative fondée sur de solides principes des droits de l'homme. Une Architecture de protection de l'enfant pour le continent, en tant que sous-thème de l'APSA est également envisagée[499].

En 2020, lors de sa 36ème session ordinaire, le Conseil exécutif de l'UA avait demandé à la Commission africaine de « faire régulariser son statut comme organe de l'UA » [500] et chargé le Bureau de la Conseillère juridique d'examiner les instruments juridiques et le Règlement intérieur des organes de l'UA, d'identifier les domaines d'incohérence ou de conflit avec les autres instruments juridiques de l'UA, de conseiller les organes délibérants de l'UA sur des modifications à apporter et l'alignement, le cas échéant »[501].

La Stratégie africaine des droits de l'homme est un cadre directeur pour une action concertée de l'UA, des communautés économiques régionales (CER) et des Etats membres visant à renforcer le système africain des droits de l'homme. Elle a pour but de répondre aux défis actuels du système africain des droits de l'homme afin de garantir la promotion et la protection des droits humains sur le continent.

Avant l'officialisation de la coopération nécessaire entre organes des droits de l'homme au niveau continental, dans le but de renforcer cette coopération, la Commission a créé le Groupe de travail sur les questions spécifiques relatives au travail de la Commission par sa résolution CADHP/Res.77 (XXXVII)05 adoptée à sa 37ème session ordinaire (Banjul, 27 avril au 11 mai 2005). Son

---

[499] *Assembly/AU/Dec.718(XXXII),* Décision sur le rapport du Conseil de paix et de sécurité sur ses activités et l'état de la paix et la sécurité en Afrique, *Doc. Assembly/AU/6(XXXII),* § 19. Voir aussi *Assembly/AU/Decl.8(XXXII),* § 7.

[500]*Assembly/AU/Dec.200 (XI).* Voir aussi *EX.CL/Dec. 1080(XXXVI),* Décision sur le rapport d'activité de la Commission africaine des droits de l'homme et des peuples – *Doc. EX.CL/1205(XXXVI), § 6.*

[501] *Assembly/AU/Dec.757(XXXIII),* § 4 (Décision sur la gestion des conséquences et le rôle de supervision du président de la Commission de l'UA u sein de l'Union sur le fonctionnement de la CUA et d'autres organes de l'UA).

mandat[502] couvre notamment l'étude des questions relatives à la relation entre la Commission africaine et la Cour africaine des droits de l'homme et des peuples et la relation entre la Commission et les différents organes et institutions de l'Union Africaine[503].

2.1. La coopération avec les mécanismes africains

2.1.1. La relation entre la Commission et le Comité africain d'experts sur les droits et le bien-être de l'enfant (CADHP-CAEDBE)

En 2009, la Commission africaine a établi une relation formelle avec le Comité africain d'experts sur les droits et le bien-être de l'enfant (CAEDBE) dans le but de renforcer la coopération entre les deux mécanismes[504]. Elle a chargé la Rapporteur spéciale sur les droits de la femme en Afrique de faire le suivi de cette relation formalisée [505]. Dans sa résolution CADHP/Rés.144(XXXXV)09, la Commission a fait le constat selon lequel son mécanisme de Rapporteure spéciale sur les droits de la femme en Afrique ne couvre pas les droits de l'enfant en danger alors qu'il y a un « accroissement constant des violations graves des droits de l'enfant en Afrique »[506] d'une part et que d'autre part, il existe une complémentarité évidente entre le Protocole à la Charte africaine des droits de l'homme et des peuples relatif aux droits de la femme en Afrique qui prend en compte les droits de la petite fille et complète les dispositions de la Charte africaine des droits de l'homme et des peuples ainsi que celles de la Charte africaine sur les droits et le bien-être de l'enfant[507]. En effet, l'Observation générale conjointe de 2017 de la Commission africaine et du CAEDBE sur l'éradication du mariage des enfants a permis aux deux mécanismes de souligner les liens normatifs entre les trois instruments et la nécessaire coopération et complémentarité entre la Commission et le Comité dans leur mission de supervision. En règle générale, comme l'indique la cinquième partie du Règlement intérieur de la Commission, notamment son article 124, « la

---

502 Le mandat du Groupe de travail a été renouvelé par les résolutions CADHP/Rés.150 (XLV1) 09 et CADHP/Rés.280 respectivement en 2009 et en 2014. Celles de 2013 (CADHP/Rés.233 (EXT.OS/XIII) 13, 2015 (CADHP/Rés.311 (LVI1) 15) et de 2016 (CADHP/Rés. 328 (EXT.OS/XIX) 2016) ont procédé à sa reconstitution et à la modification de son mandat.

503 CADHP/Rés.77(XXXVII)05 (2005), § 7 a) à e) (38ème session ordinaire du 21 novembre au 5 décembre 2005 à Banjul) ; Voir aussi CADHP/Rés.80(XXXVIII)05 (2005), a) et c); CADHP/Rés.127(XXXXII)07 (2007), a) et c) (42ème session ordinaire tenue du 15 au 28 novembre 2007 à Brazzaville).

504 Résolution CADHP/Rés.144(XXXXV) 09, a).

505 *Ibid, in fine.*

506 Paragraphe préambuilaire 6 de la résolution.

507 Paragraphe préambulaire 4 de la résolution.

Commission établit des relations de coopération, lorsque cela s'avère nécessaire, avec tous les organes, institutions et programmes de l'Union africaine ayant un volet des droits de l'homme dans leur mandat», ce qui inclus bien évidemment la CAEDBE.

Plusieurs initiatives ont contribué au renforcement des liens institutionnels entre la Commission et le Comité, notamment la participation de la présidente de la Commission Soyata Maiga à la 23ème session ordinaire du Comité[508] en 2014 et celle de la Commissaire Maya Sahli Fadel à la 20ème session ordinaire du Comité (Addis Abeba, 12 au 16 novembre 2012)[509], la résolution CADHP/Res.66(XXXV)04 de 2004 de la Commission sur la situation des femmes et enfants en Afrique qui s'est préoccupée, notamment de « la déportation, l'esclavage, le trafic des enfants et la prolifération d'enfants des rues dans certains pays de notre continent »[510], de la participation du vice-président du Comité à la 51ème session ordinaire de la Commission[511], du deuxième vice-président du Comité à la 59ème session de la Commission[512]. D'ailleurs, dans la cadre de la commémoration de l'Année africaine des droits de l'homme, la Commission et le Comité ont respectivement organisé conjointement la cérémonie d'ouverture de leur 59ème session ordinaire et 28ème session ordinaire du 21 octobre au 4 novembre 2016 et du 21 octobre au 1er novembre 2016 à Banjul. En outre, dans sa résolution 292 sur la nécessité d'entreprendre une étude sur le mariage des enfants en Afrique adoptée à Kigali en 2014 lors de sa 16ème session extraordinaire, la Commission a demandé au Comité africain d'experts sur les droits et le bien-être de l'enfant d'apporter son appui et son expertise à la réalisation de ladite étude[513].

Par ailleurs, un atelier consultatif entre la Commission africaine, la Cour africaine et le CAEDBE s'est tenu les 11 et 12 août 2018 à Banjul pour examiner le projet de cadre conjoint de suivi de la conformité pour la mise en œuvre des décisions et recommandations des trois mécanismes en vue de dégager une position commune. Dans la même veine, une réunion tripartite a réuni les trois organes le 3 septembre 2018 à Arusha en Tanzanie afin de se pencher sur les documents pertinents élaborés par différents consultants, dans le cadre de la réforme institutionnelle de l'UA et portant sur les organes

---

508 Communiqué final de 55ème session ordinaire de la Commission, § 34 i) (Luanda, 28 avril au 12 mai 2014). Me Soyata Maiga a appelé au renforcement de la collaboration entre les organs et institutions de l'UA, notamment la Direction Femmes, Genre et Développement (WGDD) de l'UA à travailler en étroite collaboration avec le Comité afin de calaniser les préoccupations relatives aux filles en Afrique.

509 ACERWC/RPT(XX), § 14.

510 CADHP/Res.66(XXXV)04, paragraphe préambulaire 2.

511 Le Vice président Cyprien Adebayo Yanclo a fait une déclaration lors de cette 51ème session.

512 Communiqué final de la 59ème session ordinaire (Banjul, 21 octobre - 4 novembre 2016), §§ 1 et 11.

513 CADHP/Res.292(EXT.OS/XVI)2014, § 3.

judiciaires et quasi judiciaires de l'UA, en vue de dégager des pistes et points de vue communs à titre de contribution pour les orientations et discussions futures les concernant.

Le principe de la coopération de la Commission avec tous les organes et institutions de l'Union africaine qui jouissent d'un mandat des droits de l'homme est posé par l'article 136 du RI. Il faut noter que l'article 30 alinéa 7 du RI dispose que la « Commission peut tenir des sessions conjointes en consultation avec (...) le Comité des experts sur les droits et le bien-être de l'enfant ». Ces sessions conjointes offrent l'occasion de renforcer la coopération entre l'organe de règlement des différends et les deux mécanismes de supervision continentaux. L'article 137 du RI insiste sur la coopération entre les deux mécanismes dans l'exécution de leur mandat conformément à l'article 45 alinéa 1er iii) de la Charte africaine.

2.1.2. Les relations entre la Commission et la Cour africaine (CADHP – CAfDHP)

2.1.2.1. La collaboration au regard des textes

Le Protocole relatif à la Charte africaine portant création de la CAfDHP a été adopté en vertu de l'article 66 de la Charte africaine ayant créé la Commission africaine. Le règlement intérieur de la Commission entérine la complémentarité des deux organes (article 128) et résonne avec le chapitre II du règlement intérieur du 1er septembre 2020 de la Cour (articles 34 à 38). Les articles 128 à 135 du RI de la Commission portent sur les relations de la Commission avec la Cour. Au-delà des dispositions de l'article 45 alinéa 1er iii) de la Charte qui impose à la Commission de coopérer avec les autres institutions africaines ou internationales qui s'intéressent à la promotion et à la protection des droits de l'homme et des peuples, certaines dispositions du Protocole à la CADHP portant création de la Cour africaine définissent les liens de collaboration entre la Commission et la Cour. En effet, l'article 2 du Protocole dispose que :

> « La Cour, tenant dûment compte des dispositions du présent Protocole, complète les fonctions de protection que la Charte Africaine des Droits de l'Homme et des Peuples (ci-après dénommée « la Charte ») a conférées à la Commission Africaine des Droits de l'Homme et des Peuples (ci-après dénommée « la Commission ») ».

Cette liaison conventionnelle et fonctionnelle est corroborée par l'article 5 alinéa 1er a) du Protocole qui prévoit que la Commission africaine a qualité pour saisir la Cour et l'article 6 dont alinéa 1er dispose que la Cour peut solliciter l'avis de la Commission avant de statuer sur la recevabilité d'une requête introduite en application de l'article 5(3) du présent Protocole et alinéa 2 qui dit que « la Cour peut connaître des requêtes ou les renvoyer devant la Commission ». Aussi, l'article 33 du Protocole conforme un duo d'organes lorsqu'il dispose que « la Cour consulte la Commission chaque fois que de besoin ».

L'article 30 alinéa 7 du RI de la Commission dispose qu'elle peut tenir des sessions conjointes avec la Cour et l'article 36 alinéa 2 et 39 alinéa 1er a) du RI invoquent la possibilité de saisine de la Cour par la Commission, y compris en cas de situation de violations graves ou massives des droits de l'homme en faisant écho à l'article 5 du Protocole créant la Cour. En outre, l'article 128 du RI de la Commission fait référence aux différents textes qui établissent et organisent la collaboration nécessaire entre les deux institutions. D'autres aspects portent sur les consultations entre la Commission et la Cour (article 129) et la saisine de la Cour par la Commission (article 130). D'autres encore sont relatifs à la représentation de la Commission devant la Cour (article 132), au contenu des demandes et dossiers soumis à la Cour (article 133), à la transmission des affaires à la Cour et notification des parties (article 134) et à l'avis de la Commission sur la recevabilité d'une affaire en instance devant la Cour (article 131).

Au regard de l'article 36 du RI de la Cour, celle-ci peut « entendre la Commission en tant que requérant dans une requête devant elle » (alinéa 2), « entendre, en application de la règle 55 de son Règlement, l'individu ou l'ONG qui a saisi la Commission en vertu de l'article 55 de la Charte africaine » (alinéa 3), « demander à la Commission de mener des enquêtes » pour des vérifications des faits ou des enquêtes *in situ* (alinéa 4 *in fine*) et « réexaminer la décision de la Commission » (alinéa 5) lors de l'examen d'une requête introduite par la Commission et dans laquelle celle-ci a rendu une décision. Il faut noter que la Cour n'examine aucune requête ou demande d'avis consultatif concernant une affaire pendante devant la Commission, à moins que l'affaire n'ait été formellement retirée (article 37 de son RI).

La complémentarité de fonctions et d'objectifs des deux organes impose une collaboration renforcée. Les liens conventionnels entre la Charte africaine créant la Commission et le Protocole à la Charte africaine instituant la Cour condamnent les deux organes à collaborer. Par ailleurs, la Stratégie africaine des droits de l'homme *(Human Rights Strategy for Africa)*, la réforme Kagamé de l'UA ainsi que les préoccupations relatives au chevauchement des missions des deux organes appellent à une coopération soutenue.

Le Plan stratégique 2015-2019 tout comme la résolution CADHP/Rés. 402(LXIII)2018 de la Commission soulignent l'importance de la complémentarité et l'opérationnalisation de celle-ci, y compris dans le Règlement intérieur des deux organes[514]. Avant même l'opérationnalisation de la Cour en 2006, la Commission a adopté plusieurs résolutions sur les conséquences juridiques de la fusion entre la CAfDHP et la Cour de justice de l'UA[515] et celles appelant les Etats à ratifier le Protocole facultatif instituant la Cour[516] puis, après l'entrée en vigueur du Protocole, celles invitant les Etats à faire la déclaration de l'article 34 alinéa 6 du Protocole garantissant à la Cour la reconnaissance et la compétence requises pour être directement saisie par des particuliers et des ONG.[517].

2.1.2.2. La collaboration pratique et opérationnelle

D'autres initiatives de la Commission ont visé les relations institutionnelles avec la Cour[518]. La résolution CADHP/Rés.127(XXXXII)07 a, en effet, mis en place un groupe de travail sur les questions spécifiques relatives au travail de la Commission à qui elle a confié une étude sur « les relations entre la Commission africaine et la Cour africaine des droits de l'homme et des peuples, les relations entre le Bureau de la Commission africaine et le Secrétariat de la Commission et les relations entre la Commission africaine et les différents organes et institutions de l'Union Africaine[519]. Préoccupée par le manque de moyens, notamment financiers, la Commission a lancé dès 2006 un appel à l'endroit des organes compétents de la Commission de l'UA pour la création d'un fonds de contributions volontaires pour le système africain des droits de l'homme dans sa résolution CADHP/Rés.96(XXXX)06. Ce fonds est censé profiter également à la Cour.

En outre, la Cour a renvoyé à la Commission africaine certaines affaires conformément à l'article 6(3) du Protocole créant la Cour[520] et la Commission a également renvoyé certains dossiers à la Cour. La première affaire traitée par la Cour a été transférée par la Commission africaine[521].

---

[514] Plan Stratégique de la Commission africaine 2015-2019, § 17.
[515] CADHP/Res.76(XXXVII)05
[516] Résolutions CADHP/Res.29(XXIV)98; CADHP/Res.60(XXXI)02 ; CADHP/Res.74(XXXVII)05; CADHP/Res.177(CLXXVII)10 et CADHP/Rés.226 (LII)2012.
[517] *Ibid.*
[518] CADHP/Rés.127(XXXXII)07; CADHP/Rés. 402 (LXIII) 2018.
[519] CADHP/Rés.127(XXXXII)07, 3ème point des paragrpahes opérationnels. Voir aussi CADHP/Res.77 (XXXVII)05.
[520] EX.CL/1057(XXXII), § 14 [rapport d'activités de la CAfDHP soumis au Conseil exécutif (Trente-deuxième session ordinaire 22 - 26 janvier 2018 Addis-Abeba (Ethiopie)].
[521] Communiqué final de la 50ème session ordinaire de la Commission (24 octobre - 5 novembre 2011), §§ 20 à 21 (Discours du juge Fatsah Ouguergouz devant la Commission).

Les deux organes ont inscrit à leur agenda institutionnel deux types de réunions : la Réunion annuelle des bureaux conjoints et la Réunion conjointe annuelle. Par exemple en 2018, il y a été organisé pas moins de quatre rencontres entre la Commission et la Cour africaines. A la 11ème Réunion annuelle des bureaux conjoints de la Commission et de la Cour du 9 août 2018 à Banjul au cours de laquelle les deux mécanismes ont adopté notamment le rapport de la dixième Réunion des bureaux, évalué l'état d'avancement de la mise en œuvre des décisions adoptées lors de la 10ème Réunion des bureaux et de la sixième Réunion conjointe annuelle. Elles ont également préparé et organisé la septième Réunion conjointe annuelle de la Cour et de la Commission africaines et échanger sur les différentes activités conjointes. Dans le même mois, s'est tenue la 7ème réunion conjointe annuelle Commission-Cour dont l'objectif général était le suivi de la mise en œuvre des recommandations adoptées lors de la précédente réunion en vue de renforcer la complémentarité des deux institutions et d'améliorer la collaboration entre elles.

Toujours dans le même mois, les juges de la Cour et les Commissaires de la Commission ont, cette fois-ci, organisé un atelier consultatif avec les experts du CADBE du 11 au 12 août 2018 pour « examiner le projet de cadre conjoint de suivi de la conformité pour la mise en œuvre des Décisions et recommandations de la Commission, de la Cour africaine et du Comité en vue de dégager une position commune entre les trois organes » [522]. Ces concertations tripartites se sont poursuivies le 3 septembre 2018 à Arusha en Tanzanie afin de « se pencher sur les documents pertinents élaborés par différents consultants, dans le cadre de la réforme institutionnelle de l'UA et portant sur les organes judiciaires et quasi judiciaires de l'UA, en vue de dégager des pistes et points de vue communs à titre de contribution pour les orientations et discussions futures, les concernant. Des recommandations ont été formulées et ont été transmises à l'UA »[523].

---

[522] 45ème rapport d'activités de la Commission africaine, § 15.
[523] *Op. cit,* § 16.

Tableau n° 9

	Réunion annuelle des bureaux conjoints de la Commission + Cour)	**Réunion annuelle de la Commission + Cour)**	**Réunion tripartite (CADHP+CAfDHP+ CAEDBE)**
1ère réunion		Alger (Algérie), 26 et 27 juillet 2012	Banjul (Gambie) le 12 août 2018
2ème	Alger (Algérie), le 24 juillet 2012	Nairobi (Kenya), le 18 au juillet 2013 à	
3ème	Addis-Abeba (Éthiopie), le 29 janvier 2013		
4ème	Nairobi (Kenya), le 17 juillet 2013		
5ème	Addis Abeba (Éthiopie), 24 janvier 2014		
7ème		Dakar (Sénégal) du 8 au 11 août 2017. Banjul (Gambie), du 9 au 11 août 2018 [EX.CL/1126 (XXXIV)]	

Par ailleurs, le Règlement intérieur provisoire adopté par la Cour en juin 2008 lors de sa 9ème session a été harmonisé suite aux réunions conjointes des deux organes à Arusha en juillet 2009, à Dakar en octobre 2009 et à Arusha en avril 2010, ce qui a permis à la Cour d'intégrer dans son Règlement intérieur les dispositions touchant à ses relations avec la Commission lors de sa 17ème session ordinaire en 2010 (Arusha, 31 mai - 11 juin 2010). Le nouveau Règlement intérieur du 1er septembre 2020 consacre son article 35 à l'harmonisation des Règlements intérieurs des deux organes.

Dans l'ordre du jour de sa 50ème session (Banjul, 24 octobre – 5 novembre 2011), la Commission avait inscrit un point dédié au « transfert des affaires à la Cour africaine ». Lors de leur 3ème rencontre à Arusha en avril 2010, les deux mécanismes ont décidé d'institutionnaliser leur collaboration, notamment par une rencontre annuelle, et autant de réunions que de besoin au niveau de leurs bureaux respectifs[524]. Depuis lors, la Cour participe à l'ouverture et aux sessions publiques de la Commission[525]. De son côté, la Commission africaine a également participé à la Conférence continentale sur la promotion de la Cour organisée par celle-ci en mars 2011[526]. Elle était également représentée aux séminaires organisés par la Cour à Yaoundé au Cameroun et à Abidjan en Côte d'Ivoire en 2013 et une délégation du Secrétariat de la Commission a effectué une visite d'étude à la Cour du 25 novembre au 6 décembre 2013[527].

L'*affaire Hissein Habré* traitée par la Cour a été transmise par la Commission en 2008. La Commission est également la requérante dans les affaires n° 002/2011 - *Soufiane Ababou c. République algérienne démocratique et populaire*, n° 005/2011 - *Daniel Amare et Mulugeta Amare c. République du Mozambique et Mozambique Airlines*, n° 008/2011 – *Ekollo Moundi Alexandre c. Cameroun et Nigéria*, n° 002/2013, *Commission c. Libye*[528] et n° 019/2015. *Femi Falana c. Commission*[529]. S'estimant incompétente pour les requêtes 002/2011, 005/2011 et 008/2011, motif pris de ce que les États défendeurs n'avaient pas déposé la déclaration prévue à l'article 34 (6) du Protocole, même s'ils avaient déjà ratifié celui-ci, la Cour a, en application de l'article 6 alinéa 3 du Protocole à la Charte, renvoyé ces affaires devant la Commission africaine qui était, elle, requérante dans l'affaire *Commission africaine des droits de l'homme et des peuples c. Jamahiriya arabe libyenne socialiste et populaire* (requête 004/2011) soumise le 16 mars 2011[530] ou encore celles de *Commission africaine des droits de l'homme et des peuples*

---

[524] *EX.CL/650 (XVIII), § 24.* Voir aussi le paragraphe 16. Voir aussi *EX.CL/718 (XX) § 66.*

[525] Le juge Gerard Niyungeko, président de la Cour africaine, 48ème session ordinaire (Banjul, 10 au 24 novembre 2010, voir le Communiqué final, §§ 22 à 24) ; le juge Fatsah Ouguergouz à la 50ème en 2011 (24 October - 5 November 2011, voir le Communiqué final, §§ 20 et 21), le juge Sylvain Oré, président de la Cour africaine en 2012 à la 51ème session ordinaire (Banjul, 18 avril au 2 mai 2012, voir Communiqué final §§ 18 à 19), le juge Sylvain Oré en 2013 à la 53ème session ordinaire (Banjul, 9 au 23 avril 2013, voir Communiqué final, §§ 16 à 18), le juge Kimelabalou Aba, représentant la Cour africaine à la 54ème session ordinaire (Banjul, 22 octobre - 5 novembre 2013, voir Communiqué final, § 11), le juge Bernard Ngoepe, vice-président de la Cour africaine en 2014 à la 55ème session ordinaire (Luanda, 28 avril – 12 mai 2014, voir Communiqué final, § 12) et la juge Bensaoula Chafika à la 61ème session ordinaire et à la célébration du trentième anniversaire de la Commission (Banjul, 30 octobre au 5 novembre 2017, voir rapport d'activités de la Cour, *EX.CL/1057(XXXII), § 35 viii)*. Voir aussi *EX.CL/999(XXX), § 29.*

[526] *EX.CL/718 (XX), § 68.*

[527] *EX.CL/825(XXIV), §§ 89 à 90.*

[528] Arrêt par défaut rendu le 3 juin 2016.

[529] Ordonnance portant radiation de la requête, rendue le 18 mars 2016.

[530] EX.CL/825(XXIV), § 19.

c. République du Kenya (Requête 006/2012)[531] et de *Commission africaine des droits de l'homme et des peuples c. Libye*[532].

2.1.3. Les relations entre la Commission et Mécanisme africain d'évaluation par les pairs (MAEP)

La Commission africaine a adopté en 2010 la résolution 168 [533] sur la coopération entre la Commission et le Mécanisme africain d'évaluation par les pairs (MAEP) qui vise spécifiquement l'article 45(1) iii) de la Charte africaine. Dans cette résolution, la Commission souligne la nécessité de poursuivre la coopération entre le MAEP et la Commission et ses mécanismes spéciaux d'autant plus qu'elle a « la capacité de mener des évaluations techniques sur des questions relatives aux droits de l'homme, à la démocratie et à la gouvernance au cours du processus d'évaluation par les pairs »[534]. En outre, elle rappelle qu'une étape du MAEP requiert, après l'adoption du rapport d'évaluation par la Conférence des Chefs d'Etat et de gouvernement, sa soumission aux structures régionales et sous régionales auxquelles elle fait partie[535]. Considérant que le respect et la protection des droits et libertés fondamentaux font partis des indicateurs principaux du MAEP, la Commission a estimé que la coopération avec le mécanisme du MAEP devrait passer par l'institutionnalisation de la coordination. Elle avait donc désigné un de ses membres pour assurer la liaison par un point focal[536].

La mise en place de ce cadre de collaboration avec le MAEP vient renforcer d'autres décisions déjà initiées par la Commission africaine, notamment en 2008. En effet, par la résolution CADHP/Rés.140(XXXXIV)08 sur les missions conjointes de promotion, la Commission avait considéré que l'article 45 de la Charte lui imposait, dans le cadre de l'exécution de sa mission de promotion et de protection des droits de l'homme, de coopérer avec les autres institutions africaines ou internationales qui s'intéressent à la promotion et à la protection des droits de l'homme et des peuples. C'est pourquoi, elle a pris trois décisions importantes portant sur :

- l'adoption d'une approche à volets multiples pour l'élimination des causes des violations des droits de l'homme en Afrique à travers des missions conjointes avec d'autres institutions africaines ou

---

[531] *Op. cit,* § 22.
[532] *Ibid.*
[533] CADHP/Rés.168 (XLVII1) 10 (2010) adopté lors de la 48ème session ordinaire qui a eu lieu du 10 au 24 novembre 2010 à Banjul.
[534] Paragraphe préambuilaire 6 de la résolution.
[535] *Op. cit,* paragraphe préambuilaire 5 de la résolution.
[536] C'est la Commissaire Pansy Tlakula d'Afrique du Sud qui a été désignée point focal.

internationales œuvrant dans la promotion et la protection des droits de l'homme[537] ;

- l'élaboration des lignes directrices sur la conduite des missions conjointes entre les organisations africaines et les organismes régionaux et internationaux[538] ;

Dans l'attente des lignes directrices, les missions conjointes pourraient se dérouler dans les conditions accordées par les membres du bureau[539].

En 2016, le MAEP a participé à la cérémonie d'ouverture de la Commission aux côtés la Cour africaine des droits de l'homme et des peuples, la Commission de l'Union africaine sur le droit international, le Conseil consultatif de l'Union africaine sur la corruption, le Département des Affaires politiques de la CUA [540]. Lors de la 20ème session extraordinaire de la Commission (9-18 juin 2016), une réunion s'est tenue avec une délégation du MAEP sur les domaines possibles de coopération et de collaboration entre les deux organes. Depuis lors, la coopération entre la Commission et le MAEP évolue dans le sens de son renforcement. Ainsi, à la suite de la rencontre intervenue lors du 28ème Sommet de l'Union africaine (22 au 31 janvier 2017 à Addis-Abeba) entre le bureau de la Commission, les membres du Secrétariat du MAEP et une délégation du MAEP conduite par Brigitte Mabandla du Panel des éminentes personnes du MAEP et le professeur Eddy Maloka, Directeur général du Secrétariat du MAEP, un projet de protocole d'accord[541] entre le MAEP et la Commission a été engagé lors de la 60ème session ordinaire de la Commission à Niamey (8-22 mai 2017)[542]. Au cours de cette session, ont eu lieu les première discussions interactives en plénière de la Commission avec le MAEP sur les rapports d'évaluation du Sénégal et de l'Ouganda[543] conformément au paragraphe 25 du Document de base du MAEP qui engage le mécanisme à présenter officiellement et publiquement le rapport de revue aux structures régionales et sous régionales, notamment la Commission dans les six mois qui suivent la tenue de l'évaluation. Le renforcement des échanges d'informations et de collaboration entre les deux mécanismes s'est poursuivi en 2018 lors de la 63ème session ordinaire de la Commission (Banjul, 24 octobre au 13 novembre 2018) avec la présentation des rapports de revue du Tchad, de Djibouti et du Sénégal[544].

---

537 CADHP/Rés.140(XXXXIV)08, paragraphe préambulaire 9.

538 *Op. cit,* paragraphe préambulaire 10.

539 Paragraphe préambulaire 11 de la résolution CADHP/Rés.140(XXXXIV)08.

540 59ème session ordinaire de la Commission, Banjul, 21 octobre au 4 novembre 2016.

541 42ème rapport d'activités de la CADHP, § 11.

542 *Op. cit,* § 8 (v).

543 *Op. cit,* § 24.

544 45ème rapport d'activités de la CADHP, § 20.

2.1.4. La coopération avec le Conseil de Paix et de Sécurité (CPS) de l'UA

L'article 19 intitulé « relations avec la Commission africaine des droits de l'homme et des peuples » du Protocole relatif à la création du Conseil de paix et de sécurité[545] de l'UA dispose :

> « Le Conseil de paix et de sécurité établit une coopération étroite avec la Commission africaine des droits de l'homme et des peuples pour tout ce qui est des questions relevant de ses objectifs et de son mandat. La Commission africaine des droits de l'homme et des peuples porte à l'attention du Conseil de paix et de sécurité toute information en rapport avec les objectifs et le mandat du Conseil de paix et de sécurité ».

Par ailleurs, les Méthodes de travail du CPS du 8 août 2007 prévoient la tenue d'une réunion consultative annuelle qui a lieu tous les mois d'août avec la CADHP sur la situation des droits de l'homme dans les zones de conflit sur le continent[546]. Dans son Communiqué PSC/PR/COMM.(DCCCLXVI) adopté le 8 août 2019 lors de sa 866ème réunion à Addis-Abeba et consécutive à la première réunion consultative de la Commission africaine et du Conseil de paix et de sécurité de l'UA, le CPS a souligné l'importance d'intégrer les droits de l'homme dans toutes les phases de résolution d'un conflit, de la prévention aux situations post-conflit en Afrique[547] et s'est engagé à apporter tout son soutien à la CADHP pour obtenir l'accès au pays où le CPS a demandé l'ouverture d'enquête sur les questions des droits de l'homme dans les situations de conflit ou de crise[548]. En écho à la résolution CADHP/RES. 332 (EXT.OS/XIX) 2016 de la Commission sur les droits de l'homme dans les situations de conflit, le CPS a décidé en 2019 de :

I. « Tenir des réunions consultatives conjointes annuelles entre le CPS et la CADHP, alternativement à Addis-Abeba et à Banjul ;

II. Recevoir régulièrement de la CADHP des communications sur les questions relatives aux droits de l'homme sur le continent, chaque fois que les deux organes le jugent nécessaire ;

III. Communiquer les décisions sur les questions de paix et de sécurité, en mettant un accent particulier aux droits de l'homme, tout en

---

545 Il a été adopté par la première session ordinaire de la Conférence de l'Union africaine à Durban, Afrique du Sud, le 9 juillet 2002.

546 Communiqué [PSC/PR/Comm.(LXXXV)] adopté lors de sa 85ème réunion tenue le 8 août 2007.

547 PSC/PR/COMM.(DCCCLXVI), § 7.

548 *Op. cit,* § 9.

assurant la cohérence et la complémentarité des processus de prise de décision ;

IV. Faire des droits de l'homme, la paix et la sécurité un ordre du jour thématique permanent du CPS à travers lequel les questions thématiques identifiées des droits de l'homme liées à paix et à la sécurité seront traitées ;

V. Tenir des interactions régulières entre le Président du CPS et le Président de la CADHP ou la personne focale sur les droits de l'homme dans les situations de conflit, sur des questions d'intérêt commun, y compris à travers la vidéoconférence ;

VI. Entreprendre des missions conjointes de terrain dans des situations de conflit ou post-conflit en Afrique, chaque fois que cela est jugé nécessaire par le CPS ;

VII. Assurer la clarté dans l'autorisation des missions d'enquête, afin de faciliter le travail de la CADHP »[549].

Dans sa résolution 332, la Commission a noté que la promotion de la paix, la sécurité et la stabilité en Afrique est inscrite comme objectif à l'article 3 f) de l'Acte constitutif de l'UA et que l'article 3 f) du Protocole portant création du Conseil de paix et de sécurité a, pour objectif, de protéger « les droits de l'homme » et « le respect du caractère sacré de la vie humaine ainsi que du droit humanitaire international », ce qui résonne avec l'article 23 de la Charte africaine qui garantit les droits à la paix et à la sécurité. La Collaboration et la coordination des activités des droits de l'homme de la Commission et celles relatives à la recherche de la paix et de sécurité s'imposaient comme l'a souligné la résolution CADHP/RES. 332 (EXT.OS/XIX) 2016[550]. Au regard de son mandat en vertu des articles 30 et 45 de la Charte africaine et de ses missions au titre des articles 46 et 58 de la Charte, la Commission peut jouer un rôle déterminant en matière de violations graves ou massives des droits de l'homme et des peuples et de l'intégration des questions des droits de l'homme dans le cadre de la prévention, de la gestion et du règlement des conflits. La Commission a ainsi mené des études comme celle intitulée « Traiter les droits de l'homme dans les situations de conflit », ou celle relative à la justice transitionnelle et les droits de l'homme et des peuples en Afrique, et adopté plusieurs résolutions (CADHP/Rés.117 (XLII) 07, CADHP/Rés.157 (XLVI) 09, CADHP/Rés.207 (L) 11 et CADHP/Rés.276 (LV) 14) ainsi que d'autres instruments pratiques qui précisent les principes et donnent des orientations opérationnelles aux Etats.

---

[549] *Op. cit,* § 12 i) à vii).
[550] CADHP/Rés. 332 (EXT.OS/XIX) 2016, § 2.

L'article 99 du RI de 2020 de la Commission dispose qu'en cas de situations de violations graves ou massives des droits de l'homme révélées par des communications, elle peut saisir le Conseil de paix et de sécurité. La première réunion consultative de la Commission africaine et du Conseil de paix et de sécurité de l'UA, prévue en vertu de l'Article 19 du Protocole du CPS, a eu lieu le 8 août 2019 (PSC/PR/COMM.(DCCCLXVI)) et la seconde le 8 octobre 2020 (PSC/PR/COMM.(CMLIII)).

Nul doute que le défi reste immense. L'observation des crises humanitaires en Afrique révèle notamment que la dimension politique prend vite le pas sur les exigences des droits de l'homme. Les résultats mitigés de la stratégie de l'UA « Faire taire les armes » d'ici à 2020 en est l'illustration.

2.2. La coopération avec les mécanismes internationaux

La Commission entretient des relations de coopération avec le Haut-Commissariat des Nations Unies pour les réfugiés, le Haut-Commissariat des Nations Unies aux droits de l'homme et la Commission interaméricaine des droits de l'homme.

2.2.1. Les relations entre la Commission et le Haut-Commissariat des Nations Unies pour les réfugiés

La première conférence ministérielle de l'Union Africaine sur les droits de l'homme en Afrique réunie le 8 mai 2003 à Kigali au Rwanda a adopté une Déclaration (Déclaration de Kigali) qui a lancé un appel à la solidarité internationale et sollicité un appui de la communauté internationale à l'Afrique pour trouver des solutions durables aux problèmes des réfugiés, des rapatriés et des personnes déplacées dans leur propre pays. Elle s'est également félicitée de la conclusion d'un Mémorandum d'Accord entre la Commission africaine des droits de l'homme et des peuples et le Haut-Commissariat des Nations Unies pour les réfugiés (HCR)[551].

En effet, pour mieux promouvoir leur coopération afin de mieux assurer conjointement la promotion et la protection des droits des réfugiés et des personnes déplacées à l'intérieur de leur pays en Afrique (PDIP), les discussions entre les deux institutions ont conduit, en octobre 2001 lors de la 30ème session ordinaire de la Commission à Banjul (13 au 27 octobre 2001) à des propositions concrètes du Haut-Commissaire pour les réfugiés. La

[551] Déclaration de Kigali 2003, § 15. Pour le texte du Mémorandum d'Accord, voir le 16ème rapport d'activités de la Commission africaine, Annexe IV.

possibilité de conclure un Mémorandum d'Accord a également été ainsi suggérée[552]. Pour la maturation de ces propositions, des discussions ont été organisées en 2002 entre les membres de la Commission et les experts du HCR en marge de la 31ème session ordinaire de la Commission à Pretoria en Afrique du Sud (2-16 mai 2002). Le Mémorandum d'Accord a été signé à Niamey au Niger lors de la 33ème session ordinaire de la Commission (15 au 29 mai 2003) après une réunion de consultation qui a eu lieu du 20 au 21 mars 2003 à Addis-Abeba, Ethiopie[553]. La session ordinaire suivante de la Commission a permis de discuter et d'adopter les modalités d'opérationnalisation du Mémorandum d'Accord[554]. Ainsi, il a été mis en place un mécanisme commun d'exécution[555] matérialisé par un point focal dans chaque institution, la participation de la Commission au Comité de coordination sur l'assistance aux réfugiés en tant que membre et l'implication par les deux institutions de la Division des affaires humanitaires, des réfugiés et des personnes déplacées de la Commission de l'Union Africaine (CUA) ainsi que des domaines d'intervention[556] portant sur l'incitation à la soumission des communications relatives aux violations des droits des réfugiés, des rapatriés, des demandeurs d'asile et des apatrides, et l'intégration et la prise en compte de la dimension humanitaire dans les missions de promotion, les rapports périodiques étatiques et l'ordre du jour des sessions de la Commission.

Pour donner effet à ses engagements au titre du Mémorandum, la Commission a décidé lors de sa 35ème session ordinaire (Banjul, 21 mai au 4 juin 2004) d'établir un mécanisme spécial sur les réfugiés, les demandeurs d'asile et les personnes déplacées en Afrique et désigner le Commissaire Bahame Tom Mukirya Nyanduga comme détenteur du mandat. Par ailleurs, la résolution CADHP/Rés.72(XXXV1)04 adoptée lors de la 36ème session ordinaire de la Commission (Dakar, Sénégal, 23 novembre au 7 décembre 2004) et qui rappelle la signature du Mémorandum d'Accord a désigné Bahame Tom Mukirya Nyanduga, Rapporteur spécial, comme personne focale[557] de la Commission et a rencontré en mai 2014 les responsables du Bureau régional de liaison du HCR à Addis-Abeba, Éthiopie, afin de discuter de l'élaboration d'un plan plus détaillé des activités à entreprendre dans les domaines d'interaction définis dans les modalités d'opérationnalisation du Mémorandum d'Accord. La résolution 72 qui définit également le champ du mandat du Rapporteur spécial charge ce dernier de « coopérer et [d']engager

---

552 XVIème rapport d'activités de la Commission africaine, p. 13, § 44.
553 *Op. cit.*, pp.13-14, §§ 43-47.
554 XVIIème rapport d'activités de la Commission africaine, p. 8, § 43 et Annexe IV.
555 Pour les détails sur le mécanisme commun d'exécution, voir XVIIème rapport d'activités de la Commission africaine, Annexe IV, p. 45, § 1.
556 Pour les détails sur le mécanisme commun d'exécution, voir XVIIème rapport d'activités de la Commission africaine, Annexe IV, pp. 45-46, § 2 (2.1 à 2.5).
557 XVIIème rapport d'activités de la Commission africaine, p. 8, § 44.

le dialogue avec (…) les organisations intergouvernementales (…) les mécanismes internationaux et régionaux»[558] et invite, en outre, les autres Commissaires à intégrer la question des réfugiés, demandeurs d'asile et personnes déplacées dans leurs activités de promotion conformément à l'engagement pris en vertu du Mémorandum[559].

2.2.2. La collaboration entre la Commission et le Haut-Commissariat des Nations Unies aux droits de l'homme.

2.2.2.1. Le cadre de convergence et de renforcement mutuels

En 2010, lors du 14ème Sommet des Chef d'Etat et de gouvernement de l'UA, la Commission de l'UA et le Haut-Commissariat des Nations Unies aux droits de l'Homme (HCDH) ont signé un Mémorandum qui marque leur volonté partagée de coopérer plus étroitement en matière de promotion et de protection des droits de l'homme et du droit international humanitaire. L'accord prévoit l'assistance technique, le renforcement des capacités, et une coopération mutuelle soutenue dans le domaine des droits de l'homme. Ce Mémorandum confirme la volonté du HCDH de consolider ses relations avec l'Union africaine en matière des droits de l'homme en ouvrant déjà en 2002 un bureau de liaison à Addis-Abeba afin de renforcer ses liens avec l'Union africaine et ses mécanismes de protection des droits de l'homme et des peuples en Afrique.

En 2019, un autre Mémorandum a été signé comme le soulignait l'Ambassadeur Coly Seck du Sénégal, alors président du Conseil des droits de l'homme, qui s'adressait pour la première fois es-qualité à Addis Abeba aux Etats membres de l'UA le 18 février 2019. Un an plus tôt, s'est tenu le premier dialogue de Haut niveau sur les droits de l'homme entre l'Union africaine et les Nations Unies le 24 avril 2018[560] auquel ont participé, notamment la Commission africaine, la Cour africaine, le CAEDBE et le MAEP. Le dialogue de Haut niveau AU-ONU qui sera désormais organisé sur une base annuelle a débouché sur une volonté mutuelle de renforcer la coopération existante avec une attention particulière aux alertes précoces et à la prévention des conflits dans le cadre d'AGA et l'APSA, aux droits des femmes dans

---

558 CADHP/Rés.72(XXXV1)04 (2004), § 1 e).

559 *Op. cit*, § 4.

560 Ce dialogue de Haut niveau fait suite à la rencontre de mai 2017 entre le président de la Commission de l'UA, Moussa Faki Mahamat, la Commissaire aux affaires politiques de l'UA, Cessouma Minata Samate, le Commissaire à la paix et à la sécurité de l'Union, Smail Chergui, le Haut-Commissaire des Nations Unies aux droits de l'homme, Zeid Ra'ad Al Hussein et le *Under Secretary-General and Head of the UN-OAU*, Haile Menkerios.

l'Agenda 2030 de l'ONU et l'Agenda 2063 de l'UA, et de combattre la corruption[561].

Le 16 septembre 2019 marque une étape décisive dans la coopération entre la CADHP et le HCDH avec la signature d'un Protocole d'accord en 11 articles entre les deux institutions qui vise à « fournir un cadre de coopération, à formaliser et à renforcer la collaboration en cours entre la CADHP et le HCDH, sur une base non-exclusive, dans les domaines d'intérêt commun »[562]. Les domaines de coopération identifiés couvrent non seulement les échanges de vues et de bonnes pratiques, la promotion de la collaboration dans les domaines thématiques ou géographiques mais également le renforcement de capacités institutionnelles en matière des droits de l'homme, la participation des Commissaires de la Commission et des experts des Nations Unies à des commissions et missions d'enquêtes créées par les deux organes et la collaboration, et la coopération avec les institutions de l'UA et de l'ONU pour les alertes précoces. Le Protocole d'accord qui stipule que les parties procèdent par consultations, échanges d'informations, de publications et documents, est également destiné à :

> « Soutenir des actions conjointes entre les mécanismes internationaux des droits de l'homme et la CADHP, y compris ses mécanismes spéciaux, à travers notamment des visites de pays, des déclarations publiques, des communiqués de presse, des activités de sensibilisation, la participation aux événements organisés par l'une et l'autre, des recherches thématiques et la contribution au développement de la jurisprudence, des normes et standards internationaux et régionaux, ainsi que le suivi des recommandations émanant de ces organes »[563].

En 2012 déjà, à l'issue d'un dialogue entre les titulaires de mandat au titre des procédures spéciales du Conseil des droits de l'homme des Nations Unies (CDH) et la Commission africaine à Addis-Abeba en Éthiopie, du 17 au 18 janvier 2012, organisé par le HCDH en collaboration avec la Commission africaine et la Commission de l'Union africaine (CUA), une Feuille de route (Feuille de route d'Addis-Abeba) a été adoptée. Elle a prévu un cadre institutionnalisé sur les modalités régulières et systématiques de partage d'informations entre les procédures spéciales de la CDH et de la CADHP ainsi que la création d'un groupe de travail conjoint de nature restreinte, constitué

---

[561] Communiqué final du Dialogue de Haut-Niveau sur les droits de l'homme entre l'UA et l'ONU, § 13.

[562] Article 1er du Protocole d'accord signé entre Maitre Soyata Maïga alors présidente de la CADHP et Mme Michelle Bachelet, Haute-Commissaire des Nations Unies aux Droits de l'Homme.

[563] Article II (2.1) c). L'article II est consacré aux domaines de coopération.

de représentants des procédures spéciales de la CDH et de la CADHP afin de créer des synergies et développer une action commune et assurer un partage d'information systématique dans plusieurs domaines[564]. La Feuille de route vise à améliorer la coopération entre les procédures spéciales du Conseil des droits de l'homme des Nations Unies et les mécanismes spéciaux de la Commission africaine[565].

En marge de la 55ème session ordinaire de la Commission africaine à Luanda en Angola (28 avril – 12 mai 2014), s'est tenue le 27 avril 2014 une consultation entre les titulaires de mandat des procédures spéciales du CDH et de la Commission africaine consacrée à la revue de la Feuille de route adoptée en 2012 à Addis-Abeba. C'est une réaffirmation de la volonté et de l'engagement des deux mécanismes de renforcer la coopération dans la promotion et la protection de tous les droits de l'homme comme convenu dans la Feuille de route de 2012. Ainsi, des mesures à court terme[566], à moyen terme

---

[564] Conclusions du dialogue entre les titulaires de mandat au titre des procédures spéciales du Conseil des droits de l'homme de l'ONU et la Commission africaine des droits de l'homme et des peuples, Addis Abéba, Éthiopie, 17-18 janvier 2012, § 1 et 2.

[565]CADHP/Rés. 373 (LX) 2017 Résolution relative au Plan d'Action régional sur l'Albinisme en Afrique (2017-2021).

[566] Au titre des mesures à court terme, le CDH et la CADHP ont décidé de : i) s'engager à renforcer le partenariat dans l'organisation du Forum régional africain sur les entreprises et les droits de l'homme ; ii) inviter des Commissaires à la session d'initiation des nouveaux titulaires de mandat de procédures spéciales (septembre) en relation avec le partage des connaissances et d'enseignements entre pairs ; iii) proposer la contribution de Commissaires à la Formule Arria prévue sur la situation des personnes déplacées dans les conflits ; iv) la Commission a demandé à visiter la RCA en septembre et envisagé la possibilité d'une visite conjointe avec l'Experte Indépendante du Conseil des droits de l'homme sur la Situation des droits de l'homme en République Centrafricaine ; v) la révision de l'Annuaire des titulaires de mandat de procédures spéciales en Afrique.

et permanentes[567] ont été décidées avec des priorités thématiques[568]. Ces mesures s'articulent essentiellement autour d'échanges d'expertise et d'expérience dans le cadre des activités ou initiatives engagées par une institution et dans lesquelles la contribution de l'autre institution aurait une valeur ajoutée. Quant aux priorités, elles se concentrent autour des questions relatives à la résolution des questions relatives, notamment à la paix et à la sécurité mais également aux droits des femmes, au droit à l'éducation et à la problématique des représailles à l'égard des défenseurs des droits de l'homme.

Il faut relever que la résolution 60/251 du 15 mars 2006 de l'Assemblée générale des Nations Unies créant le CDH stipule que le Conseil des droits de l'homme a vocation à œuvrer en étroite coopération avec les organisations régionales[569]. En exécution de cette résolution, le Conseil des droits de l'homme adopte tous les deux ans une résolution sur la coopération avec les mécanismes régionaux en vue de faciliter les échanges des organes régionaux

---

[567] Ces mesures sont: i) les titulaires de mandat des procédures spéciales des Nations Unies devraient s'engager à se rapprocher de leurs homologues régionaux lors de la publication de communiqués de presse ou de déclarations d'intérêt commun et vice-versa; le Président du Comité de coordination des procédures spéciales devrait s'engager à se rapprocher de la Présidente de la Commission concernant les communiqués de presse ou les déclarations et vice-versa ; ii) les Groupes de travail des mécanismes des procédures spéciales devraient s'engager à inviter les procédures spéciales de la Commission africaine à leurs sessions, le cas échéant ; la Commission africaine devrait envisager réciproquement d'organiser des discussions thématiques au cours de ses sessions auxquelles les titulaires de mandat des procédures spéciales de l'ONU pourraient être invités, le cas échéant ; iii) les titulaires de mandat des procédures spéciales de l'ONU devraient suggérer que les procédures spéciales de la Commission africaine soient invités aux débats de groupe du Conseil des droits de l'homme, le cas échéant ; iv) réitérer la nécessité d'envisager l'expertise des Commissaires africains dans la composition des commissions d'enquête du Conseil des droits de l'homme et vice-versa, et l'expertise des mécanismes des procédures spéciales de l'ONU dans les commissions d'enquête de l'Union africaine ; v) continuer à discuter et à s'engager à planifier avec plus efficacement et plus stratégiquement dans l'avenir un plus grand nombre d'activités conjointes, en particulier des visites de pays conjointes ; vi) s'engager à renforcer la visibilité de la Feuille de route de toutes les manières possibles et, à cet égard, profiter des possibilités offertes par la célébration de l'année des droits de l'homme de l'UA en 2016 ; vii) continuer à discuter des voies et moyens de renforcer le suivi des recommandations formulées par les deux systèmes ; il pourrait s'agir notamment de l'Examen périodique universel ; à cet égard, il est nécessaire de trouver les moyens de compiler les informations pertinentes des mécanismes régionaux et de les soumettre de manière opportune ; viii) s'engager à diffuser des informations sur les vacances des procédures spéciales de l'ONU et des mandats de la Commission africaine pour solliciter les candidats les plus qualifiés ; ix) s'engager à renforcer l'implication des organisations de la société civile dans la mise en œuvre de la Feuille de route.

[568] Ces priorités sont : i) s'engager conjointement dans les questions relatives à la paix et à la sécurité au Conseil de paix et de sécurité de l'UA et au Conseil de sécurité de l'ONU sur des questions thématiques d'intérêt mutuel et contribuer ainsi aux alertes rapides ; ii) l'agenda post 2015 et droits économiques, sociaux et culturels, notamment le droit à l'éducation ; iii) 2016 – Année africaine des droits de l'homme avec un accent particulier sur les droits des femmes ; iv) entreprises et les droits de l'homme ; v) représailles.

[569] Résolution 60/251, § 5 h).

et les institutions internationales sur les bonnes pratiques, à l'instar de la résolution 12/15 en 2009 sur les « Arrangements régionaux pour la promotion et la protection des droits de l'homme » qui demandent au HCDH d'

> « organiser périodiquement un atelier sur les arrangements régionaux pour la promotion et la protection des droits de l'homme (...) en vue de développer le partage de l'information et la formulation de propositions concrètes sur les moyens de renforcer la coopération entre les arrangements des Nations Unies et les arrangements régionaux dans le domaine des droits de l'homme et de définir des stratégies propres à surmonter les obstacles qui s'opposent à la promotion et à la protection des droits de l'homme aux niveaux régional et international, avec la participation des représentants des arrangements régionaux et sous-régionaux pertinents de différentes régions, d'experts (...) »[570].

Ces résolutions font écho à l'article 45 c) de la Charte qui engage la Commission africaine à « coopérer avec les autres institutions africaines ou internationales concernées par la promotion et la protection des droits de l'homme et des peuples ». La coopération est donc un impératif partagé des deux mécanismes. Toutes ces initiatives convergentes trouvent une résonance dans la Déclaration et le Programme d'action de Vienne de 1993 qui soulignent que les « mécanismes régionaux jouent un rôle fondamental pour la promotion et la protection des droits de l'homme »[571] et encouragent la communauté internationale à s'« appuyer les efforts qui sont faits pour renforcer ces mécanismes et en accroître l'efficacité, tout en soulignant

---

[570] Résolution 12/15, § 4. Par ailleurs, la décision 32/115 du 30 juin 2016 du Conseil des droits de l'homme a prié le Comité consultatif d'élaborer un rapport sur les arrangements régionaux pour la promotion et la protection des droits de l'homme, en particulier sur les progrès accomplis dans la mise en place d'arrangements régionaux et sous-régionaux, et les résultats obtenus dans ce domaine dans toutes les régions du monde, ainsi que sur le rôle joué par le Haut-Commissariat des Nations Unies aux droits de l'homme et celui qu'il pourrait jouer à l'avenir dans le développement de la coopération entre mécanismes internationaux et régionaux de défense des droits de l'homme, et de déterminer les moyens de donner une plus grande place aux arrangements régionaux dans la promotion et la protection de ces droits et de renforcer les normes universelles relatives aux droits de l'homme. Suite à cette demande, le Comité consultatif a pris la résolution 20/4 du 20 février 2018, puis soumis au Conseil un rapport préliminaire à sa vingtième session (A/HRC/AC/20/CRP.2.) et un rapport final à sa vingt et unième session (A/HRC/39/58). Voir également la déclaration du Président du Conseil de sécurité de l'ONU en date du 16 décembre 2014 (S/PRST/2014/27) et le rapport 2017 (S/2017/744) du Secrétaire général de l'ONU sur le renforcement du partenariat entre l'Organisation des Nations Unies et l'Union africaine sur les questions de paix et de sécurité en Afrique, et notamment sur les activités du Bureau des Nations Unies auprès de l'Union africaine.

[571] A/CONF.157/23, Première partie, § 37.

l'importance de la coopération avec l'Organisation des Nations Unies dans le domaine considéré »[572].

2.2.2.2. *La mise en œuvre de la Feuille de route d'Addis-Abeba*

Le HCDC a souvent participé aux sessions de la Commission, y compris pour superviser la mise en œuvre de la Feuille de route, comme en 2007[573], 2008[574], 2012 à Yamoussoukro[575], 2014 à Luanda[576] ou encore 2015 à Banjul[577].

Dans le cadre du mécanisme de l'Examen périodique universel (EPU), M. Coly Seck, président du Conseil des droits[578] évoquait une possible coopération entre le Conseil des droits de l'homme et la Commission africaine. Selon lui, la « contribution [...] pourrait prendre la forme de communication des parties prenantes dont le résumé, effectué par le HCDH, constitue un des trois documents sur lesquels repose l'examen des Etats »[579] et la Commission peut contribuer à « renforcer les activités de suivi au niveau des pays grâce à une meilleure coordination aux niveaux national, régional et international »[580].

---

[572] *Ibid.*

[573] Le Haut Commissariat des Nations Unies aux droits de l'homme (HCDH) a été représenté par Patrice Vahard, communiqué final de la 41ème session ordinaire (Accra, 16 au 30 mai 2007), § 18.

[574] Communiqué final de la 43ème session ordinaire, §§ 34 à 36.

[575] Bert Koenders, Représentant spécial des Nations Unies en Côte d'Ivoire s'est exprimé à la 52ème session ordinaire de la Commission à Yamoussoukro (9 au 22 octobre 2012) au nom de Mme Navy Pillay alors Haute-Commissaire des Nations Unies aux Droits de l'Homme, Communiqué final de la 52ème session ordinaire, §§ 15 à 17.

[576] Participation de Yanine Poc, Représentante régionale du Bureau du Haut Commissariat aux droits de l'homme pour l'Afrique Australe, au nom de Mme Navy Pillay, la Haut-Commissaire des Nations Unies aux Droits de l'Homme (53ème session ordinaire de la Commission (Luanda, 28 avril au 12 mai 2014).

[577] Communiqué final de la 57ème session ordinaire (Banjul, 4 au 18 novembre 2015), § 9. Le HCDH était représenté par Mohamed Ibn Chambas, Représentant Spécial du Secrétaire General des Nations Unies pour l'Afrique de l'Ouest.

[578] Il a été président du Conseil deys droits de l'homme des Nations Unies au cours de l'année 2019.

[579] Amnbassadeur Coly Seck, Discours à la Commission de l'Union africaine, Addis Abeba, https://www.ohchr.org/FR/HRBodies/HRC/Pages/NewsDetail.aspx?NewsID=24191&LangID=F

[580] Allocutation de S.E.M. Coly Seck, ambassadeur du Sénégal auprès des Nations Unies à Genève et président du Conseil des droits de l'homme à la Commission de l'Union africaine à Addis Abeba. Le discours est disponible ici sur le site internet du HCDH (www.ohchr.org), Discours à la Commission de l'Union africaine, Addis Abeba (ohchr.org) (consultation le 25 juin 2021).

En juin 2004[581], la Rapporteuse spéciale sur les défenseurs des droits de l'homme de la Commission, a participé à Genève, en Suisse, à la réunion annuelle de coordination des organes de suivi des traités des droits de l'homme de l'ONU et rencontré la Représentante spéciale du Secrétaire général des Nations Unies sur les droits des défenseurs des droits de l'homme, ainsi que les responsables du Bureau Afrique au sein du Haut-Commissaire des Nations Unies aux droits de l'homme. En 2003 déjà, se sont tenues, en marge de la 59ème session de la Commission des droits de l'homme des Nations Unies, des réunions avec le Haut-Commissaire des Nations Unies aux droits de l'homme, le Rapporteur spécial sur les questions du racisme, le Président du Comité des droits de l'homme et le fonctionnaire chargé du Groupe de travail sur les minorités ainsi qu'avec un certain nombre d'ONG[582]. En 2006, les professeurs Manfred Nowak et Walter Kälin alors respectivement Rapporteur spécial des Nations Unies sur la torture et Représentant du Secrétaire général des Nations Unies pour les droits de l'homme des personnes déplacées dans leur propre pays, ont signifié par leur présence à la 40ème session ordinaire de la Commission [583] les liens institutionnels qui se consolidaient entre la Commission et l'ONU. Ces liens se sont renforcés en 2008 puis en 2012 lorsque Mme Margaret Sekaggya, Rapporteuse spéciale de l'ONU sur la situation des défenseurs des droits de l'homme, a effectué des missions conjointes avec la Rapporteuse spéciale sur les défenseurs des droits de l'homme de la Commission africaine, Mme Alapini Gansou, au Togo en 2008[584] et en Tunisie en 2012[585]. Mme Sekaggya a considéré ces visites conjointes comme une « bonne pratique » car la démarche « contribue à donner un retentissement supplémentaire à la visite, en facilite le suivi par les mécanismes régionaux et les parties prenantes concernées, et crée des synergies entres les mécanismes internationaux et régionaux »[586].

La Feuille de route d'Addis-Abeba de 2012 a servi d'accélérateur des relations entre la Commission et le Conseil des droits de l'homme, notamment par rapport à la coopération des titulaires de mandats des deux mécanismes, en occurrence pour le développement d'activités concertées et conjointes. Ainsi, lors de la 52ème session ordinaire de la Commission en Côte d'Ivoire, le Professeur Christof Heyns, Rapporteur spécial des Nations Unies sur les exécutions extrajudiciaires, sommaires ou arbitraires et Président du Groupe de travail conjoint CDH-CADHP pour la mise en œuvre de la Feuille de Route d'Addis-Abeba a « relevé que compte tenu des similitudes qui existent entre

---

581 EX.CL/199(VII) (2005), C, § 34 *in fine* (18ème rapport d'activités de la Commission).
582 16ème rapport annuel d'activités de la Commission 2002-2003, p.4.
583 Communiqué final de la 40ème session ordinaire, §§ 11 et 12 (banjul, 15 au 29 novembre 2006).
584 A/HRC/10/12/Add.2.
585 A/HRC/22/47/Add.2
586 A/HRC/25/55, § 30.

les mandats de la Commission et des procédures spéciales des Nations Unies, les titulaires de mandat de ces deux organes se sont réunis pour élaborer une Feuille de route avec pour but de renforcer la collaboration et les synergies entre les deux organes »[587]. Des communiqués de presse conjoints, des conférences et séminaires conjoints, des missions conjointes et d'autres activités concertées contribuent à consolider une relation institutionnelle qui se renforce davantage, y compris avec le bureau de liaison du HCDH installé à Addis-Abeba. Le défi majeur de la mise en oeuvre de la Feuille de route demeure l'absence de ressources pour les initiatives conjointes.

Lors de sa 67ème session (13 novembre - 03 décembre 2020), la Commission a organisé un panel sur l'état de la mise en œuvre de la Feuille de route d'Addis-Abeba sur les relations entre la CADHP et les mécanismes des droits de l'homme de l'ONU.

2.2.3. La coopération entre la Commission et la Commission interaméricaine des droits de l'homme

Par ailleurs, dans le cadre d'un dialogue trilatéral entre la Commission interaméricaine des droits de l'homme, la Commission africaine et les mécanismes de supervision des Nations Unies, il s'est tenu du 26 au 28 mars 2018 au siège de la Commission interaméricaine à Washington aux Etats-Unis une réunion interrégionale relative aux droits de l'homme portant sur l'orientation sexuelle, l'identité de genre et les caractéristiques sexuelles. Les représentants des trois institutions ont partagé des bonnes pratiques et des défis, identifier des domaines de collaboration, et réaffirmer leur engagement à éradiquer la violence et la discrimination fondées sur l'orientation sexuelle et l'identité de genre.

En décembre 2004, Andrew Ranganayi Chigovera, Rapporteur spécial sur la liberté d'expression a visité le Président et le Vice-président de la Commission interaméricaine et rencontré de hauts fonctionnaires de cette institution[588].

En 2008, Elizabeth Abi Mershed, représentante de la Commission interaméricaine des droits de l'homme (IACHR) a participé à la 44ème session ordinaire de la Commission au cours de laquelle elle a déclaré que la Commission interaméricaine est disposée à renforcer ses relations avec la Commission africaine avec laquelle elle partage les mêmes objectifs et les mêmes difficultés. Pour la représentante, « la collaboration entre les deux

---

[587] Communiqué final de la 52ème session ordinaire de la Commission africaine (Yamoussoukro, 9-22 octobre 2012), §§ 18 et 19.

[588] EX.CL/199(VII) (2005), C, c), § 27 (18ème rapport d'activités de la Commission).

organisations aidera chacune d'elles à déterminer comment prendre en charge à l'avenir les difficultés rencontrées »[589].

En juin 2011, le Rapporteur spécial sur la promotion du droit à la liberté d'opinion et d'expression des Nations Unies, le Rapporteur spécial sur la liberté d'expression de l'Organisation des États américains (OEA) et la Rapporteuse spéciale sur la liberté d'expression et l'accès à l'information en Afrique de la Commission africaine, ont adopté, avec le Représentant sur la liberté des médias de l'Organisation pour la sécurité et la coopération en Europe (OSCE), une déclaration conjointe sur la liberté d'expression et l'Internet qui souligne, notamment la nature évolutive de l'Internet permettant à des milliards de personnes dans le monde de faire entendre leur voix, ce qui renforce considérablement l'accès à l'information, le pluralisme et les rapports[590].

En 2015, la Commission a rencontré des représentants d'organisations internationales, y compris la Commission interaméricaine des droits de l'homme, en vue d'initier un dialogue sur les droits des minorités sexuelles en Afrique[591]. Par ailleurs, dans le cadre du sommet de haut niveau pour le lancement officiel de l'Agenda pour le développement durable 2030 des Nations Unies, quatre procédures spéciales du Conseil des droits de l'homme, deux détenteurs de mandat de la Commission africaine et une procédure spéciale de la Commission interaméricaine des droits de l'homme[592] se sont rencontrées.

3. La tenue des sessions de la Commission hors du siège

L'article 30 alinéa 1er du RI dispose que la « Commission tient ses sessions à son siège, ou dans tout autre État partie qui en fait la demande ». La tenue d'une session ordinaire ou extraordinaire à l'invitation d'un Etat partie à la Charte en dehors de Banjul, le siège, représente une opportunité de promotion de la Charte et des activités de la Commission. Par la mobilisation des

589 Communiqué final de la 44ème session ordinaire (10 au 24 novembre 2008), § 30.
590 CADHP/Rés.362 (LIX) 2016, paragraphe préambulaire n°6.
591 Communiqué final de la 56ème session ordinaire (21 avril au 7 mai 2015), § 32 iii).
592 M. Dainius Puras, Rapporteur spécial sur le droit de toute personne à jouir du meilleur état de santé physique et mentale, M. Michel Forst, Rapporteur spécial sur la situation des défenseurs des droits de l'homme, Mme Dubravka Šimonović, Rapporteuse spéciale sur la violence contre les femmes, ses causes et conséquences, Mme Eleonora Zielinska, Présidente du Groupe de travail sur la question de la discrimination contre les femmes dans la loi et la pratique ; Les experts de la CADHP: Mme Reine Alapini-Gansou, Rapporteuse spéciale sur les défenseurs des droits de l'homme en Afrique, Mme Soyata Maiga, Rapporteuse spéciale sur les droits des femmes ; L'expert de la Commission interaméricaine des droits de l'homme: Mme Tracy Robinson, Rapporteuse sur les droits des femmes.

Ministères et des services de l'Etat hôte ayant la promotion, la protection et la supervision des droits de l'homme dans leurs attributions ainsi que l'effervescence médiatique nationale et internationale, notamment lors de la cérémonie d'ouverture ou de clôture qui mobilise souvent de hauts dignitaires, y compris des Ministres voire le Chef de l'Etat[593], sans oublier la mobilisation des organisations de la société civile qui en profitent pour mener des actions de formation, de sensibilisation et de plaidoyer avant, pendant et après la session, la tenue des sessions ailleurs qu'en Gambie offre plusieurs opportunités de promotion des droits de l'homme même si la Charte et le RI n'ont pas dévolu ce rôle aux sessions délocalisées. En effet, les autorités hôtes saisissent l'opportunité pour réaffirmer leur attachement aux droits de l'homme, et à (re)prendre des engagements volontaires, pour ratifier un instrument régional ou international des droits de l'homme, ou adopter ou annoncer l'adoption des programmes nationaux des droits de l'Homme ou encore s'engager à soumettre leurs rapports périodiques en retard à la Commission africaine.

En marge des sessions délocalisées, la Commission maintient le dialogue avec les hauts dignitaires des Etats hôtes à travers des entretiens comme lors des 19ème et 20ème sessions ordinaires respectivement à Ouagadougou (26 mars au 4 avril 1996) et à Grand Baie, Ile Maurice, où la Commission a été reçue en audience par les plus hautes autorités des deux Etats[594]. De même, lors de la 21ème session à Nouakchott, Mauritanie (15 au 24 avril 1997), la Commission s'est entretenue avec le Chef de l'Etat mauritanien et la cérémonie de clôture a été présidée par le ministre des affaires étrangères et de la coopération[595]. En 1999, lors de la 15ème session ordinaire à Bujumbura, Burundi (26 avril au 5 mai 1999)[596], la session a été clôturée par le Premier Vice-président de la République du Burundi. Lors de la 36ème session à Dakar, la session a mobilisé les présidents Abdoulaye Wade du Sénégal et Paul Kagamé du Rwanda qui ont honoré la Commission de leur présence et profité de l'occasion pour renouveler leur « engagement en faveur de la cause des droits de l'homme et ont adressé des messages de félicitation, d'encouragement et de soutien aux membres de la Commission Africaine »[597] tout en s'engageant à « sensibiliser leurs Pairs sur la nécessité de mettre des moyens adéquats à la disposition de

[593] Le président nigérien Issoufou Mahamadou a honoré de sa présence l'ouverture de la 60ème Session ordinaire (8 au 22 mai 2017) à Niamey.
[594] Communiqué final de la 19ème session ordinaire, § 24 (Elle a été reçue par Chef de l'Etat, le Premier Ministre, le Ministre des affaires étrangères et le Ministre de la justice) et Communiqué final de la 20ème session ordinaire, § 22 (Elle a été reçue par le Président de la République, le Premier Ministre, le Vice Premier Ministre et Ministre des affaires étrangères et le Ministre de la justice et des relations industrielles).
[595] Communiqué final de la 21ème session ordinaire, §§ 21 et 23.
[596] Communiqué final de la 25ème session ordinaire, § 18. Le Premier Vice Président de la République du Burundi était Son Excellence Monsieur Frédéric Bamvuginyumvira.
[597] Communiqué final de la 36ème session ordinaire, § 9.

la Commission Africaine »[598]. Force est de constater que ces rencontres de haut niveau avec les plus hautes personnalités de l'Etat hôte ne sont plus régulières à partir des années 2000. C'est une bonne pratique à poursuivre et à renforcer.

Ces sessions « délocalisées » ont souvent un effet catalyseur. A ce titre, l'article 30 alinéa 4 du RI souligne que l'Etat hôte « s'engage à respecter les obligations qui lui incombent en vertu de l'article 62 de la Charte et de tout instrument juridique complémentaire par lequel il est lié ». Elles peuvent servir également à faire le suivi des recommandations formulées à l'issue de l'examen des rapports périodiques ou encore des décisions prononcées dans le cadre de l'examen des communications, y compris les mesures conservatoires.

B. L'examen des rapports initiaux et périodiques des Etats

1. Le cadre juridique de l'élaboration et de la soumission des rapports au titre de l'article 62 de la Charte

Aux termes de l'article 62 de la Charte africaine, « chaque Etat partie s'engage à présenter tous les deux ans (…) un rapport sur les mesures d'ordre législatif ou autre, prises en vue de donner effet aux droits et libertés reconnus et garantis dans la présente Charte ». Dès 1988, lors de sa troisième session à Libreville, au Gabon, la Commission a relevé que cet article 62 énonce certes une obligation de présentation de rapports périodiques des Etats parties, mais elle ne précise pas « à quelle autorité ou à quel organe le rapport périodique des Etats est destiné »[599]. La Commission a ainsi considéré que « la Charte n'a pas confié de façon expresse à la Commission l'examen des rapports périodiques sur les droits de l'homme »[600]. Toutefois, la Commission a estimé qu'elle « voit mal un organe de l'UA accomplir ce travail »[601], qu'elle est le « seul organe approprié »[602] et que cette mission pouvait difficilement lui échapper étant entendu que sa création par l'article 30 de la Charte vise à « promouvoir les droits de l'homme et des peuples et d'assurer leur protection

---

[598] *Ibid.*

[599] CADHP/Recom.3(III)88: recommandation relative aux rapports périodiques, paragraphe préambulaire 3.

[600] *Op. cit*, paragraphe préambulaire 4. Voir aussi le Premier rapport d'activités de la Commission du 28 avril 1998 sur la période de novembre 1987 à avril 1998 (rapports des trois premières sessions), § 30.

[601] CADHP/Recom.3(III)88, paragraphe préambulaire 5.

[602] *Op. cit*, paragraphe préambulaire 6.

en Afrique ». Cette disposition n'aurait autrement pas de sens si la Commission n'était pas investie de cette fonction.
C'est pourquoi la Commission a adopté la Recommandation 3(III)88 [603] adressée à la Conférence des Chefs d'Etats et de gouvernement de l'UA (CoCEG) afin de lui « donner expressément cette mission, de manière à lui permettre de les étudier et d'indiquer des orientations générales en ce qui concerne leur forme et leur contenu » [604]. La Commission recommande « d'habiliter la Commission de l'UA à recevoir lesdits rapports et à les communiquer sans délai à la Commission »[605], à lui « confier expressément la charge d'examiner les rapports périodiques présentés par (…) en vertu de l'article 62 et les autres dispositions pertinentes de la Charte africaine des droits de l'homme et des Peuples »[606] et de l' « autoriser à donner aux Etats Parties des lignes directrices en ce qui concerne la forme et le contenu desdits rapports périodiques »[607]. Lors de sa 24ème session ordinaire (Addis-Abeba, 25-28 mai 1988), la CoCEG a approuvé la Recommandation[608] ainsi que le Règlement intérieur[609].

En plus de l'article 62 de la Charte, l'article 26 du Protocole de Maputo fait obligation aux Etats d'incorporer dans leurs rapports périodiques présentés au titre de l'article 62 de la Charte, « des indications sur les mesures législatives ou autres qu'ils ont prises pour la pleine réalisation des droits reconnus dans le Protocole » [610], « toutes les mesures nécessaires » [611], y compris « les ressources budgétaires adéquates et autres pour la mise en œuvre effective des droits reconnus dans le présent Protocole »[612]. Dans le même sens, l'alinéa 1er de l'article 34 du Protocole à la Charte africaine des droits de l'homme et des peuples relatif aux droits des personnes handicapées en Afrique reprend l'article 26 alinéa 1er du Protocole de Maputo habilitant la Commission africaine à superviser, à travers l'examen des rapports initiaux et périodiques des Etats parties, les mesures normatives, institutionnelles adoptées et

[603] Cette recommandation figure à l'annexe IX du Premier rapport d'activités de la Commission du 28 avril 1998 sur la période de novembre 1987 à avril 1998.
[604] Premier rapport d'activités de la Commission du 28 avril 1998 sur la période de novembre 1987 à avril 1998 (rapports des trois premières sessions), § 30 *in fine.* CADHP/Recom.3(III)88, § 3.
[605] CADHP/Recom.3(III)88, § 1.
[606] *Op. cit,* § 2.
[607] *Op. cit,* § 3.
[608] AHG/Res. 176 (XXIV), § 5 c). Voir aussi CADHP/Recom.4(V)89, paragraphe préambulaire 1. Décision prise lors de la 24ème session ordinaire de la Conférence des Chefs d'Etats et de gouvernements de l'OUA.
[609] AHG/Res. 176 (XXIV), § 4. Ce Règlement intérieur a été adopté par la Commission le 13 février 1988 pour la première fois lors de la IIème session ordinaire à Dakar au Sénégal tenue du 8 au 13 février 1988. Voir Doc. O.U.A. AFR/COM/HPR.I (II).
[610] Article 26 alinéa 1er du Protocole de Maputo.
[611] *Op. cit,* article 26 alinéa 2 du Protocole de Maputo.
[612] Article 26 alinéa 2 du Protocole de Maputo.

pratiques institutées pour donner effet à ces instruments. Par ailleurs, la Convention de l'UA sur la protection et l'assistance aux personnes déplacées en Afrique (Convention de Kampala) de 2009 et son article 14 relatif au mécanisme de suivi demandent aux Etats parties d'intégrer dans leurs rapports soumis à la Commission africaine, au titre de l'article 62 de la Charte africaine, les mesures législatives et autres qu'ils ont prises pour donner effet à la Convention continentale (article 14 alinéa 4).

La Commission a adopté lors de sa quatrième session ordinaire tenue en octobre 1991, les Lignes directrices pour l'élaboration des rapports périodiques des Etats. Les orientations pertinentes sont contenues dans plusieurs documents dont les Directives pour les rapports périodiques nationaux, les Principes sur les articles 21 et 24 de la Charte africaine relatifs aux industries extractives, aux droits de l'homme et à l'environnement, les questions indicatives adressées aux États parties au titre de l'article 5 de la Charte africaine, les Principes directeurs concernant la présentation des rapports concernant les droits économiques, sociaux et culturels dans la Charte africaine des droits de l'homme et des peuples (Principes directeurs de Tunis en matière de rapports). Il existe également des Lignes directrices (Directives) sur l'élaboration des rapports périodiques en vertu du Protocole à la Charte africaine relatif aux droits de la femme en Afrique adoptées lors de la 46ème session ordinaire en 2009 (Banjul, 11 au 25 novembre 2009) lorsque la Commission a constaté que très peu d'Etats parties se conformaient à l'obligation d'incorporer dans leurs rapports périodiques les mesures normatives, institutionnelles, administratives et réglementaires visant à donner effet aux dispositions du Protocole. Par ailleurs, lors de sa 27ème session extraordinaire en 2020, la Commission a adopté la résolution CADHP/Res.436(EXT.OS/XXVI1)2020 sur la nécessité d'élaborer des Lignes directrices pour les rapports alternatifs « à l'effet d'améliorer et de mettre en valeur le contenu des rapports alternatifs soumis à la Commission »[613] après avoir reconnu « qu'il n'existe aucune ligne directrice sur la base de laquelle les institutions nationales des droits de l'homme, les organisations de la société civile et les individus peuvent suivre la préparation et la soumission des rapports alternatifs »[614].

Ces différents documents stratégiques et d'orientation visent à guider les Etats vers l'inclusion dans les rapports des informations suffisamment spécifiques, précises, détaillées avec des données statistiques désagrégées et des éléments de jurisprudence nationale qui prouvent qu'une mesure législative ou un service ou mécanisme établi a produit le résultat ou l'impact escompté au bénéfice des destinataires des droits garantis par la Charte, ses Protocoles et

---

613 CADHP/RES. 436 (EXT.OS/ XXVI1) 2020, 8ème paragraphe préambulaire.

614 *Op. cit*, 7ème paragraphe préambulaire.

autres traités continentaux dont la Commission africaine assure la surveillance de la mise en œuvre. Plus les orientations sont suivies, plus le dialogue entre l'Etat partie et la Commission, à travers l'analyse des progrès et des défis, sera d'une meilleure qualité.

Par ailleurs, les articles 78 à 83 du Règlement intérieur de 2020 apportent des précisions sur le contenu du rapport périodique, les procédures relatives à sa transmission au Secrétariat de la Commission, à son examen par la Commission, à la formulation des Observations finales ainsi qu'au suivi de la mise en œuvre des recommandations formulées.

Tableau n° 10 - Directives, principes et règles pertinents régissant la soumission des rapports initiaux et périodiques

Adoption	**Titre**
2020 Résolution CADHP/RES. 436 (EXT.OS/XXVI1) 2020	La nécessité d'élaborer des Lignes directrices pour les rapports alternatifs
2020 27ème session extraordinaire	Articles 78 à 83 du Règlement intérieur
2017 Niamey, Niger, 22 Mai 2017	Principes sur les articles 21 et 24 de la Charte africaine relatifs aux industries extractives
2016 Banjul, Gambie, 59ème session ordinaire de la CADHP	Resolution 364: *Resolution on Developing Reporting Guidelines with Respect to the Extractive Industries* ACHPR/Res. 364(LIX) 2016
2016	Questions indicatives adressées aux États parties au titre de l'article 5 de la Charte africaine
2012	Principes directeurs concernant la présentation des rapports concernant les droits économiques, sociaux et culturels dans la Charte africaine des droits de l'homme et des peuples (Principes directeurs de Tunis)
2009 Banjul, Gambie, 46ème session ordinaire de la CADHP	Lignes directrices (Directives) sur l'élaboration des rapports périodiques en vertu du Protocole à la Charte africaine relatif aux droits de la femme en Afrique
1989	Lignes directrices pour l'élaboration des rapports périodiques des Etats parties à la Charte

De l'utilisation efficiente de ces documents de cadrage dépend la qualité du rapport initial ou étatique et du dialogue constructif lors de son examen. Force est de noter l'importance numérique de ces documents de référence. Or, les services des Etats en charge des consultations et de l'élaboration des rapports ne reçoivent pas toujours de formations de la part la Commission. Il serait utile et pratique que la Commission développe une matrix simple et standard sous forme de canevas d'orientation à l'endroit des Etats. Il peut s'agir d'un format standardisé, de questionnaires, de formulaires ou d'une note d'orientation pratique à observer par tous les Etats. Les rapports alternatifs ou contre-rapports s'y conformeraient également[615].

2. La soumission des rapports

2.1. La périodicité

L'article 62 de la Charte dispose que tout Etat partie s'engage à présenter tous les deux ans, des rapports périodiques de mise en œuvre des obligations contenues dans la Charte. La durée de deux ans est relativement courte par rapport à la fréquence des rapports périodiques des Etats aux organes de traités des droits de l'homme des Nations Unies[616]. Au regard de la lenteur des administrations étatiques en Afrique et du degré de réactivité limitée des États après les recommandations de la Commission, on peut douter que deux ans suffisent pour que les réformes législatives ou réglementaires ou encore les stratégies, les plans et les programmes soient engagés et lorsqu'ils le sont, que des résultats tangibles soient produits en vue de rendre le prochain examen plus intéressant. Dans certains Etats, le processus de consultations des différents acteurs étatiques et non étatiques est susceptible d'absorber à lui tout seul les deux ans qui séparent deux examens. *A contrario*, on peut également soutenir que ce délai, aussi ténu soit-il, peut avoir le mérite de maintenir les Etats constamment mobilisés à engager des actions afin de ne pas s'exposer aux critiques – toujours constructives – des Commissaires et des rapports alternatifs des autres acteurs, notamment des organisations de la société civile qui, elles, sont capables de tenir la cadence biannuelle. A l'analyse, la durée de deux ans vise à maintenir les Etats et leurs services en haleine et à lier l'obligation de résultats qui pèse sur les Etats parties au titre de la Charte, à l'obligation de moyens destinée à mobiliser les voies, les moyens, les ressources et les acteurs de façon permanente.

---

[615] L'élaboration annoncée de Lignes directrices pour les rapports alternatifs par la résolution CADHP/RES. 436 (EXT.OS/ XXVI1) 2020 peut servir d'opportunité.

[616] Guide simple sur les organes de traités des Nations Unies, Service International des Droits de l'Homme (SIDH), Genève, 2015, p.43.

Au regard des multiples mécanismes internationaux[617] (e.g. Nations Unies (organes de traités, EPU et Forum politique de Haut Niveau), OIT et UNESCO), régionaux (e.g. CAEDBE, MAEP) et sous-régionaux (CEDEAO, Maghreb, CEEAC, SADC) fonctionnels et potentiels exigeant la soumission des rapports périodiques dans lesquels les Etats africains sont engagés, il serait utile que la Commission anticipe les contrariétés possibles des Etats avec des propositions concrètes et opérationnelles aux organes délibérantes de l'UA. La tentation de justifier le retard accumulé par de nombreux Etats par la fréquence soutenue de deux ans est grande. Au niveau des Nations Unies, la réforme des organes des traités tendant, notamment à fusionner certains Comités en vue de réduire le nombre de rapports périodiques des Etats est toujours en gestation. Elle a commencé depuis la résolution 43/115 du 8 décembre 1988 de l'Assemblée générale et les rapports successifs[618] mais elle n'est pas toujours arrivée à son terme 30 ans après[619].

Par ailleurs, l'article 82 alinéa 1er du RI de la Commission dispose que « les Observations finales doivent être adoptées lors de la session ordinaire suivant l'examen du rapport d'État », ce qui signifie que l'adoption des recommandations n'est pas immédiate mais différée. Bien plus, il est possible que l'adoption des conclusions après l'examen n'intervienne qu'aux termes de deux sessions de la Commission comme l'indique l'alinéa 1er *in fine* de l'article 82 du RI. L'alinéa 3 du même article semble rassurer en fixant un délai de 30 jours après l'examen pour que les Observations finales soient transmises à l'Etat évalué. Dans trous les cas, il urge que la Commission

---

[617] Nations Unies : soumission de rapports périodiques aux organes de traités entre qautre et cinq ans et à l'Examen périodique universel (EPU) tous les quatre ans et demi.

[618] Les trois rapports initial (A/44/668), intérimaire (A/CONF.157/PC/62/Add.11/Rev.1) et final (E/CN.4/1997/74) de Philip Alston ; Voir les consultations sur le rapport de l'expert indépendant chargé d'étudier comment améliorer durablement l'efficacité des rouages établis par les Nations Unies pour surveiller la situation des droits de l'homme ; les résultats des consultations sur le rapport de l'expert indépendant de 1988 à 1996 E/CN.4/2000/98/Add.1; E/CN.4/2000/98, E/CN.4/1998/85/Add.1; E/CN.4/1998/85/Corr.1 ; E/CN.4/1998/85 ; les consultations des présidents des organes de traités (A/52/507) ; les rapports élaborés de 2002 à 2006 : HRI/GEN/2/Rev.6, E/CN.4/2003/126, A/58/351, A/58/123, HRI/ICM/2003/3, A/57/488, A/57/387 et A/57/387/Corr.1 ; les rapports et consultation de 2005 à 2006 sur la création d'un organe conventionnel permanent unifié : A/61/351, HRI/MC/2006/2 et A/59/2005 ; les rapports et résolutions sur le renforcement du système des organes de traités des droits de l'homme de 2009 à 2014 : A/RES/68/268, A/68/832, A/66/860 ; les rapports du Secrétaire général, A/HRC/25/22 et A/66/344, les consultations des Etats parties à New York en avril 2012, à Genève en février 2012 et à Sion en mai 2012, les consultations de 2009, 2010 et 2011 entres les organes de traités eux-mêmes, les contributions écrites des organes de traités, des Etats, des institutions nationales des droits de l'homme et des organisations de la société civile. Depuis lors, d'autres rapports, résolutions, questionnaires et notes d'information se sont succédé : A/RES/68/268 et A/71/118.

[619] C'est seulement en 2020 que l'Assemblée générale a examiné de nouvelles mesures pour renforcer et améliorer le fonctionnement efficace du système des organes de traités (A/RES/68/268 (2014), § 41).

réajuste son mode de fonctionnement pour que les remarques conclusives contenant les recommandations soient adoptées le plus rapidement possible après l'examen pour ne pas impacter les délais relatifs au prochain examen de l'Etat concerné.

2.2. Le contenu du rapport périodique

L'article 78 alinéa 1er du Règlement intérieur se contente de renvoyer aux « directives pertinentes » que le Secrétariat met à la disposition des Etats sans autres détails pratiques.

Avec son nouveau RI de 2020, la Commission avait pourtant l'opportunité de valoriser et de capitaliser plus de 30 ans d'expériences dans cet exercice qu'il ne serait pas exagéré de qualifier de laborieux avec les Etats. Il y avait matière à améliorer la forme et le fond des rapports périodiques en commençant par leur architecture, la qualité des renseignements fournis, la typologie de ces informations, la couverture nationale des consultations, et les statistiques désagrégées indispensables à l'appréciation objective du rapport. La Commission devrait avoir le courage de renvoyer un rapport périodique si celui-ci ne remplit pas les critères de fond et de forme.

2.3. L'état de la soumission des rapports

Dès l'opérationnalisation de la Commission africaine, elle a dès 1992, lors de sa 11ème session de 1992 à Tunis, Tunisie, « réitéré son appel aux Etats parties qui ne l'ont pas encore fait pour qu'ils soumettent leurs premiers rapports » et a recommandé à la Conférence des Chefs d'Etat et de Gouvernement l'adoption d'un projet de résolution sur les rapports en retard[620]. Dans ce projet de résolution, la Commission a souligné l'importance de la procédure de soumission de rapport après avoir noté « avec regret qu'à la date du 31 décembre 1991 seuls sept Etats parties à la Charte Africaine des Droits de l'Homme et des Peuples ont présenté leurs premiers rapports périodiques conformément à l'article 62 »[621]. La Commission a donc encouragé les Etats parties à solliciter son appui technique.

Depuis lors, la Commission accumule préoccupations et exhortations à l'endroit des Etats parties afin de lui permettre de s'acquitter convenablement de son mandat de promotion de la Charte. C'est pourquoi à chaque session, la Commission fait un état des lieux sur la soumission des rapports initiaux et

---

620 ACHPR/XI/AN.RPT/5/Rev.1, Annexe IX (Cinquième rapport d'activités de la CADHP 1991-1992).

621 *Op. cit*, paragraphe préamabulaire 1.

périodiques. En 2003, soit 10 ans après son projet de résolution de 1992, elle continue par lancer un « un appel pressant »[622] aux Etats parties en retard pour qu'ils présentent leurs rapports initiaux et périodiques le plus rapidement possible. Pour aider les Etats à maintenir le dialogue naturel dans le cadre de l'examen des rapports avec la Commission au sujet de la mise en œuvre de la Charte au niveau national et pour combler le retard accusé, la Commission a autorisé en 1995 la soumission cumulée de tous les rapports en retard en un seul. La non coopération avérée des Etats parties a poussé la Commission a adopté en 2007 la résolution CADHP/Rés.108(XXXXI)07 réitérant l'importance du respect de l'obligation de soumettre des rapports contenue dans la Charte, par laquelle elle rappelle qu'il s'agit d'un « devoir »[623] né de la Charte qui d'ailleurs impose aux Etats de « prendre des actions concrètes en vue de la mise en œuvre effective des dispositions de la Charte »[624], comme cela a été régulièrement rappelé par les décisions du Comité exécutif et de la CoCEG de l'UA[625]. La Commission a félicité nommément les Etats parties qui se sont acquittés de leurs obligations au titre de l'article 62 de la Charte, nommé ceux qui n'ont pas soumis de rapports, lancé à nouveau un appel puis s'en est remis à la Conférence des Chefs d'Etats et de gouvernement pour mobiliser les Etats parties. A la fin de l'année 2018, le nombre d'Etats parties n'ayant pas soumis de rapports initiaux ou en retard d'un ou plusieurs rapports périodiques est encore élevé.

Tableau n° 11- Etat de la soumission des rapports périodiques par les Etats parties à la Charte

Statut	**Etats parties**
12 Etats parties à jour	Bénin, Cameroun, Malawi, Maurice, Niger et Zimbabwe
3 Etat partie avec 1 rapport en retard	Égypte, Gambie et Lesotho
9 Etats parties avec 2 rapports en retard	Angola, Botswana, Côte d'Ivoire, République démocratique du Congo, Érythrée, Nigeria, Rwanda, Tchad et Togo
10 Etats parties avec 3 rapports en retard	Afrique du Sud, Algérie, Burkina Faso, Djibouti, Éthiopie, Kenya, Mauritanie, Namibie, Sénégal et Sierra Leone
20 Etats parties avec plus de 3 rapports en retard	Bénin, Cabo-Verde, Congo, Ghana, Guinée, Lesotho, Madagascar, Seychelles, Eswatini, République

622 Seizième rapport d'activités de la CADHP 2002-3003, § 18.

623 CADHP/Rés.108(XXXXI)07, préambule § 7.

624 CADHP/Rés.108(XXXXI)07, préambule § 8.

625 AHG/Res.198 (XV) (1994); AHG/Res.198 (XV) ; EX.CL/Dec. 220 (VII), § 6 ; EX.CL/Dec. 1014(XXXIII) Décision sur la 44ème rapport d'activités de la CADHP - Doc.EX.CL/1089(XXXIII), § 5.

	centrafricaine, Tanzanie, Tchad, Tunisie, Zambie et Zimbabwe.
6 Etats parties n'ayant pas soumis leur rapport initial	Comores, Guinée Bissau, Guinée Équatoriale, Sao Tomé and Principe, Somalie et Soudan du Sud

Source : CADHP, 48ème et 49ème rapports d'activités de la CADHP [couvrant la période allant du 11 novembre 2019 au 3 décembre 2020], p. 32.

2.4. La portée de l'obligation de soumettre des rapports périodiques

Aux termes de l'article 62 de la Charte, le rapport initial puis les rapports périodiques, doivent porter sur « les mesures d'ordre législatif ou autre, prises en vue de donner effet aux droits et libertés reconnus et garantis dans la présente Charte ». La Charte doit, avant tout, prendre ancrage dans le cadre juridique et institutionnel par le biais de l'harmonisation et de la domestication des obligations contractées, y compris l'amélioration des pratiques au niveau national. Les rapports périodiques sont les instruments de mesure de la volonté politique des Etats et de leur capacité à exécuter leurs engagements conventionnels à la lumière de l'article 26 de la Convention de Vienne sur le droit des traités de 1969 qui dispose que « tout traité en vigueur lie les parties et doit être exécuté par elles de bonne foi ». Le sacro-saint principe du *Pacta sunt servanda* commande la prise, au niveau national, de toutes les mesures nécessaires, y compris législatives, institutionnelles, réglementaires, administratives ou programmatiques pour garantir la jouissance effective des droits énoncés par la Charte. C'est ce même principe qui préside à l'action de l'Etat visant à faire connaître les obligations internationales contractées aux parlementaires, aux acteurs de la justice, aux institutions, y compris décentralisés ou fédérées, de l'Etat et les personnes qui les animent, et de manière globale, à la population toute entière dans la langue qu'elle comprend.

La soumission des rapports est aussi le respect du rôle confié par la Charte à la Commission qui est de superviser sa mise en œuvre. Cet exercice permet donc à la Commission africaine de s'acquitter de son mandat. Dans sa résolution CADHP/Rés.108(XXXXI)07 de 2007, la Commission a souligné l'importance du respect de l'obligation de soumettre des rapports initiaux et périodiques et réaffirmé que « tous les Etats parties ont le devoir de s'acquitter de leurs obligations au titre de la Charte africaine ». En corrélation avec l'article 1er de la Charte, la soumission périodique de rapports à la Commission participe de la volonté des Etats de partager les bonnes pratiques et de ne pas dissimuler les défis auxquels ils sont confrontés. L'adoption de mesures concrètes pour la mise en œuvre effective de la Charte contribue à l'amélioration des conditions de vie des populations sous leur juridiction et aussi à la promotion de l'Etat de droit en Afrique.

2.5. Les situations de non coopération des Etats parties

La non coopération ou plus exactement le non respect des obligations souscrites au titre de l'article 62 de la Charte et de ses Protocoles, peut être constatée dans trois situations : i) la non soumission des rapports initiaux et périodiques, ii) l'absence au moment de l'examen du rapport soumis par la Commission africaine et iii) l'absence des mesures concrètes de mise en œuvre des recommandations formulées à l'issue de l'examen.

2.5.1. La non soumission de rapports

L'article 81 du RI y est spécifiquement consacré. Lorsqu'il y a accumulation de retards dans la soumission des rapports, on peut raisonnablement s'attendre à une réponse sous forme de « sanction » vis-à-vis de l'Etat en cause. Toutefois, le RI se contente essentiellement de ce que la Commission africaine entreprend en son sein pour identifier et informer les Etats n'ayant pas soumis un ou plusieurs rapports ainsi que la Conférence des Chefs d'Etats et de gouvernement à qui elle soumet ses rapports d'activités par l'intermédiaire du Conseil exécutif. La seule réponse prévue par l'alinéa 2 de l'article 81 du RI est l'envoi d'une lettre de relance aux Etats parties défaillants. Il arrive même que la Commission n'examine aucun rapport périodique lors d'une session ordinaire, comme lors de la 53ème session[626], alors que l'évaluation des Etats est au cœur du mandat de la Commission.

La Commission procède systématiquement lors de chaque session à la relance des Etats retardataires et ce dès le début de son fonctionnement[627]. Il est fort probable que les lettres de rappel ou de relance ainsi que la publication des noms des Etats parties concernés dans les rapports de la Commission africaine ne produisent pas l'effet escompté puisque malgré tous les efforts de bons offices, y compris dans le cadre des visites de promotion, cinq Etats parties à la Charte n'ont toujours pas soumis leur rapport initial. Il s'agit des Comores, de la Guinée-Bissau, de la Guinée Équatoriale, de Sao Tomé-et-Principe, de la Somalie et du Soudan du Sud à la date du 30 décembre 2020. D'une part, il est toujours possible de trouver des circonstances atténuantes à certains Etats qui font face à une instabilité politique interne comme la Guinée-Bissau, ou à

---

[626] 34ème rapport d'activités de la Commission africaine, § 13.

[627] Communiqué de la 16ème session ordinaire (16ème session ordinaire, Banjul, 25 octobre au 3 novembre 1994), § 51.

des conflits comme la Somalie ; d'autre part, on peut noter également que certains Etats comme le Soudan du Sud qui est en proie à un conflit interne et qui a déposé son instrument de ratification le 19 mai 2016 auprès de la Commission de l'UA a déjà soumis son rapport initial et n'est en retard que d'un rapport périodique tout comme la République Arabe Sahraouie Démocratique qui malgré sa situation politique et géopolitique n'a « que » deux rapports périodiques en retard alors que des pays stables comme le Bénin, le Cap-Vert, le Congo, le Ghana, la Guinée, le Lesotho, Madagascar, les Seychelles, l'Eswatini, la Tanzanie, le Tchad, la Tunisie, la Zambie et le Zimbabwe affichent un retard de trois rapports périodiques, soit plus de six ans d'absence de dialogue constructif entre ces Etats et la Commission africaine sur la mise en œuvre au niveau national de la Charte africaine.

A la date du 1er novembre 2019, seuls onze Etats parties étaient à jour de leur rapport au titre de l'article 62 de la Charte et 11 au titre du Protocole de Maputo en vertu de son article 26. Trente Etats parties n'ont pas encore soumis de rapports.

Au regard de la Convention de Kampala ratifié par 27 Etats, la situation est infiniment plus préoccupante car aucun État partie ne s'est conformé à l'article 14 alinéa 4 de la Convention qui leur impose pourtant de faire rapport sur les mesures législatives et autres qu'ils ont prises pour donner effet à la Convention[628].

Tableau n° 12 - Etat de la soumission des rapports des Etats parties à la Charte africaine au titre de l'article 62

Statut	**Etats parties**
2 Etats parties à jour de leurs rapports	Gambie et Zimbabwe.
8 Etats parties en retard de un rapport	Angola, Egypte, Erythrée, Lesotho, Niger, Nigeria, Rwanda et Togo.
10 Etats parties en retard de 2 rapports	Afrique du Sud, Algérie, Botswana, Côte d'Ivoire, Kenya, Maurice, Mauritanie, Namibie, République démocratique du Congo et Tchad.
10 Etats parties en retard de 3 rapports	Burkina Faso, Djibouti, Ethiopie, Gabon, Liberia, Malawi, Ouganda, République arabe sahraouie démocratique, Sénégal et Sierra Leone.
18 Etats parties en retard de plus de 3 rapports	Bénin, Burundi, Cap Vert, Cameroun, Congo, Eswatini, Ghana, Guinée, Libye, Madagascar, Mali, Mozambique, Seychelles, Soudan, République centrafricaine, Tanzanie, Tunisie et Zambie

628 45ème rapport d'activités de la CADHP, § 26 à 30.

5 Etats parties n'ayant pas soumis leur rapport initial	Comores, Guinée-Bissau, Guinée Équatoriale, Sao Tomé et-Principe, Somalie et Soudan du Sud.

Source : CADHP, 47ème rapport d'activités de la CADHP (14 mai au 10 novembre 2019), § 22, p. 5.

Tableau n° 13 sur l'état de la soumission des rapports des Etats parties à la Charte africaine au titre de l'article 26 du Protocole de Maputo (42 Etats parties à la date du 10 novembre 2019)

Statut	**Etats parties**
5 Etats parties à jour de leurs rapports	Gambie, Lesotho, Nigeria, Togo et Zimbabwe.
5 Etats parties en retard d'un rapport	Angola, Afrique du Sud, Mauritanie, , République démocratique du Congo et Rwanda.
3 Etats parties en retard de 2 rapports	Burkina Faso, Malawi et Namibie
1 Etat partie en retard de 3 rapports	Sénégal
28 Etats parties n'ayant jamais soumis de rapport initial	Algérie, Bénin, Cap-Vert, Cameroun, Comores, Congo, Côte d'Ivoire, Djibouti, Eswatini, Ethiopie, Gabon, Ghana, Guinée, Guinée Bissau, Guinée équatoriale, Kenya, Liberia, Libye, Mali, Maurice, Mozambique, Ouganda, Sao Tomé et Principe, Sierra Leone, Seychelles, Tanzanie, Tunisie et Zambie.

Source : CADHP, 47ème rapport d'activités de la CADHP, §§ 23-25, p. 6.

Tableau n° 14 - Etat de la soumission des rapports des Etats parties à la Charte africaine au titre de l'article 14 de la Convention de Kampala (29 Etats parties à la date du 10 novembre 2019).

Statut	**Etats parties**
29 Etats parties n'ont pas soumis de rapport initial	-

Source : CADHP, 47ème rapport d'activités de la CADHP, § 26, p. 6.

La simple exhortation, aussi forte et répétitive soit-elle, ne peut suffire à résoudre une problématique aussi profonde. Même le *« naming and shaming »* semble non productif. Il est généralement admis que les dispositions juridiques ont plus de chance d'être suivies, respectées et appliquées lorsqu'elles sont assorties de moyens de contraintes et de sanctions. Toutefois, le droit africain des droits de l'homme suit les règles du droit international où l'application des sanctions relève d'une quadrature du cercle[629].

[629] Georges Dubé, Les sanctions du droit international public dans la Charte des Nations Unies, *Les Cahiers de droit*, Volume 5, numéro 1, mars 1962, pp. 98-103.

Le Règlement intérieur de 2020 aurait pu intégrer une disposition autorisant exceptionnellement la Commission à examiner la situation dans un Etat qui, malgré les relances et les exhortations, persiste à ne pas soumettre ses rapports initial et périodiques. Cette pratique est bien établie au niveau des organes de traités des Nations Unies qui, par la procédure dite de bilan[630], procèdent à l'examen sur la base des informations provenant de diverses sources, y compris des agences et fonds des Nations Unies, des organisations internationales présentes dans le pays et des organisations de la société civile.

La clé du problème se trouve probablement au niveau des organes politiques de l'UA, notamment le Conseil exécutif et son COREP qui valident et autorisent l'adoption des rapports d'activités de la Commission africaine par la Conférence des Chefs d'Etats et de gouvernement. Certes, les décisions du Conseil exécutif portant validation des rapports d'activités encouragent systématiquement les Etats à coopérer avec la Commission, y compris en soumettant les rapports en retard ; mais si les retards persistent, il faudrait aller au-delà de simples encouragements pour des mesures plus soutenues et incisives à l'instar de la suspension du représentant des Etats concernés au COREP et partant la privation du droit de vote, de la publication de la liste des Etats défaillants dans les documents à distribuer de la Conférence des Chefs d'Etat et de gouvernement.

2.5.2. L'absence de l'Etat partie au moment de l'examen de son rapport

Après de nombreuses correspondances et relances adressées aux Seychelles restées infructueuses, la Commission a, dans sa résolution CADHP/Res.39(XXV)99, demandé à la Conférence des Chefs d'Etat et de gouvernement de « faire injonction »[631] aux Seychelles pour « respecter la Charte »[632]. Elle va plus loin en demandant à l'organe suprême de l'UA d' « envisager, le cas échéant, des mesures appropriées à prendre à l'égard de la République des Seychelles »[633]. La République des Seychelles a été le seul Etat à avoir poussé à bout la Commission au point de s'adresser, sur un ton aussi décisif à l'UA, pour qu'un Etat honore ses engagements conventionnels au titre de la Charte.

En effet, la Commission avait, lors de la 16ème session en 1994, exhorté les Seychelles à soumettre son rapport initial « le plus tôt possible »[634]. A la

[630] Le Guide simple sur les organes de traités des Nations Unies, *Service International pour les Droits de l'Homme (ISHR)*, Genève, 2015, p.22.
[631] CADHP/Res.39(XXV)99 *in fine.*
[632] *Ibid.*
[633] *Ibid.*
[634] Communiqué de la 6ème session ordinaire (16ème session ordinaire, Banjul, 25 octobre au 3 novembre 1994), § 51.

17ème session en 1995 au Togo, la Commission a noté avec regret que le rapport des Seychelles n'a pas été examiné comme prévu parce que l'Etat partie n'a pas envoyé des délégués pour présenter le rapport à la Commission [635]. Ce fut le même constat à Praia, au Cap Vert, à la 18ème session[636]. Ayant décidé à sa 23ème session d'examiner le rapport des Seychelles à sa 24ème session, la Commission s'est heurtée de nouveau à l'absence de délégués seychellois à Banjul [637] puis à Bujumbura [638] et à Kigali [639]. A Bujumbura, la Commission a adopté la résolution CADHP/Res.39(XXV)99 soulignant le fait qu' « en dépit de démarches répétées faites auprès de son gouvernement, [Les Seychelles] a opposé à la Commission, plusieurs fois une fin de non-recevoir, sous le prétexte, que les ressources pour accomplir cette obligation n'étaient pas prévues au budget de l'Etat »[640] et que « ce comportement qui persiste, viole délibérément la Charte à laquelle la République des Seychelles a adhéré »[641]. La Commission a jugé ce comportement d' « attitude inqualifiable »[642]. Rien ni fi. En dépit d'une mission de promotion dans le pays [643] après la 26ème session, la Commission a dû procéder à l'examen lors de sa 39ème session en 2006[644] en l'absence des représentants des Seychelles, soit quatorze ans après sa ratification de la Charte le 13 avril 1992.

L'article 80 alinéa 1er du RI de la Commission prévoit que l'Etat sous examen doit se faire représenter à la session au cours de laquelle il sera examiné. Un Etat qui ne respecte pas cette disposition alors que l'examen a été différé dans un premier temps et qu'il a été dûment informé de la nouvelle programmation, ne laisse d'autres options à la Commission que de procéder à l'examen de son rapport (article 80 alinéa 3, RI de la Commission).

Avec le développement des nouvelles technologies de l'information et de la communication, la Commission devrait envisager un partenariat avec les entreprises numériques qui fournissent des services de diffusion électronique en direct de réunions et de conférences. Cette stratégie peut aider à pallier au problème de ressources qu'invoquent souvent les Etats pour ne pas envoyer de délégués pour défendre les rapports périodiques devant la Commission. Toutefois, le recours à la présentation par vidéo-conférence ne devrait pas se

---

635 Communiqué final de la 17ème session, § 23.
636 Communiqué final de la 18ème session, § 19.
637 Communiqué final de la 23ème session (20 au 29 avril 1998 à Banjul, Gambie), § 13 ; Communiqué final de la 24ème session (22 au 31 octobre 1998 à Banjul, Gambie), § 11.
638 Communiqué final de la 25ème session (26 avril au 5 mai 1999 à Bujumbura, Burundi), § 7.
639 Communiqué final de la 26ème session (1 au 15 novembre 1999 à Kigali, Rwanda), § 13.
640 CADHP/Res.39(XXV)99, paragraphe préambulaire n°2.
641 *Op. cit,* paragraphe préambulaire n°3.
642 *Op. cit,* paragraphe préambulaire n°4.
643 Communiqué final de la 34ème session (6 au 20 novembre 2003 à Banjul, Gambie), § 16.
644 Communiqué final de la 39ème session (11 au 25 mai 2006, Banjul, Gambie), § 14.

faire pour deux examens consécutifs pour un Etat car la présence et le contact physiques peuvent permettre de dénouer certaines problématiques et faire avancer des dossiers, notamment sur le terrain de ma mise en œuvre des recommandations et autres délibérations de la Commission.

Au regard du confinement généralisé et la fermeture des aéroports au niveau mondial qu'elle a entraînés, la pandémie du coronavirus (COVID-19) de 2020-2021 a accéléré le recours des Etats, des organisations internationales et des particuliers aux plateformes électroniques pour la tenue des réunions et conférences. Ainsi, la 66ème session ordinaire de la Commission (13 juillet au 7 août 2020) s'est déroulée de manière virtuelle, y compris l'examen des 9ème et 10ème rapports périodiques combinés (2016-2019) de l'Ile Maurice. Il en est de même de la 67ème session (13 novembre au 3 décembre 2020) avec l'examen des 4ème, 5ème et 6ème rapports périodiques combinés[645] (2015-2019) du Cameroun. Des limites doivent être toutefois fixées car le virtuel ne saurait remplacer le présentiel.

2.5.3. La mise en œuvre des recommandations formulées dans les Observations finales

Plus que la non coopération, l'absence de mesures de mise en œuvre des recommandations constitue une violation de la Charte, notamment son article 1er en vertu duquel les Etats parties « reconnaissent les droits, devoirs et libertés énoncés dans cette Charte et s'engagent à adopter des mesures législatives ou autres pour les appliquer ». Il est assez difficile de mesurer avec plus ou moins de précision l'état de la mise en œuvre des recommandations issues de l'examen des rapports périodiques, d'une part à cause de l'irrégularité de la soumission des rapports périodiques et d'autre part à cause de la structure des rapports soumis et des caractéristiques des recommandations formulées.

Quelques résultats

Le Tchad a transposé l'article 4 de la Charte dans sa Constitution dont l'article 17 alinéa 2 dispose que « La personne humaine est sacrée et inviolable. Tout individu a droit à la vie, à l'intégrité de sa personne, à la sécurité, à la liberté, à la protection de sa vie privée et de ses biens ». Les autorités tchadiennes estiment également que leurs obligations conventionnelles au titre de l'article 4 de la Charte est à l'origine des articles 7

[645] Ce fut le premier rapport au titre du Protocole à la Charte africaine des droits de l'homme et des peuples relatif aux droits de la Femme en Afrique (le Protocole de Maputo) et de la Convention de l'Union Africaine sur la protection et l'assistance aux personnes déplacées en Afrique (la Convention de Kampala).

sur la peine de mort, 252[646] sur les coups et blessures volontaires, 295 sur l'avortement, 296 sur l'abandon de famille du Code pénal. Le Tchad a également harmonisé les articles 20 et 152 de sa Constitution avec l'article 4 de la Charte et pris des mesures internes, notamment l'arrêté n° 3756/PR/PM/MDHPLF/2013 du 17 octobre 2013 instituant un Comité technique interministériel chargé de lutte contre la traite des personnes.

En faveur des 5ème et 6ème rapports périodiques de l'Algérie soumis en décembre 2014 et dont la première partie est consacrée à la mise en œuvre des recommandations émises antérieurement par la Commission à l'issue du précédent examen, l'Algérie a annoncé que la recommandation de la Commission sur le taux de participation des femmes algériennes à tous les niveaux de la société algérienne l'a poussée à ratifier la Convention des Nations Unies sur les droits politiques de la femme du 31 mars 1953[647], et à réviser la Constitution en 2008 avec l'introduction du nouvel article 31 bis dont la mise en oeuvre a conduit à l'adoption de la loi organique n° 12-03 du 12 janvier 2012 qui promeut la présence et l'activisme de la femme au sein des partis politiques et consacre le principe du quota dans toutes les listes des candidats aux élections législatives et locales[648]. Aussi, pour rendre conforme la Commission Nationale Consultative de Promotion et de Protection des Droits de l'Homme (CNCPPDH) aux Principes de Paris suivant les recommandations de la Commission, l'Algérie a pris le décret présidentiel n° 09-263 du 30 août 2009 relatif aux missions, à la composition et au fonctionnement afin d'accéder au Statut A des INDH[649]. S'agissant de la recommandation portant sur la surpopulation carcérale, l'Algérie a annoncé la limitation de la détention provisoire, le contrôle judiciaire et des modes alternatifs à la détention provisoire ainsi que la mise en place d'un programme visant la réalisation de nouvelles infrastructures pénitentiaires pour résoudre le problème de surpopulation carcérale[650].

Au Kenya, l'œuvre de la Commission a permis l'adoption de la loi sur l'enfance qui intègre la CDE et la CADBE ainsi que la création par ladite loi, des structures statutaires en vue de faciliter l'administration et la sauvegarde des droits des enfants, y compris le Conseil National pour les Services à

---

[646] "*Tout individu qui aura volontairement porté des coups ou fait des blessures, ou commis toute autre violence ou voie de faits sur la personne d'autrui, sera puni d'un emprisonnement de six jours à un an et d'une amende de 500 à 50 000 FCFA. S'il y a eu préméditation ou guet-apens ou port d'arme, l'emprisonnement sera de 6 mois à 5 ans et l'amende de 5000 à 100 000 FCFA ». « Lorsque les coups auront été portés et les blessures faites à un enfant au-dessous de l'âge de 13 ans, la peine sera portée au double*", article 254.

[647] Cinquième et Sixième rapports périodiques de l'Algérie à la Commission africaine des droits de l'homme et des peuples, décembre 2014, § 12.

[648] *Op. cit*, §§ 13 à 18.

[649] *Op. cit*, §§ 23 à 24.

[650] *Op. cit*, §§ 37 à 49.

l'enfance (NCCS)[651] ainsi que l'adoption de la « Politique Nationale pour la Prévention et le Contrôle du VIH/SIDA et les Maladies Sexuellement transmissibles (MST) »[652].

A la vérité, il est difficile d'attribuer uniquement à l'œuvre de l'examen des rapports périodiques de la Commission africaine les réformes législatives, institutionnelles et programmatiques intervenues à l'exclusion de l'effet des recommandations formulées par les mécanismes de supervision des Nations Unies, notamment l'Examen périodique universel, les organes de traités et les procédures spéciales, ou des décisions et initiatives des Etats eux-mêmes sous la pression de forces endogènes (organisations de la société civile) et exogènes (partenaires techniques et financiers).

2.5.4. L'amélioration du mécanisme d'examen des rapports périodiques et la mise en œuvre des recommandations formulées

C'est la mission que la Commission ne peut se perdre de bâcler car elle est au cœur de son mandat. Pour mener à bien l'examen des rapports initiaux et périodiques et surtout s'assurer de la mise en œuvre des recommandations, une série de mesures sont nécessaires, notamment une refonte des procédures de soumission et d'examen de la Commission à la fois sur la forme et sur le fond.

2.5.4.1. Raviver la flamme des engagements conventionnels par des résolutions et des engagements volontaires

Il s'agit de faire renouveler l'acte d'engagement tous les cinq ans. Avec le temps, beaucoup d'Etats parties semblent avoir oubliés leurs obligations au titre de la Charte. Il urge que la Conférence des Etats et de gouvernement, sous l'inspiration de la COREP, adopte quinquennalement une résolution de réaffirmation des obligations conventionnelles en vertu de la Charte. La résolution peut être suivie des engagements volontaires (*voluntary pledges*) des Etats sur des thématiques pour lesquelles des résultats devraient être obtenues au bout de deux ans pour faire écho avec la fréquence de soumission des rapports périodiques. Cet acte est tout aussi valable pour les autres instruments continentaux relatifs aux droits de l'homme et à la bonne gouvernance.

---

[651] Observations conclusives et recommandations relatives au rapport initial de la République du Kenya, mai 2007, § 15.
[652] *Op. cit,* § 19.

2.5.4.2. Organiser un calendrier de soumission des rapports périodiques et alternatifs

Tous les observateurs avisés s'accordent pour reconnaître que l'article 62 de la Charte qui prévoit un examen tous les deux ans n'est pas du tout respecté. En tant qu'organe chargé de la mise en œuvre de la Charte, il sied à la Commission de faire respecter cette disposition. Elle peut établir un calendrier global prédéfini à l'instar de celui du mécanisme de l'Examen périodique universel du Conseil des droits de l'homme des Nations Unies. La périodicité et l'ordre de passage une fois validés par le Conseil exécutif ou la Conférence des Chefs d'Etat et de gouvernement resteraient inchangés dans le temps et le premier calendrier de la première séquence de deux ans sera reconduit pour les périodes biannuelles suivantes avec des aménagements le cas échéant. La Commission devrait veiller à ce que la programmation tienne compte des critères linguistiques et géographiques du continent. La programmation devrait être validée par la Conférence des chefs d'Etats et de gouvernement après décision du Conseil exécutif de l'UA.
La date d'ouverture, la durée et le lieu de la session à laquelle le rapport respectif sera examiné doit être calé (article 79 alinéa 1er, RI) tout comme le délai de transmission des contributions ou des rapports parallèles avant l'examen ((article 79 alinéa 3, RI) et celui des institutions spécifiques auxquelles la Commission peut recourir pour des informations relatives au rapport en question (article 79 alinéa 4). L'Etat qui sera examiné est ainsi informé au plus tard cent quatre-vingts (180) jours avant la tenue de la session où l'examen aura lieu et le rapport national sera publié au plus tard cent vingt (120) jours avant la session au cours de laquelle l'examen est prévu. Quant aux INDH, ONG et autres institutions et organisations, elles disposent de 30 jours au moins pour soumettre leurs rapports parallèles. La Commission doit s'organiser pour rencontrer, y compris virtuellement, les acteurs non étatiques pour élargir sa connaissance et les informations sur les réalités de l'Etat sous examen.

Un tel calendrier laisserait peu de place à des reports massifs d'examen pour retards ou défaillances de l'Etat et les situations dans lesquelles on note l'absence de représentants de l'Etat sous examen ((article 80 alinéas 2 et 3, RI) seraient limitées. Ce calendrier global présente des intérêts vitaux et aiderait à combler le déficit de transparence, de prévisibilité et d'efficacité du processus actuel. Actuellement, la prévisibilité manque cruellement. L'annonce de l'examen d'un Etat entre les deux sessions annuelles de la Commission limite la capacité des autorités étatiques à fournir, le moment venu, des informations pratiques et actualisées. Le manque de prévisibilité est également un handicap sérieux à la mobilisation des INDH et surtout des organisations de la société civile pour apporter à la Commission des informations alternatives fouillées de qualité.

Le non respect du calendrier par un Etat l'expose à des « sanctions » qui peuvent aller d'un communiqué conjoint des présidents de la Commission africaine et de la Commission et de l'UA dénonçant une telle attitude, à une inscription des « mauvais élèves » sur une liste disponible en page d'accueil des sites internet de la Commission et de l'UA. Des mesures exceptionnelles devraient être également envisagées à l'instar de la privation de parole et du droit de vote des Etats qui se distinguent particulièrement par le non respect du calendrier global approuvé. L'article 81 du RI relatif à la non soumission de rapports est impuissant à empêcher les retards qui s'apparentent plus à du refus. La mention des Etats retardataires dans les rapports d'activités (article 81 alinéa 3, RI), l'envoi des lettres de rappel (article 81 alinéa 2, RI) ou des informations aux Etats sur l'état de la soumission des rapports (article 81 alinéa 1er, RI) ont fait la preuve de leur échec.

Le calendrier de soumission des rapports périodiques doit être arrimé au calendrier de soumission de rapports alternatifs pour les autres acteurs concernés, notamment les organisations de la société civile et les organisations internationales œuvrant dans l'Etat sous examen. L'article 79 alinéa 2 du RI a fait passer de 60 à 30 jours la transmission des contributions sous forme de rapports alternatifs au Secrétariat avant le jour de l'examen. Ce calendrier aura le mérite de clarifier le délai que l'alinéa 4 du même texte accorde aux « institutions spécifiques » pour la soumission de leurs informations. Il faudrait analyser si quatre mois (120 jours, article 79 alinéa 2, RI) suffisent à la Commission et aux autres parties prenantes à préparer et à participer convenablement à l'examen. En mars 2020, la Commission a adopté une résolution par laquelle elle a décidé d'élaborer des lignes directrices pour les rapports alternatifs. Ces Lignes directrices devraient organiser l'agenda des entretiens ou rencontres préalables à l'examen entre la Commission et les parties prenantes autres que l'Etat en prélude à l'examen.

2.5.4.3. Le calendrier de l'examen des rapports

Le calendrier de soumission des rapports doit s'arrimer sur celui de leur examen. La Commission doit mobiliser ses ressources internes (Secrétariat, Commissaires et mécanismes spéciaux) et les acteurs censés lui fournir des informations autres que celles présentées par l'Etat dans son rapport périodique. Le calendrier fait écho à l'alinéa 1er de l'article 83 du RI *in fine* qui précise que la date de la présentation du prochain rapport périodique de l'État partie doit être précisée dans les Observations finales. La précision de la « date de la présentation du prochain rapport périodique » est une avancée qui permet à la Commission de s'inspirer ainsi sur la pratique de certains organes de traités des Nations Unies. La précision permet également à l'Etat de se projeter et à la Commission d'organiser au mieux son agenda d'examen et de suivi de ses recommandations. Elle a également le mérite de permettre aux INDH et ONG de préparer leur engagement dans le processus d'examen avec un horizon déterminé.

Ce calendrier doit prévoir les échéances des rencontres exclusives[653] entre les Commissaires et les auteurs des rapports alternatifs ou d'informations complémentaires, l'objectif étant de permettre à la Commission de recueillir des informations suffisantes et concrètes avant l'examen. Plus les sources d'informations sont diversifiées, plus la Commission pourrait produire des conclusions finales avec des recommandations ciblées, spécifiques et réalistes. De nos jours, le développement des nouvelles technologies de la communication peut permettre d'organiser des vidéo-conférences avec des acteurs résidant dans différents pays.

Le processus de l'examen ne peut faire l'impasse sur les données des organisations internationales comme l'UNICEF, le PNUD, le HCR, le PAM, l'OMS, l'OIT, etc. C'est pourquoi, à l'appui de leurs rapports, la Commission doit s'évertuer à les rencontrer, y compris par le biais de son Secrétariat suivant un calendrier de travail disponible, accessible et prédictible.

Par ailleurs, dans le cadre de l'architecture africaine des droits de l'homme, l'examen d'un Etat ne peut se faire sans recourir aux informations du CAEDBE, du MAEP et de la Cour africaine. Un agenda précis sur les entretiens avec des institutions, y compris avec les mécanismes nationaux de mise en œuvre des recommandations du MAEP, doit être établi.

2.5.4.4. La réorganisation et le renforcement du contenu des rapports

Au regard de l'importance de la qualité des rapports périodiques des Etats en terme de contenu, il aurait fallu que le nouveau Règlement intérieur de la Commission soit plus prolifique pour guider davantage les Etats, les INDH, les ONG et les autres parties prenantes, mais l'article 78 du RI consacré au contenu des rapports n'est guère détaillé.

Le contenu doit davantage s'orienter vers les actions concrètes et non pas uniquement sur une litanie des lois et programmes adoptés ou en gestation. Dès lors que l'Etat passe devant la Commission pour une seconde fois, au moins 50% du rapport soumis par l'Etat doit être consacré aux mesures concrètes prises pour donner effet aux précédentes recommandations, aux évolutions législatives, institutionnelles et autres intervenues, et aux bonnes pratiques développées ou en gestation, les 50 % restant devant être consacrés

---

[653] Ces rencontres son appelées pré-session par les organes de traités des Nations Unies.

aux nouveaux développements juridiques et institutionnels, aux nouvelles problématiques et les mesures que l'Etat entend mettre en œuvre pour y faire face. Par résultats ou mesures concrètes à l'issue de l'adoption d'une loi ou d'une stratégie globale, il faut entendre :

- Les lois adoptées et surtout les mesures ou règlements d'application ;
- Les plans d'action ou programmes nationaux mis en place mais également les services décentralisés mis en place à travers le pays ;
- Les ressources humaines, financières, techniques, logistiques et autres affectées à la mise en œuvre des plans d'action et programmes ;
- Les données statistiques désagrégées sur les catégories de personnes, les territoires régions, provinces ou Etats fédérés, dans la mise en œuvre de la loi et des plans d'action, le nombre de bénéficiaires, le détail des résultats que ces bénéficiaires en tirent ;
- Les décisions de justice basées sur les lois adoptées ou les références aux lois adoptées d'autres juridictions ou instances de médiation ;
- Les améliorations intervenues dans la vie des titulaires et destinataires des droits garantis par la Charte et autres traités concernés.

En plus d'exiger le respect du format des rapports périodiques, la Commission devrait également insister sur le respect des Lignes directrices et principes de l'établissement des rapports d'état en vertu des articles 21 et 24 de la Charte africaine relatifs aux industries extractives, aux droits de l'homme et à l'environnement et les Lignes directrices relatives aux rapports des Etats Parties sur les droits économiques, sociaux et culturels dans la Charte africaine des droits de l'homme et des Peuples (Lignes directrices de Tunis).

Il est impératif de redessiner le contenu des rapports périodiques pour y intégrer l'obligation de consacrer une partie substantielle aux mesures de suivi des précédentes recommandations.

2.5.4.5. La nécessité d'un mécanisme spécifique de suivi des recommandations

La procédure actuelle qui consiste à envoyer un résumé du déroulement de l'examen à l'Etat examiné est utile mais elle a montré ses limites en termes d'efficacité. Le RI de 2020 en a pris conscience en consacrant son article 83 au suivi. Ainsi, l'article 83 a pris en compte les critiques portant sur le suivi des recommandations formulées en confiant le suivi de la mise en œuvre aux « membres de la Commission » qui pourront « solliciter ou prendre en compte les contributions des parties intéressées ou des institutions invitées, dans la mesure dans laquelle ces recommandations ont été mises en œuvre ». Quoiqu'appréciable, cette réforme n'est pas moins décevante. La Commission aurait dû institutionnaliser le suivi à travers un mécanisme spécifique pérenne.

Les membres de la Commission investis dans cette mission sont déjà occupés par d'autres tâches et ne pourront s'occuper du suivi que de manière partielle et fragmentée.

L'article 83 alinéa 1er RI a également innové en disposant que « dans les Observations finales, la Commission doit indiquer, si nécessaire, les domaines qui requièrent une attention particulière de la part de l'État partie ». Même si le RI ne donne pas de précisions par rapport aux obligations des Etats examinés vis-à-vis des domaines prioritaires identifiées, cela signifie dans la pratique que, si l'on se réfère à certains organes de traités des Nations Unies[654], l'Etat concerné doit, entre deux examens, fournir des réponses concrètes à la Commission, dans un délai déterminé, sur les mesures prises pour donner effets aux recommandations identifiées prioritaires. Une telle procédure de suivi pourrait théoriquement garantir la réception par la Commission d'informations relatives aux mesures prises par l'Etat examiné sur des recommandations prioritaires sélectionnées dans un délai préfixé, ce qui maintiendrait la poursuite du dialogue interactif avec l'Etat en question avant le prochain examen. La création d'un mécanisme subsidiaire consacré au suivi des décisions et délibérations de la Commission aurait été une meilleure décision. L'absence d'un mécanisme de suivi et d'une procédure de suivi est un point faible de la Commission.

2.5.4.6. Améliorer la qualité des recommandations formulées

Le suivi des recommandations formulées dépend de leur caractère spécifique, mesurable, atteignable, réalistes et implementables dans le temps. En la matière, on ne peut pas soutenir que la Commission brille actuellement par des recommandations qui lui offrent les ressorts d'un suivi efficace. Les recommandations générales et vagues desservent les efforts de suivi de la Commission. La Commission devrait se fixer un certain nombre de critères sur la formulation des recommandations qui se prêtent à un suivi dans le temps. Plus les recommandations sont spécifiques, mesurables, atteignables, réalistes et réalisables dans le temps, notamment dans les deux ans qui séparent la présentation de deux rapports périodiques, plus la Commission peut apprécier

[654] Par exemple, en mars 2020, après examen du troisième rapport périodique de la République centrafricaine (CCPR/C/CAF/3), le Comité des droits de l'homme a mis en exergue des recommandations pour lesquelles il a sollicité des renseignements à une date donné avant la soumission de prochain rapport périodique (CCPR/C/CAF/CO/3, § 40). En 2019, le Comité contre la torture avait nommément souligné pour le Togo des recommandations conformément à sa procédure de suivi de ses recommandations. Au-delà des renseignements requis, le Comité a invité le Togo à l' «informer des mesures qu'il prévoit de prendre pour mettre en œuvre, d'ici à la soumission de son prochain rapport, tout ou partie des autres recommandations formulées dans les présentes observations finales » (CAT/C/TGO/CO/3, § 40).

le niveau de mise en œuvre de ses recommandations. Elle peut, par exemple, après l'examen d'un rapport, déterminer deux ou trois indicateurs qui serviraient à mesurer le degré de mise en œuvre d'une recommandation donnée. Ces indicateurs seraient envoyés à l'Etat examiné avec les Observations finales et la matrix des recommandations formulées.

2.5.4.7. Une matrix des recommandations formulées

La matrix proposée est un document de synthèse des recommandations formulées. Elle se présente sous forme de tableau. Elle peut avoir le mérite de favoriser le recueil d'informations relatives à l'effet ou au résultat produit par les lois et les programmes car les Etats excellent plus dans la litanie de lois et de programmes adoptés que dans l'évocation des résultats et de l'impact générés par la mise en œuvre effective des outils ou instruments et services mis en place.

Après l'examen, le Secrétariat réalise une telle matrix qui regroupe les recommandations par thématique. Elle sert également de tableau de bord pour le suivi de la mise en œuvre à la Commission, à l'Etat et aux autres parties prenantes. Cette matrix devrait être envoyée aux Etats via leur représentation diplomatique basée à Addis-Abeba avec ampliation à la présidence du COREP et de la Conférence des Chefs d'Etat et de gouvernement. La lettre accompagnant la matrix devrait préciser à nouveau la procédure de remplissage de la matrix et la date de la soumission du prochain rapport. Elle doit être envoyée également aux autres parties prenantes telles que les organisations internationales, les INDH et les ONG qui ont participé au processus d'examen en écho à l'article 82 alinéa 4 du RI. La liste des destinataires peut concerner également le MAEP et les universités de l'Etat partie. On peut légitimement s'interroger sur les raisons qui ont poussé la Commission à limiter, en dehors de l'Etat partie, la transmission des Observations finales aux INDH et pas aux autres parties prenantes comme les ONG par exemple.

Il ne serait pas superfétatoire d'encourager les Etats à établir une plateforme électronique destinée à accueillir la matrix complétée au fur et à mesure par l'Etat examiné par les mesures prises en réponse à une recommandation donnée. L'objectif visé est de fournir les indications de manière transparente et les rendre accessibles à tous les partenaires. Par ailleurs, le fait de rassembler l'ensemble des informations en un endroit unique favorise l'élaboration des rapports successifs.

2.5.4.8. L'impératif des mécanismes nationaux de mise en œuvre

De la capacité des Etats examinés à mettre en place un mécanisme national de suivi dépendra la coordination de la mise en œuvre au niveau national et l'élaboration dans les délais des rapports périodiques. A cet effet, la Commission devrait exiger la création ou le renforcement d'organes ayant pour vocation de faire le suivi de la matrix. Beaucoup d'Etat parties ont des commissions ou comités interministériels de suivi de la mise en œuvre des recommandations et/ou décisions des mécanismes internationaux et régionaux des droits de l'homme. D'autres ont des organes dédiés à l'élaboration des rapports et au suivi des recommandations. Force est de constater que l'existence de ces mécanismes n'a pas empêché l'accumulation de rapports périodiques en retard et la faible qualité des rapports soumis en termes d'informations concrètes. Le problème réside donc dans le rang de ces mécanismes dans la hiérarchie institutionnelle et de leur capacité à obtenir des plus hautes autorités de l'Etat les moyens de leurs actions. Il urge donc que la Commission exige que l'organe en charge du suivi des recommandations soit créé par une loi. Elle peut raviver la résolution CADHP/Rés.3(V)89 sur l'intégration des dispositions de la Charte africaine dans le droit national des Etats ou encore adopter une Observation générale sur le sens et la quintessence de l'article 1er de la Charte qui dispose que les Etats « reconnaissent les droits, devoirs et libertés énoncés dans cette Charte et s'engagent à adopter des mesures législatives ou autres pour les appliquer ». Il s'agira d'œuvrer pédagogiquement pour la consolidation des mécanismes internes d'exécution des décisions et délibérations de la Commission, y compris les recommandations adoptées à l'issue de l'examen des rapports périodiques. Par ailleurs, l'insuffisance des ressources dont ces comités et commissions interministériels sont dotées sont à l'origine de leur efficacité limitée.

2.5.4.9. Le renforcement de la composition de la délégation envoyée pour défendre le rapport des Etats

La composition de la délégation étatique est fondamentale par rapport à la qualité des réponses attendues. La composition doit être de haut niveau et diversifiée en tenant compte de la dimension genre. La délégation officielle devrait être conduite par les Ministres en charge de la mise en œuvre des droits garantis par la Charte, des parlementaires, des représentants de différents ministères, des membres des mécanismes nationaux d'élaboration et de mise en œuvre des recommandations des organes de supervisions des droits de l'homme et des chefs de services ayant dans leurs attributions des responsabilités touchant la mise en œuvre des droits garantis par la Charte africaine, et des représentants de l'INDH.

Il arrive que les représentants censés éclairer la Commission sur les mesures législatives, réglementaires, administratives ou programmatiques prises par l'Etat sous examen n'arrivent pas à fournir des réponses précises au point de contraindre la Commission à reporter l'adoption de ses Observations finales à une date ultérieure, en attendant de recevoir des réponses complémentaires par écrit, ce qui hypothèque déjà le respect du délai de deux ans après chaque examen. Ce fut le cas lors de la 54ème Commission au cours de laquelle l'adoption des Observations conclusives sur le Cameroun et le Gabon était renvoyée *sine die*[655] ou encore lors de la 55ème session pour le Liberia et le Mozambique[656].

Section 3. La mission de protection

La Troisième Partie du RI de la Commission donne les trois axes d'opération de la Commission pour accomplir son mandat de protection. Il s'agit des questions urgentes (articles 84 et 85, RI), des missions de protection ou d'investigation ou d'établissement des faits (articles 85 à 87, RI) et l'examen des communications (articles 88 à 126, RI).

A. Les questions urgentes

1. La problématique des questions urgentes

La mission qui s'articule autour des « questions urgentes » est régie par l'article 58 de la Charte et détaillée par les articles 84 et 85 du RI de la Commission. Une question est qualifiée d'« urgent » dès lors qu'il s'agit de « situations particulières qui semblent révéler l'existence d'un ensemble de violations graves ou massives des droits de l'homme et des peuples » selon l'alinéa 1er de l'article 58 de la Charte. Une question relève de l'urgence, lorsqu'elle est « constitutive de violations graves ou massives des droits de l'homme » (84 alinéa 1er a) du RI). En outre, l'article 84 alinéa 1er b) du RI de la Commission complète les dispositions de l'article 58 de la Charte en disposant qu'une situation est urgente lorsqu'elle « présente un risque de dommage irréparable ou nécessite une action immédiate pour éviter de causer un préjudice irréparable ».

Ce complément est important pour quatre raisons. Il évite de laisser uniquement à l'appréciation souveraine des Etats la décision d'agir étant donné que c'est l'AU, organe politique, qui, sur saisine de la Commission,

---

655 35ème rapport d'activités de la Commission africaine, § 18.
656 36ème rapport d'activités de la Commission africaine, §§ 18-19.

prend les décisions qui s'imposent. Par ailleurs, il soustrait l'action urgente que nécessite une question urgente à l'interprétation large, parfois politique et donc problématique, de « violations graves et massives »[657]. Le complément a également le mérite de mettre en exergue les menaces actuelles et futures ainsi que l'imminence de conséquences irrémédiables en l'absence d'actions immédiates ou de réponses différées. Enfin, la précision complémentaire permet à la Commission de positionner ses mécanismes spéciaux en ordre de bataille comme cela ressort de l'alinéa 2 de l'article 85 de son RI et de se donner, en tout moment, les moyens d'action nécessaires pour éviter des failles dans la protection. Ainsi, il peut être pris la décision de traiter une situation urgente lorsqu'elle est en session (ordinaire ou extraordinaire) par la Commission dans son ensemble (article 84 alinéa 2, RI) et par son bureau uniquement (article 84 alinéa 3, RI) lorsque la situation survient entre deux sessions. Dans ce dernier cas, le bureau en informe les membres et présente un rapport sur la situation à la session suivante de la Commission.

2. Les réponses de la Commission à une situation urgente

2.1. Le rôle passif d'alerte

Aux termes de l'article 58 de la Charte, le rôle de la Commission se limite à « attirer l'attention »[658] et à « informer »[659] les organes politiques de l'UA. Il s'agit de la Conférence des Chefs d'État et de Gouvernement, du Conseil de paix et de sécurité, du Conseil exécutif et du Président de la Commission de l'Union.

La Charte remet la politique au centre de la prise de décision d'urgence alors que le temps de la politique est rarement le temps approprié pour répondre promptement aux violations graves, massives et imminentes des droits de l'homme et du droit international humanitaire. La démonstration est faite par le rythme de la prise de décision « en cas d'urgence » selon les termes de l'alinéa 3 de l'article 58 de la Charte. En effet, après saisine, l'organe politique, notamment la Conférence des Chefs d'Etat et de Gouvernement saisit à son tour la Commission de l'UA à qui il « peut demander à une étude approfondie » assortie d'un « rapport circonstancié, accompagné de ses conclusions et recommandations » (article 58 alinéa 2, Charte). Au cas où la Commission africaine saisit le président de la Commission de l'UA pour répondre de l'urgence, celui-ci s'en remettra au président de la Conférence des

[657] Voir article 2, point 15, du RI de la Commission africaine : « « Violations graves ou massives » désigne des violations des droits de l'homme graves de par leur ampleur et leur importance ». Voir aussi l'article 99 du RI de la Commission.

[658] Article 80, alinéa 1er a), b), c) et d). La saisine de la CPS par la Commission est prévue par l'article 19 du Protocole sur le Conseil de paix et de sécurité.

[659] *Ibid.*, alinéa 1er c) et d).

Chefs d'Etat et de Gouvernement qui pourra, avant d'agir, demander une étude approfondie (article 58 alinéa 3, Charte). Il est fort à craindre que la situation urgente ne soit obérée au regard des enjeux politiques, du processus politique de prise de décisions et le temps de la conduite de l'étude en question. C'est pourquoi la Commission mobilise ses ressources internes.

2.2. Les mesures propres de la Commission

L'article 85 alinéa 2 du RI de la Commission dispose que :

> « La Commission ainsi que ses mécanismes subsidiaires en vertu de la Charte et du présent Règlement prennent également toute mesure appropriée, notamment des appels urgents ».

La Commission se donne ainsi par son Règlement intérieur ce qu'elle n'a pu obtenir part la Charte. Ainsi, lorsqu'elle est alertée par un « contre-rapport », des communications individuelles, des informations ou rapports de toute nature, au sens de l'article 58 alinéa 1er de la Charte, la Commission peut mettre en mouvement ses mécanismes internes, notamment l'envoi à l'Etat concerné de lettres d'allégations ou d'appels urgents[660] ou l'envoi d'une mission de protection ou d'investigation ou d'établissement des faits.

3. La mission de protection ou d'investigation

Les articles 45 alinéa 2 et 46 de la Charte africaine fondent les missions de protection. A l'appui de l'article 45 alinéa 2 qui investit la Commission d'une mission de protection des droits de l'homme et des peuples sur le continent, l'article 46 dispose que « la Commission peut recourir à toute méthode d'investigation appropriée ». La Commission est habilitée à entendre toute personne capable de l'éclairer, y compris l'Union africaine.

La procédure régissant les missions de protection est prévue par les articles 81 et 82 du RI de la Commission.

3.1. Les missions d'investigation initiées par la Commission

Dans le cadre de son mandat de protection, la Commission africaine a effectué très tôt des missions d'enquête dans plusieurs Etats, notamment au Sénégal (1-7 juin 1996) en Mauritanie (19-27 juin 1996) au Soudan (1-7 décembre

---

[660] Voir *supra* Chapitre 3, Section 1, B.

1996) et au Nigeria (7-14 mars 1997). A maintes reprises, la Commission a décidé d'envoyer des missions d'établissement des faits dans plusieurs pays :

- En décembre 2015, la Commission avait conduit une mission d'établissement des faits au Burundi et décidé de la nécessité pour ses mécanismes spéciaux pertinents de continuer à suivre et à enquêter sur les atteintes aux droits de l'homme. Elle adoptera par la suite les résolutions CADHP/Rés.357(LIX) 2016 et CADHP/Rés. 396 (LXII) 2018 sur la situation des droits de l'homme au Burundi.
- En 2009, la Commission a décidé d'entreprendre une mission d'établissement des faits en République de Guinée, en vertu de l'Article 46 de la Charte africaine (CADHP/Rés.146(EXT.VII) 09) lors de sa 7ème session extraordinaire tenue á Dakar (Sénégal) en Octobre 2009.
- En 2008, la résolution CADHP/Res.129(EXT.OS/IV)08 a décidé d'une mission d'établissement des faits en République de Somalie, pour enquêter sur les violations des droits de l'homme et des peuples perpétrées dans le pays. La Commission a exprimé sa profonde préoccupation sur la détérioration des droits de l'homme dans le pays en dépit du déploiement de la mission de maintien de la paix de l'Union Africaine. Cette décision a été adoptée suite à la résolution CADHP/ Res. 109 (XXXXI)07 prise un an plus tôt lors de la 41ème session à Accra en mai 2007 (Accra, 16 au 30 mai 2007).
- Au cours de la même session, la Commission a adopté la résolution CADHP/Res.130(EXT.OS/IV)08 et décidé d'envoyer au Kenya une mission d'établissement des faits pour enquêter, entre autres, sur les allégations de violations des droits de l'homme et des peuples intervenues à la suite des élections de décembre 2007.
- Lors de sa 35ème session à Banjul (21 mai au 4 juin 2004), la Commission avait décidé d'envoyer une mission pour enquêter sur les rapports faisant état de violations des droits de l'homme au Darfour (Soudan) et lui faire rapport[661]. Sur la base de rapports des organisations de la société civile, des agences spécialisées des Nations Unies mettant en exergue les massacres des civils, particulièrement des membres des groupes ethniques Fur, Marsalit et Zaggawa qui sont des autochtones de la région du Darfour, ainsi que des attaques perpétrées par les forces gouvernementales, impliquant des forces terrestres et des raids de bombardement, et dans certains cas, des allégations d'attaques coordonnées des forces gouvernementales impliquant les milices arabes armées, ont conduit à la destruction centaines de villages, au pillage des récoltes, du bétail et d'autres

[661] CADHP/Res.68 (XXXV) 04, § 5. Voir d'autres résolutions sur la situation au Darfour : CADHP/Rés.102(XXXX)06, CADHP/Res.68(XXXV)04, ACHPR/Res.74(XXXVII)05 et ACHPR/Res.93 (XXXVIII) 05.

biens, forçant des centaines de milliers de populations pauvres, affamées et terrorisés à fuir vers d'autres parties du Darfour ou à l'extérieur du Soudan, particulièrement au Tchad[662]. Face à la détérioration continue de la situation des droits de l'homme et du droit humanitaire dans la région du Darfour, principalement en raison du conflit armé, impliquant les forces armées du gouvernement du Soudan, les groupes armés rebelles et les milices tribales armées, la Commission a entrepris une mission d'enquête en 2005.

- Décidée par la 29ème session ordinaire de la Commission à Tripoli, en Libye, suite à des rapports de violations massives des droits de l'homme au Zimbabwe, une mission d'enquête a été conduite du 24 au 28 juin 2002 dans le pays. Elle a recueilli des « témoignes de personnes victimes de violence politique et d'autres victimes de torture alors qu'elles étaient en garde à vue à la police. Il y a eu des preuves d'arrestations arbitraires, (...) les arrestations et la torture de députés de l'opposition et d'avocats des droits de l'homme »[663] et formulé des recommandations.

Lorsqu'il s'agit de pays en proie à un conflit, la Commission considère les violations des droits de l'homme et des peuples et du droit international humanitaire comme un manquement aux dispositions des articles 3 alinéa 2 de la Charte sur le droit à l'égale protection de la loi de toutes les personnes, 4 sur l'inviolabilité de la personne humaine et le droit de tout être humain au respect de sa vie et à l'intégrité physique et morale de sa personne et 23 sur le droit des peuples à la paix et à la sécurité de la Charte. La Commission en a décidé ainsi en 2016 à propos de la République démocratique du Congo[664].

Ces missions sont une réponse aux violations grave des droits de l'homme et du droit international humanitaire dans différents pays. Elles sont également destinées à lutter contre l'impunité et à promouvoir l'obligation de rendre des comptes des violations perpétrées.

3.2. La Commission peut appeler les Etats à mener des investigations

A l'issue de communiqués de presse ou de résolutions pays condamnant les violations graves de droits de l'homme et du droit international humanitaire, la Commission demande à ce que l'Etat concerné mène des enquêtes impartiales et indépendantes en vue d'identifier les auteurs présumés de ces violations, afin qu'ils soient jugés dans le respect de la loi, comme ce

---

662 CADHP, Rapport de la Mission d'Enquête de la CADHP dans la Région du Darfour, République du Soudan, p. §, §§ 2 et 3.
663 CADHP, Rapport de mission d'information au Zimbabwe, Juin 2002, p. 28, § 3.
664 CADHP/Rés.358 (LIX) 2016.

fut le cas de la résolution en 2018 sur la Cameroun[665] concernant le conflit et les violations des droits dans la partie anglophone, en 2019 sur la Somalie, en ce qui concerne les frappes aériennes de drones menées dans le cadre d'opérations militaires étrangères depuis 2017 entraînant des victimes parmi les civils, et augmentant le risque d'accroissement des victimes civiles[666].

En 2015, par sa résolution CADHP/Rés.310 (LVII) 2015 sur l'urgence d'effectuer une mission d'établissement des faits au Burundi, la Commission a réagi aux communiqués PSC/PR/COMM.(DLI) et Communiqué PSC/PR/COMM.(DLVII) du Conseil de paix et de sécurité de l'Union africaine demandant une enquête sur les violations des droits de l'homme au Burundi. En 2013, la Commission a effectué une mission d'établissement des faits en République Arabe Sahraouie Démocratique (RASD) sur recommandation du Conseil Exécutif de l'Union africaine décidée lors de sa réunion du 24 au 25 janvier 2013 à Addis-Abeba.

En février 2020, la Commission a exprimé de vives préoccupations par rapport à l'attaque survenue au Cameroun dans le village de Ntumbo dans le nord-ouest anglophone ou des allégations font état de 22 civils tués par des hommes armés pour une raison jusqu'alors inconnue. Sur les 22 victimes identifiées, 14 étaient des enfants, dont 9 âgés de moins de 5 ans. Les victimes auraient été tuées par balles et leurs corps brûlés dans des maisons qui ont été incendiées. Parmi les victimes, se trouvaient deux femmes enceintes dont l'une a survécu tout en perdant son bébé. La Commission a alors demandé aux autorités camerounaises de diligenter des enquêtes dans les plus brefs délais afin de faire la lumière sur cette attaque et d'apporter l'assistance requise aux familles endeuillées en s'assurant notamment qu'elles soient en sécurité[667].

Par sa résolution CADHP/Rés. 412 (LXII) 2018, la Commission a demandé au Burundi de « mener dans les plus brefs délais, des enquêtes indépendantes, impartiales et efficaces afin de traduire en justice toutes personnes suspectées d'être auteurs ou d'avoir participé aux exécutions extrajudiciaires, disparitions forcées, actes de torture, violences sexuelles, arrestations et détentions arbitraires et autres violations graves des droits humains allégués »[668]. Une demande visant à inviter la Commission pour une mission d'établissement des faits *in situ* a été adressée à la Gambie en 2015 (ACHPR/Res.299 (EXT.OS/XVII) 2015), ou encore aux Etats confrontés à la question des migrants en 2008 (CADHP/Rés.131(XXXXIII) 08).

---

665 CADHP/Rés. 395 (LXII) 2018, § 2.

666 CADHP/Res.422(EXT.OS/XXVI)2019, § 3.

667 Communiqué de presse de la Commission africaine du 21 février 2020 sur l'attaque du village de Ntumbo dans le nord-ouest du Cameroun.

668 CADHP/Rés. 412 (LXII) 2018, § ii). Voir aussi CADHP/Rés.357(LIX) 2016 et CADHP/Rés.396 (LXII) 2018.

3.3. Les missions d'investigation demandées par l'Union africaine

Le Conseil de Paix et de Sécurité (CPS) de l'UA a toujours appelé les Etats à coopérer pleinement avec la Commission africaine dans le cadre de ses missions d'établissement des faits ou des missions d'enquête fondées sur l'article 45 alinéa 2 de la Charte africaine et lui garantir l'accès à tous les endroits du territoire national où le CPS demande à la Commission de mener une enquête[669].

En juillet 2012, le Conseil de Paix et de Sécurité (CPS) de l'UA avait dans une demande entérinée par la déclaration solennelle de la Conférence des Chef d'Etat et de gouvernement lors de sa 19ème session ordinaire[670] mandaté la Commission pour une mission d'établissement des faits au Mali. Cette mission a été effectuée du 3 au 7 juin 2013. En 2015, le CPS a dans son Communiqué PSC/PR/COMM.(DLVII)[671] du 17 Octobre 2015 adopté lors de sa 551ème réunion prié la Commission de prendre d'urgence les mesures requises pour mener au Burundi une enquête et lui soumettre un rapport dans un délai maximum de quarante-cinq jours (45). La mission a été menée du 7 au 13 Décembre 2015. En outre, par sa Décision EX.CL/Dec.689(XX), le Conseil Exécutif a demandé à la Commission d'effectuer une mission en République arabe sahraouie démocratique (RASD) en vue d'enquêter sur les violations des droits de l'homme et de lui faire rapport en janvier 2013. N'ayant pas pu accomplir sa mission pour défaut d'autorisation du Maroc qui contrôle le RASD, le Conseil exécutif a de nouveau pris les Décisions EX/CL/Dec.775(XXIII) et EX.CL/Dec.887(XXVII) pour mener une mission d'établissement des faits[672].

Ces missions d'investigations ordonnées par l'UA auraient pu être plus efficaces si elles sont conduites dès les premières alertes. Souvent, le caractère proactif et prompt fait défaut, ce qui complique, à terme, l'efficacité de ces missions. C'est par exemple le cas en 2019 où le CPS a formulé des demandes de mission d'établissement des faits concernant la situation au Soudan et en Libye mais n'a pas fourni les moyens et les instructions pour l'exécution de la mission demandée[673]. Dans le cas de la Jamahiriya arabe libyenne, avant l'intervention militaire de la France et de ses alliés après les résolutions 1970 du 26 février 2011 et 1973 du 17 mars 2011 du Conseil de sécurité de l'ONU, une mission d'investigation dans le pays aurait pu permettre, dès 2010, de

[669] Communiqué PSC/PR/COMM.(DCCCLXVI), §§ 4 et 9.

[670] 19ème session ordinaire des 16 et 17 juillet 2012 à Addis Abéba en Ethiopie.

[671] PSC/PR/COMM.(DLVII), § 12 (iv).

[672] Voir le 43ème rapport d'activités de la Commission, § 55.

[673]Voir le 47ème rapport d'activités, § 42. Vori aussi Communiqué du CPS du 6 juin 2019 sur le Soudan (PSC/PR/COMM (DCCCXLIV)) et Communiqué du CPS du 5 juillet 2019 sur la Liybe (PSC/MIN/COMM.(DCCCLVII)).

faire l'état des lieux des allégations de violations qui pèsent sur le Mouammar Kadhafi et son régime et d'éviter le chaos monstrueux actuel né de cette intervention militaire pilotée par la France et ses alliés. Il urge donc que le CPS et la Commission africaine définisse un mécanisme de coopération et un système d'alerte précoce pour éviter que la situation des violations n'échappe au contrôle et exige une intervention armée africaine ou internationale. C'est ce qui ressort du Communiqué PSC/PR/COMM.(DCCCLXVI) du 8 août 2019 du CPS qui demande la Commission africaine et à la Commission de l'UA de « proposer une modalité pour la mise en place d'un mécanisme d'alerte rapide coordonné sur les questions liées aux droits de l'homme sur le continent entre les deux organes » après une présentation détaillée de la vision stratégique de la Commission par son président[674]. Il a été convenu notamment d'une réunion annuelle au mois d'août entre la Commission et le CPS qui se tiendrait alternativement à Banjul et à Addis-Abeba. Désormais, les droits de l'homme, la paix et la sécurité sont inscrits comme point thématique permanent à l'ordre du jour du CPS.

B. L'examen des communications

C'est la mission la plus complexe de la Commission au regard des enjeux et des relents politiques. Quoique délicate, elle reste et demeure essentielle pour faire respecter les obligations conventionnelles des Etats parties à la Charte, insuffler une dynamique d'infusion des dispositions de la Charte dans les législations nationales, lutter contre l'impunité des violations des droits garantis par la Charte et assurer l'accès à la justice des victimes de ces violations. Cela passe par la réception et le traitement des communications.

1. La typologie et la soumission des communications

Les communications ont pour vocation de permettre à la Commission d'assurer sa mission de protection des droits et libertés fondamentales garanties par la Charte. Elles sont donc soumises à la Commission lorsqu'il y a violation d'une ou plusieurs dispositions de la Charte. Des lignes directrices régissent leur soumission.

[674] 866ème réunion tenue le 8 août 2019 sur ses consultations avec la Commission africaine des droits de l'homme et des peuples (CADHP) et le Conseil de paix et de sécurité de l'Union africaine. La Commission était reésenté par son président Dr Solomon Ayele Dersso.

1.1. Les Lignes directrices régissant la soumission des communications

Pour introduire une communication auprès de la Commission, il existe des lignes directrices à suivre. Ces lignes directrices sont développées dans la Fiche d'information n° 2 de la Commission. La communication peut porter sur l'ensemble des droits garantis par la Charte, que se soit les droits civils et politiques (articles 2 à 13 de la Charte), les droits économiques, sociaux et culturels (articles 14 à 18) ou sur le droit des peuples ou encore les « droits de groupes ou droits de solidarité » selon les termes de la Fiche d'information n° 2 sur les Lignes directrices pour la présentation des communications de la Commission. Elle peut également porter sur la violation des droits garantis par les protocoles facultatifs à la Charte, notamment le Protocole à la Charte africaine des droits de l'homme et des peuples relatif aux droits des personnes âgées en Afrique de 2016 et le Protocole à la Charte africaine des droits de l'homme et des peuples relatif aux droits des femmes en Afrique de 2003, ainsi que la Charte Africaine de la démocratie, des élections et de la gouvernance de 2007. Peu importe la quantité ou la gravité des violations des droits de l'homme, « une seule violation peut toujours affecter la dignité de la victime et constituer un affront aux normes internationales des droits de l'homme »[675].

1.2. Les types de communication et leur soumission

Il existe deux types de communications suivant leurs auteurs.

1.2.1. Les communications soumises par les Etats

Il est prévu les communications qui sont soumises par un Etat contre un autre Etat partie à la Charte par saisine directe (article 49) ou par saisine après l'échec d'un processus de négociation entre les Etats concernés (articles 47 et 48). Selon les Sections 2 et 3 du Chapitre III (IIIème Partie) du RI de la Commission, les communications soumises en vertu de l'article 47 de la Charte sont des « communications-négociations ». Les deux formes de communication (directe et communications-négociations) sont dénommées des « communications inter-Etats ».

L'article 109 alinéa 2 du RI de la Commission prévoit le contenu des communications soumises lorsque les pourparlers entre Etats n'ont pu prospérer. Ainsi, de par sa nature, elle doit comporter, en plus des éléments requis, les démarches actant les tentatives de règlement à l'amiable, la

[675] Fiche d'information n°2 sur les Lignes directrices pour la présentation des communications, p.10.

communication initialement soumise ainsi que « toute explication écrite ultérieure des États parties concernés par la question » (article 109 alinéa 2 a) RI). Les communications soumises en vertu des articles 48 et 49 doivent également indiquées les « mesures prises pour épuiser les procédures régionales ou internationales de règlement ou de bons offices » (article 109 alinéa 2 b) RI) et « toute autre procédure d'enquête internationale ou de règlement international à laquelle les États parties concernés ont eu recours » (article 109 alinéa 2 c) RI). Que la communication soit soumise directement ou à l'issue de l'échec de négociations, l'Etat plaignant doit lui-même l'adresser spécifiquement au Président de la Commission africaine et la notifier lui-même à l'Etat mise en cause[676], ce qui n'est pas le cas des communications soumises au titre de l'article 55 de la Charte où la notification est assurée par le Secrétariat de la Commission africaine. Par ailleurs, les communications inter-Etats sont soumises à la règle de l'épuisement des procédures régionales ou internationales de règlement ou de bons offices.

Dans les deux cas, la procédure exige de la Commission de ne connaître la communication qu'après avoir vérifié que tous les recours internes ont été épuisés. La Commission reste attentive aux conditions politiques, économiques, sociales voire géopolitiques dans lesquelles les recours sont censés être diligentés et traités. L'Etat plaignant a la possibilité d'invoquer les motifs objectifs pour lesquels les missions de bons offices n'ont pu être explorées et les autres recours non intentés.

1.2.2. Les communications soumises par les « autres »

Il s'agit des communications soumises contre un Etat partie à la Charte par des individus ou des organisations de défense des droits de l'homme pour le compte des victimes des violations des droits garantis par la Charte. Elles sont régies par les articles 55 et 56 de la Charte et par le régime prévu par les articles de la Section 4 du Chapitre III (IIIème Partie) du RI de la Commission. Elles sont dénommées « autres communications » (communications non étatiques) par distinction des communications émanant des Etats parties.

Leur soumission est réglementée par les articles 115 à 126 du RI de la Commission en écho à l'article 55 de la Charte. Une telle communication est également soumise au Président de la Commission via son Secrétariat. Toutefois, les éléments constitutifs diffèrent à plusieurs titres étant entendu qu'il s'agit, non plus des Etats, mais de toutes « personnes physiques ou morales » (article 115 alinéa 1er RI), y compris une « organisation non

---

676 Point 10 de la Fiche d'information n°3 sur les procédures d'examen des communications.

gouvernementale (article 115 alinéa 2 a) RI). D'autres prérequis sont énumérés par l'article 115 alinéa 2 du RI de la Commission, notamment la mention du nom, de la nationalité et de la signature du ou des auteurs, de la demande d'anonymat du plaignant le cas échéant, l'adresse du plaignant, y compris un numéro de téléphone, un numéro de fax et une adresse électronique, le nom de la victime si elle est différente du plaignant, le nom du ou des Etats visés. La communication doit comprendre également la mention de toute autorité publique ayant connaissance des faits ou de la situation alléguée, la description de la violation alléguée avec la précision du lieu, de la date et de la nature des faits reprochés, les preuves de la satisfaction des conditions cumulatives posées par l'article 56 de la Charte, y compris les démarches documentées portant sur l'épuisement ou non des voies de recours internes, les fondements détaillés à l'appui, ainsi que l'indication relative au fait que la même communication n'ait pas été déjà soumise et traitée au fond par un autre organe international de règlement de litiges ayant les compétences analogues à la Commission.

Il s'agit essentiellement d'une action pour autrui qui prend tout son sens, soit parce que la victime elle-même ne peut pas ou ne veut pas s'afficher publiquement lorsqu'elle craint pour sa sécurité ou lorsque son identité révélée pourrait être contre-productive. Ce système d'action pour autrui est très utile pour éviter que les victimes qui méconnaissent l'existence ou les rituels juridiques, techniques et administratifs de la Commission restent sans justice, ou encore que des empêchements dirimants (ou non) puissent constituer un obstacle à l'accès à la justice par la soumission d'une communication. Il n'est même pas nécessaire que le plaignant ou l'auteur de la communication soit lié par quelque lien que se soit à la victime de la violation alléguée, la seule condition étant la mention impérative de la victime.

1.3. L'enregistrement

A la fin, la communication est enregistrée dans les livres dédiés avec attribution d'un numéro de référence et d'ordre[677]. L'ordre de réception de la communication et donc de son enregistrement détermine l'ordre de l'examen sans préjudice des cas de jonction de communications. Le Secrétariat de la Commission peut demander des compléments d'informations le cas échéant. Toutefois, au moment de l'enregistrement, sans que la procédure de saisine formelle n'intervienne, une communication visant un Etat défendeur non partie à la Charte ne fera pas l'objet d'enregistrement [678] . Après l'enregistrement, le Secrétariat dresse la liste des communications, établit un

---

[677] Voir la Fiche d'information n°3 sur les procédures d'examen des communications, § 5 sur la manière dont les références sont attributées aux communications.

[678] Fiche d'information n°3 sur les procédures d'examen des communications, § 6.

résumé de chacune des communications et les transmet aux Commissaires et un accusé de réception est adressé aux plaignants. A ce stade, l'Etat défendeur visé par la communication au titre de l'article 55 de la Charte n'est pas encore informé.

Qu'elle soit étatique ou non, la soumission d'une communication est tout autant libre que son retrait à tout moment comme dans l'affaire *Madame Ayatulla Alaa Hosny (représentée par Dalia Lotfy) c. République arabe d'Égypte*[679]. L'acte de retrait d'une communication vaut interruption de la procédure qui s'y rattache.

2. La procédure d'examen des communications

2.1. Les communications inter-Etats (articles 108 à 114 du RI)

La procédure d'examen des communications-négociations soumises après l'échec d'un règlement à l'amiable est prévue par les articles 47 à 53 de la Charte. La Commission vérifie si le délai de trois mois s'est écoulé depuis le début du règlement à l'amiable entre les Etats concernés[680]. Quant aux communications directes soumises sans passer par des négociations et des missions de bons offices avec l'Etat visé, la procédure appliquée est prévue par le paragraphe A8 de la Fiche d'information n° 3 sur les procédures d'examen des communications[681]. La Commission vérifie que « tous les recours internes ont été épuisés, à moins qu'il ne soit manifeste (…) que la procédure de ces recours se prolonge d'une façon anormale »[682]. Les deux types de communications inter-Etats n'échappent pas à la règle classique de l'épuisement des recours internes à moins que ces recours, conformément à la jurisprudence de la Commission, ne se prolongent d'une façon anormale au niveau national. Comme le précise la Fiche d'information n° 3, la notification de la communication à l'Etat concerné pèse sur l'Etat auteur de la communication[683].

Par la suite, la Commission enclenche, au premier chef, un processus de règlement à l'amiable. Elle sollicite ainsi des parties pour des présentations écrites ou orales afin de mieux saisir les enjeux en cause dans l'affaire. Tous les efforts sont déployés, y compris en prenant le temps nécessaire, pour parvenir à un compromis. Si les circonstances y sont favorables, la

---

679 Communication *603/16.* Voir aussi *Communication* 349/07 Simon, *Weldehaimanot c. Eritrea* ; Communication *261/02, Interights Et Al c. Egypte ;*

680 Fiche d'information n°3 sur les procédures d'examen des communications, § 8.

681 *Op. cit*, § 9 ; voir article 49 de la Charte.

682 *Op. cit*, § 11.

683 *Op. cit*, § 10. Voir aussi les § 11 à 13.

Commission peut renvoyer les parties dans un dialogue bilatéral, au besoin, avec l'aide d'un médiateur. En cas d'échec, la Commission africaine notifie aux Etats concernés et à la CoCEG le bilan du processus avec un rapport assorti de recommandations[684].

La préoccupation réside dans le fait que ni la Charte ni le RI de la Commission ne précise le sort réservé à une affaire ainsi transférée à la CoCEG qui, selon l'article 6 alinéa 2 de l'Acte constitutif de l'UA, est l'organe suprême de l'Union. Il est fort à craindre qu'au regard des enjeux et manœuvres politiques, les violations des droits en cause et le souci des victimes ne soient sacrifiés sur l'autel des désidératas politiques.

2.2. Les communications au titre de l'article 55

La procédure d'examen est prévue par les articles 55 à 59 de la Charte africaine. Elle est détaillée dans la Fiche d'information n° 3 de la Commission relative à la procédure d'examen des communications. Elle est également encadrée par les articles 110 à 114 du RI de la Commission. L'examen passe successivement par les étapes de saisine, des observations des parties, de la recevabilité et du traitement au fond.

2.2.1. La saisine de la Commission

L'enregistrement d'une communication ne vaut pas saisine par la Commission. La saisine obéit à une procédure spécifique décrite par l'article 55 alinéa 2 de la Charte et reprise à l'article 115 alinéa 10 du RI de la Commission. Ainsi, lors de la session de la Commission consécutive à l'enregistrement de la communication, la Commission se saisit de la plainte par un vote de ses membres à la majorité absolue, c'est-à-dire six Commissaires sur onze pour que la saisine soit effective. Au final, une communication enregistrée peut donc faire l'objet de rejet au moment de la saisine. Il faut distinguer cette saisine de celle invoquée à l'article 115 alinéa 5 du RI de la Commission qui dispose que le Secrétariat se considère comme saisi d'une communication au nom de la Commission lorsque les informations énumérées à l'alinéa 2 dudit article sont fournies par le plaignant. Cette saisine administrative est différente de la saisine juridique.

On pouvait ainsi craindre les influences politiques qui conduiraient à des votes négatifs de la part des Commissaires. Cette menace était réelle au moment où certains membres servaient à la fois au sein de la Commission et dans le système politique de leur Etat, ce qui présente un conflit d'intérêt préjudiciable

---

[684] *Op. cit*, § 13.

à la lutte contre l'impunité et au respect de la Charte africaine. Cette composition qui compromet le principe d'impartialité et d'indépendance semblait être la norme dès le début de la Commission mais elle s'est estompée dans les années 2005 et surtout en 2007 avec la fin du mandat de Salamata Sawadogo, dernière Commissaire à avoir réuni sur sa tête les deux casquettes (politique et Commissaire). Par ailleurs, l'article 8 du RI de 2020 de la Commission dispose désormais que « la fonction de membre de la Commission est incompatible avec l'exercice d'activités susceptibles de compromettre l'indépendance ou l'impartialité du membre ou avec l'exercice de fonctions telles qu'être membre d'un gouvernement, ministre ou sous-secrétaire d'État, représentant diplomatique, directeur d'un ministère ou l'un des subordonnés de celui-ci ou encore conseiller juridique des Affaires étrangères ou l'exercice de toute autre fonction à caractère politique ou la participation à une activité de nature à compromettre son indépendance et son impartialité ». Les conflits d'intérêts font l'objet d'une attention plus soutenue.

Si rejet d'une communication il devrait y en avoir, il ne devrait guère être fondée sur des considérations politiques. Toutefois, si un Commissaire devrait s'abstenir ou voter contre la saisine d'une communication, la Commission devrait exiger une justification écrite argumentée. Cela devrait faire l'objet d'une disposition spécifique du Règlement intérieur de la Commission qui devrait instaurer la procédure d'une « opinion justificative » à l'issue d'un vote négatif et d'abstention lorsque la Commission procède à la saisine d'une communication.

Il revient au préalable au Secrétariat, dans le cadre de la saisine administrative, d'entreprendre les vérifications d'usage concernant les documents et les informations à fournir à l'appui de la communication (article 115 alinéas 2, 4 et 6 du RI de la Commission).

Lorsque la Commission se saisit d'une communication, elle désigne un Commissaire comme rapporteur conformément à l'article 93 alinéa 1er du RI ou crée un groupe de travail chargé d'examiner les questions relatives à la saisine et à la recevabilité et de formuler des recommandations à la Commission à l'issue de l'analyse de l'affaire (article 93 alinéa 2 du RI). La Commission prend sa décision sur la base de ces recommandations.

2.2.2. Les observations des parties

L'article 116 du RI est consacré aux observations écrites portant sur la recevabilité et le fond.

Avant la décision de recevabilité
A l'issue de la saisine d'une communication, le Secrétariat demande au plaignant de « présenter ses arguments et des éléments de preuve sur la recevabilité et le fond de l'affaire dans les soixante (60) jours suivant sa réception » selon les termes de l'article 116 alinéa 1er du RI. La Fiche d'information No. 3 sur la procédure d'examen des communications précise que les plaignants doivent « présenter les faits avec précision, en joignant, si possible, les pièces pertinentes, et en évitant d'invoquer des allégations en termes vagues ». Quant aux Etats défendeurs, ils devraient éviter un rejet péremptoire des allégations portées contre eux et s'évertuer à « donner des réponses précises et des preuves suffisantes pour réfuter valablement lesdites allégations ».

L'Etat défenseur dispose à son tour de deux mois pour fournir une réponse à la Commission. Un délai de 14 jours est imparti au Secrétariat pour transmettre la réponse de l'Etat défendeur au plaignant qui peut y répondre à son tour dans les 30 jours qui suivent la réception de la correspondance du Secrétariat sans possibilité d'y intégrer de nouvelles questions. Le délai de transmission de la duplique à l'Etat défendeur n'est pas préciser par les textes mais on peut supposer que la communication doit être fait de manière diligente. Entre la demande de présentation des arguments et des éléments de preuve au plaignant et la transmission de la duplique à l'Etat défendeur, il s'écoule 178 jours, soit presque 6 mois.

Suivant la teneur des informations fournies, la Commission peut encore demander aux parties de fournir des « observations écrites supplémentaires »[685] dans un délai que le RI ne précise pas. Il est même possible, au visa de l'article 116 alinéa 4 du RI, que le Secrétariat demande au plaignant ou à l'Etat défendeur de lui fournir informations, documents ou supports pertinents pour l'examen de la communication, dans un délai déterminé. Il en résulte qu'avant une décision sur la recevabilité d'une communication, la production des observations et autres documents complémentaires et leur transmission aux parties, peuvent prendre plus de douze mois.

Les exceptions préliminaires peuvent être soulevées à ce stade de la procédure.

Au moment de la décision sur la recevabilité
Avant l'examen au fond, les parties peuvent toujours présenter des observations supplémentaires. Au moment de la décision sur la recevabilité, l'Etat défendeur peut émettre des observations dans un délai fixé. Sans soumission d'observations dans le délai imparti, la Commission adopte une

[685] Article 116 alinéa 3 du RI de la Commission.

décision sur la recevabilité par défaut fondée sur les informations à sa disposition (article 118 alinéa 2, RI).

La recevabilité est soumise à des conditions cumulatives conformément à l'article 56 de la Charte.

2.3. Les conditions de recevabilité des communications au titre de l'article 55 de la Charte

L'article 56 de la Charte pose sept conditions cumulatives relatives à la recevabilité d'une communication au titre de l'article 55. La non satisfaction d'une seule condition vaut rejet de la communication[686]. L'article 93 du RI fournit des précisions de forme et de fond sur ces conditions en complément des dispositions de l'article 56 de la Charte. Dans le cadre de l'examen de ces communications, la Commission a clarifié les conditions requises et adapté sa religion à travers une interprétation dynamique suivant le contexte et les circonstances des faits relatés dans la communication sous examen. L'œuvre de pédagogie juridique de la Commission va au-delà des demandes relatives à la communication pour préciser d'autres aspects comme le soulignait la Commission dans l'affaire *Sangonet c. Tanzanie*[687] lorsqu'elle estimait qu'elle « procédera à l'analyse de la conformité de la Communication avec les autres sous-articles de l'article 56 qui ne sont pas contestés »[688]. La Commission redonne d'ailleurs un sens utile aux conditions posées par l'article 56 de la Charte en estimant qu'elles sont « destinées à assurer qu'une communication est correctement introduite devant la Commission et à cibler les communications futiles et vexatoires avant d'en arriver au fond »[689].

De manière générale, la Commission procède par pédagogie juridique et contextuelle en expliquant et en approfondissant le sens de l'article 56 et en essayant d'étoffer son champ d'application et ses contours. Puis, elle ancre son argumentation dans le droit comparé en faisant appel au droit international mais également à la jurisprudence internationale et régionale comme l'y invitent/autorisent les articles 60 et 61 de la Charte africaine. Enfin, elle explore et analyse les faits, les circonstances et le contexte avant de prendre

---

[686] Communication 434/12: *Filimao Pedro Tivane (represented by Dr. Simeao Cuamba) c. Mozambique*, § 58 i). La non satisfaction de l'article 56 alinéa 5 ; *Article 19 c. Eritrea* ; Communication 431/12 – *Thomas Kwoyelo c. Uganda*, § 40.

[687] Communication 333/2006, *Southern Africa Human Rights NGO Network et autres c. Tanzanie.*

[688] *Op., cit*, § 48. Disponible aussi dans le 28ème rapport d'activités de la Commission, *EX.CL/600 (XVII)*, p. 62, § 48. Voir aussi Communication 307/2005 – *M. Obert Chinhamo /Zimbabwe*, § 45 *in fine* : « Cela ne signifie toutefois pas que les autres exigences de l'article 56 qui n'est pas litigieux entre les deux parties ne seront pas examinées par la Commission ».

[689] Communication 307/2005, *M. Obert Chinhamo c. Zimbabwe*, § 45.

sa décision suivant la lettre et l'esprit de la Charte africaine tout en maintenant une cohérence globale de sa jurisprudence.

L'article 118 alinéa 1er du RI renvoie aux exigences de la recevabilité prévue par l'article 56 de la Charte.

2.3.1. L'indication de l'identité de leur auteur de la communication

Cette règle est prévue par l'article 56 alinéa 1er de la Charte. Dès lors que le nom et l'adresse de l'auteur de la communication sont connus, la règle de l'article 56 alinéa 1er qui doit être interprétée comme exigeant la réception d' « informations adéquates avec un certain degré de spécificité concernant les victimes »[690], est respectée[691]. En l'absence d'adresse, la règle ne serait pas satisfaite comme dans l'affaire *Ibrahima Dioumessi, Sékou Kande, Ousmane Kaba c. Guinée*[692]. Selon la Commission, la finalité de cette règle est de faire en sorte qu'elle puisse « communiquer avec l'auteur pour connaître son identité et son statut, s'assurer de son intérêt continu dans la communication et demander des informations complémentaires selon les besoins du cas qui lui est soumis » [693]. Ainsi, la perte de contact avec l'auteur de la communication malgré des « rappels » et des relances par « divers moyens »[694] peut conduire à la non satisfaction de cette règle et partant au classement du dossier[695].

Même si le plaignant demande à garder l'anonymat autorisé par l'interprétation *a contrario* de l'article 115 alinéa 3 du RI, l'identité de l'auteur de la communication doit être clairement indiquée[696] comme l'a décidé la Commission en 2016 dans l'affaire *Institute for Human Rights and Development in Africa and Others c. République démocratique du Congo.*

---

[690] Communication 104/94-109/94-126/94, *Centre of the Independence of Judges and Lawyers c. Algérie,* § 3.

[691] Communication 335/06, *Dabalorivhuwa Patriotic Front c. République d'Afrique du Sud,* § 71 ; Communication 108/93, *Monja Joana c. Madagascar.*

[692] Communication 70/92, Ibrahima Dioumessi, Sékou Kande, Ousmane Kaba c. Guinée.

[693] *Communication 409/12 Luke MunyanduTembani et Benjamin John Freeth (représentés par Norman Tjombe) c. Zimbabwe et treize autres, § 87. Voir aussi* Communication 300/05, *Socio Economic Rights and Accountability Project c. Nigeria, § 36;* Communication 108/93, Monja Joana c. Madagascar *(1997), § 6;* Communication 62/91, *Committee for the Defence of Human Rights (in respect of Ms. Jennifer Madike) c. Nigeria.*

[694] Communication 108/93 *Monja Joana c. Madagascar*, § 11.

[695] Communication 70/92, *Ibrahima Dioumessi, Sekou Kande, Ousmane Kaba c.* Guinée; Communication 62/91; *Committee for the Defence of Human Rights (in respect of Ms. Jennifer Madike) c. Nigeria,* § 2; Communication N° 57/91, *Bariga c. Nigeria.*

[696] Communication 393/10, *Institute for Human Rights and Developement in Africa and Others c. République démocratique du Congo,* § 43.

2.3.2. La compatibilité avec l'Acte constitutif de l'Union africaine ou avec la Charte

La violation dénoncée par une communication doit porter sur une disposition de l'Acte constitutif de l'UA ou de la Charte africaine, selon l'article 56 alinéa 2 de la Charte. Cette condition est également reprise par l'article 22 de la Fiche d'information n° 3 sur les procédures d'examen des communications et l'article 118 alinéa 1er du RI de la Commission. Ce cadre juridique visé est, en réalité, plus étendu. Tout en étant un instrument politique africain, l'Acte constitutif de l'UA n'a pas manqué de viser comme objectif, aux termes de son article 3, de « favoriser la coopération internationale, en tenant dûment compte de la Charte des Nations Unies et de la Déclaration universelle des droits de l'homme » (article 3 e)), et de « promouvoir et protéger les droits de l'homme et des peuples conformément à la Charte africaine des droits de l'homme et des peuples et aux autres instruments pertinents relatifs aux droits de l'homme » (article 3 h)). Sur la base de ces passerelles conventionnelles établies par l'Acte fondateur de l'UA, une communication fondée sur les instruments internationaux référencés, serait difficilement irrecevable.

Comme le prévoit l'article 66 de la Charte relatif aux « protocoles ou accords » pour « compléter » la Charte le cas échéant, il faut y intégrer le Protocole à la ChADHP relatif aux droits de la femme en Afrique (Protocole de Maputo) de 2003, le Protocole relatif à la ChADHP portant création d'une Cour africaine des droits de l'Homme et des peuples de 1998 et le Protocole à la ChADHP relatif aux droits des personnes handicapées en Afrique de 2018. Au regard de l'article 60 de la Charte relatif aux principes applicables, il n'est pas exclu que la Commission africaine fonde tout ou partie de la recevabilité ou la non recevabilité d'une communication au regard de l'exigence de l'article 56 alinéa 2 sur le droit interne des Etats car l'article 60 dispose que « la Commission s'inspire (…) des dispositions des autres instruments adoptés (…) par les pays africains dans le domaine des droits de l'homme et des peuples ». Il peut s'agir du droit interne de l'Etat défendeur ou d'un autre Etat africain dès lors que la disposition interne visée répond au contexte et aux circonstances de la plainte. Aussi, les instruments internationaux auxquels l'Etat en cause fait partie sont susceptibles de fonder une communication devant la Commission.

Selon la Commission, le terme « compatibilité » signifie « conformément à », « en conformité avec », « non contraire à » ou « contre »[697]. Dans l'affaire *Dabalorivhuwa Patriotic Front c. République d'Afrique du Sud*, elle a estimé que le critère de compatibilité de l'article 56 alinéa 2 de la Charte présuppose que quatre conditions soient remplies :

---

[697] Communication 307/2005, *M. Obert Chinhamo c. Zimbabwe*, § 48.

« *Primo*, la communication doit alléguer qu'une disposition de la Charte a été violée (*ratione materiae*) ; *secundo*, la communication doit viser un Etat partie et être introduite par un auteur ayant qualité pour agir (*ratione personae*) ; *tertio*, la communication doit être basée sur des événements intervenus pendant la période d'application de la Charte vis-à-vis de l'Etat (*ratione temporis*), sauf quand il existe des preuves attestant de l'existence d'une violation continue et, enfin, elle doit se situer dans la sphère territoriale couverte par la Charte (*ratione loci*) »[698].

C'est donc les quatre *rationes jurisdictionis* (compétences matérielle, personnelle, temporelle et territoriale) qui sont les pré-requis pour satisfaire la règle posée à l'article 56 alinéa 2 de la Charte.

Compétence matérielle

Dès lors que la communication dénonce des violations des droits énoncés dans la Charte, peu importe, au stade de l'analyse des conditions de recevabilité, l'absence de preuve à l'appui des violations visées[699]. Ainsi, à un Etat défendeur qui soutient que, sur la base de l'article 56 alinéa 2 de la Charte africaine, les conditions de compatibilité de la communication avec la Charte africaine ne sont pas remplies, motif pris de ce qu'elle ne vise ni spécifiquement les dispositions relatives à la communication ni les limites de la conformité de la décision querellée aux dispositions de la Charte africaine, et qui, de ce fait, conclut à une communication « extravagante, vague et donc incompatible avec les dispositions de la Charte »[700], la Commission répond en précisant que « l'un des premiers points à considérer en vertu de l'article 56 alinéa 2 est de savoir s'il y a eu une violation *prima facie* des droits de l'homme garantis par la Charte africaine »[701]. La Commission prolonge sa religion est estimant qu'elle « ne se préoccupe que de savoir s'il est suffisamment prouvé qu'une violation a eu lieu »[702] ou pas à ce stade. Dès lors qu'une disposition de la Charte africaine est directement visée ou susceptible d'être rattachée à la description de la violation alléguée[703], « il n'est pas, en principe, obligatoire que le plaignant mentionne les dispositions spécifiques

[698] Communication 335/06, *Dabalorivhuwa Patriotic Front c, République d'Afrique du Sud*, § 72 ; Solomon T. Ebobrah, 'The Admissibility of Cases before The African Court on Human and Peoples' Rights: Who Should do What?' (2009) MLJ Vol.3, Issue 1, p.94.

[699] Communication 307/2005, *M. Obert Chinhamo c. Zimbabwe*, §§ 31et 38 à 40.

[700] *Sangonet c. Tanzanie*, § 40 in fine.

[701] *Op. cit*, § 51.

[702] *Ibid.*

[703] Dans l'affaire Filimao Pedro Tivane (represented by *Dr. Simeao Cuamba) c. Mozambique* (Communication 434/12), § 23, la Commission estime que le droit à la propriété étant visé, la communication remplit la condition de l'article 56 alinéa 2 puisque la Charte garantit le droit de propriété.

de la Charte africaine qui ont été violées »[704]. C'est ce qui semble ressortir de l'article 115 alinéa 2 g) *in fine* du RI de la Commission selon lequel « même si aucune référence spécifique n'est faite à l'article/aux articles dont la violation est allégué » la condition de compatibilité serait remplie si le nom de l'Etat présumé auteur de la violation alléguée est nommément mentionné. Il est toutefois recommandé de viser nommément des dispositions de la Charte pour des raisons de clarté, car la Commission se montre parfois pointilleux en exigeant la mention de « violations spécifiques » comme dans l'affaire *Centre pour l'Indépendance des Magistrats et Avocats c. Algérie (*Communication 104/93) et en rejetant des communications en se fondant sur la nature vague de la violation alléguée *(Ayele c. Togo,* Communication N° 35/89*).*

La Commission a estimé également dans l'affaire *Sangonet c. Tanzanie* qu'« il n'est pas pertinent de déterminer si d'autres droits ont été violés et dans quelle mesure ils l'ont été parce que de telles analyses ne sont requises qu'au stade du fond »[705]. L'invocation du non respect de l'article 56 alinéa 2 de la Charte fondée sur le fait que les articles visés par la communication devant la Commission ne l'étaient point devant les juridictions nationales ne pourrait davantage prospérer dès lors que « ce sont les mêmes faits cités dans l'affaire rejetée par les tribunaux nationaux qui ont été soumis à la Commission africaine »[706] car « les plaignants ne sont pas obligés de citer les articles précis de la Charte qui ont été violés, mais, s'ils le faisaient, il ne serait pas juste de les pénaliser en estimant qu'ils n'auraient pas soulevé devant les juridictions nationales le fait que ces articles avaient été violés »[707].

Compétence temporelle

En vertu du principe du droit international selon lequel les Etats ne sont tenus qu'à partir du moment où ils ont exprimé leur consentement à être liés par un traité, combiné au principe de la non rétroactivité[708], les Etats parties à la Charte ne sont obligés par les dispositions ratifiées qu'à partir de la date de l'entrée en vigueur comme l'a décidé la Commission africaine dans l'affaire *Njoka c. Kenya*. En d'autres termes, un Etat ne peut être tenu responsable pour des violations antérieures à la date de son adhésion ou de l'entrée en vigueur de la Charte africaine pour lui.

---

[704] *Sangonet c. Tanzanie*, § 51.

[705] *Op. cit*, § 52.

[706] Communication 335/06 *Dabalorivhuwa Patriotic Front c. République d'Afrique du Sud*, § 82. Voir aussi le § 81.

[707] *Ibid*, § 82.

[708] Articles 4 et 28 de la Convention de Vienne sur le droit des traités; Article 15 du PIDCP ; et Article 11 du Statut de la Cour Pénale Internationale. Voir aussi CIJ, 3 févr. 2006, arrêt, *Activités armées au Congo (RDC c. Rwanda), Recueil. 2006,* § 125).

Toutefois, l'interprétation de l'article 56 alinéa 2 de la Charte est assez prodigieuse et dynamique. En effet, la Commission a adopté le principe de la « violation continue » [709] dans le temps, par opposition à la « violation instantanée », pour étendre sa compétence *rationae temporis*. Ainsi en a décidé la Commission dans l'affaire *Annette Pagnoulle c. Cameroun*. Dès lors que les violations alléguées dans la communication examinée se prolongent après l'entrée en vigueur de la Charte, la Commission estime que la persistance des effets de cette violation est de nature à engager l'Etat, ce qui satisfait aux conditions de compatibilité posées par l'article 56 alinéa 2 de la Charte[710]. Il appartient à l'Etat de prouver la non continuité des conséquences de la violation alléguée ou de soulever une exception préliminaire tendant à justifier l'incompétence temporelle de la Commission. En clair, la charge de la preuve pèse sur l'Etat.

Le principe de la continuité des conséquences des violations dans le temps se base sur le fait qu'une violation perpétrée et qui a occasionné un préjudice à une victime doit être impérativement réparée. Ainsi, dans la communication 434/12 (*Filimao Pedro Tivane (represented by Dr. Simeao Cuamba) c. Mozambique*), la Commission a estimé qu'elle était compétente à en connaître car la violation intervenue avant l'entrée en vigueur de la Charte s'est poursuivie après coup[711]. Elle en a également décidé ainsi dans la communication 251/02 (*Lawyers for Human Rights c. Swaziland*)[712]. Pour la Commission, lorsque les conséquences d'une violation alléguée sont constitutives d'une « violation continue » d'une quelconque disposition de la Charte, elle doit alors se prononcer sur ces dernières.

---

[709] Notion inspirée de la jurisprudence européenne. Commission européenne des droits de l'homme, Requête n°214/56, *De Becker c. Belgique.* Voir également certaines décisions de la Cour européenne des droits de l'homme (CEDH) : *Papamichalopoulos et autres c. Grèce*, § 40, *requête n°14556/89*; *Loizidou c. Turquie* (exceptions préliminaires), §§ 46-47 ; *Almeida Garrett, Mascarenhas Falcão et autres c. Portugal*, § 43, *requêtes n°29813/96 et 30229/96* ; *Hutten-Czapska c. Pologne* [GC], §§ 152-153, *requête n° 35014/97*; *Krstić c. Serbie*, §§ 63-69, requête *n° 45394/06* ; *Ilaşcu et autres c. Moldova et Russie* [GC], §§ 406-408 ; *Kurić et autres c. Slovénie* [GC], §§ 240-241. Sur les limites de l'exetnsion de la competence rationae tempris, voir *Blečić c. Croatie, Requête n° 59532/00* [GC], § 86 ; *Malhous c. République tchèque* (déc.) [GC], n° 33071/96, CEDH 2000-XII ; *Ostojić c. Croatie* (déc.), n° 16837/02, CEDH 2002-IX; Preussische Treuhand GmbH & Co. KG a.A. c. Pologne (déc.), §§ 55-62 ; Case of the *Moiwana Community c. Suriname*, Inter-American Court of Human Rights décision du 15 juin 2005, § 43 ; Voir aussi, Jo M. Pasqualucci, The Practice and Procedure of the Inter-American Court of Human Rights, *Cambridge University Press*, 2003, p.141.

[710] Communication 335/06, *Dabalorivhuwa Patriotic Front c. République d'Afrique du Sud*, §§ 75-76. Voir décision contraire dans l'affaire *Njoka c. Kenya.*

[711] Communication 434/12, *Filimao Pedro Tivane (represented by Dr. Simeao Cuamba) c. Mozambique*, § 41.

[712] Communication 251/02, *Lawyers for Human Rights c. Swaziland*, §§ 44-45.

Compétence *ratione loci*

Autant la violation incriminée doit avoir été perpétrée sur le territoire d'un Etat, autant cet Etat doit être partie à la Charte. Une communication visant un Etat non partie à la Charte a toutes les chances d'être rejetée comme ce fut le cas dans l'affaire *International PEN c. Malawi, Ethiopie, Cameroun et Kenya*[713] ou encore dans la communication 5/88 (*Prince J N Makoge c. Etats Unis d'Amérique)* dirigée contre les Etats Unis d'Amérique non partie à la Charte. Logiquement, le nom de l'Etat ou des Etats doivent être mentionnés conformément à l'article 115 alinéa 2 g) du RI de la Commission. Les arguments des Etats fondés sur le caractère discontinu du territoire ou sur le changement de gouvernement, ne peuvent prospérer car pour ce dernier aspect, le principe de la continuité des Etats s'appliquent avec la responsabilité des dirigeants actuels vis-à-vis des violations passées (*Civil Liberties Organization, Legal Defence Centre, Legal Defence and Assistance Project c. Nigeria)*[714]. Comme le souligne le Comité des droits de l'homme des Nations Unies, « dès lors que des individus se voient accorder la protection des droits qu'ils tiennent d[e la Charte], cette protection échoit au territoire et continue de leur être due, quelque modification qu'ait pu subir le gouvernement de l'Etat partie, y compris du fait d'un démembrement en plusieurs Etats ou d'une succession d'Etats et en dépit de toute mesure que pourrait avoir prise ultérieurement l'Etat partie en vue de les dépouiller des droits garantis par l[a Charte] »[715].

Il est souhaitable que la jurisprudence de la Commission puisse évoluer en tenant compte des cas où des instruments africains seraient ouverts à la ratification ou à l'adhésion par d'autres Etats en dehors de l'Afrique. Par ailleurs, une démarche innovante serait utile dans les cas violations des droits perpétrées en Afrique par des entreprises privées, publiques ou parapubliques non africaines ou encore dans le cas des accords entre Etats africains et Etats non africains dont la mise en oeuvre entraîne des violations des droits énoncés par la Charte.

Dans tous les cas, les faits relatifs aux allégations reprochées doivent être décrits avec les détails concernant « le lieu, la date et la nature des violations présumées » (article 115 alinéa 2 d) RI).

---

713 Communication 19/88.

714 Communication 218/98. Dans le sens contraitre, voir *Jean Yakovi Degli (au nom du Caporal N. Bikagni), Union Interafricaine des Droits de l'Homme, Commission International de Juristes c. Togo* (Communication N° 83/92, 88/93, 91/93).

715 CCPR/C/21/Rev.1/Add.8/Rev.1, § 4.

2.3.3. L'inacceptation des termes outrageants ou insultants à l'égard de l'Etat mis en cause ou des institutions de l'Union africaine

La Communication 268/03 (Affaire *Ilesanmi c. Nigeria)* de 2005 a offert l'opportunité à la Commission de clarifier la notion de « termes outrageants ou insultants ». Elle a estimé en effet que « (…) outrageant signifie faire des remarques désobligeantes (...) ou dénigrer ou insulter signifie parler avec mépris ou offenser l'estime de soi ou la pudeur de... »[716]. Deux ans plus tard, la Commission précise sa définition en estimant qu'une communication tombe sous le coup des dispositions de l'article 56 alinéa 3 lorsque les propos qui y sont tenus « cherchent à saper l'intégrité et le statut de l'institution et la discréditer »[717] et que « insultant signifie parler avec mépris ou offenser l'estime de soi ou la modestie de… »[718].

Plusieurs communications ont permis à la Commission de préciser le contour de la notion de « termes outrageants ou insultants ». Elle a estimé que cette condition doit être inscrite dans une interprétation croisée avec d'autres dispositions de la Charte, notamment l'article 9 alinéa 2 qui souligne que « toute personne a le droit d'exprimer et de diffuser ses opinions dans le cadre des lois et règlements ». Pour la Commission, la recherche du respect des exigences de l'article 56 alinéa 3 ne doit pas aboutir à la violation, au mépris ou à la contrariété voire à la trahison d'autres dispositions tout aussi fondamentales de la Charte. Selon la Commission, « il convient de trouver un équilibre entre le droit de s'exprimer librement et le devoir de protéger les institutions de l'Etat en veillant à ce que, tout en luttant contre l'utilisation de termes outrageants, la Commission africaine ne viole ni n'inhibe parallèlement la jouissance des autres droits garantis par la Charte africaine, tels que, dans le cas d'espèce, le droit à la liberté d'expression »[719]. Cette recherche d'équilibre a poussé la Commission a considéré que :

> « pour déterminer si une observation est insultante ou outrageante et qu'elle a porté atteinte à l'intégrité du pouvoir judiciaire, la Commission doit s'assurer que l'observation ou les termes en question ont pour but d'attenter illégalement et intentionnellement à la dignité, à la réputation ou à l'intégrité d'un fonctionnaire ou d'un organe de la justice et déterminer s'ils sont utilisés de manière délibérée afin de polluer l'esprit des populations ou de tout individu raisonnable dans

---

[716] Communication 268/03, *Ilesanmi c. Nigeria,* §§ 37-40

[717] Communication 284/03, *Zimbabwe Lawyers for Human Rights & Associated Newspapers du Zimbabwe c. Zimbabwe* §§ 83-97.

[718] *Ibid.*

[719] Communication 310/05, *Darfur Relief and Documentation Centre c. Soudan,* § 66.

le but d'instiller le doute et de saper la confiance des populations dans l'administration de la justice. Les termes doivent avoir pour finalité de porter atteinte à l'intégrité et au prestige de l'institution et de jeter le discrédit sur elle »[720].

Il en résulte que l'utilisation de mots qui, quoique acerbes, pour décrire une situation préoccupante de violation des droits de l'homme, ne peut être considérée automatiquement comme visant l'Etat défendeur[721], ou les fonctionnaires et les méthodes d'application de la justice et de l'Etat de droit de l'Etat défendeur[722] au point de conduire à l'irrecevabilité pour non respect de l'article 56 alinéa 3 de la Charte. *A contrario*, lorsque des propos âpres apostrophent, visent ou pointent spécifiquement une personnalité, il peut être conclu à une irrecevabilité comme dans l'affaire *Ligue Camerounaise des Droits de l'homme c. Cameroun*[723].

En 2018, selon la Commission, dans l'affaire *Peter Odiwuor Ngoge & 3 others c. the Republic of Kenya* (Communication 524/15), « en qualifiant les juges de récalcitrants, le plaignant sous-entend donc que les juges essayaient, d'une manière ou d'une autre, de manière déraisonnable et intéressée, d'empêcher que justice soit rendue. En utilisant les mots "vengeance" et "rétribution", le plaignant fait passer l'ensemble du système judiciaire du Kenya pour pernicieuse, méchante et malveillante »[724]. La Commission conclut que l'article 56 alinéa 3 n'a pas été respecté car « il est clair que les caractérisations susmentionnées du pouvoir judiciaire sont désobligeantes et portent atteinte à la dignité, à la réputation et à l'intégrité des magistrats ainsi qu'au système judiciaire en tant qu'institution »[725] et que « les affirmations selon lesquelles ces plaintes ont été traitées avec dédain et ont fait l'objet de préjugés délibérés ne sont pas du tout fondées, alors qu'il s'agit d'allégations graves qui dénigrent l'institution judiciaire et qui auraient pour conséquence d'affaiblir la confiance du public dans cette institution »[726]. Dans tous les cas, il appartient à l'Etat défendeur qui plaide le non respect de l'article 56 alinéa 3 d'énoncer expressément et de démontrer clairement en quoi les expressions contenues dans la communication sont « outrageants ou insultants » à son égard[727].

---

720 Communication 284/03, *Zimbabwe Lawyers for Human Rights c. Zimbabwe (ZLHR)*; Communication 310/05, *Darfur Relief and Documentation Centre c. Soudan*, § 66.

721 Communication 262/02, *Mouvement ivoirien de droits de l'Homme (MIDH) c. Cote d'Ivoire*, §§ 47 à 48.

722 Communication 310/05, *Darfur Relief and Documentation Centre c. Soudan*, § 66.

723 Communication 65/92.

724 Communication 524/15, *Peter Odiwuor Ngoge & 3 others c. the Republic of Kenya*, § 41 *in fine*.

725 *Op. cit*, § 42.

726 *Ibid.*

727 Communication 310/05, *Darfur Relief and Documentation Centre c. Soudan*, § 68.

2.3.4. L'interdiction de se limiter à rassembler exclusivement des nouvelles diffusées par des moyens de communication de masse

Selon la Commission, l'objet et le but de l'exigence de l'article 56 alinéa 4 est de « déterminer si les faits d'une communication sont fondés « exclusivement » sur des nouvelles diffusées par des moyens de communication de masse et rien d'autre »[728]. La Commission a ainsi répondu à un Etat défendeur qui se fonde sur le terme « exclusivement » pour invoquer le non respect de l'exigence de l'article 56 alinéa 4 que des annexes [729] jointes à la communication ou une liste de victimes[730] ou encore des témoignages ou des déclarations écrites[731], peuvent suffire à remplir la condition posée par la Charte.

La question ne devrait donc pas être de savoir si l'information provient des moyens de communication de masse, mais plutôt si cette information est correcte. Il s'agit de voir si le requérant a vérifié l'authenticité et l'exactitude de ses allégations et s'il a pu le faire étant donné les circonstances dans lesquelles il se trouvait[732]. Selon cette vision, plus que l'origine ou la source des informations, c'est leur objectivité et leur bien-fondé qui importent le plus. C'est pourquoi la Commission souligne d'ailleurs qu'il n'y a rien de mal à recourir à des informations fournies par « les moyens de communication de masse [qui] restent la plus importante, voire l'unique source d'information »[733]. Et d'ajouter que « nul n'ignore que l'information sur les violations des droits de l'homme vient toujours des moyens de communication de masse. Le génocide au Rwanda, les violations des droits de l'homme au Burundi, au Zaïre et au Congo, pour n'en citer que quelques-uns, ont été révélés par les moyens de communication de masse »[734].

En ce XXIème siècle, le développement extraordinaire des nouvelles technologies de l'information et de la communication devrait donner une autre dimension à cette exigence contenue à l'article 56 alinéa 4 de la Charte. Le phénomène exponentiel de digitalisation ou de la dématérialisation est un défi en matière de constitution de preuves tangibles au sens classique du terme.

---

[728] *Communication 409/12, Luke MunyanduTembani et Benjamin John Freeth (représentés par Norman Tjombe) c. Zimbabwe et treize autres, § 95.*
[729] Communication *409/12, Luke MunyanduTembani et Benjamin John Freeth (représentés par Norman Tjombe) c. Zimbabwe et treize autres, § 95.*
[730] *Op. cit, § 27.*
[731] Communication 300/05, *Socio Economic Rights and Accountability Project c. Nigeria,* § 40.
[732] Communication 147/95-149/96, *Sir Dawda K. Jawara c. Gambie*, § 26.
[733] *Op. cit*, § 25.
[734] *Ibid.*

Des informations en provenance d'internet[735], des réseaux sociaux[736], des messageries électroniques, des Smartphones, des sms, des messages whatsapp, du *cloud* ou d'autres sources électroniques, seraient-elles considérées comme provenant des « moyens de communication de masse » et partant, insusceptibles d'entrer en matière dans l'examen des communication ?

Dans plusieurs pays du monde, des décisions de justice se fondent désormais sur des preuves tirées des réseaux sociaux[737]. Des services d'enquêtes ou de surveillance des Etats ou d'entreprises privées ou publiques recourent à des données collectées sur internet pour faire interpeller ou arrêter des individus suspects. Des employeurs se fondent sur des informations recueillies sur internet ou sur les réseaux sociaux pour justifier le licenciement pour faute de leurs collaborateurs. Des compagnies d'assurances recourent à des preuves tirées de l'activité de leurs assurés sur les réseaux sociaux pour démontrer des incohérences entre la déclaration de ces derniers et les faits pour fonder le refus de la couverture assurantielle. Toutefois, la problématique des « fake news » (fausses nouvelles) interpelle également. Le recours à des algorithmes qui élaborent des articles de presse sans ou avec peu d'intervention de l'homme ou qui présentent des journaux télévisés, la prolifération des « deep fake » qui sont des imitations très ressemblants de la réalité, sont autant de menaces à la question de preuve. Bien plus, l'intelligence artificielle et les facilités qu'elle génère en matière de production d'information et de documents qui peuvent ressembler à des documents authentiques doivent

---

[735] Le développement d'internet a bouleversé les modes de publication traditionnels. De plus en plus de livres sont disponible sur des plateformes électroniques. Des journaux publient la version papier et la version électronique ou carrément la version électronique uniquement. C'est l'exemple du journal « le Matin » en Suisse romande, de « But » et Mediapart » en France.

[736] Le successeur de Barack Obama, 44ème pésident des Etats-Unis d'Amérique, Donald John Trump élu en novembre 2016 a bouleversé les codes de communication habituels en affichant une préférence pour la communication via Twitter, un réseau social, qui permet de communiquer instantanément. Il prend des décisions et donne des orientations politiques par l'intermédiaire de son compte Twitter. Certains observateurs de la politique américaine n'hésitent pas à parler de la « diplomatie du tweet». Sans être investis dans les réseaux sociaux, tous les dirigenats politiques, les instances judiciaires, les organisations internationales, les instances financières et économiques communiquent via ces nouveaux canaux de diffusion d'informations.

[737] *David M. Paciocco, «* Proof and progress: Coping with the law of evidence in a technological age », *Canadian Journal of Law and Technology, Vol 11, No 2 (2013);* Gabriella Di Paolo, « Judicial investigations and gathering of evidence in a digital online context », *Revue internationale de droit pénal,* 2009/1-2 (Vol. 80), pp. 201 à 246; *Nikita Mehandru et Alexa Koenig, « Open Source Evidence and the International Criminal Court »,* Havard Human Rights Journal, *April 2019; Élise Ternynck,* Le juge du contrat de travail et la preuve électronique : essai sur l'incidence des technologies de l'Information et de la communication sur le contentieux prud'homal, *PRES Université Lille Nord de France, September 2014.*

interpeller la Commission s'agissant des preuves sur lesquelles une communication peut se fonder.

2.3.5. L'exigence du caractère postérieur de la communication par rapport à l'épuisement des recours internes

Cette exigence est tellement importante qu'en dehors de l'article 56 alinéa 5, l'article 50 de la Charte lui est spécifiquement dédié. Dans l'examen des communications, la Commission a enrichi le principe et élargi les exceptions. Dans la communication 92/93 [*International PEN (pour le compte de Kemal al-Jazouli) c. Soudan*], la Commission a conclu à l'irrecevable pour non épuisement des recours internes. Le principe de l'épuisement des voies de recours internes avant la saisine d'une instance régionale ou internationale est une « règle bien établie du droit international coutumier »[738]. Il postule, selon la lettre de la Charte, qu'un Etat à l'encontre duquel des allégations de violations des droits garantis par la Charte ont été formulées doit pouvoir y remédier par ses propres moyens, dans le cadre de son ordre juridique interne. La Commission a eu l'opportunité d'expliquer sa position sur l'exigence de l'épuisement des voies de recours internes dans nombre d'affaires. Selon elle, l'économie de cette exigence est de « s'assurer qu'avant que des procédures ne soient introduites devant un organe international, l'Etat concerné ait l'opportunité d'y remédier à travers son propre système interne. L'objectif est d'éviter de faire des juridictions internationales des tribunaux de première instance[739]. Ce principe voudrait que la saisine de la Commission soit postérieure à la décision de la plus haute et ultime juridiction nationale auprès de laquelle un recours efficace et suffisant est disponible[740]. Ainsi, tout auteur de communication a l'obligation minimale de tenter d'épuiser les recours internes auprès des instances judiciaires nationales[741].

La notion d' « instance judiciaire »

Ne constituent pas aux yeux de la Commission des instances judiciaires, les institutions nationales des droits de l'homme (INDH) établies conformément

---

[738] *Affaire Interhandel*, exceptions préliminaires, arrêt, *C.I.J. Recueil 1959*, p. 6 et suiv., à la page 27 ; *Elettronica Sicula S.p.A. (ELSI)*, arrêt, *C.I.J. Recueil 1989*, p. 15 et suiv., à la p. 42, § 50.

[739] Communication 477/14, Crawford Lindsay von Abo c. the Republic of Zimbabwe, § 66 *in fine*; Communications 307/2005, § 52; Communication 83/92; Communication 74/92; Communication 25/84; Communication 25/89,47/90,56/91,100/93, *World Organization Against Torture c. Zaire*, § 45 ; Communication 147/195-149/96 (2000) RADH 98 (CADHP 2000), *Sir Dawda Jawara c. The Gambia*, § 31.

[740] Procédure des communications, Fiche d'information No.3, p.6. Voir aussi Communication 596/16, *Romy Goornah (represented by Dev Hurnam) c. The Republic of Mauritius*, § 53; Communication 477/14, *Crawford Lindsay von Abo c. the Republic of Zimbabwe*, § 99.

[741] Communication 393/10, *Institute for Human Rights and Developement in Africa and Others c. Democratic Republic of Congo*, § 55.

aux Principes de Paris car elles ne sont pas des « tribunaux de l'ordre judiciaire »[742]. Dès lors, ni un requérant qui invoque une décision d'une INDH comme source de satisfaction de la règle de l'article 56 alinéa 5[743], ni un Etat défendeur qui se fonde sur la non saisine de l'INDH pour dénier à un requérant l'épuisement des voies de recours internes[744], ne peut valablement emporter l'adhésion de la Commission. Les INDH ne tombent pas dans la catégorie des institutions judiciaires auprès desquelles les recours internes visés par la Charte doivent être intentés. Pour la Commission, « la saisine de cette instance [INDH] peut se ramener à un recours gracieux préalable et devrait, en principe, (...) se prolonger par une action devant les tribunaux »[745] car « le type de recours que l'INDH est habilitée à fournir, est de mener une enquête sur le cas d'une personne condamnée, et peut décider de renvoyer l'affaire devant la Cour »[746]. De ce fait, on ne peut attendre d'une INDH des décisions et des actions susceptibles de se substituer à ces celles qui relèvent de la compétence naturelle des instances judiciaires. Ainsi, les recours en grâce destinés à obtenir une faveur et non à faire valoir un droit[747] ne peuvent être raisonnablement classés parmi les recours internes prescrits par l'alinéa 5 de l'article 56 de la Charte. A la limite, les recours gracieux peuvent être intentés lorsqu'ils sont une condition préalable requise pour la recevabilité d'une procédure contentieuse ultérieure. Peu importe si le recours judiciaire est intenté auprès des instances judiciaires ordinaires ou extraordinaires dès lors que le recours exercé offre un remède efficace et suffisant. C'est le sens des décisions des instances européennes des droits de l'homme dans les affaires *B. Schouw Nielsen c. Danemark*[748] et *Lawless c. Irlande*[749].

Par ailleurs, étant entendu que le recours doit être de nature judiciaire, la Commission a considéré dans la communication 306/05 que « faire appel au Président n'est pas un recours judiciaire, mais plutôt de nature discrétionnaire

---

742 Communication 221/98, *Alfred B. Cudjoe c. Ghana*, § 14; Communication 313/05, *Kenneth Good c. Botswana*, § 88.
743 Communication 221/98, *Alfred B. Cudjoe c. Ghana*
744 Communication 596/16, *Romy Goornah (represented by Dev Hurnam) c. The Republic of Mauritius*, § 58.
745 Communication 221/98, Alfred B. Cudjoe c. Ghana, § 14. Henry Onoria, "The African Commission on Human and Peoples' Rights and the exhaustion of exhaustion of local remedies under the African Charter", 3 African Human Rights Law Journal, 2003, p.19.
746 Communication 596/16: *Romy Goornah (represented by Dev Hurnam) c. The Republic of Mauritius*, § 60.
747 *De BecNer c. Belgique*, requête no 214/56, décision du 9 juin 1958, Annuaire de la Convention européenne des droits de l'homme 1958-1959, p. 238.
748 *B. Schouw Nielsen c. Danemark*, requête no 343/57, décision du 2 septembre 1959, Commission et Cour européennes des droits de l'homme, Annuaire de la Convention européenne des droits de l'homme 1958-1959, p. 438 ; Voir aussi *Annuaire de l'Institut de droit international*, vol. 46 (session d'Aix-en-Provence, 1956), p. 364.
749 *Lawless c. Irlande*, requête no 332/57, décision du 30 août 1958, Annuaire de la Convention européenne des droits de l'homme 1958-1959, p. 308, puis pp. 318 à 322.

et l'on ne s'attend donc pas qu'il soit poursuivi »[750]. En outre, le recours à la protection diplomatique ne constitue pas davantage un recours judiciaire au sens de l'article 56 alinéa 5 comme souligné dans la communication 477/14, *Crawford Linbdsay von Abo c. République du Zimbabwe* où la Commission a décidé que « la protection diplomatique, à laquelle le plaignant consacrait tout son temps à poursuivre, n'est pas un recours juridictionnel, car elle est discrétionnaire »[751].

Selon l'article 14 alinéa 2 du Projet d'articles de la Commission du droit international sur la protection diplomatique, « par « recours internes », on entend les recours ouverts à une personne lésée devant les autorités judiciaires ou administratives, ordinaires ou spéciales, de l'État prétendument responsable du préjudice »[752]. Dès lors, les recours alternatifs diligentés auprès de juridictions étrangères ne satisfont pas à l'exigence de l'article 56 alinéa 5. Ainsi, le recours de nature judiciaire exclut les recours en grâce, le recours diplomatique et les recours gracieux. D'autres types de recours autres que judiciaires, y compris les recours alternatifs, sont de nature à constituer des éléments en défaveur de l'appréciation du délai raisonnable de l'article 56 alinéa 6. Il n'est pas obligatoire que le recours diligenté soit couronné de succès mais offre des perspectives d'un possible succès. Dès lors que le requérant s'aperçoit que les recours ne sont pas disponibles, efficaces et suffisants, la saisine de la Commission devrait promptement intervenir au regard de l'appréciation du « délai raisonnable ».

Recours disponible, efficace, suffisant et accessible

Dans tous les cas, la Commission considère que la règle de l'épuisement des voies de recours interne n'est pas rigide. Elle ne l'applique donc pas ni à la lettre ni de façon mécanique, y compris « lorsqu'il n'est ni pratique ni souhaitable que le plaignant saisisse les tribunaux nationaux dans le cas de chaque violation »[753]. De la pratique de la Commission, il ressort certains critères pour déterminer si le parcours juridictionnel national a été réalisé voire achevé ou non. Il s'agit de la disponibilité, de l'efficacité, l'existence, la suffisance du recours [754] ainsi que son accessibilité et son caractère judiciaire[755]. Selon la Commission, l'alinéa 5 de l'article 56 de la Charte

---

[750] Communication 306/05 - *Samuel T. Muzerengwa & 110 Others c Zimbabwe*, § 74. Voir aussi EX.CL/717(XIX), p.151.

[751] Communication 477/14, *Crawford Linbdsay von Abo c. Republic of Zimbabwe*, § 94 *in fine*.

[752] A/61/10. Voir aussi l'*Annuaire de la Commission du droit international, 2006*, vol. II(2).

[753] *Communications 25/89-47/90-56/91-100/93 Free Legal Assistance Group, Lawyers' Committee for Human Rights, Union Interafricaine des Droits de l'Homme, Les Témoins de Jehovah v. DRC, § 46; 409/12 Luke MunyanduTembani et Benjamin John Freeth (représentés par Norman Tjombe) c. Zimbabwe et treize autres, § 100.*

[754] Communication 307/2005 – *M. Obert Chinhamo c. Zimbabwe*, § 53.

[755] *Communication 409/12 Luke MunyanduTembani et Benjamin John Freeth (représentés par Norman Tjombe) c. Zimbabwe et treize autres, §§ 96 et 97.*

portant sur les voies de recours internes suppose que ces recours soient disponibles, efficaces et suffisants[756]. Un recours est considérée comme existante lorsqu'elle peut être utilisée sans obstacle par le requérant et satisfaisante lorsqu'elle est à même de donner satisfaction au plaignant[757]. Il doit être « suffisant et capable de réparer la violation alléguée »[758]. La disponibilité suppose l'existence du recours dans la loi et l'accessibilité dans la pratique[759]. Le recours est « disponible si le demandeur peut poursuivre une action sans aucune entrave »[760]. Il doit est disponible pour le plaignant qui doit avoir la qualité ou la faculté de l'exercer. Quand bien même le recours serait disponible, efficace et suffisant, dès lorsqu'il n'est pas accessible à la victime à la recherche de la vérité et de réparation de son préjudice, l'Etat défendeur ne peut raisonnablement se prévaloir de l'article 56 alinéa 5 de la Charte pour demander l'irrecevabilité d'une communication diligentée contre lui. Un recours qui existe mais qui est inaccessible perd son caractère de disponibilité. L'accessibilité tient de la faisabilité et de la possibilité matérielle pour un plaignant d'exercer un recours. Elle renvoie notamment au principe de la non discrimination[761], l'égalité totale devant la loi[762], au respect de l'égalité en droits entre les hommes et les femmes[763], au droit à un procès équitable et le droit à la défense, y compris celui de se faire assister par un défenseur de son choix[764].

Recours se prolonge de façon anormale

Au-delà de ces critères, il sied à la Commission, de déroger à la règle de l'article 56 alinéa 5 lorsqu'il est « évident que la procédure se prolonge de façon anormale »[765], pour autant que le plaignant ait suffisamment soutenu l'indisponibilité, l'insuffisance et l'ineffectivité des voies de recours par des preuves précises et tangibles et non vagues et générales. A cet effet, les affirmations péremptoires sans bases juridiques sont inopérantes[766], y compris le fait de se fonder sur des pratiques antérieures négatives ou isolées du

---

756 *Communication 262/02, Mouvement ivoirien de droits de l'Homme (MIDH) c. Côte d'Ivoire,* § 55.

757 Communication 149/96, *Jawara c. Gambie, § 32.*

758 Communication 262/02, *Mouvement ivoirien de droits de l'Homme (MIDH) c. Cote d'Ivoire,* § 55.

759 Communication 444/13 - *Justice Thomas S. Masuku c. Swaziland* (Masuku Case) ACHPR (2014), § 58 ; Communication 477/14, *Crawford Linbdsay von Abo c. The Republic of Zimbabwe § 80.*

760 Communication 262/02, *Mouvement ivoirien de droits de l'Homme (MIDH) c. Cote d'Ivoire,* § 55.

761 Article 28 de la Charte africaine.

762 Article 3 de la Charte africaine.

763 Article 18 alinéa 3 de la Charte africaine.

764 Article 7 alinéa 1er c) de la Charte africaine.

765 Communication 524/15, *Peter Odiwuor Ngoge & 3 others c. Republic of kenya,* § 44 et 54.

766 *Op. cit,* §§ 45-48.

système de justice ou sur des arguments extra judiciaires[767], ne satisfont point la jurisprudence bien établie de la Commission qui veut qu'« il incombe à chaque plaignant de prendre toutes les mesures nécessaires pour épuiser, ou au moins tenter d'épuiser les recours internes »[768]. Mais dès lors que le retard indu est imputable au système de justice, la Commission rejette les arguments de l'Etat défendeur fondés sur le non épuisement des voies de recours comme dans l'affaire *Thomas Kwoyelo c. Uganda* dont la décision a été rendue en 2018[769]. La Commission a estimé en effet que même si l'affaire est pendante devant la Cour suprême, la juridiction ultime du pays, cette même juridiction n'a pas eu le temps matériel pour se prononcer à cause de l'absence du quorum des sept juges alors même qu' « aucune indication n'est donnée quant à la date à laquelle la Cour sera régulièrement constituée pour connaître de ces affaires »[770]. Il en résulte que la « Cour suprême ne peut être considérée comme un recours disponible aux fins de l'épuisement des recours internes »[771] et la Commission conclut qu' « il est donc évident que le recours n'a pas pu être utilisé dans le cas présent et ne peut donc pas être invoqué au détriment du plaignant »[772] car même si le recours existe en théorie et en pratique, « il serait donc injuste de demander à la victime d'attendre l'issue du recours devant la Cour suprême alors qu'elle languit en détention, sans savoir quand sa détention sera réexaminée et sans qu'il y ait faute de sa part »[773]. L'Etat ne peut se fonder sur les dysfonctionnements de son système judiciaire pour plaider le non épuisement des voies de recours internes.

La Commission rappelle que l'exception au principe de l'épuisement des voies de recours trouve à s'appliquer non seulement lorsque la procédure est prolongée mais également lorsque cette prolongation est faite de « manière anormale ». Il s'agit donc d'une double condition cumulative. Dans l'affaire *Peter Odiwuor Ngoge & 3 others c. Republic of Kenya*, la Commission a estimé que même s'il n'y a pas de « critères standards » utilisés par la Commission pour déterminer qu'une procédure a été anormalement prolongée, elle essaie de traiter les communications au cas par cas en prenant en considération « les circonstances de chaque cas, y compris le contexte général dans lequel les recours juridictionnels opèrent et les circonstances personnelles du demandeur »[774] ainsi que les éléments de preuve dont la

---

[767] *OP. cit*, §§ 49-51.
[768] *Anuak Justice Council c. Ethiopie*, § 58.
[769] Communication 431/12, *Thomas Kwoyelo c. Uganda.*
[770] OP. cit, §§ 46 et 47.
[771] *Ibid*, § 47.
[772] *Ibid*, § 47 *in fine.*
[773] Communication 431/12, *Thomas Kwoyelo c. Uganda*, § 48.
[774] Communication 524/15, *Peter Odiwuor Ngoge & 3 others c. Kenya*, § 54.

charge pèse sur l'auteur de la communication[775]. Par ailleurs, la Commission rappelle également dans l'affaire *Institute for Human Rights and Development in Africa and Others c. Rép. Démocratique du Congo* de 2016 que la recevabilité ne peut se heurtée à la formalité de notification au plaignant de la dernière décision au niveau interne dès lors que ladite décision est réputée lui être défavorable[776]. Aussi, lorsqu'il y a unité de temps, de lieu et d'auteurs présumés de la violation affectant plusieurs catégories de victimes, ainsi qu' « une identité de facteurs tant sur le plan factuel que légal »[777], le résultat des recours d'une catégorie de victimes vaut pour les autres catégories car, dit la Commission, « la saisine des mêmes recours aurait abouti à un résultat identique ou tout au moins similaire »[778]. La Commission applique en quelque sorte le principe selon lequel les mêmes causes produisent les mêmes effets dans des circonstances similaires.

Déficit d'accès au recours

Au regard des systèmes de justice en Afrique, il serait utile d'envisager d'autres critères d'appréciation de la règle de l'épuisement des voies de recours internes, notamment l'accessibilité pratique à l'assistance juridique et judiciaire que l'Etat est censé mettre gratuitement à la disposition des personnes qui ne peuvent pas s'attacher les services d'un avocat-conseil dans le cadre d'un recours judiciaire. L'impossibilité d'accéder dans un délai raisonnable à l'assistance juridique souvent codifiée mais rarement effective en Afrique peut être un élément susceptible de constituer un obstacle à la mise en mouvement d'un recours. L'absence d'un système fonctionnel d'assistance juridique et judiciaire est l'une des limites de l'administration de la justice en Afrique. Dans les Etats où il existe des lois en la matière, des mesures concrètes font défaut pour traduire dans les faits les dispositions légales[779]. En outre, le défaut de proximité entre justiciables et juridictions compétentes ou encore la discrimination dans les textes ou dans la pratique à l'égard d'une minorité ou d'un groupe donné sont également des obstacles, parfois dirimants, à prendre en considération dans l'examen des questions liées à

---

775 Frans Viljoen, Review of the African Commission on Human and Peoples' Rights: 21 October 1986 to 1 January 1997 in C. Heyns (Ed) Human Rights Law in Africa 1997 (1999X71 ; *Anuak Justice Council c. Ethiopie*, § 50 ; Communication 477/14, *Crawford Linbdsay von Abo c. The Republic of Zimbabwe*, § 68.

776 Communication 393/10, §, 53.

777 *Op. cit*, §, 55 *in fine*.

778 *OP. cit*, §, 57.

779 Le Togo a adopté la loi n°2013-010 du 27 mai 2013 portant aide juridictionnelle au Togo. Elle n'est toujours pas effective plus d'une dizaine d'années après sa promulgagtion. Elle fait l'objet de relecture avant même son opérationnalisation. Ce qui veut dire que l'assistance juridique n'est pas effective avec ses conséquences sur le respect des principes gouvernant le droit à un procès équitable. Au Mali, la loi no 01-082 du 24 août 2001 et son decret d'application n°06-426/P-RM du 6 octobre 2006 relatif à l'assistance judiciaire n'ont jamais été véritablement appliqués.

l'exercice et à l'épuisement des voies de recours. Dès lors que l'accessibilité aux voies de recours internes n'est pas physiquement, techniquement et économiquement à la portée du plaignant à cause des frais d'avocat-conseil, l'absence de la commission d'office d'avocat ou de sa commission tardive dans la procédure, ou l'indisponibilité des tribunaux à distance raisonnable du domicile du plaignant, l'éloignement ou l'enclavement de son domicile par rapport aux juridictions susceptibles de connaître des recours internes, représentent des situations qui entrent en ligne de compte pour apprécier si la condition de l'épuisement des voies de recours internes est remplie ou pas.

En outre, selon une jurisprudence constante de la Commission, la preuve de la disponibilité, de l'efficacité et de la suffisance des voies de recours internes pèse sur l'Etat[780]. Ce n'est pas au plaignant mais à l'Etat défendeur, responsable au premier chef de la mise en œuvre de la Charte, d'assurer l'accès à la justice pour les personnes résidant sur son territoire et de veiller au respect des dispositions des articles 2 (non-discrimination), 7 (procès équitable) et 26 (indépendance du pouvoir judiciaire) de la Charte. Si la victime est issue d'une minorité marginalisée dans l'Etat défendeur ou si le pouvoir judiciaire est sous le joug du pouvoir judiciaire, l'Etat défendeur peut difficilement obtenir gain de cause en se prévalant de l'article 56 alinéa 5 de la Charte. Dans l'affaire *Interights et Autres c. Mauritanie*, la Commission a déclaré que : « le fait demeure que la signification généralement acceptée des recours internes, qui doivent être épuisés avant l'introduction d'une communication/procédure de plainte devant la Commission africaine, sont les recours ordinaires courants qui existent dans les juridictions et normalement accessibles aux personnes en quête de justice »[781].

Pour la Commission, même si certains recours internes étaient disponibles, la situation de vulnérabilité des victimes des violations alléguées entre en ligne de compte. C'est par exemple le cas des réfugiés. C'est pourquoi la Commission a décidé qu' « il n'était pas raisonnable d'attendre des réfugiés qu'ils saisissent les tribunaux soudanais de leurs plaintes, compte tenu de leur extrême vulnérabilité et de leur état de privation, de leur crainte d'être expulsés et de leur manque de moyens adéquats pour être juridiquement

---

780 Communication 71/92, *Rencontre Africaine pour la Défense des Droits de l'Homme (RADDHO) c. Zambie*, § 12 ; voir aussi Communication 25/89,47/90,56/91,100/93 World Organization Against Torture c. Zaire, § 36; Communication 25/89, 47/90, 56/91, 100/93, *Free Legal Assistance Group and Others c. Zaire*, § 36; Communication 71/92, *Rencontre Africaine pour la Defense des Droits de l'Homme c. Zambia*, § 10 ; Communication 147/95 et 149/96, *Sir Dawda Jawara c. The Gambia*, § 32. § 10.

781 Communication 242/2001, § 27.

représentés »[782]. Le nombre de victimes en cause est également déterminant. Plus leur nombre est élevé, plus la Commission tient compte des circonstances du recours. Elle estime donc que « lorsque les violations impliquent de nombreuses victimes, il ne devient ni possible ni souhaitable pour les plaignants ou pour les victimes de poursuivre de tels recours internes dans tous les cas de violation des droits de l'homme »[783]. Dans le contexte des lois sur l'immigration et la déportation, la Commission estime que les circonstances de l'application des lois sont des indicateurs d'appréciation de la disponibilité des voies de recours et de la possibilité de leur utilisation par les victimes. Le recours ne serait pas disponible du fait du « caractère collectif des arrestations, le fait que les victimes ont été gardées en détention avant leur expulsion et la rapidité avec laquelle ces expulsions ont été exécutées n'ont laissé aux plaignants aucune possibilité de saisir le tribunal »[784]. Dès lors, l'argument fondé sur la négligence des victimes ne peut prospérer d'autant plus les « plaignants n'avaient même pas la possibilité de contacter leurs familles, et les magistrats encore moins »[785].

Au final, l'épuisement des voies de recours internes implique trois conditionnalités : les recours sont locaux ou internes ; ils sont de nature judiciaire ; et ils sont susceptibles d'offrir au requérant un recours efficace et suffisant.

2.3.6. L'introduction de la communication dans un délai raisonnable

La Charte ne définit pas le « délai raisonnable » de l'article 56 alinéa 6 mais la Commission adopte une approche qui consiste à traiter les affaires au cas par cas[786]. L'exigence de l'article 56 alinéa 6 « sert à inculquer la diligence raisonnable et la vigilance et à décourager les retards des plaignants

---

[782] 235/00 *Curtis Francis Doebbler c. Soudan*, § 116 ; voir aussi *Communication 409/12, Luke MunyanduTembani et Benjamin John Freeth (représentés par Norman Tjombe) c. Zimbabwe et treize autres*, § 116.

[783] Communication 409/12, *Luke MunyanduTembani et Benjamin John Freeth (représentés par Norman Tjombe) c. Zimbabwe et treize autres*, § 117. Communication 235/00, *Curtis Francis Doebbler c. Soudan*, § 116. Communications consolidées 54/91, 61/91, 98/93, 164/97, 196/97 et 210/98, *Malawi African Association et al c. Mauritanie*, § 85 ; *Communication 409/12 Luke MunyanduTembani et Benjamin John Freeth (représentés par Norman Tjombe) c. Zimbabwe et treize autres, § 117.*

[784] Communication 71/92, *Rencontre Africaine pour la Défense des Droits de l'Homme (RADDHO) c. Zambie*, § 14.

[785] *Ibid.*

[786] *Michael Majuru c. Zimbabwe*, §§ 74 et 109 ; Communication 477/14, *Crawford Lindsay von Abo c. The Republic of Zimbabwe*, § 89; Communication 322/06, *Tsikata c. Ghana, § 112*; Communication 393/10, § 60.

éventuels »[787]. Les conditions des alinéas 5 et 6 sont liées. La Charte n'exige pas en effet dans le processus de l'épuisement des voies de recours internes ou locaux, l'utilisation de recours alternatifs qui ne sont pas locaux, ce qui n'est d'ailleurs pas exigé par le droit international. Selon le sens de l'alinéa 6 de l'article 56 de la Charte, un « délai raisonnable » doit s'écouler entre la notification de la décision passée en force de chose jugée au niveau interne marquant l'épuisement des voies de recours et la soumission de la communication à la Commission. Suivant la pratique de la Commission, il faut distinguer d'une part entre le délai raisonnable entre la dernière décision au niveau interne et la saisine de la Commission, et d'autre part entre le délai qui s'écoule entre le moment où le requérant se rend compte de la non disponibilité des voies de recours et la saisine de la Commission. La première situation est classique. Pour le deuxième cas, il appartient au requérant, dès lors qu'il s'aperçoit que ses efforts visant à exercer les recours locaux ou internes seraient voués à l'échec, de saisir aussitôt promptement et diligemment la Commission sans passer par des juridictions ou des recours alternatifs, comme l'a exprimé la Commission exprimée dans l'affaire *Crawford Lindsay von Abo c. the Republic of Zimbabwe*[788].

Sur la question du « délai raisonnable », la Commission s'inspire de la pratique des systèmes interaméricain et européen des droits de l'homme. La Convention américaine relative aux droits de l'homme, elle, prévoit la notion de « délai raisonnable » en son article 46 alinéa 1er b) qui dispose qu'une communication ne peut être retenue ou recevable que lorsqu'elle est « introduite dans les six mois à compter de la date à laquelle l'individu présumé lésé dans ses droits a pris connaissance de la décision définitive » au niveau national. L'article 35 alinéa 1er de la Convention européenne de sauvegarde des droits de l'homme et des libertés fondamentales prévoit un délai de quatre mois dans les conditions de recevabilité.

En l'absence d'une telle clarification dans la Charte de la notion de « délai raisonnable », la Commission considère qu'il faut procéder au cas par cas suivant le contexte et les caractéristiques de l'affaire même si le délai de six mois est considéré comme la « norme habituelle »[789]. Ainsi, elle a estimé que le délai de « vingt-deux (22) mois dépasse nettement un délai jugé raisonnable »[790], celui de vingt-neuf (29) mois (2 ans 5 mois) est excessif sans « un motif irrésistible expliquant le retard »[791] ou encore que trois ans un mois quinze jours (3 ans 1 mois 15 jours) ne peut être considéré comme un délai

---

787 Communication 477/14, *Crawford Linbdsay von Abo c. The Republic of Zimbabwe* § 97.
788 *OP. cit*, §§ 95-101.
789 *Darfur Relief et Documentation Centre c. Soudan*, § 74.
790 Communication 308/2005, *Michael Majuru c. Zimbabwe*, § 110.
791 Communication 310/2005, *Darfur Relief and Documentation Centre c. République du Soudan*, §§ 77 à 79.

raisonnable sans explications justifiant un tel délai[792]. La Commission a également considéré que des délais de huit à neuf ans « ne sont pas contraignant[e]s et ne justifient pas le retard excessif » [793]. Pour la Commission, les motivations de la saisine tardive fondées sur l'attente de la mise en œuvre de la décision définitive défavorable aux plaignants ne peuvent pas être considérées comme « bonnes et impérieuses » car ils sont restés trop longtemps « dans l'expectative » pendant deux ans[794].

A contrario, la Commission a jugé que le délai de six (6)[795] ou de dix (10) mois est raisonnable lorsqu'on tient, notamment compte du fait que « le plaignant ne réside pas dans l'État défendeur et avait besoin de temps pour s'installer dans sa nouvelle destination, avant d'introduire sa plainte »[796]. Elle a aussi jugé que le délai de « presque trois années »[797] n'est pas déraisonnable.

Si la Commission semble s'éloigner du délai de six mois retenu par les systèmes interaméricain et européen des droits de l'homme, elle estime qu'elle est, avant tout, guidée par le « souci d'équité et de justice »[798]. Motivée par « la nécessité d'une justice équitable »[799] en tant que « facteur crucial »[800], la Commission dit en substance :

> « Même si la Commission devait adopter la pratique des autres organes régionaux, à savoir considérer six comme un délai raisonnable pour soumettre une plainte, compte tenu des circonstances dans lesquelles se trouve le plaignant, c'est-à-dire dans un autre pays, il serait prudent, par souci d'équité et de justice, de considérer la période de dix mois comme un délai raisonnable »[801].

Par ailleurs, la Commission n'exclut pas de considérer un délai de onze (11) ans comme raisonnable si des informations probantes sont fournies par rapport à des « tentatives de demande de clémence présidentielle et l'attente des

---

[792] Communication 596/16, *Romy Goornah (represented by Dev Hurnam) c. République de Maurice*, § 69.
[793] Communication 477/14, *Crawford Lindsay von Abo c. The Republic of Zimbabwe*, § 101.
[794] Communication 305/05, Article *19 et autres c. Zimbabwe*, §§ 95 et 97.
[795] Communication 434/12: Filimao Pedro Tivane (represented by Dr. Simeao Cuamba) c. Mozambique § 56 *in fine*.
[796] Communication 307/2005, *M. Obert Chinhamo c. Zimbabwe*, § 89.
[797] Communication 393/10, *Institute for Human Rights and Developement in Africa and Others c. République démocratique du Congo*, §§ 61 et 68.
[798] Communication 307/2005, *M. Obert Chinhamo c. Zimbabwe*, § 89.
[799] Communication 393/10, *Institute for Human Rights and Developement in Africa and Others c. République démocratique du Congo*, §§ 64 et 65.
[800] *Ibid*, § 64.
[801] Communication 307/2005, *M. Obert Chinhamo c. Zimbabwe*, § 89.

réponses ou des recours en révision »[802] de la dernière décision au niveau interne.

Pour la Commission, l'exercice des voies de recours internes, même lorsqu'elles sont disponibles, doivent être appréciées à l'aune des circonstances de la cause. Elle considère que la vulnérabilité, la privation de liberté, l'état d'anxiété de la personne censée exercer les recours et le nombre de personnes en question sont autant d'éléments qui rentrent en ligne de compte. Elle n'est pas insensible lorsqu'il apparaît également que le plaignant est privé de la liberté de mouvement, d'aller et de venir ou faisant l'objet d'une privation de liberté suite à une décision de justice surtout lorsque la personne n'a pas accès à un avocat. Elle a en effet décidé qu' « il n'était pas raisonnable d'attendre des réfugiés qu'ils saisissent les tribunaux soudanais de leurs plaintes, compte tenu de leur extrême vulnérabilité et de leur état de privation, de leur crainte d'être expulsés et de leur manque de moyens adéquats pour être juridiquement représentés »[803]. La Commission considère en outre que « lorsque les violations impliquent de nombreuses victimes, il ne devient ni possible ni souhaitable pour les plaignants ou pour les victimes de poursuivre de tels recours internes dans tous les cas de violation des droits de l'homme »[804]. Lorsque les recours internes sont indisponibles au regard de l'alinéa 5 de l'article 56 de la Charte, le respect du délai raisonnable de l'alinéa 6 du même texte, impose que la « la communication doit être présentée dans un délai raisonnable à compter du moment où la violation alléguée se produit ou, dans les cas appropriés, à compter du moment où le plaignant prend connaissance de la violation, ou encore lorsque le plaignant se rend compte que les recours internes ne sont pas disponibles »[805].

Au final, le « délai raisonnable » s'apprécie, certes, au cas par cas suivant les circonstances mais également au regard de l'impact du temps écoulé depuis la décision interne définitive ou le moment du constat de l'inefficacité des recours internes sur les preuves en vue d'un « examen équitable »[806] de l'affaire. Le temps écoulé, surtout au-delà de six mois, a-t-il pu conduire à l'altération ou à l'inaccessibilité des preuves[807] telle est la question que se pose la Commission soucieuse de s'accorder avec l'impératif de justice et d'équité. La Commission pourrait ainsi se fonder sur l'âge avancé des témoins clés de

---

[802] Communication 333/2006, *Southern Africa Human Rights NGO Network et autres c. Tanzanie,* § 74.

[803] Communication 235/00, *Curtis Francis Doebbler c. Soudan* § 116.

[804] *Op. cit,* § 117.

[805] Communication 332/06, *Centre for Minority Rights Development (CEMJRJDL) and Truth be Told Network c. Republic of Kenya*, § 103. Notre propre traduction.

[806] Communication 393/10, *Institute for Human Rights and Developement in Africa and Others c. République démocratique du Congo*, § 65 *in fine.*

[807] *Op. cit*, §§ 65 et 66.

l'affaire pour fonder sa décision de recevabilité si le plaignant ne s'est pas montré diligent dans la saisine de la Commission.

2.3.7. L'exclusion des cas réglés conformément aux principes de la Charte des Nations Unies, à l'Acte constitutif de l'Union africaine ou aux dispositions de la Charte africaine

Autant la Commission n'examine aucune communication déjà pendante devant la CAfDHP, autant la communication introduite ne doit pas porter sur des allégations de violations réglées conformément aux principes de la Charte des Nations Unies, de l'Acte Constitutif de l'Union africaine ou de la Charte africaine. Cette exigence est reprise par l'article 93 alinéa 2 (*j* de l'ancien RI de 2010 de la Commission) qui dispose que la communication doit comporter « une indication précisant que la plainte n'a été soumise à aucun organe international de règlement de litiges, ou de compétence similaire ». La condition tend à éviter une double poursuite, et à terme, une possible double condamnation dans une même affaire avec des décisions divergentes prises par deux mécanismes différents. S'il est clair que le règlement des cas se fonde sur la Charte des Nations Unies, l'Acte constitutif de l'UA et la Charte africaine, en revanche, ni « l'organe international de règlement de litiges, ou de compétence similaire », ni la signification même du mot « réglé » ne sont suffisamment explicites. La Commission estime que la condition ainsi posée vise à faire respecter trois principes majeurs : le principe de *res judicata pro veritate habetur* (l'autorité de la chose jugée), celui de non-litispendance, et celui de *non bis in idem*[808].

Il est entendu que conformément au *res judicata pro veritate habetur*, il n'y a plus lieu de juger à nouveau une affaire coulée en force de chosée jugée. Dans l'affaire *Albert Bialufu Ngandu c. République démocratique du Congo,* la Commission a décidé que « peuvent constituer *res judicata*, les décisions des organes de traités des Nations Unies ou de tous autres organes internationaux ayant mandat pour connaître de plaintes concernant des violations des droits de l'homme, pour autant que lesdits organes appliquent des principes conformes à ceux prescrits à l'article 56(7) de la Charte africaine »[809]. Elle a ainsi exclu les procédures, quoiqu'utiles, engagées auprès du Comité des droits de l'homme de l'Union Interparlementaire (UIP) qui a adopté une résolution appelant la RDC à prendre les mesures nécessaires pour remédier à

---

[808] Communication 433/12, *Albert Bialufu Ngandu c. République Démocratique du Congo*, § 32.

[809] *Op. cit*, § 33. Voir aussi *Sudan Human Rights Organisation et un autre c. Soudan*, §§ 104-106 ; *Interights (pour le compte de Pan African Movement et un autre) c. Ethiopie et Erytrée*, §§ 45-56.

la situation du requérant. L'exclusion se fonde sur le fait que le Comité des droits de l'homme de l'UIP n'est pas un organe de traité des Nations Unies et n'applique pas les principes édictés à l'article 56(7) de la Charte africaine. La communication 15/88[810] a été déclarée irrecevable pour non respect de l'article 56 alinéa 7 et dans l'affaire *Socio Economic Rights and Accountability Project c. Nigeria*. La Commission a donné droit au plaignant en estimant que le litige n'était pas « réglé »[811]. S'agissant du sens du vocable « réglé », la Commission a estimé qu'elle n'est pas assimilable à la médiation, de sorte qu'une médiation menée par des institutions politiques à l'instar de l'Union européenne ne s'applique pas à l'article 56 alinéa 7 de la Charte africaine[812]. Tout en reconnaissant l'importance du rôle que peuvent jouer dans une affaire, notamment dans la crise au Darfour, Soudan, des institutions comme le Conseil de sécurité des Nations Unies, le Conseil des droits de l'homme (et la Commission des droits de l'homme qui l'a précédé) et les autres organes et institutions des Nations Unies, la Commission affirme être convaincue que « ces organes ne sont pas les mécanismes envisagés aux termes de l'article 56(7) »[813]. La Commission considère que les mécanismes de règlement prévus à l'article 56 alinéa 7 doivent « pouvoir accorder une mesure de redressement de déclaration ou de compensation aux victimes et non pas de simples résolutions et déclarations politiques »[814]. La Commission y inclut les mécanismes d'arbitrage international dotés d'un mandat des droits de l'homme. En revanche, une organisation de la société civile, pas plus qu'une organisation intergouvernementale, ne corresponde au type de mécanisme de règlement visé par l'article 56 alinéa 6 de la Charte.

L'affaire n'est pas « réglée » si l'instance compétente saisie n'a pas pris une décision sur le fond. Ainsi, l'absence d'un règlement définitif par la Sous-Commission des Nations Unies ne peut justifier l'interruption de l'examen d'une communication soumise à la Commission[815] ; c'est pourquoi la Commission a refusé d'accéder à l'affirmation de l'Etat défendeur qui plaide que les violations ont été réglées dans l'affaire *Sudan Human Rights Organisation & Centre on Housing Rights and Evictions (COHRE) c. Soudan*[816]. Par ailleurs, à l'Etat défendeur qui se fonde sur un règlement à l'amiable (qu'il n'a d'ailleurs pas respecté, ce qui a entraîné la demande par le plaignant du ré-enrôlement de la communication rayée du rôle à l'issue de

[810] *Mpaka-Nsusu Andre Alphonse c. Zaire (DRC), § 3.*

[811] Communication 300/05, *Socio Economic Rights and Accountability Project c. Nigeria*, § 43.

[812] Communication 59/91, *Emgba Mekongo Louis c. Cameroon.*

[813] Communication 279/03-296/05, *Sudan Human Rights Organisation & Centre on Housing Rights and Evictions (COHRE) c. Sudan*, § 105.

[814] *Ibid.* § 105, *in fine*.

[815] Communication 60/02, *Bakweri Land Claims Committee c. Cameroon*, §§ 52-53.

[816] Communication 279/03-296/05, *Sudan Human Rights Organisation & Centre on Housing Rights and Evictions (COHRE) c. Sudan*, §§ 103-106.

la signature de l'accord à l'amiable) avec le plaignant pour soutenir la non-conformité de la communication avec l'exigence de l'article 56 alinéa 7, la Commission rétorque que seule la « conformité » des parties aux termes de règlement conclu pouvait satisfaire aux conditions de l'article 56 alinéa 7, ce qui ne fut pas le cas du Cameroun qui n'a pas justifié « son silence ou son immobilisme pendant plus de six ans » après l'accord à l'amiable[817]. Ainsi, en cas d'échec d'un règlement amiable entre les parties à une communication, l'affaire ne peut être considérée comme réglée au sens de l'article 56 alinéa 7 de la Charte[818] et donnée lieu à l'application de la règle *ne bis in idem* (principe ou interdiction de la double incrimination) comme dans l'affaire *Bakweri Lands Claims c. Cameroun*[819].

En 2019, la Communication 426/12 dans l'affaire *Agnès Uwimana-Nkusi & Saidati Mukakibibi (réprenstés par Media Legal defence Initiative) c. Rwanda* a permis à la Commission de résumer ainsi sa jurisprudence sur l'article 56 (7) :

> « "Réglé" au sens de l'article 56(7) signifie que l'affaire « ne doit plus être en cours d'examen dans le cadre d'une procédure internationale de règlement extrajudiciaire"[820] ; l'autre organe international doit avoir statué sur l'affaire au fond et il doit y avoir un "règlement définitif" par cet organe[821] ; il doit avoir "pris une décision qui répond aux préoccupations, y compris la réparation demandée par le plaignant. Il ne suffit pas que la question soit simplement discutée par ces organes"[822] ; et si un État conteste la recevabilité en vertu de l'article 56(7), il doit démontrer "la nature des recours ou des réparations accordés par le mécanisme international, de nature à rendre les plaintes *res judicata*, et l'intervention de la Commission africaine inutile"[823] »[824].

---

817 Communication 290/2004, *Open Society Justice Initiative (au nom de Pius Njawe Noumeni) c. République du Cameroun,* § 92.

818 *Op. cit*, §§ 93-94.

819 Communication 260/02, *Bakweri Lands Claims c. Cameroun, §§ 52 et 91.*

820 Communication 409/12, § 112 ; Communication 361/08 ; *J.E Zitha & P.J.L. Zitha (représented by Prof. Dr. Liesbeth Zegveld) c. Mozambique*, § 115; Communication 375/09, *Priscilla Njeri Echaria (represented by federation of Women Lawyers, Kenya and International Center for the Protection of Human Rights) c. Kenya*, § 145.

821 Communication 260/02, *Bakweri Land Claims Committee c. Cameroon*, § 53.

822 Communication 301/05, *Haregewoin Gabre-Selassie and IHRDA (on behalf of former Dergue Officials) c. Ethiopie*, § 117.

823 Communication 279/03-296/05, *Sudan Human Rights organisation & Centre on Housing Rights and Evictions (COHRE) c. Soudan*, § 103.

824 *Agnès Uwimana-Nkusi & Saidati Mukakibibi (réprenstés par Media Legal defence Initiative) c. Rwanda*, § 116. Notre propre traduction de l'anglais vers le français.

2.4. La décision de recevabilité et sa révision

Lorsque l'Etat défendeur ne soumet pas d'observations sur la recevabilité dans les délais impartis, la Commission procède à l'adoption d'une décision par défaut fondée sur les informations dont elle dispose conformément à l'article 118 alinéa 2 de la Commission. Elle peut mener des enquêtes ou procéder à des recoupements d'informations. La décision relative à la recevabilité peut faire l'objet de révision selon l'article 119 du RI de la Commission lorsqu'un « fait décisif » le justifie. La révision peut être demandée dans un délai de 60 jours à compter de la date de signification de la décision aux parties[825]. Aux termes de l'article 119 alinéa 2, en l'absence d'observations pour la révision de la décision de recevabilité, l'Etat défendeur est réputé avoir renoncé à son droit de demander la révision. Toutefois, le RI offre une possibilité de rattrapage pour l'Etat défendeur sous trois conditions : l'existence de « raisons convaincantes » justifiant la non présentation des observations dans les délais prévus, un fondement sur des « circonstances exceptionnelles » et l' « intérêt de la justice » qui commandent la prise en compte d'une demande en révision hors délai.

Par ailleurs, dans le cadre de la complémentarité entre la Commission et la Cour africaine, « la Commission peut, avant de statuer sur la recevabilité d'une communication ayant fait l'objet d'une saisine en vertu des articles 48, 49 ou 55 de la Charte, décider que la Communication devrait être renvoyée à la Cour, sous réserve que l'État défendeur ait ratifié le Protocole de la Cour africaine » (article 130 alinéa 1er, RI) et que le plaignant ait donné son consentement pour ledit renvoi (article 130 alinéa 2, RI). En outre, « lorsque, conformément à l'article 6(1) du Protocole relatif à la Cour africaine, il est demandé à la Commission de donner son avis sur la recevabilité d'une affaire en instance devant la Cour, la Commission examine la question avec diligence » (article 131 alinéa 1er, RI).

3. Les défis relatifs à sa satisfaction des conditions de recevabilité

Avant tout examen au fond, six conditions sont exigées par l'article 56 de la Charte. Bien plus, ces conditions sont cumulatives et non alternatives. Dès lors qu'une seule n'est pas réunie le processus d'examen de la communication s'interrompt.

---

825 Voir l'article 120 alinéa 5 du RI de la Commission ; « Le Secrétaire doit s'assurer que la décision de la Commission est transmise aux parties dans un délai de trente (30) jours à compter de la date à laquelle son rapport d'activité mentionnant la décision a été examiné par la Conférence ».

Selon Nisrine Eba Nguema, l'article 56 de la Charte « pose des difficultés à la Commission africaine »[826] qui est ainsi « confrontée à un double problème : l'interprétation parfois erronée des dispositions de cet article par les États et les difficultés pour les citoyens et ONG d'honorer certaines conditions avant de saisir la Commission »[827]. Sarah Hanffou Nana voit dans les « nombreuses conditions de recevabilité » [828] les limites du mandat de protection de la Commission et considère « le préalable d'épuisement des recours internes »[829] comme une « condition limitative »[830]. On a pu constater que la première décision sur le fond n'est intervenue qu'en 1995 [831] après l'échec de 32[832] communications qui n'ont pu franchir l'étape de la recevabilité depuis 1988.

Il est vrai que l'article 56 de la Charte prévoit une pléthore de conditions mais force est de reconnaître qu'elles relèvent du bon sens et résonnent avec les valeurs africaines et les principes du droit international généralement reconnus. Le principe de subsidiarité signifie que les Etats parties à la Charte, y compris l'Etat défendeur, doivent d'abord avoir la possibilité de réparer, par leurs propres moyens et dans le cadre de leur système juridique interne, le préjudice supposé avoir été causé au plaignant. Il va de soi que le droit international ne remplace pas le droit interne mais le complète et le renforce

---

[826] Nisrine Eba Nguema, « Recevabilité des communications par la Commission africaine des droits de l'homme et des peuples », *La Revue des droits de l'homme*, 5, 2014, p. 2, § 2.

[827] *Ibid.*

[828] Sarah Hanffou Nana, La Cour africaine des droits de l'Homme et des peuples: Etude à la lumière de l'expérience européenne, *Editions Connaissances et Savoirs,* 2016, p. 147, § 239.

[829] *Op., cit*, p. 147, § 240.

[830] *Ibid.*

[831] Communication 87/93, *Constitutional Rights Project (pour le compte de Zamani Lakwot et six autres) c. Nigéria.*

[832] Voir le site web de la Commission africaine : 33/89 Simon B. Ntaka c. Lesotho ; 3/88 *Centre for the Independence of Judges and Lawyers c. Yougoslavie ; 6/88 Dr Kodji Kofi c. Ghana ; 7/88 Committee for the Defence of Political Prisoners c. Bahreïn ; 9/88 International Lawyers Committee for Family Reunification c. Ethiopie ; 10/88 Gatachew Abebe c. Ethiopie ; 12/88 Mohemed El-Nekheily c. Organisation de l'Unité Africaine ; 14/88 Dr Abd Eldayem A. E. Sanussi c. Ethiopie ; 1/88 Frederick Korvah c. Libéria ; 5/88 Prince J N Makoge c. Etats-Unis ; 29/89 Commission française justice et paix c. Ethiopie ; 28/89 Association internationale des juristes démocrates c. Ethiopie ; 26/89 Austrian Committee against Torture c. Burundi ; 21/88 Centre haïtien des libertés publiques c. Ethiopie ; 20/88 Comité Autrichien contre la Torture c. Maroc ; 19/88 International PEN c. Malawi, Ethiopie, Cameroun et Kenya ; 41/90 Andre Houver c. Morocco ; 42/90 International PEN c. Malawi ; 38/90 Wesley Parish c. Indonesia ; 37/90 Georges Eugene c. United States of America ; 69/92 Amnesty International c. Tunisie ; 131/94 Ousman Manjang c. Gambia ; 107/93 Academic Staff of Nigerian Universities c. Nigeria ; 72/92 Bamidele Aturu c. Nigeria ; 45/90 Civil Liberties Organisation c. Nigeria ; 43/90 Union des scolaires nigériens, Union générale des étudiants nigériens au Bénin c. Niger ; 127/94 Sana Dumbaya c. Gambie ; 90/93 Paul S. Haye c. Gambie ; 18/88 El Hadj Boubacar Diawara c. Bénin ; 86/93 M. S. Ceesay c. Gambie ; 138/94 International PEN (pour le compte de Senn et Sangare) c. Côte d'Ivoire ; 142/94 Muthuthurin Njoka c. Kenya.*

et que les mécanismes internationaux ne se substituent point aux institutions judiciaires nationales. La Commission ne prend le relais que lorsque le système interne dysfonctionne ou n'a pu dire objectivement le droit.

La Commission a fait preuve d'une souplesse dynamique dans l'analyse et l'application des critères de recevabilité en procédant au cas par cas et en tenant compte du contexte, des circonstances de l'affaire, de la situation psychologique, matérielle ou autres des requérants et surtout de l'administration de la justice de l'Etat défendeur, en terme de délai de traitement, de la durée des procédures et des les formalités exigées. La Commission pourrait d'ailleurs étoffer sa jurisprudence en prenant davantage en considération les conditions requises par le droit africain et le droit international en matière de procès équitable et qui sont souvent défaillantes en Afrique (aide juridictionnelle, célérité de la procédure, protection et réparation des victimes, etc.).

Dans tous les cas, les conditions de recevabilité ne sont pas propres à l'Afrique. En Europe où les Etats et les ONG ont davantage de moyens et de ressources, de multiples requêtes n'ont pas toujours satisfait les conditions de recevabilité requises. La plupart des requêtes introduites auprès de la CourEDH butent sur des questions de recevabilité. En 2010, 84 % des requêtes soumises ont été déclarées irrecevables[833]. La question se pose davantage en termes de formation des organisations de la société civile et des avocats qui portent le plus souvent les communications auprès de la Commission. La réflexion devrait donc se déplacer de la quantité de conditions à remplir vers les techniques et les stratégies d'argumentation et de démonstration pour satisfaire les exigences. Il urge donc de développer un manuel ou un guide à cet effet.

Les agents de l'Etat qui portent la défense des gouvernements auprès de la Commission peinent aussi non seulement dans le respect des délais mais également et surtout dans la formulation des arguments démontrant la non satisfaction de telle ou telle autre condition de l'article 56 de la Charte. Un double manuel ou guide régulièrement mis à jour à l'endroit des OSC et des Etats est donc souhaitable.

4. Les mesures conservatoires

Elles sont prises *in limie litis* ou à tout moment de la procédure avant toute décision sur le fond à la demande d'une des parties ou sur la propre initiative

[833] Cour européenne des droits de l'homme, *Guide pratiquesur la recevabilité*, Mise à jour au 31 décembre 2018.

de la Commission pour donner une chance de mise en œuvre à la décision qui interviendra au fond. L'article 100 alinéa 1er du RI de la Commission dispose que les mesures conservatoires[834] permettent de « prévenir tout préjudice irréparable à la victime ou aux victimes de la violation alléguée ». Elles servent de soupape de sécurité aux décisions attendues de la Commission et tendent à préserver les droits des parties de la communication sous examen. En réalité, le respect des mesures conservatoires augure de l'efficacité ou non de la décision finale. C'est pourquoi l'alinéa 3 de l'article 100 du RI donne autorité au bureau de la Commission d'en adopter même lorsque la demande de mesures conservatoires intervient en dehors des sessions comme ce fut le cas dans l'affaire *Open Society Justice Initiative (au nom de Pius Njawe Noumeni) c. Cameroun*[835]. Il est de l'intérêt des plaignants d'assortir leur communication d'une demande en indication de mesures conservatoires à chaque fois que les circonstances l'exigent et de solliciter qu'il plaise à la Commission de lui accorder priorité.

Une fois adoptée, la demande de mesures conservatoires est transmise à l'État concerné avec copie à l'autre partie, au Conseil de paix et de sécurité et à la Commission et à la Conférence de l'Union africaine selon l'article 98 alinéa 3 du RI de 2010. Une mesure conservatoire notifiée requiert de la part de l'Etat destinataire la prise de mesures immédiates qui doivent être communiquées à la Commission par l'Etat concerné dans un délai de quinze (15) jours à compter de la date de réception de la requête de mesures conservatoires (article 100 alinéa 5 du RI de la Commission).

Conformément à l'article 100 alinéa 5 du RI, l'Etat doit soumettre à la Commission les informations sur la mise en œuvre des mesures conservatoires demandées dans un délai de 15 jours à compter de la date de réception de la requête de mesures conservatoires.

Une mesure conservatoire peut être un sursis à exécution de personnes condamnés comme dans l'affaire *Constitutional Rights Project c. Nigéria*[836], ou encore pour une libération immédiate (*Liesbeth Zegveld et Mussie Ephrem c. Erythrée*)[837]. L'auteur de la demande tendant à la prise de mesures conservatoires ou la Commission en cas d'initiative propre, devrait démontrer,

---

834 Odinkalu A. Chidi A, "The Role of Case and Complaints Procedures in the Reform of the African Regional Human Rights System", *African Human Rights Law Journal*, 2001, pp. 225-246; Dan Juma "Provisional Measures under the African Human Rights System: The African Court's Order Against Libya", *Wisconsin International Law Journal* Vol.30, No.2 358; Jochen Abr. Frowein « Provisional Measures by the International Court of Justice - The *LaGrand* Case, 2002, *Max-Planck-Institut für ausländisches öffentliches Recht und Völkerrecht*, pp. 55-60.
835 Communication 290/04.
836 Communication 60/91.
837 Communication 250/02.

preuves tangibles à l'appui, le caractère urgent et impérieux d'une telle mesure et les conséquences irrémédiables qui risquent de se produire si elles n'étaient pas prises. Ainsi, dans la communication n° 322/06[838], la demande de mesures conservatoires n'a pas trouvé grâce aux yeux de la Commission. Pour apprécier le caractère urgent requis, la Commission peut en effet décider d'écouter ou d'auditionner les parties comme ce fut le cas dans la communication *Zimbabwe Lawyers for Human Rights & Associated Newspapers of Zimbabwe c. Zimbabwe*[839].

Dans la pratique, la promptitude des Etats à adopter des réponses requises dans les mesures conservatoires est problématique. En 2018, le séminaire régional de la Commission sur la mise en œuvre des décisions de la Commission a identifié l'« absence, de la part de certains États Parties, de la volonté politique nécessaire à la mise en œuvre des décisions et recommandations de la Commission, y compris des mesures conservatoires »[840] et l'« absence de réaction des États Parties aux communications, aux appels urgents et aux mesures conservatoires » [841] comme étant un défi et une faiblesse du mécanisme des communications. Dans la communication 290/2004 contre le Cameroun, le plaignant avait informé la Commission que la demande de mesures conservatoires était restée sans effet et que la victime avait reçu des menaces de mort à propos de cette affaire[842].

Ce n'est pas faute d'avoir mis en place un arsenal de mesures pour faire respecter ses mesures conservatoires comme les audiences orales dans l'affaire *Ahmed Ismael et 528 autres c. Egypte*[843]. On peut s'interroger sur les motifs susceptibles de fonder le non respect voire l'indifférence des Etats vis-à-vis des mesures conservatoires.

Stricto sensu, les mesures conservatoires n'ont pas une force juridique contraignante au regard des pouvoirs de l'organe qui les adopte. En effet, la Commission ne formule que des recommandations à l'endroit des Etats à l'instar les organes de traités des Nations Unies et au regard du droit international général, les recommandations ne sont pas de nature contraignante. A ce titre, la Commission peut certes décider des mesures conservatoires comme mesures nécessaires voire indispensables à la protection des droits garantis par la Charte, ce qui relève pleinement de

---

838 *Tsatsu c. Ghana*, § 18.
839 Communication 284/03, § 28.
840 Rapport du deuxième séminaire régional sur la mise en œuvre des décisions de la Commission africaine des droits de l'homme et des peuples (4 - 6 septembre 2018), Zanzibar, Tanzanie, § 19 a).
841 *Op. cit*, § 19 c).
842 Communication 290/2004, § 23.
843 Communication 467/14, § 28.

l'exercice de son mandat. En revanche, la prise de ces mesures conservatoires, aussi urgentes et vitales soient-elles, ne modifie pas les pouvoirs *ab initio* dont jouis la Commission au point de lui conférer, de manière circonstancielle ou sur certaines matières délicates, un pouvoir au-delà de ce que la Charte le lui a dévolu. Ainsi, la Commission a compétence de décider d'une mesure conservatoire mais n'a pas de ressort pour imposer ladite décision, ce qui reviendrait autrement à considérer ces mesures comme contraignantes.

C'est tout le paradoxe du droit international général qui oblige ainsi la Commission à assister impuissante à la violation des droits qu'il lui a pourtant demandé de protéger. Quand bien même la Commission n'aurait pas le pouvoir d'imposer ses décisions, elle a, *a minima*, l'obligation de les faire respecter. Cette obligation qui s'inscrit dans l'acquittement de son mandat de promotion et de protection actionne les obligations qui pèse sur l'Etat concerné au titre de l'article 1er de la Charte qui dispose que les Etats parties « reconnaissent les droits, devoirs et libertés énoncés dans cette Charte et s'engagent à adopter des mesures législatives ou autres pour les appliquer ». Ainsi, c'est l'Etat partie à la Charte qui s'oblige lui-même par la ratification de la Charte, les mesures conservatoires décidées par la Commission n'étant que le rappel de cette obligation conventionnelle née de la volonté de l'Etat lui-même à être lié par la Charte. Dès lors, le caractère contraignant ou non des mesures conservatoires décidées par la Commission n'est plus en jeu ; il s'agit davantage d'honorer les obligations conventionnelles contractées au titre de la Charte ; un Etat qui ne donne pas suite à ces mesures viole ses engagements conventionnels rappelés par la Commission et contrevient ainsi à ses propres obligations conventionnelles.

L'objet et le but de la Charte africaine ainsi que l'obligation pour les Etats parties de mettre en œuvre de bonne foi leurs engagements conventionnels, notamment celui de l'article 1er de la Charte suffisent à conférer un caractère contraignant aux mesures conservatoires décidées par la Commission, l'organe de supervision de la mise en œuvre de ces obligations conventionnelles[844]. Ainsi en avait décidé la Cour internationale de justice au regard des articles 41 et 50 de son Statut dans l'*affaire LaGrand (Allemagne c. Etats-Unis d'Amérique)* du 27 juin 2001 :

> « L'objet et le but du Statut sont de permettre à la Cour de remplir les fonctions qui lui sont dévolues par cet instrument, et en particulier de s'acquitter de sa mission fondamentale, qui est le règlement judiciaire des différends internationaux au moyen de décisions obligatoires

[844] Voir l'*amicus curiae* de la Commission internationale de juristes relatif aux mesures provisoires de la Cour européenne des Droits de l'Homme (46827/99 Mamatkulov et 46951/99, *Abdurasuloviç c. Turquie*).

conformément à l'article 59 du Statut. L'article 41, analysé dans le contexte du Statut, a pour but d'éviter que la Cour soit empêchée d'exercer ses fonctions du fait de l'atteinte portée aux droits respectifs des parties à un différend soumis à la Cour. II ressort de l'objet et du but du Statut, ainsi que des termes de l'article 41 lus dans leur contexte, que le pouvoir d'indiquer des mesures conservatoires emporte le caractère obligatoire desdites mesures, dans la mesure où le pouvoir en question est fondé sur la nécessité, lorsque les circonstances l'exigent, de sauvegarder les droits des parties, tels que déterminés par la Cour dans son arrêt définitif, et d'éviter qu'il y soit porté préjudice. Prétendre que des mesures conservatoires indiquées en vertu de l'article 41 ne seraient pas obligatoires serait contraire à l'objet et au but de cette disposition »[845].

La nécessité de ne pas rendre inopérant la décision au fond, avait poussé la CPJI a invoqué en 1939,

> « le principe universellement admis devant les juridictions internationales et consacré d'ailleurs dans maintes conventions (...) d'après lequel les parties en cause doivent s'abstenir de toute mesure susceptible d'avoir une répercussion préjudiciable à l'exécution de la décision à intervenir et, en général, ne laisser procéder à aucun acte, de quelque nature qu'il soit, susceptible d'aggraver ou d'étendre le différend »[846].

Les mesures provisoires n'ont pour but que de donner une chance d'exécution à la décision finale qui, si l'aggravation ou le préjudice redouté n'avait pas été ralenti ou arrêté par la mise en œuvre de ces mesures, serait complètement inutile, vidant ainsi du même coup le mandat de la Commission de sa substance.

---

[845] *LaGrand (Allemagne c. Etats-Unis d'Amérique), arrêt, C. I. J. Recueil 2001*, p. 502, § 102.
[846] *Compugnie d'électricité de Sofia et de Bulgarie, ordonnance du 5 décembre 1939. C. P.J. 1. série A/B n° 79*, p. 199. Voir aussi *Essais nucléaires (Australie c. France), mesures conservatoires, ordonnance du 22 juin 1973, C.I.J. Recueil 1973*. p.106*; Essais nncléaires (Nouvelle-Zélande c. France), mesures conscrvatoires, ordonnance du 22 juin 1973, C.I.J. Recueil 1973*, p. 142 *; Diffrrend frontalier, mesures conservatoires, ordonnance du 10 janvier 1986, C.I.J. Recueil 1986*, p. 9, § 18, et p.11, § 32, point 1 A*; Application de la convention pour la prévention et la répression du crime de génocide, mesures conservatoires, ordonnance du 8 avril 1993, C.I.J. Recueil 1993*, p. 23, § 48, et p. 24, § 52 B; *Appliccltion de la convention pour la prévention et la répression du crime de génocide, mesures conservatoires, ordonnance du 13 septembre 1993, C.I.J. Recuril 1993*, p. 349, par. 57. et p. 350, § 61, alinéa 3*; Frontière terrestre et maritirire entre le Cameroun et le Nigéria, mesures conservatoires, ordonnance du 15 mars 1996, C.I.J. Recueil 1996 (I)*, p. 22-23, § 41, et p. 24, § 49, alinéa 1).

Dans l'affaire *Ahmed Ismael et 528 autres c. République Arabe d'Egypte* (Communication N° 467/14) où la demande des plaignants d'ordonner que l'application des condamnations à mort prononcées contre les 529 défendeurs soit suspendue en tant que mesure conservatoire pour « empêcher qu'un tort irréparable ne soit fait aux victimes qui font face au risque imminent d'être exécutées suite à leur condamnation à mort », n'a pu trouver grâce aux yeux de la Commission qui a fait droit à l'Etat défendeur qui argue d'une part que « le jugement n'était pas décisif et la procédure judiciaire d'exécution n'est pas terminée conformément aux garanties stipulées pour l'exécution de la peine »[847] et que « des procédures d'appel sont en cours et, en outre, cette décision a été annulée par l'appel puisque les accusés sont jugés à nouveau par une Cour pénale désignée dans un autre district »[848]. L'absence de la preuve contraire qui devrait être apportée par les plaignants entre également en ligne de considération selon la Commission.

Une des affaires les plus célèbres en matière de mesures conservatoires est celle de *International Pen, Constitutional Rights Project, Interights au nom de Ken Saro-Wiwa Jr et Civil Liberties Organization c. Nigeria* (Communication n° 137/94, 139/94, 154/96 et 161/97). La Commission avait déclaré en 1998 qu' « en ignorant ses obligations d'adopter des mesures conservatoires, le Nigeria a violé l'article 1er de la Charte africaine ». Malgré la demande de mesures conservatoires et tous les efforts acharnés visant la mise en œuvre des mesures conservatoires, c'est-à-dire la suspension des exécutions décidées, Ken Saro-Wiwa et de ses coaccusés ont été exécutés.

Dans la Communication N° 290/04, malgré la demande de mesure conservatoire jointe à la requête, la victime avait reçu des menaces de mort à propos de cette affaire, ce qui fait dire au plaignant que les mesures conservatoires étaient restées sans effet[849]. La Commission a fait droit à la demande de mesures conservatoires introduite par les plaignants dans l'affaire *Zimbabwe Lawyers for Human Rights & Associated Newspapers of Zimbabwe c. Zimbabwe* (Communication N° 284/03)[850].

En 2020, le Conseil exécutif de l'UA s'était réjoui du « rapport du Cameroun sur la mise en œuvre de la décision de la CADHP dans la Communication 389/10 - *Mbiankeu Geneviève c. Cameroon* » et demandé aux autres Etats de « fournir à la CADHP toutes les informations voulues sur les mesures prises pour se conformer aux demandes de la CADHP des mesures

---

847 Communication 467/14, *Ahmed Ismael et 528 autres c. République Arabe d'Egypte, § 176 i).*

848 *Ibid.*

849 Communication 290/2004, *Open Society Justice Initiative (au nom de Pius Njawe Noumeni) c. République du Cameroun*, §§ 21, 22, 23, 24, 36 ii), 37, 38 et 113.

850 Communication 284/03, §§ 28 et 79.

provisoires et de la mise en œuvre de ses décisions sur les plaintes portant sur les présumées violations des droits de l'homme au titre de la procédure des communications »[851].

5. L'exception préliminaire

Les exceptions préliminaires[852] sont une procédure incidente par laquelle une partie, le plus souvent la partie défenderesse, sollicite qu'il plaise à la Commission de statuer, avant dire droit, sur une requête tendant à contester la compétence de la Commission, les conditions de recevabilité de la communication initiale ou encore la qualité à agir de son auteur. Une exception préliminaire désactive la procédure normale qui reste ainsi suspendue à la décision issue de l'examen de l'exception (article 117 alinéa 4, RI de la Commission). L'exception est traitée en priorité étant entendu que l'effet de l'exception est de suspendre la procédure sur le fond.

Une fois saisie d'une telle requête, la Commission informe l'autre partie dans un délai de 15 jours, conformément à l'article 117 alinéa 1er du RI qui précise que toute partie qui entend exercer ce moyen procédural dispose de 30 jours à compter de la notification de la communication de la demande de soumettre ses observations sur la recevabilité et sur le fond. Corrélativement, la réponse à une exception préliminaire par l'autre partie doit parvenir à la Commission dans un délai de 30 jours après réception de la notification de l'exception soulevée (article 117 alinéa 2, RI). En l'absence de réponse dans le délai imparti, l'examen de l'exception préliminaire se fonde sur les informations à la disposition de la Commission, ce qui est conforme à la pratique établie des organes internationaux des droits de l'homme. Etant donné que l'absence de réponse de l'autre partie peut valoir acceptation tacite de l'exception soulevée, il est recommandé de réagir dans les échéances légales pour démonter, arguments juridiques et pratiques à l'appui, y compris en faisant du droit comparé ou un rappel de la jurisprudence de la Commission, aux points soulevés par l'exception. L'ancien article 103 alinéa 2 du Règlement intérieur révisé précisait que la réponse devrait être « écrite », qualification qui a disparu dans le nouveau Règlement intérieur de 2020. La Commission a souhaité sans doute tenir compte de l'évolution des nouvelles technologies de

---

851 36ème session ordinaire du Conseil exécutif (Addis-Abeba, 6-7 février 2020, *EX.CL/Dec. 1080(XXXVI)* Décision sur le rapport d'activités de la CADHP, *Doc. EX.CL/1205(XXXVI)*, § 3.

852 Pour plus de détails sur la notion, voir G. Abi-Saab, Les exceptions préliminaires dans la procédure de la Cour internationale, *Revue internationale de droit comparé*, 1969, 21-2, pp. 425-426. Voir également l'article 79 du Règlèement intérieur de la CIJ.

l'information et de la communication. On peut donc supposer qu'une réponse par vidéo serait acceptable.

6. La jonction et la disjonction

L'article 97 du RI de la Commission prévoit les situations susceptibles de conduire à la jonction ou à la disjonction[853]. Aux termes de l'alinéa 1er de ce texte, la jonction peut être décidée « si deux ou plusieurs communications introduites contre un même État partie et traitant de faits similaires ou faisant état de violations similaires des droits de l'homme », mais l'alinéa 2 précise que la Commission conserve un pouvoir souverain de joindre ou de disjoindre deux ou plusieurs affaires. Ainsi, à une décision de jonction peut succéder une autre portant disjonction de l'affaire lorsque cela est « nécessaire »[854]. La Commission est ainsi libre de décider de la jonction ou de la disjonction. Elle n'est guidée que par « l'intérêt de la justice »[855].

La Commission a décidé de la jonction dans l'affaire *Organisation mondiale contre la torture, Association Internationale des juristes démocrates, Commission internationale des juristes, Union interafricaine des droits de l'Homme c. Rwanda*[856], la Commission a soutenu, qu'au regard de la concordance des problématiques soulevées par les trois communications 27/89[857], 49/91[858] et 99/93[859], la jonction serait appropriée. Dans l'affaire, *Malawi Africa Association, Amnesty International, Ms Sarr Diop, Union interafricaine des droits de l'Homme et RADDHO, Collectif des veuves et ayants-Droit, Association mauritanienne des droits de l'Homme c. Mauritanie,* la Commission a décidé de la jonction « en raison de la similitude des faits relatés »[860]. Il en est de même des *communications 16/88, 17/88, 18/88, 25/89 (Legal Assistance Group c. Zaïre*) lorsque la Commission a

[853] Voir l'article 54 du Règlement intérieur de 2010 de la Cour africaine des droits de l'homme et des peuples.
[854] Article 97 alinéa 2 *in fine* du Règlement intérieur de 2020.
[855] Voir l'article 96 alina 2 *in fine* de l'ancien Règlement intérieur de la Commission. On comprend mal pourquoi une telle justification qui parait objective a toutefois disparu du nouveau Règlement intérieur adopté en 2020.
[856] Communications 27/89-46/91-49/91-99/93.
[857] La communication 27/89 allègue l'expulsion du territoire rwandais de ressortissants burundais qui s'étaient réfugiés au Rwanda depuis plusieurs années (Bonaventure Mbonabucya, Baudouin Ntatundi, Vincent Suinarariye et Shadrack Nkunzwenimana)
[858] La communication 49/91 argue la détention de milliers de personnes, dans différentes parties du pays, par les forces de sécurité rwandaises, des arrestations basées sur des considérations ethniques et sur des activités politiques pacifiques
[859] La communication no. 99/93 allègue des violations graves et massives entre octobre 1990 et janvier 1992 sous forme de massacres, d'exécutions extrajudiciaires et d'arrestations arbitraires des membres de l'ethnie Tutsi.
[860] Communications 54/91-61/91-96/93-98/93-164/97, 196/97 et 210/98, §§ 53, 62 et 77.

constaté que toutes les communications « allèguent plusieurs violations liées entre elles et qui se recoupent »[861].

7. L'examen des communications au fond

7.1. L'examen des communications au fond

L'objectif d'instaurer ou d'assurer un dialogue positif entre l'auteur de la communication et l'Etat défendeur pour aboutir à un règlement à l'amiable du différend traverse toute la procédure d'examen, notamment dans les communications inter-Etats. Toutefois, les parties doivent s'engager de bonne foi, y compris pour participer au dialogue. Par ailleurs, la Commission veille au respect des principes garantissant un procès équitable à l'instar du principe du contradictoire. Toutes les parties ont la possibilité de présenter équitablement et adéquatement leurs arguments. Même en cas de non coopération d'une partie, notamment en cas de non soumission des observations dans les délais, la Commission apprécie les faits au-delà des seuls arguments des informations et des arguments de l'autre partie. Elle trouve même des circonstances atténuantes aux Etats défendeurs défaillants dans la coopération avec la Commission mais qui ont fait preuve de diligence dans les précédentes communications les concernant comme dans les affaires *Mohamed Lamine Diakité c. Gabon et Pierre Mamboundou c. Gabon*[862]. Pragmatique, la Commission analyse ou écarte les moyens ou le défaut de conformité à la procédure à l'aune du préjudice potentiel ou réel causé à la partie adverse.

7.2. Les fonds d'assistance judiciaire des organes des droits de l'homme de l'Union africaine

Dans sa résolution ACHPR/Res.4(XI)92, la Commission a recommandé aux Etats parties à la Charte de « prendre les dispositions nécessaires pour que leurs ressortissants soient informés de ce que les voies de recours leur sont accessibles et de fournir aux nécessiteux une assistance judiciaire »[863], ce qui s'inscrit dans la droite ligne des conclusions des réunions ministérielles

[861] *Malawi Africa Association, Amnesty International, Ms Sarr Diop, Union interafricaine des droits de l'Homme et RADDHO, Collectif des veuves et ayants-Droit, Association mauritanienne des droits de l'Homme c. Mauritanie*, § 77 *in fine*.

[862] Communication 73/92, *Mohamed Lamine Diakité c. Gabon* ; Communication 320/06, *Pierre Mamboundou c. Gabon* et Communication 410/12, *Le Congrès pour la Démocratie et la Justice (CDJ) c. Gabon, § 77.*

[863] CADHP/Rés.4(XI)92, § 4 (Résolution sur la procédure relative au droit de recours et à un procès équitable).

relatives aux droits de l'homme de 1999 à l'Ile Maurice et de 2003 au Rwanda qui appelaient à la création d'un fonds des droits de l'homme. La Commission a, par la suite, adopté les Directives et Principes sur le droit à un procès équitable et à l'assistance judiciaire en Afrique sans oublier sa résolution 262 qui considère l'assistance judiciaire gratuite comme nécessaire pour favoriser l'indemnisation et la réparation[864]. L'importance de l'aide juridictionnelle dans un système de justice est corroborée par la Déclaration de Lilongwe sur l'accès à l'assistance judiciaire dans le système de justice pénale en Afrique.

Pour répondre aux exigences d'une bonne administration de la justice, la CoCEG de l'UA a adopté le 31 décembre 2016 lors de sa 26ème session à Addis-Abeba les Status du Fonds d'assistance judiciaire des organes des droits de l'homme de l'Union africaine « destiné à fournir une assistance judiciaire aux requérants indigents devant les organes de l'Union africaine dotés d'un mandat en matière de droits de l'homme »[865]. Selon l'article 3 des Statuts, le Fonds est chargé de :

a) Mobiliser et recevoir les ressources nécessaires pour financer les programmes respectifs d'assistance judiciaire des organes de l'Union africaine dotés d'un mandat en matière de droits de l'homme ;
b) Favoriser la coopération et la coordination entre tous les intervenants, notamment les Etats membres, les organisations internationales, les organisations de la société civile, les associations d'avocats, et le secteur privé ainsi qu'au sein des différents organes et institutions de l'Union africaine, en vue d'assurer l'assistance judiciaire ;
c) Participer à des activités et à des projets qui contribuent à la réalisation des objectifs des présents statuts.

La création de ce Fonds a conduit la Commission a modifié le mandat de son Groupe de travail sur les questions spécifiques relatives au travail à qui elle avait confié la mission de mettre en place un Fonds de contributions volontaires pour les droits de l'homme en Afrique[866]. Toutefois, force est de constater, avec préoccupation, la non-opérationnalisation du fonds d'assistance judiciaire de l'UA[867]. Nonobstant les réunions statutaires de l'Architecture africaine de gouvernance (AGA) au cours desquelles la Cour africaine, la Commission africaine et le CAEDBE ont conjointement plaider pour l'opérationnalisation du Fonds, il n'est toujours pas effectif alors même que l'article 6 des Statuts prévoit en son alinéa 2 que « dans les 60 jours à

---

[864] CADHP/Rés.262(LIV)2013, § 6 iii).
[865] Article 2 alinéa 1er des Statuts du Fonds.
[866] CADHP/Res.328(EXT.OS/XIX)2016.
[867] Plan stratégique 2021-2025 de la CAfDHP, « Renforcer la confiance en la Cour africaine en renforçant son efficacité et son efficience », p. 13.

compter de la date d'entrée des Statuts, le président de la Commission de l'UA invite chaque région à présenter, par écrit, au maximum cinq membres en vue de leur nomination au Conseil d'administration » afin de composer le Conseil devant assurer la gestion du Fonds suivant les principes d'efficacité, de durabilité, de crédibilité du système d'assistance judiciaire et de disponibilité des ressources (articles 4 *a-b)* des Statuts). Il urge que le Fonds soit promptement opérationnel pour les personnes qui se pourvoient devant la Commission et qui ne peuvent pas se payer les services d'un conseil/avocat.

7.3. La critique sur la part des droits des femmes dans la jurisprudence de la Commission

7.3.1. La timide émergence des droits des femmes dans l'examen des communications

A l'analyse des communications, on peut observer que les droits des femmes ont rarement été au cœur de la jurisprudence de la Commission. Cela est dû à plusieurs facteurs.

D'abord, les communications soumises ne portaient pas souvent et de manière spécifique sur les droits des femmes. Cela parait paradoxal car les droits des femmes sont quotidiennement violés tant en temps de paix qu'en temps de guerre en Afrique. Il serait difficile de conclure à l'inaction des organisations de défenses des droits des femmes[868].

Ensuite, selon certains auteurs, les violations des droits des filles et des femmes émergent moins dans les communications car elles relèveraient davantage de la sphère privée que du domaine public[869]. En effet, les violences domestiques, les mariages forcées et précoces, les violences sexuelles ou encore les « préjudice ou souffrances physiques, sexuelles, psychologiques ou économiques, y compris la menace d'entreprendre de tels actes, l'imposition de restrictions ou la privation arbitraire des libertés fondamentales, que ce soit dans la vie privée ou dans la vie publique, en temps de paix, en situation de conflit ou de guerre »[870], se produisent dans un environnement d'intimité. Cet argument, aussi patent et éloquent soit-il, comporte des limites. Les détentions *incommunicado* qui se déroulent également dans un univers isolé ont fait

[868] Rachel Murray, « A feminist perspective on reform of the African human rights system », *African Human Rights Law Journal*, Volume 1 No 2 2001, p. 208.
[869] Karen Stefiszyn, The African Union: Challenges and Opportunities for Women, *African Human Rights Law Journal,* (2005) 5, pp. 358 à 386.
[870] Article 1er k) du Protocoel de Maputo.

l'objet de communications[871] comme dans l'affaire *Zegveld et Ephrem c. Erythrée*[872] ou dans la communication 334/06[873].

Puis, force est de reconnaître que la Charte africaine qui sert de fondement à l'action de la Commission, n'est pas prolifique sur les droits des femmes. Seuls les articles 2 et 18 alinéa 3 qui garantissent respectivement le droit à la jouissance par toute personne des droits et libertés sans discrimination aucune, et l'obligation pour les Etats d'éliminer toute discrimination contre la femme et d'assurer la protection des droits de la femme tels que stipulés dans les déclarations et conventions internationales. Ce renvoi au droit international peut être interprété comme une dilution des droits des femmes.

Aussi, même si les droits des filles et des femmes s'inscrivaient indirectement dans une communication, la Commission ne faisait pas œuvre d'interprétation dynamique pour créer sa religion sur les droits des femmes[874]. En 1989, lors de la 6ème session de la Commission, la Communication 28/89 soumise par l'Association internationale des juristes démocrates pour le compte d'une fille, a été déclarée irrecevable au motif qu'elle est « dirigée contre un Etat non partie à la Charte africaine des droits de l'Homme et des peuples ». La Commission aurait pu profiter, dès le début, pour poser les jalons de sa jurisprudence sur les droits des femmes.

Rien n'interdit à la Commission, même lorsqu'elle déclare une communication irrecevable pour non-conforme avec les préalables de l'article 56 de la Charte, de développer des arguments de droit, non pas forcément à l'endroit des parties concernées, mais à titre pédagogique et prospectif pour ainsi esquisser, construire voire cristalliser sa religion sur le sujet en question comme dans l'affaire *Article 19 et autres c. Zimbabwe* où « bien que l'Etat défendeur conteste la recevabilité de la présente Communication sur seulement deux points : les paragraphes (5) et (6) de l'Article 56 de la Charte, la Commission estime nécessaire d'analyser la recevabilité de la Communication à la lumière des sept conditions requises par l'Article 56 de la Charte »[875]. La Commission a également procédé ainsi dans la Communication 338/07[876].

---

[871] CADHP/Res.61(XXXII)02, §§ 23 et 24.

[872] Communication 250/2002, § 55.

[873] *Egyptian Initiative for Personal Rights et INTERIGHTS c. Egypte*, § 219. Sur la detention au secret, voir également *Article 19 c. Erythrée*, Communication 275/03 ; *Media Rights Agenda (pour le compte de Niran Malaolu) c. Nigéria*, Communication 224/98, § 70.

[874] Doc. ONU. A/70/209, §§ 23 à 26.

[875] Communication 305/05, § 78. Voir aussi *EX.CL/717(XX)Rev.1*, p. 52.

[876] *Socio-Economic Rights and Accountability Project (SERAP) c. République fédérale du Nigeria*, § 46.

La Commission aurait pu faire ainsi œuvre utile vis-à-vis des droits des femmes dans la Communication 278/2003 : *Promoting Justice for Women and Children (PROJUST NGO) c. République Démocratique du Congo,* notamment sur les conditions de détention des femmes ou encore dans la Communication 375/09 - *Priscilla Njeri Echaria (représentée par Federation of Women Lawyers, Kenya, et International Center for the Protection of Human Rights) c. Kenya* sur le droit successoral des femmes. Elle a manqué des occasions de rattraper le retard accusé dans sa jurisprudence sur les droits des femmes.

Enfin, sur le plan juridique, la compétence même de la Commission à recevoir et à traiter des communications portant sur le Protocole de Maputo est sujette à conjectures.

7.3.2. La compétence de la Commission à traiter les communications basées sur le Protocole de Maputo

Si la compétence de la Commission à recevoir et à examiner les rapports périodiques au titre de l'article 26 du Protocole, en résonance avec l'article 62 de la Charte, ne souffre d'aucun doute, en revanche, sa compétence à connaitre les violations des droits garantis par le Protocole de Maputo sous forme de communications est beaucoup plus discutable. Pour les uns, la compétence de la Commission fondée sur l'article 32 du Protocole est transitoire comme l'indique son titre (disposition transitoire) et que, dès l'opérationnalisation de la Cour africaine des droits de l'homme et des peuples dûment mandaté par l'article 27 du Protocole pour connaître des litiges relatifs à l'interprétation du Protocole, découlant de son application ou de sa mise en œuvre, la compétence de la Commission cesse. Selon cette interprétation *stricto sensu*, la juridiction de la Commission est destinée provisoirement à couvrir une période qui autrement consacrerait l'impunité inacceptable des violations des droits des femmes. Dès lors, l'effectivité pleine et entière de la Cour africaine devenue opérationnelle rend sans objet la compétence *ad hoc* de la Commission et Frans Viljoen considère que « la référence à la Cour africaine doit être comprise comme une tentative de préciser que la Cour a, en effet, compétence à connaitre les plaintes qui lui sont soumises par la Commission sur la base du Protocole ou directement soumis à la Cour par des individus ressortissants des Etats ayant fait la déclaration de l'article 34 (6) du Protocole créant la Cour »[877]. Selon cet expert du droit africain des droits de l'homme, la compétence de la Cour devrait être appréciée à travers le prisme de la

---

[877] F Viljoen, « An Introduction to the Protocol to the African Charter on Human and Peoples' Rights on the Rights of Women in Africa », *Washington and Lee Journal of Civil Rights and Social Justice*, Vol. 16, 2009-2010, pp. 39-40.

complémentarité substantielle entre la Charte africaine et son Protocole relatif aux femmes. Pour lui, « il est inconcevable que la Commission ne soit pas compétente pour examiner des communications alléguant des violations du Protocole de Maputo »[878] car il considère que « la raison principale de l'adoption du Protocole est la nécessité de garantir la protection des droits des femmes. L'un des moyens d'y parvenir est de présenter des communications individuelles (plaintes). En tant que complément substantiel plutôt que procédural de la Charte africaine, le Protocole se superpose au cadre de protection existant de la Commission »[879]. Dès lors qu'il n'y a pas de disposition excluant explicitement et spécifiquement la compétence de la Commission, cette dernière peut connaître des communications individuelles arguant des violations du Protocole de Maputo.

Par ailleurs, il est possible de faire valoir également la situation des Etats ayant ratifié le Protocole à la Charte africaine des droits de l'homme et des peuples portant création d'une Cour africaine des droits de l'homme et des peuples mais qui n'ayant pas fait ou retiré la déclaration d'acceptation de la Cour prévue à l'article 34 alinéa 6 dudit Protocole qui habilite les organisations de la société civile dotée de statut d'observateur auprès de la Commission à saisir la Cour. Dans ce cas, la juridiction de la Commission serait valide sur le même fondement qui consiste à ne pas laisser impunies les violations des droits des femmes qui interviendraient dans ces Etats. *A fortiori*, la juridiction de la Commission devrait logiquement demeurer valide pour les violations des droits des femmes perpétrées dans les Etats non parties au Protocole.

Il n'est pas exclu, pour fonder la compétence de la Commission, d'invoquer le caractère antérieur d'une violation à l'entrée en vigueur de la Cour ou encore la commission de violations avant l'opérationnalisation de la Cour pour autant qu'il n'y ait pas prescription entretemps.

En outre, dans le cadre de la coopération entre la Commission et la Cour, les deux institutions peuvent se renvoyer des affaires. L'article 130 alinéa 1er du RI de la Commission lui donne la possibilité de saisir la Cour conformément à l'article 5 du Protocole de la Cour africaine[880]. Ainsi, à la réception d'une communication, la Commission peut décider, au regard de ses règles de procédure de traitement des communications et des compétences partagées avec la Cour, du transfert ou non du dossier, pour autant que l'Etat concerné

---

[878] *Ibid.* p. 40

[879] *Ibid.*

[880] La Commisssion est réquérante auprès de la Cour dans les affaires Hissein Habré, n° 002/2011 - *Soufiane Ababou c. République algérienne démocratique et populaire*, n°005/2011 - *Daniel Amare et Mulugeta Amare c. République du Mozambique et Mozambique Airlines*, n° 008/2011 – *Ekollo Moundi Alexandre c. Cameroun et Nigéria*, n°002/2013, *Commission c. Lybie* et n°019/2015. *Femi Falana c. Commission.*

ait non seulement ratifié le protocole facultatif créant la Cour mais également fait la déclaration prévue à l'article 34 alinéa 6 dudit Protocole.

Il urge que les dispositions du Protocole de Maputo vis-à-vis de la compétence de la Commission soient clarifiées. Toutefois, compte tenu des liens conventionnellement congénitaux entre la Charte africaine et le Protocole de Maputo, il serait difficilement soutenable d'exclure la compétence de la Commission. Ni des raisons d'opportunité, ni des motivations techniques, moins encore des fondements d'ordre pratique ne plaident en faveur de l'exclusion de la compétence de la Commission. Le Protocole étant le prolongement de la Charte et adopté sur la thématique spécifique des droits des femmes pour rendre le cadre juridique africaine en la matière plus complète, et dont le titre porte d'ailleurs explicitement la dénomination, la Commission devrait continuer à recevoir et à examiner les communications fondées sur la violation des droits garantis par le Protocole de Maputo. Elle peut, lorsque dans le cadre des cas graves, comme l'autorise les règlements intérieurs de la Cour et de la Commission, se référer à la Cour africaine. Sa mission de promotion résultant de l'article 26 du Protocole donnerait ainsi sens à son mandat de protection. Par ailleurs, l'expertise développée par la Commission africaine sur les droits des femmes en Afrique est significative et plaide pour sa compétence technique et pratique.

7.3.3. Les travaux significatifs de la Commission sur les droits des femmes

L'œuvre de la Commission sur les droits des femmes est nourrie par des résolutions, des mécanismes spécifiques, des observations générales et des études mais également par des séminaires, campagnes, plaidoyer, lettres d'allégation et appels urgents.

Depuis 2005, la Commission africaine a adopté plus d'une dizaine de résolutions sur les droits des femmes qui ont porté, notamment sur la supervision du Protocole de Maputo[881], les femmes défenseures des droits de l'homme[882], la situation des femmes et des enfants dans les conflits armés[883] ou encore l'accès des femmes à la propriété foncière et aux ressources

[881] CADHP/Rés. 401 (EXT.OS/ XXIV) 2018.
[882] CADHP/Rés. 409 (LXII) 2018, CADHP/RES. 336 (EXT.OS/XIX) 2016 et CADHP/Res.230(LII)2012.
[883] CADHP/Res.283(LV)2014.

productives[884], le statut de la femme[885] et les violences sexuelles[886] ; d'autres ont porté encore sur les droits des femmes autochtones en Afrique[887] ; d'autres encore sont spécifiquement consacrées à la situation des femmes dans un pays donnée, comme la résolution CADHP/Rés.103 (XXXX) 06 sur République démocratique du Congo. La panoplie de thématiques couvertes témoigne du champ de l'expertise de la Commission sur les droits des femmes.

Par ailleurs, dès 1998, la Commissaire Julienne Ondziel-Gnelenga a été nommée Rapporteure spéciale sur les droits de la femme en Afrique[888] avant que la Commission ne créé formellement en 1999[889] le mécanisme spécial sur les droits de la femme en Afrique lors de la 25ème session de la Commission, soit quatre ans avant l'adoption du Protocole de Maputo en 2003 et six avant son entrée en vigueur en 2005. C'est le deuxième mécanisme spécial mis en place après celui Rapporteur spécial sur les prisons, les conditions de détention et l'action policière en Afrique créé trois ans plus tôt lors de la 20ème session ordinaire à Kampala. Les titulaires successives du mandat, toutes des femmes[890], ont contribué à approfondir et à analyser les différentes pesanteurs qui hypothèquent le respect des droits des femmes en Afrique. Depuis lors, le mandat a été renouvelé sans discontinuer[891].

L'œuvre des Rapporteures spéciales a conduit à la première Conférence régionale de la Commission sur « le rôle de la Commission africaine dans la promotion et la protection des droits de la femme en Afrique » qui s'est tenue en juillet 2010 à Bamako, au Mali. La Commission avait d'ailleurs joué un rôle de leadership dans la campagne « le genre est mon agenda » et les recommandations adressées à la 11ème Conférence des Chefs d'Etat et de Gouvernement appelant les dirigeants africains à tenir compte de la sexospécificité dans le domaine de l'accès aux terres et aux ressources productives, du fait de la gestion coutumière des terres et de la persistance des stéréotypes culturels, l'accès, le contrôle et l'exploitation par les femmes des terres et des ressources productives. Aussi, la campagne pour la dépénalisation de l'avortement en Afrique lancé en 2016 par le mécanisme du Rapporteur

---

884 CADHP/Res.262(LIV)2013.

885 CADHP/Res.85(XXXVIII)05.

886 CADHP/Rés.111 (XXXXII) 07 et CADHP/Res.284(LV)2014. Voir aussi la Déclaration de la SADC sur le Genre et le Développement adoptée à Blantyre au Malai le 8 septembre 1997.

887 CADHP/Rés.190 (XLIX) 11.

888 DOC/OS/43(XXIII), § 33, pp. 12-13.

889 Résolution CADHP/Rés.38 (XXXVIII) adoptée lors de la 25ème session ordinaire tenue du 26 avril au 5 mai 1999, à Bujumbura au Burundi.

890 Angela Melo du Mozambique, Me Soyata Maiga du Mali et Lucy Asuagbor du Cameroun.

891 Voir par exemple les résolutions résolutions CADHP/Rés. 380(LXI) 2017, CADHP/Rés.327 (LVII) 2015, CADHP/273 (LV) 14, CADHP/Res.245(LIV)2013, CADHP/Rés.248 (LIV) 13, CADHP/ Rés.196 (L)11, CADHP/Rés.119 (XXXXII) 07, CADHP/ 125 (XXXXII) 07, CADHP/Res.78(XXXVIII)05 et ACHPR/Rés.63(XXXIV) 03.

spécial a redonné une nouvelle dynamique à la thématique au sein de l'agenda continental.

Les célébrations des journées de 8 mars (Journée internationale des femmes), du 31 juillet (Journée de la femme panafricaine) et du 25 novembre (Journée internationale contre la violence contre les femmes) donnent l'occasion au titulaire du mandat de renforcer son message, sa vision et ses recommandations à travers des déclarations, y compris avec les mécanismes pertinents des Nations Unies.

Les différents rapports produits ont permis d'orienter les travaux de la Commission vers l'élaboration d'Observations générales. C'est le cas de l'Observation générale No.1 sur l'article 14 (1) (d) et (e) du Protocole à la Charte africaine relatif aux droits de la femme en Afrique adoptées en 2012. Elle offre aux Etats des informations précises et détaillées sur la nature et l'étendue des obligations pour la conformité aux droit des femmes à se protéger et d'être protégées contre le VIH ainsi que leur droit d'être informées sur leur statut sérologique et le statut de leurs partenaires conformément aux normes et pratiques internationales en vigueur. Adoptée en 2014, l'Observation générale N° 2 sur l'article 14.1 (a), (b), (c) et (f) et Article 14. 2 (a) et (c)) du Protocole à la Charte africaine relatif aux droits de la femme en Afrique qui porte sur le droit à la santé et au contrôle des fonctions de reproduction, elle vise à inciter les Etats, à l'appui d'orientations claires, à engager les réformes juridiques, institutionnelles et pratiques nécessaires à l'intégration de ses dispositions pertinentes dans leur droit interne, y compris dans le domaine du droit des femmes à la santé sexuelle et reproductive.

En 2018, la Commission a décidé d'élaborer une Observation générale sur l'article 7 (d) du Protocole à la Charte africaine relatif aux droits de la femme en Afrique qui exige des Etats Parties qu'ils adoptent les mesures législatives appropriées pour assurer aux hommes et aux femmes les mêmes droits en cas de séparation, de divorce ou d'annulation du mariage et que, dans ces circonstances, la femme et l'homme bénéficient des mêmes droits par rapport au partage équitable des biens communs acquis durant le mariage[892]. La Commission envisage également l'élaboration d'une telle explication pédagogique de dispositions sur les questions relatives à la propriété foncière et aux droits à la propriété en vue de l'élaboration des Observations générales[893]. L'Observation générale n° 6 de 2020 sur l'article 7(d) du Protocole de Maputo, fournit des orientations sur l'interprétation des droits de la femme en cas de séparation de corps, de divorce ou d'annulation de mariage, et souligne également les obligations générales et spécifiques des

[892] CADHP/Rés.401 (EXT.OS/XXIV) 2018, § 1.
[893] *Op. cit*, § 2.

États eu égard à la promotion de la domestication effective et de la mise en œuvre du Protocole, notamment son article 7 (d).

En 2019, l'étude de la Commission sur la justice transitionnelle et les droits de l'homme et des peuples en Afrique a souligné « l'importance de reconnaître l'impact différencié des conflits sur les femmes et la nécessité de la participation de ces dernières à la conception et à la mise en œuvre de la justice transitionnelle »[894]. Reconnaissant que les femmes sont les membres de la société les plus affectées par les conflits, la Commission estime qu'il urge, à cet effet, d'inclure et de sensibiliser aux violations à l'encontre des femmes lors de la conception de mesures correctives dans les processus transitionnels. Les Chapitres 3 et 4 de l'étude procurent le cadre d'une réponse institutionnelle systématique à l'accès à la justice pour la femme et l'étude affirme que « parmi les autres domaines qui nécessitent une attention particulière, figure en particulier l'inclusion des femmes et des jeunes dans ces processus »[895] tout en consacrant une partie significative au « genre et à la justice transitionnelle »[896]. En outre, l'adoption en 2009 des Lignes directrices sur les politiques foncières en Afrique par l'Union africaine, notamment sur les dispositions relatives au renforcement du droit des femmes à la terre doit beaucoup à la dynamique impulsée par le mécanisme du Rapporteur spécial. En 2012, la Commission avait décidé de mener une étude sur la situation des femmes défenseures des droits de l'homme en Afrique[897]. Par ailleurs, c'est également le mandat qui a commandité l'étude sur le mariage des enfants en Afrique[898].

En 2014, la Commission africaine avait adopté, sous l'impulsion de la détentrice du mandat, la résolution CADHP/Res.292(EXT.OS/XVI)2014 qui annonçait une étude sur le mariage des enfants en Afrique qui a couvert les pays suivants : Cameroun, République démocratique du Congo, Kenya, Mali, Mauritanie, Malawi, Mozambique, Afrique du Sud, la Gambie et Ouganda. En 2018, sur demande de la Rapporteure spéciale, le Centre des droits de l'homme de l'Université de Pretoria, Afrique du Sud, a préparé un rapport analytique assorti de recommandations sur la problématique[899]. Par ailleurs, une collaboration fructueuse entre la Commission africaine et le CAEDBE a

---

[894] Etude de la Commission sur la justice transitionnelle et les droits de l'homme et des peuples en Afrique, 2019, résumé analytique.
[895] *Op. cit,* § 64.
[896] *Op. cit,* §§ 66 à 74.
[897] Résolution CADHP/Res.230(LII)2012.
[898] CADHP/Res.292(EXT.OS/XVI)2014. L'étude sur le mariage des enfants en Afrique a couvert les pays suivants : Cameroun, République démocratique du Congo, Kenya, Mali, Mauritanie, Malawi, Mozambique, Afrique du Sud, la Gambie et Ouganda.
[899] Un rapport sur le mariage d'enfants en Afrique, Centre des droits de l'homme de l'Université de Pretoria, 2018,

permis l'adoption d'une Observation générale conjointe sur l'éradication du mariage des enfants en 2017. Au cours de cette même année, les Lignes directrices sur la lutte contre les violences sexuelles et leurs conséquences en Afrique ont été adoptées lors de 60ème session à Niamey au Niger. Ces Lignes directrices ont « pour ambition de guider et d'accompagner les États dans la mise en œuvre effective de leurs engagements et obligations en matière de lutte contre les violences sexuelles et leurs conséquences »[900]. En 2019, un séminaire de sensibilisation à la promotion et à la protection des droits de la femme en Afrique a été organisé à Dakar, Sénégal, du 17 au 19 décembre 2019.

8. Les décisions à l'issue de l'examen des communications

« La Commission délibère à huis clos sur les communications et tous les aspects des débats sont confidentiels », selon les termes de l'article 90 du RI. La décision rendue ne peut faire l'objet de communication aux parties que lorsque la Conférence des Chefs d'Etat et de gouvernement de l'UA aura validé le rapport d'activités faisant référence à la décision rendue. C'est le Conseil exécutif qui approuve d'abord le rapport d'activités et le soumet ensuite à la Conférence pour validation. Le Secrétariat de la Commission est également tenu par cette règle de confidentialité au regard des articles 21 i) et 24 alinéa 2 du RI de la Commission.

La Commission procède par analyse des violations alléguées dans la communication à l'aune des observations fournies par les parties, de sa propre jurisprudence et des dispositions de la Charte africaine, y compris ses articles 60 et 61 qui ouvrent l'horizon conventionnel à l'international.

La décision finale s'appelle « recommandation » selon la Fiche d'Information No. 3 de la Commission. En tant que organe quasi-judiciaire, ses décisions finales n'ont pas de force juridiquement contraignante en tant que tel pour l'Etat concerné[901]. Elle est transmise aux parties dans les 30 jours à compter de la date à laquelle le rapport d'activités de la Commission faisant mention de la décision concernée est examinée par la Conférence des chefs d'Etat et de gouvernement de l'UA (article 120 alinéa 5, RI Commission). Elle ne sera publique qu'aux termes de 30 jours après notification de la décision aux parties impliquées.

---

[900] *Les Lignes directrices sur la lutte contre les violences sexuelles et leurs conséquences en Afrique*, Avant-propos de Mme Lucy Asuagbor, Rapporteure Spéciale sur les droits des femmes en Afrique, p. 6.

[901] Voir notre analyse du caractère contraignant ou pas des recommandations de la Commission africaine, *supra* Chapitre 3, section 3 B (mesures conservatoires).

8.1. Le droit à la réparation des victimes

En matière de réparation, le principe de base de la Commission est celui du *restitutio in integrum*, c'est-à-dire le rétablissement de la victime dans la situation antérieure à la violation démontrée. La Commission l'applique avec des fortunes diverses. Le cadre juridique relatif à la réparation va au-delà de la réparation intégrale du préjudice subi pour ordonner des aménagements juridiques et institutionnels en vue d'éviter des violations similaires à l'avenir. La décision peut ainsi recommander une réforme législative ou une évolution institutionnelle, ou encore des réparations pécuniaires ou morales. Elle s'inscrit dans le régime de la réparation relevant du droit international[902]. Ses résolutions insistent sur une « réparation adéquate et effective, notamment par la restitution, le dédommagement, la réhabilitation, la satisfaction et les garanties de non-répétition »[903].

8.1.1. Le cadre juridique des réparations

Le Chapitre II de la Deuxième partie du Projet d'articles sur la responsabilité de l'Etat[904] adopté en 2001 par la Commission du droit international (CDI)

---

[902] Elisabeth Lambert Abdelgawad et Kathia Martin-Chenut, Réparer les violations graves et massives des droits de l'homme : la Cour Interaméricaine, pionnière et modèle ?, *Société de législation comparée*, 2010, p 26 ; Jules Guillaumé, Le droit à réparation devant la CPI : promesses et incertitudes, Politique étrangère, 2015/4 (Hiver), pp. 51 à 62 ; Pierre d'Argent, Le droit de la responsabilité internationale complété ? Examen des Principes fondamentaux et directives concernant le droit à un recours et à réparation des victimes de violations flagrantes du droit international des droits de l'homme et de violations graves du droit international humanitaire, *Annuaire Français de Droit International,* Année 2005 51 pp. 27-55 ; J.-F. Flauss, Le contentieux de la satisfaction équitable devant les organes de la Cour européenne des droits de l'homme - Développements récents, *Europe,* juin 1992, p.1 ; J.-F. Flauss, Réquisitoire contre la mercantilisation excessive du contentieux de la réparation devant la Cour européenne des droits de l'homme. A propos de l'arrêt *Beyeler c. Italie* du 28 mai 2002, *D.* 2003, p. 227) ; Cherifou Gassama, Le principe de restitutio in integrum dans le contentieux international des droits de l'homme, *Miskolc Journal of International Law*, VOL. 2. (2005) NO. 1. pp. 1-31 ; Elisabeth Lambert Abdelgawad, L'exécution des décisions des juridictions internationales des droits de l'homme: vers une harmonisation des systèmes régionaux, *ACDI*, Bogotá, 2010, Vol. 3 Especial, pp. 9-55 ; Le droit à un recours et à obtenir réparation en cas de violations graves des droits de l'homme - Guide pratique, *Commission internationale de juristes*, 2006, n°2 de la série des guides pratiques.

[903] CADHP/Rés.359 (LIX) 2016, § v) ; CADHP/Rés.358 (LIX) 2016, § 2 iv) ; CADHP/Rés.357 (LIX) 2016, § 4 vi) ; CADHP/Rés.356 (LIX) 2016, § 2 vii) ; CADHP/Rés. 367 (LX) 2017, § 2 b).

[904] *Documents offi ciels de l'Assemblée générale, cinquante-sixième session, Supplément* n° 10 (A/56/10). Voir aussi la résolution 56/83 de l'Assemblée générale du 12 décembre 2001 et A/56/49 (Vol. I)/Corr.3. Sur l'obligation de réparation, voir aussi le Deuxième Protocole à la Convention de la Haye sur la protection des biens culturels de 1999 (article 38); les Conventions de Genève [1ère Convention de Genève de 1949 (article 51), 2ème Convention de Genève de 1949 (article 52), 3ème Convention de Genève de 1949 (article 131), 4ème Convention de Genève de 1949 (article 148)].

porte sur la réparation du préjudice. Selon l'article 34 de ce texte, la réparation peut, séparément ou conjointement, prendre la forme de restitution, d'indemnisation et de satisfaction. Dans le même sens, le Statut de Rome de la Cour pénale internationale et son article 75 disposent que la « réparation peut prendre notamment la forme de la restitution, de l'indemnisation ou de la réhabilitation ». Son article 79 crée un fonds au profit des victimes. Par ailleurs, le droit international de la réparation est guidé par les Principes fondamentaux et les directives concernant le droit à un recours et à la réparation des victimes de violations flagrantes du droit international des droits de l'homme et des violations graves du droit international humanitaire adoptées en 2005 par la résolution 60/147 de l'Assemblée générale des Nations Unies. La réparation fait partie du droit international coutumier comme le souligne le Comité international de la Croix Rouge (CICR) dans les Règles fondées sur des pratiques coutumières en droit international humanitaire[905]. Par ailleurs, les organes de traités des Nations Unies ont promu des règles et principes en faveur de la réparation[906] tout comme les procédures spéciales du Conseil des droits de l'homme [907]. De la jurisprudence concordante de la Cour internationale de justice, il ressort que toute violation d'un droit doit donner lieu à réparation depuis l'*affaire l'Usine de Chorzow*[908] en 1928.

Les Etats parties à la Charte africaine « reconnaissent les droits, devoirs et libertés énoncés dans cette Charte et s'engagent à adopter des mesures législatives ou autres pour les appliquer » (article 1er), mais il n'y a pas de dispositions spécifiques portant sur la réparation en cas de violation des droits

---

[905] Voir la Règle 150 *in* Jean-Marie Henckaerts et Louise Doswald-Beck, Droit international humanbitaire, Volume 1 : Règles, *Bruylant*, Bruxelles, 2006, pp. 707-726.

[906] *Observation générale n° 6 du Comité des droits de l'homme sur l'article 6 du PIDCP*, 1982, HRI/GEN/1/Rev7, § 4 ; *Observation générale No 20 sur l'article 7*, 1992, HRI/GEN/1/Rev7, § 14. Voir aussi certaines décisions du Comité des droits de l'homme : *Almeida de Quinteros et al. c. Uruguay*, 21 juillet 1983, CCPR/C/19/D/107/1981, § 138; *Nydia Erika Bautista c. Colombie*, 13 novembre 1995, CCPR/C/55/D/563/1993, § 8.6; *Celis Laureano c. Pérou*, 16 avril 1996, CCPR/C/56/D/540/1993, § 10; *Sarma c. Sri Lanka*, 31 juillet 2003, CCPR/C/78/D/950/2000, § 11 ; *Hugo Rodríguez c. Uruguay*, 19 juillet 1994, CCPR/C/51/D/322/1988, § 12(3) ; *José Vicente et Amado Villafañe Chaparro et al. c. Colombie*, 29 juillet 1997, CCPR/C/60/D/612/1995, § 8.8; *Blanco c. Nicaragua*, Décision du 18 août 1994, CCPR/C/51/D/328/1988, § 11.

[907] Rapport du Rapporteur spécial sur les exécutions extrajudiciaires, sommaire ou arbitraires, 24 décembre 1996, E/CN.4/1997/60, § 46; Rapport du Rapporteur spécial sur les exécutions extrajudiciaires, arbitraires ou sommaires sur sa mission au Brésil, 28 janvier 2004, E/CN.4/2004/7/Add.3, §§ 55-64 ; Rapport du Groupe de travail sur les disparitions forcées et involontaires, 21 janvier 2003, E/CN.4/2003/70 et Corr.1, § 27.

[908] CPJI, *Usine de Chorzow (fond)*, 13 septembre 1928, p. 47, Série A, n° 17, Rec. p. 17 : « La violation d'un engagement entraine l'obligation de réparer dans une forme adéquate ».

garantis[909]. La Charte africaine s'est rattrapée d'abord avec le Protocole relatif à la ChADHP portant création de la CAfDHP de 1998 dont l'article 27 ébauche le régime de la réparation en disposant que la « Cour ordonne toutes les mesures appropriées afin de remédier à la situation, y compris le paiement d'une juste compensation ou l'octroi d'une réparation ». Inspiré notamment par les décisions rendues dans les affaires *Civil liberties organisation c. Nigeria* en 1999 et *Social and Economic Rights Action Center (SERAC) and Center for Economic and Social Rights (CESR) c. Nigeria* en 2001, le Protocole facultatif relatif aux droits des femmes du 11 juillet 2003 a consacré, à son tour, son article 25 aux réparations en ces termes :

> « Les États s'engagent à :
> a) garantir une réparation appropriée à toute femme dont les droits et libertés, tels que reconnus dans le présent Protocole, sont violés ;
> b) s'assurer que de telles réparations sont déterminées par les autorités judiciaires, administratives et législatives compétentes ou par toute autre autorité compétente prévue par la loi ».

Antérieurs au Protocole de Maputo, les Directives et principes sur le droit à un procès équitable et à l'assistance judiciaire en Afrique du 29 mai 2003 ont balisé le chemin de la réparation en appelant les Etats à mettre en place des procédures et mécanismes équitables et efficaces accessibles aux femmes victimes, pour leur permettre de saisir les juridictions pénales d'une plainte et pour leur offrir d'autres possibilités de recours afin d'assurer une bonne instruction des allégations de violence, pour obtenir restitution ou réparation[910], que les auteurs des violations soient des acteurs étatiques ou non étatiques. Ces Directives et principes insistent sur la nécessité d'éviter des « délais inutiles dans le règlement des affaires et dans l'exécution des décisions ou arrêts accordant réparation aux victimes » et soulignent l'importance de la lutte contre l'impunité. Ainsi, les victimes, leur famille et les personnes à charge doivent obtenir une réparation équitable qui doit inclure « la restitution des biens, une indemnité pour le préjudice ou les pertes subis, le remboursement des dépenses engagées en raison de la victimisation, la fourniture de services et le rétablissement des droits »[911].

Quelques années plus tard, la Commission a étoffé le cadre juridique de la réparation au regard de la gravité des violences sexuelles utilisées par les belligérants comme une arme de guerre dans les conflits ou celles perpétrées

---

[909] Chérifou Gassama, « Le principe de *restitutio in integrum* dans le contentieux international des droits de l'homme », *Miskolc Journal of International Law*, Vol. 2. (2005) No. 1. pp. 1-31.
[910] Les Directives et principes sur le droit à un procès équitable et à l'assistance judiciaire en Afrique de 2003, Partie P, § e).
[911] Op. cit, Partie P, § h).

en temps de paix à travers le continent. Elle a ainsi adopté déjà en 2007 la résolution CADHP/Rés.111 (XXXXII) 07 sur le droit à un recours et à réparation pour les femmes et les filles victimes de violences sexuelles[912]. Elle a été suivie dix ans plus tard des Lignes directrices sur la lutte contre les violences sexuelles et leurs conséquences en Afrique adoptées en 2017 qui élèvent le combat contre l'impunité des violences sexuelles au rang de priorité continentale, posent le principe même du droit à la réparation et confirment le statut de victime individuelle et collective, le principe des réparations holistiques, les formes de réparations (restitution, l'indemnisation, la réhabilitation, la satisfaction et les garanties de non-répétition), les types de réparations (judiciaires et/ou administratives) et l'obligation pour les Etats de fournir aux victimes de violences sexuelles un recours effectif et une réparation. Selon ces Lignes directrices, la réparation doit être appropriée, efficace, accessible, rapide, durable et proportionnée à la gravité de la violation et aux préjudices subis. Le caractère holistique de la réparation doit répondre aux besoins des victimes en prenant en compte « toutes les conséquences, de nature physique, psychologique, matérielle, financière, sociale, immédiate ou non »[913] subies par les victimes. La Commission y souligne que la réparation doit aller au-delà des causes et des effets immédiats et latents et « viser à remédier aux discriminations et aux inégalités politiques et structurelles qui affectent négativement la vie des victimes, notamment des femmes et des filles »[914]. Elles consacrent également la participation des victimes de violences sexuelles et de la société civile au « recensement, à l'élaboration, à la mise en œuvre, au contrôle et à l'évaluation de tous les programmes de réparation, afin de garantir qu'ils répondent aux besoins des victimes »[915]. Les Lignes directrices de 2017 appellent les Etats, dans le cadre de l'exécution des réparations, à établir dans leur droit interne des « mécanismes efficaces »[916], notamment la mise en place d'un « Fonds national spécifique pour la réparation des victimes d'actes de violences sexuelles »[917]. En dehors de la résolution CADHP/Rés.111 (XXXXII)07 de 2007 sur le droit à un recours et à réparation pour les femmes et les filles victimes de violence sexuelle, la Commission a adopté en 2014 deux autres textes allant dans le sens de al réparation des victimes. Il s'agit des résolutions ACHPR/Rés.284 (LV)14 relative à la répression des violences sexuelles sur les femmes en République démocratique du Congo et

[912] Voir les résolutions CADHP/RES. 365 (EXT.OS/XX1) 2017, CADHP/Res.283(LV)2014 et CADHP/Rés.103 (XXXX)06.
[913] Lignes directrices sur la lutte contre les violences sexuelles et leurs conséquences en Afrique, § 56.
[914] *Ibid.*
[915] *Op. cit,* § 57.
[916] *Op. cit,* § 54.
[917] *Op. cit,* § 55.

ACHPR/Rés.288 (XVI)14 sur la condamnation des auteurs d'agressions et violences sexuelles en République arabe d'Egypte.

D'autres domaines thématiques tels que la torture, la détention arbitraire, les droits économiques, sociaux et culturels, et le terrorisme ont été couverts par le régime de réparation. Ainsi, les Lignes directrices et mesures relatives à l'interdiction et à la prévention de la torture et des peines ou traitements cruels, inhumains ou dégradants (Lignes directrices de *Robben Island*) se sont révélées comme un instrument important sur le terrain de la réparation lorsqu'ils appellent les Etats à reconnaître le « statut de victimes »[918] aux familles et aux communautés qui ont été touchées par la torture et les mauvais traitements infligés à l'un de leurs membres. Cette disposition préfigure la réparation collective dans l'esprit des droits des peuples prévus par la Charte africaine. Les Lignes directrices de *Robben Island* renforcent le cadre juridique africain de la réparation en allant plus loin :

> « L'obligation des Etats d'accorder réparation aux victimes existe indépendamment du fait que des poursuites criminelles aient été menées avec succès ou pourraient l'être. Ainsi, tous les Etats devraient garantir à la victime d'un acte de torture et à toute personne à sa charge :
>
> a) des soins médicaux appropriés.
>
> b) l'accès aux moyens nécessaires à leur réadaptation sociale et à leur rééducation médicale.
>
> c) une indemnisation et un soutien adéquats ».

La religion de la Commission sur la réparation sera prolongée avec l'Observation générale n°4 de 2017 concernant le droit à réparation des victimes de torture et autres peines ou traitements cruels, inhumains ou dégradants en s'inspirant des normes et standards régionaux et internationaux pertinents. Selon la Commission, son texte explicatif vise à « fournir une interprétation faisant autorité sur la portée et le contenu du droit à réparation des victimes »[919] et des « orientations aux États parties à la Charte africaine et aux autres acteurs, notamment les institutions nationales des droits de l'homme (INDH) et les Organisations de la société civile (OSC), sur les modalités d'application et le suivi du droit à réparation des victimes de torture et autres mauvais traitements, en droit et dans la pratique »[920]. Le texte va au-

[918] Lignes directrices de *Robben Island*, § 50.
[919] CADHP, Observation générale n° 4 sur la Charte africaine des droits de l'homme et des peuples, concernant le droit à réparation des victimes de torture et autres peines ou traitements cruels, inhumains ou dégradants (Article 5), Note explicative, § 7.
[920] *Ibid.*

delà des formes de réparations contenues dans le Projet de la responsabilité des Etats pour y inclure la réadaptation et les garanties de non répétition.

L'œuvre quasi normative de la Commission s'est évertuée à compléter et à étoffer sa religion sur le droit à la réparation des victimes. Ainsi, les Directives et principes sur le droit à un procès équitable et à l'assistance judiciaire en Afrique de 2003 considèrent que « le droit à un recours effectif intègre notamment la réparation des préjudices subis » [921] et qu'en matière d'arrestation et de détention, « les Etats veillent à ce que tout individu victime d'une arrestation ou d'une détention arbitraire soit habilité à en demander réparation » [922]. les Directives et principes stipulent qu'en cas d'abus de pouvoir, « les victimes ont droit à l'accès aux instances judiciaires et à une réparation rapide du préjudice qu'elles ont subi, comme prévu par la législation nationale et internationale »[923] et que :

> « Les mécanismes judiciaires ou administratifs permettant aux victimes d'obtenir réparation au moyen de procédures officielles ou non qui soient rapides, équitables, peu coûteuses et accessibles sont créés et renforcés. Les victimes doivent être informées des droits qui leur sont reconnus pour chercher à obtenir réparation par ces moyens »[924].

Par les Lignes directrices relatives aux rapports des Etats Parties sur les droits économiques, sociaux et culturels dans la Charte africaine (Lignes directrices de Tunis) de 2012, la Commission demande aux Etats d'indiquer dans leurs rapports périodiques au titre de l'article 62 de la Charte africaine « les recours judiciaires et autrement appropriés en place permettant aux victimes d'obtenir réparation au cas où leurs droits ont été violés ». La Commission a été frileuse sur la dimension de la réparation dans un document censé fournir des orientations aux Etats, notamment sur le droit de propriété, le droit au travail, le droit à la santé, droit à l'éducation, le droit au logement, le droit à l'eau et à l'assainissement et le droit à l'alimentation. Elle aurait pu demander la mise en place d'un cadre juridique et institutionnel approprié pour les indemnisations en cas d'expulsions ou d'expropriations, ou encore la mise en place d'un cadre national réglementant les réparations, notamment en terme de délais, de l'organe de référence et des barèmes d'indemnisation.

---

[921] Les Directives et principes sur le droit à un procès équitable et à l'assistance judiciaire en Afrique de 2003, Partie C, § b) 2).
[922] *Op. cit,* Partie M, § 1 h).
[923] *Op. cit,* Partie P, § a).
[924] *Op. cit,* Partie P, § d).

Le principe de la réparation a pris ancrage dans les résolutions de la Commission à partir de 2016. Ainsi, les résolutions pays comportent désormais une stipulation devenue presque un slogan : « veiller à ce que les victimes des violations et leurs familles obtiennent une réparation complète et adéquate, y compris par la restitution, l'indemnisation, la réhabilitation, la satisfaction et les garanties de non-répétition »[925]. Il en est de même dans les résolutions thématiques comme celle de 2019 portant sur la violation des droits de l'homme et du droit humanitaire résultant des frappes aériennes étrangères où la Commission demande de « mettre en place les structures nécessaires pour permettre aux victimes de signaler de telles violations et d'obtenir réparation »[926] ou encore celle relative à la Déclaration de Niamey visant à garantir le respect de la Charte africaine dans le secteur des industries extractives en 2017. Ainsi, lors de sa 60ème session au Niger, la Commission a appelé les Etats africains à adopter des lois ou à réformer les lois existantes, afin de reconnaître et de garantir les obligations des industries extractives pour assurer le respect des droits prévus par la Charte africaine tout au long de leur processus d'exploitation, notamment, afin :

> « qu'elles versent des réparations satisfaisantes aux communautés touchées en compensation de tous les dommages matériels et non-matériels subis et qu'elles nettoient et réhabilitent l'environnement en cas de dégradation de ce dernier ;
> qu'elles assument leurs responsabilités civiles et pénales et paient des réparations pour les violations des droits de l'homme et des peuples et/ou les abus causés par leurs activités industrielles extractives ou par les activités de ceux qui agissent en leur nom ou qui participent ou incitent à de telles violations commises par des acteurs étatiques ou non-étatiques, notamment les compagnies privées de sécurité »[927].

Selon les Lignes directrices sur les conditions d'arrestation, de garde à vue et de détention provisoire en Afrique adopté en mars 2015, une victime de détention illégale ou arbitraire peut solliciter des dommages et intérêts et/ou toutes autres réparations. Son article 38 dispose :

> « Toute personne victime d'arrestation et de détention illégale ou arbitraire, de torture ou de mauvais traitements pendant la garde à vue ou la détention provisoire, a le droit de demander et d'obtenir une réparation effective pour la violation de ses droits. Ce droit s'étend à la famille proche ou aux

---

[925] Ethiopie [CADHP/Rés.429(LXV)2019, § 2 d) et CADHP/Rés.356 (LIX) 2016, § 2 vii)], Soudan du Sud [CADHP/Rés. 421 (LXIV) 2019, § 1 v)], Burundi [CADHP/Rés. 412 (LXII) 2018, § III et CADHP/Rés.357 (LIX) 2016, § 4 vi)], Gabon [CADHP/Rés.359 (LIX) 2016, § 3 v)], RD Congo [CADHP/Rés.358 (LIX) 2016, § 2 v)].
[926] CADHP/Res.422(EXT.OS/XXVI)2019, § 3.
[927] CADHP/Rés. 367 (LX) 2017, § 2 b et c).

personnes à charge de la victime directe. Les réparations peuvent inclure, sans y être limités :

a. La restitution, destinée à rétablir la victime dans la situation qui aurait prévalu si ses droits n'avaient pas été violés.

b. L'indemnisation, y compris les dommages et intérêts quantifiables qui résultent de la violation du droit et de tout préjudice physique ou moral (tel que le préjudice physique ou moral, la douleur, la souffrance et la détresse émotionnelle, la perte d'opportunités, y compris en matière d'éducation, les dommages matériels et la perte de gains réelle ou potentielle, le préjudice à la réputation ou à la dignité, et les coûts liés aux services juridiques ou à l'intervention d'experts, aux médicaments, aux services médicaux et aux services psychologiques et sociaux).

c. La réadaptation, y compris par une prise en charge médicale et psychosociale ainsi que par des services juridiques et sociaux.

d. La satisfaction et les garanties de non-répétition ».

Les Principes et directives sur les droits de l'homme et des peuples dans la lutte contre le terrorisme en Afrique adoptés en 2015 complètent le Protocole à la Convention de l'UA sur la prévention et la lutte contre le terrorisme de 2008 dont l'article 3 alinéa 1 c) engageait les Etats africains à identifier, détecter, confisquer, geler ou saisir tous fonds et avoirs destinés à commettre ou soutenir la commission d'actes terroristes et d'utiliser ces fonds pour indemniser les victimes d'actes terroristes ou leurs familles. L'importance et la nécessité de sanctionner les actes de terrorisme et de fournir une assistance aux victimes du terrorisme est au cœur des principes et directives qui mettent l'accent sur les victimes du terrorisme qui peuvent être des victimes directes, secondaires, indirectes, futures et potentielles[928]. Les victimes doivent avoir le droit de constituer des organisations les représentant et défendant leurs droits[929]. Ils posent également le principe de l'obligation d'assurer la réparation car les États doivent veiller à « assurer la réparation de toute violation des droits de la personne prévus par les législations »[930]. Ils s'inscrivent dans le principe de la *restitutio in integrum* en disposant que la réparation doit être « totale »[931] et « effective »[932] à la suite de « préjudice

[928] Partie 10, C.
[929] *Op. cit*, D.
[930] Partie 6, G iv).
[931] Partie 1, F.
[932] *Ibid.*

physique ou autre »[933]. Ils réitèrent les formes de la réparation (restitution, indemnisation, réadaptation, satisfaction et garanties de non-répétition) et encouragent les Etats à « établir un mécanisme de financement de l'indemnisation des victimes d'actes de terrorisme »[934].

L'Observation générale n° 3 sur le droit à la vie en vertu de l'article 4 de la Charte africaine des droits de l'homme et des peuples de 2015 évoque la « réparation intégrale et efficace »[935] car la réparation doit couvrir non seulement les victimes directes mais également leur famille et des personnes à charge et inclure la mise en œuvre des garanties de non répétition[936]. Au-delà de la réparation, l'Observation générale prône le respect des victimes et l'obligation d'assurer leur sécurité par des mesures appropriées. La Commission estime que « l'obligation de rendre des comptes couvre aussi des mesures telles que la réparation, la garantie de non répétition, l'adoption de mesures disciplinaires, faire connaître la vérité, un examen et si nécessaire une réforme institutionnels »[937].

Les résolutions de la Commission adoptent une religion insistant sur la « réparation adéquate et effective, notamment par la restitution, le dédommagement, la réhabilitation, la satisfaction et les garanties de non-répétition »[938], y compris à l'endroit des Etats en conflit ou en proie à des troubles politico-sociaux ou émergeant de conflit ou des troubles politico-sociaux et ayant mis en place des institutions transitionnelles comme au Soudan, le Burundi, l'Ethiopie, la RDC, la République centrafricaine, le Soudan du Sud ou encore le Gabon. La Commission considère l'étape de l'identification de « toutes les victimes et ayant-droits de celles-ci » comme cruciale pour procéder à la réparation[939].

Par ailleurs, par sa Déclaration de Niamey visant à garantir le respect de la Charte africaine dans le secteur des industries extractives, la Commission appelle les Etats à « adopter des lois, lorsque ces dernières n'existent pas, ou à réformer les lois existantes, afin de reconnaître et de garantir les obligations des industries extractives »[940] pour assurer le respect des droits prévus par la Charte africaine tout au long de leur processus d'exploitation, notamment, afin

---

[933] *Ibid.*
[934] *Ibid.*
[935] Partie C (19).
[936] *Ibid.*
[937] Partie C (17).
[938] CADHP/Rés.359 (LIX) 2016 [Gabon], § 3 v) ; CADHP/Rés.358 (LIX) 2016 [République démocratique du Congo], § 2 iv) ; CADHP/Rés.357 (LIX) 2016 [Burundi], § 4 vi) ; CADHP/Rés.356 (LIX) 2016 [Ethiopie], § 2 vii) ; CADHP/Rés.428(LXV)2019, § 5 [Soudan du Sud] ;
[939] CADHP/Rés. 412 (LXII) 2018, III.
[940] CADHP/Rés. 367 (LX) 2017, § 2.

de verser des « réparations satisfaisantes aux communautés touchées en compensation de tous les dommages matériels et non-matériels subis et qu'elles nettoient et réhabilitent l'environnement en cas de dégradation de ce dernier »[941]. La responsabilité de réparer qui pèse sur les industries extractives est à la fois d'ordre civil et pénal et couvre aussi bien les violations que les abus des droits de l'homme et des peuples. Le statut d'entité étatique ou non étatique de l'industrie extractive est inopérant. Ainsi, les entreprises de sécurité privée qui opèrent souvent dans les zones de conflit engagent leur responsabilité à réparer dès lors qu'elles commettent des actes incriminés par la Déclaration de Niamey visant à garantir le respect de la Charte africaine dans le secteur des industries extractives[942]. Peu importe si les abus et violations soient directement perpétrés par l'industrie extractive elle-même ou par des entités agissant en son nom ou pour son compte, une réparation adéquate et effective, notamment par la restitution, le dédommagement, la réhabilitation, la satisfaction et des garanties de non-répétition, est toujours exigée. La responsabilité de réparer est également engager lorsque l'industrie extractive n'est pas l'auteur direct des violations et abus perpétrés mais crée les conditions de leur commission ou y contribuent. La responsabilité de réparer peut donc être indirecte.

Il serait indiqué que la Commission africaine fasse référence à ces différents instruments juridiques contraignants ou non contraignants pour mieux faire connaître le cadre juridique aux Etats et aux partenaires dotés ou non de statut d'affilié ou de statut d'observateur.

Au final, le droit africain de la réparation s'articule autour de la nécessité d'un cadre juridique approprié, des mécanismes d'investigations impartiaux, prompts, efficaces et diligents, de la prise des mesures conformes au droit international, de la garantie d'un accès effectif à la justice et de la possibilité pour les victimes et les ayants-droits de disposer d'un recours utiles et efficaces pour accéder à une réparation holistique. Les réparations s'orientent vers une transformation juridique, institutionnelle, technique et pratique dans le fonctionnement des Etats conformément au principe des réparations transformatives.

---

941 *Op. cit*, § 2 b).

942 Le Document de Montreux sur les obligations juridiques pertinentes et les bonnes pratiques pour les États en ce qui concerne les opérations des entreprises militaires et de sécurité privées pendant les conflits armés, *CICR et Département fédéral des affaires étranhères suisse*, novembre 2010,

8.1.2. Les formes de réparation et de compensation

8.1.2.1. L'obligation de mener des enquêtes impartiales, de poursuivre et de réparer

La responsabilité de l'Etat reconnu comme ayant violé un droit garanti par la Charte est reconnue par la Commission à travers plusieurs décisions. Elle peut ne pas accorder directement une réparation spécifique mais enjoindre à l'Etat d'identifier et de poursuivre en justice les auteurs de la violation comme dans l'affaire *Mouvement Burkinabé des Droits de l'Homme et des Peuples c. Burkina Faso*[943], d'arrêter les attaques contre le peuple Ogoni et de mener des enquêtes sur les violations dans l'affaire *The Social and Economic Rights Action Center and the Center for Economic and Social Rights c. Nigeria*[944] et de procéder aux réparations dues aux victimes. La Commission ordonne également un procès équitable (*Article 19 c. Érythrée* et *Dawit Isaak c. Érythrée*) ou la libération de prisonniers (*Constitutional Rights Project (au nom de Zamani Lakwot et six autres) c. Nigéria*). Les Etats ont l'obligation d'enquêter sur les allégations de violation des droits garantis par la Charte, d'en poursuivre les auteurs et de fournir réparation aux victimes.

Selon l'Observation générale n° 4 de la Commission, « l'accès des victimes à la réparation ne doit pas dépendre de l'initiation et/ou de l'aboutissement d'une enquête ou d'une procédure pénale contre l'auteur »[945]. Un Etat condamné à réparer une violation ne peut valablement se prévaloir de ses ressources limitées pour ne pas mener des enquêtes puis réparer, ou pour différer ou s'exonérer de la réparation complète. Pas plus qu'un Etat ne peut valablement se prévaloir d'une loi d'amnistie pour s'abstenir d'enquêter au risque d'assurer et de garantir l'impunité des auteurs des faits allégués[946]. Ainsi, les Etats doivent s'abstenir de toute législation (impunité, immunité, prescription, etc.) qui serait de nature à entraver ou hypothéquer des investigations comme tremplin vers la réparation.

La Commission précise les critères que doivent remplir les enquêtes demandées. Elles doivent être « rapides, impartiales, indépendantes et exhaustives »[947]. Les organes chargés de mener les enquêtes doivent être indépendants dotés des « capacités, compétences, pouvoirs et ressources nécessaires pour enquêter de manière efficace sur les allégations »[948]. Les enquêtes doivent être conformes aux règles pertinentes du droit international.

---

943 Communication 204/97.
944 Communication 155/96.
945 Observation générale n°4, § 33.
946 *Op. cit,* § 28.
947 *Op. cit,* § 25.
948 *Op. cit,* § 46, II.

En outre, l'obligation d'enquêter de l'Etat lui impose l'obligation de ne pas entraver les enquêtes diligentées par les enquêteurs, les avocats, le personnel de santé, les défenseurs des droits de l'homme, les organismes nationaux, régionaux et internationaux de surveillance, comme les institutions nationales des droits de l'homme (INDH) et les mécanismes nationaux de prévention (MNP), ainsi que tous autres individus ou institutions qui aident les victimes à demander réparation[949].

Il en va de même de la protection des victimes pendant la période des enquêtes. Le défaut de protection s'analyse en une violation de la Charte et partant de la réparation due aux victimes exposées aux représailles des auteurs. La bonne conduite des enquêtes sur les cas de torture impose l'effectivité et l'accès des victimes aux services médico-légaux, aux programmes médicaux, psychosociaux, à la protection sociale appropriée et aux mécanismes fournissant des services de réadaptation[950].

La responsabilité établie à l'issue des enquêtes peut conduire à la libération de prisonniers comme dans l'affaire *Constitutional Rights Project (au nom de Zamani Lakwot et six autres) c. Nigéria*[951] où la Commission a conclu à la violation de l'article 7(a), (c)et (d) de la Charte et confié le dossier à sa mission qui s'est rendue au Nigeria et qui a procédé à la vérification de la libération effective des intéressés. Elle a également ordonné la remise en liberté immédiate du plaignant dans la communication 416/12 et demandé la prise, de manière diligente, de toutes les mesures appropriées à l'effet de sanctionner tous les agents de l'Etat qui se sont rendus responsables des violations perpétrées à l'encontre du plaignant[952].

8.1.2.2. Les garanties de non récurrence

Les réformes législatives ou institutionnelles demandées ont vocation à prévenir des violations similaires à celles constatées. Elles comprennent également des politiques de renforcement des capacités des acteurs censés mettre en œuvre les lois et animer les institutions. Ce sont des garanties de non répétition ou de non récurrence.

Les recommandations de la Commission s'orientent vers la réparation des violations démontrées. Dans l'affaire *Open Society Justice Initiative (au nom de Pius Njawe Noumeni) c. Cameroun,* la Commission a demandé au Cameroun d'harmoniser sa législation interne relative à la liberté de

[949] *Op. cit,* § 29 in fine.
[950] Observation générale n°4, § 33 in fine.
[951] Communication 87/93.
[952] *Jean-Marie Atangana Mebara c. République du Cameroun,* § 145 i)-ii)

communication avec l'article 9 de la Charte africaine. D'autres décisions demandent aux Etats d'adopter des mesures nécessaires pour le respect du droit au mariage[953], d'« établir des critères et des procédures objectifs, transparents et non discriminatoires pour déterminer la citoyenneté kényane »[954] et la nationalité ivoirienne[955]. Dans l'affaire *Communication 317/2006, The Nubian Community in Kenya c. Kenya,* la Commission a conclu à la violation des articles 1, 2, 3, 5, 12, 13, 14, 15, 16, 17 (1) et 18 de la Charte africaine. Elle a ainsi demandé au Kenya d'« établir des critères et des procédures objectifs, transparent et non discriminatoires pour déterminer la citoyenneté »[956] et de « reconnaître les droits fonciers des Nubiens sur Kibera en prenant des mesures pour leur accorder la sécurité d'occupation » *(Recognize Nubian land rights over Kibera by taking measures to grant them security of tenure)*[957]. Selon cette décision, le Kenya devrait « prendre des mesures pour que toute expulsion de Kibera se fasse dans le respect des normes internationales en matière de droits de l'homme » *(take measures to ensure that any evictions from Kibera are carried out in accordance with international human rights standards)*[958]. En novembre 2019, la Commission a exhorté le Rwanda à « amender ses lois sur la diffamation et l'insulte pour les mettre en conformité avec l'article 9 de la Charte africaine en abrogeant les peines privatives de liberté pour les actes de diffamation et d'insultes, et en veillant à ce que les sanctions contre la diffamation soient nécessaires et proportionnées à l'objectif légitime poursuivi, tel que guidé par les principes de la Charte africaine, notamment en reflétant les standards élevés imposés aux agents de l'Etat »[959].

Dans ses décisions moins récentes, comme dans l'affaire *Free Legal Assistance Group, Lawyers' Committee for Human Rights, Union Interafricaine des Droits de l'Homme, Les Témoins de Jehovah c. RDC*, la Commission a souligné que les faits analysés étaient constitutifs de violations graves et massives de la Charte Africaine, notamment de ses articles 4, 5, 6, 7, 8, 16 et 17 sans pour autant indiquer la nature de la réparation. La Commission s'évertue désormais, *mutatis mutandis*, à détailler les termes des réparations nécessaires en visant la législation incriminée. Ainsi, la Communication 431/12 a donné l'occasion à la Commission de recommander

---

[953] Communication 355/07, *Hossam Ezzat & Rania Enayet (représentée par l'Initiative égyptienne pour les droits de la personne et INTERIGHTS) c. République arabe d'Égypte*, § 185 d).
[954] Communication 317/2006, *The Nubian Community in Kenya c. Kenya, § 171 ii) a).*
[955] Communication 318/06, *Open Society Justice Initiative c. Côte d'Ivoire.*
[956] Communication 317/2006, *The Nubian Community in Kenya c. Kenya, § 171 ii) a).*
[957] *Ibid., § 171 ii) b).*
[958] *Ibid., § 171 ii) c).*
[959] Communication 426/12, *Agnès Uwimana-Nkusi & Saidati Mukakibibi (réprenstés par Media Legal defence Initiative) c. Rwanda*, § 228 iv) a).

l'application de la législation nationale relative à la prévention de la torture et des peines ou traitements cruels, inhumains ou dégradants, ainsi que la conduite des enquêtes sur les allégations de violations et la poursuite des auteurs, respectivement[960].

Il s'agit des garanties de non répétition ou de non renouvellement dont l'objectif est d'éviter la reproduction des violations similaires incriminées dans le futur à l'instar des recommandations invitant la Côte d'Ivoire à « amender les dispositions des articles 35 et 65 de sa Constitution en conformité avec les dispositions des articles 2 et 13 de la Charte »[961] ou encore de « mettre sa législation sur la nationalité en conformité avec les dispositions des articles 2 et 5 de la Charte »[962]. Cette affaire portant sur le concept « d'ivoirité » avait donné l'occasion à la Commission de prescrire, au-delà des reformes législatives, une réforme institutionnel relatif à la mise en place d'un système efficient et non-discriminatoire d'enregistrement des naissances, l'introduction d'une procédure de déclaration simplifiée afin de faire bénéficier aux Dioulas et à d'autres victimes une acquisition de la nationalité ivoirienne. Ce fut également le cas dans l'affaire *Communauté nubienne du Kenya c. Kenya* où la Commission demandait l'établissement de critères et des procédures objectifs, transparents et non discriminatoires pour déterminer la citoyenneté kenyane[963].

En application du principe de réparations transformatives intégré dans Lignes directrices sur la lutte contre les violences sexuelles et leurs conséquences en Afrique de 2017, la Commission montre une vision progressiste en matière de réparation. Ainsi, dans le cadre de la restitution, elle voit au-delà de la non production ou de la perpétuation des discriminations à l'égard des femmes et des filles, ou basées sur l'orientation sexuelle ou l'identité de genre, pour décider d'une restitution qui comprend, notamment la jouissance des droits humains, en occurrence le droit à la dignité, à la sécurité, à la santé, y compris les droits sexuels et reproductifs, la jouissance de la vie de famille, la restitution d'un emploi et de l'éducation. Il en résulte que les Etats doivent, au-delà du cadre juridique nécessaire, mettre en place des mécanismes et des dispositifs pratiques qui favorisent la jouissance effective des droits, y compris par des renforcements des capacités des acteurs de mise en œuvre du cadre juridique et la mise à disposition des ressources appropriées.

---

[960] *Communication 431/12, Thomas Kwoyelo c. Ouganda, § 295 i).*

[961] *Open Society Justice Initiative c. Côte d'Ivoire, § 207 i).*

[962] *Op. cit*, § 207 ii).

[963] Communication 317/2006, *Communauté nubienne du Kenya c. Kenya*, § 171, ii) a).

8.1.2.3. La réparation pécuniaire

La Commission rappelle constamment le principe du droit à une réparation monétaire en cas de violation des dispositions de la Charte : la réparation monétaire est bien applicable aussi bien en cas de violation du droit au procès équitable que du droit à la liberté et à la sécurité de la personne. La réparation de la violation établie s'opère par le paiement d'une somme d'argent à la victime. Le paiement correspond à l'équivalant du préjudice subi comme pour effacer la violation. Ainsi, la Commission avait décidé du versement d'une indemnisation matérielle correspondant au montant du matériel saisi, au loyer des locaux où a été conservé le matériel saisi, à la rémunération des techniciens radio pour l'installation du matériel, aux honoraires d'avocats et autres frais judiciaires en relation avec la procédure introduite devant la cour pour rentrer en possession du matériel saisi et obtenir une licence de radiodiffusion ainsi qu'à la perte de productivité de l'investissement[964]. En plus de la précision du montant, la Commission a indiqué les périodes couvertes par le calcul de l'indemnisation ainsi que la date du taux de change, étant entendu que le montant fixé est en dollar américain. L'Egypte avait également été condamnée à 10.000 dollars américains[965].

Parfois, la Commission renvoie la détermination du montant de la réparation à l'Etat défendeur comme dans l'affaire *Albert Bialufu Ngandu c. RDC*. En effet, après avoir analysé la communication 433/12 et déclaré que la RDC a violé les articles 7(1)(a), 13 et 15 de la Charte africaine, la Commission a demandé à l'Etat de « verser au plaignant les salaires et avantages dus »[966] mais également « des dommages et intérêts pour les préjudices soufferts »[967]. Elle a également procédé ainsi en 2018 à l'issue de l'examen de la communication 431/12 en renvoyant l'Etat défendeur aux consultations avec la victime et son avocat sur le mode de calcul de la compensation tout en offrant ses bons offices pour la mise en œuvre de sa décision[968].

Il arrive que la Commission se contente de formules vagues comme ce fut le cas dans l'affaire *Gabriel Shumba c. Zimbabwe* où la Commission demande au Zimbabwe de « verser une indemnisation adéquate à la victime pour les tortures et les traumatismes causés »[969] ou encore dans l'affaire *Organisation*

---

964 Communication 290/04, *Open Society Justice Initiative (au nom de Pius Njawe Noumeni) c. Cameroun*, § 212, III i) à v).
965 Communication 355/07, *Hossam Ezzat & Rania Enayet (représentée par l'Initiative égyptienne pour les droits de la personne et INTERIGHTS) c. République arabe d'Égypte*, § 185. (e).
966 Communication 433/12, *Albert Bialufu Ngandu c. RDC, § 86 i).*
967 *Ibid., § 86 ii).*
968 *Thomas Kwoyelo c. Ouganda*, § 295 ii).
969 Communication 288/04, § 194-1.

Mondiale Contre la Torture et Ligue de la Zone Afrique pour la Défense des Droits des Enfants et Elèves (pour le compte de Céline) c. République Démocratique du Congo où la demande adressée à la RDC fut d'« accorder à la victime une réparation adéquate et suffisante ainsi que l'assistance médicale et psychologique nécessaire, s'il y a toujours lieu »[970].

La Commission renvoie parfois l'Etat défendeur à des consultations avec la victime et son conseil pour « évaluer la manière et les modalités de paiement de l'indemnisation »[971] afin de se conformer, dit-elle, aux « normes et pratiques internationales relatives au paiement de dommages compensatoires »[972]. Par ailleurs, elle renvoie également au droit interne pour le calcul de la réparation pécuniaire comme dans la communication 426/12. S'agissant des restrictions excessives imposées à la liberté d'expression et les peines privatives de liberté disproportionnées et injustifiables dans une société démocratique endurées par des journalistes auteurs de la communication, la Commission demande le versement d'une compensation financière adéquate conformément au « droit national applicable »[973].

Il se pose alors la question de savoir si les plaignants doivent eux-mêmes procéder par des expertises techniques pour évaluer puis chiffrer le montant de l'indemnisation ou si la Commission peut ou doit diligenter, au moment de rendre sa décision, un diagnostic visant à évaluer le préjudice subi et à estimer le montant correspondant au nom du principe de la *restitutio in integrum*. La question est pertinente au regard de l'affirmation de la Commission selon laquelle « l'égalité, la liberté de mouvement ou la participation ne peuvent faire l'objet d'une compensation monétaire à moins de prouver que leur violation a causé des pertes matérielles ou financières »[974]. Dans l'affaire *Jean-Marie Atangana Mebara c. République du Cameroun*, la Commission a estimé que le plaignant n'a pas fournit les barèmes de calcul du montant de huit cent millions (800 000 000) F CFA demandé. Elle a finalement conclu qu'au regard des faits de la cause, de la situation du plaignant, de la nature des violations et la pratique des organes des droits de l'homme en la matière, un dédommagement d'un montant de quatre cent millions (400 000 000) F CFA serait juste[975].

---

[970] Communication 325/06, § 88, ii).
[971] Communication 290/04, *Open Society Justice Initiative (au nom de Pius Njawe Noumeni) c. Cameroun* - 290/04, § 212, V.
[972] *Ibid., in fine.*
[973] *Agnès Uwimana-Nkusi & Saidati Mukakibibi (réprenstés par Media Legal defence Initiative) c. Rwanda*, § 228 iv) b).
[974] Communication 318/06, *Open Society Justice Initiative c. Côte* d'Ivoire, § 202 *in fine.*
[975] Communication 416/12, §§ 142 et 145 iii).

8.1.2.4. La réparation morale

La notion de « victime » recouvre aussi les atteintes subies au niveau de l'intégrité mentale ou une souffrance morale. Le préjudicie peut prendre la forme de l'humiliation, de l'atteinte à la dignité, à la réputation, du déshonneur, de la honte infligée ou encore d'une perte position donnée. La Commission a estimé que « la compensation monétaire la plus élevée ne pourrait remplacer les atteintes à la dignité »[976]. Lorsque la prescription de réparations financières ou matérielles est illusoire, notamment compte tenu du nombre important de victimes, comme dans l'affaire *Open Society Justice Initiative c. Côte d'Ivoire* de 2015, la Commission prescrit une « compensation symbolique »[977].

Il reste qu'il est difficile de prouver un dommage moral et psychologique même si des tests plus ou moins fiables existent pour mesurer le niveau d'anxiété et d'angoisse d'une personne ou d'un groupe ayant subi une violation de ses droits. En Afrique, notamment dans les zones rurales ou dans le cas des populations vulnérables ou marginalisées, l'accès à ces tests reste limité. L'absence de preuves n'est guère synonyme d'absence de préjudices. La Commission devra faire évoluer sa jurisprudence de manière innovante pour éviter que l'absence de preuves tangibles ne soit à l'origine de la destruction psychologique de victimes.

La Cour interaméricaine des droits de l'homme a pu juger que la souffrance, l'angoisse, le sentiment d'impuissance et d'insécurité sont inhérents à tout acte de torture et de traitement cruel et inhumain. La « torture psychologique »[978] est immanente à la violation commise. A ce titre, il n'est plus nécessaire de prouver matériellement le dommage moral. La Cour interaméricaine considère que la détresse, la souffrance ou la manipulation comme pouvant faire partir du préjudice moral. Dans l'affaire *Massacre de Mapiripán c. Colombie*, la Cour a fait recours à la notion de « dommages non matériels »[979] pour décider de la réparation du préjudice moral résultant indubitablement de violations graves et flagrantes des droits de l'homme. La Cour estime qu' « aucun élément de preuve n'est nécessaire pour démontrer

---

[976] Communication 318/06, *Open Society Justice Initiative c. Côte d'Ivoire*, § 201.
[977] *Op. cit*, § 203.
[978] CIADH, *Torres Millacura et autres c. Argentine*, jugement du 26 août 2011, § 85. *Cantoral Benavides c. Pérou*, jugement du 18 août 2000, § 102; *Baldeón García c. Pérou*, jugement du 6 avril 2006. Séries C No. 147, § 119 et *del Penal Miguel Castro Castro c. Pérou*, jugement du 25 novembre 2006. Series C No. 160, § 272.
[979] *Massacre de Mapiripán c. Colombie* (Fond, Réparations et Frais et dépens), Arrêt du 15 septembre 2005, § 294. Voir aussi *Affaire Acosta Calderón*, décision du 24 juin 2005. Séries C No. 129, §. 163; *Affaire Moiwana Community*, décision du 15 juillet 2005. Séries C No. 124, §. 201 ; *Affaire Caesar*, décision du 11 mars 2005, Séries C No. 123, §. 129.

le grave impact sur le bien-être mental et émotionnel des proches parents des victimes »[980]. Par ailleurs, dans la jurisprudence de la Cour, les mesures de satisfaction « visent à réparer le préjudice moral (les souffrances causées par un viol, ou la perte de valeurs significatives pour les personnes, et toute altération, de nature non pécuniaire, relative aux conditions d'existence des victimes) »[981] et « comprennent, entre autres, les actes ou les œuvres de portée ou impact public, les actes de reconnaissance de responsabilité, des excuses publiques aux victimes et les actes de commémoration des victimes, visant ainsi la récupération de la mémoire des victimes et la reconnaissance de leur dignité »[982].

Dans l'affaire *Gabriel Shumba c. Zimbabwe*, la Commission a reconnu qu'un « traumatisme » occasionné par des actes de torture peut donner lieu à réparation. Elle peut s'orienter vers la piste du renversement éventuel de la preuve qui ferait peser sur l'Etat défendeur le soin de démontrer que l'isolement en cellule, en contradiction avec la Charte et les normes et standards internationaux, ainsi que la torture indûment infligée à une personne détenue, n'a pu lui causer un traumatisme psychologique. Au nom du droit des peuples au centre duquel se trouve le collectif, la Commission peut également explorer la voie de l'impact psychologique d'une violation de droits affectant une personne sur le reste de sa famille[983], de sa communauté ou de son groupe social. La violation des droits d'une personne d'un groupe peut donc conduire à une réparation morale due aux membres du groupe voire du groupe en tant qu'entité (en cas de déshonneur) au regard des répercussions du préjudice ayant entraîné la réparation individuelle.

8.1.2.5. La réparation individuelle et collective

La victime désigne une ou des personnes qui, individuellement ou collectivement[984], a subi un préjudice, notamment physique, matériel ou psychologique. Si le préjudice est subi par un groupe, une communauté ou un peuple, l'identification des victimes devrait se faire au cas par cas et être guidée par le préjudice particulier subi par l'individu ou le groupe dans son ensemble, plutôt que de mettre exclusivement l'accent sur l'acte. Dès lors qu'il s'agit d'un groupe, la réparation doit être à la fois individualisé par rapport aux membres du groupe dont les droits ont été violés, et « collectivisée » par rapport à l'impact sur le groupe.

---

980 *Massacre de Mapiripán c. Colombie…*, § 146.
981 CIADH, Rapport annuel 2012, pp. 19-20.
982 *Op. cit, p. 20*
983 CIADH, *Torres Millacura et autres c. Argentine*, jugement du 26 août 2011, § 142.
984 Sur le plan international, voir doc. ONU, E/CN.4/Sub.2/1993/8.

L'Observation générale n° 4 de la Commission concernant le droit à réparation des victimes de torture et autres peines ou traitements cruels, inhumains ou dégradants prévoit la réparation de préjudice collectif. Elle fait référence à « des groupes de personnes, ayant souffert à titre individuel, mais qui, en raison de l'expérience commune, peuvent avoir développé une identité commune ; une communauté particulière qui se définit ou s'identifie comme un groupe ; un groupe occupant une zone géographique commune ; et des personnes qui auraient été soumises à des actes de torture ou autres mauvais traitements d'une manière qui constituerait une violation de leurs autres droits collectifs, y compris les droits des peuples consacrés par la Charte africaine »[985]. Ainsi, pour réparer un préjudice collectif, les Etats doivent satisfaire cinq exigences :

- Procéder à une évaluation complète de la nature du préjudice et de l'ampleur de ses effets, ainsi que des besoins spécifiques du groupe et élaborer les mesures de réparation appropriées ;
- Tenir compte du fait que les inégalités au sein d'un groupe peuvent avoir un impact sur la participation des victimes ;
- Retenir la superposition éventuelle de la réparation collective à l'obligation de l'État de répondre aux besoins sociaux et économiques des citoyens en général lors qu'il s'agit des victimes les plus vulnérables aux plans social et économique ;
- Reconnaître clairement que les victimes ont subi des violations de leurs droits et reconnaître également la responsabilité de l 'État à cet égard ;
- Intégrer que la réparation du préjudice collectif ne doit pas remplacer le droit à réparation de l'individu.

9. Les défis liés à l'examen des communications

9.1. Le retard dans l'examen des communications

Selon l'article 120 alinéa 3, la Commission se prononce sur les communications soumises au titre de l'article 55 dans un délai d'un an à compter de la date à laquelle la communication est en l'état pour une décision au fond. Ce délai est rarement respecté sans compter la longue et laborieuse étape d'examen sur la recevabilité. Avec les délais de grâce accordés, souvent aux Etats défendeurs, les renvois possibles, y compris sur l'examen des questions portant sur les réparations et les dépens, ainsi que les délais des règlements à l'amiable, la révision d'une décision sur la recevabilité ou encore

[985] Observation générale n°4, § 51. Voi aussi les §§ 50 à 56.

le réexamen possible d'une décision sur le fond, la décision finale intervient au mieux au bout de 3 ans après la soumission de la communication.

En 2019, 240 communications étaient pendantes devant la Commission[986]. Entre le 45ème (10 mai au 13 novembre 2018)[987] et le 46ème (14 novembre 2018 au 14 mai 2019) rapports d'activités de la Commission, soit pendant 12 mois, il n'y a eu guère d'évolution sensible dans le traitement des communications[988]. De 240, on est passé à 238 communications comme le relevait le 47ème rapport d'activités (14 mai au 10 novembre 2019)[989]. Aux communications « en stock », viennent s'ajouter régulièrement de nouvelles soumissions. A ce rythme et avec les moyens limités actuels, les communications qui sont sous instruction et traitement risquent de prendre des années.

Ce retard traduit le déficit de ressources humaines qualifiées et, dans une certaine mesure, des conditions de travail du Secrétariat. L'effectif de juristes dédiés au traitement des communications en lien avec les Commissaires est limité. Cette préoccupation a été portée de façon récurrente auprès des organes politiques de l'UA et systématiquement soulignée dans les rapports d'activités soumis à ces organes politiques. En 2018, la Conférence des Chefs d'Etat et de gouvernement avait demandé lors de sa 38ème session ordinaire à Nouakchott, Mauritanie, à la Commission d' « accélérer le processus de recrutement visant à pourvoir aux postes vacants au Secrétariat de la CADHP » [990]. Par ses décisions EX.CL/Dec.974(XXXI) et EX.CL/Dec. 1080(XXXVI), le Conseil exécutif a demandé au Président de la Commission de l'UA de « de mettre en place les mesures urgentes en vue du « recrutement immédiat aux postes vacants au Secrétariat, notamment les juristes arabes et portugais et les traducteurs »[991]. L'effectif ténu du Secrétariat ne saurait répondre aux attentes de célérité dans le traitement des requêtes.

En dehors de l'augmentation du nombre de juristes en charge de l'analyse et du traitement des communications, le nouveau Règlement intérieur de 2020 a tenté d'apporter des réponses au retard accumulé dans l'examen des rapports par ses articles 28 et 29 relatifs aux sessions ordinaires et extraordinaires. Sans

---

986 46ème rapport d'activités de la Commission, § 25.

987 45ème rapport d'activités, § 32. 231 (deux cent trente-un) communications étaient pendantes devant la Commission.

988 *Ibid.*

989 46ème rapport d'activités de la Commission, § 27.

990 *EX.CL/1014(XXXIII),* Décision sur le quarante-quatrième rapport d'activités de la Commission africaine des droits de l'homme et des peuples (CADHP) - *Doc.EX.CL/1089(XXXIII).*

991 *EX.CL/Dec.1080(XXXVI),* Décision sur le rapport d'activité de la CAPDH, *Doc. EX.CL/1205(XXXVI),* § 7 (36ème ession ordinaire du Conseil exécutif, 6-7 février 2020, Addis-Abeba (Éthiopie).

doute, la surcharge de travail au niveau des communications et la volonté de dégrossir le stock de communications ont motivé le passage de 2 à 4 sessions ordinaires d'autant plus que l'article 28 alinéa 1er qui consacre l'organisation de 4 sessions annuelles précisent que « 2 des 4 sessions comprennent des séances publiques et des séances à huis clos », sachant que l'examen des communications se déroulent en séances privées. Il faut noter toutefois que l'augmentation des sessions devrait s'accompagner d'une dotation de ressources humaines et financières appropriées pour résoudre le problème de retard dans l'analyse des communications. Au regard des difficultés financières de la Commission, il est permis de douter de sa capacité financière à augmenter significativement le nombre de sessions ordinaires et extraordinaires. La Commission joue, dans une certaine mesure, sa crédibilité sur sa capacité à analyser promptement les communications à lui soumises car plus les délais d'examen sont longs, plus le degré de confiance en la Commission pourrait baisser.

9.2. Le déficit de mise en œuvre par les Etats des décisions issues de l'examen des communications

L'article 125 du nouveau RI de 2020 aurait pu innover de manière substantielle en dessinant les contours précis d'un véritable mécanisme de suivi. Toutefois, il s'est limité à souligner le délai imparti pour l'exécution de sa décision, le rappel à l'État en cas de non réponse, le recours à une INDH pour assurer la supervision, la désignation du rapporteur de la Commission ou tout autre Commissaire pour assurer le suivi des mesures prises par l'Etat concerné. Selon le même texte, la Commission rend également compte, en séance publique, de la mise en œuvre de ses décisions, fait mention de l'état de la mise en œuvre des décisions dans ses rapports d'activités et soumet la question à l'Union africaine en cas de « non-conformité » à sa décision. Il est impératif que le suivi des décisions de la Commission soit institutionnalisé à travers une série d'initiatives concrètes incarnée et coordonnée par un mécanisme spécifique qui se décline au niveau de la Commission elle-même, au niveau national avec les Etats, au niveau des organisations bénéficiant du statut d'affilié et d'observateur auprès de la Commission et au niveau de l'UA.

9.2.1. L'inexécution préoccupante des décisions de la Commission

De l'aveu de la Commission, « l'état d'exécution, par les États parties, des décisions, des demandes de mesures conservatoires et des lettres d'appel urgent est relativement faible »[992]. En 2013, conformément à la décision prise

[992] 46ème rapport d'activités de la Commission, § 30 ; 47ème rapport d'activités de la Commission, § 32 ; 48 et 49ème rapports d'activités combinés, § 42.

dans l'affaire *Association des victimes de violence postélectorale & INTERIGHTS c. Cameroun* (Communication 272/03), la Cameroun a indemnisé les victimes pour les préjudices subis lors de la violence postélectorale de 1992 à Bamenda, dans la Région Nord-Ouest du Cameroun. Dans son 36ème rapport d'activités, la Commission a indiqué avoir reçu des informations sur la mise en œuvre des décisions adoptées dans les affaires *Egyptian Initiative for Personal Rights and INTERIGHTS c. Egypte* (Communication 323/06) et *Byagonza Christopher (represented by Dr. Curtis Doebbler and Ms. Margreet Wewerinke) c. Ouganda* (Communication 365/2008)[993]. L'Ouganda a souligné que la décision est partiellement exécutée et l'Egypte a informé la Commission des efforts déployés dans la protection des droits des femmes.

En juin 2019, le Cameroun a informé la Commission des mesures prises pour mettre en œuvre la décision adoptée en 2015 à sa 56ème session à l'issue de la Communication 389/10, *Mbiankeu Geneviève c. Cameroun*[994]. Le Cameroun était censé, conformément au paragraphe 153 iv) de la décision, rapporter à la Commission les mesures entreprises pour la mise en œuvre des recommandations émises dans les cent quatre-vingt jours (180) de la notification de la décision rendue. Aussi surprenant que cela puisse paraître, le Cameroun, avec quatre ans de retard, fait partie des bons élèves car dans la majorité des cas, les délibérations de la Commission ne sont pas suivies d'effet. C'est pourquoi la Commission n'a pas manqué d' « enjoindre » aux autres Etats de suivre l'exemple du Cameroun « en donnant à la Commission toutes les informations pertinentes sur les mesures prises pour mettre en œuvre ses décisions sur des plaintes de violations des droits de l'homme en vertu de la procédure aux Communications conformément à l'Article 112 de son Règlement intérieur »[995].

Le respect des décisions avant dire droit, c'est-à-dire les mesures conservatoires, ainsi que les mesures définitives prises par la Commission à l'issue de l'examen des communications est fondamental. La crédibilité de la Commission est en jeu. De la conformité des Etats à ses décisions en lien avec les communications, dépendent la confiance et le crédit que les victimes des violations des droits de l'homme peuvent nourrir à son égard.

On a pu observer que des mesures conservatoires décidées par la Commission n'ont pas donné lieu à des actions concrètes, ce qui, par définition, suppose

---

993 36ème rapport d'activités, § 24.

994 47ème rapport d'activités, § 57 a) iii). Voir aussi la note verbale de l'Amabassade de la République du Cameroun à Addis Abeba n°53/20/NV/ACA/MC du 5 février 2020 à la Commission.

995 47ème rapport d'activités, § 57 a) iii).

que les violations dont la Commission entendait prévenir ou limiter la commission, la portée ou les effets, ou voire y mettre un terme, ont été perpétrées, ce qui, au final, entame l'efficace de la mesure définitive à venir. De l'aveu de la Commission, « l'état d'exécution, par les États parties, des décisions, des demandes de mesures conservatoires (...) est relativement faible »[996]. Le statut des décisions à caractère juridiquement non contraignant de la Commission semble constituer une source d'affaiblissement de leur mise en œuvre. Ainsi, dans la pratique, les Etats considèrent les décisions de la Commission comme ayant, au mieux, un caractère incitatif, ce qui nourrit l'inertie voire la défiance démontrée par certains Etats vis-à-vis des délibérations de la Commission.

En 2012, la Commission a informé le Conseil exécutif de l'UA du « refus »[997] du Botswana de mettre en œuvre la décision de la Commission relative à la *Communication 313/05 (Kenneth Good c. Botswana)*. La réponse des autorités botswanaises défie la Commission africaine et son autorité en estimant que « le gouvernement a exprimé sa position selon laquelle il n'est aucunement tenu par la décision de la Commission »[998]. En 2013, la Commission s'est de nouveau heurtée au refus de l'Ethiopie de respecter les mesures conservatoires décidées dans l'affaire *Peuples autochtones de la Vallée inférieure de l'Omo (représentés par Survival International Charitable Trust) c. Ethiopie* (Communication 419/12). Le 16 février 2015, la Commission avait adressé à l'Egypte une demande de mesures conservatoires dans le cadre de la communication 512/15 (*Mahmoud Hassan Ramadan Abdel-Naby et 57 autres c. Egypte*). Malgré cette mesure conservatoire qui demandait à surseoir à l'exécution de Mahmoud Hassan Abdel-Naby, l'Egypte a exécuté le concerné le 7 mars 2015.

Faut-il questionner les méthodes de travail de la Commission ? Faut-il juger la Commission à l'aune du degré de mis en œuvre de ses décisions ? Faut-il voir dans la réticence des Etats à appliquer les décisions de la Commission un acte délibéré visant à affaiblir le premier mécanisme de promotion, de protection et de supervision des droits de l'homme sur le continent ? On peut même s'interroger également sur la volonté politique réelle de l'Union africaine à faire respecter par les Etats membres la Charte envers laquelle ils ont librement exprimé leur consentement à être lié.

La Commission est très active dans l'envoi des lettres de rappel aux Etats condamnés à l'issue de l'examen des communications. Ces correspondances rappellent les obligations souscrites au titre de la Charte, notamment

---

996 46ème rapport d'activités de la Commission, § 30.

997 32ème et 33ème rapport d'activités de la Commission africaine, § 24.

998 Note diplomatique référencée : 10/12 BEA5/21 C VIII (4) AMB du 23 mars 2012 rapportée dans les 32ème et 33ème rapport d'activités de la Commission africaine, § 24.

l'adoption de toutes les mesures législatives et autres pour appliquer les droits garantis par la Charte. Les lettres de rappel sont envoyées dès l'adoption du rapport annuel d'activités par la Conférence des Chefs d'Etat et de Gouvernement de l'Union Africaine et les autres sont envoyées le plus souvent possible. Force est de constater que la plupart de ces correspondances reste lettre morte.

Les plaignants peuvent mettre la pression sur la Commission par l'envoi de correspondances l'informant de l'état de la mise en œuvre de sa décision (non exécution, exécution partielle ou exécution totale). Ce fut le cas dans l'affaire *Open Society Justice Initiative c. Côte d'Ivoire* où le plaignant a écrit le 8 avril 2016 pour l'informer de l'état de mise en œuvre des recommandations contenues dans la décision sur la communication 318/06 (*Communauté nubienne du Kenya c. Kenya*), ou encore dans la communication 317/06 ou les auteurs de la requête ont exprimé à la Commission l'absence de mesures de mise en œuvre du Kenya. Les plaignant dans les affaires *Mbiankeu Geneviève c. Cameroun* (Communication 389/10), *Andargachew Tsege et autres (représentés par Reprieve et REDRESS) c. République fédérale démocratique d'Éthiopie* (Communication 507/15) [999] , *Trois Témoins de Jéhovah (représentés par Lawyers Associated for Human Rights in Africa) c. Etat de l'Erythrée* (Communication 716/19)[1000] et *Agnès Uwimana-Nkusi et Saidati Mukakibibi (représentées par Media Legal Defence Initiative) c. République du Rwanda* (Communication 426/12)[1001] en ont fait de même.

A la suite de la décision ou de la demande de mesures conservatoires, certains Etats fournissent des réponses à la Commission non pas pour signifier les dispositions prises mais pour faire prévaloir le droit interne comme obstacle à l'exécution de la mesure décidée ou encore pour donner des informations vagues. L'Egypte avait estimé en effet que son système « judiciaire est fondé généralement sur des principes fondamentaux et des sauvegardes en matière de procès équitables et d'imposition de la peine de mort, et qu'à cet égard, il n'y avait aucune nécessité que la Commission demande des mesures préventives d'urgence dans ces communications »[1002].

Nonobstant les termes clairs de l'article 125 du RI de la Commission qui demandent aux Etats ayant fait l'objet d'une décision sur le fond d' « informer la Commission par écrit de toutes les mesures prises ou en train d'être prises pour donner effet à la décision » dans « les cent quatre-vingts (180) jours suivant la date à laquelle cette décision leur a été transmise », force est

---

[999] 43ème rapport d'activités de la Commission, § 29.
[1000] 46ème rapport d'activités de la Commission, § 32.
[1001] 48è et 49 rapports combinés de la Commission, § 43.
[1002] 40ème rapport d'activités de la Commission, § 18 b) *in fine*.

d'observer que rares sont les Etats qui s'y conforment. Même les Etats qui informent la Commission des suites données à sa décision, le font presque toujours en dehors du délai prescrit. Les Etats procèdent davantage par dilatoire en faisant prévaloir des arguties qui traduisent en réalité une mauvaise volonté politique. L'inexécution des décisions laissent perdurer voire aggraver la souffrance des victimes et diffèrent les reformes pertinentes recommandées. L'inertie et la léthargie des Etats laissent la porte ouverte à des violations condamnées par la Commission à d'autres violations futures qui auraient pu être évitées si les garanties de non récurrence avaient été érigées entretemps.

10. La nécessité d'améliorer le suivi de la mise en œuvre des décisions

Un système de suivi de la mise en œuvre devrait être effectif au niveau de la Commission et résonné avec des mécanismes au niveau des Etats et de l'UA.

10.1. L'amélioration de la dynamique suivie par la Commission elle-même

10.1.1. Les méthodes de travail

Méthodes de travail
En septembre 2018, la Commission a organisé en Tanzanie son deuxième séminaire régional[1003] à l'intention des Etats de l'Afrique de l'Est et de l'Afrique australe pour évaluer l'état de mise en œuvre de ses Observations conclusives et autres décisions de la Commission.

Lorsque la Commission a formulé des recommandations sur des réparations à un Etat concerné par de nouvelles communications portant sur des problématiques plus ou moins similaires, elle devrait en profiter pour vérifier l'état de la mise en œuvre des recommandations précédentes. En 2008, dans l'affaire *Institut pour les droits humains et le développement en Afrique c. République d'Angola,* la Commission a noté que « la présente communication n'est pas la première dans laquelle elle a trouvé des violations similaires des droits humains d'étrangers, dans un contexte d'expulsions/rapatriements collectifs par la République de l'Angola »[1004] mais elle s'est contentée – ce qui n'est pas mauvais en soi – par la suite de recommandations d'ordre général,

[1003] Le premier s'est tenu en août 2017 à Dakar, Sénégal, pour les Etats d'Afrique occidentale, centrale et septentrionale.
[1004] Communication 292/2004, *Institut pour les droits humains et le développement en Afrique c. République d'Angola,* §§ 86-87.

sans se prononcer sur l'état de la mise en œuvre des prescriptions antérieures. En principe, l'inexécution d'une réparation antérieure, notamment sur les garanties de non-répétition, peut fonder et renforcer voire alourdir une nouvelle condamnation.

Il importe donc que la Commission fasse le suivi de ses recommandations antérieures lors du traitement de nouvelles communications concernant des problématiques similaires au sujet du même Etat. Rien n'empêche la Commission, même si la nouvelle communication est relative à une problématique différente, d'extrapoler pour interroger l'état de la mise en œuvre des recommandations antérieures. Une nouvelle tendance jurisprudentielle peut se construire autour de cette stratégie d'analyse d'une nouvelle affaire avec un regard bienveillant ou critique sur des décisions antérieures.

Miser sur les missions de bons offices

L'article 52 de la CADHP prévoit la possibilité de parvenir « par tous les moyens appropriés » à une « solution amiable fondée sur le respect des droits de l'homme et des peuples ». Ce texte fait hisser au rang des priorités la résolution par les bons offices des problèmes soulevés dans les communications avec les parties intéressées. La procédure prévue aux articles 48 de la Charte et 112 alinéa 1er du Règlement intérieur de la Commission ne peut être enclenchée que si toutes les possibilités et opportunités, dans un « délai raisonnable »[1005] pour un règlement à l'amiable aient été explorées sans succès. C'est également cet ordre de priorité qu'établit l'article 112 du RI qui précise quatre étapes dans la phase de la résolution à l'amiable : la proposition des services de bons offices qui aboutit à l'établissement des contacts avec les autorités compétentes (article 112 alinéas 1er et 2, RI), la nomination d'un rapporteur (article 112 alinéa 3 *a)*, RI), la consultation avec les États parties concernés (article 112 alinéa 3 *b)*, RI) et la facilitation de la rédaction d'un protocole d'accord actant les modalités du règlement proposé (article 112 alinéa 3 *c)*, RI).

La Commission devrait davantage miser sur ce procédé car l'acceptation du projet du protocole d'accord par les États parties concernés ancre la solution dans une logique d'appropriation et partant plus à même d'être mise en œuvre sans trop de résistance comme dans le cas d'une décision adoptée à l'issue de la procédure de l'article 48 de la Charte. Il est vrai que la Commission ne délaisse pas la procédure de l'article 52 mais dans le contexte d'un constat général sur le faible taux de mise en œuvre des décisions prises après examen des communications, le règlement à l'amiable devrait devenir un objectif à atteindre lorsque les circonstances le permettent. Dans tous les cas, le droit

---

[1005] Article 52 de la Charte.

des victimes et la réparation des préjudices causés ne doivent pâtir d'un règlement à l'amiable.

Les récentes décisions de la Commission semblent s'engager dans cette voie. Ainsi, la décision de 2019 sanctionnant l'affaire *Open Society Justice Initiative (au nom de Pius Njawe Noumeni) c. République du Cameroun* a été conclue par une offre de « bons offices pour faciliter la mise en œuvre »[1006]. Les Etats ne saisiront pas cette opportunité si la Commission, les INDH (article 125 alinéa 2 du RI de la Commission) et les ONG ne les y poussent pas. Il faut donc que cette offre s'inscrive dans un mécanisme de suivi stratégique piloté par la Commission.

10.1.2. Les missions de bons offices par d'anciens Commissaires

Dans le sillage de la résolution CADHP/Rés.427(LXV)2019 sur l'utilisation de l'expertise des anciens Commissaires pour amplifier le travail de la CADHP, il ne serait pas inintéressant de confier le rôle de suivi ou la conduite des missions de bons offices à ces personnalités ayant servi la Commission. Ces émissaires doivent avoir la double onction institutionnelle de la Commission et de l'UA africaine. Les considérables connaissances et expertise des anciens Commissaires sont susceptibles de débloquer des obstacles à la mise en œuvre des mesures conservatoires, à l'exécution des décisions issues de l'examen des communications ou autres décisions de la Commission.

10.1.3. Les mécanismes de suivi au sein de la Commission

La Commission a fait la preuve de son efficacité décisionnelle ; elle lui reste encore à démontrer sa capacité – même si cela ne dépend pas uniquement d'elle – à faire respecter ses décisions. Pour y parvenir, elle doit entreprendre des aménagements structurels au niveau interne.

10.1.3.1. Les missions de promotion

Toutes les missions, y compris de promotion, doivent intégrer dans leurs termes de référence une dimension de suivi des décisions de la Commission. Les visites non officielles des Commissaires dans les Etats peuvent aussi représenter des opportunités pour encourager et mobiliser les autorités, les INDH et les organisations de la société civile à s'investir dans le suivi local et national.

[1006] Communication 290/2004, *Open Society Justice Initiative (au nom de Pius Njawe Noumeni) c. République du Cameroun,* § 212, VII.

10.1.3.2. La cellule de suivi au sein du Secrétariat

Au niveau du Secrétariat, il est important de renforcer l'unité chargée du suivi des décisions de la Commission. Sa vocation est de servir de soutien d'appoint, de support logistique et de soutien administratif à la stratégie de suivi. Cette cellule peut aider à instaurer un suivi transversal et intégré au sein de l'agenda global de la Commission, en prenant en compte les missions de promotion dans les Etats parties, l'examen des rapports périodiques des Etats, la gestion d'un point spécifique à l'agenda consacré au suivi des décisions issues des communications ainsi que la coordination à assurer avec les autres mécanismes africains des droits de l'homme, y compris au niveau sous-régional, et surtout les organes politiques de l'UA. Ce que les Etats rechignent à accepter par les communications, ils peuvent y adhérer via les Observations finales ou les missions de bons offices et les visites pays. Le Secrétariat peut servir d'épicentre de l'ensemble des services, débats et initiatives de suivi, y compris par les mécanismes spéciaux de la Commission.

Le Secrétariat peut rassembler les bonnes pratiques des Etats en matière de mise en œuvre, et réaliser un recueil des mesures prises par ces Etats. L'intégration des « informations (...) consolidées », selon les termes de l'alinéa 10 de l'article 125 du RI, est certes utile mais noie l'œuvre de suivi dans le rapport d'activités qui, par définition, est limité en termes du nombre de pages. La réalisation d'un recueil annexé au rapport d'activités a vocation à donner plus de visibilité au mandat de la Commission en termes de résultats.

10.1.3.3. Le Groupe de travail – rapporteur permanent

Créé par la résolution CADHP/Res.194(L)11 en 2011 et prévu par l'article 93 alinéa 2 du RI de la Commission, le Groupe de travail de la Commission sur les communications a pour mandat conformément à la résolution CADHP/Rés.212(EXT.OS/XI)12 de 2012 de :

- Procéder à l'examen des Communications au stade de la saisine et en informer la Commission africaine ;
- Procéder à l'examen des communications sur la recevabilité et faire des recommandations à la Commission africaine et, en cas de besoin, examiner les communications sur le fond ;
- Informer la Commission africaine sur la situation des Communications à tous les stades de la procédure ;
- Informer la Commission africaine de l'état de mise en œuvre de ses décisions sur les Communications ;
- Examiner les Communications susceptibles d'être transférées à la Cour africaine des droits de l'homme et des peuples et faire des recommandations à la Commission africaine ;

- Conseiller le Bureau de la Commission africaine sur les demandes de mesures conservatoires faites par les parties, en cas de besoin ;
- Donner des avis à la Commission africaine sur le retrait ou la clôture des Communications ;
- Donner des avis à la Commission africaine sur la nécessité d'accorder des audiences orales, si nécessaire ;
- S'assurer que les versions finales des décisions reflètent fidèlement les observations et commentaires des membres de la Commission africaine.

Les résolutions successives portant renouvellement et modification du Groupe de travail démontrent un engagement résolu à maîtriser toutes les dimensions du suivi des décisions à l'instar de celle de 2012 qui a élargi le mandat du Groupe en y intégrant la mission de :

- « Coordonner le suivi des décisions de la Commission sur les communications par leurs Rapporteurs respectifs ;
- Collecter des informations sur l'état de mise en œuvre des décisions de la Commission;
- Présenter un rapport consolidé sur l'état de la mise en œuvre des décisions de la Commission sur les communications à chaque Session ordinaire conformément à l'Article 112 (7) de son Règlement intérieur »[1007].

Le Groupe de travail peut davantage créer les conditions pratiques de suivi pour jouer un rôle plus actif. Il serait même envisageable de transformer le Groupe de travail en un mécanisme de rapporteur spécial plus dynamique pour jouer le rôle de rapporteur permanent prévu par les articles 7 c) et 110 alinéa 2 voire les articles 112 alinéa 3 a) et 114 alinéa 6 du RI de la Commission, et qui fait le lien à la fois avec les parties concernées et les institutions politiques de l'UA, notamment le COREP et la Conférence des chefs d'Etats et de gouvernement.

Dans l'affaire *Constitutional Rights Project (au nom de Zamani Lakwot et six autres) c. Nigeria*, après avoir conclu à la violation des dispositions de l'article 7(a), (c) et (d) de la Charte, la Commission avait décidé en 1995 de « confier le dossier à la mission qui doit se rendre au Nigeria et qui aura à vérifier si les intéressés ont été libérés ». C'est une procédure de suivi qui mérite d'être remise au goût du jour. Ce rôle serait versé dans le mandat d'un Rapporteur spécial en charge du suivi des décisions de la Commission.

[1007] CADHP/Rés.225(LII)2012, § 7. Voir les autres résolutions : CADHP/Rés.212 (EXT.OS/XI) 12, CADHP/ Rés.255 (LII) 12, CADHP/Rés.255 (LIV) 13, CADHP/Rés.314 (LVII) 15 et CADHP/Rés.385(LXI)2017.

10.1.3.4. Le point suivi des décisions dans l'agenda de la Commission

Etant maître de son ordre du jour, la Commission peut intégrer dans celui-ci un point permanent sur le suivi de ces décisions et délibérations. Elle peut ainsi inviter périodiquement les Etats envers lesquelles une décision est prise à fournir un état des lieux des mesures d'application adoptées. La programmation des Etats pour le suivi doit se faire en accord avec le calendrier d'examen des rapports des Etats à moins qu'un intérêt pressant justifie d'y déroger. Cela permettrait à un Etat venu défendre son rapport périodique de fournir en même temps au cours de la même session des explications sur la mise en œuvre d'une décision issue d'une communication, quitte à revoir le temps imparti à l'examen. Elle peut, en effet, revoir son agenda pour y intégrer un point permanent à l'ordre du jour intitulé « Suivi des décisions de la Commission – Dialogue avec les Etats ». Cet agenda fait écho aux dispositions de l'article 125 alinéa 3 du RI de la Commission selon lesquelles « dans un délai de quatre-vingt-dix (90) jours suivant la réception de la réponse écrite de l'État, la Commission peut l'inviter à soumettre des informations supplémentaires sur les mesures qu'il a prises en réponse à sa décision ».

Un calendrier permanent peut être établi suivant la nature de la décision. S'il s'agit d'une mesure conservatoire, l'Etat concerné devrait promptement fournir des explications par écrit et présenter, par la suite, les mesures prises lors de la session ordinaire ou extraordinaire suivant l'adoption de la mesure. S'il s'agit d'une décision définitive, l'espace de dialogue offert par l'agenda doit permettre à l'Etat concerné d'exposer les mesures prise et, à défaut, les obstacles qui seraient à l'origine de l'absence ou de la mise en œuvre partielle de la décision. Au besoin, la Commission peut offrir un appui technique.

Ce point de l'agenda peut être également l'occasion pour la Commission d'inviter des Etats à partager les bonnes pratiques en matière de mise en œuvre de ses décisions et à adresser des lettres de reconnaissance ou de félicitation aux Etats ayant mis en œuvre des décisions. Le Groupe de travail de la Commission sur les communications et le mécanisme de suivi de ses décisions que la Commission appelle le Conseil exécutif de l'UA à mettre en place participeraient également au débat de ce point d'ordre du jour.

Sans doute, la Commission fait le suivi de ses décisions tout au long de ses sessions. Mais prévoir un point spécifique donnerait plus de visibilité à l'exercice et mettrait en relief son importance. La Commission se plaint souvent de la non-conformité des Etats à ses demandes d'application de mesures conservatoires comme ce fut le cas en avril 2019 dans le cas de la Communication 716/19, *Trois Témoins de Jéhovah (représentés par Lawyers*

Associated for Human Rights in Africa) c. Erythrée[1008]. Il urge de créer un mécanisme spécifique de suivi.

10.1.3.5. Le dialogue permanent avec les institutions politiques de l'UA

La participation du président de la Commission aux réunions de COREP est une dynamique à encourager et à renforcer.

Dans son 45ème rapport d'activités, la Commission a recommandé au Conseil exécutif de l'UA de « mettre en place un mécanisme pour assurer la mise en œuvre des décisions de la Commission par les États parties »[1009]. Dans le même rapport, la Commission sollicitait l'assistance de la Conférence des chefs d'État et de gouvernement pour obtenir l'autorisation du Royaume du Maroc afin d'effectuer la mission demandée par la Décision EX.CL/Dec.995(XXXII)[1010]. Par cette demande, la Commission compte sur le pouvoir politique pour débloquer les obstacles à son accès au Maroc. La Commission avait sollicité également le concours de la Conférence des chefs d'Etats et de gouvernement lorsque les Seychelles refusaient obstinément d'envoyer des représentants pour défendre le rapport initial de l'Etat partie devant la Commission.

Si un dialogue constructif s'instaure entre la Commission et le COREP, les simples exhortations adressées par le Conseil exécutif aux Etats lors de l'adoption des rapports d'activités de la Commission peuvent prendre une autre dimension. Jusqu'ici, le Conseil se contentait de « demander aux États parties de se conformer aux demandes de mesures conservatoires, de mettre en œuvre les décisions prises par la CADHP dans les communications auxquelles ils sont parties et d'informer la CADHP des mesures prises pour mettre en œuvre ces décisions »[1011]. Il serait utile d'envisager, dans le cadre du dialogue, un délai d'exécution et d'autres mesures en cas de non coopération avérée.

[1008] 46ème rapport d'activités de la Commission, § 32.
[1009] 45ème rapport d'activités de la CADHP, § 66, d) iv).
[1010] *Ibid.*, e) i). Voir aussi 46ème rapport d'activités, § 63, e) i).
[1011] EX.CL/1014(XXXIII) Décision sur le quarante-quatrième rapport d'activités de la Commission africaine des droits de l'homme et des peuples (CADHP) - *Doc.EX.CL/1089(XXXIII)* – Conseil exécutif, Trente-troisième session ordinaire 28 – 29 juin 2018 Nouakchott (Mauritanie), § 9.

10.1.3.6. Le dialogue avec les Etats

En 2018 et en 2019, la Commission avait formulé à l'endroit des Etats parties une recommandation qui les encourageait à « donner à la Commission toutes les informations pertinentes sur les mesures prises pour mettre en œuvre ses décisions, conformément à l'article 112 de son Règlement intérieur ainsi que le respect et la mise en œuvre des mesures conservatoires demandées par la Commission ; et répondre aux lettres d'appels urgents envoyées par la Commission »[1012].

L'adoption à chaque session de février de la CoEDG d'une résolution sur le renforcement de la volonté politique des Etats dans la mise en œuvre de leurs obligations conventionnelles et des délibérations des mécanismes de supervision et de règlement des différends serait une initiative pertinente pour mobiliser les Etats. Qu'elle soit administrative, procédurale ou pas, une telle initiative récurrente aura le mérite d'entretenir le dialogue avec les Etats et les inciter à prendre des mesures concrètes de mise en œuvre des décisions et des recommandations et de la Commission. Le président de la Commission de l'Union africaine, en concertation avec le président de la Commission, peut être à l'initiative d'une telle résolution annuelle qui devra intégrer également les bonnes pratiques des Etats.

10.1.3.7. Le choix de la pédagogie et de la diplomatie

La Commission devrait se positionner davantage comme un organe dont les décisions participent de l'évolution de l'Etat de droit, de la démocratie et des droits de l'homme que comme une institution qui punit les mauvais élèves, même si, au fond et au final, c'est de cela dont il s'agit. La Commission est un outil de justice sociale fondée sur un instrument juridique continental. Elle n'est pas l'ennemi des Etats et vice versa. C'est pourquoi la Commission doit davantage faire œuvre de pédagogie auprès des Etats. De la meilleure compréhension du processus de réception et d'examen des communications, des rapports et des finalités de l'exercice et des méthodes de travail de la Commission de manière générale, dépendra le changement de regard et de comportement des Etats vis-à-vis de la Commission et des décisions qu'elle prend. L'œuvre de pédagogie peut passer par une Observation générale ou une Ligne directrice ou encore par des activités organisées par la Commission, co-animées avec les dignitaires des Etats et portant sur la mise en œuvre de la Charte. Des *side events* ou événements parallèles organisées avec des panélistes représentants les Etats et les institutions des droits de l'homme du

---

[1012] 45ème rapport d'activités de la CADHP, § 66, a) iii) et 46ème rapport d'activités, § 63, a) iii). Ancine article 112. Voir l'article 138 du nouveau RI de 2020.

continent lors des réunions de la COREP et d'autres organes politiques de l'UA peuvent permettre de détendre les relations entre la Commission et les Etats.

L'effort d'explication n'enlève rien à la portée des décisions de la Commission mais il permet d'apaiser une relation qui se tend de plus en plus avec les Etats. Cet exercice de pédagogie et de diplomatie devrait être relayé par les INDH, les ONG mais également par les médias. Les missions de promotion des Commissaires devraient impérativement se régénérer pour réinventer cette nouvelle approche de travail. Les nouvelles technologies de l'information et de la communication peuvent aider à communiquer, à rendre le message plus accessible à travers différents canaux avec les Etats et les autres acteurs.

Un partenariat avec les médias nationaux et régionaux devrait être envisagé pour la diffusion des décisions car la diffusion est en soi une mesure de pression indolore sur l'Etat et la méconnaissance, une échappatoire. Ce partenariat devrait couvrir plus largement la vulgarisation des instruments africains des droits de l'homme, les méthodes de travail des mécanismes de monitoring, les obligations des Etats et les bonnes pratiques identifiées.

10.2. Les Etats

Il s'agit d'avoir un niveau interne un mécanisme répondant au principe de la *restitutio in integrum* et d'un dispositif de réceptacle et de traitement des décisions de la Commission.

10.2.1. Les organes de suivi et de mise en œuvre des décisions de la Commission

La plupart des Etats africains se sont dotés des comités interministériels à l'instar du Burkina Faso qui a mis en place par décret n° 2005-100 du 21 février 2005 un Comité interministériel des droits humains et du droit international humanitaire, rattaché au Ministère chargé de la promotion des droits humains, ou le Niger qui a créé, en mars 2010, un Comité interministériel chargé de la rédaction des rapports initiaux et périodiques aux organes des traités et de l'EPU, ou encore le Togo avec sa Commission interministérielle de rédaction des rapports et de suivi des recommandations sur les droits de l'homme, composée de représentants de tous les ministères et ceux de la commission nationale des droits de l'homme (CNDH). En Guinée, en 2014, sous l'égide du ministère des droits de l'homme, un Comité interministériel des droits de l'homme a été mis en place par le Premier ministre.

Toutefois, le problème qui se pose est la composition et le rang hiérarchique occupé par ces Comités et leur capacité à influer sur les arbitrages du gouvernement. Il est évident qu'un Comité dirigé par une personnalité ayant rang, par exemple de ministre, ou un Comité logé à la Primature ou à la Présidence de l'Etat, aura plus d'aura et de pouvoir d'influence qu'un Comité qui serait sous la tutelle d'un ou de plusieurs ministères. Le plus souvent, la dotation financière et les moyens de fonctionnement d'une institution vont de pair avec son rang hiérarchique. La plupart des Comités interministériels de suivi manquent non seulement de ressources mais aussi de voix audibles et fortes auprès des autorités investies du pouvoir de décisions au final. Ces Comités peuvent tout au plus suggérer la mise en place de plans nationaux de mis en œuvre des décisions de la Commission mais n'ont pas de pouvoir d'influence, sans compter les égos internes, le manque de coordination voire l'incapacité technique à travailler convenablement les dossiers et à se positionner comme force de propositions, de mobilisation et d'actions.

Plus à tort qu'à raison, certains Etats considèrent que la Commission sort du cadre de son mandat lorsqu'elle prend des décisions à l'issue de l'examen des rapports périodiques et surtout après l'analyse des communications. Certains soutiennent même que ce rôle sied plus à la Cour africaine qu'à la Commission africaine alors même que la mise en œuvre des décisions de la Cour qui n'en est qu'à ces débuts, rencontrent déjà les mêmes écueils en termes de mise en œuvre des décisions. Faut-il encore souligner que sur les 31 Etats parties (sur 55 Etats au total) au Protocole à la Charte créant la Cour à la date du 31 décembre 2020, seuls 6 ont fait la déclaration de l'article 34 (6) dudit Protocole. A la vérité, il s'agit plus d'arguties servant d'échappatoires que d'arguments objectifs susceptibles d'œuvrer à la mise en œuvre effective des décisions des organes de supervision.

Dans le cadre de l'examen des rapports périodiques ou du suivi des décisions prises à l'issue de l'examen des communications, la Commission devrait s'assurer de l'existence et du fonctionnement effectifs d'un organe interne de suivi et de mise en œuvre de ses décisions. Ce mécanisme national est tellement important que la Commission devrait édicter des règles, critères et indicateurs permettant d'apprécier l'existence et l'efficacité d'un tel mécanisme interne.

Il serait utile qu'en complément des rapports périodiques, la Commission demande aux Etats de soumettre un document de base qui doit montrer le dispositif institutionnel en charge du suivi de la mise en œuvre des recommandations et décisions de la Commission à l'issue de l'examen des rapports périodiques ou des communications.

10.2.2. La responsabilité partagée des Etats vis-à-vis de la mise en œuvre des décisions de la Commission

Le 25 février 2020, Marcel Amon-Tanoh, alors ministre des affaires étrangères de la Côte d'Ivoire déclarait devant la 43ème session du Conseil des droits de l'homme à Genève : « notre action collective en matière de défense des droits de l'homme ne pourra prospérer que par la volonté des Etats à respecter les valeurs auxquelles ils ont librement souscrit dans le cadre des conventions et traités relatifs aux droits de l'homme. A cet égard, le respect des droits de l'homme relève de la responsabilité première des Etats »[1013]. Quand bien même il incombe fondamentalement au premier chef à l'Etat destinataire de la décision de la Commission de la mettre en œuvre, il n'est pas faux d'affirmer que la responsabilité de la mise en œuvre est également partagée. La Charte qui sert de fondement aux décisions de la Commission est un instrument collectif que l'Afrique dans son ensemble s'est donnée. Ainsi, les autres Etats ont un intérêt à ce que la décision formulée à l'endroit d'un Etat soit respectée par ce dernier. La convergence des normes et des pratiques nationales qui est sous-jacente à la Charte commande la mise en mouvement permanente de cette responsabilité partagée qui concerne également, à un autre niveau, les institutions nationales des droits de l'homme, les institutions académiques et plus largement les organisations de la société civile. La pression diplomatique dans un cadre bilatérale ou multilatérale peut avoir le mérite de désamorcer des situations et donner lieu à l'application des décisions de la Commission. Le Comité des représentants permanents (COREP), ses sous-comités et groupes de travail peuvent valablement jouer ce rôle de chien de garde des décisions de la Commission.

10.3. L'Union africaine

La participation régulière du président de la Commission africaine aux réunions du Comité des représentants permanents (COREP) est salutaire. Elle est récente mais devrait être poursuivie et renforcée avec des activités de suivi entre deux réunions. Aux termes de l'article 4 de son règlement intérieur, le COREP a pour vocation de « faciliter la communication entre la Commission de l'Union africaine (CUA) et les capitales des États membres ». C'est une opportunité pour convoyer des messages relatifs aux droits de l'homme (soumission de rapports périodiques, réponses aux lettres d'allégations et aux appels urgents, mesures de mises en œuvre des décisions à l'issue de l'examen de communications) vers les capitales par un canal politique auquel les Etats sont plus réceptifs. La position stratégique du COREP au sein de l'architecture institutionnelle de l'UA, ses différents sous comités thématiques ainsi que le

---

[1013] http://webtv.un.org (Segment de haut niveau de la 43ème session du Conseil des droits de l'homme).

mandat qu'il a en termes de création de sous-comités *ad hoc* et les groupes de travail temporaires, peuvent aider à introduire dans l'agenda d'un organe politique les questions de droits de l'homme, y compris sur une question de non coopération prononcée d'un Etat. La COREP ne devrait pas limiter sa collaboration avec la Commission à l'approbation des rapports d'activités, à des recommandations théoriques aux Etats ou à une certaine forme de pression sur la Commission [1014] mais surtout impulser un élan et une dynamique politiques au sein des Etats au regard de la mise en œuvre des décisions de la Commission et, d'une manière générale, une collaboration renforcée avec la Commission. « L'importance de l'engagement constant et constructif entre la CADHP et le COREP dans le cadre des efforts plus élargis visant à mettre en œuvre l'Agenda de l'architecture de la gouvernance africaine (AGA) »[1015] devrait pousser les instances politiques de l'UA, sous l'impulsion et le leadership du Conseil exécutif, à exercer une pression politique sur les Etats en matière de mise en œuvre des décisions de la Commission. Dans sa Décision EX.CL/Dec. 1015(XXXIII) [1016], le Conseil exécutif s'est dit « conscient de l'impérieuse nécessité pour la CADHP et les États parties, par l'intermédiaire du COREP, de renforcer la confiance et la coopération entre les deux organes dans l'intérêt du continent » et a appelé « le COREP et la CADHP à améliorer la communication entre eux et avec les organes délibérants de l'UA afin d'établir une plus grande synergie dans l'intérêt de la promotion et de la protection des droits de l'homme sur le continent »[1017]. A cet effet, l'effectivité opérationnel du Sous-comité du COREP sur les droits de l'homme, la démocratie et la gouvernance, tel qu'approuvé par le Conseil exécutif pour assurer le suivi de la mise en œuvre des décisions et des recommandations de la CADHP [1018] devrait être un objectif impérieux à atteindre.

Si la non coopération se poursuit sans mesures décisives de l'Etat concerné, l'UA devrait envisager la possibilité de le priver du droit de participer aux Comités et Sous-comités de COREP voire à d'autres instances de l'Union. Corrélativement, les ressortissants de cet Etat ne peuvent plus postuler aux postes au sein des institutions politiques de l'UA.

[1014] EX.CL/Dec. 1080(XXXVI), Décision sur le rapport d'activité de la CADHP - *Doc. EX.CL/1205(XXXVI),* §§ 5 et 11; EX.CL/Dec. 1015(XXXIII), Décision su le rapport de la retraite conjointe entre le COREP et la CADHP - *Doc. EX.CL/1089 (XXXIII) i.*

[1015] EX.CL/Dec. 1080(XXXVI), Décision sur le rapport d'activité de la CADHP - Doc. EX.CL/1205(XXXVI), § 10.

[1016] (EX.CL/Dec. 1015(XXXIII), Décision sur le rapport de la retraite conjointe entre le COREP et la CADHP - *Doc. EX.CL/1089 (XXXIII) i, § 4).*

[1017] *Op. cit, § 6 iii).*

[1018] *Op. cit, § 7 iv).*

Quant au Conseil exécutif qui autorise la publication des rapports d'activités de la Commission africaine, il serait efficace d'envisager d'annexer à la décision validant les rapports la liste des Etats en retard dans la soumission de leurs rapports périodiques ainsi que ceux qui n'ont pas pris les mesures requis pour mettre un terme aux violations confirmées lors de l'examen de communications ou encore pour empêcher la commission de violations imminentes des droits de l'homme et du droit international humanitaire en mettant en œuvre par l'exemple les mesures conservatoires.

A terme, les Etats qui persistent dans la non coopération devraient être privés du droit de vote au sein de l'UA. A tout le moins, cela devrait être une menace à brandir dans une démarche de dissuasion plutôt que de sanction.

10.4. Le partenariat avec les INDH, les ONG et les médias

10.4.1. Le renforcement de l'implication des INDH dans le suivi

L'article 125 alinéa 2 du RI de la Commission fait référence à une « institution nationale ou spécialisée des droits de l'homme ayant un statut d'affilié » auprès de la Commission censée « l'informer de toute mesure qu'elle a prise pour superviser ou faciliter l'application de la décision de la Commission ». Au regard du caractère *sui generis* des INDH, il n'est ni possible ni opportun et moins encore souhaitable qu'elles se positionnent comme un organe de contrainte vis-à-vis de l'Etat au point de le presser à mettre en œuvre une décision de la Commission. D'ailleurs, le rôle des INDH se trouve ailleurs conformément aux Principes de Paris. Il réside essentiellement dans leur capacité à diffuser les décisions de la Commission, y compris dans les langues locales, à renforcer les capacités à la fois des acteurs étatiques habilités à prendre les mesures de suivi de la décision et des acteurs non étatiques impliqués dans le plaidoyer ou le monitoring des décisions de la Commission. Les renforcement des capacités des INDH peuvent aussi s'articuler autour des procédures régissant la soumission, la réception et l'examen des communications. Elles peuvent également apporter, le cas échéant un appui technique à l'Etat.

Force est de reconnaître la délicate situation des INDH en Afrique compte tenu de leur nature complexe. Trop d'engagement peut être interprété par les autorités gouvernementales comme valant expression d'une indépendance exagérée et donc un zèle et voire une intrusion dans les affaires politiques et lui valoir, au mieux, des obstructions dans l'exercice de son mandat, au pire, des coupures budgétaires, ou encore du harcèlement, de la disparition forcée ou de l'assassinat de leurs membres. Trop de frilosité opérationnelle peut être considérée par les acteurs non étatiques comme une connivence inavouée et une compromission du sacro-saint principe de l'indépendance des INDH. La nécessité de maintenir un équilibre délicat peut représenter un frein à la mission de suivi des INDH. Pour s'éviter les ennuis au niveau national, les INDH peuvent faire porter, en partie, l'œuvre de suivi des décisions de la Commission par le Réseau des institutions nationales africaines des droits de l'homme (RINADH) qui n'est pas financièrement dépendant d'un Etat donné. Il faut donc une collaboration étroite entre les INDH nationales et les faîtières.

L'article 26 de la Charte confie un rôle de « promotion et de la protection des droits et libertés garantis par la Charte » aux INDH. C'est une base juridique qui sous-tend la mission de suivi des décisions de la Commission. Les règles régissant le statut d'affilié peuvent faire l'objet de réformes pour y intégrer les tâches spécifiques des INDH dans le cadre du suivi de la mise en œuvre des décisions et recommandations de la Commission.

Plus encore, en tant qu'institution étatique indépendante, les INDH peuvent être à l'origine de diagnostic juridique et institutionnel internes, d'avis juridiques portant sur des projets de lois visant à lever les obstacles ou à combler le vide juridique ou institutionnel ayant servi de fondement à la décision de la Commission comme dans le cas des garanties de non répétition. Par ailleurs, l'espace de l'agenda de la Commission africaine dédié à une allocution conjointe des INDH peut être remodelé pour y intégrer un point sur les mesures concrètes prises par un Etat pour donner effet aux décisions et recommandations de la Commission et les efforts entrepris par l'INDH de l'Etat concerné et le réseau des INDH en Afrique. En 2018, dans l'affaire *Thomas Kwoyelo c. Uganda*, la Commission semble avoir pris un virage en écho avec l'article 125 alinéa 2 de son RI lorsqu'elle « exhorte » la Commission des droits de l'homme de l'Ouganda « à faire usage de ses compétences statutaires (*statutory powers*) prévues par l'article 52 (1)(h) de la Constitution ougandaise pour superviser le respect de la décision par le gouvernement »[1019]. Cette décision de principe a pour vocation d'engager de manière formelle les INDH dans le monitoring des décisions de la Commission. C'est également la conclusion à laquelle le séminaire régional sur la mise en œuvre des décisions de la Commission africaine organisé à Dakar, Sénégal, du 12 au 15 août 2017 est parvenu. Il avait été recommandé aux INDH de participer de manière effective au travail de la Commission et de :

- « Faire connaitre suffisamment les décisions de la Commission au niveau national ;
- Mener des actions de plaidoyer efficaces sur la mise en œuvre des décisions de la Commission ;

[1019] Communication 431/12, § 295 iv).

- Engager le Gouvernement, à titre consultatif, à prendre des mesures concrètes visant à mettre en œuvre les décisions de la Commission ;
- Engager le Parlement, si possible, en participant aux travaux des commissions
  parlementaires pour discuter de la mise en œuvre des décisions, y compris par des mises à jour sur l'état de leur mise en œuvre »[1020].

10.4.2. Les organisations non gouvernementales (ONG)

Le deuxième séminaire régional de la Commission de septembre 2018 en Tanzanie a souligné la « nécessité d'un partage des informations entre la Commission et les ONG en vue de permettre aux ONG de jouer un rôle actif dans le suivi de la mise en œuvre des décisions de la Commission »[1021]. On peut regretter que l'article 125 du RI de la Commission ne mentionne pas les ONG dotées de statut d'observateur auprès de la Commission comme acteur possible de suivi de ses décisions.

La diffusion par les ONG au niveau national et local des décisions de la Commission dans les langues locales est une mission essentielle. Elle permet de donner de la visibilité à la décision et les termes dans lesquels l'Etat a été condamné, notamment en ce qui concerne la nature et le montant de l'indemnisation, le délai pour s'exécuter, les mesures susceptibles d'être prise en cas d'inaction de l'Etat. Ce sont des données de référence pour le monitoring au niveau local.

L'existence de réseaux et de coalitions régionales d'ONG comme le Réseau Ouest Africain des Défenseurs des droits de l'Homme (ROADDH/WAHRDN), l'*East African Civil Society Organizations' Forum* (EACSOF), le *Southern African NGO Network* (SANGONeT), le Réseau des plateformes Nationales d'ONG d'Afrique Centrale (REPONGAC), le Réseau des Plates formes Nationales d'ONG d'Afrique de l'Ouest et du Centre (REPAOC) ou encore le Réseau de la société civile de la région Moyen-Orient et Afrique du Nord, et des plateformes d'ONG au niveau national peuvent servir de relais pour amplifier la diffusion des décisions. Les OSC peuvent également organiser des campagnes sur la mise en œuvre des décisions ponctuées d'émissions audio visuelles, y compris en langues locales, et produire des communiqués, des vidéos, des podcasts ou encore des

---

1020 Rapport général du Séminaire Régional sur la mise en œuvre des décisions de la Commission africaine des droits de l'homme et des peuples 12 au 15 août 2017, Dakar, Sénégal, Partie B, c) i)-ii). Disponible sur le site internet de la Commission africaine www.achpr.org.

1021 Rapport du Deuxième Séminaire régional sur la mise en œuvre des Décisions de la Commission africaine des droits de l'homme et des peuples (4 au 6 septembre 2018, Zanzibar, Tanzanie), p. 7, § 16 *in fine*.

explications succinctes via les réseaux sociaux. Plus une grande majorité de la population est informée de la décision rendue par la Commission, plus l'Etat se sentira poussé voire contraint de l'exécuter.
Il ne serait pas inintéressant d'envisager l'intégration dans les critères d'octroi du statut d'observateur la mission de suivi et la mise en œuvre des décisions et recommandations de la Commission. Cela résonnerait avec les dispositions de l'article 125 alinéa 2 du RI de la Commission. Aussi, dans les rapports biannuels que chaque ONG/association détentrice du statut d'observateur est censée soumettre, il serait-il utile voire exigé de mentionner clairement les activités engagées par l'association en question pour le monitoring et le suivi des délibérations de la Commission.

Par ailleurs, il est de tradition pour les ONG d'adopter des résolutions lors du Forum des ONG en prélude aux sessions ordinaires de la Commission. Un groupe de travail permanent chargé du suivi des décisions et délibérations de la Commission au sein du Forum des ONG peut constituer un creuset où la famille des ONG discute et échange de son travail de supervision. La pratique de la Commission peut consister désormais à faire un mémo écrit sur le suivi des constations et recommandations de la Commission avec l'apport des ONG de l'Etat concerné, les coalitions régionales et l'appui des ONG internationales. A l'ouverture de la session de la Commission, le représentant des ONG délivrera l'essentiel du contenu du mémo écrit sur l'état d'avancement de la mise en œuvre d'une décision de la Commission.

10.4.3. Les médias

De plus en plus de médias couvrent les travaux de la Commission. Le mouvement est certes timide mais il est encourageant. La Commission peut innover en octroyant ou en inventant un statut spécifique aux médias pour les impliquer davantage dans ses missions de promotion et surtout dans le suivi de la mise en œuvre de ses décisions et délibérations au niveau national.

Il est vrai que la Commission dispose des mécanismes de rapporteur spécial sur les défenseurs des droits de l'homme et de rapporteur spécial sur la liberté d'expression et l'accès à l'information en Afrique qui couvrent également les médias et les journalistes. Toutefois, un mécanisme spécifique sur les journalistes permettrait d'investir ces acteurs clés d'une mission de relaie, de diffusion, de vulgarisation et de suivi de ses recommandations et délibérations de la Commission au niveau national et local[1022]. Les mandats existants

[1022] L'UNESCO avait demandé la création d'un Groupe de travail sur la protection des journalistes en Afrique lors de 27ème session extraordinaire de la Commission (19 février au 4 mars 2020). Voir ommuniqué final de la session extraordinaire, § 10 iv).

peuvent également être révisés pour y intégrer le rôle de suivi des médias et des journalistes.

10.4.4. L'équipe pays des Nations Unies

L'Equipe pays des Nations Unies (*United Nations Country Team*) est composée des agences des Nations Unies dans les différents pays. Elle a vocation à contribuer au suivi des constatations de la Commission sous plusieurs formes:

- ✧ Intégrer dans ses plans de travail annuels des axes visant à appuyer sur le plan technique et financier des institutions nationales en charge de la mise en oeuvre des décisions de la Commission;
- ✧ Contribuer à la diffusion des décisions au niveau national, y compris en langues locales;
- ✧ Renforcer les capacités des acteurs étatiques et non étatiques sur la mise en oeuvre et le suivi de la mise en oeuvre des décisions;
- ✧ Développer une plate-forme électronique qui rassemble l'ensemble des décisions de la Commission pour faciliter le suivi, y compris par les acteurs non étatiques, les mesures d'application et l'élaboration des rapports étatiques, ainsi qu'un tableau sur les échéances de soumission des rapports étatiques aux mécanismes africains de monitoring des droits de l'homme.

Chapitre 4.
La Commission et les institutions nationales des droits de l'homme

Les institutions nationales des droits de l'homme (INDH) sont une institution *sui generis*. Etablie par l'Etat et faisant partie des institutions de l'Etat, une institution nationale doit toutefois fonctionner de manière indépendante vis-à-vis de l'Etat tout en restant dépendante des autorités étatiques pour sa dotation budgétaire. Indépendante des pouvoirs exécutif, législatif et judiciaire, elle doit servir d'organe technique et d'éclaireur à ces pouvoirs. Elle doit posséder toutes les caractéristiques et les attributs requis pour faire le lien avec les organisations de la société civile, y compris les institutions académiques, le secteur privé et le monde des médias, et exercer, dans une approche participative, les fonctions techniques et opérationnels de promotion, de protection et de supervision de la mise en œuvre des droits de l'homme au niveau national. Comme le souligne Emmanuel Decaux, les INDH ont un statut propre et « ne peuvent en effet ni siéger dans les délégations étatiques, ce qui serait contraire à leur indépendance, ni parmi les ONG, ce qui serait nier leurs fonctions officielles »[1023]. Elles ont pour vocation d'assurer une vigilance permanente, ce qui peut parfois entraîner une réprobation des autorités et se traduire par des restrictions budgétaires ou la restriction de l'espace d'action ou encore la non coopération des services de l'Etat avec l'INDH dans l'exercice de son mandat. Aussi, une forte proximité de l'INDH avec les autorités étatiques peut-elle être interprétée par les organisations de la société civile comme une collusion dommageable et un obstacle à l'exigence d'indépendance indispensable à la mission de l'INDH. Le statut *sui generis* des INDH procède d'un équilibre inventif entre expertise technique fondée sur les faits et le droit d'une part et d'autre part la coopération constructive inclusive orientée vers l'amélioration recherchée de la situation des droits de l'homme. Dans un Etat de droit dont la construction et la consolidation sont des objectifs affichés des Etats africains, le rôle des INDH reste et demeure fondamental.

Section 1. Les INDH sur le plan international

A. Avant les Principes de Paris

Au lendemain de la deuxième guerre mondiale 1939-1945, la communauté internationale était résolument tournée vers la recherche de solutions pour éviter que les atrocités commises ne se répètent. La Charte des Nations Unies

---

[1023] Emmanuel Decaux, Les rencontres de Yaoundé, *in* Politique Africaine, Le Cameroun dans l'entre-deux – *Magazine*, n°62, juin 1996, p. 134.

du 26 juin 1945 marque cette détermination. Elle prévoit notamment de « réaliser la coopération internationale en résolvant les problèmes internationaux d'ordre économique, social, intellectuel ou humanitaire, en développant et en encourageant le respect des droits de l'homme et des libertés fondamentales pour tous, sans distinction de race, de sexe, de langue ou de religion » (article 1 alinéa 3) et crée en son article 7 alinéa 1er le Conseil économique et social (ECOSOC) chargé « d'assurer le respect effectif des droits de l'homme et des libertés fondamentales pour tous » (article 62 alinéa 2)[1024].

Dès 1946, avant l'adoption de la Déclaration Universelle des Droits de l'Homme le 10 décembre 1948, l'ECOSOC recherchait à travers la création de la Commission des droits de l'homme (l'ancêtre de l'actuel Conseil des droits de l'homme) l'application effective des objectifs orientés vers les droits de l'homme de la Charte des Nations Unies. Cette recherche a également poussé l'ECOSOC a adopté dès sa deuxième session la résolution 2/9 du 21 juin 1946 qui invite les Etats à « examiner l'opportunité de créer (...) des comités locaux des droits de l'homme »[1025] servant de pont avec les Nations Unies. Suivront d'autres décisions de l'ECOSOC comme les résolutions 772 B (XXX) du 25 juillet 1960 et 888 F (XXXIV) du 24 juillet 1962 ainsi que les résolutions 819 (XXXI) du 28 avril 1961 et 961 (XXXVI) du 12 juillet 1963 appelant à la mise en place des commissions nationales sur le statut des femmes.

En 1966, soit 20 ans après la résolution 2/9, l'Assemblée générale adopta le 16 décembre 1966 la résolution 2200 C (XXI) sur les deux Pactes pour donner un nouvel élan à la dynamique des commissions locales des droits de l'homme. Mais l'élan s'essouffla. Il a fallu attendre le séminaire des institutions nationales et locales pour la promotion et la protection des droits de l'homme organisé en 1978[1026] par la Commission des droits de l'homme des Nations Unies pour relancer l'impulsion. Ce séminaire a adopté un avant-projet de principes directeurs concernant la structure et le fonctionnement des institutions nationales[1027]. Les années 1980 furent une traversée de désert pour le mouvement des commissions nationales jusqu'au début des années 1990 où

1024 Voir également le préambule et les articles 1 alinéas 1 à 3, 13 b), 55 c), 68 et 76 c) qui définissent les objectifs en matière de promotion, de protection et de mise en œuvre des droits de l'homme. Pour le commentaire de l'article 62 alinéa de al Charte de San Francisco, voir dominique rosenberg, Article 62 paragraphe 2 in La Charte des Nations Unies, Commentaire article par article (sous la direction de Jean-Pierre Cot et Alain Pellet), Paris, édition Economica, Vol II, 3ème édition, 2005, pp. 1609 à 1617.

1025 Doc. ONU. E/56/Rev.2, § 5.

1026 Le séminaire s'est tenu du 18 au 29 septembre 1978 à Genève.

1027 Institutions nationales pour les droits de l'homme - Historique, principes, fonctions et attributions (Série sur la formation professionnelle n°4 (Rev.1), Nations Unies, New York et Genève, 2010, p. 8.

il a pris un essor avec les premières rencontres internationales organisées à Paris en 1991 à l'initiative du Centre pour les droits de l'homme.

Ainsi, en 1993, la Déclaration et le Plan d'action de la conférence des droits de l'homme de Vienne de 1993 stipulent que :

> « La Conférence mondiale sur les droits de l'homme réaffirme le rôle important et constructif que jouent les institutions nationales pour la promotion et la protection des droits de l'homme, en particulier en leur qualité de conseillers des autorités compétentes, ainsi que leur rôle dans l'action visant à remédier aux violations dont ces droits font l'objet et celui concernant la diffusion d'informations sur les droits de l'homme et l'éducation en la matière. La Conférence mondiale sur les droits de l'homme encourage la création et le renforcement d'institutions nationales, compte tenu des Principes concernant le statut des institutions nationales et reconnaissant qu'il appartient à chaque Etat de choisir le cadre le mieux adapté à ses besoins particuliers au niveau national »[1028].

Par sa résolution 48/121, l'Assemblée générale des Nations Unies entérinait les résultats de la Conférence de Vienne et adopta au cours de la même session les Principes concernant le statut des institutions nationales pour la promotion et la protection des droits de l'homme (Principes de Paris)[1029]. L'importance de la promotion, la protection et la supervision des droits de l'homme au niveau national se traduit par le foisonnement de résolutions adoptées par l'Assemblée générale[1030] et la Commission des droits de l'homme[1031], sa remplaçante le Conseil des droits de l'homme[1032], les rapports du Secrétaire général des Nations Unies [1033] ainsi que les ateliers internationaux des institutions nationales pour la promotion et la protection des droits de

---

[1028] A/CONF.157/23, Première Partie, § 36.

[1029] Résolution 48/134 adoptée le 20 décembre 1993.

[1030] 72/186 (19 décembre 2017), 72/181 (19 décembre 2017), 71/200 (19 décembre 2016), 70/163 (17 décembre 2015), 69/168 (18 décembre 2014), 68/171 (18 décembre 2013), 67/163 (20 décembre 2012), 66/169 (19 décembre 2011), 65/207 (21 décembre 2010), 63/172 (18 décembre 2008) a encouragé les INDH à se faire accréditer par l'intermédiaire du Comité international de coordination et a noté avec satisfaction que la procédure d'accréditation avait été renforcée et que le Haut-Commissariat continuait de prêter assistance à cet égard, 48/134 (20 décembre 1993), 46/124 (17 décembre 1991), 44/64 (8 décembre 1989), 41/129 (4 décembre 1986) et 33/46.

[1031] 2005/74 (20 avril 2005), 1993/55 (9 mars 1993), 1992/54 (3 mars 1992), 1991/27 (5 mars 1991), 1990/73 (7 mars 1990), 1989/52 (7 mars 1989), 1988/72 (10 mars 1988), 1987/40 (10 mars 1987).

[1032] 45/22 (6 octobre 2020), 39/17 (28 septembre 2018), 33/15 (29 septembre 2016), 27/18 (25 septembre 2014), 23/17 (13 juin 2013), 20/14 (5 juillet 2012) et 17/9 (16 juin 2011).

[1033] E/CN.4/2005/107, A/72/277, A/HRC/39/20 et A/HRC/39/21, A/64/16 et A/66/274.

l'homme[1034], les Tables rondes entre les institutions nationales de défense des droits de l'homme[1035] et les Tables rondes internationales sur les institutions nationales et la bonne gouvernance[1036].

B. Les Principes de Paris

C'est le cadre normatif de référence des INDH sur leur statut, leur structure, leur mandat, leur composition, leurs prérogatives et leurs méthodes de fonctionnement. Les Principes de Paris désignent les principes relatifs au statut des institutions nationales adoptés par la Commission des droits de l'homme des Nations Unies dans sa résolution 1992/54 du 3 mars 1992, et entérinée par l'Assemblée générale des Nations Unies dans sa résolution 48/134 du 20 décembre 1993 [1037]. Certaines institutions sont dédiées à l'accompagnement, au renforcement et au monitoring du mécanisme des INDH à travers le monde.

1. Alliance globale des institutions nationales de défense des droits de l'homme (GANHRI)

Créé en 1993 lors d'une conférence internationale à Tunis sous la dénomination de Comité international de coordination (CIC), il fut rebaptisé « Alliance globale des institutions nationales de défense des droits de l'homme » (GANHRI) lors de son assemblée générale du 22 mars 2016 à Genève. Ses statuts stipulent qu'elle a pour fonction la « promotion des INDH dans le monde entier » et qu'elle constitue une plateforme de dialogue et d'échange et se charge de faciliter le dialogue entre les INDH et les organisations internationales. GANHRI vérifie la conformité des INDH aux Principes de Paris, accrédite, suivant les Statuts A, B et C, les institutions nationales conformément à ces Principes et aide les gouvernements et les institutions nationales qui le demandent à donner suite aux résolutions et recommandations pertinentes concernant le renforcement des institutions nationales. La résolution 2005/74 du 20 avril 2005 adoptée sans vote par la Commission des droits de l'homme a ouvert la voie à la participation des INDH accréditées par le Sous-Comité de l'accréditation de GANHRI aux

---

[1034] Par exemple celui organisée à Zacatecas (Mexique) les 14 et 15 octobre 2004 par la Commission nationale mexicaine des droits de l'homme et la Commission des droits de l'homme de Zacatecas.

[1035] Par exemple celle organisée à Ouarzazate (Maroc) du 15 au 19 novembre 2004 par le Conseil consultatif marocain des droits de l'homme en coopération avec la Division de la promotion de la femme du Département des affaires économiques et sociales des Nations Unies.

[1036] Par exemple celle organisée à Suva du 13 au 15 décembre 2004, en coopération avec la Commission fidjienne des droits de l'homme.

[1037] Article 1er, Statuts de GANHRI.

sessions du Conseil des droits de l'homme au titre de tous les points de l'ordre du jour, à leur attribuer des sièges réservés à cet effet, et de soutenir leur participation aux travaux de tous les organes subsidiaires du Conseil[1038]. A la date du 20 janvier 2021, 84 INDH dont 23 d'Afrique[1039], étaient dotées du Statut A auprès de GANHRI.

2. La Section des INDH du Haut-Commissariat des Nations Unies aux droits de l'homme (HCDH)

Le mandat de la Section des INDH traduit la volonté du HCDH de favoriser un ancrage des droits de l'homme et leur supervision au niveau national. La Section apporte son soutien à la création, au renforcement des capacités et à l'opérationnalisation des INDH sur les axes de prévention, de promotion, de protection et de monitoring. Etant donné que l'apport des INDH est aussi crucial que vital vis-à-vis des services pertinents de l'Etat, des médias, des organisations syndicales, des entreprises, de la jeunesse, des organisations de la société civile, la Section apporte des soutiens multiformes aux INDH pour le développement des programmes d'éducation aux droits de l'homme afin d'enraciner la culture des droits de l'homme. Cette Section fait également le lien avec GANHRI dont il assure le secrétariat, appuie la dynamique de participation des INDH dans les activités des mécanismes du Conseil des droits de l'homme et des organes de traités et rédige les rapports du Secrétaire général des Nations Unies sur les INDH à l'Assemblée générale et au Conseil des droits de l'homme.

La Section favorise le renforcement de l'expertise et l'expérience des INDH à travers un programme de bourse qui permet à des membres des INDH dotées de Statut A de bénéficier de 6 mois de renforcement des capacités sur des thématiques aussi diverses que la planification et la coordination d'activités, la conduite de recherches et d'analyses, la rédaction de rapports, de communications et de déclarations ainsi que l'élaboration, la mise en œuvre et l'évaluation de projets et programmes.

Le Protocole facultatif se rapportant à la Convention contre la torture et autres peines ou traitements cruels, inhumains ou dégradants (OPCAT) fait obligation aux Etats parties de mettre en place un mécanisme national de prévention de la torture (MNP) sous la supervision du Sous-Comité pour la prévention de la torture et autres peines ou traitements cruels, inhumains ou

---

1038 Doc. ONU, résolution 2005/74, § 11 a).

1039 Afrique du Sud, Cameroun, Côte d'Ivoire, Egypte, Ghana, Kenya, Liberia, Madagascar, Malawi, Mauritanie, Ile Maurice, Maroc, Namibie, Niger, Nigeria, Ouganda, Rwanda, Sierra Leone, République démocratique Congo, Tanzanie, Togo, Zambie et Zimbawe.

dégradants. Dans la pratique, le mandat du MNP est souvent confié par les Etats aux INDH. Le programme de bourse ainsi que les services techniques de la Section s'orientent également vers le renforcement des INDH à tenir ce rôle.

Section 2. Les INDH et la CADHP

A. La formalisation des relations entre la Commission et les INDH

1. L'institutionnalisation progressive au niveau continental

L'Afrique comptait déjà dans les années 1990 une vingtaine d'INDH. Le Togo fait figure de pionnier avec la Commission nationale des droits de l'homme (CNDH) créée par le décret présidentiel n° 87-09 du 9 juin 1987[1040] bien avant le vent démocratique en Afrique. La CNDH fut installée solennellement et symboliquement le 21 octobre 1987, date anniversaire de l'entrée en vigueur de la CADHP. Le Bénin emboita le pas à son voisin par la loi n° 89-004 du 29 avril 1989[1041] instituant la Commission béninoise des droits de l'homme (CBDH) suite à la mobilisation ponctuée de plusieurs initiatives des avocats et juristes béninois qui ont organisé en 1988 une conférence internationale sur les droits de l'homme, sous l'égide de l'Association des Juristes Africains. Quant à la Commission nationale des droits de l'homme et des libertés du Cameroun (CNDHL), elle fut créée par le décret présidentiel n°90/1459 du 8 novembre 1990[1042]. Au Maroc, le Conseil consultatif national des droits de l'Homme (CCDH) qui deviendra le Conseil national des droits de l'Homme (CNDH) en faveur du Dahir n° 1-11-19 du 25 rabii I 1432 du 1er mars 2011, fut installé en 1990 suite au discours de sa Majesté le Roi Hassan II le 8 mai 1990[1043].

[1040] La Constitution du 14 octobre 1992 a élevé la CNDH au rang d'institution de la République en ses articles 152 et 153. Les lois organiques n°96-12 du 11 décembre 1996 et n°2005-004 du 9 février 2005 sont relatives à l'organisation, à la composition et au fonctionnement de la CNDH. Quant à la la loi organique n°2018-006 du 20 juin 2018, elle a été adoptée après la ratification du Protocole facultatif à la Convention contre la torture et autres peines ou traitements cruels, inhumains ou dégradants afin de faire jouer à la Commission le rôle de Mécanisme National de Prévention de la torture (MNP).

[1041] Elle a été réformée par la loi n°2012-36 du 15 février 2013.

[1042] Cette loi a été modifiée en 2004 par la loi n° 2004/016 du 22 juillet 2004 portant création, organisation et fonctionnement de la Commission nationale des droits de l'homme et des libertés.

[1043] Le Dahir n°1-18-17 di 5 Joumada II1439 (22 février 2018) portant promulgation de la loi n°76-15 relative à la réorganisation du Conseil national des droits de l'Homme a été publié au Bulletin officiel N° 6662 élève le CNDH au rang d'institution constitutionnelle.

En Afrique du Sud, la *Human Rights Commission Act 54* de 1994 promulguée le 24 novembre 1994 et entrée en vigueur en septembre 1995 portait sur les fonds baptismaux la *South African Human Rights Commission (SAHRC)* dont la réunion inaugurale s'est tenue le 2 octobre 1995. A la faveur de la libération de Nelson Mandela le 11 février 1990 et de son accession au pouvoir en 1994, la lutte contre le système politique ségrégationniste d'apartheid et la nouvelle Constitution sud-africaine de 1996 prévoit en sa Section 184 le mandat de la SAHRC.

La Conférence mondiale sur les droits de l'homme de 1993 a donné une dynamique stimulante au processus de création des INDH. En effet, la réunion régionale pour l'Afrique de la Conférence mondiale sur les droits de l'homme[1044] qui s'est tenue du 2 au 6 novembre 1992 à Tunis, Tunisie, avait inscrit la question des institutions nationales pour la protection et la promotion des droits de l'homme à son ordre du jour et avait adopté une résolution spécifique sur cette thématique. La résolution AFRM/2 relative au rôle des institutions nationales dans la promotion et la protection des droits de l'homme fait référence aux résolutions pertinentes des Nations Unies, notamment la résolution 33/46 de l'Assemblée générale de l'ONU et la résolution 1992/54 de la Commission des droits de l'homme avant de rappeler que l'article 26 de la Charte africaine « demande à tous les Etats parties de créer des institutions nationales chargés de la promotion et de la protection des droits de l'homme et des peuples et de renforcer les institutions existantes concernées »[1045]. La résolution encourage en outre non seulement les Etats africains qui ne l'ont pas encore fait à créer leur institution nationale et à établir un échange d'informations et de données d'expérience et à coopérer avec les organismes du système des Nations Unies[1046] mais également la communauté internationale à « donner une suite favorable aux demandes d'assistance technique par les Etats membres de la région relative à la création et au renforcement d'institutions nationales »[1047]. Aussi, la résolution réaffirme-t-elle que les institutions nationales concourent « au processus démocratique et au renforcement de l'Etat de droit »[1048] et qu'elles sont habilitées à « fournir à titre consultatif des avis, recommandations, propositions et rapports concernant toutes les questions relatives à la

---

[1044] En prélude à la Conférence mondiale sur les droits de l'homme à Vienne, Autriche, du 14 au 25 juin 1993, des conférences préparatoires régionales avaient été organisées conformément à la résolution 46/116 de l'Assemblée générale de l'ONU du 17 décembre 1991.

[1045] Résolution AFRM/2, paragraphes préambulaires 1 et 2, *in* A/CONF.157/AFRM/14, Chapitre II, p. 5.

[1046] Résolution AFRM/2, § 2 à 3, *in* A/CONF.157/AFRM/14, Chapitre II, pp. 5 à 6. Voir aussi AFRM/11, § 5, *op. cit*.... La résolution est intitulée « Rôle des Etats dans le suivi et le renforcement de la protection des droits de l'homme ».

[1047] Résolution AFRM/2, § 7, *in* A/CONF.157/AFRM/14, Chapitre II, p. 6.

[1048] *Op. cit,* § 4, *in Ibid.*

promotion et à la protection des droits de l'homme» [1049]. La résolution AFRM/2 égrène les fonctions dévolues aux institutions nationales :

> « Emettre, à titre consultatif, des avis sur l'adoption et l'harmonisation de la législation, des règlements et des pratiques nationaux avec les instruments internationaux relatifs aux droits de l'homme ;
> Fournir des avis, des suggestions et des recommandations à l'occasion des réclamations ou des plaintes à propos de violations des droits de l'homme portées à leur connaissance ;
> Proposer des mesures d'ordre pratique à l'intention des gouvernements et des autorités compétentes en vue d'assurer la conformité de la pratique avec la règle juridique ;
> Contribuer à l'établissement des rapports que les Etats doivent présenter aux organes et comités de l'Organisation des Nations Unies, en application de leurs obligations conventionnelles ».

D'autres résolutions approuvées lors de la Conférence ont demandé aux « gouvernements d'améliorer (...) leurs institutions nationales pour la protection et la promotion des droits de l'homme, en mettant l'accent en particulier sur les programmes d'éducation et de sensibilisation en vue de favoriser et d'améliorer la compréhension de ces droits par le public »[1050], et aux INDH d' « éduquer et de former les individus au respect des droits de l'homme, car l'éducation et la formation sont nécessaire à l'œuvre de promotion des droits de l'homme et à la prévention de leur transgression »[1051].

Dans la dynamique de la Conférence de Vienne de juin 1993, Tunis a également été l'hôte des deuxièmes rencontres internationales sur les institutions nationales pour la promotion et la protection des droits de l'homme, tenues à Tunis du 13 au 17 décembre 1993[1052] qui a vu naitre le

---

[1049] *Ibid.*

[1050] Résolution AFRM/1, § 5 *in* A/CONF.157/AFRM/14, Chapitre II, pp. 4 à 5.

[1051] Résolution AFRM/9, § 5 *in* A/CONF.157/AFRM/14, Chapitre II, pp. 15 à 16. La résolution est intitulée *« Rôle et responsabilité des individus, des groupes, des institutions et des organisations non gouvernementales en matière de protection et de promotion des droits de l'homme ».*

[1052] Les premières Rencontres internationales sur les institutions nationales pour la promotion et la protection des droits de l'homme se sont tenues à Paris du 7 au 9 octobre 1991. Dans la même veine, voir l'Atelier du Commonwealth sur les institutions nationales pour les droits de l'homme a été organisé à Ottawa du 30 septembre au 2 octobre 1992 et l'Atelier régional pour l'Asie et le Pacifique sur les questions relatives aux droits de l'homme s'est tenu à Djakarta du 26 au 28 janvier 1993. Voir aussi la résolution 1994/54 (Institutions nationales pour la promotion et la protection des droits de l'homme) de la Commission des droits de l'homme, paragraphe préambulaire 7. Voir également les conférences de Manille (Philippines) en avril 1995, Mexico (Mexique) en novembre 1997, Rabat (Maroc) en avril 2000, Copenhague (Danemark) et Lund (Suède) en avril 2002, Séoul (Coré du Sud) en septembre 2004, Santa Cruz

Comité international de coordination des institutions nationales pour la promotion et la protection des droits de l'homme. Même s'il s'agit d'une rencontre internationale, sa tenue en terre africaine a contribué à développer l'intérêt grandissant à l'égard des INDH.

L'élan croissant pour les INDH en Afrique a été renforcé par deux Conférences des institutions nationales africaines des droits de l'homme. Ainsi en 1996, la première Conférence des institutions nationales africaines a été organisée à Yaoundé au Cameroun du 5 au 7 février sous l'égide des Nations Unies. La « Déclaration de Yaoundé »[1053] qui a sanctionné les travaux a confirmé l'importance que la « Déclaration de Tunis » de 1992 avait accordé aux INDH dans la construction et la consolidation de l'Etat de droit et de la supervision des engagements conventionnels des Etats. La rencontre de Yaoundé a fait le lien avec l'article 26 de la Charte africaine et émis et le vœu qu'« un statut représentatif approprié auprès de la Commission Africaine des droits de l'homme et des peuples soit accordé » aux INDH. La Déclaration de Yaoundé a encouragé le développement de ces institutions en Afrique et a créé un Comité de coordination des institutions nationales africaines pour la promotion et la protection des droits de l'homme chargé d'aider à la coordination des activités des INDH africaines et à améliorer leur visibilité.

Deux ans plus tard à Durban en Afrique du Sud (1er au 3 juillet 1998), la deuxième conférence des institutions nationales africaines a confirmé l'élan pris à Yaoundé en réitérant la nécessité pour les Etats africains de créer des institutions nationales et de nouer des relations institutionnelles avec la Commission africaine. En 2002, le Togo a accueilli la troisième conférence des INDH africaines qui a créé un Secrétariat permanent des INDH africaines hébergé par la *South African Human Rights Commission (SAHRC)* pour une durée initiale de trois ans. A Kigali au Rwanda en 2007, la sixième Conférence des institutions nationales africaines des droits de l'homme a créé le Réseau des institutions nationales africaines des droits de l'Homme (RINADH/NANHRI) pour remplacer le Comité de coordination et a fixé le Secrétariat permanent à Nairobi au Kenya.

(Bolivie) en octobre 2006, Nairobi (Kenya) en octobre 2008, Édimbourg (Royaume-Uni) en octobre 2010 et bien d'autres.

1053 Pour l'analyse des travaux de la Conférence et de la « Déclaration de Yaoundé », voir Emmanuel Decaux, Les rencontres de Yaoundé, *in* Politique Africaine, Le Cameroun dans l'entre-deux – *Magazine,* n°62, juin 1996, pp. 131 à 136. Cette Déclaration est à distinguer de la « Déclaration de Yaoundé » de 2015 adoptée lors de la dixième conférence biennale du Réseau des Institutions Nationales Africaines des Droits de l'Homme qui s'est tenue à Yaoundé du 21-23 octobre 2015 sur le thème *« prohibition et prévention de la torture : réussites, défis, opportunités et rôle des INDH ».*

Par ailleurs, à partir des années 2000, les organes de traités des Nations Unies ont également donné un coup de pouce en faisant systématiquement référence au rôle des INDH dans la supervision de la mise en œuvre des recommandations formulées. Le Comité des droits de l'homme considère qu'en vertu de l'article 2 du Pacte international sur les droits civils et politiques, il appartient aux Etats de prendre toutes les mesures nécessaires, y compris législatives, pour mettre les INDH en conformité avec les Principes de Paris[1054], d'allouer les ressources adéquates aux INDH[1055] et d'assurer ou garantir l'indépendance de INDH[1056]. De son côté, le Comité contre la torture formule des recommandations sur les attributions dévolues à l'INDH assurant le mandat de supervision des lieux de privation de liberté ou encore de mécanisme national de prévention de la torture en insistant sur son indépendance financière et fonctionnelle[1057]. En outre, le Comité des droits de l'enfant considère les INDH comme un mécanisme de suivi indépendant qui doit remplir les critères prévus par les Principes de Paris[1058].

Par ailleurs, il s'est créée des coalitions ou des réseaux d'INDH à l'instar des Institutions Nationales Africaines des Droits de l'Homme de l'Afrique de l'Ouest (RINADH-AO), des Institutions Nationales Africaines des Droits de l'Homme de l'espace UEMOA (RINADH-UEMOA) ou encore l'Association Francophone des Commissions Nationales des Droits de l'Homme (AFCNDH). L'AFCNDH a vu le jour en 2002 et vise à « créer, généraliser et renforcer les institutions nationales, consultatives ou non, de promotion des droits de l'Homme et soutenir la création dans les administrations nationales de structures consacrées aux droits de l'Homme »[1059]. Elle regroupe des INDH de pays membres de l'Organisation internationale de la Francophonie (OIF) ainsi que l'Algérie (en qualité d'observateur) et compte majoritairement des INDH d'Afrique[1060]. L'association appuie techniquement et financièrement les INDH africaines à acquérir ou à maintenir leur Statut A auprès de GANHRI, à développer leurs opérations avec les mécanismes de monitoring des droits de l'homme de l'UA et des Nations Unies, et à développer une expertise de qualité nécessaire à leur rôle d'accompagnement et d'appui technique des Etats dans la promotion, la protection et le monitoring des droits de l'homme et la consolidation de l'Etat de droit et de la gouvernance.

[1054] Mauritanie (CCPR/C/MRT/CO/2, §§ 8-9), Tunisie (CCPR/C/TUN/CO/6, §§ 9-10).
[1055] République centrafricaine (CCPR/C/CAF/CO/3, §§ 7-8), Guinée (CCPR/C/GIN/CO/3, §§ 9-10) et Namibie (CCPR/C/NAM/CO/2, §§ 7-8).
[1056] Rwanda (CCPR/C/RWA/CO/4, §§ 9-10), Burkina Faso (CCPR/C/BFA/CO/1, §§ 7-8) et Ghana (CCPR/C/GHA/CO/1, §§ 9-10).
[1057] Afrique du Sud (CAT/C/ZAF/CO/2, §§ 24-27), Bénin (CAT/C/BEN/CO/3, §§ 28-31).
[1058] Botswana (CRC/C/BWA/CO/2-3, § 14), Cabo Verde (CRC/C/CPV/CO/2, § 15), Côte d'Ivoire (CRC/C/CIV/CO/2, § 12).
[1059] Déclaration de Bamako du 3 novembre 2000 adoptée lors du Symposium internationalsur le bilan des pratiques de la démocratie, desdroitset des libertés dans l'espace francophone, § 23.
[1060] A la date du 31 décembre 2020, sur 35 INDH membres, 29 sont d'Afrique.

En outre, le *Commonwealth Forum of National Human Rights Institutions* compte parmi ses membres des INDH d'Afrique anglophone. Il a élaboré un guide des bonnes pratiques pour les INDH membres et édité les lignes directrices d'Abuja de 2003 sur les relations entre les parlements, les parlementaires et les INDH du Commonwealth. Il offre également des services de conseils, des renforcements des capacités sur les questions relatives aux droits de l'homme vis-à-vis des parlementaires.

2. L'impulsion de l'Union Africaine aux institutions nationales africaines

Les Conférences de l'Union africaine des institutions nationales des droits de l'homme de 2004, 2006 et 2009 respectivement à Addis-Abeba (18 au 21 octobre) et à Banjul (12 au 14 mai) et (8 au 10 novembre) ont confirmé la conviction politique de l'organisation continentale de l'importance des INDH. Alors qu'elle commençait à travailler sur la Stratégie africaine des droits de l'homme, l'UA ayant constaté les « capacités restreintes des institutions des droits humains » sur le continent et la nécessité d'une approche intégrée, s'est fixée comme objectif de « renforcer le système africain des droits humains afin d'approfondir la culture de la démocratie et des droits humains, conformément aux objectifs de la Charte africaine des droits de l'homme et des peuples er des autres instruments pertinents »[1061]. Ces trois conférences ont donc appelé à l'établissement, au développement et à la consolidation des relations opérationnelles entre les INDH et les organes de l'UA ayant dans leur mandat la promotion, la protection, et le suivi de la mise en œuvre des instruments africains relatifs aux droits de l'homme que sont la CADHP, le CAEDBE et la CAfDHP.

B. Le statut d'affilié par la Commission

1. Processus de réflexion sur le statut d'affilié

L'article 26 de la Charte dispose que :

> « Les Etats parties à la présente Charte ont le devoir de garantir l'indépendance des tribunaux et de permettre l'établissement et le perfectionnement d'institutions nationales appropriées chargées de la promotion et de la protection des droits et libertés garantis par la présente Charte ».

[1061] Straégie africaine des droits de l'homme, § 28.

Selon Paul Tavernier et Roland Adjovi, ce texte établit sans ambiguïté une double obligation à la charge des Etats parties à la Charte à savoir la garantie de l'indépendance des tribunaux et la mise en place et le fonctionnement des institutions nationales des droits de l'homme[1062]. Les deux auteurs considèrent que la responsabilité qui pèse ainsi sur les Etats au regard de l'établissement et du perfectionnement des INDH est plutôt explicite et requiert la détermination des attributions de l'institution nationale conformément à la lettre et à l'esprit de la Charte.

Face à une telle clarté conventionnelle, la Commission devrait réagir pour organiser avec les INDH l'espace institutionnel de collaboration comme elle l'a fait avec les ONG. Ainsi, lors de la 21ème session ordinaire à Nouakchott, Mauritanie, (15 au 24 Avril 1997), le Commissaire Kamel Rezzag-Bara a proposé un point sur le « renforcement des relations de coopération avec les INDH »[1063], ce qui s'inscrit dans la droite ligne des discussions régulières au sein de la Commission sur les INDH. En effet, au lendemain de la Conférence de Yaoundé en 1996 à laquelle avait participé le professeur Isaac Nguema, alors président de la Commission, cette dernière a inscrit de nouveau à son ordre du jour de la 22ème session (Banjul, 2 au 11 novembre 1997), un point sur le renforcement de ses relations de coopération avec les INDH. A défaut d'un consensus sur la « nature du statut » à accorder aux INDH, la Commission a suspendu l'examen des demandes de statut d'observateur introduites par certaines INDH[1064] et a chargé les Commissaires Kamel Rezzag-Bara et Barney Pityana de réaliser une étude plus approfondie sur la question[1065]. Le rapport présenté par les deux experts à la 23ème session (Banjul, 20 au 29 avril 1998) a fait l'objet d'examen. Leur recommandation portant sur l'octroi du « statut d'institutions affiliées » aux INDH a été favorablement accueillie, de sorte que, même si une décision définitive sur le sujet a été différée, la Commission a tout de même décidé que les « institutions nationales des droits de l'homme pouvaient prendre part, entre temps, aux sessions de la Commission »[1066]. Plus rien ne peut plus contrarier l'adoption lors de la 24ème session ordinaire à Banjul (22 au 31 octobre 1998) de la résolution CADHP/Res.31(XXIV)98 sur le statut des INDH auprès de la CADHP.

1062 Paul Tavernier et Roland Adjovi, « Article 26 » in, *La Charte africaine des droits de l'homme et des peuples et le protocole y relatif portant création de Cour africaine des droits de l'homme, Commentaire article par article*, Maurice Kamto (sous la direction), édition Bruylant, 2011, p. 659.

1063 Voir Doc.OS/7/(XXI) Add.9 ou le dixième rapport annuel d'activités de la ComADHP 1996/1997, Annexe III, p. 15.

1064 Voir le Onzième rapport annuel d'activités de la CADHP 1997/1998, VII, § 31.

1065 Communiqué final de la 22ème session ordinaire, § 13.

1066 Communiqué final de la 23ème session ordinaire, § 14 *in fine*.

Dans sa résolution de 2017, la Commission a décidé de « réexaminer » les critères d'octroi du statut d'affilié aux INDH.

2. Les critères d'octroi du statut d'affilié

La résolution CADHP/Rés.370(LX)2017 du 22 mai 2017 adoptée lors de la 60ème session ordinaire de la Commission (Niamey, 8 avril au 22 mai 2017) a prévu les critères d'octroi du statut d'affilié en lieu et place de ceux contenus dans la résolution CADHP/Res.31(XXIV)98 du 31 octobre 1998. Ce texte est complété par certaines dispositions du Règlement intérieur de la Commission, notamment l'article 71. L'alinéa 1er de ce dernier entérine l'octroi du statut d'affilié aux INDH, les élevant ainsi au rang d'acteurs privilégiés de la Commission.

Il ressort de la résolution 370 que le statut d'affilié ne s'acquiert pas par le seul fait d'être INDH, il faut en faire la « demande écrite »[1067] accompagnée d'une « lettre formelle »[1068] en indiquant la manière dont l'INDH œuvre à la réalisation des objectifs de la Charte africaine. D'autres prérequis sont exigés. L'INDH demanderesse doit, en effet, avant tout, être créée par un Etat partie à la Charte et être dûment instituée par une loi[1069]. La résolution CADHP/Res.31(XXIV)98 précisait même que l'institution doit être instituée par décret ou par la Constitution[1070] afin de lui conférer une certaine autorité juridique. Cette exigence vise à donner à l'institution nationale une certaine stature au sein de l'appareil étatique. Plus la source de droit qui détermine son organisation et son fonctionnement est élevée dans la hiérarchie des normes, plus l'institution nationale jouira d'une certaine respectabilité et ses décisions obtiendront l'attention requise de la part des autorités du pays. Contrairement au RI de 2020, celui de 2010 précisait à l'alinéa 3 de son article 67 qu'il ne peut y avoir plus d'Etats parties que d'INDH car la Commission n'octroie le statut d'affilié qu'à une seule INDH par Etat partie, ce qui limite le nombre des INDH à 55 en Afrique.

A côté des INDH classiques, la Commission reconnaît « l'émergence d'autres institutions spécialisées dans la défense des droits de l'homme en Afrique, notamment les Commissions de défense de l'égalité entre hommes et femmes et les Commissions de défense des égalités »[1071]. Le critère primordial est l' « indépendance »[1072] vis-à-vis du pouvoir exécutif comme le souligne les

---

1067 CADHP/Rés.370(LX)2017 (critères d'octroi), § 1.
1068 *Op. cit*, § 3 i).
1069 *Op. cit*, § 2 i).
1070 CADHP/Res.31(XXIV)98, § 4 a).
1071 CADHP/Rés.370(LX)2017, paragraphe préambulaire 8.
1072 CADHP/Rés.370(LX)2017 (critères d'octroi), § 2 iii).

nouveaux critères de 2017 et l'institution doit être caractérisée par un « fonctionnement efficace »[1073] et être dotée d'un « mandat le plus étendu possible »[1074] relatif à la promotion, la protection et la supervision des droits de l'homme au niveau national « par tous moyens » [1075] . La garantie d'indépendance exige que l'institution qui doit, par ailleurs, bénéficier d'une dotation budgétaire adéquate, ne peut faire l'objet de « contrôle financier », ce qui n'exclut pas que l'institution pratique une gouvernance financière transparente. Les critères réexaminés en 2017 exigent que l'INDH soit accessible au grand public[1076] et que sa composition obéisse à une certaine diversité. C'est une donnée essentielle qui sert de jauge pour mesurer le niveau d'indépendance de l'institution. Ainsi, le fait que « les membres de la Commission sont sélectionnés par un comité nommé par le Président »[1077] ou que la loi relative à la composition, à l'organisation et au fonctionnement de l'institution permette au Président de désigner quatre des neuf membres de l'institution[1078], l'indépendance de l'institution pourrait être compromise au point de valoir la rétrogradation d'une institution bénéficiant d'un statut A à un statut B « en raison notamment du manque de transparence du processus de sélection et de nomination de ses membres et de son manque d'indépendance réel ou perçu vis-à-vis du pouvoir exécutif »[1079].

L'institution candidate au statut d'affilié auprès de la Commission doit fournir la loi l'ayant créée, les documents démontrant que les critères exigés sont remplis ainsi que la liste de ses membres sans oublier les informations relatives aux sources de financement.
Par ailleurs, l'INDH postulante doit impérativement être créée, organisée, composée et fonctionner conformément aux « normes et standards internationaux et régionaux reconnus » (article 71 alinéa 1er, RI) qui ne sont autres que les Principes de Paris contenus dans la résolution 48/144 de la résolution de l'Assemblée générale de l'ONU du 20 décembre 1993. Selon les Principes de Paris, les INDH doivent respecter les six critères cumulatifs suivants :

- « Mandat et compétence : un mandat aussi étendu que possible basé sur les normes universelles des droits de l'homme ;
- Autonomie vis-à-vis du gouvernement ;
- Indépendance garantie par leurs statuts ou la constitution ;

1073 *Ibid.*, § 2 v).
1074 *Ibid.*, § 2 iv).
1075 *Ibid.*, § 2 iv) *in fine*.
1076 *Ibid.*, § 2 vii)
1077 CCPR/C/RWA/CO/4, § 9.
1078 CCPR/C/TGO/QPR/5, § 3.
1079 CCPR/C/MRT/CO/2, § 8.

- Pluralisme, garanti par leur composition et par une coopération effective ;
- Ressources adéquates ;
- Compétences adéquates en matière d'investigation ou d'enquête »[1080].

Elles sont davantage précisées dans les Observations générales[1081] du Sous-Comité d'accréditation (SCA) de l'Alliance globale des institutions nationales des droits de l'homme (GANHRI) dans l'exercice de son mandat d'interprétation et d'évaluation du respect des Principes de Paris par les INDH. La Commission exige dans ses critères que l'INDH candidate à l'affiliation ait un « mandat le plus étendu possible, capable de promouvoir, protéger et assurer la surveillance des droits de l'homme par différents moyens »[1082].

Ainsi, en examinant et étudiant les demandes d'accréditation et de ré accréditation des INDH, le SCA veuille au respect de ces critères dans les catégories A, B et C. La catégorie A regroupe les INDH qui sont pleinement en conformité avec les Principes de Paris. Les INDH qui en sont dotées jouissent du droit de vote et participent pleinement aux assises et travaux régionaux et internationaux et peuvent prétendre à des postes au sein du bureau du Comité international de coordination et des Sous-Comités créés par le bureau. Le statut A offre également le privilège de participer aux sessions du Conseil des droits de l'homme des Nations Unies à Genève, de prendre la parole pour délivrer une communication orale ou de soumettre des documents écrits sur tous les points inscrits à l'agenda du Conseil.

Quant à la catégorie C, elle est réservée aux INDH qui ne sont pas membres de GANHRI et qui ne respectent pas les Principes de Paris. Elles ne jouissent ni de droits ni de privilèges, que se soit au niveau du Comité international de coordination ou des conférences des Nations Unies. Pour les encourager à prendre les mesures nécessaires pour se conformer aux Principes de Paris, le président du bureau du Comité peut éventuellement les inviter aux réunions de celui-ci.

Le statut B signifie que les INDH qui y sont classées sont partiellement conformes aux Principes de Paris, ou doivent encore soumettre les documents nécessaires pour leur déclassement dans la catégorie A. Elles participent aux

---

[1080] Institutions Nationales pour les Droits de l'Homme - Historique, principes, fonctions et attributions, *Série sur la formation professionnelle n°4 (Rev.1)*, Nations Unies, New York et Genève, 2010, p. 35.

[1081] A la date du 31 mai 2018, le Sous-Comité d'accréditation (SCA) a adopté 20 Observations générales portant sur la thématique des exigences essentielles des Principes de Paris et les pratiques faisant directement la promotion de la conformité aux Principes de Paris.

[1082] CADHP/Rés.370(LX)2017 (Critères d'octroi), § 2 iv).

travaux et réunions régionaux et internationaux en tant que membres observateurs sans droit de vote. Le statut B ne permet pas de postuler à des postes au sein du bureau du Comité international de coordination ou de ses Sous-Comités. Aussi, ne peuvent-elles pas, comme le font les INDH de catégorie A, soumettre des déclarations orales et écrites au Conseil des droits de l'homme et utiliser les badges et insignes des INDH.

L'accession au statut A s'accompagne souvent d'une mise en garde ou d'une interpellation sur des points d'attention. Ainsi, en 2018 lorsque l'Ombudsman de la Namibie a été ré-accrédité avec le statut A, le SCA a néanmoins « attirer l'attention du médiateur sur sa note de pratique n °4 sur les INDH en transition et l'encourage à collaborer avec le HCDH et le RINADH, afin de maintenir le statut actuel et le niveau d'accréditation du médiateur »[1083], le principe étant que les « INDH accréditées avec le statut A fassent le nécessaire et s'efforcent d'être plus efficaces et indépendantes, conformément aux Principes de Paris et aux recommandations formulées par le SCA lors de l'examen »[1084]. En outre, la Commission nationale des Droits de l'Homme (CNDH) de la Mauritanie, elle, a été rétrogradée au statut B en raison « d'inquiétudes persistantes quant à sa conformité avec les Principes de Paris, notamment en ce qui concerne la sélection et la désignation, ainsi que le traitement des violations des droits de l'homme »[1085]. En 2016, la Commission nationale indépendante des droits de l'homme (CNIDH) du Burundi a été également ré-accrédité avec le statut B en raison notamment du fait que « depuis le début de la crise, la CNIDH a publié un rapport où il «atténue les violations flagrantes des droits de l'homme, et donne des chiffres minimalistes » »[1086], comme le mentionne le rapport A/HRC/33/37 de l'Enquête indépendante des Nations Unies sur le Burundi. Les manquements soulignés étant corrigés, la CNIDH est de nouveau sous le régime du statut A.

3. Les prérogatives des INDH avec la Commission

L'alinéa 2 de l'article 71 du RI tout comme les paragraphes 4 et 5 de la résolution CADHP/Rés.370(LX)2017 du 22 mai 2017 disposent que les INDH détentrices du statut d'affilié ont des droits et des responsabilités.

1083 Rapport du Sous-comité d'accréditation de la GANHRI – octobre 2018, p. 11, § 2.3.

1084 *Op. cit*, p. 12.

1085 *Op. cit*, p. 26, § 5.1. Voir aussi Rapport du Sous-comité d'accréditation de la GANHRI – novembre 2016, p. 34, § 2.9.

1086 Rapport du Sous-comité d'accréditation de la GANHRI – novembre 2016, pp. 63 à 64, § 3.1.

3.1. Les droits

Auréolées de leur statut d'affilié, les INDH bénéficient de l'application de l'article 67 du RI qui donne quitus à la Commission d'inviter toute entité, notamment toute « institution » susceptible de l'éclairer à participer à ses sessions sans droit de vote. Le paragraphe 4 i) de la résolution 370 de 2017 stipule que les INDH sont « invitées aux sessions de la Commission ». Il s'agit des sessions publiques comme le précise le paragraphe 4 b) de la résolution ACHPR/Res.31(XXIV)98 qui ajoute d'ailleurs que les INDH peuvent participer aux « organes subsidiaires » de la Commission. Les nouveaux critères consacrent la participation des INDH aux délibérations sur les questions qui les interpellent et peuvent soumettre des propositions. Elles ont certes le droit de faire des propositions mais pas le droit de vote. Pour voir leurs initiatives revêtir le sceau officiel de la Commission, les INDH doivent passer par un Commissaire qui présentera l'initiative en son nom propre.

La participation des institutions nationales aux sessions de la Commission peut prendre la forme d'une déclaration orale. A l'ouverture de chaque session de la Commission, un représentant des INDH délivre, tout comme celui des Etats et des ONG, une communication orale sur l'état des droits de l'homme sur le continent et des sujets relatifs aux INDH. Elles peuvent bénéficier du droit de parole. Ni la Charte africaine ni le RI intérieur ne précisent pas si les INDH peuvent présenter des rapports complémentaires ou alternatifs dans le cadre de l'examen des rapports périodiques des Etats comme le prévoit explicitement l'article 70 alinéa 3 du RI pour les agences spécialisées, les organisations intergouvernementales et les institutions des Nations Unies. Rien n'interdit non plus cette possibilité. Toutefois, dans la pratique, les INDH sont encouragées à soumettre des rapports complémentaires tout comme le font les ONG avec les rapports alternatifs même si là encore ni la Charte africaine, pas plus que le RI ne donne explicitement cette prérogative aux ONG. Sur le plan international, les INDH sont une source précieuse d'informations alternatives susceptibles de renseigner les mécanismes de supervision des obligations conventionnelles des Etats, notamment dans le cadre de l'EPU et des organes de traités.

Selon l'article 33 alinéa 3 *e)* corroboré par l'article 68 alinéa 1er du RI, les INDH « peuvent demander à la Commission africaine d'inscrire à l'ordre du jour d'une session ordinaire un débat sur toute situation des droits de l'homme ». Cette démarche doit être faite quarante-cinq (45) jours avant la tenue de la session censée débattre du sujet proposé comme le précise l'alinéa 4 de l'article 33 du RI. Cette prérogative permet aux INDH d'influencer l'ordre du jour de la Commission, d'intégrer dans le débat les problématiques relatives au mandat des INDH aux défis liés à l'exercice de leur mission et de peser sur le développement progressif du droit africain des droits de l'homme. Elles peuvent être ainsi à l'origine de la création de mécanismes subsidiaires ou de leur renforcement.

3.2. Les responsabilités

Les responsabilités des INDH jouissant du statut d'affilié sont prévues essentiellement par le paragraphe 5 i) et ii) de la résolution CADHP/Rés.370(LX)2017. Elles doivent présenter tous les deux ans un rapport sur leurs activités de promotion et de protection des droits énoncés dans la Charte. Par son statut d'affilié, l'INDH s'engage à assister la Commission dans la promotion et la protection des droits de l'homme au niveau national. Ainsi, la participation aux séances publiques des sessions et aux délibérations est certes un droit mais s'analyse également comme une obligation étant entendu que les sessions offrent la possibilité d'informer la Commission sur l'état des droits de l'homme dans le pays ou sur une problématique précise.

4. Une contribution des INDH à renforcer

La Déclaration et le Plan d'action de la conférence des droits de l'homme de Vienne de 1993 stipule que :

> « La Conférence mondiale sur les droits de l'homme réaffirme le rôle important et constructif que jouent les institutions nationales pour la promotion et la protection des droits de l'homme, en particulier en leur qualité de conseillers des autorités compétentes, ainsi que leur rôle dans l'action visant à remédier aux violations dont ces droits font l'objet et celui concernant la diffusion d'informations sur les droits de l'homme et l'éducation en la matière. La Conférence mondiale sur les droits de l'homme encourage la création et le renforcement d'institutions nationales, compte tenu des Principes concernant le statut des institutions nationales et reconnaissant qu'il appartient à chaque Etat de choisir le cadre le mieux adapté à ses besoins particuliers au niveau national »[1087].

Dans son rapport d'activités soumis à la 34ème session ordinaire du Conseil exécutif de l'AU (Addis-Abeba, 7 au 8 février 2019), la Cour africaine des droits de l'homme et des peuples a ouvert des pistes pour donner effet aux résolutions de la Déclaration et du Plan d'action de Vienne. Selon la Cour, leur statut et leur mode de fonctionnement confèrent aux INDH la possibilité de mener des recherches ou des études sur des thématiques spécifiques,

---

[1087] A/CONF.157/23, Première Partie, § 36.

organiser des campagnes de sensibilisation et de mettre en place des programmes de renforcement des capacités des acteurs étatiques et non étatiques. Elles ont un rôle essentiel à jouer dans la diffusion et la vulgarisation des instruments des droits de l'homme en les rendant plus accessibles, y compris dans les langues locales. Les INDH sont un acteur de proximité pour le suivi de la mise en œuvre des décisions de la Commission, du CAEDBE et de la Cour africaine des droits de l'homme et des peuples[1088]. La Cour indique les axes d'intervention suivants :

> « Les INDH devraient fournir des informations fiables, précises et régulières à la Commission africaine et à la Cour africaine sur le niveau de mise en œuvre et de respect par l'État des arrêts et des décisions de la Commission et de la Cour.
>
> Les INDH doivent faire connaître les arrêts au niveau national dans leurs juridictions respectives.
>
> Les INDH doivent servir d'intermédiaire entre la mise en œuvre des arrêts au niveau national et les organes africains des droits de l'homme
>
> Les INDH doivent envisager apporter une assistance technique à l'État dans la mise en œuvre des décisions et arrêts.
>
> Les INDH doivent vérifier la fiabilité et à l'exactitude des informations reçues de l'État en matière de mise en œuvre et de respect des arrêts.
>
> Les INDH doivent collaborer avec les parties prenantes nationales concernées pour veiller à la mise en œuvre des arrêts et des décisions.
>
> Les INDH doivent adopter une approche centrée sur les victimes pour veiller à la mise en œuvre des conclusions judiciaires »[1089].

Cette contribution souhaitée ne peut se matérialiser qu'à travers une série d'éléments liés à la fois à l'organisation interne, à la qualité de l'expertise et le déploiement de ses relations avec les institutions étatiques et non étatiques. La conformité aux Principes de Paris offre les bases d'action.

L'organisation interne préfigure des axes d'action et des leviers que l'INDH peut actionner pour atteindre les objectifs consignés dans ses plans stratégiques trisannuels ou quinquennaux. Par ailleurs, l'analyse factuelle à

[1088] Rapport d'activités soumis à la 34ème session ordinaire du Conseil exécutif de l'UA (Addis Abeba, 7 au 8 février 2019), § 4.6.2.

[1089] Rapport d'activités soumis à la 34ème session ordinaire du Conseil exécutif de l'UA (Addis Abeba, 7 au 8 février 2019), § 4.6.2, i) à vii).

l'aune du droit national, régional et international est un gage d'une expertise objective susceptible de maintenir et de développer des relations saines avec les autorités politiques, les OSC, les entreprises, les syndicats et autres. Pour la Cour africaine, « les INDH doivent lire et interpréter leur mandat de manière exhaustive et comprendre que la mise en œuvre des décisions des organes régionaux comme la Cour, la Commission africaine et le Comité d'experts africains fait partie intégrante de leur compétence en matière de promotion et de protection des droits de l'homme au niveau national »[1090].

La Commission fait le lien entre l'article 26 de la Charte relatif aux INDH et l'article 25 de la Charte. Elle voit les INDH appuyer les Etats pour honorer leurs engagements conventionnels au titre de l'article 25 de la Charte[1091]. En vertu de ce texte, « les Etats le devoir de promouvoir et d'assurer, par l'enseignement, l'éducation et la diffusion, le respect des droits et des libertés contenues dans la Charte, et de prendre des mesures en vue de veiller à ce que ces libertés et droits soient compris de même que les obligations et devoirs correspondants ». Pour la Commission, la formalisation du partenariat avec les INDH par l'intermédiaire du statut d'affilié devrait « permettre » d'atteindre cet objectif.

5. Les INDH africaines doivent se réinventer

On a pu constater que dans certains Etats, les INDH semblent remplir les critères requis par les Principes de Paris, notamment au niveau de la composition, du fonctionnement de la l'indépendance organisationnelle. Toutefois, cette organisation ne se reflète pas dans le fonctionnement opérationnel, notamment sur les activités relatives à la réception et à l'examen des plaintes ou encore à l'inspection régulière des lieux de privation de liberté ou d'institutionnalisation. La crainte des représailles de la part des autorités politiques voire l'appartenance à la même obédience politique du leadership de l'institution nationale, que le pouvoir politique tétanise son esprit d'initiatives au point de la rendre complice et complaisante vis-à-vis des abus et des violations des droits de l'homme. Le silence et l'absence d'action de l'INDH s'analyse au sein de la population comme valant caution voire un « permis de violer » à l'Etat. Dans ces circonstances, des suspicions tenaces s'élèvent contre l'INDH qui, nonobstant ses tentatives visant à redresser la tendance, demeure sous le feu des critiques de la population qui perd sa confiance en une institution censée défendre ses droits et sa dignité. L'INDH

[1090] *Ibid., in fine.*

[1091] Exposé des motifs de la résolution sur le statut des Institutions Nationales des Droits de l'Homme auprès de la Commission africaine des droits de l'homme et des peuples, CADHP/Rés.31(XXIV)98.

n'est plus ainsi perçue comme un organe indépendant même si elle bénéficie du statut A auprès de GANHRI. Même si l'INDH venait à agir, ses opérations souffrent de mépris et de railleries de la part de la population qui ne recourent plus ou peu à ses services. Les accointances sinon les compromissions des INDH avec le pouvoir politique sous quelques formes que ce soit, sont des poisons dangereux.

Certains Etats peuvent astucieusement réaliser un montage qui offre une apparence d'indépendance au regard de la composition de l'INDH. C'est pourquoi le Comité des droits de l'homme a souhaité obtenir plus d'éclaircissements sur la loi du 11 mars 2016 portant composition, organisation et fonctionnement de la Commission nationale des droits de l'homme (CNDH) du Togo et donnant quitus au Président de la République de désigner quatre des neuf membres de la Commission[1092]. Le Comité a demandé au Togo en 2016 d'expliquer comment ce mode de désignation garantit l'indépendance de la Commission qui jouissait à cette période du statut A de GANHRI, en conformité avec les Principes concernant le statut des institutions nationales pour la promotion et la protection des droits de l'homme (Principes de Paris)[1093]. En 2016, à l'égard de l'INDH rwandaise, le Comité s'est dit « préoccupé par le fait que les membres de la Commission sont sélectionnés par un comité nommé par le Président, ce qui pourrait compromettre leur indépendance »[1094].

Parfois, les défis s'articulent autour de la capacité de l'INDH à organiser ses opérations avec les ressources limitées à disposition. On a pu ainsi constater que certains responsables de premiers plans des INDH s'intéressent davantage à leur rémunération et à leur rang protocolaire dans l'appareil étatique qu'à l'élaboration des plans d'action, à leur mise en œuvre ou encore à l'élaboration des rapports annuels d'activités. En 2020, le Comité des droits de l'homme a regretté « l'inactivité de la Commission nationale » [1095] en République centrafricaine. Les partenariats, les collaborations et les opérations conjointes avec des services y compris décentralisés de l'Etat, des universités, des ONG, des organes de l'Union africaine, des organisations sous-régionales et les agences des Nations Unies, voire une organisation interne appropriée, sont autant de voies et moyens destinés à optimiser les ressources qui, par définition, sont en deçà des défis à relever. En outre, la transparence dans la gestion financière doit être un objectif impérieux à atteindre par les INDH.

1092 CCPR/C/TGO/QPR/5, § 3.
1093 *Ibid.*
1094 CCPR/C/RWA/CO/4, § 9.
1095 CCPR/C/CAF/CO/3, § 7.

Parfois, certaines INDH s'affranchissent de l'exigence de retenue et d'analyse fondée sur les faits et le droit qui les incombe, soit par zèle, soit par volonté de bien faire et d'agir rapidement face aux abus et violations massives des droits de l'homme. Le pouvoir politique est à l'affût de tout écart de conduite, aussi insignifiant soit-il, pour sevrer l'INDH de ressources budgétaires en faisant valoir, à tort ou à raison, le non respect d'une règle donnée. Certains Etats ont parfois exigé la lecture en avant première des rapports ou études des INDH avant leur publication pour imposer une certaine forme de censure.

Parfois, certains Etats n'accordent pas l'attention nécessaire aux recommandations formulées ou les conclusions des études réalisées par des INDH qu'ils considèrent comme leur création et donc ne peuvent guère leur adresser des injonctions.

Chapitre 5.
La Commission et les Organisations non gouvernementales

Nulle part dans la Charte africaine, il n'est fait mention de la société civile. L'article 45 alinéa 1er iii) de la Charte prévoit simplement que dans sa mission de promotion, la Commission peut « coopérer avec les autres institutions africaines ou internationales qui s'intéressent à la promotion et à la protection des droits de l'homme et des peuples ». L'Acte constitutif de l'UA s'est rattrapé dans son préambule où le « partenariat entre les gouvernements et toutes les composantes de la société civile » est présenté comme une nécessité visant à guider la construction d'une « Afrique unie et forte » et le renforcement de la solidarité et de la cohésion entre les peuples africains. Bien plus, il a créé le Conseil économique, social et culturel (ECOSOCC) en ses articles 5 alinéa 1er *h)* et 22. L'ECOSOCC est un organe consultatif composé des représentants des différentes couches socioprofessionnelles, notamment du monde du travail, des affaires et des groupes professionnels, des prestataires de services et groupes de réflexion politiques, aussi bien du continent que de sa fourmillante diaspora.

Au niveau de la Charte, c'est surtout grâce à « l'esprit »[1096] de l'article 45 alinéa 1er iii) que la Commission a consacré l'article 72 de son Règlement intérieur à sa relation avec les organisations non gouvernementales (ONG). Ce texte prévoit l'octroi de statut d'observateur aux ONG (article 72 alinéa 1er) ainsi que les droits et les obligations des ONG dotées de ce statut (article 72 alinéas 2 et 3). A cet effet, la Commission a, sur demande de la Conférence des Chef d'Etats et de gouvernement[1097], adopté en 1998 lors de sa 24ème session ordinaire (Banjul, 22 au 31 octobre 1998) les critères d'octroi par la résolution CADHP/Res.30(XXIV)98. Ils ont été révisés en 1999[1098], lors de sa 25ème session ordinaire (Bujumbura, 26 avril au 5 mai 1999). Les

---

[1096] CADHP/Rés.30(XXIV)98 (Résolution sur la coopération entre la Commission africaine des droits de l'Homme et des peuples et les ONG ayant le Statut d'Observateur auprès d'Elle, exposé des motifs), § 2 *in fine*.

[1097] AHG/dec.126 (XXXIV). Cette décision demandait à la Commission de «procéder, pour des raisons d'efficacité et de bonne coopération, à la révision des critères relatifs au statut d'observateur auprès d'elle et de suspendre l'octroi de ce statut jusqu'à l'adoption de nouveaux critères » (§ 3).

[1098] CADHP/Rés.33(XXV)99 (Résolution sur la révision des critères d'octroi et de jouissance du Statut d'observateur aux Organisations Non Gouvernementales s'occupant des droits de l'Homme auprès de la Commission africaine des droits de l'Homme et des peuples.

décisions Ex.CL/887(XXVII)[1099] et EX.CL/Dec. 902(XXVIII) Rev.1[1100] du Conseil exécutif de l'UA ont demandé à la Commission « de tenir compte de l'identité, des bonnes traditions et des valeurs fondamentales africaines, et de [...] revoir ses critères d'octroi du statut d'observateur aux ONG »[1101]. Elles ont conduit à une nouvelle révision en 2016, par sa résolution CADHP/Rés.361 (LIX) 2016 portant sur les critères d'octroi, de maintien ou de révocation du statut d'observateur aux ONG. Il n'est pas exagéré de faire un parallèle entre la trajectoire de la mobilisation de la société civile autour de la Commission et l'évolution du volume de ses activités, sa crédibilité au sein de l'opinion africaine et les progrès accomplis. Il est important d'analyser les relations institutionnelles entre la Commission et les ONG sans oublier l'organisation interne des ONG.

Les ONG participent activement à la dynamique institutionnelle et agissent en tant que acteurs et catalyseurs dans la réalisation du mandat confié par la Charte et d'autres instruments à la Commission. Les ONG peuvent influencer le projet d'ordre du jour de la Commission en proposant des points à y inscrire ou en demandant un débat sur toute question afférente aux droits de l'homme (article 33 alinéa 3 *e)* et article 68 alinéa 1er du RI de la Commission). Elles sont également destinataires des rapports d'activités approuvés par la CoCEG (article 63 alinéa 3 *in fine* du RI). Par leur capacité à documenter les violations des droits de l'homme et à les présenter à la Commission, à relayer la voix des victimes des droits garantis par la Charte et d'autres instruments, à soumettre rapports alternatifs, communications, appels urgents et lettres d'allégations, à entreprendre des activités de sensibilisation, de promotion et de protection et à faire le suivi des décisions et recommandations de la Commission, les ONG se positionnent comme des partenaires stratégiques de la Commission.

La Commission reconnaît l'apport des ONG non seulement dans les processus d'élaboration des instruments africains des droits de l'homme mais également dans la réalisation de son mandat au titre de la Charte[1102].

[1099] EX.CL/Dec.887(XXVII), Décision sur la 38ème rapport d'activité de la CADHP, Doc.EX.CL/921(XXVII), § 7 (Johannesbourg (Afrique du Sud), 28ème session ordinaire, 7-12 juin 2015) ;

[1100] *EX.CL/Dec.902(XXVIII)Rev.1,* Décision sur les activités de la CADHP, *Doc.EX.CL/938(XXVIII),* § 7 (Addis-Abeba (Ethiopie), 28ème session ordinaire, 23 au 28 janvier 2016).

[1101] *EX.CL/Dec.887(XXVII),* Décision sur la 38ème rapport d'activité de la CADHP, *Doc.EX.CL/921(XXVII),* § 7 (Johannesbourg (Afrique du Sud), 27ème session ordinaire, 7-12 juin 2015).

[1102] Communiqué final de la 10ème session ordinaire de la Commission, § 13 ; Sixieme rapport annuel d'activites de la Commission ; Septieme rapport annuel d'activites de la Commission (AHG/198 (XXX)), § 27 ; Huitieme rapport annuel d'activites de la Commission, § 16.

Section 1. L'apport de la société civile dans l'élaboration de la Charte

A. La Charte et ses Portocoles facultatifs

1. L'investissement dans l'élaboration de la Charte

Revêtu de son statut de sujet dérivé du droit international, la société civile a fortement contribué à l'élaboration de la Charte. Rachel Murray estime que le système africain des droits de l'homme doit beaucoup aux initiatives de la communauté des ONG dans la genèse du système africain des droits de l'homme[1103]. De son côté, Fatsah Ouguergouz a éloquemment exposé le rôle des ONG dans le processus d'élaboration de la Charte[1104]. En effet, sous la houlette de la Commission Internationale des Juristes (CIJ), la société civile africaine a été le moteur de la réflexion et de l'élaboration de la Charte africaine.

2. Les Protocoles facultatifs

Dans le processus de l'élaboration des Protocoles facultatifs à la Charte, les organisations de la société civile ont été soit à l'initiative, soit contribué à la mobilisation des acteurs, à l'élaboration de projets de textes ou servi de force de pression.

3.1. Le Protocole de Maputo

En 1995, *Women in Law and Development in Africa (WILDA)* avait appelé, lors d'une rencontre à Lomé, Togo, à l'élaboration d'un protocole facultatif à la Charte africaine en estimant que cette dernière avait insuffisamment garantie les droits des femmes. Au cours de la même année, la Commission International des Juristes (CIJ) a rappelé l'importance d'un projet de Protocole additionnel à la Charte sur la question des femmes lors de la 18ème session ordinaire à Praia (2 au 11 octobre 1995). A cet effet, la CIJ a présenté un projet de résolution visant à nommer un Rapporteur spécial auprès de la Commission sur les droits de la femme en Afrique[1105]. En prélude à la 21ème session ordinaire à Nouakchott en 1997 (15 au 24 avril 1997), la Commission a

---

1103 The african Commission on Human and Peoples' Rights and International Law, *Hart Publishing*, Oxford, Portland, Oregon, 2000, pp. 95 à 96.

1104 Fatsah Ouguergouz, La Charte africaine des droits de l'homme et des peuples, une approche juridique des droits de l'homme entre tradition et modernité, *publications de l'Institut Universitaire de Hautes Etudes Internationales*, Genève, PUF, 1993, pp. 41 à 46.

1105 Communiqué final de la 18ème session ordinaire, § 23.

organisé conjointement avec la CIJ un atelier des experts chargés de l'élaboration d'un projet de Protocole sur les droits de la femme en Afrique[1106]. C'est au cours de cet atelier que le Projet de Protocole sur les droits de la femme africaine a été élaboré par un groupe d'experts sur la base d'un document de base proposé par le Commissaire E.V.O. Dankwa qui a travaillé avec deux autres Commissaires Mme Vera Duarte et Maître Julienne Ondziel-Gnelenga[1107]. Lors de la même session, le projet de Protocole a fait l'objet d'examen et 25 ONG se sont illustrées par la présentation d'une déclaration conjointe exprimant leurs préoccupations sur certaines dispositions du document et sur des divergences entre les versions anglaises et françaises. La Commission a transmis les observations des ONG au Secrétariat général de l'OUA pour une suite appropriée[1108]. Face à la pertinence des analyses effectuées par les ONG, le groupe d'experts coordonné par le professeur E.V.O. Dankwa a été élargi par la Commission à deux ONG que sont la CIJ et le Centre Africain pour la Démocratie et les Etudes des Droits de l'Homme[1109]. Il a présenté aux 23ème et 25ème sessions ordinaires des rapports sur l'état des travaux en gestation[1110]. A la 26ème session ordinaire à Kigali (1er au 15 novembre 1999), après un ultime examen, le projet de Protocole à la Charte Africaine relatif aux droits de la femme en Afrique a été adopté et envoyé au Secrétariat général de l'OUA[1111].

3.2. Le Protocole portant création de la Cour africaine

Conformément à la résolution AHG/res.230 (XXX) adoptée à Tunis (13 au 15 juin 1994), la 30ème session ordinaire de la Conférence de l'OUA a "demandé au Secrétaire général de l'OUA de convoquer une réunion d'experts gouvernementaux chargés de réfléchir, en étroite collaboration avec la Commission africaine, sur les moyens de renforcer l'efficacité de celle-ci, en examinant en particulier la possibilité de création d'une Cour africaine des droits de l'homme et des peuples »[1112]. L'exécution de cette résolution a conduit à la préparation d'un projet de Protocole à la Charte relatif à la Cour africaine des droits de l'homme par des experts intergouvernementaux en 1996 à Cape Town en Afrique du Sud[1113] et les Etats membres ainsi que toutes

---

1106 Communiqué final de la 21ème session ordinaire, § 1.

1107 AHG/229(XXXVII.

1108 Communiqué final de la 21ème session ordinaire, §§ 12 à 13.

1109 Communiqué final de la 22ème session ordinaire, § 12.

1110 Communiqué final de la 23ème session ordinaire, § 11. Au cours de cette session, la Commission concrétisa sa volonté se doter d'un mécanisme spécifique aux femmes en désignant la Commissaire Julienne Ondziel-Gnelenga, Rapporteur spécial sur les droits de la femme en Afrique. Communiqué final de la 25ème session ordinaire, § 12.

1111 Communiqué final de la 26ème session ordinaire, § 16.

1112 AHG/Res.230(XXX), p. 2, § 4.

1113 Communiqué final de la 19ème session ordinaire, § 15.

parties intéressées étaient sollicités à présenter des observations. En avril 1997, en marge de sa 21ème session ordinaire de la Commission à Nouakchott, Mauritanie, s'est tenue la deuxième réunion des experts juristes gouvernementaux sur la création de la Cour africaine. Au cours de cette session, le projet du protocole sur la création de la Cour africaine a fait l'objet d'un examen par la Commission et 25 ONG se sont illustrées par une déclaration conjointe qui analyse le projet de texte et en exprimant leurs préoccupations sur certaines dispositions du document et sur des divergences entre les versions anglaises et françaises[1114]. En novembre 1997, lors de sa 22ème session à Banjul, la Commission a engagé un débat sur l'état de la mise en œuvre de la résolution AHG/Res.230 (XXX) en prélude à la réunion des experts d'Addis-Abeba (8 au 11 décembre 1997) précédant la Conférence des ministres africains de la justice qui s'est tenue du 12 au 13 décembre 1997.

3.3. Le Protocole relatif aux droits des personnes handicapées en Afrique

Adoptée le 29 janvier 2018 à Addis-Abeba lors de la 30ème session ordinaire de la CoCEG de l'UA, le Protocole à la CADHP relatif aux droits des personnes handicapées en Afrique a été au centre de la création par la Commission de son Groupe de travail sur les droits des personnes âgées et des personnes handicapées via sa résolution CADHP/Rés.118 (XXXXII) lors de la 42ème session ordinaire à Brazzaville (15 au 28 novembre 2007, République du Congo). Depuis la Déclaration de Kigali de 2003 adoptée lors de la première conférence ministérielle de l'Union africaine sur les droits de l'homme en Afrique[1115], le Forum des ONG à travers les ateliers thématiques ainsi que des actions individuelles ou collectives auprès des Commissaires ont permis une série de décisions à commencer par les résolutions de 2007 sur les droits des personnes âgées en Afrique (CADHP/Rés.106(XXXXI)07) et la création et la nomination du point focal sur les droits des personnes âgées en Afrique (CADHP/Rés.118(XXXXII)07). La mobilisation des ONG a également contribué à l'adoption des résolutions CADHP/Rés.143 (XXXXV) 09[1116], CADHP/Rés.189 (XLIX) 11[1117], CADHP/Rés.250 (LIV) 2013[1118],

---

1114 Communiqué final de la 21ème session ordinaire, § à 12.

1115 Déclaration de Kigali 2003, § 20 ; « Exhorte les Etats parties à élaborer un protocole sur la protection des droits des personnes handicapées et des personnes âgées ».

1116 Résolution relative à la transformation du Point focal sur les droits des personnes âgées en Afrique en Groupe de travail sur les droits des personnes âgées et des personnes handicapées en Afrique de 2009.

1117 Résolution portant nomination des experts du groupe de travail sur les droits des personnes âgées et des personnes handicapées en Afrique de 2011.

1118 Résolution portant sur le renouvellement du mandat du groupe de travail sur les droits des personnes âgées et des personnes handicapées en Afrique de 2013.

CADHP/Rés.269 (LV) 2014[1119], CADHP/RES. 330 (EXT.OS/XIX) 2016[1120], CADHP/Rés. 392(LXI) 2017[1121]. En 2014, plusieurs ONG ont fait des commentaires sur le projet de Protocole au cours de la réunion du Groupe de travail sur les personnes âgées et les personnes handicapées, organisée à Banjul, les 28 février et 1er mars 2014. Par ailleurs, à la 56ème session ordinaire en 2015, la Commission a tenu une réunion entre les ONG intervenant dans le domaine des droits des personnes handicapées en Afrique et le Groupe de travail sur les droits des personnes âgées et des personnes handicapées en Afrique le 21 avril 2015.

Lors de la 19ème session extraordinaire en février 2016, la Commission a adopté le projet de protocole à la Charte africaine des droits de l'homme et des peuples relatif aux droits des personnes handicapées et nommé un nouveau membre expert du groupe de travail sur les droits des personnes âgées et des personnes handicapées en Afrique.

Par ailleurs, la société civile a joué un rôle clé dans le processus d'adoption par le Parlement panafricain (PAP) de la loi type sur le handicap adopté le 19 octobre 2019.

3.4. La campagne de ratification des instruments

Les OSC sont actives dans la dynamique d'adoption des instruments juridiques, dans leur mise en œuvre ainsi que dans leur supervision. Elles œuvrent également pour leur ratification, y compris sans réserves. Par exemple en 2003, la Commission a demandé aux ONG de « soutenir la signature et la ratification de ces instruments pour permettre leur entrée en vigueur rapide »[1122]. Qu'il s'agisse du Protocole facultatif créant la Cour africaine et l'importance de la déclaration de l'article 34 (6), du Protocole facultatif sur les droits des personnes handicapées ou sur les droits des femmes, la société civile reste constamment mobiliser sur le terrain, y compris lors de l'examen des rapports périodiques en vue des recommandations visant à appeler les Etats à exprimer leur consentement à être lié par les instruments africains des droits de l'homme.

[1119] Résolution portant nomination d'un membre expert du groupe de travail sur les droits des personnes âgées et des personnes handicapées en Afrique de 2014.

[1120] Résolution portant nomination d'un nouveau membre expert du groupe de travail sur les droits des personnes âgées et des personnes handicapées en Afrique de 2016.

[1121] Résolution sur la recomposition et le renouvellement du mandat du Groupe de travail sur les droits des personnes âgées et des personnes handicapées en Afrique et renouvellement de la nomination de son président et de ses membres de 2017.

[1122] Communiqué finale de la 34ème session ordinaire, alinéa 4 *in fine*.

B. L'organisation interne des associations et ONG

1. Le Forum sur la participation des ONG aux sessions ordinaires de la Commission (Forum des ONG), un espace organisé de coordination

A l'origine, c'est la Commission Internationale de Juristes (CIJ), une ONG basée à Genève, qui organisait un séminaire sur la participation des ONG aux travaux de la Commission africaine. Le séminaire est devenu le Forum sur la participation des ONG organisé en collaboration avec la Commission africaine par le Centre Africain pour la Démocratie et les Etudes de Droits de l'Homme (ACDHRS), une ONG africaine de promotion, de protection des droits de l'homme basée à Banjul en Gambie[1123]. C'est le président de la Commission ou son représentant qui prononce le discours d'ouverture et de clôture des Forum des ONG[1124].

Le Forum des ONG se tient sur trois jours deux fois par an en prélude aux deux sessions ordinaires annuelles[1125] de la Commission dans le pays hôte ou au siège à Banjul. Son organisation est pilotée par le Centre Africain pour la Démocratie et les Etudes de Droits de l'Homme. Une page internet hébergée par le site web d'ACDHRS est dédiée au Forum pour informer les OSC sur son organisation, ses objectifs et les thématiques couvertes. Les informations relatives au Forum sont également disponibles sur les réseaux sociaux[1126]. L'équipe d'organisation apporte une assistance logistique aux participants, notamment par rapport à l'hébergement, aux démarches de visa, et à l'enregistrement pour la participation. Une brochure disponible sur la page web du Forum fournit des détails sur les modalités pratiques de l'organisation et de la participation.

Les trois jours de rencontres, de réflexion, d'échanges et de délibérations se répartissent entre la présentation et l'analyse de la situation globale des droits de l'homme sur le continent à partir des exposés des points focaux sous-

---

[1123] Communiqué final de la 44ème session ordinaire (10 au 24 novembre 2008), § 7.

[1124] Voir par exemple le Communiqué final de la 51ème session ordinaire de la Commission (Banjul, 14 au 16 avril 2012).

[1125] Le rythme du Forum devrait s'accorder avec l'article 28 du Règlement intéroi3ur de 2020 : « La Commission tient quatre (4) sessions ordinaires par an, dont le lieu et la durée sont fixés par la Commission. Deux (2) des sessions comprennent des séances publiques et des séances à huis clos ».

[1126] Le Forum des ONG est présent sur Facebook, Instagram, Youtube et Twitter où il est créé un hashtag à chaque session en lien avec la session de la Commission. Exemple : #ForumACHPR63, « Forum » pour « Forum des ONG », « ACHPR », le sigle de la Commission en anglais et « 63 » étant la session de la Commission à laquelle le Forum est rattachée.

régionaux (Afrique australe, Afrique de l'Est et la Corne de l'Afrique, Afrique centrale, Afrique de l'Ouest et l'Afrique du Nord) sur l'état de la situation des droits de l'homme dans chaque sous-région, l'actualité thématique des droits de l'homme et des travaux en ateliers ou dans des groupes d'intérêts spécifiques. Une ou deux ONG ayant de l'expérience et de l'expertise sur la thématique débattue assurent le leadership dans chaque atelier pour organiser et diriger le débat dans les temps impartis et font ressortir des idées maîtresses et des propositions concrètes ayant émergé des discussions. Un rapport succinct est établi par chaque groupe de travail ou groupe d'intérêt thématique à l'issue des débats.

De nos jours, une vingtaine de thématiques figure à l'agenda du Forum, notamment les lieux et conditions de détention, les droits des femmes, les défenseurs des droits de l'homme, la liberté d'expression et l'accès à l'information, la paix et la sécurité, les droits économiques, sociaux et culturels, l'orientation sexuelle et l'identité de genre, les industries extractives, l'environnement et les violations des droits de l'homme, la prévention de la torture et les droits des personnes âgées et des personnes handicapées. La peine de mort, les exécutions extrajudiciaires, sommaires ou arbitraires, les personnes vivant avec le VIH (PVVIH) et les personnes à risque, vulnérables et affectées par le VIH, la politique des droits de l'homme, les disparitions forcées, la liberté d'association et de réunion sont les autres thématiques abordées lors du Forum des ONG, sans oublier les réfugiés, demandeurs d'asile, personnes déplacées et migrants et les populations et communautés autochtones.

La liste des thématiques n'est pas exhaustive. Toute organisation participante peut demander à inscrire une nouvelle thématique à l'agenda du Forum à condition d'avoir les connaissances nécessaires et les capacités techniques voire financières, sur le sujet et de s'engager dans la durée pour porter la nouvelle thématique proposée.

Le Forum des ONG fait le point sur la situation des droits de l'homme en Afrique par la communauté des ONG africaines et internationales en vue d'identifier les réponses et d'adopter des stratégies pour améliorer la situation des droits de l'homme sur le continent. L'objectif est de favoriser une collaboration plus étroite entre et parmi les ONG et avec la Commission africaine, dans le but de promouvoir et de protéger les droits de l'homme en Afrique dans le cadre desdits thèmes.

2. Le Forum comme espace de mobilisation et d'échanges

C'est le lieu où des projets prennent forme, où des stratégies d'action se finalisent et où les schémas de plaidoyer se peaufinent. L'une des tables rondes est dédiée au réseautage pour les droits de l'homme en Afrique, notamment entre les ONG africaines et internationales d'une part et d'autre part entre les réseaux régionaux des défenseurs des droits de l'homme.

Les ONG peuvent organiser des événements parallèles tel un *side event* visant à mettre davantage le projecteur et à attirer l'attention sur une problématique donnée ou un pays spécifique, ou encore à procéder au lancement de publications ou de campagnes de sensibilisation et d'information ou encore de célébration de la ratification d'un instrument par un Etat.

Le Forum est également un moment privilégié d'échanges et de dialogue entre organisations de la société civile et les Commissaires de la Commission africaine. Les ONG peuvent ainsi discuter des invitations aux Commissaires de leur zone d'intervention à des séminaires ou conférences, ou à organiser des activités de renforcement de capacités dans le cadre des missions de promotion des Commissaires, ou encore à s'entretenir avec eux dans le cadre de l'examen des rapports périodiques sur la base des « contre-rapports ». Le Forum des ONG est toujours clôturé par une allocution du président ou du vice-président de la Commission ou d'un Commissaire désigné par le bureau de la Commission pour le représenter en cas d'empêchement des membres.

C'est aussi un espace d'échanges entre les OSC et le Secrétariat de la Commission, notamment pour obtenir, le cas échéant des compléments d'informations sur une communication, ou compléter un dossier de demande de statut d'observateur ou encore mieux comprendre l'organisation et le fonctionnement de la Commission et du Secrétariat.

Le Forum est également un espace d'échanges et de partage d'informations, de discussions de la situation des droits de l'homme sur le continent, y compris des problématiques nouvelles, de mobilisation des ONG et de renforcement des capacités et de prise de décisions. C'est un espace qui favorise et promeut les rencontres entre les ONG, entre les ONG et les Commissaires, et entre les ONG et le Secrétariat de la Commission. Le Forum offre également l'opportunité aux ONG d'attirer l'attention de la communauté des ONG sur des problématiques nouvelles, des bonnes pratiques ou des pratiques prometteuses développées çà et là, et de solliciter l'analyse et l'appui d'autres ONG en vue d'une action efficace, y compris concertée, auprès de la Commission. Les tables rondes ou ateliers thématiques organisés permettent d'approfondir divers sujets et de recueillir des analyses sous différents angles.

Le Forum des ONG est le réceptacle des mécontentements, des préoccupations et des dénonciations des violations graves ou moins graves des droits de l'homme mais également de partage des bonnes pratiques en matière des droits de l'homme sur le continent. Il n'est pas exagéré de considérer qu'il sert de baromètre à la situation des droits de l'homme en Afrique. Flexible sur le plan organisationnel, le Forum s'adapte et offre l'appui technique nécessaire à toute organisation qui souhaite organiser une nouvelle table ronde autour d'une nouvelle thématique ou approfondir ou maintenir l'élan autour d'une thématique donnée. Progressivement, au fur et à mesure que la mobilisation des organisations de la société civile s'intensifiait, le nombre des tables rondes organisées a été triplé en l'espace de quinze ans (2000 à 2015). Ainsi, des thématiques comme les droits des populations autochtones, les DESC, les personnes âgées et les personnes handicapées, les personnes vivant avec le VIH et celles à risque, vulnérables et affectés par le VIH, l'orientation sexuelle et l'identité genre, les industries extractives, les droits des populations autochtones, l'environnement et les droits de l'homme, ont intégré l'agenda du Forum des ONG.

La synthèse des travaux du Forum des ONG se présente sous forme d'intentions ou d'objectifs de résolutions ou de recommandations rassemblées par un comité mis en place à cet effet par le ACDHRS. Les délibérations sont ensuite transmises à la Commission à l'ouverture de sa session. Un condensé des décisions du Forum est présenté dans une communication orale délivrée à l'ouverture de chaque session ordinaire de la Commission par un représentant de la société civile qui appelle la Commission à agir soit en urgence lorsque les circonstances l'exigent, soit à adopter des résolutions sur les violations constatées et documentées dans un Etat donné ou encore à envisager l'intégration d'une thématique dans son agenda ou encore à créer un mécanisme spécial sur un pays ou sur une thématique.

3. Le Forum comme espace technique de renforcement des expertises des ONG

Le Forum est un catalyseur du renforcement des capacités des OSC en Afrique et du renforcement de l'expertise en matière des droits de l'homme pour les OSC. La direction des débats dans les ateliers, tables rondes ou groupes d'intérêts spécifiques et la mise en commun des expertises et des expériences des participants permettent aux ONG participantes d'augmenter leur connaissance sur les thématiques débattues. Par ailleurs, les stratégies de plaidoyer avec les Commissaires et les feuilles de routes sont autant d'éléments qui renforcent les capacités techniques des ONG. En outre, des partenariats stratégiques négociés lors du Forum ont abouti à des financements de projets, au développement d'une coopération technique avec la Commission sur l'organisation d'une Conférence par exemple, ou la mise en place d'un plan de plaidoyer ou de campagnes sur des thématiques traitées par la Commission.

Section 2. Les relations institutionnelles entre les ONG et la Commission

L'apport des organisations de la société civile, notamment les associations et les établissements académiques, a servi d'aiguillon, de catalyseur voire de transformation de la Commission. Leur investissement et plaidoyer incessants sont à l'origine du passage d'un mécanisme pollué par la présence de Commissaires dépendant des autorités politiques nationaux à un mécanisme plus conforme aux caractéristiques d'un organe d'expertise composé de personnalités impartiales nommées uniquement sur la base de leur probité et connaissance en matière des droits de l'homme.

A. Le statut d'observateur et ses attributs

1. Les prérogatives découlant de statut d'observateur

1.1. Un partenariat porté par l'octroi de statut d'observateur

Installée solennellement le 2 novembre 1987, la Commission africaine a très vite compris qu'une collaboration avec les organisations de la société civile lui était indispensable pour s'acquitter de son mandat en s'inspirant des résolutions du Conseil économique et sociale des Nations Unies (ECOSOC) qui ont créé un espace d'action et d'expression aux ONG[1127]. La Commission n'a donc pas cessé d'invoquer « la nécessité pour les ONG de coopérer étroitement avec les membres de la Commission en vue de faire face aux difficultés qu'elles pourraient rencontrer dans leurs déroulement de leurs activités »[1128] ou à « réaffirmer sa volonté de continuer de coopérer avec les ONG dans l'exercice de ses fonctions »[1129] ou encore à « insister sur la nécessité d'inscrire cette coopération dans les limites tracées compte tenu des exigences de son indépendance et de sa nature propre en tant que Commission d'experts agissant dans le cadre de la Charte »[1130]. Dès sa deuxième session ordinaire à Dakar (8 au 13 février 1988), la Commission a décidé d'octroyer

---

[1127] Voir les résolutions 1297 (XLIV) du 27 mai 1968 et 1296 (XLIV) du 23 mai 1968 et par la suite les résolutions 1999/31 du 25 juillet 1996. Voir d'autres résolutions du Conseil des droits de l'homme de l'ONU : résolutions 38/12 du 6 juillet 2018, 27/31 du 26 septembre 2014 et 32/31 du 1er juillet 2016, 24/21 du 27 septembre 2013.

[1128] 10ème session, Communiqué final de la 10ème session ordinaire de la Commission africaine, § 13.

[1129] 11ème session, 5ème rapport d'activités, ACHPR/XI/AN.RPT/5/Rev.1, § 20.

[1130] *Ibid.*

le statut d'observateur aux ONG travaillant dans le domaine des droits de l'homme en Afrique et a délivré la même année les premiers statuts d'Observateur sur la base de « critères d'admission clairs et flexibles »[1131]. Il les encouragea à présenter leur candidature pour bénéficier du statut.

L'acte fondateur de cette collaboration institutionnelle a été la résolution CADHP/Rés.30(XXIV)98 sur la coopération entre la Commission africaine des droits de l'Homme et des peuples et les ONG ayant le statut d'Observateur auprès d'elle. Consciente qu'il fallait une base juridique à cette collaboration, la Commission a tiré de l'article 45 alinéa 1er *c)* de la Charte, l' « esprit » fondateur de ce qui est devenu, au fil des années un partenariat, qui doit être formalisé afin d'institutionnaliser ses relations avec les ONG.

Par ailleurs, la Déclaration et le Plan d'action ayant sanctionné la première conférence ministérielle de l'UA sur les droits de l'homme en Afrique réunie à Grand Baie à l'Ile Maurice du 12 au 16 avril 1999 reconnaissent, tout comme la Déclaration de Kigali de 2003[1132], « le développement et la dynamisation de la société civile »[1133], « la contribution des ONG africaines à la promotion et à la protection des droits de l'homme en Afrique » [1134] ainsi que « l'importance de la promotion d'une société civile africaine, notamment ses ONG »[1135]. Les documents finaux de la conférence de Grand Baie « incite[nt] les gouvernements africains à une collaboration constructive avec elles [ONG] en vue de consolider la démocratie et le développement durable »[1136]. La société civile a été également identifiée, lors de la Conférence panafricaine sur la réforme pénale et pénitentiaire en Afrique à Ouagadougou en 2003, comme

---

1131 Deuxième rapport d'activités de la Commission, §§ 27 et 27. Voir l'annexe IV de ce rapport sur la liste des ONG ayant bénéàficié du statut d'Observateur.

1132 Déclaration de Kigali (La première Conférence ministérielle de l'Union Africaine sur les droits de l'Homme en Afrique réunie le 8 mai 2003 à Kigali (Rwanda)). La Déclaration « reconnait le rôle important des Organisations de la société civile en générale et des défenseurs des droits de l'homme en particulier, dans la promotion et la protection des droits de l'homme en Afrique et lance un appel aux Etats membres et aux institutions régionales afin qu'ils protègent les droits des défenseurs des droits de l'homme et encouragent la participation des Organisations de la société civile à la prise de décision à travers des moyens de consultation en vue de consolider la démocratie participative et le développement durable et souligne la nécessité pour ces Organisations d'être indépendantes et transparentes », § 28. Il faut reconnaitre que l'adoption de la Déclaration sur les défenseurs des droits de l'homme par la résolution 53/44 de l'Assemblée générale des Nations Unies a contribué à la reconnaissance de l'espace d'expression et d'action des organisations de la société civile comme acteur majeur de la promotion, de la protection, de la mise en œuvre et de l'évaluation des droits de l'Homme, aux côtés des Etats.

1133 Déclaration et le Plan d'action de Grand Baie, Ile Maurice, 1999, § 10.

1134 *Op., cit,* préambule, § 13.

1135 *Op., cit,* § 17.

1136 *Ibid.*

un acteur important dans l'amélioration des conditions de détention[1137], la réinsertion sociale des personnes condamnées ou en attente de jugement[1138] et la participation au développement des centres semi-ouverts et des programmes de libération anticipée[1139]. La Commission africaine appelle souvent les Etats à « assurer un espace démocratique pour les acteurs de la société civile »[1140]. Elle les interpelle lorsque cet espace est restreint ou lorsque les défenseurs des droits de l'homme font l'objet d'attaques, de harcèlement, d'intimidation ou de représailles[1141]. Elle exhorte également les Etats à envisager la « protection des ONG dans le domaine des droits de l'homme » comme thème de leurs séminaires[1142]. Elle reconnaît la société civile en tant que « partenaire »[1143] et décide de « renforcer sa coopération avec les ONG nationales œuvrant dans le domaine des droits de l'homme, notamment par un échange régulier d'informations sur la promotion et la protection des droits de l'homme au sein des Etats parties ou ces ONG opèrent »[1144], salue sa participation aux efforts de sensibilisation et de promotion de la mise en œuvre de la Charte africaine [1145], relaie les points de la Déclaration de Kigali de 2003 reconnaissant le rôle important joué par les organisations de la société civile et appelant les Etats à les protéger et à encourager sa participation aux processus de prise de décisions en vue de renforcer la démocratie participative et le développement durable[1146]. La Commission africaine a toujours « affirmé sa volonté de continuer de coopérer avec les ONG dans l'exercice de ses fonctions »[1147] car elle considère qu'elle peut « bénéficier de l'assistance des ONG pour certaines vérifications sur le terrain ou elle ne peut pas se rendre elle-même »[1148].

1137 Plan d'Action de Ouagadougou (Conférence panafricaine sur la réforme pénale et pénitentiaire en Afrique Ouagadougou, Burkina Faso, 18 - 20 septembre 2003), § 3 h et j.

1138 *Ibid.*

1139 *Ibid., j.*

1140 CADHP/Rés. 405 (LXII) 2018, § 4 (résolution adoptée lors de la 63ème Session ordinaire, Banjul, 23 octobre au 13 Novembre 2018).

1141 CADHP/Rés.357 (LIX) 2016, paragraphe préambulaire 7 (résolution adoptée lors de la 59ème session ordinaire à Banjul, 21 octobre au 04 novembre 2016).

1142 Sixième rapport annuel d'activites de la CADHP 1992 – 1993.

1143 CADHP/Rés. 368 (LX) 2017, paragraphe préambulaire 3 (résolution adoptée à l'occasion de sa 60ème session ordinaire, Niamey, 8 au 22 mai 2017).

1144 Septième rapport annuel d'activites de la CADHP 1993-1994, AHG/198 (XXX), § 27 *d).*

1145 CADHP/Rés. 368 (LX) 2017, paragraphe préambulaire 3 (résolution adoptée à l'occasion de sa 60ème session ordinaire, Niamey, 8 au 22 mai 2017*)*.

1146 CADHP/Rés.361 (LIX) 2016, paragraphe préambulaire 3 (résolution adoptée lors de la 59èmeSession ordinaire, banjul, 21 octobre au 4 novembre 2016).

1147 ACHPR/XI/AN.RPT/5/Rev.1, § 20 (11ème session, 5ème rapport d'activités).

1148 AHG/198 (XXX, § 27 d).

De 231[1149] ONG dotées de statut d'Observateur en 1998, on est passé à cinq cent vingt-huit (528) [1150] en 2020. Les textes ayant formalisé les relations entre la Commission et les ONG élèvent ces dernières au rang de partenaires qui peuvent influencer l'ordre du jour de la Commission (articles 33 alinéa 3 e) et 68 alinéa 1er du RI), participer aux sessions publiques [1151], présenter des "contre-rapports" sur la situation des droits de l'homme dans les pays de leur champ d'action, aux fins d'enrichir le dialogue entre la Commission et l'Etat partie sous examen[1152], bref participer à la mission de promotion, de protection et d'interprétation et autres de la Commission.

Les critères révisés de 2017 stipulent que les ONG auréolées du statut d'observateur sont invitées à assister aux séances d'ouverture et de clôture de toutes les sessions de la Commission[1153]. Les séances prévues ne sont pas complètement fermées aux ONG car elles peuvent être invitées expressément à assister aux séances à huis clos qui traitent d'une question qui les intéresse particulièrement[1154]. Elles ont accès aux documents de la Commission qui ne sont pas revêtus du sceau de confidentialité et sont habilitées à présenter des communications sur des questions inscrites à l'ordre du jour. Les critères prévoient la possibilité de donner la parole aux ONG jouissant du statut d'observateur pour répondre aux questions que leur auront posées les autres participants [1155]. Bien plus, les observateurs, selon la terminologie de la résolution CADHP/Rés.361 (LIX) 2016, peuvent influencer l'ordre du jour de la Commission en demandant l'inscription d'une thématique donnée.

Depuis lors, la contribution des organisations de la société civile à l'œuvre de la Commission peut être qualifiée de gigantesque, notamment par l'intermédiaire du Forum des ONG, les activités de promotion, les initiatives relatives à la mise en place des mécanismes spéciaux, la soumission des communications, le suivi des constatations de la Commission au niveau national et le développement du cadre normatif africain relatif aux droits de l'homme.

[1149] CADHP/Rés.30(XXIV)98, exposé des motifs, § 2 *in fine.*
[1150] Communiqué final de la 67ème session ordinaire de la Commission africaine des droits de l'homme et des peuples, tenue virtuellement, du 13 novembre au 3 décembre 2020, du fait de la persistance de la pandémie de la COVID-19, § 29.
[1151] CADHP/Rés.33(XXV)99 (1999), chapitre II.
[1152] CADHP/Rés.30(XXIV)98 (1998), § 5.
[1153] CADHP/Rés.361 (LIX) 2016, Annexe, Chapitre II, § 1 a).
[1154] *Op.cit,* § 3.
[1155] *Op. cit,*, § 5.

Tableau n° 15 - Participation des ONG depuis 2000

Nombre total d'ONG	INDH	Etats	Session
60 représentants	7	26	27ème session ordinaire à Alger, Algérie, 27 avril au 11 mai 2000
110 représentants	10	18	28ème session ordinaire à Cotonou, Bénin, 23 octobre au 6 novembre 2000
230 participants	6	29	29ème session ordinaire à Tripoli, Libye, du 23 avril au 7 mai 2001
71 représentants	7	27	30ème session ordinaire à Banjul, Gambie, Siège de la Commission, du 13 au 27 octobre 2001
51 (208) participants	8 (25)	36 (148)	31ème session ordinaire du 2 au 16 mai 2002, à Pretoria, Afrique du Sud
105 (118)	6 (11)	22 (39)	32ème session ordinaire du 17 au 23 octobre 2002 à Banjul, Gambie
136 (196)	7 (30)	19 (62)	33ème session ordinaire à Niamey, République du Niger, du 15 au 29 mai 2003
80 représentants	7	26	34ème session ordinaire à Banjul, République de Gambie
139 représentants	7	26	35ème session ordinaire à Banjul, République de Gambie, du 21 mai au 4 juin 2004
137 représentants	7	29	36ème session ordinaire à Dakar, République du Sénégal, du 23 novembre au 7 décembre 2004
135 représentants	9	22	38ème session ordinaire à Banjul, République de Gambie, du 21 novembre au 5 décembre 2005
128 représentants	19	32	39ème session ordinaire à Banjul, République de Gambie, du 11 au 25 mai 2006

139 représentants	5	20	40ème session ordinaire à Banjul, République de Gambie, du 15 au 29 novembre 2006.
-	11	32	41ème session ordinaire à Accra, République du Ghana, du 16 au 30 mai 2007
41 représentants	4	23	42ème session ordinaire à Brazzaville, République du Congo, du 15 au 28 novembre 2007
100 représentants	4	27	43ème session ordinaire à Ezulwini, Royaume du Swaziland, du 7 au 22 mai 2008.
275 représentants	9	31 (159)	44ème session ordinaire, Abuja, Nigeria, 10 au 24 novembre 2008
135 représentants	8	33	45ème session ordinaire, Banjul, Gambie, 13 au 27 mai 2009
41 représentants	7	21 (67)	46ème session ordinaire, Banjul, Gambie, 11 au 25 novembre 2009
41 représentants	9	22	48ème session ordinaire, Banjul, Gambie, 10 au 24 novembre 2010
51 représentants	9	23	49ème session ordinaire, Banjul, Gambie, 28 avril au 12 mai 2011
204 participants	10	22 (88)	50ème session ordinaire, Banjul, Gambie, 24 octobre au 5 novembre 2011
256 participants	45 participants	23 (102)	51ème session ordinaire Banjul, Gambie, 18 avril au 2 mai 2012
419 participants	24 participants	27 (98)	52ème session ordinaire, Yamoussoukro, Côte d'Ivoire, 9 au 22 octobre 2012
453 participants	32 participants	29 (132)	53ème session ordinaire, Banjul, Gambie, 9 au 23 avril 2013

316 participants	42 participants	24 (132)	54ème session ordinaire, Banjul, Gambie, 22 octobre - 5 novembre 2013
180	18	26 (143)	55ème session ordinaire, Luanda, Angola, 28 avril – 12 mai 2014
304 participants	43 participants	32 (175)	56ème session ordinaire, Banjul, Gambie, 21 avril – 7 mai 2015
280 représentants	18 représentants	24 (138)	57ème Session ordinaire, Banjul, Gambie, 4 au 18 novembre 2015
280 représentants	17 représentants	24 (166)	58ème Session ordinaire, Banjul, Gambie, 06 au 20 avril 2016
289 représentants	39 représentants	26 (129)	59ème session ordinaire, Banjul, Gambie, 21 octobre - 04 novembre 2016
325 représentants	30 représentants	20 (96)	60ème session ordinaire, Niamey, Niger, 8 au 22 mai 2017
271 représentants	20 représentants	24 (125)	61ème session ordinaire, Banjul, Gambie, 1er au 15 novembre 2017
363 représentants	37 représentants	29	62ème session ordinaire, Nouakchott, Mauritanie, 25 avril au 9 mai 2018
346 représentants	34 représentants	27	63ème session ordinaire, Banjul, Gambie, 24 octobre au 13 novembre 2017
81 représentants	30 représentants	27	64ème session ordinaire, Sharm El-Sheikh, Égypte 24 avril au14 mai 2019
378 représentants	44 représentants	31 (121)	65ème session ordinaire, Banjul, Gambie, 21 octobre au 10 novembre 2019
189 représentants	38 représentants	17 (88)	66ème session ordinaire, Banjul, Gambie, 13 juillet au 7 août 2020
328 représentants	53 représentants	26 (89)	67ème session ordinaire, Banjul, Gambie, 13 novembre au 3 décembre 2020

Source : www.achpr.org

1.2. Les obligations découlant de la détention du statut d'observateur

Le statut d'observateur donne des droits mais également des obligations à l'ONG qui en est titulaire. A sa 11ème session ordinaire, la Commission africaine a estimé que les ONG dotées du statut était tenues de l'informer par un rapport d'activités tous les deux ans sur les actions menées en lien avec le mandat de promotion et de protection de la Commission [1156]. La résolution CADHP/Res.33(XXV)99 ayant révisé les critères d'octroi et de jouissance du statut d'observateur aux ONG réitère la même obligation de soumission de rapports sur un rythme biannuelle [1157]. Pour démontrer l'importance qu'elle accorde au respect de cette obligation, la Commission a adopté un résolution sur les « critères d'octroi et de maintien du statut d'observateur »[1158] en 2016 car elle a constaté que peu d'ONG dotées du statut sont à jour de leur rapport d'activités. Le non respect de cette obligation peut affaiblir le plaidoyer et la pression des ONG vis-à-vis des Etats qui ne sont pas à jour de leur rapport périodique à la Commission au titre de l'article 62 de la Charte, même si les deux obligations ne sont pas à placer au même niveau. L'article 72 alinéa 3 du RI de la Commission dispose que la Commission « peut prendre des mesures contre un observateur qui (…) omet de s'acquitter de ses obligations ».

Les critères de 2017 stipulent que les observateurs doivent établir des « relations étroites de coopération » avec la Commission et à entreprendre des « consultations régulières » avec elle sur les questions d'intérêt commun. La présentation des rapports d'activités une fois tous les deux ans s'impose pour apprécier le niveau d'engagement et la qualité de la coopération avec la Commission. Le droit de participer aux sessions, de soumettre des rapports parallèles et de faire le suivi des recommandations de la Commission, devient, pour ainsi dire, des obligations étant entendu que c'est par l'intermédiaire de ces activités que se bâtit la dynamique de coopération avec la Commission. Il se pose tout de même la question de savoir si ces mesures de la Commission peuvent intervenir lorsque tout ou partie des obligations inscrites au chapitre III de la résolution CADHP/Rés.361(LIX)2016 ne sont pas remplies d'autant plus que l'article 72 alinéa 3 du RI de 2020 reprend la même disposition sans autres précisions.

1156 ACHPR/XI/AN.RPT/5/Rev.1, § 21.

1157 CADHP/Res.33(XXV)99, Chap. III, § 2.

1158 CADHP/Rés.361(LIX)2016, Chap. III, § 2.

2. Les relations délicates avec les organes politiques de l'UA, y compris dans le cadre de l'octroi du statut d'Observateur

Les révisions successives des critères d'octroi du statut d'Observateur l'ont été sur demande de la Conférence des Chefs d'Etat et de gouvernement de l'UA. En effet, par sa décision AHG/dec.126 (XXXIV) adoptée par sa 34ème session ordinaire (Ouagadougou, 8 au 10 juin 1998), la Conférence des Chefs d'Etat et de gouvernement a demandé à la Commission de revoir ses critères d'octroi et de jouissance du statut d'observateur aux ONG. La décision demandait précisément de « procéder, pour des raisons d'efficacité et de bonne coopération, à la révision des critères relatifs au statut d'observateur auprès d'elle et de suspendre l'octroi de ce statut jusqu'à l'adoption de nouveaux critères »[1159]. Accédant à la demande de l'UA, la Commission a adopté en 1998 la résolution ACHPR/Res.30(XXIV)98 de 1998 révisé en 1999 puis en 2017 sous l'instigation des organes politiques de l'UA.

En 2015, la demande de révision des critères fut teintée de tension. En effet, lors de la 27ème session ordinaire du Conseil exécutif de l'UA (Johannesburg, 7-12 juin 2015), il a été adopté la décision Ex.CL/887(XXVII) qui a demandé à la Commission de « prendre en compte les valeurs, l'identité et les bonnes traditions fondamentales de l'Afrique, et de retirer le statut d'observateur aux ONG qui pourraient tenter d'imposer des valeurs contraires aux valeurs africaines »[1160] et de « revoir ses critères pour l'octroi du statut d'observateur aux ONG »[1161]. *A priori*, il n'y a pas de corrélation entre la sauvegarde des valeurs africaines et les critères d'octroi du statut d'observateur. Cependant, à l'analyse, une autre demande formulée par le Conseil exécutif dans la même décision qui consiste à « retirer le statut d'observateur accordé à l'organisation appelée « Coalition des lesbiennes africaines» (CAL), conformément aux valeurs africaines »[1162], témoigne de l'admission peu appréciée des ONG

[1159] AHG/dec.126 (XXXIV), § 3.

[1160] *EX.CL/Dec.887(XXVII)* Décision sur le trente-huitième rapport d'activité de la Commission africaine des droits de l'homme et des peuples (CADHP) - *Doc.EX.CL/921(XXVII)*, § 7.

[1161] *Ibid.*

[1162] *Ibid.*, § 7 *in fine*. En 2010, le premier dossier de demande de statut d'observateur de Coalition for African Lesbians (CAL) avait été rejeté lors de la 47ème session ordinaire de la Commission africaine. Le motif du rejet était que « les activités de cette organisation ne promeuvent ni ne protègent explicitement les droits contenus dans la Charte africaine » (EX.CL/600 (XVII), § 33 (28ème rapport d'activités de la Commission africaine). A la 48ème session ordinaire (Banjul, 10 au 24 novembre 2010), le dossier est de nouveau traité et la Commission a demandé à son Secrétariat de communiquer à CAL les raisons pour lesquelles il ne lui a pas été octroyé le statut d'Observateur *(EX.CL/717(XIX)*, § 190 (29ème rapport d'activités de la Commission africaine) qui a soumis à nouveau une demande en 2014. L'analyse de la demande a été cette fois concluant et Cal a obtenu le statut d'observateur lors de la 56ème session ordinaire en avril 2015 à l'issue d'un vote (5 pour, 4 contre et 1 abstention).

actives dans le domaine de l'orientation sexuelle et de l'identité de genre[1163]. A travers cette demande, transparaît une critique de l'organe politique de l'UA vis-à-vis de la question de l'orientation sexuelle qui apparaît puisque le retrait du statut d'Observateur concerne une ONG défendant les droits des lesbiennes. Dans la même veine et dans la même décision, le Conseil exécutif a exhorté la Commission à :

> « Veiller à l'application régulière de la loi dans ses prises de décisions sur les plaintes qu'elle reçoit ;
> Envisager une révision de son règlement intérieur, en particulier des dispositions relatives aux lettres d'allégation et appels urgents, en application de la Charte africaine des droits de l'homme et des peuples ;
> Prendre les mesures appropriées pour éviter les interférences d'ONG et d'autres tierces parties dans ses activités »[1164].

L'enjeu dépasse le cadre *stricto sensu* de l'octroi du statut d'Observateur. Une approche idéologique des droits de l'homme apparaît, ce qui embarrasse la Commission qui, en 2014, avait déjà adopté la résolution CADHP/Res.275(LV)2014 sur la protection contre la violence et d'autres violations des droits humains de personnes sur la base de leur identité ou orientation sexuelle réelle ou supposée[1165]. Cette résolution n'est d'ailleurs pas indifférente à la demande du Conseil exécutif qui considère que la question de l'orientation sexuelle et l'identité de genre n'a pas sa place en Afrique et l'intégration progressive de la question de l'orientation sexuelle

---

1163 Sur la question au sein de l'Union africaine, voir Rachel Murray, *The African Charter on Human and Peoples' Rights: A Commentary*, p. 70; Frans Viljoen, Minority Sexual Orientation as a Challenge to the Harmonised Interpretation of International Human Rights Law, in Carla M. Buckley, Alice Donald, Philip Leach, Towards Convergence in International Human Rights Law: Approaches of ..., §§ 163-164 et 168-171.

1164 EX.CL/Dec.887(XXVII) Décision sur le trente-huitième rapport d'activité de la Commission africaine des droits de l'homme et des peuples (CADHP) - Doc.EX.CL/921(XXVII), § 12 i) à iii).

1165 Résolution 275 adoptée à la 55ème session ordinaire à Luanda en Angola (28 avril au 12 mai 2014). Sur l'orientation sexuelle en Afrique, voir Olufemi Amao, *African union law: the emergence of a sui generis legal order*. Routledge, 2018, London; Mettre fin à la violence et autres violations des droits de l'homme fondées sur l'orientation sexuelle et l'identité de genre. *Un dialogue conjoint entre la Commission africaine des droits de l'homme et des peuples, la Commission interaméricaine des droits de l'homme et les Nations Unies (CADHP, IACHR, ONU, Center for Human Rights de l'Uniuversite de Pretoria),* Pretoria University Law Press (PULP), Pretroia 2016 ; K. Esom, B. Nibogora & R. Armstrong [eds] *African Reflections on Sexuality and Equality*, African Men for Sexual Health and Rights [AMSHeR], Johannesburg, Vol. 1. 2015 ; Rachel Murray et Frans Viljoen, *Towards Non-Discrimination on the Basis of Sexual Orientation: The Normative Basis and Procedural Possibilities before the African Commission on Human and Peoples' Rights and the African Union,* The Johns Hopkins University Press, *Human Rights Quarterly*, Vol. 29, No. 1 (Février 2007), pp. 86-111.

dans les travaux de la Commission africaine est mal vue par Addis Abeba. Que se soit dans le cadre de l'examen des rapports périodiques des Etats au titre de l'article 62 de la Charte et les « contre rapports » des ONG LGBT fortement mobilisées, les rapports des mécanismes spéciaux, ou encore le développement progressif du droit africain des droits de l'homme, l'émergence de la problématique de l'orientation sexuelle est lente mais progressive. En effet, en 2017, l'Observation générale n° 4 de la Commission a considéré « l'orientation sexuelle et l'identité de genre »[1166] comme des « motifs de discrimination »[1167] tout comme les Directives sur la liberté d'association et de réunion en Afrique adoptées le 21 septembre 2017[1168], avant de souligner que :

> « Toute personne, indépendamment de son genre, peut être victime de violence sexuelle ou sexiste. On note une forte prévalence d'actes de violence sexuelle et sexiste commis contre les femmes et les filles. Le problème des actes de violence sexuelle commis contre des hommes et des garçons, des personnes handicapées psychosociales et des personnes lesbiennes, gays, bisexuelles, transsexuelles et intersexuées est également préoccupant, et doit être abordé de manière adéquate et efficace par les États parties »[1169].

Quant au Lignes directrices sur la lutte contre les violences sexuelles et leurs conséquences en Afrique de 2017, elles prévoient le « viol correctif »[1170] défini comme « l'utilisation du viol à l'encontre de femmes en raison de leur homosexualité réelle ou supposée afin de les "guérir" de cette orientation sexuelle »[1171] et notent que « l'orientation sexuelle, l'identité ou expression de genre » peuvent être des facteurs susceptibles d' « accroître la vulnérabilité des individus ou groupes d'individus aux violences sexuelles »[1172]. Ces Lignes directrices appellent également les Etats parties à la Charte à prendre les

---

[1166] Observation générale n° 4 sur la Charte africaine des droits de l'homme et des peuples, concernant le droit à réparation des victimes de torture et autres peines ou traitements cruels, inhumains ou dégradants (Article 5), Adoptée lors de la 21ème Session extraordinaire de la Commission africaine des droits de l'homme et des peuples, tenue du 23 février au 4 mars 2017 à Banjul, Gambie, § 20.

[1167] *Ibid.*

[1168] Directives sur la liberté d'association et de réunion en Afrique, § 80.

[1169] Observation générale n° 4 sur la Charte africaine des droits de l'homme et des peuples, concernant le droit à réparation des victimes de torture et autres peines ou traitements cruels, inhumains ou dégradants (Article 5), Adoptée lors de la 21ème Session extraordinaire de la Commission africaine des droits de l'homme et des peuples, tenue du 23 février au 4 mars 2017 à Banjul, Gambie, § 59.

[1170] Lignes directrices sur la lutte contre les violences sexuelles et leurs conséquences en Afrique (adoptées lors de la 60ème session ordinaire de la Commission africaine à Niamey, 8 au 22 mai 2017), Partie 1, § 3.1.

[1171] *Op. cit*, p. 15, note de bas de page 1.

[1172] *Op. cit,* § 3.2. e).

mesures nécessaires pour que les droits des victimes de violences sexuelles soient garantis indépendamment de leur orientation sexuelle ou de leur identité ou expression de genre[1173] et à éliminer les causes profondes de ces violences, y compris les discriminations sexistes et homophobes, et/ou fondées sur l'identité de genre ou l'orientation sexuelle réelle ou supposée[1174] et que, lorsqu'il s'agit de la réparation des violences sexuelles subies, « l'état antérieur aux violations ne doit être recherché que lorsque cela ne conduit pas à reproduire ou perpétuer des discriminations à l'égard des femmes et des filles, ou basées sur l'orientation sexuelle ou l'identité de genre » [1175] au nom du principe des réparations transformatives.

Par les Principes relatifs à la dépénalisation des infractions mineures en Afrique adoptés le 25 octobre 2018, la Commission africaine désigne également par « personnes vulnérables », « des personnes marginalisées du fait de leur orientation sexuelle ou de leur identité de genre »[1176] comme l'avait fait également les Lignes directrices pour le maintien de l'ordre par les agents chargés de l'application des lois lors des réunions en Afrique[1177].

Le Conseil exécutif de l'UA au sein duquel sont représentés les Etats membres de l'UA, n'a pas apprécié ces développements et a considéré qu'il pouvait s'agir d'une influence étrangère. L'Egypte avait réagi en 2017 au 42ème rapport d'activités de la Commission africaine qui avait exprimé des préoccupations par rapport à « des conflits et le déplacement interne de personnes (...) en Égypte (...), qui affectent de manière disproportionnée les femmes et les enfants »[1178]. Pour l'Egypte, « le rapport était très inacceptable et contenait des informations absurdes »[1179] et a demandé que la Commission se conforme à la décision *Ex.CL/887(XXVII)* du Conseil exécutif de 2015 relative à la révision des critères d'octroi du statut d'observateur des ONG. C'est aussi l'Egypte qui, lors de la XVème session ordinaire de la Conférence de l'UA à Kampala en 2010 (25-27 juillet 2010), avait poussé à l'adoption de la décision *Assembly/AU/Dec.328(XV)* sur la promotion de la coopération, du dialogue et du respect de la diversité en matière de droits de l'homme. Sans explicitement invoqué ni les « valeurs africaines » sur lesquelles se fondent la décision *Ex.CL/887(XXVII)* du Conseil exécutif de 2015 ni les questions de l'orientation sexuelle et de l'identité de genre ayant fait l'objet de la résolution 275 de la Commission africaine, la décision de Kampala « réaffirme

1173 *Op. cit*, § 4.
1174 *Op. cit*, § 7.
1175 *Op. cit,* Partie 5, § 59.
1176 Principes relatifs à la dépénalisation des infractions mineures en Afrique, Partie 1, § 1.
1177 Adotées lors de la 21ème Session extraordinaire tenue du 23 février au 4 mars 2017 à Banjul, préamnbule paragraphe 7 et § 7.2.8
1178 42ème rapport d'activités de la Commission africaine, § 43 ii).
1179 *Op. cit,* Annexe 1, § 2.

l'importance que revêt le respect des spécificités et systèmes régionaux de valeurs culturelles et religieuses dans l'examen des questions des droits de l'homme »[1180] et « rejette catégoriquement toute tentative visant à saper le système international des droits de l'homme en essayant d'imposer des concepts ou des notions relevant du domaine social »[1181]. A la suite de cette décision de l'organe politique de l'UA, la Commission a décidé « de procéder à une analyse juridique détaillée de cette affaire [CAL], notamment en prenant en considération les questions relatives à ses relations avec ses différents interlocuteurs, à la notion de valeurs africaines, au fondement juridique de l'octroi du statut d'Observateur et les implications du retrait ou du maintien du statut d'Observateur des ONG »[1182].

Dans son 40ème rapport d'activités en 2016, la Commission a estimé que la révision demandée par la Décision *Ex.CL/938(XXVIII)* du Conseil exécutif de l'UA lui offrait « la possibilité de clarifier le sens des concepts des « valeurs de la civilisation africaine », des « valeurs traditionnelles », des « valeurs culturelles africaines » et de la « moralité », telles que définies par la Charte africaine »[1183].

En 2016, le Conseil exécutif a insinué qu'une « représentation des personnes et des groupes non africains auprès de la CADHP »[1184] influencerait les travaux de la Commission et a réitéré sa demande de révision des critères d'octroi du statut d'observateur aux ONG et en exigeant par ailleurs qu'un rapport lui soit présenté à cet effet en juillet 2016[1185]. La tension était palpable dans la tonalité de la décision du Conseil exécutif en janvier 2018 lorsqu'il a exprimé sa « préoccupation concernant la non-mise en œuvre de la Décision *EX.CL/Dec.887(XXVII)* de juin 2015 sur le retrait du statut d'observateur de la Coalition des lesbiennes africaines (CAL) »[1186] et demanda à nouveau à la Commission de « respecter cette décision »[1187]. Le Conseil ne s'est pas contenté d'un rappel à l'ordre mais il est allé plus loin en demandant « instamment » la tenue d'une « d'une retraite conjointe entre le

---

[1180] *Assembly/AU/Dec.328(XV)* Décision sur la promotion de la coopération, du dialogue et du respect de la diversité en matière de droits de l'homme, *Doc. Assembly/AU/17(XV) Add.9,* § 2.
[1181] *Op. cit*, § 4.
[1182] 39ème rapport d'activités de la Commission africaine, § 50.
[1183] 40ème rapport d'activités, addendum, § 4.
[1184] *EX.CL/Dec.902(XXVIII)* Décision sur les activités de la Commission africaine des droits de l'homme et des peuples - *Doc.EX.CL/938(XXVIII),* § 7.
[1185] *EX.CL/Dec.902(XXVIII)* Décision sur les activités de la Commission africaine des droits de l'homme et des peuples - *Doc.EX.CL/938(XXVIII), §* 7 *in fine.*
[1186] 32ème session ordinaire du Conseil exécutif à Addis Abeba, 25-26 janvier 2018, *EX.CL/995(XXXII)* Décision sur la Commission africaine des droits de l'homme - *Doc. EX.CL/1058(XXXII)*, § 3.
[1187] *EX.CL/995(XXXII)* Décision sur la Commission africaine des droits de l'homme - *Doc. EX.CL/1058(XXXII), § 3.*

Comité des Représentants permanents (COREP) et la CADHP afin d'aborder les différentes préoccupations exprimées concernant les relations entre la CADHP, les organes délibérants et les Etats membres, de trouver les modalités de renforcement de la coordination et de la collaboration avec les organes délibérants et les États membres, d'améliorer le dialogue et de résoudre les problèmes en suspens »[1188]. Il s'agit d'un recadrage sévère. Le Conseil exécutif reproche à la Commission de trop s'affranchir de l'autorité des organes de l'UA et « recommande que les mesures appropriées soient prises à cet effet, sous l'entière autorité des organes »[1189]. Les conclusions de la retraite qui s'est tenue à Nairobi les 4 et 5 juin 2018 sonnent comme une pression politique sur la Commission au regard de son indépendance que le Conseil exécutif qualifie de « nature fonctionnelle »[1190] liée à l'exercice de son mandat et non pas d'« une indépendance à l'égard de ces mêmes organes qui l'ont créé »[1191]. Selon le Conseil, la Commission a « tendance à agir comme une instance d'appel », « pratique portant atteinte aux systèmes juridiques nationaux »[1192].

> « A l'issue de ces préoccupations exprimées, les décisions du Conseil se sont essentiellement orientées vers la réflexion visant la dépossession de la Commission de son mandat d'interprétation, la régularisation du statut de la Commission vis-à-vis des organes de décisions de l'UA (dans le cadre de la réforme Kagamé) et l'exigence impérative de la prise en compte par la Commission « des vertus de la tradition historique ainsi que des valeurs de la civilisation africaine qui doivent inspirer le concept des droits de l'homme et des peuples et s'y refléter »[1193].

Au regard du renforcement des relations avec les organes de décisions de l'UA, la régularisation du statut de la Commission en tant que organe de l'UA demandé en 2008[1194] par la Conférence de l'UA a été réitéré en juin 2018 par le Conseil exécutif et la Commission s'est vue adresser une requête lui demandant d' « examiner la question de l'ambiguïté de son statut dans le règlement intérieur dans le cadre de la révision en cours dudit règlement

---

1188 *Op. cit,* § 4.

1189 *Ibid.,* § 4 *in fine.*

1190 *EX.CL/1015(XXXIII)* Décision sur le rapport de la retraite conjointeentre le Comité des Représentants permanents (COREP) et la Commission africaine des droits de l'homme et des peuples (CADHP) -*Doc. EX.CL 1089 (XXXIII)i, § 5.*

1191 *Ibid.*

1192 *Ibid.,* § 5 *in fine.*

1193 *Op.cit,* § 6 i).

1194 *Assembly/AU/Dec. 200 (XI)* Décision sur le rapport d'activité de la Commission africaine des droits de l'homme et des peuples – *Doc. Ex.CL/446 (XIII), § 8.* La même décision demandait à la Commission de mieux faire connaitre aux parties prenantes ses methodes de travail et son mode de fonctionnement, § 10.

intérieur »[1195] et de « consulter le Bureau du Conseiller juridique et les autres organes compétents chargés des questions juridiques, dans la perspective d'élaboration d'un code de conduite et de la révision du règlement intérieur » [1196] . Par ses demandes de réformes et de clarifications institutionnelles, le Conseil vise à améliorer la communication entre le COREP et la Commission[1197], à « renforcer la confiance et la coopération entre les deux organes dans l'intérêt du continent » [1198] et à « rendre opérationnel le Sous-comité du COREP sur les droits de l'homme, la démocratie et la gouvernance qui est censé assurer le suivi de la mise en œuvre des décisions et des recommandations de la CADHP »[1199].

A l'analyse, on peut remarquer que les délibérations de la retraite vont dans le sens d'une meilleure intégration de la Commission africaine dans le cadre de la réorientation institutionnelle et organisationnelle prônée par le Plan Kagamé, y compris la prise en compte par la Commission de l'Agenda 2063 de l'UA et la collaboration avec les nouvelles institutions dans le cadre de l'AGA. Toutefois, il faut bien reconnaître que ce processus est accéléré par l'octroi du statut d'Observateur à une ONG LGBT. D'ailleurs, la décision EX.CL/1015(XXXIII) de juin 2018 du Conseil exécutif réitère, avec un délai butoir, le retrait du statut d'Observateur et demande à la Commission de « mettre en œuvre scrupuleusement les dispositions relatives aux conflits d'intérêts dans l'exécution de ses fonctions »[1200] et d' « élaborer des directives claires sur ses relations avec les acteurs externes conformément aux règles, règlements et pratiques pertinentes de l'UA »[1201], ce qui renvoie, peu ou prou, à la « représentation des personnes et des groupes non africains auprès de la CADHP » dont parlait le Conseil dans sa décision EX.CL/Dec.902(XXVIII). Non seulement le Conseil exécutif insista à nouveau sur la révision des critères d'accréditation des ONG mais exigea également leur conformité aux valeurs et aux traditions africaines. La Commission a fini par céder sous la pression du Conseil exécutif en retirant le statut d'observateur octroyé à la Coalition des lesbiennes africaines (CAL) qui a été notifiée à l'ONG par la lettre N° ACHPR/STC/OBSWID/1181/18 du 8 août 2018.

1195 *EX.CL/1015(XXXIII)* Décision sur le rapport de la retraite conjointeentre le Comité des Représentants permanents (COREP) et la Commission africaine des droits de l'homme et des peuples (CADHP) - *Doc. EX.CL 1089 (XXXIII)i, § 8 i).*

1196 *Ibid.*

1197 *Op.cit,* § 6 iii).

1198 *Op. cit,* § 4.

1199 *EX.CL/1015(XXXIII)* Décision sur le rapport de la retraite conjointeentre le Comité des Représentants permanents (COREP) et la Commission africaine des droits de l'homme et des peuples (CADHP) - *Doc. EX.CL 1089 (XXXIII)i,* § 7 iv).

1200 *Op. cit,* § 8 ix).

1201 *Op. cit,* § 8 vi).

Au sein de la communauté des ONG, ce retrait de l'accréditation à CAL est considéré comme une attaque et une interférence politiques du Conseil exécutif et pose la question de l'indépendance et de l'impartialité de la Commission à s'acquitter de son mandat de promotion et de protection des droits de l'homme dans le respect du principe de l'universalité des droits de l'homme[1202]. Les ONG y voient la main des Etats, une pression politique qui, à terme, menace la contribution et la participation des organisations de la société civile au mandat de promotion et de protection de la Commission africaine. Les ONG ont déjà en 2015 exprimé leurs préoccupations sur la question de l'indépendance, de l'autonomie et de l'impartialité de la Commission en relevant qu'il est « crucial que le travail de la Commission soit guidé par la sauvegarde de l'autonomie et de l'indépendance afin d'éviter de mettre en péril le fondement d'impartialité de la Charte et du travail de la Commission » [1203] et que « les Etats membres ne devraient pas faire interférence dans le travail de la Commission »[1204].

L'émergence de la question de l'orientation sexuelle et de l'identité de genre a eu le don de mettre de l'emphase sur l'attention que les Etats accordaient de plus en plus à la Commission, notamment au niveau de l'adoption des rapports d'activités de la Commission par le Conseil exécutif qui se contentait auparavant de les adopter sans analyse approfondie. A ce titre, il s'agit d'une avancée à saluer.

B. Contributions à la réalisation du mandat de la Commission

Que se soit en lien avec le mandat de promotion ou de protection, les organisations de la société civile se sont fortement mobilisées, surtout durant les vingt dernières années. En dehors de la possibilité de « demander à la

---

[1202] Voir les communiqués du 22 novembre 2010 de Pambazuka (www.pambazuka.org), du 28 août 2018 de International Justice Resource Center (www.ijrcenter.org), du 18 octobre 2018 de l'ONG Article 19 sur son site internet www.article19.org: « *The AU's decision demonstrates State parties' continued onslaught on human rights institutions that question them on their human rights practices at home. By forcing the Commission to withdraw CAL's observer status, the Executive Council has once again demonstrated African leaders' regressive approach to human rights that views women's and LGBT people's equal enjoyment of human rights as 'un-African'. This effort to undermine CAL and other groups' legitimacy not only entrenches discrimination, but means women and LGBT people lose their voice in a vital human rights forum for Africa* ». Voi aussi la recommendation *du* TREC/001/10/2011 : Recommendation on the Granting of Observer Status to the Coalition of African Lesbians (CAL) de The African Centre for Democracy and GHuman Rights Studies (ACDHRS) du 21 octobre 2011 (www.acdhrs.org).

[1203] Communiqué final de la 57ème session ordinaire (4 au 18 novembre 2015), § 6.

[1204] *Ibid.*

Commission africaine d'inscrire à l'ordre du jour de sa session ordinaire un débat sur toute question afférente aux droits humains » (article 68 alinéa 1er, RI), les contributions des OSC sont multiformes.

1. Apports multiformes des ONG à la Commission

1.1. Initiatives relatives à la mise en place et au soutien des mécanismes spéciaux

Selon l'article 23 alinéa 1er de son RI, la Commission peut créer des mécanismes subsidiaires. La société civile est souvent à l'origine de l'initiative de la création de ces mécanismes à partir des réflexions thématiques organisées notamment dans le cadre du Forum des ONG. Non seulement elles suggèrent ou prennent souvent l'initiative de la création mais également soutiennent, sur le plan logistique, technique et financier, le développement des activités des mécanismes créés, notamment à partir des années 2000.

Le Forum des ONG est l'antichambre des initiatives de la société civile. La création de plusieurs mécanismes subsidiaires tels que les rapporteurs spéciaux, des comités et des groupes de travail ont été l'œuvre des délibérations des ONG, notamment dans le cadre du Forum des ONG. Il est vrai que les représentants de la société civile ne peuvent être détenteurs de mandat en tant que Rapporteur spécial. En revanche, ils font systématiquement partie des Groupes de travail et des Comités[1205] mis en place par la Commission.

1.2. Soumission des communications

Après 30 ans d'existence, la Commission n'a reçu qu'une seule communication inter-Etats[1206]. Ce sont les communications non étatiques qui sont à l'origine de la jurisprudence dense et étoffé de la Commission. La contribution des organisations de la société civile à la réalisation du mandat de protection de la Commission est donc à la fois féconde, dynamique et fondamentale.

1205 Voir par exemple les résolutions suivantes de la Commission: CADHP/Rés.65(XXX1V)03; CADHP/Rés.98(XXXIX)06; CADHP/Rés.113(XXXXII)07; CADHP/Rés.71(XXXV1)04; CADHP/Rés.82(XXXVIII)05; CADHP/Rés.83(XXXVIII)05; CADHP/Rés.116(XXXXII)07; CADHP/Rés.143(XXXXIII)09 et CADHP/Rés.161 (XLV1) 09.

1206 Communication 227/99, *RDC c. Burundi, Rwanda et Ouganda.*

Le Forum des ONG organisée en prélude à chaque session ordinaire de la Commission en est l'une des preuves. C'est ce Forum qui donne le ton des sessions. Par sa mobilisation des forces vives du continent, ses réflexions sur les problématiques des droits de l'Homme en Afrique, la détermination des participants à faire progresser les droits de l'homme mais également le champ d'action et l'efficacité de la Commission, sans oublier les propositions concrètes d'action qu'il verse dans les débats et délibérations de la Commission, le Forum des ONG est un allié indispensable à la Commission.

Les ONG servent de forces d'analyses et de propositions dans le processus d'adoption des résolutions. Ainsi les délibérations du Forum des ONG permettent de nourrir la Commission d'idées et de suggestions sur des problématiques ou des pays qui méritent attention de la part de la Commission en terme d'adoption de résolutions ou d'autres initiatives.

Les progrès significatifs réalisés dans les activités de promotion, de protection et d'interprétation de la Commission depuis les années 2000 sont liés, dans une large mesure, à la créativité de la société civile, à son apport technique et financier et aux appuis multiformes qu'elle ne cesse d'apporter à la Commission.

1.3. Contribution au développement du cadre normatif africain relatif aux droits de l'homme

Durant deux décennies (1998-2018), l'activité normative intense de la Commission a coïncidé avec la mobilisation extraordinaire des organisations de la société civile. La Commission ne manque pas de souligner sa satisfaction par rapport à « l'engagement que les membres de la société civile africaine »[1207]. Ainsi, dans le cadre de l'adoption des Lignes directrices et mesures d'interdiction et de prévention de la torture et des peines ou traitements cruels, inhumains ou dégradants en Afrique en 2002, la Commission a salué le « travail d'éducation publique, de diffusion de l'information et de sensibilisation, sur l'interdiction et la prévention de la torture et autres formes de mauvais traitements, mené par les ONG et les médias »[1208]. Il en est de même dans le cadre de l'adoption de la Déclaration de principes sur la liberté d'expression en Afrique, des décisions sur les droits

---

[1207] Résolution CADHP/Rés.25(XXI)97 sur la protection des nom, signle et emblème de la ComADHP (21ème session ordinaire, Nouakchott, Mauritanie, 15 au avril 1997), § préambulaire n°2.

[1208] Résolution CADHP/Rés.61(XXXII)02 sur Lignes directrices et mesures d'interdiction et de préventionb de la torture et des peimes ou traitemenrts cruels, inhumains ou dégradants en Afrique, Partie F, § 48.

économiques, sociaux et culturels en Afrique[1209] ou encore des instruments juridiquement contraignants.

Une résolution annuelle sur l'importance de la consultation et du dialogue permanent Etat-société civile et de l'espace démocratique d'initiative, d'expression à la promotion, à la protection, à la mise en œuvre et à la revendication des droits de l'homme, afin de garantir son espace d'expression et d'action, serait un signal fort du partenariat que les deux acteurs devraient renforcer. La Commission peut ainsi contribuer à apaiser les relations parfois tendues entres les organisations de la société civile et les Etats. D'un côté, les Etats sont de plus en plus interpellés à respecter leurs engagements juridiquement contraignants ou non et on observe une pratique régionale et internationale qui se cristallise[1210] autour d'un impératif de consultation Etats-OSC, et les Etats s'attribuent ou cherchent à s'attribuer le mérite d'avoir collaboré avec les organisations de la société civile ; de l'autre, ces dernières voient leur espace d'expression et d'action se rétrécir et menacer par des lois et des pratiques liberticides.

1.4. Soumission de « contre-rapports » ou « rapports parallèles »

Les OSC offrent à la Commission des informations alternatives sur la situation des droits de l'homme des Etats parties à la Charte dans le cadre de l'examen des rapports périodiques par la soumission de contre-rapports ou de rapports complémentaires.

L'article 79 alinéa 3 du RI de la Commission donne la possibilité aux ONG de « soumettre leurs contributions, notamment des rapports parallèles » dans un délai de 30 jours au moins avant l'examen de l'Etat concerné. Pour leurs rapports périodiques, les Etats sont guidés par les lignes directrices de 1989 révisées et complétés notamment par les directives de 2011 sur les DESC. Pour les ONG, il n'existe pas d'orientations ni sur la forme ni le fond pour leurs contre-rapports. C'est pourquoi la Commission a décidé en 2020 lors de sa 27ème session extraordinaire par sa résolution CADHP/Rés.436(EXT.OS/XXVI1)2020 d'élaborer des Lignes directrices pour les rapports alternatifs.

1209 Voir par exemple CADHP/Rés.62(XXXII)02 et CADHP/Rés.73(XXXV1)04.

1210 Il ne serait pas exagéré d'affirmer que la collaboralation Etat-socité civile est devenue une pratique récurrente et concordante au niveau des Etats qui clament, pour démontrer leur attachement aux principes du droit international et leur engagement à œuvrer pour un espace civique renforcé, que des consultations, des concertations, des activités conjointes, la participation des organisations de la société civile, font parties de leur stratégie de gouvernanec en matière des droits de l'homme. Cette collaboration peut donc être considérée comme relevant du droit international coutumier, au regard du consensus des Etats, y compris par ceux qui persécutent les organisations de la socité civile, de la nécessité de collaborer avec elles.

2. La protection des défenseurs des droits de l'homme par la Commission

L'importance réaffirmée du rôle des défenseurs des droits de l'homme imposait leur protection. La protection est donc une composante de la coopération de la Commission avec les OSC, qu'elles soient d'ailleurs dotées ou non de statut d'observateur. La Déclaration de Grand Bay (Ile Maurice) de 1999 adoptée un an après celle de la Déclaration des Nations Unies sur les défenseurs des droits de l'homme ainsi que la Déclaration de Kigali adoptée à l'issue de la Conférence ministérielle de l'Union africaine (UA) sur les droits de l'homme en Afrique de 2003 représentent un socle juridique pour la protection des défenseurs des droits de l'homme. En outre, le cadre juridique africain a été renforcé par la Déclaration de Cotonou de 2017 sur le renforcement et l'élargissement de la protection de l'ensemble des défenseurs des droits de l'homme en Afrique.

La Commission ne cesse d'appeler les Etats à mettre en place un dispositif législatif et institutionnel au niveau national pour donner effet à ces dispositions continentales. Compte tenu de la situation particulière des femmes défenseures des droits de l'homme, la Commission avait décidé en 2012 dans sa résolution CADHP/Res.230(LII)2012[1211], de l'élaboration d'une étude sur la situation des femmes défenseurs des droits de l'homme en Afrique, les lois qui les régissent et les pratiques discriminatoires visant à enfreindre leur rôle dans la promotion et la protection des droits de l'homme sur le continent. La Commission a estimé que « les femmes défenseures des droits de l'homme font toujours face à des menaces et autres attaques liées à leurs activités »[1212] et à des défis particuliers au regard de la reconnaissance, de l'exercice et de la jouissance de leurs droits[1213].

Pour accompagner les Etats à construire des mécanismes nationaux de protection des défenseurs des droits de l'homme, la Commission exhorte ou encourage les Etats à « adopter des lois spécifiques conformément à la déclaration des Nations Unies sur les défenseurs des droits de l'homme, du plan d'action de la Grande Baie et de Kigali et prendre des mesures nécessaires à leur mise en œuvre »[1214]. Les Etats sont également appelés à libérer les défenseurs des droits de l'homme arbitrairement détenus, à mettre un terme à toute forme de harcèlement et aux autres formes d'actes d'intimidation à l'encontre des défenseurs des droits de l'homme et à prendre

---

1211 Voir aussi la résolution CADHP/Rés.336(EXT.OS/XIX)2016 sur les mesures de protection et de promotion du travail des femmes défenseurs des droits de l'homme.

1212 CADHP/Rés. 409 (LXII) 2018, préambule paragraphe 8.

1213 Résolution CADHP/Rés.245 (LIV) 13.

1214 CADHP/Rés.376(LX)2017, § 5; CADHP/Res.196(L)2011, 12ème paragraphe préambulaire.

toutes les mesures nécessaires pour mener des enquêtes indépendantes sur les cas de violations des droits des défenseurs des droits de l'homme afin de poursuivre et juger les responsables[1215]. L'un des interpellations de la Commission portent également sur la nécessité de prévenir et de s'abstenir de tout acte d'intimidation ou de représailles contre des individus ou des groupes qui saisissent la Commission.

En 2004, la Commission a décidé de créer le mécanisme du Rapporteur spécial sur les défenseurs des droits de l'homme pour « chercher, recevoir, examiner et agir sur l'information relative à la situation des défenseurs des droits de l'homme en Afrique » afin d' « élaborer et recommander des stratégies visant à mieux protéger les défenseurs des droits de l'homme »[1216]. En outre, la multiplication des attaques, intimidations et représailles subis par les défenseurs des droits de l'homme à travers le continent a fini par convaincre la Commission d'intégrer dans son nouveau Règlement intérieur de 2020 l'article 74 sur la protection contre les représailles. A l'analyse de ce texte, on peut remarquer qu'il a davantage sa place dans la Charte africaine que dans le RI de la Commission. Il s'adresse directement aux Etats qui doivent veiller « à ce qu'aucunes représailles de quelque nature que se soit, ne soient exercées contre toute personne ou entité qui fournit à la Commission des informations, des témoignages ou des données probantes visant à l'aider dans l'accomplissement de son mandat en vertu de l'article 45 de la Charte »[1217].

La Commission exhorte ainsi les Etats à empêcher et à s'abstenir de tout acte de représailles, d'intimidation ou de harcèlement à l'encontre des OSC qui coopèrent avec elle. Elle aurait dû/pu aller plus loin en demandant aux Etats d'empêcher et de s'abstenir de ces actes contre les OSC qui se préparent ou s'apprêtent à coopérer avec la Commission. En outre, le nouveau Règlement intérieur aurait dû/pu exhorter les Etats à adopter toutes les mesures législatives, réglementaires et autres destiner à prévenir et à instruire ces actes lorsqu'ils se produisent par des investigations impartiales, promptes et approfondies afin de traduire en justice leurs auteurs et complices avec des peines exemplaires et dissuasives[1218]. Par ailleurs, la Commission aurait pu faire l'économie de la mention de l'article 45 à l'article 74 alinéa 1er *in fine*, car elle laisse penser que les OSC ne seraient pas protéger contre les actes de représailles, d'intimidation ou de harcèlement lorsqu'elles coopèrent ou envisagent de coopérer, par exemple, dans le cadre des études approfondies

---

1215 CADHP/Rés.376(LX)2017; CADHP/Res.196(L)2011 et CADHP/Res.69(XXXV)04.

1216 CADHP/69(XXXV)04 adoptée à la 35ème session ordinaire, 21 mai - 4 juin 2004 à Banjul.

1217 Article 74 alinéa 1er du RI de la Commission.

1218 Voir les résolutions du Conseil des droits de l'homme de l'ONU sur la *coopération avec l'Organisation des Nations Unies, ses représentants et ses mécanismes dans le domainedes droits de l'homme* : 42/28 (2019), 36/21 (2017), 24/24 (2013) et 12/2 (2009). Cela ressort timidement des résloolution CADHP/Res.69(XXXV)04, §§ 4 à 6.

décidées à l'issue de communications relatant des situations particulières qui semblent révéler l'existence d'un ensemble de violations graves ou massives des droits de l'homme et des peuples au titre de l'article 58 de la Charte.

De manière générale, la Commission exprime des préoccupations dans ses résolutions, notamment la « tendance à la criminalisation de leurs activités, particulièrement ceux qui collaborent avec les organes régionaux ou internationaux chargés de la promotion et de la protection des droits de l'homme »[1219], les « arrestations et de détentions arbitraires, d'actes de harcèlement, y compris judiciaire, de menaces et autres formes d'intimidation, d'exécutions sommaires et extrajudiciaires ou encore d'actes de torture du fait de leurs activités »[1220], « actes de violence et de discrimination qui ont un impact sur leur capacité de participer activement aux processus politiques et socio-économiques dans les pays au quels elles opèrent »[1221].

La Commission a toujours dénoncé « les arrestations arbitraires, les détentions illégales, les exécutions extrajudiciaires, le déni du droit à la défense, le refus de soins médicaux et de nourriture durant leur détention »[1222], le « harcèlement judiciaire, d'arrestation et de détentions arbitraires, d'interdiction de voyage, de gels de fonds, de restrictions d'espace, d'interdiction de manifestations et de réunions, de suspension arbitraire de leurs activités »[1223], « les violations répétées »[1224] ainsi que la « restriction progressive de l'espace civique et de la multiplication des actes de représailles envers les défenseurs des droits de l'homme pour leur collaboration avec les organes des droits de l'homme »[1225]. En 2014, la Commission a centré sa résolution sur les représailles subies par les défenseur.es des droits de l'homme dans sa résolution CADHP/Rés.273 (LV)14 adoptée à la 55ème session ordinaire du 28 avril au 12 mai 2014 à Luanda en Angola.

Tableau n° 16 portant sur les résolutions relatives aux défenseurs des droits de l'homme

---

1219 CADHP/Res.230(LII)2012, paragraphe préambulaire n°9 (résolurtion adoiptée à la 52ème session ordinaire du 9au 22 octobre 2012, à Yamoussoukro, Côte d'Ivoire). Voir aussi « Fiche d'information n°1 sur les réprésailles en Afrique », *Commission africaine des droits de l'homme et des peuples*, 2019 ; « La criminalisation des défenseurs des droits de l'homme – Catégorisation du phénomène et mesures pour l'affronter », *Protection International (PI),* Bruxelles, décembre 2015 ; « Défenseurs des droits humains menacés – Un espace de plus en plus restreint pour la société civile », *Amnesty International,* Londres, 2017.

1220 CADHP/Res.196(L)2011, paragraphe préambulaire n°6. CADHP/Res.230(LII)2012, paragraphe préambulaire n°7.

1221 CADHP/Res.230 (LII) 2012, paragraphe préambulaire n°8.

1222 CADHP/Rés.345 (LVIII) 2016, préambule § 5.

1223 *Op. cit,* § 6.

1224 CADHP/Res.138(XXXXIV)08 préambule § 6 (Résolution sur le Zimbabwe). Voir aussi la résolution CADHP/Res.139(XXXXIV)08 sur la République démocratique du Congo.

1225 CADHP/Rés.432(LXV)2019, préambule § 8.

Année	Résolutions
2020	CADHP/Rés.471(LXVII)2020
2019	CADHP/Rés.432(LXV)2019
2018	CADHP/Rés.409 (LXII) 2018
	ACHPR/Res. 406 (LXIII) 18
2017	CADHP/Rés.381(LXI) 2017
	CADHP/Rés.376 (LX) 2017
2016	CADHP/Rés.345 (LVIII) 2016
	CADHP/Rés.336 (EXT.OS/XIX) 2016
2015	ACHPR/Res.319 (LVII) 15
2014	CADHP/Rés.273 (LV)14
2013	CADHP/Res.248(LIV)2013
	CADHP/Rés.245 (LIV)13
2012	CADHP/Res.230(LII)2012
2011	CADHP/Res.196 (L)2011
	ACHPR/Res.186 (XLIX)11
2009	ACHPR/Res.151 (XLVI)09
2007	ACHPR/Res.125 (XXXXII)07
	CADHP/Rés.119 (XXXXII)07
2005	CADHP/Res.83(XXXVIII)05
2004	CADHP/Rés.69(XXXV)04

En 2019, la Commission a développé une fiche d'information dédiée aux représailles sur les défenseur.es des droits de l'homme en Afrique. Cette fiche a pour objectif principal de fournir un cadre de référence aux différents acteurs sur la manière d'interagir avec le mandat du Rapporteur spécial sur les défenseurs des droits de l'homme en Afrique, en vue de l'aider dans la mission qui lui a été confiée. La fiche d'information comprend un formulaire à remplir afin de saisir le Point focal de la Commission sur les représailles.

Par ailleurs, l'article 30 alinéa 3 du RI de 2020 dispose que :

> « Un État partie qui accepte d'accueillir une session doit se conformer à l'accord conclu avec la Commission à cet effet et garantir la participation sans entrave de toutes les personnes présentes à la session ».

Cette nouvelle disposition est une soupape de sécurité pour les organisations de la société. L'article 30 porte l'emprunte d'une règle qui vise à empêcher les Etats hôtes des sessions de la Commission à s'opposer à la participation des organisations de la société civile qu'ils considèrent comme indésirables en les privant de visas ou en mettant en place, y compris à la dernière minute, des procédures et des formalités complexes. Dans le cadre de la 64ème session ordinaire de la Commission qui s'est tenue à Sharm El-Sheikh en Egypte, la représentante des ONG a relevé, à l'ouverture de la session, la faible participation des organisations de la société civile en comparaison des sessions précédentes à cause des « questions relatives au visa »[1226].

Par ailleurs, le RI de 2020 a innové dans le sens du renforcement de la protection des activités des droits de l'homme en prévoyant l'article 74 consacrer à la « protection contre les représailles ». Le texte dispose :

> 1. Les États parties veillent à ce qu'aucunes représailles de quelque nature que ne soient exercées contre toute personne ou entité qui fournit à la Commission des informations, des témoignages ou des données probantes visant à l'aider dans l'accomplissement de son mandat en vertu de l'article
> 45 de la Charte.
>
> 2. Les États parties veillent à ce qu'il n'y ait pas de représailles de quelque nature que ce soit exercées contre tout membre de la Commission ou de son personnel du fait ou dans le cadre de l'exercice de ses fonctions.

Dans sa résolution de 2020, la Commission a souligné l'importance de la liberté d'association et rappelé les Lignes directrices sur la liberté d'association et de réunion en Afrique de 2017. Elle s'est dite préoccupée par la « persistante de la tendance restrictive et progressive de l'espace civique, l'adoption/révision par certains États de dispositions législatives et réglementaires qui restreignent considérablement l'exercice »[1227] de ce droit. La Commission a investi le groupe de soutien au Rapporteur spécial sur les défenseurs des droits de l'homme et point focal sur les représailles en Afrique, de la mission de promotion et de surveillance de la mise en œuvre effective des Lignes directrices.

Il convient de souligner l'importance de l'article 107 du RI qui protège « une victime ou un plaignant ayant soumis une communication en vertu de l'article 55 contre sa famille, son représentant ou un témoin, un expert, toute autre personne ou entité en raison de ses déclarations ou de son intervention devant la Commission ou pour lui avoir communiqué des informations relatives à une communication en vertu des articles 48, 49 et 55 de la Charte ». Le texte vise les représailles qui pourraient être exercées par un Etat contre une personne ou entité ayant soumis ou collaboré à la soumission d'une communication à la Commission. Le RI demandent aux Etats de veiller à ce

---

[1226] Communiqué final de la 64ème session ordinaire (24 avril – 14 mai 2019), § 6 *in fine.*
[1227] CADHP/Rés.471(LXVII)2020, 6ème paragraphe préambulaire.

qu'aucune menace, oppression et persécution ne soit exercée contre les personnes ou entités, y compris les ONG, pour leur coopération directe ou indirecte avec la Commission dans le cadre d'une communication.

Conclusion générale

Il y a de quoi se réjouir de l'existence même de la Commission africaine (CADHP) même s'il a fallu presque 30 ans pour que les Etats commencent à réagir aux rapports d'activités de la Commission. En effet, 18 Etats ont réagi au 40ème rapport d'activités de la Commission[1228]. Il s'agit du Burundi, de la RDC, de la Libye, du Malawi, de Éthiopie, de la Tanzanie, du Congo, de l'Algérie, de la République arabe sahraouie, de l'Erythrée, du Zimbabwe, du Soudan, de l'Egypte, de la Guinée équatoriale, du Rwanda, du Burkina Faso, du Ghana et de l'Angola. Le « réveil » des Etats est un signal de l'impact des activités de la Commission. Désormais, les rapports d'activités retiennent l'attention des Etats. Ainsi, au 42ème rapport d'activités, 17 Etats (Burundi, Cameroun, Egypte, Erythrée, Ethiopie, Guinée équatoriale, Kenya, Libye, Nigeria, Ouganda, RDC, Soudan du Sud, Soudan, Tanzanie, Tunisie, Zambie et Zimbabwe) ont formulé diverses observations[1229]. Il en va de même du 46ème rapport d'activités qui a vu réagir l'Algérie, le Gabon, le Maroc, le Zimbabwe, l'Egypte et le Niger. La pratique semble se confirmer puisque le Cameroun a fait des observations sur le 47ème rapport d'activités et l'Algérie sur les 48ème et 49ème rapports d'activités combinés. La Commission ne laisse plus les Etats indifférents, eux qui ont paradoxalement voulu, d'une part d'un instrument continental des droits de l'homme et qui d'autre part ne semblent pas vouloir répondre, à travers une volonté politique affirmée et agissante, des violations des dispositions conventionnelles librement acceptées.

La Commission reste et demeure un mécanisme fondamental de promotion, de protection et de supervision de la mise en œuvre des droits de l'homme en Afrique. Son principal défi - ce n'est pas tant les ressources qui sont certainement en-deçà des besoins - est la capacité des Etats à afficher une volonté politique itérative et originale vis-à-vis de ses constatations, décisions et délibérations. Ce point est commun à la Commission et à la CAfDHP. Il serait erroné de comparer la Commission et la Cour et de conclure, sans coup férir, que la Cour est plus efficace même si les décisions de cette dernière sont revêtues d'un caractère contraignant. En réalité, tous les deux mécanismes sont complémentaires et dépendent, dans une grande mesure, de la volonté politique des Etats.

Le 29 avril 2020, la Côte d'Ivoire a décidé de retirer sa déclaration d'acceptation de la compétence de la Cour prévue à l'article 34 alinéa 6 du Protocole facultatif l'ayant créé et l'habilitant à recevoir les requêtes émanant

---

1228 EX.CL/969 (XXIX), Annexe.

1229 42ème rapport d'activités de la Commission, Annexe 1.

des individus et des organisations non-gouvernementales (ONG)[1230] dotées du statut d'observateur auprès de la Commission africaine conformément à l'article 5 alinéa 3 du même Protocole facultatif. En absence de cette déclaration, ni les particuliers, ni les organisations de la société civile n'ont qualité à saisir la Cour alors même que les Etats [article 5 alinéa 1er *b), c)* et *d)* et alinéa 2 du Protocole] qui sont d'office habilités à introduire des plaintes auprès de la Cour le font rarement et qu'il serait naïf et illusoire de compter sur « les organisations intergouvernementales africaines » (article 5 alinéa 1 *e)* du Protocole) qui sont des institutions politiques par nature, et n'ont pas, depuis l'opérationnalisation de la Cour en 2006, saisi l'organe de règlement de différends[1231]. Le retrait de cette déclaration vaut impossibilité de saisine de la Cour pour les violations des droits de l'homme dans l'Etat ayant retiré ou n'ayant pas fait la déclaration de compétence tout en étant parti au Protocole facultatif.

La Côte d'Ivoire a pris cette décision une semaine seulement après la décision *Guillaume Kigbafori Soro & Autres c. République de Côte d'Ivoire* du 22 avril 2020 ordonnant à l'Etat ivoirien de « surseoir à l'exécution du mandat d'arrêt émis contre Guillaume Kigbafori Soro » [1232], homme politique qui ambitionnait de se porter candidats aux élections présidentielles à la fin de l'année 2020[1233]. La Côte d'Ivoire n'a pas exécuté l'ordonnance de la Cour. Bien plus, comme pour la défier, elle a condamné par le Tribunal correctionnel

---

1230 A la date du 31 mars 2020, 20 affaires concernant la Côte d'Ivoire étaient pendantes devant la Cour. Elles émanaient toutes des particuliers : Requête no 027/2019 - *Goore Bi Youzan Jean c. Côte d'Ivoire* ; Requête no 028/2019 - *Fea Charles c. Côte d'Ivoire* ; Requête no 029/2019 - *Doumbia Moussa c. Côte d'Ivoire* ; Requête no 030/2019 - *Badienne Moussa c. Côte d'Ivoire* ; Requête no 031/2019 - *Gueu Louapou Christian c. Côte d'Ivoire* ; Requête no 032/2019 - *Oulai Marius c. Côte d'Ivoire* ; Requête no 033/2019 - *Kpea Albert Damas c. Côte d'Ivoire* ; Requête no 034/2019 - *Guessan Yao Ange c. Côte d'Ivoire* ; Requête no 035/2019 - *Seka Atsin Thierry c. Côte d'Ivoire* ; Requête no 036/2019 - *Konate Kalilou c. Côte d'Ivoire* ; Requête no 037/2019 - *Doumbia Ibrahim c. Côte d'Ivoire* ; Requête no 044/2019 - *Suy Bi Gohore Emile & 8 Autres c. Côte d'Ivoire* ; Requête no 046/2019 - *Aka Yao Bossin Fidele c. Côte d'Ivoire* ; Requête no 047/2019 - *Diomandé Aboubakar Sidiki c. Côte D'ivoire* ; Requête no 048/2019 - *Zakaria Sanogo c. Côte D'ivoire* ; Requête no 049/2019 - *Aguehi Ogou François c. Côte D'ivoire* ; Requête no 050/2019 - *Sylla Ibrahim c. Côte d'ivoire* ; Requête no 051/2019 - *Traoré Aboulaye c. Côte D'ivoire* ; Requête no 052/2019 - *Kinda Ibrahim c. Côte D'ivoire* et Requête no 053/2019 - *Adae Tano Alain Christian c. Côte D'ivoire.*

1231 A la date du 31 mars 2020, 256 affaires étaient déposées par des individus, 12 par les ONG et 3 par la Commission africaine. Aucune affaire n'a été soumise par un Etat ni les organisations inter-gouvernementales.

1232 Requête no 012/2020, ordonnances (mesures provisoires), § 42 i).

1233 Guillaume Soro a dirigé le groupe rebelle appelle « les Forces Nouvelles » qui a pris le pouvoir pendant la crise post-électorale de 2010-2011 au président Laurent Gbagbo inculpé dans la foulée par la Cour pénal internationale puis finalement acquitée avec son ancien Ministre Blé Goudé. A l'accession au pouvoir de Alassane Outtara, mentor de Guillaume Soro, ce dernier occupa succssivement le poste de premier ministre et de président de l'Assemblée nationale avant de denir un ennemi politique.

d'Abidjan, par contumace, le sieur Guillaume Soro en exile en France, le 28 avril 2020 à 20 ans de prison ferme, 4,5 milliards de F CFA d'amende, et à la privation de ses droits civiques pendant cinq ans.

Au cours de la même période, le Bénin, souvent cité comme un exemple de réussite démocratique en Afrique francophone, a emboîté le pas à la Côte d'Ivoire en retirant à son tour sa déclaration de compétence en vertu de l'article 34 alinéa 6 du Protocole. La similitude entre le Bénin et la Côte d'ivoire est que le retrait est consécutif à des décisions aux effluves certes politiques de la Cour. Dans le cas du Bénin, la Cour d'Arusha a pris une ordonnance le 17 avril 2020 en lien avec la requête no 062/2019 concernant l'affaire *Sébastien Germain Marie Aïkoue Ajavon c. République du Bénin*. Par cette décision, la Cour a ordonné au Bénin de « surseoir à la tenue de l'élection des conseillers municipaux et communaux prévue pour le 17 mai 2020 jusqu'à ce que la Cour rende une décision au fond »[1234].

Par ailleurs, par sa décision en date du 14 novembre 2019, la Tanzanie qui abrite le siège de la Cour à Arusha, a retiré sa déclaration initiale du 9 mars 2010 en estimant que « la déclaration a été mise en œuvre contrairement aux réserves soumises par la Tanzanie sans sa déclaration »[1235]. La Tanzanie a estimé que cette habilitation « ne devrait être accordée à des ONG et aux individus qu'après épuisement des voies de recours internes et conformément à la Constitution de la Tanzanie ». Par cette réserve, la Tanzanie s'octroie le pouvoir d'appréciation de l'épuisement des voies de recours internes qui revient de droit à la Cour au titre des articles 56 de la Charte, 6 alinéa 2 du Protocole à la Charte créant la Cour et 50 alinéa 1er de son RI de 2020 sur l'examen de la recevabilité des requêtes introduites. Bien plus, en invoquant la conformité à la Constitution tanzanienne, la Tanzanie dénie la primauté du droit international, ce qui est contraire au prima du droit international sur le droit interne et au sacro-saint principe du *Pacta sunt servanda*.

Quant au Rwanda, il fut le premier des quatre Etats ayant retiré leur déclaration au titre de l'article 34 alinéa 6 du Protocole facultatif créant la Cour. Au Rwanda qui a estimé que la Commission africaine « ne devrait, en aucun cas, se préoccuper de la décision du Rwanda, car le pays n'est pas en train de se rétracter vis-à-vis de ses engagements avec la Cour, encore moins pour la promotion et la protection des droits de l'homme (...) et que « son système juridique ne devrait jamais, en connaissance de cause, accepter une

---

[1234] *Sébastien Germain Marie Aïkoue Ajavon c. République du Bénin*, ordonnance (mesures provisoires), VII, § 4.

[1235] Note de retrait de la déclaration au titre de l'artcile 34 (6) créant la Cour africaine signé par le Prof Palamagamba J.A.M Kabudi, Ministre des affaires étrangères et de la coopération en Afrique de l'Est. Elle est disponible sur le site uinternet de la Cour, www.african-court.org.

pétition de la part d'une personne accusée de génocide ou d'un fugitif », la Commission qui a demandé au Rwanda de revoir sa position sur le retrait de sa déclaration en vertu de l'article 34 (6) du protocole créant la CAfDHP, a indiqué que même si l'adhésion et le retrait de ladite déclaration sont volontaires, il n'en demeure pas moins préoccupant car « ce retrait limite l'accès direct des personnes et des ONG à la Cour »[1236].

Ces retraits portent atteinte à la caution collective nécessaire pour la lutte contre l'impunité et l'ancrage des droits de l'homme dans les institutions et la pratique des Etats. Les maux de la Cour africaine ne sont pas différents de ceux de la Commission africaine. La frilosité de cette dernière à ses débuts a été voulue par les Etats qui y envoyaient des personnalités politiques pour y siéger afin de limiter voire contrôler ses délibérations. Le désintérêt des Etats dans les premières années de la Commission, à laisser place, de nos jours, à une attention politique encourageant non pas pour louer l'action de la Commission mais pour davantage la critiquer, ce qui est un signe d'efficacité à mettre à l'actif de la Commission. Par l'ouverture normative à l'universel autorisée par les articles 60 et 61 de la Charte africaine et une activité jurisprudentielle et « législative » dynamique portée par les organisations de la société civile, la Commission africaine a, peu ou prou, suppléer au dispositions normatives qui faisaient défaut dans la Charte ou celles qui y ont été insuffisamment développées. En outre, ce que les Etats parties au Protocole créant la Cour africaine ont dénié aux ONG et aux individus en refusant de faire la déclaration de l'article 34 (6) du Protocole ou en retirant ladite déclaration après l'avoir faite, la Commission peut les leur rendre en servant de pont entre les particuliers et ONG (privés de la faculté de saisine par les Etats) et la Cour africaine. Ironie du sort, en voulant affaiblir et priver les particuliers et les ONG du droit d'agir devant la Cour, les Etats ont renforcé les compétences de la Commission africaine en l'investissant dans un rôle d'intermédiaire stratégique entre les ONG et les particuliers, et la Cour africaine. La Commission est replacée dans une position stratégique intéressante qui dépasse même les dispositions des textes[1237] et la pratique des deux mécanismes visant à renforcer leur complémentarité. Encore faut-il que l'égo institutionnel cède la place à une collaboration effective pour arracher aux Etats par la main gauche ce qu'ils ont voulu refuser par la main droite et ainsi favoriser un monitoring efficace des violations des droits de l'homme et droit humanitaire sur le continent.

[1236] EX.CL/968 (XXIX), Annexe, § 2 xv).

[1237] Règlement intérieur du 1er septembre 2020 de la Cour africaine, articles 34 à 38 ; Règlement intértieur de 2020 de la Commission africaine, articles 128 à 135. Les deux mécanismes se réunissent périodiquement.

La Requête 006/12 – *Commission africaine des droits de l'homme et des peuples c. Kenya* a été introduite auprès de la Cour par la Commission africaine. Antérieurement, cette affaire avait fait l'objet de la communication 381/09 - *Centre for Minority Rights Development (Kenya) et Minority Rights Group International (au nom de la communauté Endorois de la forêt de Mau Forest) c. Kenya soumise à la Commission.* A cause du non respect par le Kenya des mesures conservatoires décidées, la Commission a renvoyé en 2012 l'affaire devant la Cour conformément aux articles 45 alinéa 2 et 58 de la Charte africaine, aux articles 2, 3 et 5 alinéa 1er *a)* du Protocole portant création de la Cour africaine, aux articles 34 et 36 du Règlement de la Cour de 2020 et aux articles 128, et 130 du Règlement intérieur de la Commission de 2020. Dans son ordonnance portant mesures provisoires, la Cour a enjoint au Kenya de s'abstenir de tout acte ou de toute action susceptible de préjuger irrémédiablement de la requête principale devant elle jusqu'à ce qu'elle ait statué[1238]. En 2017, elle a jugé que le Kenya a violé la Charte et donné droit au peuple Ogiek. Le mérite de cette décision revient, dans une large mesure, à la Commission africaine.

La Commission africaine ne peut faire l'économie des mesures plus fortes et dynamiques visant la mise en œuvre effective de ses décisions. Elle doit innover à l'interne et convoquer la politique sur le terrain de la responsabilité individuelle et collective, notamment au titre des engagements conventionnels pris en vertu de l'article 1er de la Charte africaine. C'est une profession de foi. Plus qu'une simple disposition ratifiée, la reconnaissance des droits, devoirs et libertés énoncés dans cette Charte et l'engagement d'adopter des mesures législatives ou autres pour les appliquer relèvent d'une promesse sacrée qui transcende les régimes politiques et les générations pour construire le destin des peuples, des Etats et du continent tout entier. Le mandat de la Commission sert également à semer et à faire pousser des fleurs non périssables des droits de l'homme sur le continent et à asseoir la culture des droits de l'homme dans les institutions étatiques.

D'autres défis subsistent. La Commission devrait engager une politique des droits de l'homme auprès des institutions politiques de l'UA pour y essaimer les germes d'initiatives auprès d'organes susceptibles d'enraciner la culture et l'esprit des droits de l'homme et des peuples au sein de l'UA. Il s'agit de réceptionner sur le plan institutionnel les proclamations politiques de l'UA. Un sous-comité spécifique sur les questions des droits de l'homme au sein du Comité des représentants permanents (COREP) ou encore une résolution annuelle sur les droits de l'homme sur le continent adoptée par la Conférence

---

[1238] CAfDHP, *CADHP c. Kenya*, Requête 006/2012, *Ordonnance (mesures provisoires),* 15 mars 2013 (2013), § 25, 1).

des chefs d'Etat et de gouvernement, seraient souhaitables. En outre, un groupe d'Etats amis de la Commission au sein des organes politiques ne serait pas inintéressant pour soutenir et appuyer l'agenda des droits de l'homme au sein de l'UA.

La Commission africaine devrait renforcer son partenariat avec les OSC dont l'engagement reste fort sur le continent malgré les difficultés et les contraintes. De l'implication renforcée des OSC dépendra, dans certaine mesure, les avancées attendues dans la mise en œuvre des décisions de la Commission sur le terrain. Le circuit de la remontée des violations des droits de l'homme vers la Commission sous forme de communications ou de rapports alternatifs mérite d'être redynamisé tout comme l'élan de participation aux activités des mécanismes subsidiaires avec le soutien ou le financement d'études, de recherches ou de campagnes. Aussi, l'oeuvre de suivi des délibérations de la Commission à l'échelle nationale a-t-elle besoin d'un nouveau souffle. L'espace d'action des organisations de la société civile devrait être mieux articulé et mieux organisé avec des agendas bien structurés pour plus de prévisibilité.

A quelques rares exceptions, le partenariat avec les institutions académiques sur le continent reste encore faible. A cet égard, la collaboration avec le *Center for Human Rights* de l'Université de Pretoria fait figure d'exception et de bonne pratique devant inspirer d'autres partenariats avec le monde universitaire en Afrique. La Commission gagnerait à réfléchir à une forme d'affiliation des centres, instituts, facultés ou universités du continent développant des programmes ou des unités de recherches sur les droits de l'homme, le droit pénal international et le droit international humanitaire, la démocratie et la gouvernance économique, financière et sociale. Une alliance avec le mécanisme de MAEP serait souhaitable à cet effet.

Le déficit des ressources demeure une problématique préoccupante. L'UA n'est pas à la hauteur des dispositions de l'article 41 de la Charte africaine. La Commission doit mobiliser des ressources ailleurs tout en évitant toute influence de la part des pourvoyeurs de fonds, car qui fournit l'argent tend, *mutatis mutandis*, à indiquer le chemin à suivre. Les institutions politiques de l'UA sont à l'affût pour s'en saisir au bond pour critiquer la Commission. On en voit les prémisses sur les questions de l'orientation sexuelle. La Commission devrait rester vigilante et agir d'intelligence avec l'UA pour préserver son indépendance et son autonomie et s'acquitter de son mandat de façon progressiste.

La Commission africaine est le reflet de l'état de forme du continent. Mieux la Commission se porte, meilleur visage aura les peuples africains. Manier la carotte et le bâton est une arme puissante. Le respect de la dignité et de l'humanité des peuples n'est pas un vain mot. Le cœur du destin des droits de l'homme du contient bat à la Commission africaine des droits de l'homme et des peuples.

BIBLIOGRAPHIE

ARTICLES

1. Abdulqawi A. Yusuf, *Pan-africanism and international law*, 2014, in: Annuaire français de droit international, volume 60, 2014. p. 919.
2. Alioune Badara Fall, *La Charte africaine des droits de l'homme et des peuples : entre universalisme et régionalisme*, Le Seuil, « Pouvoirs » 2009/2 n° 129, pp. 77 à 100.
3. Bolaji Akinyemi, *The African Charter on Human and People's Rights: An overview*, in The Indian Journal of Political Science, Vol. 46, No. 2 (April-June 1985), pp. 207-238;
4. Carlo Santulli, *Droit du contentieux international*, Paris, Montchrétien, 2005, p. 299 ;
5. Catherine Desjeux et Bernard Desjeux, Sénégal : Le pays du donner et du recevoir, Editions Grandvaux, 2004 ;
6. Cherifou Gassama, Le principe de restitutio in integrum dans le contentieux international des droits de l'homme, *Miskolc Journal of International Law*, VOL. 2. (2005) NO. 1. pp. 1-31 ;
7. Claude Ake, « Human Rights. The African Context », *Africa Today*, vol. XXXIV, n° 142, 1987, p. 5-13.
8. CRM Dlamini, "Towards a regional Protection of human rights in Africa: The African Charter on Human and Peoples' Rights", in *The Comparative and International Law Journal of Southern Africa*, Vol. 24, No. 2 (JULY 1991), pp. 189-203.
9. Daniel Colard, « La Charte des droits et devoirs économiques des États », *Études internationales*, Volume 6 (4), 1975, pp. 439-461.
10. *David M. Paciocco, Proof and progress: Coping with the law of evidence in a technological age, Canadian Journal of Law and Technology, Vol 11, No 2 (2013).*
11. Denyse de Saivre, Léopold Sédar Senghor Humaniste classique et humaniste d'avant-garde, *Présence Africaine*, Nouvelle série, No. 154 (2ème semestre 1996), pp.72 à 76.
12. Dismas Ndayambaje Olivier, *La contribution de la reconnaissance des droits des peuples autochtones à la protection de l'environnement à la lumière de l'affaire Endorois c Kenya.* in *Revue Québécoise de droit international*, volume 29-2, 2016. pp. 173-190.
13. Dominique Rosenberg, Article 62 paragraphe 2 in La Charte des Nations Unies, Commentaire article par article (sous la direction de Jean-Pierre Cot et Alain Pellet), Paris, édition Economica, Vol II, 3ème édition, 2005, pp. 1609 à 1617.
14. Edward Kannyo, "The Banjul Charter on Human and Peoples' Rights: Genesis and Political Background" in Claude Welch jr. and Ronald Meltzer (eds.) *Human Rights and Development in Africa* (1984) State University of New York Press: Albany, New York, pp.128-151.

15. Elisabeth Lambert Abdelgawad, L'exécution des décisions des juridictions internationales des droits de l'homme : vers une harmonisation des systèmes régionaux, *ACDI*, Bogotá, 2010, Vol. 3 Especial, pp. 9-55.
16. *Élise Ternynck,* Le juge du contrat de travail et la preuve électronique : essai sur l'incidence des technologies de l'Information et de la communication sur le contentieux prud'homal*, PRES Université Lille Nord de France, September 2014.*
17. Emmanuel Decaux, Les rencontres de Yaoundé, *in* Politique Africaine, Le Cameroun dans l'entre-deux – *Magazine,* n° 62, juin 1996, pp. 131 à 136.
18. Fatsah Ouguergouz, « La Commission africaine des droits de l'homme et des peuples : présentation et bilan d'activités (1988-1989) », *Annuaire français de droit international,* vol. 35, 1989, p. 558 et note de bas de page 6.
19. Fatsah Ouguergouz, La Commission africaine des droits de l'homme et des peuples : présentation et bilan d'activités (1988-1989), *Annuaire français de droit international*, vol. 35, 1989, p. 562.
20. Fatsah Ouguergouz, La Commission africaine des droits de l'homme et des peuples : présentation et bilan d'activités (1988-1989), *Annuaire français de droit international*, vol. 35, 1989, p. 559.
21. François Borella, « Le régionalisme africain et l'Organisation de l'Unité Africaine » in *Annuaire Français de Droit International,* Année 1963, IXème année, pp. 838-865.
22. Frans Viljoen, Minority Sexual Orientation as a Challenge to the Harmonised Interpretation of International Human Rights Law, in Carla M. Buckley, Alice Donald, Philip Leach, Towards Convergence in International Human Rights Law: Approaches of..., §§ 163-164 et 168-171.
23. G. Abi-Saab, Les exceptions préliminaires dans la procédure de la Cour internationale, *Revue internationale de droit comparé*, 1969, 21-2, pp. 425-426.
24. Gabriella Di Paolo, « Judicial investigations and gathering of evidence in a digital online context », *Revue internationale de droit pénal,* 2009/1-2 (Vol. 80), pp. 201 à 246 ;
25. Germain Baricako, « Introductory Preface: The African Charter and African Commission on Human and Peoples' Rights » in *The African Charter and African Commission on Human and Peoples' Rights, The System in Practice 1986-2006*, Edited by Malcolm Evans and Rachel Murray, University of Bristol, *Cambridge University Press*, 2009, pp. 1-19.
26. Germain Baricako, « Le point sur la Commission Africaine des Droits de l'Homme et des Peuples » in *Institut de recherche et débat sur la gouvernance (IRG)*, décembre 2014, p. 10.

27. Henry Onoria, "The African Commission on Human and Peoples' Rights and the exhaustion of exhaustion of local remedies under the African Charter", 3 African Human Rights Law Journal, 2003, p.19.
28. Hervé Ascencio, « L'*amicus curiae* devant les juridictions internationales », RGDJ, 2001, pp. 897-930.
29. J.-F. Flauss, « Le contentieux de la satisfaction équitable devant les organes de la Cour européenne des droits de l'homme. Développements récents », *Europe,* juin 1992, p. 1.
30. J.-F. Flauss, « Réquisitoire contre la mercantilisation excessive du contentieux de la réparation devant la Cour européenne des droits de l'homme. A propos de l'arrêt *Beyeler c. Italie* du 28 mai 2002 », *D.* 2003, p. 227).
31. Jean-Louis Atangana Amougou, La Commission africaine des droits de l'homme et des peuples, *Revue Droits fondamentaux, n° 1, juillet-décembre 2001*, p. 96.
32. John Mbiti, "The Encounter of Christian Faith and African Religion", *Christian Century*, August 27- September 3, 1980, pp. 817-820.
33. Jules Guillaumé, Le droit à réparation devant la CPI : promesses et incertitudes, Politique étrangère, 2015/4 (Hiver), pp. 51 à 62.
34. K. Esom, B. Nibogora & R. Armstrong [eds] *African Reflections on Sexuality and Equality*, African Men for Sexual Health and Rights [AMSHeR], Johannesburg, Vol. 1. 2015.
35. Kahiudi Claver Mabana, Léopold Sédar Senghor et la civilisation de l'universel, PUF, Diogène 2011/3-4 (n° 235-236), pp. 6 à 7.
36. Kamari Maxine Clarke, « Affective Justice : The International Criminal Court and the Pan-Africanist Pushback », *Duke University Press*, Durham, 2019.
37. Karen Stefiszyn, The African Union: Challenges and Opportunities for Women, *African Human Rights Law Journal*, (2005) 5, pp. 358 à 386.
38. Keba Mbaye, « Le droit au développement comme un droit de l'homme », Revue des droits de l'homme, Tome 2-3, pp. 503 et s.
39. Lucy Claridge, « Victory for Kenya's Ogiek as African Court sets major precedent for indigenous peoples' land rights *African Commission on Human and Peoples' Rights* v the Republic of Kenya », Minority Rights Group International, Briefing, 2017.
40. Manisuli Ssenyonjo, "*An Introduction to the Development of the African Regional Human Rights System: 30 Years after the Adoption of the African Charter on Human and People's Rights*" in "The African Regional Human Rights System: 30 Years after the Adoption of the African Charter on Human and peoples' Rights", International Studies in Human Rights, *Martinus Nijhoff Publishers*, 2012, pp. 3-26.

41. Marcelin Nguele Abada, *Article 30* in Maurice Kamto (sous la direction), *La Charte africaine des droits de l'homme et des peuples et le protocole y relatif portant création de Cour africaine des droits de l'homme, Commentaire article par article*, édition Bruylant, 2011, p. 757.
42. *Maurice Ahanhanzo Glélé, « La Charte africaine des droits de l'homme et des peuples : ses virtualités et ses limites », Revue de droit africain, n° 1, 1985.*
43. Maurice Glélé Ahanhanzo, « Introduction à la Charte africaine des Droits de l'homme et des peuples », in « Droits et libertés à la fin du XXe siècle, influence des données économiques et technologiques », *Etudes offertes à Claude-Albert Colliard*, Pédone, 1984, p. 313.
44. Maurice Kamto, « L'énoncé des droits dans les constitutions africaines *», Revue Juridique Africaine (RJA)*, 1991, numréos 2 et 3, pp. 7 et s.
45. Maurice Kamto, « Retour sur le « droit au développement » au plan international », Revue Universelle des Droits de l'Homme (RUDH), Vol. 11, n° 1-3, pp. 1 à 10.
46. Maurice Kamto, Préambule in La Charte Africaine des droits de l'homme et des peuples et le protocole y relatif portant création de la Cour africaine des droits de l'homme – Commentaire article par article (sous la direction Maurice Kamto), p.75.
47. Mirlande Manigat, « L'Organisation de l'unité africaine » in *Revue française de science politique*, XXIème année, n°2, 1971, pp. 382-401.
48. Moustapha Sourang, « Faut-il modifier la Charte d'Addis Abéba du 25 mai 1963 ? », *Annales africaines, Revue de droit, d'économie et de gestion de la Faculté des Sciences juridiques et économiques de l'Université de Dakar,* 1983-1984-1985, pp. 67-78.
49. Nelson Enonchong, "The African Charter on Human and Peoples' Rights: Effective Remedies in Domestic Law?" in *Journal of African Law*, Vol. 46, No. 2 (2002), pp. 197-215.
50. Nikita Mehandru et Alexa Koenig, « Open Source Evidence and the International Criminal Court », Havard Human Rights Journal, *April 2019.*
51. Nisrine Eba Nguema, « Recevabilité des communications par la Commission africaine des droits de l'homme et des peuples », La Revue des droits de l'homme, 5, 2014, p. 2, § 2.
52. Patrick Jacob, *L'intervention devant la Cour internationale de justice à la lumière des décisions rendues en 2011 : lente asphyxie ou résurrection ?,* Annuaire Français de Droit International, Année 2011/57/pp. 213-234.
53. Paul Tavernier et Roland Adjovi, « Article 26 » in, *La Charte africaine des droits de l'homme et des peuples et le protocole y relatif*

portant création de Cour africaine des droits de l'homme, Commentaire article par article, Maurice Kamto (sous la direction), édition Bruylant, 2011, p. 659.

54. Philippe Ardant, *Le néo-colonialisme : thème, mythe et réalité*, Revue française de science politique, 15e année, n°5, 1965. pp. 837 à 855.
55. Pierre d'Argent, Le droit de la responsabilité internationale complété ? Examen des *Principes fondamentaux et directives concernant le droit à un recours et à réparation des victimes de violations flagrantes du droit international des droits de l'homme et de violations graves du droit international humanitaire,* Annuaire Français de Droit International, Année 2005 51 pp. 27-55.
56. Rachel Murray et Frans Viljoen, "Towards Non-Discrimination on the Basis of Sexual Orientation: The Normative Basis and Procedural Possibilities before the African Commission on Human and Peoples' Rights and the African Union", The Johns Hopkins University Press, *Human Rights Quarterly*, Vol. 29, No. 1 (Février 2007), pp. 86-111.
57. Rachel Murray et Steven Wheatley, "Groups and the African Charter on Human and Peoples' Rights", in *Human Rights Quarterly*, Vol. 25, No. 1 (Feb., 2003), pp. 213-236.
58. Rachel Murray, "A feminist perspective on reform of the African human rights system", *African Human Rights Law Journal* 2 (2001) 208.
59. Rachel Murray, "The African Charter on Human and Peoples' Rights: A Commentary", *Oxford University Press*, 2019 p. 70.
60. Richard Gittleman, "The African Charter on Human and People's Rights : A Legal Analysis", in *Virginia Journal of International Law*, Vol. 22:4, 1982, p. 669.
61. Rose M. D'Sa, "Human and Peoples' Rights: Distinctive Features of the African Charter", Journal *of African Law*, Vol. 29, No. 1 (Spring, 1985), pp. 72-81.
62. Sarah Hanffou Nana, *La Cour africaine des droits de l'Homme et des peuples : Etude à la lumière de l'expérience européenne*, Editions Connaissances et Savoirs, 2016, p. 147, § 239.
63. Solomon T. Ebobrah, "The Admissibility of Cases before The African Court on Human and Peoples' Rights: Who Should do What?" (2009) MLJ Vol.3, Issue 1, p.94.
64. Souleymane Bachir Diagne et Nadia Yala Kisukidi, « Senghor et la question qui se pose toujours », *ThéoRèmes*, 4, 2013.
65. Souleymane Bachir Diagne, « Philosophie africaine et Charte africaine des droits de l'homme et des peuples », *Critique* 2011/8 (n° 771-772), pp. 667 à 668.
66. The Butare Colloquium on Human Rights and Economic Development in Francophone Africa: A Summary and Analysis, Universal Human

Rights, *The Johns Hopkins University Press*, Vol. 1, No. 2, Apr-June 1979, pp. 63-87.

67. U. O. Umozurike, The African Charter on Human and People's Rights, *The American Journal of International Law*, Vol. 77, No. 4 (Oct., 1983), pp. 902-912.
68. Wiebringhaus Hans, « La règle de l'épuisement préalable des voies de recours internes dans la jurisprudence de la Commission européenne des Droits de l'Homme », in *Annuaire français de droit international*, vol. 5, 1959. pp. 685-704.

OUVRAGES, GUIDES

1. A Guide to the African Human Rights System, celebrating 30 years since the enrty into force of the African Charter on Human snd Peiple's Rights 1986-2016, Pretoria University Law Press, PULP, 2016, p.2.
2. Annuaire africain des droits de l'homme, 2018, Vol. 2, Pretoria University Law Press (PULP).
3. Benoit S. Ngom, *Les droits de l'homme et l'Afrique, 1984, pp.75 à 76.*
4. Boutros Boutros Ghali, *L'Organisation de l'Unité africaine, Armand Colin*, Paris, 1969.
5. Carlo Santulli, *Droit du contentieux international*, Paris, Montchrétien, 2005, p. 299.
6. Catherine Desjeux et Bernard Desjeux, Sénégal : Le pays du donner et du recevoir, Editions Grandvaux, 2004.
7. Dominique Carreau et Fabrizio Marrella, *Droit international*, 11ème édition, Pedone, p.326.
8. Elisabeth Lambert Abdelgawad et kathia Martin-Chenut, « Réparer les violations graves et massives des droits de l'homme : la Cour Interaméricaine, pionnière et modèle ? », *Société de législation comparée*, 2010, p. 26.
9. Fatsah Ouguergouz, « La Charte africaine des droits de l'homme et des peuples, une approche juridique des droits de l'homme entre tradition et modernité », publications de l'Institut Universitaire de Hautes Etudes Internationales, Genève, PUF, 1993, pp. 41 à 46.
10. Fatsah Ouguergouz, « Article 45, La Charte africaine des droits de l'homme et des peuples et le protocole y relatif portant création de la Cour africaine des droits de l'homme », Commentaire article par article (Sous la direction de Maurice Kamto), Bruylant, Editions de l'Université de Bruxelles 2001, Collection droit international, p. 900.
11. François-Xavier Verschave, « Complicité de génocide ? La politique de la France au Rwanda », 1994, La Découverte.
12. François-Xavier Verschave, « De la Françafrique à la Mafiafrique », 2003.

13. François-Xavier Verschave, « Françafrique : Le plus long scandale de la République », édition Stock, Paris, 1998, 360 pages.
14. François-Xavier Verschave, « L'envers de la dette : criminalité politique et économique au Congo-Brazza et en Angola », 2001, éditions Agone.
15. François-Xavier Verschave, « Noir procès, offence à chefs d'Etat », 2000, Paris, Les Arènes.
16. Frans Viljoen, "International Human Rights Law in Africa", Second Edition, Oxford University Press, 2012, pp. 371 à 377.
17. Frans Viljoen, "Review of the African Commission on Human and Peoples' Rights: 21 October 1986 to 1 January 1997" in Heyns C (ed) *Human Rights Law in Africa 1997*, Kluwer Law International (1998) 47-116.
18. Georges Dubé, « Les sanctions du droit international public dans la Charte des Nations Unies », *Les Cahiers de droit*, Volume 5, numéro 1, mars 1962, pp. 98-103.
19. Jo M. Pasqualucci, "The Practice and Procedure of the Inter-American Court of Human Rights", *Cambridge University Press*, 2003, p.141.
20. John Mbiti, "African Religions and Philosophy" [1969], Oxford et Portsmouth, Heinemann, 1990, p. 106.
21. Keba Mbaye, « Les droits de l'homme en Afrique », 2ème édition, Paris, Pedone, 2002, pp. 169 à 183.
22. Keba Mbaye, Les droits de l'Homme en Afrique, Paris, Pedone, 1992.
23. Kofi Oteng Kufur, « The African Human Rights System, Origin and Evolution », *Palgrave Macmillan*, New York, 2010, pp. 37 à 60.
24. La Charte africaine des droits de l'homme et des peuples et le protocole y relatif portant création de la Cour africaine des droits de l'homme, Commentaire article par article (sous la direction de Maurice Kamto), Editions Bruylant, Editions de l'Université de Bruxelles, 2011.
25. Le droit à un recours et à obtenir réparation en cas de violations graves des droits de l'homme - Guide pratique, *Commission internationale de juristes*, 2006, n° 2 de la série des guides pratiques.
26. Le Guide simple sur les organes de traités des Nations Unies, *Service International pour les Droits de l'Homme (ISHR)*, Genève, 2015, p.22.
27. Mactar Kamara, « L'Organisation de l'Unité Africaine/ Union Africaine et le règlement des conflits territoriaux et frontaliers : contribution à l'étude de l'*uti possidetis* en droit international public », *Thèse de doctorat*, 2002, Université Panthéon-Sorbonne (Paris 1).
28. Malcolm D. Evans et Rachel Murray, The African Charter on Human and Peoples' Rights, The Sytsem in Practice, 1986-2000, Cambridge University Press, 2002.

29. Manisuli Ssenyonjo (sous la direction), The African Regional Human Rights System, 30 Years after the African Charter on Human and Peoples' Rights, Martinus Nijhoff Publishers, Leiden-Boston, 2012.
30. Maurice Ahanhanzo Glélé, Maurice Glélé Ahanhanzo, "La Déclaration d'Alger et l'Afrique", *in* Antonio Cassese & Edmond Jouve (Dir.), Pour un droit des peuples, Paris, *Berger-Levrault, 1978, p. 204.*
31. Maurice Kamto (sous la direction), « La Charte africaine des droits de l'homme et des peuples et le protocole y relatif portant création de Cour africaine des droits de l'homme », *Commentaire article par article*, édition Bruylant, 2011, 1628 pages.
32. Mutoy Mubiala, « Le système régional africain de protection des droits de l'homme », *Bruylant*, Bruxelles, 2005, pp. 29 à 32.
33. Olufemi Amao, "African union law: the emergence of a sui generis legal order", *Routledge*, 2018, London.
34. Pacal Airault et Jean-Pierre Bat, « Françafrique : Opérations secrètes et affaires d'Etat », 2016, Paris, Editions Tallandier.
35. Patrick Pesnot, « Les dessous de la Françafrique », édition Nouveau monde, *Collection les dossiers secrets de Monsieur X*, 2014, Paris.
36. Rachel Murray, "Human Rights in Africa : from the OAU to the African Union", *Cambridge University Press*, 2004, pp. 22-25.
37. Rachel Murray, « The African Commission on Human and Peoples' Rights and International Law », *Hart Publishing*, Oxford, Portland, Oregon, 2000, pp. 9 à 10.
38. Valère Eteka Yemet, *« La Charte africaine des droits de l'homme et des peuples »,* Collection Logiques Juridiues, L'Harmattan, Paris, 1996, pp. 33 à 34.
39. Vincent O. Orlu Nmehielle, « The African Human Rights System, Its Laws, Practice, and Institutions », *Martinus Nijhoff Publishers*, International Studies in Human Rights, Volume 69, pp. 75 à 82.

RAPPORTS

1. Organisation internationale de la Francophonie (OIF)

Déclaration de Bamako du 3 novembre 2000 adoptée lors du Symposium internationalsur le bilan des pratiques de la démocratie, des droits et des libertés dans l'espace francophone, § 23.

2. Haut-Commissariat aux Droits de l'Homme

Institutions Nationales pour les Droits de l'Homme - Historique, principes, fonctions et attributions, *Série sur la formation professionnelle n° 4 (Rev.1)*, Nations Unies, New York et Genève, 2010, p. 35.

3. Rapports Union Africaine

Doc. OUA, CM/1149 (XXXVII), Rapport du Secrétaire général sur le projet de Charte africaine des droits de l'homme et des peuples.

Allocution de S.E. M. Léopold Sedar Senghor, Président de la République du Sénégal, O.U.A. Doc CAB/LEG/67/5.

4. Rapports et études de la Commission africaine

Rapport du Deuxième Séminaire régional sur la mise en œuvre des Décisions de la Commission africaine des droits de l'homme et des peuples (4 - 6 septembre 2018), Zanzibar, Tanzanie, § 19 a).

Avis juridique de la CADHP sur la Déclaration des nations Unies sur les droits des peuples autochtones adopté en 2007 lors de sa 41ème session ordinaiare (16 – 30 mai 2007) à Accra, Ghana.

5. Rapports des organisations de la société civile

Mettre fin à la violence et autres violations des droits de l'homme fondées sur l'orientation sexuelle et l'identité de genre. *Un dialogue conjoint entre la Commission africaine des droits de l'homme et des peuples, la Commission interaméricaine des droits de l'homme et les Nations Unies (CADHP, IACHR, ONU, Center for Human Rights de l'Uniuversite de Pretoria),* Pretoria University Law Press (PULP), Pretroia 2016.

Rapport de la Conférence sur les « droits de l'homme et des peuples et la Charte africaine » à Nairobi du 2 au 4 décembre 1985, *Commission internationale de juristes.*

Rapport sur les travaux du Congrès africain sur la primauté du droit, Lagos (Nigeria), 3-7 janvier 1961.

RESOLUTIONS

1. Commission africaine des droits de l'homme et des peuples

2020

- CADHP/Rés.471(LXVII)2020
- CADHP/Rés.440 (LXVI)2020

2019

- CADHP/Rés.432 (LXV)2019
- CADHP/Res.422 (EXT.OS/XXVI)2019

2018

- CADHP/Rés. 409 (LXII) 2018
- CADHP/Rés. 405 (LXII) 2018
- CADHP/Rés. 403 (LXII) 2018
- CADHP/Rés. 402 (LXIII) 2018
- CADHP/Rés. 401 (EXT.OS/ XXIV) 2018
- CADHP/Rés. 395 (LXII) 2018

2017

- CADHP/Rés.380 (LXI) 2017
- CADHP/Rés.377 (LXI) 2017
- CADHP/Rés.376 (LX)2017
- CADHP/Rés.373 (LX) 2017
- *CADHP/Rés.372 (LX) 2017*
- CADHP/Rés.370 (LX)2017
- CADHP/Rés.368 (LX) 2017

2016

- CADHP/Rés.362 (LIX) 2016
- CADHP/Rés.361 (LIX) 2016
- CADHP/Rés.360 (LIX) 2016
- CADHP/Rés.359 (LIX) 2016
- CADHP/Rés.358 (LIX) 2016
- CADHP/Rés.357 (LIX) 2016,
- CADHP/Rés.345 (LVIII) 2016
- CADHP/Rés.345 (LVIII) 2016,
- CADHP/Rés. 336 (EXT.OS/XIX) 2016
- CADHP/RES. 332 (EXT.OS/XIX) 2016
- CADHP/RES. 328 (EXT.OS/XIX) 2016

2015

- CADHP/Rés.327 (LVII) 2015
- CADHP/Rés.311 (LVI1) 15)
- CADHP/Res. 306 (EXT.OS/XVIII) 2015
- CADHP/Rés.303 (LVI) 2015
- CADHP/Res.294 (EXT.OS/XVII) 2015
- CADHP/Res.295 (EXT.OS/XVII)2015

2014

- CADHP/Rés.294 (EXT.OS/XVI)2014
- CADHP/Res.292 (EXT.OS/XVI)2014
- CADHP/Res.291 (EXT.OS/XVI)2014
- CADHP/Rés.286 (EXT.OS/XVI)2014
- CADHP/Res.284 (LV)2014
- CADHP/Res.283 (LV)2014
- CADHP/Res.280 (LV)2014
- CADHP/Rés.273 (LV)2014
- CADHP/Rés.269 (LV)2014

2013

- CADHP/Res.263 (LIV)2013,
- CADHP/Rés.262 (LIV) 2013
- CADHP/Res.259 (LIV) 2013
- CADHP/Rés.250 (LIV) 2013
- CADHP/Rés.248 (LIV)13
- CADHP/Rés.245 (LIV)13
- CADHP/Rés.233 (EXT.OS/XIII) 13

2012

- CADHP/Rés.231 (LII) 2012
- CADHP/Res.230 (LII)2012
- CADHP/Rés.226 (LII)2012
- CADHP/Rés.222 (LI) 2012

2011

- CADHP/Rés.200 (L)11
- CADHP/Rés.198 (L)11
- CADHP/Rés.197 (L)11
- CADHP/Res.196 (L)2011
- CADHP/Rés.194 (L)11
- CADHP/Rés.190 (XLIX)11
- CADHP/Rés.189 (XLIX)11

2010

- CADHP/Res.177 (CLXXVII)10
- CADHP/Rés.176 (XLVII1) 10
- CADHP/Rés.168 (XLVII1) 10
- ACHPR/Res.167 (XLVIII) 10.

2009

- CADHP/Rés.161 (XLV1)09
- CADHP/Rés.157 (XLV1)09
- CADHP/Res.153 (XLVI)09
- CADHP/Rés.150 (XLV1)09
- ACHPR/Res.148 (XLV1)09
- CADHP/Rés.147 (XLV1)09
- CADHP/Rés.144 (XXXXV)09
- CADHP/Rés.143 (XXXXIII)09
- CADHP/Rés.142 (XXXXV)09

2008

- CADHP/Rés.141 (XXXXIV)08
- CADHP/Rés.141 (XXXXIV)08
- CADHP/Rés.140 (XXXXIV)08

- CADHP/Res.139 (XXXXIV)08
- CADHP/Res.138 (XXXXIV)08
- CADHP/Rés.135 (XXXXIV)08

2007

- CADHP/Rés.128 (XXXXII)07
- CADHP/Rés.127 (XXXXII)07
- CADHP/Rés.125 (XXXXII)07
- ACHPR/Res.124 *(XXXXII)*07
- CADHP/Rés.122 (XXXXII)07
- CADHP/Rés.119 (XXXXII)07
- CADHP/Rés.116 (XXXXII)07
- CADHP/Rés.113 (XXXXII)07
- CADHP/Rés.111 (XXXXII) 07
- CADHP/Rés.108 (XXXXI)07

2006

- CADHP/Rés.102 (XXXX)06
- CADHP/Rés.98 (XXXIX)06
- CADHP/Rés.96 (XXXX)06
- ACHPR/Rés. 95 (XXXIX)06

2005

- ACHPR/Res.93 (XXXVIII)05
- CADHP/Res.85 (XXXVIII)05
- CADHP/Rés.84 (XXXXV)05
- CADHP/Rés.83 (XXXVIII)05
- CADHP/Rés.82 (XXXVIII)05
- CADHP/Rés.80 (XXXVIII)05
- CADHP/Res.79 (XXXVIII)05
- CADHP/Res.78 (XXXVIII)05
- CADHP/Res.77 (XXXVII)05
- CADHP/Res.76 (XXXVII)05
- CADHP/Res.74 (XXXVII)05

2004

- CADHP/Rés.73 (XXXV1)04
- CADHP/Rés.72 (XXXV1)04
- CADHP/Rés.71 (XXXV1)04
- CADHP/Res.69 (XXXV)04
- CADHP/Res.68 (XXXV)04
- CADHP/Res.66 (XXXV)04

2003

- CADHP/Rés.65 (XXX1V)03
- ACHPR/Res.64 (XXXIV)03
- ACHPR/Rés.63 (XXXIV)03

2002

- CADHP/Rés.62 (XXXII)02

- CADHP/Rés.61 (XXXII)02
- CADHP/Res.60 (XXXI)02

2001

- CADHP/Rés.58 (XXIX)01
- CADHP/Rés.54 (XXIX)01
- CADHP/Rés.53 (XXIX)01

1988-2000

- CADHP/Res.39 (XXV)99
- CADHP/Rés.38 (XXXVIII) 99
- CADHP/Rés.33 (XXV)99
- CADHP/Res.31 (XXIV)98
- CADHP/Rés.30 (XXIV)98
- CADHP/Res.29 (XXIV)98
- CADHP/Rés.25 (XXI)97
- CADHP/Rés.17 (XVII)95
- CADHP/Rés.14 (XVI)94
- CADHP/Res.6 (XIV)93
- CADHP/Rés.4 (XI)92
- CADHP/Recom.4 (V)89
- CADHP/Recom.4 (V)89
- ACHPR /Res.2 (V)89 :
- CADHP/Rés.1 (V)89
- CADHP/Rés.1 (V)89
- CADHP/Recom.1 (III)88
- CADHP/Recom.1 (III)88

2. Union africaine

1. Résolution 1514 (XV).
2. Résolution 1514 (XV).
3. AHG/ST. 4 (XVI) Rev. 1.
4. Décision 115 (XVI).
5. AHG/Dec.115 (XVI) Rev.1 (1979).
6. Résolution CM/Res 712 (XXXV) de la Conférence des Ministres recommandait de « déployer tous les efforts nécessaires pour terminer l'examen du projet de Charte et faire en sorte que le texte final soit soumis à la 18ème session de l'OUA ».
7. AHG/Res.243 (XXXI).

3. Nations Unies

Assemblée généreale

1. 67/155 (20 décembre 2012)
2. 66/144 (19 décembre 2011)
3. 64/169 (18 décembre 2009)
4. 62/122 (17 décembre 2007)
5. 60/144 (16 décembre 2005)
6. 59/177 (20 décembre 2004)
7. 58/160 (22 décembre 2003)
8. 57/195 (18 décembre 2002)
9. 56/266 (27 mars 2002)
10. 52/111 (12 décembre 1997)
11. 31/97 (15 décembre 1976)

Conseil des droits de l'homme

1. 36/23 (2017)
2. 27/25 (2014)
3. 18/28 (2011)
4. 9/14 (2008)

DOCUMENTS NATIONS UNIES

Organes de traités

1. CRC/C/CPV/CO/2, Cap Vert
2. CRC/C/CIV/CO/2, Côte d'Ivoire
3. CRC/C/BWA/CO/2-3, Botswana
4. CCPR/C/TUN/CO/6, Tunisie
5. CCPR/C/RWA/CO/4, Rwanda
6. CCPR/C/NAM/CO/2, Namibie
7. CCPR/C/MRT/CO/2, Mauritanie

8. CCPR/C/GIN/CO/3, Guinée
9. CCPR/C/GHA/CO/1, Ghana
10. CCPR/C/CAF/CO/3, République centrafricaine
11. CCPR/C/BFA/CO/1, Burkina Faso
12. CAT/C/ZAF/CO/2, Afrique du Sud
13. CAT/C/BEN/CO/3, Bénin
14. CCPR/C/TGO/QPR/5, Togo
15. Observation générale n° 4 (1991) du Comité des droits économiques, sociaux et culturels sur le droit à un logement suffisant (art. 11, par. 1, du Pacte)
16. Observation générale n° 7(1997) du Comité des droits économiques, sociaux et culturels sur le droit à un logement suffisant (Article 11.1) : Expulsions forcées. E/1998/22, annexe IV.

Commission du droit international (CDI)

1. *Annuaire de la Commission du droit international,* 1978, Vol. II, Première partie, Documents de la 33ème session, § 262.
2. *Annuaire de la Commission du droit international,* 1976, vol. II (2e partie), p. 10 et suiv., doc.A/31/10, chap. Il, sect. C ; § 39, 42, 182, 255-262.
3. *Cycles d'Etudes sur les droits de l'homme dans les pays en voie de développement,* Dakar (sénégal), 8 au 22 février 1966, Nations Unies, New York, 1966, *UN. Doc ST/TAO/HR 25*, p. 53 (# 237).

Conférences internationales

1. A/CONF.32/41, Proclamation de Téhéran.
2. A/CONF.157/23, Déclaration rt Programme d'action de Vienne.
3. A/CONF.189/12, Déclaration et Programme d'action de Durban.

DOCUMENTS UNION AFRICAINE

1. CAB/LEG/67/3/Rev. 1 (1979).
2. Doc. OUA, CAB/LEG/67/3 rev. 5, 21 I.L.M. 58 (1982).
3. Déclaration de Tunis adoptée à l'issue de la Conférence régionale pour l'Afrique de la Conférence mondiale sur les droits de l'homme de Vienne (14-25 juin 1993), A/CONF.157/AFRM/14, § 2.
4. Déclaration de Tunis adoptée à l'issue de la Conférence régionale pour l'Afrique de la Conférence mondiale sur les droits de l'homme de Vienne (14-25 juin 1993), A/CONF.157/AFRM/14, § 11.
5. Projet de Charte africaine des droits de l'homme et des peuples, O.U.A. Doc CAB/LEG/67/1.
6. EX.CL/199(VII) (2005), B, §§ 19 à 23 (18ème rapport d'activités de la Commission).
7. Doc. EX.CL/905(XXVII).

8. EX.CL/Dec.876(XXVII), § 6 i).
9. EX.CL /Dec.995(XXXII).
10. *Doc.EX.CL/1089(XXXIII).*

Conférence des Chefs d'Etats et de gouvernements

1. AHG/198 (XXX) § 38 a) et annexe X et annexe VII, § 3.
2. AHG/Res. 176 (XXIV).
3. AHG/Res.198 (XV) (1994).
4. AHG/Res.230(XXX).
5. AHG/res.240 (XXXI), § 4 (31ème session ordinaire, 26-28 juin 1995).
6. *Assembly/AU/Dec. 200 (XI)* - Décision sur le rapport d'activité de la Commission africaine des droits de l'homme et des peuples – *Doc. Ex.CL/446 (XIII).*
7. *Assembly/AU/Dec.328(XV)* - Décision sur la promotion de la coopération, du dialogue et du respect de la diversité en matière de droits de l'homme, *Doc. Assembly/AU/17(XV) Add.9*
8. *Assembly/AU/Dec.718(XXXII)* - Décision sur le rapport du Conseil de paix et de sécurité sur ses activités et l'état de la paix et la sécurité en Afrique, *Doc. Assembly/AU/6(XXXII)*
9. Assembly/AU/Dec.757(XXXIII)
10. Assembly/AU/Dec.760(XXXIII)
11. Assembly/AU/Decl.8(XXXII)

Conseil exécutif

1. EX.CL/600 (XVII), § 33 (28ème rapport d'activités de la Commission africaine). A la 48ème session ordinaire (Banjul, 10 au 24 novembre 2010).
2. *EX.CL/1015(XXXIII)* - Décision sur le rapport de la retraite conjointe entre le Comité des Représentants permanents (COREP) et la Commission africaine des droits de l'homme et des peuples (CADHP) - *Doc. EX.CL 1089 (XXXIII)i.*
3. *EX.CL/1057(XXXII).*
4. EX.CL/199(VII) (2005).
5. *EX.CL/650 (XVIII).*
6. EX.CL/717(XIX), § 190.
7. *EX.CL/718 (XX).*
8. *EX.CL/825(XXIV).*
9. *EX.CL/995(XXXII)* sur la Commission des droits de l'homme et des peuples, *Doc. EX.CL/1058(XXXII).*
10. *EX.CL/999(XXX).*
11. *EX.CL/Dec.1014(XXXIII)* - Décision sur la 44ème rapport d'activités de la CADHP - *Doc.EX.CL/1089(XXXIII).*

12. *EX.CL/Dec. 1045(XXXIV)* - Décision sur le rapport d'activité de la Commission africaine des droits de l'homme et des peuples (CADHP) - *Doc.EX.CL/1127 (XXXIV).*
13. *EX.CL/Dec. 1080(XXXVI)* - Décision sur le rapport d'activité de la Commission africaine des droits de l'homme et des peuples - *Doc. EX.CL/1205(XXXVI).*
14. EX.CL/Dec. 220 (VII).
15. EX.CL/Dec. 467(XIV) – Décision sur les ajustements à la structure de Maputo, Partie D - *Doc. PRC/Rpt (XVII).*
16. *Ex.CL/Dec. 482 (XIV) - Décision sur le vingt-cinquième rapport d'activité de la Commission africaine des droits de l'homme et des peuples (Doc. Ex.CL/490(XIV), § 8).*
17. *EX.CL/Dec.1015(XXXIII)* – Décisions sur le rapport de la retraite conjointe entre le Comité des représentants permanents (COREP) et la CADHP, *Doc. EX.CL/1089 (XXXIII) i, § 7 iii).*
18. *EX.CL/Dec.1020(XXXIII)* - Décision sur le projet de budget 2019 de l'Union africaine et sur le budget supplémentaire de 2018, *Doc. EX.CL/1094(XXXIII).*
19. *EX.CL/Dec.192- 235 (VII)/ EX.CL/Dec. 229 (VII) - Décision on the criteria for hosting AU organs, Doc. EX.CL/195(VII) Annexe III*
20. EX.CL/Dec.873(XXVII), Décision sur le budget de l'Union africaine au titre de l'exercice financier 2016, *Doc. EX.CL/898(XXVII).*
21. EX.CL/Dec.887(XXVII) - Décision sur la 38ème rapport d'activité de la CADHP, *Doc.EX.CL/921(XXVII).*
22. *EX.CL/Dec.902(XXVIII)* - Décision sur les activités de la Commission africaine des droits de l'homme et des peuples - *Doc.EX.CL/938(XXVIII).*
23. EX.CL/Dec.902(XXVIII)Rev.1 - Décision sur les activités de la CADHP, *Doc.EX.CL/938(XXVIII).*
24. *EX.CL/Dec.919-925 et 928-938(XXIX)* Conseil exécutif vingt-neuvième session ordinaire, 10-15 juillet 2016 à Kigali (Rwanda), Décision sur le rapport d'activités de la Commission africaine des droits de l'homme et des peuples, *Doc. EX.CL/968(XXIX).*

Documents de Conférences

1. AFR/COM/HPR.I (II).
2. Doc. O.U.A. AFR/COM/HPR.I (II).
3. AFRM/2.
4. AFRM/14, Chapitre II, p. 6.

Conseil de paix et de sécurité

1. PSC/MIN/COMM.(DCCCLVII).
2. PSC/PR/COMM (DCCCXLIV).
3. PSC/PR/COMM.(DCCCLXVI).

4. PSC/PR/COMM.(DLVII).
5. PSC/PR/Comm.(LXXXV).

JURISPRUDENCE

Commission africaine des droits de l'homme et des peuples

1. *Agnès Uwimana-Nkusi & Saidati Mukakibibi (réprenstés par Media Legal defence Initiative) c. Rwanda.*
2. *Anuak Justice Council c. Ethiopie.*
3. *Anuak Justice Council c. Ethiopie.*
4. Communication 001/Com/001/2005, §§ 22 à 28 (Michelo Hunsungule et d'autres (au nom des enfants dans le nord de l'Ouganda) c. Le gouvernement de l'Ouganda).
5. Communication 002/Com/002/2009, §§ 24 à 34. (Institut des droits de l'homme et du développement en Afrique (IHRDA) et Open Society Justice Initiative en faveur des enfants d'origine nubienne au Kenya c. Le Gouvernement du Kenya).
6. Communication 003/Com/001/2012 (Le Centre pour les droits de l'homme (Université de Pretoria) et La Rencontre africaine pour la défense des Droits de l'homme (Sénégal) c. Le Gouvernement du Sénégal).
7. Communication 006/Com/002/2015.
8. Communication 007/Com/003/2015.
9. Communication *1/88, Frederick Korvah c. Libéria.*
10. Communication *10/88, Gatachew Abebe c. Ethiopie.*
11. Communication 104/94-109/94-126/94, *Centre of the Independence of Judges and Lawyers c. Algérie.*
12. Communication *107/93, Academic Staff of Nigerian Universities c. Nigeria.*
13. Communication 108/93, Monja Joana c. Madagascar.
14. Communication 108/93, *Monja Joana c. Madagascar.*
15. Communication *12/88, Mohemed El-Nekheily c. Organisation de l'Unité Africaine.*
16. Communication *127/94, Sana Dumbaya c. Gambie.*
17. Communication *131/94, Ousman Manjang c. Gambia.*
18. Communication *138/94, International PEN (pour le compte de Senn et Sangare) c. Côte d'Ivoire.*
19. Communication *14/88, Dr Abd Eldayem A. E. Sanussi c. Ethiopie.*
20. Communication *142/94, Muthuthurin Njoka c. Kenya.*
21. Communication 147/95-149/96, *Sir Dawda K. Jawara c. Gambie.*
22. Communication 149/96, *Jawara c. Gambie.*
23. Communication 155/96.
24. Communication *18/88, El Hadj Boubacar Diawara c. Bénin.*

25. Communication *19/88, International PEN c. Malawi, Ethiopie, Cameroun et Kenya.*
26. Communication 19/88.
27. Communication *20/88, Comité Autrichien contre la Torture c. Maroc.*
28. Communication 204/97.
29. Communication *21/88, Centre haïtien des libertés publiques c. Ethiopie.*
30. *Communication 218/98.*
31. Communication 221/98, Alfred B. Cudjoe c. Ghana.
32. Communication 224/98, § 70, *Media Rights Agenda (pour le compte de Niran Malaolu) c. Nigeria.*
33. Communication 224/98.
34. Communication 233/99, *Interights (pour le compte de Pan African Movement et un autre)* c. Ethiopie et Erytrée.
35. Communication 235/00, *Curtis Francis Doebbler c. Soudan*
36. Communication 242/2001.
37. Communication 25/89,47/90,56/91,100/93, *World Organization Against Torture c. Zaire.*
38. Communication 250/02.
39. Communication 250/2002, § 55.
40. Communication 251/02, *Lawyers for Human Rights c. Swaziland.*
41. Communication *26/89 Austrian Committee against Torture c. Burundi.*
42. Communication 260/02, *Bakweri Lands Claims c. Cameroun.*
43. Communication 262/02, *Mouvement ivoirien de droits de l'Homme (MIDH) c. Côte d'Ivoire.*
44. Communication 268/03, *Ilesanmi c. Nigeria.*
45. Communication 275/03, *Article 19 c. Erythrée*
46. Communication 275/03, *Article 19 c. Erythrée,; Media Rights Agenda (pour le compte de Niran Malaolu) c. Nigéria.*
47. Communication 279/03, *Sudan Human Rights Organisation et un autre c. Soudan.*
48. Communication 279/03-296/05, *Sudan Human Rights Organisation & Centre on Housing Rights and Evictions (COHRE) c. Sudan.*
49. Communication *28/89, Association internationale des juristes démocrates c. Ethiopie.*
50. Communication 283/2003, *B. c. Kenya.*
51. Communication 284/03, Zimbabwe Lawyers for Human Rights & Associated Newspapers du *Zimbabwe c. Zimbabwe*
52. Communication 284/03.
53. Communication 288/04.

54. Communication *29/89, Commission française justice et paix c. Ethiopie.*
55. Communication 290/04.
56. Communication 290/2004, *Open Society Justice Initiative (au nom de Pius Njawe Noumeni) c. République du Cameroun.*
57. Communication 292/2004, *Institut pour les droits humains et le développement en Afrique c. République d'Angola.*
58. Communication 3/88, *Centre for the Independence of Judges and Lawyers c. Yougoslavie.*
59. Communication 300/05, *Socio Economic Rights and Accountability Project c. Nigeria, § 36.*
60. Communication 301/05, *Haregewoin Gabre-Selassie and IHRDA (on behalf of former Dergue Officials) c. Ethiopie.*
61. Communication 305/05, Article *19 et autres c. Zimbabwe.*
62. Communication 306/05, *Samuel T. Muzerengwa & 110 Others c. Zimbabwe.*
63. Communication 307/2005, *M. Obert Chinhamo c. Zimbabwe.*
64. Communication 308/2005, *Michael Majuru c. Zimbabwe.*
65. Communication 310/2005, *Darfur Relief & Documentation Centre c. République du Soudan.*
66. Communication 313/05, *Kenneth Good c. Botswana.*
67. Communication 317/2006, *Communauté nubienne du Kenya c. Kenya.*
68. Communication 318/06, *Open Society Justice Initiative c. Côte d'Ivoire.*
69. Communication 320/06, *Pierre Mamboundou c. Gabon.*
70. Communication 325/06.
71. Communication 33/89, *Simon B. Ntaka c. Lesotho.*
72. Communication 332/06, *Centre for Minority Rights Development (CEMJRJDL) and Truth be Told Network c. Republic of Kenya.*
73. Communication 333/2006, *Southern Africa Human Rights NGO Network et autres c. Tanzanie.*
74. Communication 335/06, *Dabalorivhuwa Patriotic Front c. République d'Afrique du Sud.*
75. Communication 335/06, *Dabalorivhuwa Patriotic Front c. République d'Afrique du Sud.*
76. *Communication 355/07, Hossam Ezzat & Rania Enayet (représentée par l'Initiative égyptienne pour les droits de la personne et INTERIGHTS) c. La République arabe d'Égypte.*
77. Communication 361/08.
78. Communication *37/90, Georges Eugene c. United States of America.*
79. Communication 375/09, *Priscilla Njeri Echaria (represented by federation of Women Lawyers, Kenya and International Center for the Protection of Human Rights) c. Kenya.*

80. Communication *38/90, Wesley Parish c. Indonesia.*

81. Communication 393/10, *Institute for Human Rights and Development in Africa and Others c. République démocratique du Congo.*

82. Communication 409/12, *Luke MunyanduTembani et Benjamin John Freeth (représentés par Norman Tjombe) c. Zimbabwe et treize autres.*

83. Communication 41/90 *Andre Houver c. Maroc.*

84. Communication 410/12, *Le Congrès pour la Démocratie et la Justice (CDJ) c. Gabon.*

85. Communication 42/90 *International PEN c. Malawi.*

86. Communication 426/12, *Agnès Uwimana-Nkusi & Saidati Mukakibibi (réprenstés par Media Legal defence Initiative) c. Rwanda.*

87. Communication 43/90, *Union des scolaires nigériens, Union générale des étudiants nigériens au Bénin c. Niger.*

88. *Communication 431/12, Thomas Kwoyelo c. Ouganda.*

89. Communication 431/12, *Thomas Kwoyelo c. Uganda,* § 40.

90. *Communication 433/12, Albert Bialufu Ngandu c. République Démocratique du Congo.*

91. Communication 434/12, *Filimao Pedro Tivane (represented by Dr. Simeao Cuamba) c. Mozambique.*

92. Communication 444/13, Justice Thomas S. Masuku c. Swaziland (Masuku Case), § 58 ;

93. Communication *45/90, Civil Liberties Organisation c. Nigeria.*

94. Communication 467/14.

95. Communication 477/14, *Crawford Linbdsay von Abo c. The Republic of Zimbabwe.*

96. *Communication 5/88, Prince J N Makoge c. Etats-Unis.*

97. Communication 524/15, *Peter Odiwuor Ngoge & 3 others c. the Republic of Kenya.*

98. Communication 57/91, *Bariga c. Nigeria.*

99. Communication 59/91, *Emgba Mekongo Louis c. Cameroon.*

100. Communication 596/16, *Romy Goornah (represented by Dev Hurnam) c. Ile Maurice.*

101. Communication *6/88, Dr Kodji Kofi c. Ghana.*

102. Communication 60/02, *Bakweri Land Claims Committee c. Cameroon.*

103. Communication 60/91.

104. Communication 62/91, *Committee for the Defence of Human Rights (in respect of Ms. Jennifer Madike) c. Nigeria.*

105. Communication 62/91, *Committee for the Defence of Human Rights (in respect of Ms. Jennifer Madike) c. Nigeria.*

106. Communication 65/92

107. Communication *69/92, Amnesty International c. Tunisie.*
108. Communication *7/88, Committee for the Defence of Political Prisoners c. Bahreïn.*
109. Communication 70/92, *Ibrahima Dioumessi, Sékou Kande, Ousmane Kaba c. Guinée.*
110. Communication 71/92, *Rencontre Africaine pour la Defense des Droits de l'Homme c. Zambia*
111. Communication *72/92, Bamidele Aturu c. Nigeria.*
112. Communication 73/92, *Mohamed Lamine Diakité c. Gabon.*
113. Communication 83/92, 88/93, 91/93, *Jean Yakovi Degli (au nom du Caporal N. Bikagni), Union Interafricaine des Droits de l'Homme, Commission International de Juristes c. Togo.*
114. Communication *86/93, M. S. Ceesay c. Gambie.*
115. Communication 87/93, *Constitutional Rights Project (pour le compte de Zamani Lakwot et six autres) c. Nigéria.*
116. Communication *9/88, International Lawyers Committee for Family Reunification c. Ethiopie.*
117. Communication *90/93, Paul S. Haye c. Gambie.*
118. Communication, *Open Society Justice Initiative c. Côte d'Ivoire 318/06.*
119. *Communications 25/89-47/90-56/91-100/93, Free Legal Assistance Group, Lawyers' Committee for Human Rights, Union Interafricaine des Droits de l'Homme, Les Témoins de Jehovah c. RDC.*
120. Communications 27/89-46/91-49/91-99/93.
121. Communications 307/2005, § 52, 83/92, 74/92, 25/84.
122. Communications 54/91, 61/91, 98/93, 164/97, 196/97 et 210/98 *Malawi African Association et al c. Mauritanie.*
123. Communications 54/91, 61/91, 98/93, 164-196/97 et 210/98, *Malawi African Association, Amnesty International, Mme Sarr Diop, Union Interafricaine des Droits de l'Homme et Rencontre Africaine des Droits de l-Homme, Collectif des Veuves et Ayants Droit et Association Mauritanienne des Droits de l'Homme c. Mauritanie.*
124. *Dawda K Jawara c. Gambie*, 147/95-149/96, Sir Dawda K. Jawara c. Gambie.
125. *De BecNer c. Belgique*, requête no 214/56, décision du 9 juin 1958, Annuaire de la Convention européenne des droits de l'homme 1958-1959.
126. *Egyptian Initiative for Personal Rights et INTERIGHTS c. Egypte.*
127. *J.E Zitha & P.J.L. Zitha (represented by Prof. Dr. Liesbeth Zegveld) c. Mozambique.*
128. *Malawi Africa Association, Amnesty International, Ms Sarr Diop, Union interafricaine des droits de l'Homme et RADDHO, Collectif*

des veuves et ayants-Droit, Association mauritanienne des droits de l'Homme c. Mauritanie.
129. *Michael Majuru c. Zimbabwe.*
130. *Mpaka-Nsusu Andre Alphonse c. Zaire (DRC)).*
131. *Njoka c. Kenya.*
132. *Sangonet c. Tanzanie.*
133. *Social and Economic Rights Action Center, Center for Economic and Social Rights c. Nigeria.*
134. *Thomas Kwoyelo c. Ouganda.*
135. *Tsatsu c. Ghana,* § 18.

Cour africaine des droits de l'homme et des peuples (CAfDHP)

1. Requête no 053/2019 - *Adae Tano Alain Christian c. Côte d'Ivoire.*
2. Requête no 052/2019 - *Kinda Ibrahim c. Côte d'Ivoire.*
3. Requête no 051/2019 - *Traoré Aboulaye c. Côte d'Ivoire.*
4. Requête no 050/2019 - *Sylla Ibrahim c. Côte d'Ivoire.*
5. Requête no 049/2019 - *Aguehi Ogou François c. Côte d'Ivoire.*
6. Requête no 048/2019 - *Zakaria Sanogo c. Côte d'Ivoire.*
7. Requête no 047/2019 - *Diomandé Aboubakar Sidiki c. Côte d'Ivoire.*
8. Requête no 046/2019 - *Aka Yao Bossin Fidele c. Côte d'Ivoire.*
9. Requête no 044/2019 - *Suy Bi Gohore Emile & 8 Autres c. Côte d'Ivoire.*
10. Requête no 037/2019 - *Doumbia Ibrahim c. Côte d'Ivoire.*
11. Requête no 036/2019 - *Konate Kalilou c. Côte d'Ivoire.*
12. Requête no 035/2019 - *Seka Atsin Thierry c. Côte d'Ivoire.*
13. Requête no 034/2019 - *Guessan Yao Ange c. Côte d'Ivoire.*
14. Requête no 033/2019 - *Kpea Albert Damas c. Côte d'Ivoire.*
15. Requête no 032/2019 - *Oulai Marius c. Côte d'Ivoire.*
16. Requête no 031/2019 - *Gueu Louapou Christian c. Côte d'Ivoire.*
17. Requête no 030/2019 - *Badienne Moussa c. Côte d'Ivoire.*
18. Requête no 029/2019 - *Doumbia Moussa c. Côte d'Ivoire.*
19. Requête no 028/2019 - *Fea Charles c. Côte d'Ivoire.*
20. Requête no 027/2019 - *Goore Bi Youzan Jean c. Côte d'Ivoire.*
21. *Commission c. Lybie* et n° 019/2015. *Femi Falana c. Commission.*
22. Requete n° 002/2013 - *Ekollo Moundi Alexandre c. Cameroun et Nigéria.*
23. Requête no 006/2012 - *Commission africaine des droits de l'homme et des peuples c. République du Kenya,* CAfDHP.
24. Requête n° 008/2011 - *Daniel Amare et Mulugeta Amare c. République du Mozambique et Mozambique Airlines.*
25. Requête n° 005/2011 - *Soufiane Ababou c. République algérienne démocratique et populaire.*

26. Requête n° 002/2011 - La Commisssion est réquérante auprès de la Cour dans les affaires Hissein Habré.

Cour internationale de justice (CIJ)

1. *Ahmadou Sadio Diallo (République de Guinée c. République démocratique du Congo),* Exceptions préliminaires, CIJ 24 mai 2007, Recueil 2007, p. 582.
2. *Application de la convention pour la prévention et la répression du crime de génocide, mesures conservatoires, ordonnance du 8 avril 1993, C.I.J. Recueil 1993,* p. 23, § 48, et p. 24, § 52 B.
3. *Application de la convention pour la prévention et la répression du crime de génocide, mesures conservatoires, ordonnance du 13 septembre 1993, C.I.J. Recuril 1993,* p. 349, §. 57. et p. 350, § 61, alinéa 3.
4. *Compugnie d'électricité de Sofia et de Bulgarie, ordonnance du 5 décembre 1939. C. P.J. 1. série A/B n° 79*, p. 199.
5. *Différend frontalier, mesures conservatoires, ordonnance du 10 janvier 1986, C.I.J. Recueil 1986,* p. 9, § 18, et p.11, § 32, point 1 A.
6. *Essais nncléaires (Nouvelle-Zélande c. France), mesures conscrvatoires, ordonnance du 22 juin 1973, C.I.J. Recueil 1973,* p. 142.
7. *Essais nucléaires (Australie c. France), mesures conservatoires, ordonnance du 22 juin 1973, C.I.J. Recueil 1973*. p.106.
8. *Frontière terrestre et maritirire entre le Cameroun et le Nigéria, mesures conservatoires, ordonnance du 15 mars 1996, C.I.J. Recueil 1996 (I)*, p. 22-23, § 41, et p. 24, § 49.
9. *Interhandel (Suisse. c. États-Unis), Exceptions préliminaires*, CIJ, 27 mars 1959, Recueil CIJ, 1959, p. 27.
10. Juge Fouad Ammoun, opinion individuelle dans l'affaire *Plateau continental de la mer du Nord (République fédérale d'Allemagne/Danemark), 20 février 1969,* Receuil CIJ 1969, p. 134.
11. *LaGrand (Allemagne c. Etats-Unis d'Amérique), arrêt, C. I. J. Recueil 2001*, p. 502, § 102.
12. *Plateau continental de la mer du Nord (République fédérale d'Allemagne/Danemark), 20 février 1969,* Recueil CIJ 1969, p. 135.

Conseil de l'Europe

1. *Almeida Garrett, Mascarenhas Falcão et autres c. Portugal*, § 43, *requêtes n° 29813/96 et 30229/96.*
2. *Blečić c. Croatie, Requête n° 59532/00* [GC].
3. *Hutten-Czapska c. Pologne [GC]*, §§ 152-153, *requête n° 35014/97.*
4. *Ilaşcu et autres c. Moldova et Russie* [GC], §§ 406-408.
5. *Krstić c. Serbie,* §§ 63-69, requête *n° 45394/06.*

6. *Kurić et autres c. Slovénie* [GC], §§ 240-241.
7. *Lawless c. Irlande*, requête no 332/57, décision du 30 août 1958, Annuaire de la Convention européenne des droits de l'homme 1958-1959, p. 308, puis pp. 318 à 322.
8. *Loizidou c. Turquie* (exceptions préliminaires), §§ 46-47.
9. *Malhous c. République tchèque* (déc.) [GC], n° 33071/96, CEDH 2000-XII.
10. *Ostojić c. Croatie* (déc.), n° 16837/02, CEDH 2002-IX.
11. *Papamichalopoulos et autres c. Grèce*, § 40, r*equête n° 14556/89.*
12. Preussische Treuhand GmbH & Co. KG a.A. c. Pologne (déc.), §§ 55-62.
13. Requête n° 214/56, *De Becker c. Belgique.*
14. *Tyrer c. Royaume-Uni* (requête n° 5856/72), § 38.

ANNEXE

Charte africaine des droits de l'homme et des peuples, 1981

Preambule
Les Etats africains membres de L'OUA, parties à la présente Charte qui porte le titre de "Charte Africaine des Droits de l'Homme et des Peuples" ;

Rappelant la décision 115 (XVI) de la Conférence des Chefs d'Etat et de Gouvernement, en sa Seizième Session Ordinaire tenue à MONROVIA (Liberia) du 17 au 20 Juillet 1979, relative à l'élaboration d'un avant-projet de Charte Africaine des Droits de l'Homme et des Peuples, prévoyant notamment l'institution d'organes de promotion et de protection des Droits de l'Homme et des Peuples ;

Considérant la Charte de l'Organisation de l'Unité Africaine, aux termes de laquelle, "la liberté, l'égalité, la justice et la dignité sont des objectifs essentiels à la réalisation des aspirations légitimes des peuples africains" ;

Réaffirmant l'engagement qu'ils ont solennellement pris à l'Article 2 de ladite Charte, d'éliminer sous toutes ses formes le colonialisme de l'Afrique, de coordonner et d'intensifier leur coopération et leurs efforts pour offrir de meilleures conditions d'existence aux peuples d'Afrique, de favoriser la coopération internationale en tenant dûment compte de la Charte des Nations Unies et de la Déclaration Universelle des Droits de l'Homme ;

Tenant compte des vertus de leurs traditions historiques et des valeurs de civilisation africaine qui doivent inspirer et caractériser leurs réflexions sur la conception des droits de l'homme et des peuples ;

Reconnaissant que d'une part, les droits fondamentaux de l'être humain sont fondés sur les attributs de la personne humaine, ce qui justifie leur protection internationale et que d'autre part, la réalité et le respect des droits du peuple doivent nécessairement garantir les droits de l'homme ;

Considérant que la jouissance des droits et libertés implique l'accomplissement des devoirs de chacun ;

Convaincus qu'il est essentiel d'accorder désormais une attention particulière au droit au développement ; que les droits civils et politiques sont indissociables des droits économiques, sociaux et culturels, tant dans leur conception que dans leur universalité, et que la satisfaction des droits économiques, sociaux et culturels garantit la jouissance des droits civils et politiques ;

Conscients de leur devoir de libérer totalement l'Afrique dont les peuples continuent à lutter pour leur indépendance véritable et leur dignité et s'engageant à éliminer le colonialisme, le néocolonialisme, l'apartheid, le sionisme, les bases militaires étrangères d'agression et toutes formes de discrimination, notamment celles fondées sur la race, l'éthnie, la couleur, le sexe, la langue, la religion ou l'opinion politique ;

Réaffirmant leur attachement aux libertés et aux droits de l'homme et des peuples contenus dans les déclarations, conventions et autres instruments adoptés dans le cadre de l'Organisation de l'Unité Africaine, du Mouvement des Pays Non-Alignés et de l'Organisation des Nations-Unies ;

Fermement convaincus de leur devoir d'assurer la promotion et la protection des droits et libertés de l'homme et des peuples, compte dûment tenu de l'importance primordiale traditionnellement attachée en Afrique à ces droits et libertés,
Sont convenus ce qui suit :

PREMIERE PARTIE : DES DROITS ET DES DEVOIRS

CHAPITRE 1 : DES DROITS DE L'HOMME ET DES PEUPLES

ARTICLE 1

Les Etats membres de l'Organisation de l'Unité Africaine, parties à la présente Charte, reconnaissent les droits, devoirs et libertés énoncés dans cette Charte et s'engagent à adopter des mesures législatives ou autres pour les appliquer.

ARTICLE 2

Toute personne a droit à la jouissance des droits et libertés reconnus et garantis dans la présente Charte sans distinction aucune, notamment de race, d'ethnie, de couleur, de sexe, de langue, de religion, d'opinion politique ou de toute autre opinion, d'origine nationale ou sociale, de fortune, de naissance ou de toute autre situation.

ARTICLE 3

1. Toutes les personnes bénéficient d'une totale égalité devant la loi.
2. Toutes les personnes ont droit à une égale protection de la loi.

ARTICLE 4

La personne humaine est inviolable. Tout être humain a droit au respect de sa vie et à l'intégrité physique et morale de sa personne : Nul ne peut être privé arbitrairement de ce droit.

ARTICLE 5
Tout individu a droit au respect de la dignité inhérente à la personne humaine et à la reconnaissance de sa personnalité juridique. Toutes formes d'exploitation et d'avilissement de l'homme notamment l'esclavage, la traite des personnes, la torture physique ou morale, et les peines ou les traitements cruels inhumains ou dégradants sont interdites.

ARTICLE 6
Tout individu a droit à la liberté et à la sécurité de sa personne. Nul ne peut être privé de sa liberté sauf pour des motifs et dans des conditions préalablement déterminés par la loi ; en particulier nul ne peut être arrêté ou détenu arbitrairement.

ARTICLE 7
1. Toute personne a droit à ce que sa cause soit entendue. Ce droit comprend :
   a) le droit de saisir les juridictions nationales compétentes de tout acte violant les droits fondamentaux qui lui sont reconnus et garantis par les conventions, les lois, règlements et coutumes en vigueur ;
   b) le droit à la présomption d'innocence, jusqu'à ce que sa culpabilité soit établie par une juridiction compétente ;
   c) le droit à la défense, y compris celui de se faire assister par un défenseur de son choix ;
   d) le droit d'être jugé dans un délai raisonnable par une juridiction impartiale.
2. Nul ne peut être condamné pour une action ou une omission qui ne constituait pas, au moment où elle a eu lieu, une infraction légalement punissable. Aucune peine ne peut être infligée si elle n'a pas été prévue au moment où l'infraction a été commise. La peine est personnelle et ne peut frapper que le délinquant.

ARTICLE 8
La liberté de conscience, la profession et la pratique libre de la religion, sont garanties. Sous réserve de l'ordre public, nul ne peut être l'objet de mesures de contrainte visant à restreindre la manifestation de ces libertés.

ARTICLE 9
1. Toute personne a droit à l'information.
2. Toute personne a le droit d'exprimer et de diffuser ses opinions dans le cadre des lois et règlements.

ARTICLE 10
1. Toute personne a le droit de constituer librement des associations avec d'autres, sous réserve de se conformer aux règles édictées par la loi.

2. Nul ne peut être obligé de faire partie d'une association sous réserve de l'obligation de solidarité prévue à l'article 29.

ARTICLE 11

Toute personne a le droit de se réunir librement avec d'autres. Ce droit s'exerce sous la seule réserve des restrictions nécessaires édictées par les lois et règlements, notamment dans l'intérêt de la sécurité nationale, de la sûreté d'autrui, de la santé, de la morale ou des droits et libertés des personnes.

ARTICLE 12

1. Toute personne a le droit de circuler librement et de choisir sa résidence à l'intérieur d'un Etat, sous réserve de se conformer aux règles édictées par la loi.

2. Toute personne a le droit de quitter tout pays, y compris le sien, et de revenir dans son pays. Ce droit ne peut faire l'objet de restrictions que si celles-ci sont prévues par la loi, nécessaires pour protéger la sécurité nationale, l'ordre public, la santé ou la moralité publiques.

3. Toute personne a le droit, en cas de persécution, de rechercher et de recevoir asile en territoire étranger, conformément à la loi de chaque pays et aux conventions internationales.

4. L'étranger légalement admis sur le territoire d'un Etat partie à la présente Charte ne pourra en être expulsé qu'en vertu d'une décision conforme à la loi.

5. L'expulsion collective d'étrangers est interdite. L'expulsion collective est celle qui vise globalement des groupes nationaux, raciaux, ethniques ou religieux.

ARTICLE 13

1. Tous les citoyens ont le droit de participer librement à la direction des affaires publiques de leur pays, soit directement, soit part l'intermédiaire de représentants librement choisis, ce, conformément aux règles édictées par la loi.
2. Tous les citoyens ont également le droit d'accéder aux fonctions publiques de leurs pays.
3. Toute personne a le droit d'user des biens et services publics dans la stricte égalité de tous devant la loi.

ARTICLE 14
Le droit de propriété est garanti. Il ne peut y être porté atteinte que par nécessité publique ou dans l'intérêt général de la collectivité, ce, conformément aux dispositions des lois appropriées.

ARTICLE 15
Toute personne a le droit de travailler dans des conditions équitables et satisfaisantes et de percevoir un salaire égal pour un travail égal.

ARTICLE 16
Toute personne a le droit de jouir du meilleur état de santé physique et mentale qu'elle soit capable d'atteindre.

Les Etats parties à la présente Charte s'engagent à prendre les mesures nécessaires en vue de protéger la santé de leurs populations et de leur assurer l'assistance médicale en cas de maladie.

ARTICLE 17
1. Toute personne a droit à l'éducation.

2. Toute personne peut prendre part librement à la vie culturelle de la Communauté.

3. La promotion et la protection de la morale et des valeurs traditionnelles reconnues par la Communauté constituent un devoir de l'Etat dans le cadre de la sauvegarde des droits de l'homme.

ARTICLE 18
1. La famille est l'élément naturel et la base de la société. Elle doit être protégée par l'Etat qui doit veiller à sa santé physique et morale.

2. L'Etat a l'obligation d'assister la famille dans sa mission de gardienne de la morale et des valeurs traditionnelles reconnues par la Communauté.

3. L'Etat a le devoir de veiller à l'élimination de toute discrimination contre la femme et d'assurer la protection des droits de la femme et de l'enfant tels que stipulés dans les déclarations et conventions internationales.

4. Les personnes âgées ou handicapées ont également droit à des mesures spécifiques de protection en rapport avec leurs besoins physiques ou moraux.

ARTICLE 19
Tous les peuples sont égaux ; ils jouissent de la même dignité et ont les mêmes droits. Rien ne peut justifier la domination d'un peuple par un autre.

ARTICLE 20

1. Tout peuple a droit à l'existence. Tout peuple a un droit imprescriptible et inaliénable à l'autodétermination. Il détermine librement son statut politique et assure son développement économique et social selon la voie qu'il a librement choisie.

2. Les peuples colonisés ou opprimés ont le droit de se libérer de leur état de domination en recourant à tous moyens reconnus par la Communauté internationale.

3. Tous les peuples ont droit à l'assistance des Etats parties à la présente Charte, dans leur lutte de libération contre la domination étrangère, qu'elle soit d'ordre politique, économique ou culturel.

ARTICLE 21

1. Les peuples ont la libre disposition de leurs richesses et de leurs ressources naturelles. Ce droit s'exerce dans l'intérêt exclusif des populations. En aucun cas, un peuple ne peut en être privé.

2. En cas de spoliation, le peuple spolié a droit à la légitime récupération de ses biens ainsi qu'à une indemnisation adéquate.

3. La libre disposition des richesses et des ressources naturelles s'exerce sans préjudice de l'obligation de promouvoir une coopération économique internationale fondée sur le respect mutuel, l'échange équitable, et les principes du droit international.

4. Les Etats parties à la présente Charte s'engagent, tant individuellement que collectivement, à exercer le droit de libre disposition de leurs richesses et de leurs ressources naturelles, en vue de renforcer l'unité et la solidarité africaines.

5. Les Etats, parties à la présente Charte, s'engagent à éliminer toutes les formes d'exploitation économique étrangère, notamment celle qui est pratiquée par des monopoles internationaux, afin de permettre à la population de chaque pays de bénéficier pleinement des avantages provenant de ses ressources nationales.

ARTICLE 22

1. Tous les peuples ont droit à leur développement économique, social et culturel, dans le respect strict de leur liberté et de leur identité, et à la jouissance égale du patrimoine commun de l'humanité.

2. Les Etats ont le devoir, séparément ou en coopération, d'assurer l'exercice du droit au développement.

ARTICLE 23

1. Les peuples ont droit à la paix et à la sécurité tant sur le plan national que sur le plan international. Le principe de solidarité et de relations amicales affirmé implicitement par la Charte de l'Organisation des Nations Unies et réaffirmé par celle de l'Organisation de l'Unité Africaine est applicable aux rapports entre les Etats.

2. Dans le but de renforcer la paix, la solidarité et les relations amicales, les Etats, parties à la présente Charte, s'engagent à interdire :

   i. qu'une personne jouissant du droit d'asile aux termes de l'article 12 de la présente Charte entreprenne une activité subversive dirigée contre son pays d'origine ou contre tout autre pays, parties à la présente Charte ;

   ii. que leurs territoires soient utilisés comme base de départ d'activités subversives ou terroristes dirigées contre le peuple de tout autre Etat, partie à la présente Charte.

ARTICLE 24

Tous les peuples ont droit à un environnement satisfaisant et global, propice à leur développement.

ARTICLE 25

Les Etats parties à la présente Charte ont le devoir de promouvoir et d'assurer, par l'enseignement, l'éducation et la diffusion, le respect des droits et des libertés contenus dans la présente Charte, et de prendre des mesures en vue de veiller à ce que ces libertés et droits soient compris de même que les obligations et devoirs correspondants.

ARTICLE 26

Les Etats parties à la présente Charte ont le devoir de garantir l'indépendance des Tribunaux et de permettre l'établissement et le perfectionnement d'institutions nationales appropriées chargées de la promotion et de la protection des droits et libertés garantis par la présente Charte.

CHAPITRE II : DES DEVOIRS

ARTICLE 27

1. Chaque individu a des devoirs envers la famille et la société, envers l'Etat et les autres collectivités légalement reconnues et envers la Communauté Internationale.
2. Les droits et les libertés de chaque personne s'exercent dans le respect du droit d'autrui, de la sécurité collective, de la morale et de l'intérêt commun.

ARTICLE 28

Chaque individu a le devoir de respecter et de considérer ses semblables sans discrimination aucune, et d'entretenir avec eux des relations qui permettent de promouvoir, de sauvegarder et de renforcer le respect et la tolérance réciproques.

ARTICLE 29

L'individu a en outre le devoir :

1. De préserver le développement harmonieux de la famille et d'œuvrer en faveur de la cohésion et du respect de cette famille ; de respecter à tout moment ses parents, de les nourrir, et de les assister en cas de nécessité ;
2. De servir sa communauté nationale en mettant ses capacités physiques et intellectuelles à son service ;
3. De ne pas compromettre la sécurité de l'Etat dont il est national ou résident ;
4. De ne pas compromettre la sécurité de l'Etat dont il est national ou résident ;
5. De préserver et de renforcer l'indépendance nationale et l'intégrité territoriale de la patrie et, d'une façon générale, de contribuer à la défense de son pays, dans les conditions fixées par la loi ;
6. De travailler, dans la mesure de ses capacités et de ses possibilités, et de s'acquitter des contributions fixées par la loi pour la sauvegarde des intérêts fondamentaux de la société ;
7. De veiller, dans ses relations avec la société, à la préservation et au renforcement des valeurs culturelles africaines positives, dans un esprit de tolérance, de dialogue et de concertation et d'une façon générale de contribuer à la promotion de la santé morale de la société ;
8. De contribuer au mieux de ses capacités, à tout moment et à tous les niveaux, à la promotion et à la réalisation de l'unité africaine.

DEUXIEME PARTIE : DES MESURES DE SAUVEGARDE

CHAPITRE I : DE LA COMPOSITION ET DE L'ORGANISATION DE LA COMMISSION AFRICAINE DES DROITS DE L'HOMME ET DES PEUPLES

ARTICLE 30

Il est créé auprès de l'Organisation de l'Unité Africaine une Commission Africaine des Droits de l'Homme et des Peuples ci-dessous dénommée "la Commission", chargée de promouvoir les droits de l'homme et des peuples et d'assurer leur protection en Afrique.

ARTICLE 31

1. La Commission se compose de onze membres qui doivent être choisis parmi les personnalités africaines jouissant de la plus haute considération, connues pour leur haute moralité, leur intégrité et leur impartialité, et possédant une compétence en matière de droits de l'homme et des peuples, un intérêt particulier devant être donné à la participation de personnes ayant une expérience en matière de droit.

2. Les membres de la Commission siègent à titre personnel.

ARTICLE 32

La Commission ne peut comprendre plus d'un ressortissant du même Etat.

ARTICLE 33

Les membres de la Commission sont élus au scrutin secret par la Conférence des Chefs d'Etat et de Gouvernement, sur une liste de personnes présentées à cet effet, par les Etats parties à la présente Charte.

ARTICLE 34

Chaque Etat partie à la présente Charte peut présenter deux candidats au plus. Les candidats doivent avoir la nationalité d'un des Etats parties à la présente Charte. Quand deux candidats sont présentés par un Etat, l'un des deux ne peut être national de cet Etat.

ARTICLE 35

1. Le Secrétaire Général de l'Organisation de l'Unité Africaine invite les Etats parties à la présente Charte à procéder, dans un délai d'au moins quatre mois, avant les élections, à la présentation des candidats à la Commission.

2. Le Secrétaire Général de l'Organisation de l'Unité Africaine dresse la liste alphabétique des personnes ainsi présentées et la communique un

mois au moins avant les élections, aux Chefs d'Etat et de Gouvernement.

ARTICLE 36

Les membres de la Commission sont élus pour une période de six ans renouvelable. Toutefois, le mandat de quatre des membres élus lors de la première élection prend fin au bout de deux ans, et le mandat de trois autres au bout de quatre ans.

ARTICLE 37

Immédiatement après la première élection, les noms des membres visés à l'article 36 sont tirés au sort par le Président de la Conférence des Chefs d'Etat et de Gouvernement de l'OUA.

ARTICLE 38

Après leur élection, les membres de la Commission font la déclaration solennelle de bien et fidèlement remplir leurs fonctions en toute impartialité.

ARTICLE 39

1. En cas de décès ou de démission d'un membre de la Commission, le Président de la Commission en informe immédiatement le Secrétaire Général de l'OUA qui déclare le siège vacant à partir de la date du décès ou de celle à laquelle la démission prend effet.

2. Si de l'avis unanime des autres membres de la Commission, un membre a cessé de remplir ses fonctions pour toute autre cause qu'une absence de caractère temporaire, ou se trouve dans l'incapacité de continuer à les remplir, le Président de la Commission en informe le Secrétaire Général de l'Organisation de l'Unité Africaine qui déclare alors le siège vacant.

3. Dans chacun des cas prévus ci-dessus, la Conférence des Chefs d'Etat et de Gouvernement procède au remplacement du membre dont le siège est devenu vacant pour la portion du mandat restant à courir, sauf si cette portion est inférieure à six mois.

ARTICLE 40

Tout membre de la Commission conserve son mandat jusqu'à la date d'entrée en fonction de son successeur.

ARTICLE 41

Le Secrétaire Général de l'OUA désigne un secrétaire de la Commission et fournit en outre le personnel et les moyens et services nécessaires à l'exercice effectif des fonctions attribuées à la Commission. L'OUA prend à sa charge le coût de ce personnel et de ces moyens et services.

ARTICLE 42

1. La Commission élit son Président et son Vice-président pour une période de deux ans renouvelable.

2. Elle établit son règlement intérieur.

3. Le quorum est constitué par sept membres.

4. En cas de partage des voix au cours des votes, la voix du Président est prépondérante.
5. Le Secrétaire Général de l'OUA peut assister aux réunions de la Commission. Il ne participe ni aux délibérations, ni aux votes. Il peut toutefois être invité par le Président de la Commission à y prendre la parole.

ARTICLE 43

Les membres de la Commission, dans l'exercice de leurs fonctions, jouissent des privilèges et immunités diplomatiques prévus par la Convention sur les privilèges et immunités de l'Organisation de l'Unité Africaine.

ARTICLE 44

Les émoluments et allocations des membres de la Commission sont prévus au budget régulier de l'Organisation de l'Unité Africaine.

CHAPITRE II : DES COMPETENCES DE LA COMMISSION

ARTICLE 45

La Commission a pour mission de :

1. Promouvoir les droits de l'homme et des peuples et notamment :
   - i. Rassembler de la documentation, faire des études et des recherches sur les problèmes africains dans le domaine des droits de l'homme et des peuples, organiser des séminaires, des colloques et des conférences, diffuser des informations, encourager les organismes nationaux et locaux s'occupant des droits de l'homme et des peuples et, le cas échéant, donner des avis ou faire des recommandations aux gouvernements ;
   - ii. Formuler et élaborer, en vue de servir de base à l'adoption de textes législatifs par les gouvernements africains, des principes et règles qui permettent de résoudre les problèmes juridiques relatifs à la jouissance des droits de l'homme et des peuples et des libertés fondamentales ;
   - iii. Coopérer avec les autres institutions africaines ou internationales qui s'intéressent à la promotion et à la protection des droits de l'homme et des peuples.

2. Assurer la protection des droits de l'homme et des peuples dans les conditions fixées par la présente Charte.
3. Interpréter toute disposition de la présente Charte à la demande d'un Etat partie, d'une Institution de l'OUA ou d'une Organisation africaine reconnue par l'OUA.
4. Exécuter toutes autres tâches qui lui seront éventuellement confiées par la Conférence des Chefs d'Etat et de Gouvernement.

CHAPITRE III : DE LA PROCEDURE DE LA COMMISSION

ARTICLE 46

La Commission peut recourir à toute méthode d'investigation appropriée ; elle peut notamment entendre le Secrétaire Général de l'OUA et toute personne susceptible de l'éclairer.

ARTICLE 47

Si un Etat partie à la présente Charte a de bonnes raisons de croire qu'un autre Etat également partie à cette Charte a violé les dispositions de celle-ci, il peut appeler, par communication écrite, l'attention de cet Etat sur la question. Cette communication sera également adressée au Secrétaire Général de l'OUA et au Président de la Commission. Dans un délai de trois mois à compter de la réception de la communication, l'Etat destinataire fera tenir à l'Etat qui a adressé la communication, des explications ou déclarations écrites élucidant la question, qui devront comprendre dans toute la mesure du possible, des indications sur les lois et règlements de procédure applicables ou appliqués et sur les moyens de recours, soit déjà utilisés, soit en instance, soit encore ouverts.

ARTICLE 48

Si dans un délai de 3 (trois) mois à compter de la date de réception de la communication originale par l'Etat destinataire, la question n'est pas réglée à la satisfaction des deux Etats intéressés, par voie de négociation bilatérale ou par toute autre procédure pacifique, l'un comme l'autre auront le droit de la soumettre à la Commission par une notification adressée à son Président, à l'autre Etat intéressé et au Secrétaire Général de l'OUA.

ARTICLE 49

Nonobstant les dispositions de l'article 47, si un Etat partie à la présente Charte estime qu'un autre Etat également partie à cette Charte a violé les dispositions de celle-ci, il peut saisir directement la Commission par une communication adressée à son Président, au Secrétaire Général de l'OUA et à l'Etat intéressé.

ARTICLE 50
La Commission ne peut connaitre d'une affaire qui lui est soumise qu'après s'être assurée que tous les recours internes, s'ils existent, ont été épuisés, à moins qu'il ne soit manifeste pour la Commission que la procédure de ces recours se prolonge d'une façon anormale.

ARTICLE 51

1. La Commission peut demander aux Etats parties intéressés de lui fournir toute information pertinente.
2. Au moment de l'examen de l'affaire, des Etats parties intéressés peuvent se faire représenter devant la Commission et présenter des observations écrites ou orales.

ARTICLE 52
Après avoir obtenu, tant des Etats parties intéressés que d'autres sources, toutes les informations qu'elle estime nécessaires et après avoir essayé par tous les moyens appropriés de parvenir à une solution amiable fondée sur le respect des droits de l'homme et des peuples, la Commission établit, dans un délai raisonnable à partir de la notification visée à l'article 48, un rapport relatant les faits et les conclusions auxquelles elle a abouti. Ce rapport est envoyé aux Etats concernés et communiqué à la Conférence des Chefs d'Etat et de Gouvernement.

ARTICLE 53
Au moment de la transmission de son rapport, la Commission peut faire à la Conférence des Chefs d'Etat et de Gouvernement, telle recommandation qu'elle jugera utile.

ARTICLE 54
La Commission soumet à chacune des sessions ordinaires de la conférence des Chefs d'Etat et de Gouvernement un rapport sur ses activités.

ARTICLE 55

1. Avant chaque session, le Secrétaire de la Commission dresse la liste des communications autres que celles des Etats parties à la présente Charte et les communique aux membres de la Commission qui peuvent demander à en prendre connaissance et en saisir la Commission.
2. La Commission en sera saisie, sur la demande de la majorité absolue de ses membres.

ARTICLE 56
Les communications visées à l'article 55 reçues à la Commission et relatives aux droits de l'homme et des peuples doivent nécessairement, pour être examinées, remplir les conditions ci-après :

1. Indiquer l'identité de leur auteur même si celui-ci demande à la Commission de garder l'anonymat ;
2. Etre compatibles avec la Charte de l'Organisation de l'Unité Africaine ou avec la présente Charte ;
3. Ne pas contenir des termes outrageants ou insultants à l'égard de l'Etat mis en cause, de ses institutions ou de l'OUA ;
4. Ne pas se limiter à rassembler exclusivement des nouvelles diffusées par des moyens de communication de masse ;
5. Etre postérieures à l'épuisement des recours internes s'ils existent, à moins qu'il ne soit manifeste à la Commission que la procédure de ces recours se prolonge d'une façon anormale ;
6. Etre introduites dans un délai raisonnable courant depuis l'épuisement des recours internes ou depuis la date retenue par la Commission comme faisant commencer à courir le délai de sa propre saisine ;
7. Ne pas concerner des cas qui ont été réglés conformément soit aux principes de la Charte des Nations Unies, soit de la Charte de l'Organisation de l'Unité Africaine et soit des dispositions de la présente Charte.

ARTICLE 57
Avant tout examen au fond, toute communication doit être portée à la connaissance de l'Etat intéressé par les soins du Président de la Commission.

ARTICLE 58

1. Lorsqu'il apparaît à la suite d'une délibération de la Commission qu'une ou plusieurs communications relatent des situations particulières qui semblent révéler l'existence d'un ensemble de violations graves ou massives des droits de l'homme et des peuples, la Commission attire l'attention de la Conférence des Chefs d'Etat et de Gouvernement sur ces situations.
2. La Conférence des Chefs d'Etat et de Gouvernement peut alors demander à la Commission de procéder sur ces situations, à une étude approfondie, et de lui rendre compte dans un rapport circonstancié, accompagné de ses conclusions et recommandations.
3. En cas d'urgence dûment constatée par la Commission, celle-ci saisit le Président de la Conférence des Chefs d'Etat et de Gouvernement qui pourra demander une étude approfondie.

ARTICLE 59

1. Toutes les mesures prises dans le cadre du présent chapitre resteront confidentielles jusqu'au moment où la Conférence des Chefs d'Etat et de Gouvernement en décidera autrement.
2. Toutefois, le rapport est publié par le Président de la Commission sur décision de la Conférence des Chefs d'Etat et de Gouvernement.
3. Le rapport d'activités de la Commission est publié par son Président après son examen par la Conférence des Chefs d'Etat et de Gouvernement.

CHAPITRE IV : DES PRINCIPES APPLICABLES

ARTICLE 60

La Commission s'inspire du droit international relatif aux droits de l'homme et des peuples, notamment des dispositions des divers instruments africains relatifs aux droits de l'homme et des peuples, des dispositions de la Charte des Nations Unies, de la Charte de l'Organisation de l'Unité Africaine, de la Déclaration Universelle des Droits de l'Homme, des dispositions des autres instruments adoptés par les Nations Unies et par les pays africains dans le domaine des droits de l'homme et des peuples ainsi que des dispositions de divers instruments adoptés au sein d'institutions spécialisées des Nations Unies dont sont membres les parties à la présente Charte.

ARTICLE 61

La Commission prend aussi en considération, comme moyens auxiliaires de détermination des règles de droit, les autres conventions internationales, soit générales, soit spéciales, établissant des règles expressément reconnues par les Etats membres de l'Organisation de l'Unité Africaine, les pratiques africaines conformes aux normes internationales relatives aux droits de l'homme et des peuples, les coutumes généralement acceptées comme étant le droit, les principes généraux de droit reconnus par les nations africaines ainsi que la jurisprudence et la doctrine.

ARTICLE 62

Chaque Etat partie s'engage à présenter tous les deux ans, à compter de la date d'entrée en vigueur de la présente Charte, un rapport sur les mesures d'ordre législatif ou autre, prises en vue de donner effet aux droits et libertés reconnus et garantis dans la présente Charte.

ARTICLE 63

1. La présente Charte sera ouverte à la signature, à la ratification ou à l'adhésion des Etats membres de l'Organisation de l'Unité Africaine

2. Les instruments de ratification ou d'adhésion de la présente Charte seront déposés auprès du Secrétaire Général de l'Organisation de l'Unité Africaine.
3. La présente Charte entrera en vigueur trois mois après la réception par le Secrétaire Général, des instruments de ratification ou d'adhésion de la majorité absolue des Etats membres de l'Organisation de l'Unité Africaine.

TROISIEME PARTIE : DISPOSITIONS DIVERSES

ARTICLE 64

1. Dès l'entrée en vigueur de la présente Charte, il sera procédé à l'élection des membres de la Commission dans les conditions fixées par les dispositions des articles pertinents de la présente Charte.

2. Le Secrétaire Général de l'Organisation de l'Unité Africaine convoquera la première réunion de la Commission au siège de l'Organisation. Par la suite, la Commission sera convoquée chaque fois qu'il sera nécessaire et au moins une fois par an par son Président.

ARTICLE 65

Pour chacun des Etats qui ratifieront la présente Charte ou y adhéreront après son entrée en vigueur, ladite Charte prendra effet trois mois après la date du dépôt par cet Etat, de son instrument de ratification ou d'adhésion.

ARTICLE 66

Des protocoles ou accords particuliers pourront, en cas de besoin, compléter les dispositions de la présente Charte.

ARTICLE 67

Le Secrétaire Général de l'Organisation de l'Unité Africaine informera les Etats membres de l'Organisation de l'Unité Africaine du dépôt de chaque instrument de ratification ou d'adhésion.

ARTICLE 68

La présente Charte peut être amendée ou révisée si un Etat partie envoie à cet effect une demande écrite au Secrétaire Général de l'Organisation de l'Unité Africaine. La conférence des Chefs d'Etat et de Gouvernement n'est saisie du projet d'amendement que lorsque tous les Etats parties en auront été dûment avisés et que la Commission aura donné son avis à la diligence de l'Etat demandeur. L'amendement doit être approuvé par la majorité absolue des Etats parties. Il entre en vigueur pour chaque Etat qui l'aura accepté conformément à ses règles constitutionnelles trois mois après la notification de cette acceptation au Secrétaire Général de l'Organisation de l'Unité Africaine.

Adoptée par la dix-huitième Conférence
des Chefs d'état et de Gouvernement Juin 1981
Nairobi, Kenya

Table des matières

Structures éditoriales du groupe L'Harmattan

L'Harmattan Italie
Via degli Artisti, 15
10124 Torino
harmattan.italia@gmail.com

L'Harmattan Hongrie
Kossuth l. u. 14-16.
1053 Budapest
harmattan@harmattan.hu

L'Harmattan Sénégal
10 VDN en face Mermoz
BP 45034 Dakar-Fann
senharmattan@gmail.com

L'Harmattan Cameroun
TSINGA/FECAFOOT
BP 11486 Yaoundé
inkoukam@gmail.com

L'Harmattan Burkina Faso
Achille Somé – tengnule@hotmail.fr

L'Harmattan Guinée
Almamya, rue KA 028 OKB Agency
BP 3470 Conakry
harmattanguinee@yahoo.fr

L'Harmattan RDC
185, avenue Nyangwe
Commune de Lingwala – Kinshasa
matangilamusadila@yahoo.fr

L'Harmattan Congo
219, avenue Nelson Mandela
BP 2874 Brazzaville
harmattan.congo@yahoo.fr

L'Harmattan Mali
ACI 2000 - Immeuble Mgr Jean Marie Cisse
Bureau 10
BP 145 Bamako-Mali
mali@harmattan.fr

L'Harmattan Togo
Djidjole – Lomé
Maison Amela
face EPP BATOME
ddamela@aol.com

L'Harmattan Côte d'Ivoire
Résidence Karl – Cité des Arts
Abidjan-Cocody
03 BP 1588 Abidjan
espace_harmattan.ci@hotmail.fr

Nos librairies en France

Librairie internationale
16, rue des Écoles
75005 Paris
librairie.internationale@harmattan.fr
01 40 46 79 11
www.librairieharmattan.com

Librairie des savoirs
21, rue des Écoles
75005 Paris
librairie.sh@harmattan.fr
01 46 34 13 71
www.librairieharmattansh.com

Librairie Le Lucernaire
53, rue Notre-Dame-des-Champs
75006 Paris
librairie@lucernaire.fr
01 42 22 67 13

www.ingramcontent.com/pod-product-compliance
Lightning Source LLC
LaVergne TN
LVHW010018081026
849535LV00016B/293